工商管理经典译丛　Business Administration Classics

HUMAN RESOURCE MANAGEMENT

SIXTEENTH EDITION

人力资源管理

第16版

[美]　加里·德斯勒（Gary Dessler）　著

刘　昕　译

中国人民大学出版社

·北京·

工商管理经典译丛
出版说明

随着中国改革开放的深入发展，中国经济高速增长，为中国企业带来了勃勃生机，也为中国管理人才提供了成长和一显身手的广阔天地。时代呼唤能够在国际市场上搏击的中国企业家，时代呼唤谙熟国际市场规则的职业经理人。中国的工商管理教育事业也迎来了快速发展的良机。中国人民大学出版社正是为了适应这样一种时代的需要，从1997年开始就组织策划"工商管理经典译丛"，这是国内第一套与国际管理教育全面接轨的引进版工商管理类丛书，该套丛书凝聚着100多位管理学专家学者的心血，一经推出，立即受到了国内管理学界和企业界读者们的一致好评和普遍欢迎，并持续畅销数年。全国人民代表大会常务委员会副委员长、国家自然科学基金会管理科学部主任成思危先生，以及全国MBA教育指导委员会的专家们，都对这套丛书给予了很高的评价，认为这套译丛为中国工商管理教育事业做了开创性的工作，为国内管理专业教学首次系统地引进了优秀的范本，并为广大管理专业教师提高教材甄选和编写水平发挥了很大的作用。其中《人力资源管理》（第六版）获第十二届"中国图书奖"；《管理学》（第四版）获全国优秀畅销书奖。

进入21世纪后，随着经济全球化和信息化的发展，国际MBA教育在课程体系上进行了重大的改革，从20世纪80年代以行为科学为基础，注重营销管理、运营管理、财务管理到战略管理等方面的研究，到开始重视沟通、创业、公共关系和商业伦理等人文类内容，并且增加了基于网络的电子商务、技术管理、业务流程重组和统计学等技术类内容。另外，管理教育的国际化趋势也越来越明显，主要表现在师资的国际化、生源的国际化和教材的国际化方面。近年来，随着我国MBA和工商管理教育事业的快速发展，国内管理类引进版图书的品种越来越多，出版和更新的周期也在明显加快。为此，我们这套"工商管理经典译丛"也适时更新版本，增加新的内容，同时还将陆续推出新的系列和配套参考书，以顺应国际管理教育发展的大趋势。

本译丛选入的书目，都是世界著名的权威出版机构畅销全球的工商管理图书，被世界各国和地区的著名大学商学院和管理学院所普遍选用，是国际工商管理教育界最具影响力的教学用书。本丛书的作者，皆为管理学界享有盛誉的著名教授，他们的这些著作，经过了世界各地数千所大学和管理学院教学实践的检验，被证明是论述精辟、视野开阔、资料丰富、通俗易懂，又具有生动性、启发性和可操作性的经典之作。本译丛的译者，大多是国内各著名大学的优秀中青年学术骨干，他们不仅在长期的教学研究和社会实践中积累了丰富的经验，而且具有较高的翻译水平。

本丛书的引进和运作过程，从市场调研与选题策划、每本书的推荐与论证、对译者翻译水平的考察与甄选、翻译规程与交稿要求的制定、对翻译质量的严格把关和控制，到版式、封面和插图的设计等各方面，都坚持高水平和高标准的原则，力图奉献给读者一套译文准确、文字流畅、从内容到形式都保持原著风格的工商管理精品图书。

本丛书参考了国际上通行的 MBA 和工商管理专业核心课程的设置，充分兼顾了我国管理各专业现行通开课与专业课程设置，以及企业管理培训的要求，故适应面较广，既可用于管理各专业不同层次的教学参考，又可供各类管理人员培训和自学使用。

为了本丛书的出版，我们成立了由中国人民大学、北京大学、中国社会科学院等单位专家学者组成的编辑委员会，这些专家学者给了我们强有力的支持，使本丛书得以在管理学界和企业界产生较大的影响。许多我国留美学者和国内管理学界著名专家教授，参与了原著的推荐、论证和翻译工作，原我社编辑闻洁女士在这套书的总体策划中付出了很多心血。在此，谨向他们致以崇高的敬意并表示衷心的感谢。

愿这套丛书为我国 MBA 和工商管理教育事业的发展，为中国企业管理水平的不断提升继续做出应有的贡献。

中国人民大学出版社

　　在 30 多年前的中国,人力资源管理这个概念只有少数人知道,市面上更是难以找到以《人力资源管理》为名的著作。我有幸从 1996 年开始系统翻译加里·德斯勒教授的这本《人力资源管理》(当时是第 6 版),得益于我的老师兼同门师兄彭剑锋教授的推荐。

　　1991 年,我刚刚开始攻读硕士学位,被时任劳动人事学院副院长的彭剑锋老师吸收加入编撰《现代管理制度·程序·方法范例全集》的队伍。我独立负责其中的《工资管理卷》的编写,还为《人事考核卷》《市场营销卷》等其他姊妹卷的编写做了大量的资料翻译和文献整理工作,这套书于 1993 年陆续出版,可以说是中国第一套系统介绍市场经济体制下企业内部管理的实务性书籍,正因为如此,后来人大青年教师团队得以承担华为咨询项目。我从那时起踏上了独著、编著和翻译书籍的人生历程。

　　1995 年,我刚刚开始攻读博士学位,又被彭剑锋老师组建的华为项目组派到深圳,用一个月的时间在华为市场部考评办的办公室中设计出了一份针对华为全国各地办事处负责人的年薪制方案。回到学校后不久,彭剑锋老师就把我引荐给中国人民大学出版社,让我和吴雯芳研究员共同翻译德斯勒教授撰写的这部人力资源管理著作。

　　当时,编写教材和翻译英文著作在我们眼中还是一件很神圣的事情,能有幸参与一本书的翻译工作,觉得很兴奋。这次翻译工作不仅使我建立起牢固的人力资源管理知识体系和框架,而且成为我人生道路上的一次重要转折。此后我逐渐意识到,自己更喜欢研究更为微观和具体的人力资源管理问题,而不再继续沿着当时已经攻读了十年的经济学道路走下去。

1992 年中共十四大正式提出建立社会主义市场经济体制的目标，当时，企业基本没有人力资源管理的概念，更不要说现代人力资源管理的理念和技术了。在翻译这本书的第 6 版时，我们颇费了一番心思，对包括绩效这样的很多英文概念、原理的表述都要琢磨很久，遇到一些无法通过直译来表达含义的内容时，只能通过一遍一遍地细细体会其中的含义来揣摩合适的译法，真有种参禅悟道的感觉。不过，也正是这样一个逼着自己去仔细品味和琢磨的过程，使我对人力资源管理这个学科的内涵和思想有了更深的理解，同时也更加着迷。今天回过头来看，当初那段在没有任何压力和功利的情况下安安静静、不急不躁地点滴积累的日子，为我日后从事人力资源管理的教学、科研以及管理咨询实践打下了坚实的基础。今时今日，那段能够让一位学子从容和沉静地体会学术之美的时光显得尤为可贵。

《人力资源管理》（第 6 版）的中译本于 1999 年面市时，国内只有两三本国外人力资源管理图书的中译本，所以我们翻译的这本书在上市后借助中国人民大学出版社在人文社会科学领域的优势地位，迅速成为国内很多大学商学院的 MBA 教学用书，这一版本连续重印十几次，并于 2002 年荣获第十二届中国图书奖。2005 年，我们两位译者再次联手翻译了《人力资源管理》（第 9 版），德斯勒教授自 1978 年以来一直不断修订和完善的这本优秀的人力资源管理著作的中译本持续受到读者的热捧。2009 年，德斯勒教授到访中国，约我在北京西苑饭店面谈了一次，极力邀请我继续承担这本书的翻译工作。由于对这本书有着特殊的感情，我爽快地答应老先生我会尽力翻译好第 12 版。

在翻译第 12 版的过程中，中国人民大学出版社考虑到原版的内容非常丰富，中文版的篇幅可能会过长，请我同德斯勒教授商量能否对原书做适当删减。比如，在翻译版中不再保留适用于美国的关于平等就业机会、集体谈判和劳动关系等跟中国实践关系不大的几章，德斯勒教授认真考虑了我们的建议并明确表达了他的意见，即可以对表格、文字、案例等内容做适度删减，但是不建议删减原书的整章内容，理由是中国的很多企业正在实施全球化战略，让读者了解美国的劳工法律以及集体谈判制度是非常重要的，这有利于中国企业在实施"走出去"战略时不至于由于忽略这些在国际上常见的人力资源管理问题而蒙受损失甚至导致经营失败。另外，德斯勒教授还特别强调了关于人力资源管理中的伦理道德和公平对待的内容以及关于员工职业安全与健康的内容。这两部分内容往往是教师和学生最容易忽略的，因为大家通常认为这两章的内容与人力资源管理的核心领域关系不大，但德斯勒教授对这两章特别加以强调，这一点让我印象深刻。我想这是因为人力资源管理的技术和实践最终都源于组织的人力资源管理价值观，如果基本的价值观和理念有问题，人力资源管理工具和实践就会失去指南，在遇到棘手的人力资源管理问题时就无法作出决断，而这一点恰恰是中国企业在很多人力资源管理问题上犯错误的根源。现在回过头来看，德斯勒教授是很有远见的。中国企业家曹德旺先生的福耀玻璃在美国开工厂时遇到的问题，恰恰是我们国内的很多企业家和人力资源管理者不熟悉的工会和劳资关系问题，而我国对人力资源管理伦理道德以及员工安全等问题的重视程度未来也会有所改善。

　　在第 14 版和这次的第 16 版翻译过程中，我们一如既往地受益于德斯勒教授严谨的写作态度和流畅的表达风格，全书不仅进一步丰富和完善了整体知识体系和结构，而且及时更新了所有的案例和数据，还介绍了人力资源管理理论和实践领域的最新进展，使读者既能把握人力资源管理的基本学科内容，又能感受到一些时尚和未来的气息。第 16 版强调各种人工成本控制手段仅仅是企业用来降低成本和提高绩效、生产率及盈利水平的众多人力资源管理技术之一，还可以同时采用维护或改善员工关系、提高员工士气和敬业度等其他做法。为突出对绩效改进的关注，教材中专门设置了"改进绩效：作为利润中心的人力资源管理""改进绩效：直线经理和小企业家的人力资源管理工具"以及"改进绩效：全球人力资源管理实践"等专栏，同时增加了"影响人力资源管理的趋势：数字化与社交媒体"等与时俱进的新专栏。在第 16 版中，作者还专门增加了"人力资源管理与零工经济"专栏，及时将现实世界中发生的与人力资源管理有关的新趋势纳入人力资源管理的总体框架之中，使本书保持极强的现实性。

　　在第 16 版翻译过程中，我的研究生段智慧、魏小冲、秦楠、王钰寒、张珑馨、林高泽提供了大量的帮助，他们帮我查找出新版和旧版之间的区别，并进行了初译，最后由我对全书进行统稿。

　　最后，拜托使用本书的每一位读者，如果在阅读过程中发现任何翻译不当或不好理解之处，敬请与本人联系，我会尽快完善和更正，力争为读者提供更为准确、优雅和可读的人力资源管理译著，共同提高中国各类组织的人力资源管理水平。

　　我的联系方式是：

　　通信地址：北京市海淀区中关村大街 59 号，中国人民大学公共管理学院组织与人力资源研究所，邮编：100872

　　办公电话：010 - 62519357

　　电子信箱：lxin@ruc.edu.cn

刘　昕

本版更新内容

读者会发现本版相比之前的版本在以下三个方面发生了变化。

更新了很多章节

为确保读者能够从第 15 版顺利过渡到第 16 版，本版 18 章大纲基本上与第 15 版保持一致，从教学的角度来说，主题前后递进顺序与第 15 版大致相同。我们在每章都嵌入了数十个新的主题、实例和研究发现，还附上了2015—2018 年的数百条新注释。

增加了"人力资源管理与零工经济"专栏

要想搞清楚到底有多少人正在零工经济中工作并不容易，因为这个数字确实是巨大的。据估计，美国所有劳动者中可能很快就会有 40％ 以上的人成为自由职业者。根据另一项估计，现在有大约 1/3 的劳动者在业余时间打零工，比如业余时间在优步（Uber）上接单的教师。

无论从事零工经济工作的劳动者的确切数字是多少，零工经济的增长对于那些必须管理零工员工的管理者来说都是意义重大的。"人力资源管理与零工经济"专栏展示了很多公司是如何应对与零工员工相关的人力资源管理需要的，例如，如何招募、甄选、培训、考核他们以及如何管理他们的安全。

更新了案例

与星巴克、特斯拉、Techtonic 集团、优步、HubSpot、Vice Media 以及一家肉类加工厂相关的 7 个新的章后案例（第 2、3、5、10、12、15 和 16章）添加到本书之中，它们取代了之前这些章中的一些案例。其他的应用案例也根据需要进行了更新，我们还为第 12 章编写了一个新的体验式练习（"激励皮尔逊急救中心的员工"）。

解决了教学和学习中的一些挑战

《人力资源管理》第 16 版以通俗易懂的形式，为学习人力资源管理课程的学生和人力资源经理提供了关于现代人力资源管理的概念和技术的全面而实用的介绍。本书始终强调要让所有的管理人员都掌握完成其工作所需的技能。当前，随着企业将更多的人力资源管理任务移交到一线管理人员身上，所有的管理人员——而不仅仅是人力资源经理——都需要熟练掌握人力资源管理的概念和技术。在下图中，你能找到我们强调的管理人员为履行日常管理职责而需要的实用技能，即使你没当过人力资源经理也同样需要这些知识与技能。

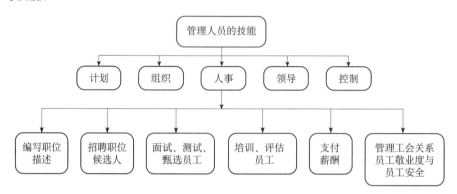

以下这些工具有助于应对教学和学习方面的挑战。

战略性人力资源管理

越来越多的企业将人力资源管理任务转交给一线管理人员，这些管理者需要更清楚地看到他们的人力资源管理行为是如何对公司的目标产生影响的。因此，本书重点关注战略性人力资源管理对于提高绩效、生产率和盈利所具有的重要性。此外，本版还将战略性人力资源管理作为一个完整的主题进行讲述。

例如，第 3～18 章的"改进绩效：战略背景"专栏结合开篇案例展示了实践中的管理者采取的人力资源管理行动及为达成公司战略目标需要的员工行为。

此外，一个经过全面整合的战略案例和一些战略地图以人力资源管理调查文本的方式为读者提供了对战略性人力资源管理的最全面阐释：

● 在第 1 章中做了介绍，在第 3 章中展示了人力资源战略的概念及技术。
● 第 3 章之后的几乎每一章都包含一个关于"巴黎酒店"的连续案例，旨在帮助读者基于现实背景实施战略性人力资源管理。这个连续性案例展示了这家酒店的人力资源总监是如何利用人力资源管理理念和技术制定人力资源政策去培养员工的技能和行为，从而改善服务和达成战略目标的。

培育员工敬业度

"写给管理者的员工敬业度指南"部分有助于进一步整合相应的主题，并使本书内容更加连贯。员工敬业度是指员工对自己需要完成的工作在心理上产生卷入感、联结感以及承诺感的情况。你会找到一些关于管理人员如何建立敬业度高的员工工作团队以及公司的实用例子和相关建议。本部分内容展示了管理人员如何通过一些人力资源管理活动提高员工的敬业度。

开发就业技能

如前所述，本书的每个版本都有同一个目标：为所有的管理者——不仅仅是人力资源管理者——提供履行日常管理职责所需的实用技能和知识。在本书中你能找到这类技能的一些例子，包括：如何应对歧视诉讼（第 2 章），如何编写一份职位描述（第 4 章），如何面试求职者（第 7 章），以及如何对一名员工实施惩戒（第 14 章）。

"企业需要了解的雇用法律"专栏讨论了与对应章的主题相关的雇用法律的现实含义。例如，所有管理者都应该知道的与招募有关的法律（第 5 章）、与甄选有关的法律（第 6 章）、与培训有关的法律（第 8 章）以及与安全有关的法律（第 16 章）。

"多元化盘点"专栏提供了管理多元化员工队伍的一些非常实用的建议，例如关于甄选决策中的性别偏见、绩效评价中的偏见以及一些晋升计划中存在的"隐性"性别偏见（第 10 章）等。

各种"改进绩效"专栏展示了现实中存在的管理者可以用于提高绩效的各种人力资源管理工具和实践。例如：

● "改进绩效：作为利润中心的人力资源管理"专栏，分析了一些通过降低成本或增加收入带来价值增值的人力资源管理实践的实例。

● "改进绩效：直线经理和小企业家的人力资源管理工具"专栏，描述了许多直线经理和创业的企业家在面对人力资源管理问题时只能靠自己的情况，讲述了这些直线经理和企业家可以自行创建并安全使用的用于改进绩效的一些现成的人力资源管理工具和技术，比如工作样本测试。

● "改进绩效：全球人力资源管理实践"专栏，展示了全球各地的真实存在的公司是如何使用人力资源管理实践改进自己的团队绩效和公司绩效的，同时描述了管理者在国际范围内完成管理工作时面临的各种挑战。

影响人力资源管理的重要发展趋势

几乎每章都介绍了一个或多个目前正在改变人力资源管理的发展趋势，例如数字化和社交媒体以及其他能够对人力资源管理实践产生影响的趋势。

教学资源

本书相关的教辅资源可登录中国人民大学出版社网站（www. crup. com. cn）和培生网站（www. pearsonhighered. com）获取。

致谢

所有参与本书创作的人都为我们所取得的成就感到自豪。《人力资源管理》是当前最畅销的著作之一，目前正被全球各地的学生和管理者使用，它已经被翻译成十几种语言，其中包括泰语、法语、西班牙语、希腊语、印度尼西亚语、俄语、中文和阿拉伯语。

虽然我本人要对这本《人力资源管理》教材负全部责任，但我想特别感谢那些为我提供帮助的人。他们包括仔细审阅过过去几个版本并提出许多有用且富有洞察力的建议的下列教师：

Kimberly Pierre，Houston Baptist University

Oscar D. Munoz，Miami Dade College ChristopherMcGraht，Delaware County Community College

Johnny Peppers，Nashville State Community College

Shamira Malekar，CUNY-BMCC

Robert Micera，Stony Brook University and Seton Hall University

Marcia Johnson，Delaware County Community College

Roger Liska，Clemson University

Michael Wayland，Methodist University

Melissa Bankroff，Michigan State University

David Gerth，Nashville State Community College

Evie Maxey，Anderson University Paulette Holmes，Coppin State University

John Durboraw，Columbia College

Lisa Nieman，Wesleyan University

Brooke Sorrells，Virginia College

Craig Tunwell，Troy University

Kyle Stone，Fort Hayes State University

George Wynn，University of Tampa

Edward Ward，Saint Cloud State University

Daniel Grundmann，Indiana University

Clare Francis，University of North Dakota

John Durboraw，Columbia College

Mary Kern，Baruch College

Lucy Ford，St. Joseph's University

Leonard Bierman，Texas A&M University

Thomas J. Zagenczyk，Clemson University

Itoe Valentine，Albany Technical College

Pravin Kamdar，College of Business and Management，Cardinal Stritch University

Craig J. Russell，Professor，Price College of Business，University of Oklahoma

Matthew S. Rodgers，The Ohio State University

Carol Heeter，Ivy Tech Community College

Magdalem Upshaw，Richland College Dallas

C. Darren Brooks，Florida State University

Brian D. Lyons，Wright State University

衷心感谢 Susan Leshnower、Carol Heeter 和 Patricia Buhler 在更新和改进第 16 版的补充材料方面付出的努力，感谢负责 MyLabs 教学平台建设团队的项目经理 Kerri Tomasso、Gordon Schmidt（印第安纳大学/普渡大学韦恩堡分校）、Susan C. Schanne（东密歇根大学）、Angela Boston（得克萨斯大学）和 Leslie Carnes，SPHR（常春藤科技社区学院）。

感谢培生教育公司参与本教材创作的每一个人提供的支持和帮助，特别感谢主编 Stephanie Wall 提出的深刻见解与建议。感谢与我有过多年合作的出色的制作团队：制作与数字工作室主任 Ashley Santora 以及内容制作人 Yasmita Hota。感谢营销经理 Nicole Price 以及培生的销售团队，没有他们的努力，这本书只能被束之高阁。感谢投资组合经理 Neeraj Bhalla 以及编辑助理 Linda Albelli。感谢培生教育公司的所有人，他们管理本书的国际化业务非常成功。策划编辑 Kerri Tomasso 对我帮助巨大，同时还要感谢 SPi-Global 公司的 Roberta Sherman。另外，非常感谢 Billy Hunter 审阅了本书，并且就零工问题提出了建议，同时感谢 James Scheiner 博士就可用的新例子及更新所提出的许多建议。

最后，我要感谢我的妻子 Claudia，她在我更新本版教材期间给予我大力支持。我的儿子 Derek 一直是我的骄傲，他给了我非常大的帮助。我一直思念的父母 Samantha 和 Taylor 曾给我提供了巨大的支持和鼓励，如果他们能够看到这本书，也一定会感到非常自豪。

目录

第 2 篇　员工招募、配置与人才管理　　95

CONTENTS

CONTENTS ←

CONTENTS

导　论

第 **1** 章 人力资源管理导论

Introduction to Human Resource Management

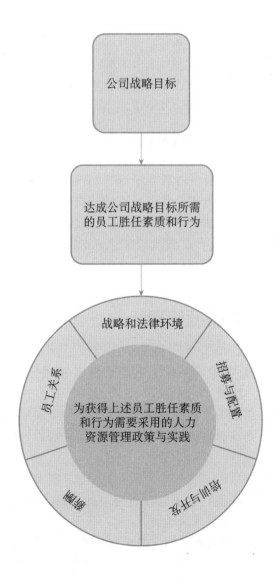

➡ **我们学到哪儿了**

　　本章向读者解释人力资源管理是什么，以及它为什么对所有的管理者来说都很重要。我们将会看到，很多人力资源管理活动（比如员工的雇用、培训与开发、绩效评价、薪酬管理等）实际上是每一位管理者日常工作的一个组成部分。在本章我们还会看到，人力资源管理是一种独立的管理职能，企业中通常有人力资源部门和人力资源经理。本章讨论的主要问题包括：什么是人力资源管理，影响人力资源管理的重要发展趋势，当今新型人力资源管理的重要组成部分，新型人力资源管理者，以及本书的内容安排。在每一章的开始都放了人力资源管理的框架图，旨在强调这样一种观点：企业的人力资源管理政策和实践应该能够确保形成企业达成战略目标所需的员工胜任素质和行为。

➡ **学习目标**

1. 解释什么是人力资源管理以及它与整个管理过程之间的关系。
2. 简要讨论并描述影响人力资源管理的重要发展趋势。
3. 简要描述现代人力资源管理的六个重要组成部分或六大支柱。
4. 描述人力资源管理者的四种重要胜任素质。
5. 概述本书的总体规划和安排。

　　对于今天的许多人而言，跨境自由职业平台（www.upwork.com）是人力资源管理新生事物的一个标志性代表。一方面，数以百万计的自由职业者——从平面设计师到翻译、会计师、作家和客户服务代理商——到该职业平台上去注册找工作；另一方面，很多企业通过该平台在 180 多个国家寻找、甄选和雇用符合要求的各类人才，并通过这个平台为他们支付薪酬。[1]

➡ ## 1.1　什么是人力资源管理

　　要理解什么是人力资源管理，最好先了解管理者在做什么。跨境自由职业平台（Upwork）就是一个组织。**组织**（organization）是由一群有正式职责分工，为了实现组织目标而在一起工作的人组成的（比如跨境自由职业平台就雇用了网页设计师和管理人员）。**管理者**（manager）则是通过对组织中所有人的活动加以管理来确保实现组织目标的人。

　　大部分专家都认同**管理**（managing）包括五种职能：计划、组织、人事、领导和控制。总的来说，这五种管理职能代表了**管理过程**（management process）的五个组成部分。每一种管理职能包括的具体管理活动如下：

- 计划：制定目标及其达成标准；制定规则和程序；制订计划并作出预测等。
- 组织：为每一位下属安排具体的工作任务；设置部门；授权给下属；建立命令链和

沟通渠道；协调下属之间的工作等。

● 人事：决定应当雇用何种类型的员工；招募员工；甄选员工；制定工作绩效标准；向员工支付薪酬；评价员工的工作绩效；为员工提供咨询；进行员工培训和开发等。

● 领导：推进工作完成；维持员工的士气；激励下属等。

● 控制：制定与销售额、质量或产量等有关的标准；对照这些标准来检查员工的实际工作绩效；必要时采取纠正行动等。

在本书中，我们将集中探讨这五种管理职能中的一种，即人事或人事管理职能，或者人力资源管理职能。**人力资源管理**（human resource management，HRM）是一个获取、培训、评价员工以及向员工支付薪酬的过程，也是一个关注劳资关系、员工健康和安全以及公平等方面问题的过程。下面将要讨论的这些主题涉及人力资源管理者完成与人或人事有关的活动所需的一些基本概念和技术。这些主题包括：

● 职位分析（确定每一位员工承担的工作的性质）。

● 劳动力需求预测以及求职者招募。

● 求职者甄选。

● 新员工入职引导和培训。

● 工资和薪酬管理（向员工支付薪酬）。

● 奖金和福利支付。

● 工作绩效评价。

● 沟通（面试、咨询、惩罚）。

● 员工培训和开发。

● 员工关系和敬业度培养。

此外，还包括每一位管理者都需要了解的内容：

● 平等就业机会和积极的反歧视行动。

● 员工健康和安全。

● 申诉处理和劳资关系。

1.1.1 为什么人力资源管理对所有的管理者都很重要

基于以下几个方面的原因，本书中讲解的概念和技术对于所有的管理者都很重要。

避免出现人事管理错误　首先，通过本书学到的各种人力资源管理概念和技术可以帮助管理者避免在管理过程中犯人事管理方面的错误。比如，所有的管理者都不愿意在组织中看到下面这些情况：

● 员工没有尽力工作。

● 雇用了不合适的人填补某个职位。

● 员工流动率高。

● 由于采取歧视性做法，公司被起诉。

● 由于存在不安全的情况，员工受伤。

● 员工受到的培训不足导致工作有效性不足。

● 存在不公正的劳资关系行为。

认真学习本书能够帮助你避免犯类似的错误。

提升利润和改进绩效　更为重要的是，本书介绍的各种人力资源管理的概念和技术，可以帮助你借助员工来获取你想要的结果。[2]记住，一方面，你作为一位管理者，即使把每件事情都做到位——比如，制订了非常完美的计划，描绘出清晰的组织图，装配了世界一流的生产线，运用复杂的财务控制手段，等等，你仍然可能会由于雇用了不合适的员工或者没有能够调动起员工的工作积极性等而遭遇失败。另一方面，许多管理者——无论是总裁、将军、州长还是一线主管人员——都有可能会在计划、组织和控制等职能不健全的情况下取得成功。他们之所以能够取得成功，恰恰是因为他们掌握了如何雇用合适的人来承担特定的工作，以及如何对他们进行激励、评价和开发等方面的技巧。在阅读本书时，你应当牢记一点：达成结果是管理的最基本要求，而作为一位管理者，你必须借助他人来达成这些结果。这个事实从管理伊始就未曾改变过。正如一位公司总裁总结的：

> 许多年来，人们一直说，对于一个处于发展中的行业而言，资本是瓶颈。我却认为，这种说法现在已经是错误的了。在我看来，真正构成瓶颈的实际上是公司的员工队伍，还有公司在招募和留住一支优秀的员工队伍方面的能力不足。我还没有听说过哪一个以有着完美的思路、充沛的精力以及满腔的热情的员工队伍作为后盾的重大项目，会因为资金短缺而中途夭折。我确实知道存在这样一些情况：某些行业的发展之所以受挫或者停滞，恰恰是因为它们无法保持一支高效率且充满工作热情的员工队伍。我认为这种结论的正确性在未来会越来越清晰……[3]

在全球竞争加剧和存在经济下行压力的情况下，以上陈述显得愈发正确。任何一位直线管理人员/直线主管（或人力资源管理者）都可以利用本书中介绍的人力资源管理方法来提升自己的团队以及公司的敬业度水平、利润和工作绩效。我们将会在本书中看到下面两个真实的例子。

> 在鲍尔公司（Ball Corp.）的一家灌装厂中，管理者训练基层主管人员如何制定并与下属沟通每天的绩效目标。管理者利用团队计分卡来跟踪每天的目标达成情况。此外，公司还对员工进行专门的培训，以提升他们的技能。在 12 个月内，工厂的产量增加到 8 400 万罐，而顾客投诉减少了 50%，工厂的投资回报则增长了 309 万美元。

> 某呼叫中心平均每年大概有 18.6 个职位空缺（员工的离职率大约为 60%）。据研究者估计，一名呼叫中心员工离职产生的成本大约为 21 500 美元。该呼叫中心每年因人员流失产生的总成本估计高达 400 853 美元。若能将员工的流失率降低一半，则该公司每年可节省大约 20 万美元。

你可能会有一段从事人力资源管理工作的经历　学习本书内容的另一个原因是：你可能会从事一段时间的人力资源管理工作。比如，约 1/3 接受调查的美国大型企业会将非人力资源经理任命为其人力资源高管。培生公司将出版事业部的一个负责人提拔为公司总部的人力资源总监。为什么呢？一些人认为，这些来自非人力资源部门的管理者可能更有能力将公司的人力资源管理活动（如薪酬政策的制定）与公司的战略需求相结合（如通过将高管的奖金与公司目标相结合）。[4]此外，将非人力资源部门的管理者任命为人力资源经理对管理者本人也有好处。比如，一位首席执行官表示，他在晋升的过程中曾担任过三年人力资源总监，这段工作经历对于其学习如何培养领导者以及理解公司转型过程中人的问题起到了极其重要的作用。[5]

不过，大多数企业的高层人力资源主管的确在任职之前就拥有较为丰富的人力资源管理工作经验。一项调查显示，他们中大约有80％的人都是在人力资源管理领域中一路提拔上来的。美国人力资源管理协会（Society for Human Resource Management，SHRM）提供了员工在人力资源管理领域可以选择的各种不同职业发展路径的信息。[6]内容详见www.shrm.org。[7]

小企业中的人力资源管理　最后，学习本书后，你有可能成为自己公司的人力资源管理者。美国有一半以上的劳动者是在小企业工作的。[8]此外，在美国每年创建的大约60万家新企业中，小企业这个群体占据了其中的绝大部分。统计数据表明，大多数大学毕业生在刚毕业的头几年中要么为小企业工作，要么创建自己的小企业。[9]小企业通常达不到雇用全职人力资源管理人员（更不用说单独设立人力资源部门）所需的规模。[10]像雇用员工这种工作往往是由企业所有者以及其他管理者来完成的。因此，完成本书的学习将会有助于读者更为有效地管理小企业的人力资源。我们将在后续章节中具体探讨小企业的人力资源管理问题。

1.1.2　直线管理和职能管理中的人力资源管理

从某种意义上说，所有的管理者都是人力资源管理者，因为他们都要参与招募、面试、甄选和培训等人力资源管理活动。但大多数公司还是设置了专门的人力资源管理部门，并任命了负责人。那么，人力资源部门、人力资源经理所承担的职责是如何与销售、生产以及其他部门的职责相联系的呢？要回答这个问题，我们需要对直线职权和职能职权进行简单的定义和对比。**职权**（authority）是一种作出决策、指挥他人工作和发布命令的权力。在管理学中，通常将直线职权与职能职权区别开来。

在组织中，传统上拥有**直线职权**（line authority）的经理有权向其他经理人员或员工发布命令。因此，直线职权建立的是一种上级（命令发布者）与下属（命令接受者）之间的关系。当销售副总裁告诉他的销售总监"要在周二前准备好销售情况介绍"时，就是在行使他的直线职权。**职能职权**（staff authority）则赋予一位经理向其他经理或员工提供建议的权力。职能职权建立的是一种咨询关系。当人力资源经理建议生产经理采用一种特殊的甄选测试时，他就是在行使职能职权。

在组织结构图中，拥有直线职权的管理者是**直线经理**（line manager），拥有职能（或咨询）职权的管理者则是**职能经理**（staff manager）。通常情况下，人们倾向于将直线经理和那些对公司的生存来说至关重要的部门（如销售或生产部门）的管理联系起来。职能经理一般负责管理咨询性或支持性的部门，如采购和人力资源管理等。人力资源经理通常属于职能经理，他们向直线经理提供招募、雇用和薪酬等方面的协助和建议。

1.1.3　直线经理的人力资源管理职责

直线经理承担着人力资源管理方面的许多职责，这是因为直接处理人事方面的问题一直是从总裁到一线主管人员（即每一位直线经理）的职责之一。一家大公司将其直线经理需要承担的有效管理人力资源的职责概括为以下几个主要方面：

1. 把正确的人配置到正确的职位上。
2. 使新员工融入组织（新员工上岗引导）。
3. 培训员工以使他们能够承担新职位的工作。
4. 改进每位员工的工作绩效。
5. 赢得建设性的合作以及建立顺畅的工作关系。
6. 解释公司的政策和程序。
7. 控制劳动力成本。
8. 开发每位员工的能力。
9. 创造并维持部门员工的工作士气。
10. 保护员工的健康和身体状况。

我们将会看到，像领英（LinkedIn）这样面向职场的社交平台正在扩大许多直线经理的人力资源管理责任。最近的一项调查显示，49％的企业正在采取措施提高直线经理的员工管理技能。[11]

1.1.4　人力资源部门

在小型组织中，直线经理可能会在无人协助的情况下独自承担上述所有人力资源管理职责。但是，随着组织规模的扩大，这些直线经理就需要得到专门的人力资源从业者提供的各种帮助、专业知识和相关建议。[12]在更大的公司中，人力资源部门将提供这种专门的帮助。图 1-1 展示了一个组织中的人力资源管理职位。[13]典型的职位包括薪酬和福利经理、雇用和招募主管、培训专员以及员工关系主管。

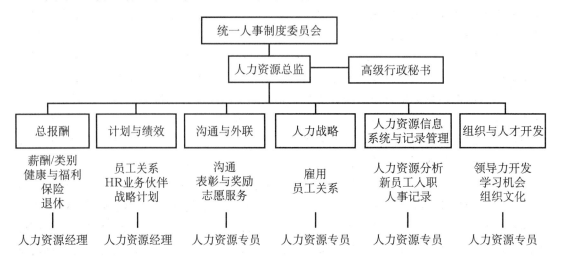

图 1-1　某公司人力资源部门组织结构图

资料来源："Human Resource Organization Chart Showing Typical HR Job Titles"，www. co. pinellas. fl. us/persnl/pdf/orgchart. pdf. Courtesy of Pinellas County Human Resources. Reprinted with permission.

工作职责举例如下：

● 招募专员：通过多种方式搜寻合格的求职者，如通过社区联系人、宣传册以及网络媒体等。

● 平等就业机会（equal employment opportunity，EEO）协调员：调查和解决有关平等就业机会问题的争议；检查组织中是否存在违反相关法律的潜在行为；撰写并向政府提交有关平等就业机会的报告。

● 职位分析专员：收集并核查相关职位的详细信息，为编写职位描述做好准备。

● 薪酬经理：制订薪酬计划并处理员工福利方面的事务。

● 培训专员：规划、组织和指导培训活动的开展。

● 劳资关系专员：就与劳资关系有关的所有问题向管理层提供建议。

在实践中，直线经理和人力资源管理者在大多数人力资源管理活动中是共担责任的。比如，人力资源管理者和直线经理共同承担员工技能培训职责。在员工培训过程中，往往是由直线经理首先描述出新员工需要具备哪些方面的技能，然后由人力资源管理者设计培训方案，之后直线经理有可能要针对新员工提供在职培训。

组织人力资源管理工作的新方法　由于人力资源管理部门的工作内容和工作方式正在发生变化，因此，许多企业正在重新审视应当如何组织自己的人力资源管理职能。[14]

首先，雇主正在改变组织和提供人力资源服务的方式。例如，调查发现，55％的受访公司正在积极再造其人力资源管理流程（例如，将招募渠道从公司内部转移到网络和社交媒体平台）。[15]当前，大多数公司正在采用一些新型人力资源管理技术工具（如线上培训门户网站）来实现人力资源服务提供方式的积极转型。[16]还有许多公司则借助技术工具提供更多的共享服务。[17]这些公司还创建了集中化的人力资源管理单元，这个单元可以由公司所有的部门共享，主要职责是协助各部门的直线经理处理人力资源相关事务。由人力资源管理团队提供的共享服务通常是通过公司的内网或集中呼叫中心提供的，为直线经理和员工提供日常人力资源管理活动方面（如奖惩问题）的专业支持。

你也可以在公司内部找到专门的人力资源管理团队。这有助于高层管理人员解决高层问题，如制订公司长期战略计划中的人事战略。嵌入式人力资源管理团队将人力资源管理多面手（也称为"关系经理"或"人力资源业务伙伴"）分配到销售和生产等职能部门。他们向这些部门提供员工甄选和其他方面的协助。专家中心就像公司内部的专业人力资源咨询处。例如，它可以在组织变革等方面向公司的各个部门提供专门的建议。[18]

1.2　影响人力资源管理的重要发展趋势

长期以来，人力资源经理都是通过与直线经理的合作来帮助企业雇用和解雇员工、管理员工福利以及进行绩效评价的。然而，当前的很多趋势正在改变企业的人力资源管理工作的完成方式。这些趋势包括劳动力队伍的变化趋势、工作本身的变化趋势、全球化趋势和经济发展趋势等。

1.2.1　劳动力队伍的变化趋势

美国的劳动力队伍越来越多元化，劳动力队伍中出现了更多的女性、少数族裔和老龄工人。[19]表1-1为我们提供了这方面的情况概览。比如，在1992—2024年间，被美国劳工部归为"白人"的劳动力所占的比例将从 85% 下降到 77.7%。与此同时，亚裔劳动者所占的比例将从 4% 上升到 6.6%，而西班牙裔劳动者所占的比例将会从 8.9% 上升到 19.8%。年轻劳动者所占的比例将会下降，55 岁及以上的劳动者所占的比例却会在 1992 年的 11.8% 的基础上翻一番，到 2024 年时达到 24.8%。很多雇主将"劳动力队伍老龄化"视为一个大问题，因为没有足够的年轻劳动力能够取代那些在"婴儿潮"时期（大约在 1946—1964 年）出生如今已步入退休年龄的人。[20]许多企业正在重新召回已退休的员工（或者干脆阻止他们退休）。

表 1-1　各人口群体在劳动力队伍中所占的比例，1992—2024 年　　　　　单位：%

年龄、族裔、种族	1992 年	2002 年	2012 年	2024 年
年龄：16～24 岁	16.9	15.4	13.7	11.3
25～54 岁	71.4	70.2	65.3	63.9
55 岁及以上	11.8	14.3	20.9	24.8
白人	85.0	82.8	79.8	77.7
黑人	11.1	11.4	11.9	12.7
亚裔	4.0	4.6	5.3	6.6
西班牙裔	8.9	12.4	15.7	19.8

资料来源：U. S. Bureau of Labor Statistics Economic News Release, www. bls. gov/ news. release /ecopro. t01. htm, December 19, 2013, and https：//www. bls. gov/news. release/ecopro. t01. htm, accessed April 16, 2017.

由于预计到劳动力供给会产生缺口，许多美国企业正在雇用国外员工从事在美国的工作。H-1B 签证项目让美国企业在找不到符合条件的美国本土员工时，可以招募技术熟练的外国专业人士到美国来工作。通过这些项目，美国企业每年大约会引进 18.1 万名外国工作者。但在失业率较高的情况下，此类项目不可避免地会遭到反对。[21]但在特朗普执政时，H-1B 项目正在被司法部和移民局有力地执行。[22]

1.2.2　工作本身的变化趋势

今天，工作发生了三大变化。首先，大量的工作岗位从制造业转向服务业。如今，美国 2/3 以上的劳动者都受雇于服务业而不是产品制造业。到 2024 年，在美国共计 1.6 亿个工薪类岗位中，预计会有 1.29 亿个属于服务业（大约占 81%）。[23]因此，在未来几年内，美国新增的就业岗位几乎全部来自服务业而非产品制造业。

随时待命的劳动者　其次，今天在像优步和跨境自由职业平台这样的公司中工作的大多数劳动者，已经不属于传统意义上的公司员工，他们是自由职业者、独立承包商或临时工，他们在自己需要干、可以干而且愿意干的情况下才会去工作。[24]一家公司的负责人将这些劳动者视为"流动的、独立的技能组合"。[25]优步每个月都会雇用成千上万名网约车司机。[26]他们中有约 1/3 的人是兼职，比如某些优步司机的本职工作可能是教师。[27]下面的"人力资源管理与零工经济"专栏将会详细介绍这一新的变化。

人力资源管理与零工经济

随时待命的劳动者

跨境自由职业平台[28]代表自由职业的一种新发展趋势。一方面,数以百万计的自由职业者——从平面设计师到翻译、会计师、作家和客户服务代理商——到这个求职平台上注册、寻找工作;另一方面,很多企业通过该平台在世界180多个国家范围内寻找、甄选、雇用符合自身要求的人才,并通过该平台为他们支付薪酬。[29]这些劳动者是由合同工、临时工、自由职业者、独立承包商、随时待命的劳动者或零工组成的。其他一些自由职业平台包括亚马逊公司的机器人(Mechanical Turk)、宜家公司的任务兔(TaskRabbit)以及汉迪公司(Handy)(该公司允许用户在有需要时,可以雇用该公司的从事自由职业的清洁工和家具装配工),当然还有优步。[30]在未来的10年内,自由职业者很可能会占到劳动力队伍的一半左右。[31]

自由职业性质的工作并不仅仅局限在像汉迪和优步这样的公司中,越来越多的企业正在使用更多的临时工和合同工。如维珍美国航空公司(Virgin America)在与阿拉斯加航空集团(Alaska Air group)合并之前,就雇用临时工而不是正式员工来完成行李运送、机票预订以及繁重的维护工作。一家卡车运输公司为沃尔玛公司的仓库装卸工作提供临时工。令人惊讶的是,谷歌母公司Alphabet使用的临时工数量与全职员工是差不多的。[32]我们将会看到,这些雇用自由职业者和其他非传统员工的公司将需要一些特殊的人力资源管理政策和实践。

有些人对这种雇用形式持批评态度。[33]正如一些自由职业者说的那样,他们在工作中有时会感到不受尊重。一位评论家认为,这种工作形式具有不可预测性和不安全性。《纽约时报》的一篇报道写道:"对自由职业者来说,更大的担忧不是福利问题,而是没有人作为他们的代理人——未来,决定员工的工作类型、工作时间以及工作量的是计算机而不是人类。"[34]为此,从事临时性工作的人正在采取行动,例如,优步的一些司机要求成立工会。

人力资本 最后,许多工作正在变得"高技术化"。像工程师这样的工作岗位要求任职者具备较高的受教育水平和技能水平。当前最大的变化是,即使是装配工这样的传统制造型工作岗位也要求员工具备较高的技能水平。与之类似,银行出纳员、零售员、收银员、抵押贷款处理员和快递员等工作岗位也都对技术成熟度提出了更高的要求。在知识经济时代,"……雇用和开发优秀的人力资本对企业的盈利能力和成功来说至关重要"。[35]

对于管理者来说,他们必须以不同的方式管理这些员工。例如,更多地授权员工做决定。这意味着公司需要调整员工的雇用与培训的方式。[36]借用最近的一个标题,没有熟练工人,科技是无用的。[37]下面的"改进绩效:作为利润中心的人力资源管理"专栏将会阐明人力资源管理方法是如何通过塑造员工的技能提高企业的盈利能力的。

改进绩效:作为利润中心的人力资源管理

提升客户服务

一家银行通过安装一套特殊的软件,使自己的客户服务人员能够更容易地处理客户的各种要求，然而，这家银行并没有对客户服务代表的工作内容或培训工作做任何改变。在这种情况下，新的软件系统的确使客户服务代表能够应答更多的客户呼叫，但这家银行并没有取得明显的绩效提升。[38]

有趣的是，另一家银行安装了一套同样的软件。不过，为了充分利用这套新软件节约出来的时间，这家银行的人力资源管理团队对客户服务工作进行了升级。银行对客户服务代表提供了新的培训，教他们如何销售更多的银行服务，同时新的职位描述赋予他们更大的决策权，新的薪资政策也提高了他们的工资水平。在这种情况下，这套新的计算机软件系统就通过接受新培训并且得到授权的客服人员，最终实现了产品销售额和盈利水平的大幅提高。像这样的增值人力资源实践可以提高员工绩效和公司的盈利能力。[39]

1.2.3　全球化趋势

全球化是指企业将它们的销售、所有权以及（或者）制造活动向国外的新市场扩张的趋势。例如，丰田汽车公司在美国肯塔基州生产凯美瑞汽车，苹果公司在中国组装iPhone。自由贸易区———一种降低关税和贸易伙伴之间的壁垒的协定———则进一步促进了贸易的国际化。北美自由贸易协定（North American Free Trade Agreement，NAFTA）和欧盟（European Union）是这方面的例子。

近 50 年来，全球化迅猛发展。例如，美国的进出口总额从 1980 年的 5 620 亿美元上升到最近的 5.2 万亿美元。[40] 不断变化的经济和政治理念推动了全球化的繁荣。很多国家的政府都降低了跨国交易税或海关关税的税率，组建了诸如北美自由贸易协定之类的自由贸易区，并且采取其他一些措施来鼓励国家之间的自由贸易。这些做法背后蕴含的经济原理是，所有的国家都能从全球化中获益。事实上，世界各地的经济体都出现了经济的快速增长。

与此同时，全球化极大地促进了全球竞争。全球化程度的加深意味着竞争加剧，而竞争加剧使企业要成为"世界一流企业"面临更大的压力，即它们需要降低成本、促使员工提高生产率、用更少的投入将事情做得更好。如今，就业机会的减少和收入不平等的加剧使一些人开始重新思考全球化这一趋势。[41]

全球化并非没有代价。随着跨国公司之间竞争加剧，许多公司都将业务转移到海外，一方面这是为了寻找更为廉价的劳动力，另一方面是为了开拓海外新市场。例如，丰田汽车公司在美国雇用了数千名销售人员，通用电气公司在法国拥有一万多名员工。为了达到更高的效率，众多的企业转向"离岸经营"（即将国内的工作转移到成本更低的海外分公司所在地，比如，戴尔公司就将呼叫中心的一些工作岗位转移到了印度）。很多企业甚至对一些具有高技能要求的岗位，如律师，也采取离岸经营的做法。[42] 人员管理的全球化对于很多向海外扩张的公司以及它们的人力资源经理而言，都是一项艰巨的任务。[43]

1.2.4　经济发展趋势

尽管全球化促进了世界经济的发展，但世界经济在 2007—2015 年度过了一段艰难的时期。如图 1-2 所示，美国的国内生产总值（gross domestic product，GDP）——一种对美国的总产出进行衡量的指标——在 2001—2007 年迅猛增长。在此期间，住房价格出现了每年 20％的大幅上涨（见图 1-3），而失业率则保持在大约 4.7％的水平。[44] 此后，2007—2008 年所有这些指标似乎都在迅速下滑。国内生产总值降低了，住房价格下跌了 10％甚至更多（因城市而异），整个国家的失业率上升到 10％以上。

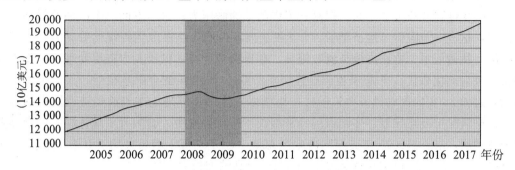

图 1-2　美国的国内生产总值，2005—2017 年

说明：图中阴影部分显示的是美国经济衰退期。

资料来源：St. Louis Federal Reserve Bank，https：//fred. stlouisfed. org/series/GDP，accessed March 9，2018.

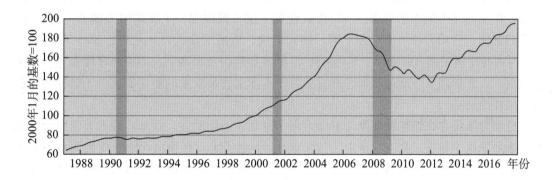

图 1-3　凯斯-席勒（Case-Shiller）美国住房价格指数，1988—2016 年

说明：图中阴影部分显示的是美国经济衰退期。

资料来源：St. Louis Federal Reserve Bank，https：//fred. stlouisfed. org/series/CSUSHPINSA，accessed March 9，2018.

这一切为什么会发生呢？这是一个很复杂的问题。政府放松管制是推动经济发展的原因之一。许多国家的政府都放松了管制。以美国和欧洲国家为例，阻止商业银行进入证券经纪领域的管制措施已经放松了。在这种背景下，像花旗银行这样巨大的跨国型"金融超市"迅速出现。然而，随着经济的迅速发展，更多的企业和消费者背上了沉重的债务。购房者在买房时通常只支付很少的现金，而银行则很随意地借钱给开发商，让它们去建造更多的房屋。在大概 20 年的时间内，美国消费者实际花出去的钱比他们赚到的钱还要多。美国已经迅速成为一个债务国，它的国际收支状况从 1960 年的 35 亿美元顺差（出口大于进口）变成最近的巨额逆差（进口大于出口）4 970 亿美元。[45] 能够持续使美国从国外购买的商品超过其销售出去的商品的唯一方式就是借钱，因此，美国的繁荣基本上建立在债务基础之上。

2007 年前后金融危机爆发。银行和其他金融机构（比如对冲基金）发现其账面上数万亿美元的贷款变得一文不值，政府只得介入以防止这些金融机构破产。但是，借贷资源的枯竭降低了企业和消费者的购买力，美国经济出现了衰退。

如今，经济趋势已发生好转，并有继续上升的趋势。例如，失业率从几年前的 10% 甚至更高下降到 2015 年的 5% 以及 2018 年的 4% 左右——2018 年美国国内生产总值增长约 4.0%。[46]

然而，这并不意味着经济前景很明朗。一方面，在经济衰退之后，美国联邦储备委员会采取扩张性财政政策，同时，提高利率以防范通胀压力；另一方面，生产率的提高比过去更慢，这进一步阻碍了经济增长。[47]（在亚洲，机器人正在取代传统的劳动力。许多专家预测，从簿记员、电话推销员到收银员、零售销售人员，以及人力资源助理等工作岗位很快会被自动化取代。）[48]整个世界在经历了 2007—2009 年的金融危机后，人们很难不去怀疑，过去 50 年内推动经济增长的杠杆机制以及全球化等理论在当前经济发展中的有效性。这种情况可能意味着许多国家的经济增长步伐将会放慢。美国劳工统计局和国会预算办公室预测，2020—2026 年美国国内生产总值（GDP）每年增长大约 2.0%，低于 20 世纪 90 年代中期至 21 世纪初达到的平均 3% 或更高的增长率。[49]

劳动力队伍发展趋势　美国的劳动力增长速度放缓（劳动力短缺阻碍了企业扩张）使当前的形势变得更加复杂。[50]准确地说，根据美国劳工统计局的预测，2016—2026 年美国劳动力将以每年 0.6% 的速度增长。虽然这比 2002—2012 年达到的 0.5% 的年增长率有所上升，但比前几十年要慢得多。[51]为什么会发生这种情况呢？主要是因为随着"婴儿潮"一代的退休，劳动力参与率正在下降，换句话说，适龄工作人口（尤其是 25～54 岁的人口）所占的比例正在大幅下降。[52]通过对 35 家大型跨国公司高层人力资源管理者进行的调查发现，人才管理——通过获取、开发和留住人才来满足企业的雇用需求——已成为他们最为关注的问题。[53]

劳动力队伍存在结构性失衡　劳动力需求也存在不均衡性。例如，最近大学毕业生的总体失业率高于软件工程专业毕业生的失业率。[54]事实上，在美国大学毕业生所从事的工作中，有一半工作并不要求员工具有大学学历。[55]为什么会出现这种情况？简言之，是因为在过去几年内增加的大多数工作对于员工的受教育水平要求不高，美国劳工统计局认为这种情况可能会持续下去。目前，大约 2/3 的劳动者所从事的工作不要求其有高等教育背景。[56]类似地，2014—2024 年在预计就业缺口最大的职业中，大约 2/3 的职业并不需要员工具备大专以上学历。[57]这种趋势进一步加剧了美国的劳动力结构性失衡问题。例如，位于威斯康星州的一家涂料厂的经理说"总是缺人"，因为招不到足够的熟练工人。[58]

上述情况导致的结果是劳动力的结构性失衡，即在一些职业（如工程师）中，失业率较低，而在另一些职业中，失业率较高；许多公司招募不到合适的员工，而另一些公司则有大量的求职者[59]；现在处于就业状态的许多人所从事的工作要求的知识水平是"低于"他们达到的专业知识水平的（这可能有助于解释为什么 70% 左右的员工存在工作心理脱离的问题）。无论如何，企业（以及它们的人力资源经理和直线经理）在如何激发员工尽最大努力方面承受着更大的压力。

1.2.5　技术发展趋势

技术正以两种方式显著地改变着人力资源管理。首先（正如我们看到的），技术正在改变工作的性质。[60]当提到"高技术工作"时，有人会想到谷歌的工作，但"高技术工作"不限于此。在艾奥瓦州美铝公司的一家工厂里，每个工作站都配备了一台电脑帮助员工控制机器并进行数据交换——员工通过将命令输入电脑实现精密零件的自动化制造。[61]

其次，技术正在改变人力资源管理的工作方式。在一项调查中，41%的公司正在逐步实现人力资源管理服务的网络化，大约1/3的公司正在使用人工智能协助开展人力资源管理工作。[62]其中的几项关键技术如下：

● 很多企业使用推特、脸书和领英（而不是职业介绍所）等社交媒体招募员工。埃森哲咨询公司估计，领英等社交媒体可以帮助公司快速招募到80%的新员工——一般由直线经理绕过人力资源部门直接进行招募。[63]像 Glassdoor 和 JobBite 等职场互动网站可让平台成员分享自己对企业的看法，其中包括个人评论、薪酬情况和首席执行官的支持率。48%的受访求职者表示，他们在求职过程中使用了 Glassdoor 网站进行岗位信息的搜寻。[64]这种高度透明的方式促使人力资源经理强化企业内部流程（如绩效评价）的公平性。

● 企业可以使用移动应用程序监控员工的位置，并且在公司的打卡点通过数字照片来对员工进行识别。

● 像 Knack、Gild 和 True Office 这样一些网站可以帮助企业将游戏元素融入员工培训、绩效评价和招募等工作任务中。

● 云计算工具可以帮助企业监控团队的目标实现情况，并提供实时的绩效反馈。公司基于云系统可以通过快速调查的方式实时追踪员工的工作投入情况。如思爱普（SAP）和克罗诺斯（Kronos）等公司都能为企业招募、寻找自由职业者以及为其安排工作任务提供云服务系统。[65]

● 数据分析技术是指通过统计技术和算法识别数据之间的关系来解决特定的问题（例如，如何预测最佳员工的离职情况）。这种技术在应用到人力资源管理领域时，称为人才分析。

例如，一家经营多年的企业在雇用新员工时最看重的是候选人的教育背景、成绩以及推荐信，但通过人才分析技术发现，上述特征对于求职者入职后的工作绩效根本不重要，重要的反而是求职者简历中的语法是否正确，他们在毕业时是否顺利获得了学位，能否在模糊的指示下完成任务。[66]在通用电气公司，数据分析技术帮助管理层预测组织关键员工的离职情况。[67]在壳牌石油公司，当企业需要招募汽车维护方面的专业员工时，通过人才搜索对公司现有员工的资料文件进行扫描可以帮助公司找到合适的内部员工。[68]

● 人工智能是指计算机以类似人类的方式完成任务。比如，公司将人工智能技术应用于扫描电子邮件并将客户更改的地址信息同步到公司的数据库中（自动化）；"学习"和预测哪些求职者会在工作中取得成功以及哪些人最有可能离开（分析）。当你打电话给航空公司并发现得到的反馈来自自动应答系统时，就表明该公司正在使用人工智能与客户进行互动。[69]日本的一家保险公司借助 IBM 的沃森（Watson）人工智能系统，使那些没有工作经验的员工像专家一样对保险索赔申请进行分析。[70]

● 增强现实（augmented reality，AR）技术可以帮助企业实现海量数据的转换，并将数字摘要和图像叠加在现实世界中。例如，增强现实技术的应用可以让汽车挡风玻璃上显示汽车的速度和方向。企业也可以将该技术应用于人力资源管理。例如，波音公司使用增强现实技术培训员工学习完成飞机机翼组装的 50 个步骤。[71]

➡ 1.3 当今新型人力资源管理的重要组成部分

1.3.1 人事管理/人力资源管理发展简史

人事管理并不是一个新生事物。[72]古代军队以及其他组织都需要人事管理，如吸引、选拔、培训和激励自己的成员。但上述人事管理只是管理工作的一部分而已，并未成为一种独立的工作职能，这种情况一直持续到 19 世纪末。在后工业革命时代，许多工厂开始出现劳工问题（例如，必须雇用和吸收大量的工人）。为此，企业纷纷设立"福利办公室"以及"福利秘书"管理工厂的人事活动，还设立了"安全局"监督工作的安全性。直到 1900 年，很多企业才组建了自己的第一个"雇用办公室"、培训项目和培训学校。自此，人事管理正式出现。

过去的人事管理者关注最多的是日常行政活动。他们从一线主管手中接过了雇用和解雇员工的工作，并且掌管着工资发放和员工福利管理等方面的事务。随着人员测试方面的专业知识的出现，人事部门开始在员工甄选和培训方面承担更多的职责。[73]20 世纪 30 年代的新工会立法将"帮助企业与工会打交道"增加到人事部门的工作职责之中。随着 20 世纪 60 年代有关公平就业方面的新法律的颁布，企业开始依靠其人力资源管理部门避免自己陷入歧视诉讼之中。[74]在 20 世纪 70 年代的全球化趋势下，企业通过高效、敬业的员工获得竞争优势变得越来越重要，因此人事管理也变得越来越重要。

当今的经济发展趋势和人口趋势（如人口老龄化）使很多公司在寻找、雇用和激励员工方面面临更大的挑战，与此同时，更多的高技术工作意味着企业必须擅长知识管理，即对员工的知识、技能和专长（人力资本）进行管理。另外，移动设备和社交媒体等技术的发展正在改变企业招募、甄选、培训、评价以及激励员工的方式。[75]换言之，一种基于六大支柱的新型人力资源管理正在出现。

1.3.2 分布式人力资源与新型人力资源管理

第一，越来越多的人力资源管理任务正借助社交媒体和云计算等工具从人力资源部门重新分配给员工和直线经理。[76]例如，LivingSocial 让员工利用名为 Rypple 的数字工具来评价彼此的工作情况。然后，公司会将这些评价计入员工的绩效考核。

一些专家表示，若按当前的趋势发展下去，人力资源管理和人才管理的许多职能可能会"完全嵌入组织（分布式）工作中，从而成为日常工作的一部分"。[77]有点儿讽刺意味的是，我们似乎回到了第一个人事部门出现之前的情况，那时的人事工作主要是由直线经理完成的。举个例子来说，希尔顿酒店集团正把更多的人力资源管理工作授权给员工去完成，让人力资源经理去完成更具战略性的工作。[78]在后面的章节中，我们还会举出更多的例子来讨论人力资源管理趋势变化的话题，下面的专栏就是一个例子。

影响人力资源管理的趋势：数字化与社交媒体

数字化和社交媒体正在改变人们的求职方式，也改变了公司的招募、保留、薪酬支付以及培训等人力资源管理活动。从某种意义上说，数字化和社交媒体创造了一种新型的人力资源管理方式。

在像 Glassdoor、CareerBliss、CareerLeak 和 JobBite 这样一些美国职场互动平台上，用户可以分享自己对数千家企业的看法，其中包括对企业的各种评论、企业的薪酬情况以及对首席执行官的评价等。[79] 在一项调查中，48％的受访求职者表示，他们在求职过程中使用了 Glassdoor 进行岗位信息的搜寻。[80] 这种高度透明的方式促使人力资源经理提高企业内部流程（如晋升决策、薪酬分配和绩效评价）的公平性以及招聘过程的人性化——例如，真诚回复未被录用的求职者。

社交媒体给人力资源管理中的招募带来了革命性改变。例如，管理人员可以通过领英等社交媒体找到那些消极的求职者（即当前没有求职意愿的人），还可以从中发现那些积极的求职者。此外，管理人员可以通过 Gild 等网站找到熟练的软件工程师，通过一些技术论坛了解这些人的声望，从而对这些软件工程师的水平作出评估。

1.3.3 快速概览

我们可以将上述内容的要点总结如下：

● 全球化竞争、经济和人口趋势以及向高科技和服务业的转变，使得企业越来越需要充分利用它们的人力资本，也就是员工掌握的知识与技能、接受的教育与培训等。

● 需要运用人力资源管理方法来提高员工的绩效水平和敬业度等。

● 随着数字化和社交媒体等的出现，很多企业正在将更多的人力资源管理任务从人力资源部门转移到（分配给）员工和直线经理。

● 企业为直线经理赋予了更多的人力资源管理职责。

● 将人力资源管理者从传统的人力资源管理事务中抽离出来，转而投入更具战略意义的工作之中，如制定战略去提升员工的绩效水平和敬业度。图 1-4 对这种情况做了描述。

1.3.4 战略性人力资源管理

第二，人力资源管理更多的是处理具有长期性、战略性和全局性的问题。我们将在第 3 章中看到，**战略性人力资源管理**（strategic human resource management）意味着制定和实施有效的人力资源管理政策，以培育出员工实现公司战略目标所需的胜任素质以及行为。我们在本书中会用"改进绩效：战略背景"专栏来对此进行描述。

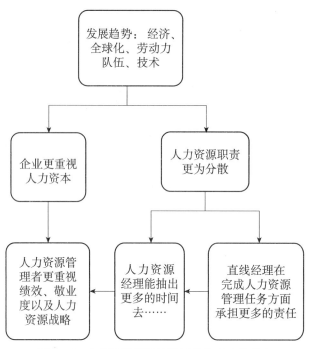

图 1-4　人力资源管理的发展趋势意味着什么

建设里昂比恩公司

战略性人力资源管理意味着制定和实施有效的人力资源管理政策，以培育出员工实现公司战略目标所需的胜任素质以及行为。

里昂比恩公司（L. L. Bean）的案例告诉我们一家企业是如何实现战略性人力资源管理的。该公司战略的核心一直是为客户提供优质的户外设备、卓越的服务以及专业化的户外运动建议。正如公司历史中记录的那样："里昂比恩公司已经成为一家为客户提供可靠的户外设备和专业建议的值得信赖的公司。公司已经逐渐发展壮大，公司的产品品质和服务水平通过客户的口口相传被世界各国知晓。"[81]

为了提供这样的服务，里昂比恩公司需要获得由具有一定特征的人组建的员工队伍。这些员工应当热爱户外运动，这有助于他们为客户提供专业化的运动建议。里昂比恩公司正在自己的网站上寻找这样的员工："热爱户外活动、乐于提供服务并且对未来充满激情的创新型专业人士。"[82]

里昂比恩公司的人力资源管理政策和实践吸引和培养的正是这样一些员工。首先，公司非常明确地知道自己需要招募的员工类型，即它需要的是热情、善于社交、友好、喜欢户外运动的求职者。[83]为了吸引和培养这样的员工，公司通过多轮面试筛选掉那些不适合的求职者。[84]此外，公司还为求职者提供有竞争力的薪酬和福利以及户外导向的工作环境，其中包括户外俱乐部、可借用的运动设备以及户外课程和旅游等。[85]

为了鼓励员工提供更出色的服务，里昂比恩公司为员工提供了支持性的工作环境。例如，当公司的网上销售额首次超过电话销售额时，里昂比恩公司关闭了本地的四个呼叫中心，安排 220 名员工居家工作。在全球化时代，公司没有将工作机会转移到国外，而是将其留在 100 年前里昂·比恩创办公司的这个城市。[86]公司知道，拥有合适的员工是确保公司战略成功的关键，而吸引和培养这些员工的关键则是人力资源管理政策和实践。

正如在"改进绩效：战略背景"专栏中看到的那样，今天的企业希望自己的人力资源管理者能够通过设计和实施人力资源管理政策，为企业培育出有助于实现战略目标的员工。本书每一章的开头都放了人力资源管理的框架，它体现了以上这种思想，这个框架遵循"三步骤"的顺序，即公司战略目标→达成公司战略目标所需的员工胜任素质和行为→为获得上述员工胜任素质和行为需要采用的人力资源管理政策与实践。

1.3.5 绩效和人力资源管理

第三，企业希望通过人力资源管理有效提升员工的工作绩效。[87]人力资源管理者可以通过三大杠杆来实现上述目标。第一个杠杆是人力资源部杠杆。人力资源管理者可以确保人力资源管理职能高效地提供服务。其中可能包括：将某些类型的人力资源管理活动，比如福利管理等，外包给成本效益更高的外部服务供应商。

第二个杠杆是员工成本杠杆。例如，人力资源经理在向高层管理人员提供有关公司人员编制水平以及制定和控制公司的薪酬、奖金和福利政策等方面的建议时，发挥着重大作用。

第三个杠杆是战略结果杠杆。在这方面，人力资源管理者主要是通过制定和实施各种人力资源管理政策，从而获得公司达成战略目标所需的员工胜任素质和行为来实现的。例如，里昂比恩公司所采用的方式。

人力资源绩效的衡量 提升绩效要求对绩效进行衡量。例如，几年前，当 IBM 前人力资源总监需要 1 亿美元来对公司的人力资源管理工作进行重组时，他是这样告诉公司高层管理人员的："我将为你们提供技术熟练、准时到位而且随时可用的人才。我将能够对员工的技能进行衡量，而且可以告诉你们公司的员工当前拥有哪些技能、尚不具备哪些技能，向你们表明我们将如何弥补两者之间的差距或者是强化我们的培训。"[88]

人力资源经理经常使用绩效衡量标准（或指标）来证明这类宣言的有效性。例如，对每 100 名员工平均有 2.57 名人力资源部门的员工为其提供服务。[89]我们将在第 3 章中讨论这一问题。

循证人力资源管理 将各种决策建立在一些证据之上是循证人力资源管理的精髓，即运用各种数据、事实、分析方法、严谨的科学手段、批判性评价以及经过审慎评估的研究或案例，来为自己提出的人力资源管理建议、决策以及结论提供支持。[90]简单地讲，循证人力资源管理就是审慎地将得到的最好证据运用于与某种人力资源管理实践有关的决策过程之中。[91]这些证据可能来自实际评估（比如，受训者是否喜欢这个培训项目），还有可能来自公开发表的研究（例如，大量的研究文献对于下面这个问题得出了怎样的答案：能够确保受训者牢记学过的内容的最好方法是什么）。

人力资源为组织增加价值 归根结底，今天的企业都需要它们的人力资源管理者通过提高公司的利润和绩效水平来为公司增加价值。戴维·尤里奇（Dave Ulrich）教授和韦恩·布罗克班克（Wayne Brockbank）教授将企业的这种诉求描述为"人力资源价值主张"。[92]

他们认为，人力资源管理的目标在于增加价值。增加价值的意思是，通过人力资源管理者的行动，以一种可衡量的方式帮助公司及其员工取得改进。特别是在当今形势下，增加价值不仅意味着降低成本，而且意味着改进公司的流程，协调人力资源管理活动和组织战略，提升员工敬业度。[93]在本书中，我们将会看到如何通过人力资源管理实践来实现这一目标。[94]例如，我们在每一章中都会使用"改进绩效：作为利润中心的人力资源管理"专栏对此进行阐述，其中，包括对员工敬业度、人力资源战略等内容的讨论和相关案例。

1.3.6　可持续性和人力资源管理

第四，在当今时代人们越来越重视经济不平等的问题，企业（以及它们的人力资源团队）不能仅从利润最大化的角度衡量组织的绩效，企业可持续性同样很重要。换言之，企业不仅要实现经济利益，而且要承担相应的环境责任和社会责任。[95]例如，百事公司提出了"目的性绩效"，要求百事公司在实现卓越经济利润的同时，也要实现人类的可持续性、环境的可持续性和人才的可持续性。百事公司希望在取得财务成功的同时，给社会带来积极的影响（具体见 www. pepsico. com）。同样，法国的大型材料公司圣戈班集团（Saint-Gobain）最近在宾夕法尼亚州开设了新事业部，其人力资源管理部门为了实现办公室环境的可持续性，安装了室内空气纯度监测器。[96]在一项调查中，约80%的被调查公司报告了它们的可持续性绩效。[97]

1.3.7　员工敬业度和人力资源管理

第五，**员工敬业度**（employee engagement）是指员工在主观意愿上参与、投入并全神贯注地积极地完成工作。敬业的员工能"体验到与工作任务的高度联系"，他们会努力工作以达成与任务相关的目标。[98]如今，企业期望组织的人力资源部门能够提升员工敬业度。

员工敬业度对一个企业的发展至关重要，它可以提升企业的竞争优势。例如，盖洛普（Gallup）的一项调查显示，员工敬业度最高的业务部门的绩效水平有83%的概率高于公司平均绩效水平，而员工敬业度最低的业务部门的这一概率只有17%。[99]华信惠悦咨询公司（Watson Wyatt Worldwide）的一项调查显示，在员工敬业度高的公司，每名员工的收入水平比平均薪酬水平高26%。[100]

当前企业面临的问题是，美国员工的敬业度水平普遍较低，只有21%～30%的员工是敬业的。[101]一项调查显示，约30%的被调查员工是敬业的，50%的被调查员工不完全敬业，20%的员工正在积极脱离（反管理）。[102]

在本书中我们将看到，人力资源管理者通过具体措施来提高员工敬业度。例如，几年前，起亚汽车英国公司（Kia Motors UK）之所以扭转了业绩，部分原因在于员工敬业度的提高。[103]正如我们将在第3章中讨论的那样，起亚公司通过制定新的人力资源政策提高了员工敬业度，其中包括新的领导力开发计划、新的员工认可计划、改进的内部沟通计划、新的员工发展计划，以及薪酬福利和其他政策。我们使用"写给管理者的员工敬业度指南"部分来讨论管理者如何通过人力资源实践活动来提高员工敬业度（如招聘和甄选）。

1.3.8　人力资源管理伦理道德

第六，**伦理道德**（ethics）是指人们在决定自己该采取何种行为时所依据的标准。令人遗憾的是，如今的新闻报道中充斥着很多管理者在伦理道德方面的恶行。举个例子来说，检察官对艾奥瓦州的几家肉类加工厂的人力资源经理提起了诉讼，原因是他们违反政府雇用法律，雇用 16 岁以下的童工。[104]即便是对于那些管理水平很高的管理者和企业来说，也存在被类似行为毁掉的风险。我们将会看到，许多发生在工作场所的非常严重的伦理道德问题——比如工作场所的安全问题——都与人力资源管理有关。[105]

▶ 1.4　新型人力资源管理者

如今，一名人力资源管理者需要应对的情况更为复杂了。[106]为了作出诸如战略制定和以数据为基础的决策，他们必须掌握很多新的技能。人力资源管理者不能只擅长完成像雇用和培训这样一些传统的人事管理任务，他们还必须学会"运用首席财务官的语言"，使用量化指标（比如投资回报率等）来为自己制定的人力资源管理规划作出解释。[107]为了制定战略规划，人力资源管理者必须能够理解战略规划、市场营销、生产以及财务等各个职能领域。随着公司在海外的合并和扩张，人力资源管理者必须有能力规划和实施大规模的组织变革，提升员工敬业度，重新设计组织结构和工作流程，所有这些工作都不容易完成。

当被问及"你为什么想成为一名人力资源管理者时"，很多人可能都会说："因为我是一个喜欢与人打交道的人。"善于交际固然重要，但要成为一名人力资源管理者，你还需要具备更多的素质。

如今要想成为一名人力资源管理者需要具备什么样的胜任素质呢？美国人力资源管理协会（SHRM）引入了一个"胜任素质模型"（称为美国人力资源管理协会的胜任素质和知识体系模型），其中详细列出了人力资源管理者需要具备的知识、技能、能力和经验等。美国人力资源管理协会认为，今天的人力资源管理者需要具备以下这些方面的胜任素质或行为。

- 领导力和方向把控。在组织内指引各种行动和过程的能力。
- 道德实践。在整个组织以及所有的经营实践中始终坚守核心价值观、诚信正直且有担当。
- 经营敏锐度。通过理解和应用各种信息为组织战略目标的实现作出贡献。
- 关系管理。通过对各种关系进行管理为组织提供服务与支持。
- 咨询顾问。为员工和领导等利益相关者提供指导。
- 批判性评价。通过解释信息作出经营决策以及提供建议。
- 全球化和文化有效性。尊重和考虑所有各方的背景和观点。
- 沟通。与组织的各种利益相关者有效进行信息交换。

美国人力资源管理协会还指出，人力资源管理者必须掌握人力资源职能领域中的各项基本知识，比如人才获取。根据该协会的要求，与人力资源管理各个职能领域相关的基本知识包括：

- 职能领域 1：人力资源战略规划
- 职能领域 2：人才获取
- 职能领域 3：员工敬业度与员工保留
- 职能领域 4：学习与开发
- 职能领域 5：总报酬
- 职能领域 6：人力资源职能的结构
- 职能领域 7：组织有效性与发展
- 职能领域 8：员工队伍管理
- 职能领域 9：员工关系及劳资关系
- 职能领域 10：技术管理
- 职能领域 11：全球化背景下的人力资源管理
- 职能领域 12：多样性和包容性
- 职能领域 13：风险管理
- 职能领域 14：企业社会责任
- 职能领域 15：美国雇用法律与法规

1.4.1 人力资源管理者的认证

许多人力资源管理者都通过专业认证来证明自己掌握了现代人力资源管理的知识。在撰写本书时，人力资源管理者可以通过下列两种方式来获得认证。

最传统的认证方式由人力资源管理认证机构（HR Certification Institute，HRCI）进行。该机构是一个独立的、针对人力资源管理专业人员设置的认证组织（详见 www. hrci. org）。人力资源管理认证机构向考试通过者颁发相应的证书，证书包括人力资源专家（Professional in Human Resources，PHR）和高级人力资源专家（Senior Professional in Human Resources，SPHR）等。管理人员可以通过访问 www. hrci. org 参加人力资源管理认证机构的在线测评考试。[108]

美国人力资源管理协会在其胜任素质和知识体系模型的基础上通过自己组织考试的方式来进行考试和认证，其中包括人力资源管理专家认证和高级人力资源管理专家认证。[109] 这种认证考试主要围绕美国人力资源管理协会的胜任素质和知识体系模型™中各个职能模块的知识、技能和胜任素质展开。

1.4.2 人力资源管理哲学

技术专长很重要，但归根结底，人们的行为总是在一定程度上建立在他们作出的一些基本假设之上，这一点在人力资源管理领域尤其适用。你所作出的关于人的所有假设——人值得信任吗？他们厌恶工作吗？他们为什么会有这样的行为？应该如何对待他们？——共同构成了你的人力资源管理哲学。你所做的每一项人事决策——雇用员工、提供培训、采用的领导风格等——都反映了那些基本的哲学（无论其好坏）。

你又是如何发展出这套哲学的呢？从某种程度上说，这些是早就注定的。毫无疑问，你最初带入工作中的哲学是基于你个人已有的经验、所受的教育、价值观、各种基本假设以及个人背景等因素，但你的哲学并不是一成不变的，它可能会随着你的知识和经验的积累而不断发展。例如，当为苹果公司生产手机的一家工厂发生了工人抗议之后，面对员工的要求和苹果公司的不满，该工厂的人事管理哲学就相应地做了调整。[110]无论如何，任何一位管理者都不能在未充分理解促使自己采取行动的人事管理哲学之前就开始管理他人。

对你的人力资源管理哲学的塑造产生影响的部分因素源于你所在组织的高层管理者的管理哲学。尽管组织高层管理者的管理哲学不一定会明确表述出来，但通常会通过他们的行动传递出来，并且渗透到组织的每一个层级和部门。例如，下面是宝丽来公司（Polaroid Corp.）的创立者在多年前表述的部分人事管理哲学：

> 公司要为每一位员工提供一个充分施展个人才能的机会，其中包括表达自己的意见，在个人能力允许的范围内分享公司的进步，以及赚足够多的钱等。简而言之，就是要为员工提供一个机会，使他们的工作能够得到充足的回报，使工作成为他们生活中一个非常重要的组成部分。[111]

当今的"最佳雇主"榜单中包括许多有类似管理哲学的组织。软件巨头赛仕软件公司（SAS）的首席执行官曾说过这样一段话：

> 我们努力创建一种基于企业和员工之间相互信任的公司文化……这种文化奖励创新，鼓励员工尝试新鲜事物，并且不会因为他们的创新行为而惩罚他们，这种文化还关注员工的个人成长和事业发展。[112]

同样，当拉里·佩奇（Larry Page）和谢尔盖·布林（Sergey Brin）创立谷歌公司时，他们使其成为一个有意义的工作场所。谷歌不仅为员工提供丰厚的福利和股票期权[113]，还让很多社会科学家团队在公司中进行了大量的实验，以确定成功的中层管理人员需要具备的技能。[114]这种做法的目的是让"谷歌人"保持开心（从而实现谷歌的成功和成长）。在第3章和第13章中，我们将更为详细地探讨管理者怎样维持一种积极的员工关系。

1.5 本书的内容安排

1.5.1 基本主题和专栏

在本书中，我们将通过基本主题（如员工招募、配置与人才管理，培训与开发，薪酬管理等）来阐述内容，并通过专栏来强调重要的问题，以确保各章之间的连贯性。

1.5.2 提供给每一位管理者的实用工具

第一，人力资源管理是所有管理者都需要承担的职责，而不仅仅是人力资源部门的职责。在本书的每一部分内容中，你都能发现，我们一直很注重给作为管理者的你提供在履行日常管理职责时需要获得的那些实践性很强的材料，即使你并没有当过一天人力资源经理。如"改进绩效：直线经理和小企业家的人力资源管理工具"专栏为小企业主及其管理人员提供了管理组织的一些技术。"企业需要了解的雇用法律"专栏强调了管理者做好人力资源管理相关决策需要掌握的一些法律信息。"写给管理者的员工敬业度指南"为管理者如何提高员工敬业度提供了解决方案。

第二，每一位管理者都需要利用人力资源管理技术来改进绩效，提高组织生产率和盈利水平。为了强调这一点，你将在本书中看到一些带有下列标题的特色专栏：

● 改进绩效：直线经理和小企业家的人力资源管理工具。该专栏揭示了任何一位管理者都可以在实际工作中采用的改进工作绩效的实用工具和实践。

● 改进绩效：作为利润中心的人力资源管理。我们已经认识到企业需要通过人力资源管理实践来增加价值。为了在本书中全面地说明这一点，本书的大部分章节都包含一个描述性的"改进绩效：作为利润中心的人力资源管理"专栏。该专栏通过一些具体的例子展示了人力资源管理实践如何通过降低成本或增加收入为企业带来可衡量的价值。

● 改进绩效：全球人力资源管理实践。该专栏揭示了现实中的全球企业是如何利用人力资源管理实践来改进自己的团队绩效和公司绩效的。

● 改进绩效：利用人力资源管理信息系统。该专栏揭示了管理者如何利用人力资源管理技术来改进绩效。

● 多元化盘点。该专栏为管理一支多元化的员工队伍提供了见解和指导。

第三，本书强调数字化和社交媒体正在改进人力资源管理绩效。你将在本书中看到"影响人力资源管理的趋势：数字化与社交媒体"专栏。

第四，在当今"分布式人力资源管理"的情况下，每一位直线经理都应该了解战略性人力资源管理，即企业的人力资源管理政策和实践如何帮助公司获得达成战略目标所需的那些员工胜任素质和行为。每章的开篇案例和专栏"改进绩效：战略背景"以及从第 3 章开始引用的巴黎酒店（Hotel Paris）的案例，都是用来表达这个观点。

1.5.3　各章内容概述

以下是对各章内容的简要概述。

第 1 篇：导论

第 1 章：人力资源管理导论。管理者需要承担的人力资源管理工作；一些重要的全球化和竞争趋势；管理者如何运用技术和现代人力资源测量系统提升人力资源管理水平。

第 2 章：平等就业机会与相关法律。企业需要了解的平等就业机会方面的法律；这些法律是如何对面试、员工甄选以及绩效评价等人力资源管理活动产生影响的；"企业需要了解的雇用法律"专栏揭示了相应章节涉及的一些重要法律。

第 3 章：人力资源管理战略及其实施。什么是战略规划；战略性人力资源管理；高绩效的人力资源管理实践；循证人力资源管理工具；起亚英国公司的员工敬业度战略。

第 2 篇：员工招募、配置与人才管理

第 4 章：职位分析与人才管理过程。如何对一个职位进行分析；如何确定一个职位的人力资源要求及具体工作职责；什么是人才管理。

第 5 章：人事规划与招募。人力资源规划；确定需要雇用什么类型的人；如何招募这样的人。

第 6 章：员工测试与甄选。公司为了确保能够雇用到合适的员工，可以运用哪些技术？

第 7 章：求职者面试。如何有效地对求职者进行面试？

第 3 篇：培训与开发

第 8 章：员工培训与开发。通过员工培训与开发确保员工具备完成其工作任务所需的各种知识和技能。

第 9 章：绩效管理与评价。可用于评价员工绩效的各种技术。

第 10 章：员工职业生涯和保留管理。员工流失的原因及解决方案，以及如何帮助员工管理其职业生涯。

第 4 篇：薪酬管理

第 11 章：制订战略性薪酬计划。如何为你的员工制订一套公平的薪酬计划。

第 12 章：绩效薪酬和经济性奖励。经济性奖励、绩效加薪以及奖金等有助于将绩效与薪酬挂钩的绩效薪酬计划。

第 13 章：福利与服务。通过提供各种福利计划来清楚地表明企业把员工视为一种长期投资，并且关心他们的福利。

第 5 篇：人力资源管理精要主题

第 14 章：培育积极的员工关系。制订员工关系管理计划以及运用员工参与项目；确保在惩戒和申诉过程中能够以符合道德且公平的方式对待员工。

第 15 章：劳资关系与集体谈判。如何与工会打交道，其中包括工会组建运动、劳资双方之间的集体谈判以及就一项集体合同达成一致；通过申诉处理程序管理集体合同。

第 16 章：安全、健康和风险管理。如何保证工作场所的安全，其中包括事故发生的原因，对企业在员工安全和健康上承担的相关责任进行认定的各项法律；风险管理措施。

第 17 章：全球化人力资源管理。在跨国公司中管理人力资源涉及的一些特殊问题。

第 18 章：小企业与初创企业的人力资源管理。在一些规模较小的企业中进行人力资源管理时涉及的各种主题。

1.5.4　各主题间的内在联系

本书的各个主题之间在实践中是相关的。这里的每一个主题都与其他主题存在相互作用和相互影响，并且所有的主题都应当与组织的战略规划保持一致。比如，如果组织雇用的员工根本不具备学会某种工作的潜力，那么无论为他们提供多少培训，他们的绩效水平都注定会很低。我们在本书中会看到，每一项人力资源管理职能，从职位分析到招募、甄选、培训以及向员工支付报酬，其目的都是帮助公司获得实现战略目标所需的各种员工胜任素质和行为。

本章内容概要

1. 所有管理者都应该能回答以下问题：什么是人力资源管理，为什么人力资源管理很重要？回答这些问题会帮助管理者避免雇用不适合的人承担某项工作等问题。更重要的是，它们有助于管理者确保通过人来获得相应的结果。直线经理的人力资源管理职责包括：将合适的人安排到适当的工作岗位上，完成新员工的岗前指导及培训工作。

2. 影响人力资源管理的各种发展趋势正在对人力资源管理者的工作内容和工作方式产生影响。全球化意味着更激烈的竞争，而更激烈的竞争则意味着组织在以下几个方面面临更大的压力：更大幅度地降低成本、使员工提高生产率，同时更加重视质量。技术进步要求组织获得更多能够掌握相关技术知识的员工，同时对企业运用新的技术工具改善其人力资源管理过程施加了更大的压力。由于现在更加重视知识型工作，因而，组织的人力资本——一个组织中的员工掌握的知识与技能、接受的教育与培训等——的构建会受到更多关注。劳动力队伍和人口结构的变化意味着劳动力队伍的老龄化程度加深，同时也更加多元化。

3. 就当今人力资源管理的组成部分或支柱而言，企业希望其人力资源管理团队能够更多地关注一些全局性问题，其中包括制定支持公司战略目标实现的人力资源管理政策，并通过敬业的员工实现组织的高绩效。

4. 为了达到上述要求，人力资源管理者需要具备新的胜任素质。他们应该能够运用循证人力资源管理，即运用各种数据、事实、分析方法、严谨的科学手段、批判性评价以及经过审慎评估的研究或案例等，来支持自己提出的人力资源管理建议、决策以及结论。

5. 在理解本书的总体章节安排时，要牢记几个重要的主题：人力资源管理是每一位管理者都需要承担的职责；劳动力队伍日益多元化；企业及其人力资源管理者需要在一个充满挑战的时代进行管理；人力资源管理者必须能够以一种可衡量的方式，即运用循证管理来解释自己的计划及其对组织的贡献，以此证明他们为企业增加了价值。

讨 论 题

1. 解释什么是人力资源管理以及它与管理过程之间是如何联系的。
2. 举例说明为什么人力资源管理的概念和技术对于所有的管理者来说都是有用的。
3. 分别描述直线经理和人力资源经理的人力资源管理职责。
4. 比较直线经理与人力资源经理的职权，并分别举例说明。

个人及小组活动

1. 以个人或小组为单位，列出一张清单，说明员工队伍多元化、技术创新、全球化以及工作本身的变化等发展趋势对于你目前所在的学校或大学所产生的影响，然后在课堂上向大家演示。

2. 以个人或小组为单位，与当地某家银行的人力资源经理取得联系。在其所供职的银行的战略目标已经确定的前提下，询问这位人力资源经理是如何以战略伙伴的身份管理银行的人力资源的。回到课堂上之后，大家一起讨论不同银行的人力资源经理对这一问题所做的回答。

3. 以个人或小组为单位，对一位人力资源经理进行访谈，然后以这次访谈为基础，拟一份简短的演示文稿，说明在创建一家更加富有竞争力的企业方面，今天的人力资源管理者能够起到什么样的作用。

4. 以个人或小组为单位，带上诸如《彭博商业周刊》（*Bloomberg Businessweek*）《华尔街日报》（*The Wall Street Journal*）这样的商业报刊到课堂上，或者在课堂上访问其网站。根据这些商业报刊中的内容，以"今天的人力资源经理和人力资源部门正在做什么"为题，列出一份清单。

5. 根据你的个人经验，举出 10 个例子来说明你是如何在工作中或者学校里运用（或本来应该运用）人力资源管理技术的。

6. 泰科国际（Tyco International）的人力资源高级副总裁劳里·西格尔（Laurie Siegel）在刚上任时，公司的前董事会成员和高层管理人员刚刚因为一系列的指控而被迫离开公司。公司新上任的首席执行官是爱德华·布林（Edward Breen）。西格尔刚刚就职就不得不处理大量棘手的问题。例如，她需要雇用一个新的公司管理团队，并针对关于公司文化存在伦理道德问题的外界看法采取一些措施。她还必须改革公司高层管理人员的薪酬计划，因为很多人认为正是这个薪酬计划导致公司遭到这样一种指控：公司过去的高层管理人员简直把公司当成了私人自动取款机。

来泰科国际之前，西格尔的工作履历让人印象非常深刻。比如，她毕业于哈佛商学院，曾在联信公司（Allied Signal）担任高级报酬负责人。尽管她非常优秀，当她接手泰科国际的人力资源高级副总裁职位时，她显然有很多艰难的工作要做。

以个人或小组为单位，通过网络和图书馆查询资料来回答以下问题：西格尔应该采取哪些与人力资源管理相关的措施来帮助泰科国际重新回到正确的轨道上？你认为她是否采取了恰当的措施？为什么？你会建议她现在做些什么？

体验式练习

人力资源管理与《利益者》

目的：本练习的目的是以实践的方式了解管理人员是如何在日常工作中使用相关技术的，从而帮助学生识别和应用人力资源管理的基本概念。

必须理解的内容：完全熟悉本章中的内容，至少看一两集 CNBC 播放的《利益者》（*The Profit*），网址为 www. tv. com/shows/the-profit/watch/（大家可以通过 UCL 访问历史剧集的视频库，例如 www.cnbc. com/live-tv/the-profit）。

如何进行练习/指导：

● 将全班分成若干小组，每个小组由若干学生组成。

● 阅读下面的内容：通过观看亿万富翁马库斯·莱蒙尼斯（Marcus Lemonis）如何拯救濒危的企业，你们可能已经知道人力资源管理在企业成功方面扮演着重要角色。例如，在格拉夫顿家具公司（Grafton Furniture），岗位职责不明确（缺乏最新的工作描述）导致对一些正在进行的订单监管不足，进而降低了利润率。格拉夫顿（Grafton）本人也遇到了一些问题，例如，如何衡量经理（包括老板的儿子）培训课程的有效性。

● 在观看了几集电视节目之后，小组要通过开会讨论的方式回答下列问题：

1. 在这个电视节目中，你们发现马库斯·莱蒙尼斯运用了哪些人力资源管理职能（比如招募、面试等），请举出节目中的一些具体例子。

2. 在这个电视节目中，你们能否找出具体的事例说明该公司哪些人力资源管理职能存在问题？

3. 你建议采取哪些人力资源管理职能（例如招募、甄选、面试、薪酬管理、绩效评价等）来提高这家公司的绩效？

4. 向全班同学展示你们小组的讨论结果。

应用案例

杰克·尼尔森的难题[115]

杰克·尼尔森（Jack Nelson）是刚刚进入一家地方银行董事会的一位新成员，这会儿银行方面正在将他介绍给总部的全体员工。当介绍到一位名叫露丝·约翰逊（Ruth John-son）的员工时，杰克对她的工作很好奇，就询问她所使用的机器是用来做什么的。露丝回答说，她实际上既不知道这台机器的名称是什么，也不知道它是用来干什么的。她向杰克解释说，自己刚到这家银行工作两个多月。按照露丝的直接上级的说法，露丝是一位非常出色的员工。

在一家分行的办公室里，这家分行的负责人私下里告诉尼尔森，她感到"这家银行有问题"，但是并不清楚问题到底出在哪里。她提到的一个问题是，员工流动率实在太高了，雇用一位新员工到岗的速度甚至赶不上另外一位员工辞职的速度。她继续说道，由于需要拜访客户和发放贷款，她很少有时间和银行里这些不断进进出出的新员工在一起工作。

这家银行的所有分行负责人都是在与银行总部以及其他分行之间不通气的情况下自行雇用员工的。当一个职位空缺出现后，分行负责人就试图去找一个合适的人替代离职的员工。

在走访了 22 家分行并且发现许多分行中都存在类似的问题之后，尼尔森就在考虑，总行应该做些什么，或者他应该采取哪些行动。总的来说，这家银行一直被认为是一家运行良好的金融机构，在过去的 8 年内，其员工人数从 27 人增加到 191 人。因此，尼尔森对这些问题考虑得越多，他的困惑也就越多。他还不能确切地把握问题的根源，同时也不知道是否应当把自己发现的这些情况向行长汇报。

问题

1. 你认为到底是什么原因导致这家银行的总行和分行中存在那些问题？

2. 你认为在这家银行的总行设立一个人力资源部门是否有助于问题的解决？

3. 人力资源部门履行哪些具体职能？哪些人力资源管理职能应当由这些分行的负责人以及其他一些直线经理来承担？在新的人力资源职能的组织过程中，互联网应当发挥怎样的作用？

连续案例

卡特洗衣公司

引言

本书的一个主题就是招募、甄选、培训员工和薪酬管理等人力资源管理活动并不仅仅是人力资源经理的工作，而是每位管理者都必须承担的责任。这在一家典型的小型服务企业中表现得最明显不过了，在这类企业中，往往没有专门的人力资源管理人员可以依赖。这类企业能否取得经营成功，在很大程度上取决于它们能否有效地处理员工的招募、雇用、培训、评价以及薪酬等方面的问题。为了说明和强调一线管理人员在人力资源管理方面能够起到的作用，我们将会在本书各章中使用一个连续案例，这个案例是基于美国西南部的一家小公司的真实情况编写的。在每一章中讲述该案例的一个部分，分别向读者展示了本案例的主人公——公司的所有者同时也是管理者詹妮弗·卡特（Jennifer Carter）——将会如何运用各章所介绍的人力资源管理概念和技术，来应对和解决日常工作中的各种人力资源管理问题。下面是一些有关该公司的背景信息，你在回答后续各章中的问题时可能需要这些信息。

卡特洗衣中心

詹妮弗·卡特于2011年6月从州立大学毕业，在考虑过几家企业提供给她的就业机会之后，她决定还是去做她一直想做的事情——和她的父亲杰克·卡特（Jack Carter）一起经营自己家的企业。

杰克·卡特先后在1991年和2001年开了他的第一家和第二家自助洗衣店。对杰克·卡特而言，这种投币式自助洗衣店最大的吸引力在于：它们是资本密集型的而不是劳动密集型的。一旦完成对机器设备的投资，这种店仅仅依靠一位并不需要太多技能的员工来提供一些服务就可以运转了，因此不会出现服务业中常见的一些劳动力问题。

尽管这种仅仅靠一名没有什么技能的员工就能运转的投币式洗衣店确实很有吸引力，杰克还是决定在2007年扩大每个洗衣店的服务范围，即提供干洗和熨烫衣服的服务。换句话说，他通过增加与现有的投币式自助洗衣服务有关的新服务，开始实施一种"相关多元化"的经营战略。他之所以要增加这些服务，主要出于以下几方面的原因。首先，他希望更好地利用目前租下的这些洗衣店中一些尚未利用的空间。其次，正如他自己所说的，他"很讨厌把来本店洗衣的顾客所需要的干洗和熨烫服务送给5英里以外的另一家干洗店，那家干洗店拿走了我本应得到的大部分利润"。为了反映服务领域的新扩张情况，他将两家洗衣店重新命名为卡特洗衣中心。由于对卡特洗衣中心的业绩非常满意，杰克准备在接下来的5年内再开4家以上同样类型的洗衣店。每一家洗衣店都将配备一位值班经理以及平均7名员工，每家洗衣店的年收入大约为55万美元。在詹妮弗毕业后加入她父亲的这家公司时，已经有6家连锁店。

詹妮弗和她父亲达成共识，即她将担任问题解决者或者咨询顾问，一方面学习企业经营方面的知识，另一方面通过引入现代管理理念和技术来帮助企业解决经营问题，从而推动企业的发展。

问题

1. 请列举出你认为卡特洗衣中心必须解决的5个具体的人力资源难题。
2. 如果你是詹妮弗，你首先会做什么？

注　释

第 **2** 章　平等就业机会与相关法律 [*]

Equal Opportunity and the Law

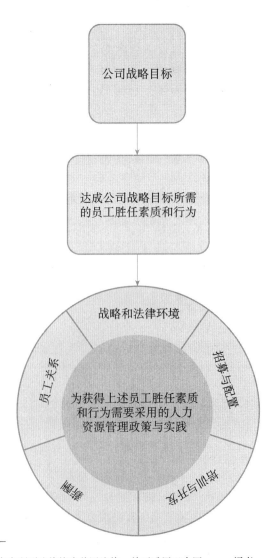

公司战略目标

达成公司战略目标所需的员工胜任素质和行为

战略和法律环境

员工关系

招募与配置

为获得上述员工胜任素质和行为需要采用的人力资源管理政策与实践

培训与开发

薪酬

---

* 受作者背景所限，本章中所列法律均为美国法律，并不适用于中国。——译者

➡ 我们学到哪儿了

作为一名管理者，你所采取的每一项人力资源管理行动，从面试、培训、评价到薪酬支付，都涉及公平雇用方面的要求。因此，本章的目的就是为读者提供如何有效处理工作中的公平雇用方面的知识。本章的主题涵盖1964—1991年颁布的各种平等就业机会相关法律；1991年至今颁布的与平等就业机会有关的法律法规；企业为应对歧视指控所做的辩护；对雇用歧视做法的解说；平等就业机会委员会的执法程序；多元化员工队伍的管理。

➡ 学习目标

1. 列出1964年《民权法案》第七章以及另外至少五部涉及平等就业机会的法律的基本特点。

2. 列出至少五部在1990年之后颁布的与雇用有关的法律，指出企业应当如何避免因工作中发生性骚扰而受到指控。

3. 举例说明可用于应对歧视指控的两种辩护理由，并指出在招募、甄选、晋升、调动、裁员以及福利等人事管理实践中存在的具体歧视性做法。

4. 列出平等就业机会委员会的执法程序中包含的步骤。

5. 举例说明哪些举措不利于组织的多元化管理，并阐释你将如何创建一个多元化管理项目。

几年前，律师们对优步科技有限公司（Uber Technologies）（简称优步公司）提起了集体诉讼。他们认为，优步公司的绩效评价体系存在问题。诉讼指出，优步公司的绩效评价体系"不是以有效、可靠的绩效作为衡量标准的"，相比男性员工，女性员工的绩效被系统性地低估了。[1]下面就让我们来看一看企业可以做些什么来避免类似的情况发生。

➡ 2.1 1964—1991年生效的平等就业机会相关法律

几乎每天我们都会看到在工作中出现的与平等就业机会有关的诉讼。[2]一项对公司律师所做的调查发现，这类诉讼是他们最害怕发生的。[3]在不懂得相关法律的情况下就去执行像雇用员工这样的一些日常管理任务，无疑是自挖陷阱。

实际上，在美国，用颁布法律的方式禁止对少数族裔实施歧视并不是一件新鲜事。《美国宪法第五修正案》（1791年批准）规定："未经正当的法律程序，不得剥夺任何人的生命、自由和财产权。"1865年的《美国宪法第十三修正案》宣布取缔奴隶制，法院也规定禁止实施种族歧视。1866年《民权法案》赋予所有人缔结和执行合同以及从美国法律中获益的平等权利。[4]但现实情况是，直到20世纪60年代初，历届美国国会和总统都避免在保障平等就业机会方面采取激进的行动。当时，在少数族裔和女性中发生的抗议以及传统习惯的改变才促使美国国会和总统采取了行动。在这种情况下，国会通过了多部新的与公民权利有关的法案。

2.1.1　1964 年《民权法案》第七章

1964 年《民权法案》第七章（Title Ⅶ of the 1964 Civil Rights Act）是最早出台的相关法律之一。经过 1972 年颁布的《平等就业机会法》的修订之后，《民权法案》第七章规定，雇主不得因种族、肤色、宗教信仰、性别和国籍等实施歧视行为。该法案还具体规定了雇主的下列行为是非法的：

1. 因为一个人的种族、肤色、宗教信仰、性别或国籍等因素而拒绝雇用或解雇一位劳动者，或者在薪酬、工作期限、工作条件或就业特权等方面对其实施歧视性对待。

2. 因为一个人的种族、肤色、宗教信仰、性别或国籍等因素，以任何一种方式对员工或求职者施加限制、进行隔离或者加以分类，从而剥夺或者倾向于剥夺其就业机会，或者对其作为一位员工的地位产生消极影响。

《民权法案》第七章禁止绝大多数雇主的歧视行为，其中包括雇用人数达到或超过 15 个人的所有公共组织、私营组织以及大多数工会。它还管辖所有的公共或私人教育机构、美国联邦政府和州政府以及地方政府。它禁止公共和私营机构因一个人的种族、肤色、宗教信仰、性别或国籍等因素而拒绝雇用。该法律禁止公共及私营机构基于种族、肤色、宗教信仰、性别或国籍等因素而拒绝考虑任何人的求职。

美国联邦政府依据《民权法案》第七章的规定建立了**平等就业机会委员会**（Equal Employment Opportunity Commission，EEOC），该委员会负责该法案的管理和实施。该委员会共有 5 名委员，他们经参议院建议和同意后由总统任命。每位委员的任期为 5 年。平等就业机会委员会还包括全美各地的数千名工作人员。他们接受来自被侵权者的投诉并对相关情况进行调查。如果平等就业机会委员会找到确凿的证据表明歧视的情况确实存在，则他们会试图通过调解的方式来促成当事人双方达成协议。[5] 如果调解未果，则可以诉诸法律。平等就业机会委员会可以代表被侵权者提起诉讼，也可以由被侵权者本人提起诉讼。[6] 我们将在本章的后续内容中讨论平等就业机会委员会的工作程序。[7]

人力资源管理与零工经济

零工经济中的歧视

大多数企业的雇用工作都是由公司的招募官、各级主管人员或人力资源管理专业人员承担的，因此，如果一位求职者在求职过中遭到了歧视，通常很清楚是谁干的。[8] 但是，如果一名为优步公司、Task Rabbit 公司或 Fiverr 公司这样的平台公司工作的零工遭到歧视，该如何处理呢？在这种平台公司中，做"雇用"工作的人通常是平台客户，他们通常根据以往用户的评论或员工个人资料中的照片"雇用"员工。那么，能否阻止产生用户歧视呢？令人遗憾的是，答案为"几乎不能"。Task Rabbit 公司和 Fiverr 公司对劳动力市场所做的调查发现，相较于白人而言，黑人零工工作者得到了更多的用户负面评价。由于评级算法部分基于先前客户作出的评论，所以黑人零工工作者受到了很大的影响。这是零工公司（和客户）需要解决的问题。

2.1.2　行政命令

美国多任总统都签署了行政命令，在联邦政府机构中推行平等就业。例如，约翰逊政府（1963—1969 年）颁布了第 11246 号和第 11375 号行政命令。这两项行政命令不仅禁止实施歧视，而且要求那些从联邦政府获得超过 5 万美元的合同并且员工人数达到 50 人以上的承包商，必须采取积极的**反歧视行动**（affirmative action），确保那些过去可能遭受过歧视的人得到公平的就业机会。依据这些行政命令还设立了**联邦合同合规项目办公室**（Office of Federal Contract Compliance Program，OFCCP），负责执行这些行政命令并确保其得到遵守。[9]

2.1.3　1963 年《公平薪酬法》

根据 **1963 年《公平薪酬法》**（Equal Pay Act of 1963）（该法案在 1972 年修正），如果男性和女性所承担的工作具有相同的工作内容，同时要求任职者具备同等的技能水平、付出同样多的努力以及承担同等的责任，并且在相似的工作条件下完成工作，则法律禁止企业因为劳动者的性别差异而在薪酬方面实施歧视性对待。如果二者之间的薪酬差异是因资历体系、绩效体系或者根据员工生产的产品的质量和数量来计算报酬的系统以及其他非性别因素造成的，则不算违反该法律。令人遗憾的是，尽管有了这部法律，女性获得的薪酬依然只有处于类似职位的男性的 70%。我们将在制订战略性薪酬计划的章节中讨论这种不公平现象及相应的处理办法。

2.1.4　1967 年《反雇用年龄歧视法》

1967 年《反雇用年龄歧视法》（Age Discrimination in Employment Act of 1967，ADEA）规定对年龄在 40～65 岁的员工或求职者实施歧视性对待是违法行为。后来所做的一系列修订取消了年龄的上限，有效地杜绝了大多数人都必须在 65 岁强制退休的现象。绝大多数州政府和地方政府的机构作为雇主时，必须遵守此项法律的规定。[10]

雇主不能通过雇用"40 岁出头"的员工替代那些 40 岁以上年纪相对较大的员工来规避此项法律的规定。在一个案例中，美国联邦最高法院裁定，如果一位年龄达到 40 岁以上的员工发现自己的工作岗位被另外一位同样超过 40 岁但"明显更为年轻"的员工取代，则其可以以歧视为由起诉公司。最高法院并未清晰地界定何谓"明显更为年轻"，不过此案中原告的职位是被另外一位比其年龄小 16 岁的员工取代的。[11]

较年轻的管理人员可能特别需要注意年龄歧视问题。例如，史泰博公司（Staples）一位 64 岁的员工因公司将其解雇而提起诉讼，公司给出的理由则是"他偷了一个甜椒"。据透露，史泰博公司的一位管理人员曾告诉同事"要仔细观察年龄大的员工""把他们的不恰当行为记录下来，然后把他们赶走"。这位被解雇的员工最终赢得了诉讼，获得了 1 600 万美元的赔偿。[12]

类似地，招募广告中经常使用这样的说法："求职者应在 2014—2018 年期间获得学位"或"应具有 4～6 年的工作经验"。虽然上述表述并不总是违反法律规范，但这类陈述有时暗含着"如果你超过 40 岁就请不要申请"的意思。[13]大型科技公司中发生年龄歧视的概率远远超过发生性别歧视和种族歧视的概率。[14]

《反雇用年龄歧视法》深受律师们的青睐。这部法律允许陪审团作出审判,而且会对那些被证明存在"故意"歧视行为的雇主处以双倍惩罚。[15]这部法律建议针对年长员工制定反骚扰政策。例如,禁止用"爷爷"这样的词来称呼年纪较大的人。[16]

2.1.5 1973 年《职业康复法》

1973 年《职业康复法》(Vocational Rehabilitation Act of 1973)要求与联邦政府签订合同价值超过 2 500 美元的雇主在雇用残障人士时采取积极的反歧视行动。不过,该法并不是要求雇主雇用那些不符合任职资格条件的人,它只是要求雇主在不会对自己造成不必要的困难的情况下,采取措施为残障人士就业提供可能的便利。

2.1.6 1978 年《反怀孕歧视法》

1978 年《**反怀孕歧视法**》(Pregnancy Discrimination Act)禁止雇主以员工怀孕、生育或者其他类似的身体状况为由,在雇用、晋升、停职、解雇或其他雇用决策中对员工实施歧视性对待。此外,该法案规定,如果一位雇主为员工提供伤残福利,则必须将怀孕和生育子女这种情形视同其他伤残情况,从而作为一种适用的条件包含在这种福利中。[17]

越来越多的女性员工正在以此法为依据提起诉讼,其原因是显而易见的。[18]举个例子来说,一家墨西哥快餐店解雇了一名怀孕的员工。这位员工告诉陪审团,尽管她过去获得的一直是积极的绩效反馈,但当她把怀孕的消息告知自己的经理后,经理就开始对其实施歧视性对待,比如,公司要求她把上厕所的时间告知同事,并且不能提前下班去看医生。

最终陪审团判罚公司赔付员工实际损失以及 50 万美元的惩罚性赔偿。[19]无论如何,管理人员应该"将所有的决策都建立在员工能否胜任自己的工作以及医疗记录的基础上,而不是管理者所做的解读"。[20]

2.1.7 联邦政府机构发布的指南

负责确保前述法律和行政命令执行的联邦政府机构制定了实施指南。这些指南给出了遵守这些法律的相关建议程序。[21]

美国平等就业机会委员会、公务员委员会(Civil Service Commission)、劳工部以及司法部共同颁布了**规范化指南**(Uniform Guideline)。[22]这些指南针对员工的甄选、文件记录等问题,提供了"强烈建议遵循的"程序。例如,这些指南一方面详细说明了当雇主使用的甄选工具导致更大比例的女性或少数族裔员工被筛选掉时,雇主必须能够证明这些甄选工具(例如各种测试)的效度;另一方面解释了如何证明一种甄选工具的效度(这一点将在第 6 章中解释)。平等就业机会委员会和其他政府机构还定期发布更新的指南,以解释和修正它们对于诸如办公场所中的性骚扰等问题的立场。美国心理学会(American Psychological Association)制定了自己的教育和心理测试标准(但不具备法律效力)。

2.1.8 与平等就业机会相关的早期法院判决

1964—1991 年作出的几项法院判决有助于澄清法院对于诸如《民权法案》第七章等一些平等就业机会法律所做的司法解释。

格里格斯诉杜克电力公司案（Griggs v. Duck Power Company）　此案被视为一起标志性案例，因为最高法院通过此案界定了不公正歧视的概念。很多律师代表这位应聘煤炭处理工职位的求职者威利·格里格斯（Willie Griggs）来起诉杜克电力公司。该公司要求该职位的求职者必须是高中毕业生，而格里格斯则宣称这种要求属于非法歧视。他认为，这种要求与一个人能否胜任该职位根本无关，而且它导致黑人比白人更容易被拒之门外。最终，格里格斯打赢了这场官司。法院的判决是一致的，在主审法官伯格（Burger）的书面意见中，他陈述了三点对平等就业机会法律产生重大影响的原则。

● 首先，法院规定，歧视行为并非必须是明显违法的。换言之，原告并不需要提供证据证明雇主是有意歧视员工或求职者，而只需要证明歧视现象确实已经发生。

● 其次，法院认为，如果雇用方面的规定（在此案中是指要求任职者具有高中学历）对**受保护群体**（protected class）成员产生了不对等的影响，则这些雇用规定必须与工作相关。（例如，如果完成某一职位的工作任务并不需要数学能力，就不要测试求职者的数学能力。）

● 最后，主审法官伯格的观点是证明雇用要求是与工作相关的，举证义务置于雇主一方。因而，一旦雇主的雇用要求对受保护群体成员产生了差别性影响，雇主就必须证明这种雇用要求（在此案中是指要求任职者具有高中学历）是保证任职者取得令人满意的绩效所必需的。用伯格法官的话来说就是：

> 《民权法案》不仅禁止明显的歧视行为，而且禁止那些在形式上貌似公平而实质上却存在歧视的行为。其判断标准是雇用要求是否为胜任工作所必需的。如果某种雇用要求对黑人产生了排斥性后果，却无法证明这种雇用要求是与工作绩效有关的，则这种雇用要求就是法律禁止的。[23]

格里格斯诉杜克电力公司案为雇主提供了五条重要原则：

1. 测试或其他甄选实践必须与工作相关，并且证明这种相关性的责任在雇主一方。

2. 一位雇主在主观上是否有歧视意图与其是否会被认定为歧视无关。[24]

3. 如果一种雇用要求"在形式上是公平的，而实际上却是歧视性的"，法院也不会支持这种雇用要求。

4. "经营必需"是为任何具有消极影响的雇用要求进行辩护的最好理由，但法院并未对何谓"经营必需"给出定义。

5. 《民权法案》第七章并未禁止企业实施甄选测试，但这些测试必须与工作相关（有效），即测试成绩必须与实际的在职工作表现相关。

雅宝纸业公司诉穆迪案（Albemarle Paper Company v. Moody）　在此案中，法院提供了更多的细节来说明雇主应当如何证实自己采用的测试或其他甄选工具与工作绩效相关。[25]例如，法院要求，如果一位雇主想要对应聘某一职位的求职者实施甄选测试，那么首先需要以文本形式清晰地陈述并解释一个职位需要承担的工作职责。另外，该职位的工作绩效标准应当是清晰明确的。在这种情况下，雇主才能鉴别出哪些员工的工作绩效优于其他人。法院裁决还制定了平等就业机会委员会（现在是美国联邦政府）的甄选效度验证指南，将其作为确保雇用要求效度的程序。

➡ 2.2　与平等就业机会有关的法律法规 （1991 年至今）

2.2.1　1991 年《民权法案》

20 世纪 80 年代美国联邦最高法院作出的一系列判决限制了平等就业机会的相关法律法规对于女性和少数族裔劳动者所提供的保护。例如，它们增加了原告需要证明雇主的行为确实存在歧视的责任。这种情况很快促使国会通过了一部新的《民权法案》。美国总统布什签署了 **1991 年《民权法案》**（Civil Right Act of 1991，CRA 1991）。这部新法案将平等就业机会方面的法律对劳动者提供的保护重新恢复到了 20 世纪 80 年代以前的状态。在某些方面，它甚至使雇主需要承担的责任进一步增加。

举证责任　首先，1991 年《民权法案》着重解决了举证责任问题。在所有涉及公平就业问题的案件中，举证责任——原告必须向法院证明雇主可能存在非法歧视行为，而雇主则提供证据证明自己的行为并不属于歧视——都起着核心作用。[26]简而言之，在今天，一旦感觉受到歧视的求职者或者员工证明雇用要求（例如"必须能举起 100 磅的重物"）对于某一特定群体产生了消极影响，那么举证责任就转向雇主一方，后者必须证明自己的这种雇用要求是与工作相关的。[27]例如，雇主必须能够证明能举起 100 磅的重物是胜任职位所必需的，若不对任职者提出此种要求，企业就无法有效经营，也就是说，它是一种经营必需条件。[28]

财务损失　在 1991 年《民权法案》颁布以前，蓄意歧视（律师称之为"差别对待"）的受害者如果没有遭受财务方面的损失，并且是通过 1964 年《民权法案》第七章来提起诉讼的，则无法要求得到补偿或对雇主实施惩罚性赔偿。他们能够得到的结果仅仅是重新回到原来的职位（或者是得到该职位）。他们有资格获得欠薪返还，并且由雇主方来承担律师费和法院诉讼费用。

1991 年《民权法案》使得受害者在这些情况下更容易基于财务损失来提起诉讼。它规定，宣称自己受到蓄意歧视的员工如果能够证实雇主是"蓄意或肆无忌惮地对受联邦政府法律保护的受害者权利实施侵害"，就可以要求获得补偿性赔偿金和惩罚性赔偿金。[29]

混合动机　有些雇主在这种所谓的**"混合动机"案件**（"mixed-motive"case）中采取的是这样一种立场，即虽然它们的行为带有歧视成分，但其他一些非歧视性因素，比如员工的可疑行为等，使它们在工作中采取的行动是可以接受的。根据 1991 年《民权法案》的规定，在这种情况下，雇主必须承担这样一种责任，即证明自己没有歧视性动机，但也会作出相同的决定——比如解雇一位员工。[30]换言之，只要在所采取的行动中有歧视性动机，该行为就可能是非法的。[31]

2.2.2　《美国残疾人法》

1990 年《**美国残疾人法**》（Americans with Disabilities Act，ADA）禁止雇主歧视那

些能够胜任工作的残疾人。[32]它禁止雇用人数达到或超过 15 人的雇主在求职申请、雇用、解雇、薪酬、晋升、培训或其他的待遇、工作条件或特殊权利等方面，歧视那些能够胜任工作的残疾人。[33]它还规定，雇主在不会给自己带来不必要的困难的情况下，要为在身体或心理上存在障碍的员工提供"适当的便利"。

该法案并没有具体列出残障情况的清单。不过，平等就业机会委员会的指南对残疾作出了界定，它是指一个人由于存在某种生理或心理上的缺陷而在主要生活活动上受到"显著限制"。这里的缺陷包括生理上的紊乱或不良状况、容貌损害或身体结构缺失影响到一种或多种身体系统功能，或者是精神或心理上的紊乱，等等。该清单涵盖的内容仍在不断扩展。[34]（最近，马萨诸塞州法院裁定，企业若解雇使用医用大麻者可能会受到残疾歧视方面的指控）。[35]

该法案还就哪些情况不应被视为残疾进行了细分，其中包括强迫性赌博、纵火癖以及非法滥用药物导致的一些紊乱等。[36]

在根据《美国残疾人法》提起的诉讼中，绝大多数是有关精神损害的。[37]平等就业机会委员会在《美国残疾人法》指南中指出："精神损害包括任何精神或心理上的紊乱，例如情绪或精神上的疾病。"这样的例子包括抑郁、过度焦虑以及人格紊乱。《美国残疾人法》还保护那些存在智力缺陷的员工（包括那些智商水平在 70～75 分之间的人）。[38]该指南还指出，雇主应当注意的一点是，那些通常会被视为不利特征的情况（比如，长期迟到、态度恶劣或者判断力不足等）很可能是因为当事人存在心理缺陷。平等就业机会委员会指出，所谓提供适当的便利可能包括在工作空间提供隔断、分区或者其他屏障。

合格者 当然，该法律不是确保一个身患残疾的人获得某一职位，而是禁止歧视那些尽管身患残疾但能够胜任工作的人，即**合格者**（qualified individual）——他们在得到（或未得到）雇主提供的适当便利条件下，能够履行工作中的必要职责。这些人必须具备完成工作所需的技能、教育背景和工作经验。至于哪些工作职责是必要的，判断的标准包括：这些职责是雇主设置该职位的目的所在，或这些工作职责特别专业化，雇主之所以雇用新员工，恰恰是因为他具备履行职责所需的经验或能力。例如，如果艾奥瓦州一名在县高速公路上工作的工人突然身患一种在工作时可能发作的疾病，他的驾驶证就会被暂扣，同时法庭不会受理他根据《美国残疾人法》提起的诉讼，原因在于他不能履行本职位的基本职责。[39]

适当的便利 如果按照当前的工作安排，一位身患残疾的员工无法顺利完成工作，则雇主必须提供一些"适当的便利"，除非这样做会给雇主带来"不必要的困难"。[40]适当的便利可能包括重新设计工作，修改工作日程安排，或者提供某些设备或其他设施（比如加宽大门或者允许远程办公）来帮助员工。[41]例如，约有 70% 的成年盲人劳动力处于失业或未充分就业状态，而屏幕阅读程序等现代技术能够让他们中的大多数人顺利完成一些工作。[42]另外，企业还需要审查一下公司网站，以确保不会妨碍残疾员工。[43]

律师、雇主和法院一直在探寻"适当的便利"究竟是指什么。[44]在一个经典案例中，一位背部残疾的员工在沃尔玛超市担当门卫，她询问自己在上班的时候是否可以坐在轮椅上，沃尔玛回答不可以。于是，该员工到法院提起诉讼。联邦政府的地区法院支持沃尔玛公司的主张，认为门卫必须表现出一种"积极友好的态度"，而不能坐在轮椅上完成这一工作。[45]也就是对门卫来说，站立是一种必要的工作职责。雇主可以利用技术和常识来提供适当的便利（见图 2-1）。

- 那些存在运动或视觉障碍的员工可以从声音识别软件中获益。
- 词汇预测软件可以基于语境通过输入的一两个字母就判断出整个词汇。
- 实时翻译软件能帮助员工参加各种会议。
- 手机的振动功能能在收到信息时提醒员工。
- 亚马逊公司创办了一个专门针对残障人士的网站,以帮助残疾员工以及其他残疾人与各种机构建立联系。

图 2-1 关于如何提供适当便利的例子

2008 年《美国残疾人法修正案》 在美国联邦巡回法院所做的 96% 的涉及《美国残疾人法》的判决中,都是雇主胜诉。[46]美国联邦最高法院所做的一项判决反映了原告面临的典型问题。一名装配工起诉丰田汽车公司,称由于自己存在腕关节病症而无法从事现在的工作。[47]美国联邦最高法院裁定,只有当该员工的这种腕关节病症不仅影响其工作绩效,而且对其日常生活产生影响时,这种情况才适用于《美国残疾人法》。这位员工自己也承认,她完全能够独立完成洗漱和做早餐等日常事情。法庭指出,《美国残疾人法》所指的残疾是以是否影响员工的日常生活(而不仅仅是影响工作)作为判断标准的。[48]

然而,2008 年《美国残疾人法修正案》(ADA Amendments Act,ADAAA)将使员工更容易证明自身的残疾确实影响到了自己的"主要生活活动",比如阅读和思考。[49]例如,对香水敏感也可以被视为一种残疾。[50]因此,企业必须加倍努力确保自己遵守《美国残疾人法》。[51]

大多数雇主简单采取了一种渐进的方式。普遍来说,雇主对于雇用残障人士的很多担心(如他们生产效率更低,会发生更多的事故)通常是毫无依据的。[52]沃尔格林公司(Walgreens)制定了这样一个目标,即把自己的两个大型分销中心中的至少 1/3 的职位留给残疾人士来担任。[53]

图 2-2 为管理人员和雇主总结了一些重要的《美国残疾人法》遵守指南。

- 如果一位求职者符合任职资格条件且能履行必要的工作职责,则不要将其拒之门外。
- 为残疾员工提供适当的便利,除非此举会带来不必要的困难。
- 知道你能向求职者提问什么问题。总之,你向求职者发出录用通知之前,是不能向其询问有关残障方面的状况的。不过,你可以提出一些关于求职者履行必要工作职责的能力方面的问题。
- 在职位描述中明确列出该职位必要的工作职责。事实上,在任何一起与《美国残疾人法》有关的法律诉讼中,"该职位的必要职责是什么"都是一个核心的问题。
- 不要容忍不当行为或不稳定的表现(包括缺勤和行动迟缓),即便该行为与残疾有关。

图 2-2 为管理人员和雇主提供的《美国残疾人法》遵守指南

2.2.3 《军人就业及再就业权利法》

根据 1994 年《军人就业及再就业权利法》(Uniformed Services Employment and Re-employment Rights Act),除了其他要求之外,雇主通常还被要求将退役员工重新安置到与他们入伍前的职位具有可比性的工作岗位上。[54]

2.2.4　2008 年《反基因信息歧视法》

《反基因信息歧视法》（Genetic Information Nondiscrimination Act，GINA）禁止健康保险公司以及雇主基于一个人的基因信息对其实施歧视。具体来说，该法禁止在雇用过程中使用与基因有关的信息，禁止故意获取求职者或员工的基因信息，要求对基因信息绝对保密。[55]

2.2.5　州政府和地方政府颁布的平等就业机会法规

除了联邦政府颁布的法律，美国所有的州和绝大多数地方政府也都禁止实施雇用歧视。州政府和地方政府颁布的法律法规通常涵盖了那些不受联邦立法管辖的雇主（比如那些雇员人数少于 15 人的雇主）。[56]

雇主们经常冒险忽视市级和州级的平等就业机会法律。比如在纽约州，市级法律的适用范围涵盖了雇员人数少至 4 人（而不是《民权法案》第七章中规定的 15 人）的雇主。[57] 管理人员可以通过像《人力资源管理合规基础：您所在的州和联邦的雇用法律手册》（*HR Compliance Basics：Your State and Federal Employment Law Manual*）（可从 SHRM 获得）这样的法律手册了解当地的平等就业机会法律。

州和地方的平等就业机会机构（通常称为"人力资源委员会"或"公平就业委员会"）也在确保平等就业机会法律得到遵守方面发挥着重要的作用。当平等就业机会委员会接到一项有关就业歧视的指控时，它通常会在很短的时间内将其转交给具有同等管辖权的州和地方的人力资源委员会。如果这样做没有得到令人满意的结果，该指控就会重新交给平等就业机会委员会处理。

2.2.6　宗教歧视[58]

平等就业机会委员会负责执行的法律都是禁止因年龄、残疾、公平薪酬、基因信息、国籍、怀孕、种族或肤色、宗教信仰、打击报复、性别等实施的歧视，以及禁止性骚扰的。该委员会还认定，对变性人实施的歧视也属于性别歧视，因此也包含在《民权法案》第七章的内容中。

宗教歧视是指由于某人的宗教信仰而对其采取不利的对待方式。法律保护的对象不仅是那些传统的、有组织的宗教人士，比如佛教教徒、基督教教徒、印度教教徒、伊斯兰教教徒以及犹太教教徒等，还包括那些有着虔诚的宗教、伦理或道德信仰的人。除非会给企业带来不必要的困难，否则企业必须为员工的宗教信仰或宗教活动提供适当的便利。适用这一点的情形包括为员工的宗教纪念活动改变工作日程安排或批准请假，还包括涉及宗教服饰或仪容整洁方面的一些事项——比如戴特别的头巾或穿其他宗教服饰，或者留某种发型或胡子。

雇主当前面临的问题是需要在多大程度上为员工的宗教习俗提供便利。例如，平等就业机会委员会发现食品巨头嘉吉公司（Cargill）因剥夺一家工厂的穆斯林员工的祈祷休息时间而违反了《民权法案》第七章中指出的"合理的宗教原因"条款。[59] "合理的"取决于雇主为员工宗教习俗提供便利而给企业生产带来的破坏性程度。例如，对于高速连续的生产线来说，这种中断可能会造成非常大的损失。[60]

2.2.7　歧视法的发展趋势

当前一些趋势正在扩大平等就业的影响，而另一些趋势则形成了阻力。

就促进性趋势而言，美国联邦最高法院认为，《联邦婚姻保护法》（Federal Defence of Marriage Act）将同性婚姻（州政府批准）排除在外是违反宪法的。[61]随后，美国劳工部指出，根据《员工退休收入保障法》（ERISA）的规定，"'配偶'一词是指根据任何州的法律合法结婚的任何个人，其中包括那些……（现在）居住在不承认同性婚姻的州的个人"。[62]2014 年，时任总统奥巴马签署了一项行政命令，禁止联邦承包商歧视女同性恋、男同性恋、双性恋和跨性别（LGBT）的员工，比如在福利方面。[63]2017 年，联邦上诉法院裁定，《民权法案》第七章中指出的性别歧视意味着雇主不能歧视男女同性恋工人。[64]某些州要求雇主接受那些不认同男女性别分类的第三性别的人，即"非二元"分类。[65]劳工部要求联邦承包商至少雇用 7% 的残疾工人，否则将面临严重的处罚，甚至会失去合同。[66]

最近的某些规定可能会对平等就业产生不利影响。美国联邦最高法院支持密歇根宪法修正案，该修正案禁止在该州公立大学的招生过程中采取平权行动。这种做法可能会使其他州的选民同样决定在本州公立大学招生过程中取消采取平权行动。[67]在另外两项判决中，法院使员工更难对公司提出报复性索赔；还对"主管人员"的范围做了更严格的限定，减小了员工证明公司对"主管人员"的骚扰行为应当负责的可能性。[68]由于共和党政府宣称要放松监管，因此可能不太支持平等就业机会法律（以及一般法规）。2017 年，司法部长塞申斯（Sessions）表示，宗教组织只能雇用与本组织宗教信仰原则一致的人。[69]

表 2-1 总结了一些经过挑选的与平等就业机会相关的法律、行动、行政命令和政府规章。

表 2-1　重要的平等就业机会相关法规概要

行动	行动内容
1964 年《民权法案》第七章及其修正案	禁止基于种族、肤色、宗教、性别或国籍实施歧视；由平等就业机会委员会负责实施
行政命令	禁止从联邦政府获得价值 1 万美元以上合同的承包商及其二级承包商实施雇用歧视；成立了联邦政府合同合规办公室；要求雇主采取积极的反歧视行动
联邦政府机构指南	为避免出现基于性别、国籍、宗教等因素的雇用歧视以及确保采用适当的招募甄选程序而提供的指南，例如，要求验证甄选测试的效度
最高法院判例：格里格斯诉杜克电力公司案；雅宝纸业公司诉穆迪案	规定了任职资格条件必须是与能够胜任工作相关的；不必证明歧视是明显的；雇主承担证明自己的任职资格条件能够满足效度要求这一责任
1963 年《公平薪酬法》	要求为从事相似工作的女性和男性提供同等薪酬

续表

行动	行动内容
1967 年《反雇用年龄歧视法》	禁止在任何一个雇用领域对 40 岁以上的人实施年龄歧视
州政府和地方政府的法律法规	通常适用于那些由于规模过小而未被联邦政府的相关法律覆盖的雇主
1973 年《职业康复法》	要求在雇用和晋升方面对那些符合任职资格条件的残疾人采取积极的反歧视行动计划，禁止对残疾人实施歧视。
1978 年《反怀孕歧视法》	禁止在雇用过程中对孕妇或处于类似情况的劳动者实施歧视
1974 年《越战老兵再调整法》	要求对参加过越南战争的退伍军人采取积极的反歧视行动计划。
沃兹科夫包装有限公司诉安东尼奥案	使原告证明雇主存在非法歧视行为变得更为困难
1990 年《美国残疾人法》	强调了大多数雇主都需要为残疾员工从事工作提供适当的便利；禁止对他们实施歧视
1991 年《民权法案》	改变了美国联邦最高法院的多个判决；将举证责任重新置于雇主一方，并批准在歧视案件中判付补偿性赔偿金和惩罚性赔偿金
2008 年《美国残疾人法修正案》	使员工更容易证明自己的残疾状况已经"显著限制"了自己的主要生活活动
《反基因信息歧视法》	于 2008 年 5 月签署生效，它禁止基于员工或求职者的基因信息来对他们实施歧视

资料来源：The actual laws（and others）can be accessed via a search at www.usa.gov/Topics/Reference-Shelf/Laws.shtml，accessed June 28，2018.

2.2.8 性骚扰

过去的几年内，涉及性骚扰的指控以及指控被坐实的案件急剧增加。[70]

根据《民权法案》第七章，**性骚扰**（sexual harassment）一般是指实施与性相关的骚扰行为，并且这种行为的目的或实际结果是显著地影响受害者的工作绩效或者制造一种威胁性、敌对性或侵犯性的工作环境。在最近一年内，平等就业机会委员会收到了 11 717 起性骚扰指控，其中大约 15% 的指控是由男性提出的。[71]（在奥卡尔诉日落离岸服务公司案（Oncale v. Sundowner Offshore Services Inc.）中，美国联邦最高法院认定，对来自同性的性骚扰也可以根据《民权法案》第七章提起诉讼。[72]）一项研究发现，"女性会比男性遭受更多性骚扰，少数族裔会比白人受到更多的种族骚扰，少数族裔女性会比白人男性和女性以及少数族裔男性遭受更多的性骚扰"。[73]2017 年底，平等就业机会委员会更新了其性骚扰准则。[74]

平等就业机会委员会提供的指南强调，雇主有责任采取积极的行动维护工作场所，使雇员远离性骚扰和恐吓。1991 年《民权法案》规定，如果雇主对一个人的权利实施了"蓄意或肆无忌惮的损害"，则它允许遭到蓄意歧视（包括性骚扰）的受害者提起法律诉讼并接受陪审团的审理，同时还可以因所受伤害得到补偿性赔偿金以及惩罚性赔偿金。[75] **1994 年《联邦政府反女性暴力侵害法》**（Federal Violence Against Women Act of 1994）为遭遇暴力性骚扰的女性提供了另一条寻求救助的途径。它规定，如果一个人"犯有暴力性侵犯罪并且侵害了女性的权利"，此人需要对受害者负法律责任。

什么是性骚扰　平等就业机会委员会发布的指南将性骚扰定义为：在以下各种情况下发生的不受欢迎的性挑逗、提出的性便利要求以及任何带有性色彩的语言或肢体接触等：

1. 一个人之所以顺从这种行为，是因为这样做已经成为此人能够被雇用的一个明确或隐含条件。

2. 一个人是顺从还是拒绝这种行为，会被作为决定此人能否被雇用的一个决策依据。

3. 这些行为具有下列目的或者产生了下列效果：对一个人的工作绩效产生了不正常的影响，或者在工作场所中制造了一种具有威胁性、敌对性或侵犯性的工作环境。

如何证明受到性骚扰　有三种主要途径可以证明自己受到了性骚扰。

1. 交易性。最直接的方法就是证明这样一个事实，即如果拒绝一位主管人员的性要求，则受害者会在平等就业机会委员会所谓的"有形雇用行为"——雇用、解雇、晋升、降级以及（或）工作安排等——方面处于不利的地位。例如，在一起案件中，一位员工指出，她自己能否继续获得工作上的成功和职业发展取决于她是否同意其直接上级的性要求。"性骚扰"一般要求相关行为具有普遍性或严重性。在另一起案件中，尽管主管人员在开车送员工的过程中触摸了员工的肩膀两次，还对员工说因为自己雇用了她，所以"你欠我的"，但法院仍裁定员工提出的性骚扰申诉不能得到支持。[76]

2. 由上司制造的一种有敌意的工作环境。性骚扰的成立并不需要诸如降职等有形结果来证明。例如，在一起案件中，法院发现，一位男上司的骚扰行为已经对一位女员工的情绪和心理造成影响，以至于她觉得自己非辞职不可。在这种情况下，尽管这位男上司并没有通过直接的威胁或许诺来要求这位女员工提供性便利，但其举动确实影响了受害者的绩效并且形成了一种侵犯性工作环境，这就已经足够证明性骚扰指控成立。对于尽管是在雇用过程中发生的但是并未对雇用本身产生显著影响的性关系，法庭通常是不会将其解释为性骚扰的。[77]美国联邦最高法院也坚持认为，性骚扰法律管辖的范围并不包括那些正常的异性之间的调情。大法官安东宁·斯卡利亚（Antonin Scalia）在自己的判决中指出，法庭必须仔细区分"开个小玩笑"和真正的侵犯行为之间的区别。[78]

3. 由同事或者非本组织人员制造的一种有敌意的工作环境。同事或非本组织人员的行为也会引发此类诉讼。例如，在一起案件中，法院认为，正是雇主强制要求员工穿着具有性挑逗意味的工作服，才导致顾客对这位员工的言语侵犯。当这位员工拒绝穿着该制服时，她就被解雇了。因为雇主无法证明要求员工穿着这样的服装是一种工作需要，也无法解释为何只要求女性员工穿着这样的服装，所以法院判决雇主应当对员工所受到的性骚扰负责。类似的一些令人憎恶的客户行为更有可能发生在客户处于更为主动的地位时，因为这时他们认为没有人会惩罚他们。[79]平等就业机会委员会提供的指南还指出，即使性骚扰行为并非主管工作人员所为，只要雇主知道或者本应该知道性骚扰行为的存在，雇主就应当对此行为负责。

什么是"有敌意"的环境 有敌意的环境中的性骚扰一般是指严重到足以导致工作条件改变的威胁、侮辱以及嘲讽。在这方面,法院做裁决时主要考虑以下几个方面:歧视行为是否频繁或严重;行为是否具有身体上的威胁性或侮辱性,或者仅仅是一种冒犯性的语言表达;行为是否对一位员工的工作绩效产生了不良影响。[80]法院还会考虑员工本人是否认为这种工作环境是侮辱性的。例如,员工对这种行为是表示欢迎,还是立即抱怨?[81]

最高法院的裁决 美国联邦最高法院通过莫里特储蓄银行诉文森案(Meritor Savings Bank v. Vinson),进一步拓展了平等就业机会委员会针对性骚扰所发布的指南。最高法院的其他两个判例则进一步对性骚扰法律作出了解释。

在第一个案件——伯林顿工厂诉埃勒斯案(Burlington Industries v. Ellerth)中,一位员工指控其上级主管人员对其实施交易性性骚扰。她说自己的老板向她提出性要求,并且以降职威胁她顺从。她的老板并没有真的这么做,而她实际上也得到了晋升。在另一起案件——法拉格诉博卡拉顿城案(Faragher v. City of Boca Raton)中,一位员工指控其雇主的行为制造了一种有敌意的工作环境。她说自己在频繁遭受其他同事的嘲讽后不得不辞去了救生员的工作。在上述两起案件中,法院都作出了支持员工的判决。

法院的判决对于雇主和管理人员具有两方面的含义。首先,在交易性性骚扰案件中,员工并不需要在遭受了某种实际的工作行动(比如降职)后才能赢得诉讼。其次,法庭为雇主提供了一种在面临性骚扰指控时进行自我辩护的重要方法,即雇主需要证明自己已经采取"合理的关注"来防止和及时纠正性骚扰行为,而员工却没有合理地利用公司制定的相关政策来获得帮助。

对雇主和管理者的启示 这些判决表明,雇主可以通过证明以下两点来使自己免于承担性骚扰责任:

- 首先,必须表明已经采取"合理的关注"措施来防止和纠正任何性骚扰行为。[82]
- 其次,必须表明原告"无适当理由地拒绝使用公司提供的预防或纠正机会"。如果员工没有使用正式的报告系统,则这一点就能够得到满足。[83]

以下专栏为管理人员提供了一些指南。

改进绩效:直线经理和小企业家的人力资源管理工具

如何应对性骚扰[84]

- 严肃对待一切有关性骚扰的投诉。
- 颁布强硬的政策以谴责此类行为。阐明应予禁止的行为,确保检举者不会遭到报复,阐明公司对投诉的保密程序,并提供客观公正的调查及纠正行动。
- 采取措施防止性骚扰发生。例如,与员工沟通,表明公司不会容忍性骚扰行为,并在有人投诉后立即采取行动。在解雇主持人马特·劳尔(Matt LauEr)后,美国全国广播公司(NBC)要求任何知晓公司性骚扰情况的员工都要向人力资源部报告。[85]
- 建立一套包括立即作出反应和调查在内的管理响应系统。一些企业使用www.projectcallisto.org开发的应用程序记录和报告性骚扰。[86]
- 培训主管和管理者,以加强其对此类问题的关注,并以纪律约束管理者和员工,防止他们卷入性骚扰事件。

为什么法律力有不逮 令人遗憾的是，在实践中，以下几个问题会影响法律的作用。

首先，"女性将更广范围内的社会两性交流行为（如触摸）看作骚扰"。[87]在一项研究中，约有58％的员工报告说他们在工作中经历过潜在的"骚扰性"行为。总体来说，大约25％的人将此类行为看作谄媚性质的，还有大约半数的人将之视为善意的行为。通过更仔细的审视，在认为类似行为属于"谄媚"或"善意"的人中，男性是女性的4倍。[88]有关性骚扰方面的培训和相关政策可以缓解这个问题。[89]

其次，受害者常常因为害怕（例如害怕找不到工作）而放弃指控。在一项研究中，男性面试官问了女性求职者某些不恰当的问题，如"你有男朋友吗？""人们觉得你受欢迎吗？"[90]所有女性求职者都回答了上述问题。当被问及回答的原因时，她们说在面试中的恐惧（失去工作）大于对该问题的愤怒。

再次，员工通常不会主动投诉。例如，两位空军上将出现在美国国会的众议院军事委员会中，他们被要求对23名空军基地教官与48名女学员之间发生的不正当关系或对后者进行性侵犯的问题作出解释（还有其他一些事项）。空军方面认为，之所以发生这样的事情，一方面是因为女学员中弥漫着一种恐惧气氛（她们深信将自己所受到的侵犯报告给上级长官是徒劳无用的），另一方面则是由于"指挥结构过于薄弱"。[91]

最后，防止性骚扰的培训往往无济于事。此类培训往往只是履行了公司的法律义务，表明公司对员工进行了防止性骚扰的培训。许多公司的人力资源部门确实也收到过员工提出的性骚扰指控，但他们无所作为。[92]举一个极端的例子，当员工对温斯坦（Weinstein）提出性骚扰指控时，公司的人力资源部门却将性骚扰指控直接发送给当事人温斯坦了。[93]

员工能做些什么 首先，投诉。要记住，法院一般会审查被骚扰的员工是否及时使用公司的报告程序来提出投诉。如果公司提供了有效的投诉程序，员工就应该充分利用并配合后续调查。[94]在这种情形下，员工可采取的措施有：

1. 遇到性骚扰时立即对骚扰行为实施者提出抗议以及向其上级投诉，要求立即停止这种不受欢迎的行为。

2. 向自己的上级报告。

3. 如果对方仍然没有停止这种不受欢迎的行为，则员工可以向其直接上级主管人员或人力资源总监提出口头和书面报告，同时说明自己尽管努力过，但是未能让对方停止这种行为。

4. 如果上述措施都未能解决问题，则性骚扰受害者可向平等就业机会委员会提起必要的控告。如果性骚扰的情节严重，则员工可咨询律师，提起诉讼，指控对方侵犯、蓄意施加精神压力，要求法院强制其停止类似行为并支付补偿性赔偿金和惩罚性赔偿金。[95]

影响人力资源管理的趋势：数字化与社交媒体

某些员工会通过脸书和其他网络渠道对同事实施骚扰和职场霸凌（比如发布诋毁性评论）。对此，企业必须将非法在线骚扰（如进行种族、宗教信仰、国籍、年龄、性别以及残疾等方面的歧视）与普通的员工冲突区分开来。企业必须要对员工的霸凌行为采取零容忍的政策。[96]

当然，社交媒体是企业实施员工招募的有效途径，比如在领英网站上搜寻候选人。但是查看一位求职者在社交媒体上的个人资料可能存在问题，因为这些资料可能会透露他们的宗教、种族和性取向等相关的信息。[97]当前，某些州禁止企业向员工或求职者索要账号密码。因此，合理的做法是通过制定政策限制在网上查看候选人信息的人员权限以及他们的操作权限。主管人员可能不应该自己去做这样的审阅。

2.3 应对歧视指控

为了理解雇主应当如何为自己可能面临的就业歧视指控进行自我辩护，首先需要简要地介绍几个基本的法律术语。

歧视方面的法律会将差别对待与差别影响区分开来。差别对待意味着蓄意实施歧视。"当雇主根据一个人的种族、宗教、性别或民族对其实施不同对待时"，便发生了差别对待。[98]例如，公司制定这样一条规定："我们不招收 60 岁以上的司机"，便属于差别对待的例子。

差别影响则意味着，"一位雇主在采用某些雇用规定、实施某些制度时，不经意间对那些受到《民权法案》第七章保护的特定员工群体造成了较大的消极影响"。[99]如某公司规定："承担此工作的员工必须具备本科学历"，可能就属于差别影响（因为与一些少数族裔的劳动者相比，更多的白人男性拥有本科学历）。

差别影响指控并不要求原告证明雇主存在歧视意图，而只需证明表面上看明显属于中立的雇用要求（例如，要求具有本科学历）却造成了一种**消极影响**（adverse impact）——使劳动力市场上的少数族裔劳动者比例与雇主实际雇用的少数族裔劳动者比例之间存在显著的差异。因而，问题的关键是要证明雇主的雇用规定导致了消极影响的产生。如果事实的确如此，雇主就必须为自己进行辩护（例如，证明这种雇用规定确实是一种经营必需）。所谓消极影响，是指"整个雇用过程导致在所有候选人中某个受保护群体在人员雇用、配置和晋升等方面被拒绝的比例明显更高"。[100]这种情况下，举证责任就转移到了雇主一方。

2.3.1 消极影响的核心作用

在针对雇主的歧视性实践或政策提起的指控中，能够证明这种实践存在消极影响是问题的关键所在。[101]根据《民权法案》第七章和 1991 年《美国联邦法规》的规定，一个人如果认为自己受到了雇主无意识歧视行为的伤害，则只需证明"有表面证据"的歧视存在即可。也就是说，比如，原告只需证明雇主的甄选程序（诸如要求申请某个职位的人必须具有大学本科学历）对于特定的受保护的少数族裔劳动者产生了消极影响即可。

因而，如果一位少数族裔求职者感到自己受到了歧视，他只需证明雇主的甄选过程对他所属的这个群体造成了消极影响即可。（例如，如果 80% 的白人求职者通过了某种测试，而只有 20% 的黑人求职者通过同一种测试，那么黑人求职者就有初步的证据能够证明这种测试产生了差别影响。）接下来，举证责任就转移到了雇主身上。这时，雇主就需要证明其测试工具（或者求职者申请表等）是对求职者的未来工作绩效进行预测的有效工具（并且公司在使用该甄选程序的时候，对少数族裔和非少数族裔的求职者是一视同仁的）。

在实践中，求职者或员工可以利用以下五种方法之一来证明雇主的某个程序（如甄选测试）对某个受保护群体造成了消极影响。

差别拒绝率　差别拒绝率（disparate rejection rate）方法是将对少数族裔求职者的拒绝率与对其他族裔求职者（通常指剩下的非少数族裔求职者）的拒绝率进行比较。[102]

联邦政府机构使用一种叫作**"五分之四法则"**（4/5ths rule）的方法来评估差别拒绝率："任何一个种族、族裔或性别群体的被选择率如果达不到被选择率最高群体的 4/5，则通常可证明存在消极影响，如果他们的被选择率超过了后者被选择率的 4/5，一般认为不存在消极影响。"例如，假定雇主雇用了所有男性求职者中的 60%，而只雇用了女性求职者中的 30%，那么在这种情况下，60% 的 4/5 是 48%，而 30% 小于 48%，所以一旦联邦政府的相关机构介入此事，就会认定存在消极影响。[103]

标准误差法则　类似地，法庭也使用标准误差法则来证实消极影响的存在。（标准误差是统计学上对变异性的度量。它是对一组数据偏离其平均值的度量。比如，假设我们要计算管理课上学生的平均身高，那么用最简单的话来说，标准误差可以帮助描述最矮、最高的学生身高与全班学生平均身高之间的差距大小。）在甄选中，根据经验，标准误差法则所持的标准是，预期雇用的少数族裔求职者人数与实际雇用的人数之间的差距应少于两个标准误差。

来看一个例子。假设一共有 300 名求职者申请 20 个空缺职位，其中有 80 名求职者是女性，其他 220 名全是男性。经过甄选，我们雇用了 2 名女性和 18 名男性。那么，我们的甄选程序存在消极影响吗？我们可以通过计算标准误差来回答这个问题：

$$SD=\sqrt{\dfrac{少数群体求职者人数}{求职者总人数}\times\dfrac{非少数群体求职者人数}{求职者总人数}\times 被选中的求职者人数}$$

在本案例中，就是

$$SD=\sqrt{\dfrac{80}{300}\times\dfrac{220}{300}\times 20}=\sqrt{0.266\,7\times 0.733\,3\times 20}=1.977$$

在这个例子中，女性在求职者总人数中所占的比例约为 27%（80/300），因此应期望从 20 名女性求职者中雇用 27% 的人，也就是大约雇用 5 名女性，而实际雇用的女性只有 2 名。期望雇用的女性人数与实际雇用的女性人数之间的差值是 5−2＝3。此时我们就可以运用标准误差法则来衡量是否存在消极（差别）影响。在本例中，标准误差为 1.977。再次根据标准误差法则的运用经验，我们期望雇用的少数群体求职者人数与实际雇用的少数群体求职者人数之间的差距应小于两个标准误差。1.977 的两倍约为 4。我们期望雇用的女性人数（5）与实际雇用的女性人数（2）之间的差值为 3，因此，结果显示，例子中的甄选程序并没有对女性求职者群体造成消极影响（换句话说，在本例中，仅雇用 2 名而不是 5 名女性并不会导致不可思议的后果）。[104]

限制性政策　限制性政策（restricted policy）方法意味着，需要证明雇主制定的政策在有意或无意中将某一受保护群体的成员排除在外。这类问题通常是十分明显的。例如，酒吧规定侍者的身高不能低于 6 英尺①。类似这样的限制性政策证据足以证明消极影响的存在，雇主很容易被指控。

人口比较 人口比较方法对以下两个比例进行比较：一是组织内的少数群体或受保护群体员工与白人员工之间的人数比例；二是这两个群体的劳动者在外部劳动力市场上的人数比例。

当然，"劳动力市场"是针对不同的职位来说的。对于一些诸如秘书之类的职位而言，将企业内的少数群体劳动者所占的比例与他们在当地社区中所占的比例进行比较才是有意义的，因为填补这些职位的人往往就来自当地的社区。然而，对于工程师这样一类可能在全国范围内招募求职者的职位而言，要想确定一位雇主是否雇用了足够多的黑人工程师，就需要了解全国范围内而不仅仅是当地社区中的黑人工程师人数。

很多企业运用员工队伍分析来对公司在不同职位类别中雇用的受保护群体与其他员工群体的直接对比数据进行分析。效用分析则是指将公司的一个或几个职位上的少数群体员工所占的百分比与相关劳动力市场上受过同等培训的少数群体劳动者人数进行比较的过程。

麦克唐纳·道格拉斯测试 接手"差别影响"案件的律师一般都是通过上述方法（如人口比较），检验一位雇主制定的政策或行为是否在无意中将过高比例的女性或少数族裔候选人筛选出局的。律师在使用麦克唐纳·道格拉斯测试（McDonnell Douglas Test）方法时，主要是为了验证是否存在（蓄意的）差别对待，而不是要验证是否出现了差别（无意的）影响。

这种验证方法源于麦克唐纳·道格拉斯公司（麦道公司）的一起案件。在这起案件中，求职者符合任职要求，但雇主拒绝雇用他，并且继续寻找其他求职者。这种情况能够证明该公司是蓄意歧视女性或少数族裔求职者吗？美国联邦最高法院制定了四条规则来运用麦克唐纳·道格拉斯测试：

1. 作为当事人的求职者属于某个受保护群体；

2. 这位求职者提出了求职申请，并且满足雇主正在招募员工的这个职位的任职资格要求；

3. 尽管这位求职者是胜任的，他还是被公司拒绝了；

4. 在他被拒绝后，该职位仍然处于空缺状态，并且该公司在继续寻找与被拒绝者的任职资格条件相同的其他求职者。

如果原告的情况符合上述四条规则，就具备了证明确实存在差别对待的初步证据。接下来，雇主就必须对其行为给出合法的、非歧视性的理由，并且提供证据证明自己的行为并不是建立在蓄意歧视的基础上，而是有其他的原因。如果雇主能够符合这一相对容易的标准，原告则需要找出证据证明，雇主所给出的解释不过是为掩盖其非法歧视行为而寻找的一个借口。

消极影响事例 假设你是雇主，拒绝了某一受保护群体成员的求职申请。你是根据测试结果（可能还有面试或其他环节）作出这种决定的。又假设此人觉得自己因属于某一受保护群体而受到了歧视，决定到法院去起诉你。

一般来说，原告必须做的事情只是证明你的人力资源管理程序（例如甄选测试）对其

---

① 1 英尺≈0.304 8 米。——译者

所属的少数群体的成员产生了消极影响。原告可以运用以下方法来证明这一点：差别拒绝率、标准误差法则、限制性政策、人口比较（或者，对差别对待案件来说，还有麦克唐纳·道格拉斯测试）。一旦原告向法院证明了消极影响确实存在，举证的责任就落到了雇主身上，作为雇主的你必须对这项歧视性指控进行自我辩护。

法律并没有说，因为你的某个程序对于某个受保护群体产生了消极影响，你就不能再使用那个程序。实际上，与对白人的淘汰率相比，有些测试就是可能会将更高比例的黑人淘汰。法律的要求是，一旦你们公司的求职者提起了控诉（证明确实存在消极影响），你就必须承担举证的责任。接着你（或你们公司）必须就为何使用这个程序进行辩护。

如果雇主采用了对某个少数群体的成员产生消极影响的雇用规定，则雇主大致可运用两种方式为自己的这种做法辩护，分别是真实职业资格要求辩护和经营必需辩护。

2.3.2　真实职业资格

雇主可以声称自己的雇用规定是确保员工胜任某一职位的**真实职业资格**（bona fide occupational qualification，BFOQ）要求。《民权法案》第七章明确允许雇主做这样的自我辩护。它规定："如果特定的宗教、性别、国籍条件是某种特定业务或企业开展正常经营所必需的一种真实职业资格要求，则雇主根据宗教、性别、国籍等雇用员工……就不应被视为非法。"

不过，法院通常会对采用真实职业资格进行辩护的例外情况作出比较严格的规定。这种辩护理由只能用于有直接蓄意歧视证据的差别对待案件，而不能用于（无意中造成的）差别影响案件。在实践中，雇主一般都用这种理由来为自己受到的基于年龄的蓄意歧视指控进行辩护。

作为一种真实职业资格的年龄　《反雇用年龄歧视法》允许在年龄确实是一种真实职业资格的情况下，基于当事人的年龄实施差别对待。[105]例如，联邦政府航空局（Federal Aviation Agency，FAA）规定，民航飞行员的强制退休年龄为 65 岁。在这里，年龄就是一种真实职业资格。[106]演员职业出于扮演年轻或年老角色的需要，对演员职业来说年龄也可以被视为一种真实职业资格。但是，法院把标准设得很高：对年龄的限制必须是由于经营必需。一家法院认为，一家公共汽车公司对于汽车司机的最大雇用年龄限制就是一种真实职业资格要求。该法院认为，公共汽车公司的核心职能是安全地运送乘客，有鉴于此，雇主可以在条件允许的情况下尽量雇用最符合条件的人。[107]

作为一种真实职业资格的宗教　对于要求员工信仰某一宗教的宗教组织或社团来说，宗教信仰可以是一种真实职业资格。例如，在雇用某人到一家教会学校执教的情况下，宗教信仰可能就是一种真实职业资格。但是要记住，法院对基于真实职业资格进行的自我辩护限制非常严格。

作为一种真实职业资格的性别　对一些演员、模特以及卫生间侍应生等要求特定性别的职位来说，性别也可以是一种真实职业资格。但是，对今天的大部分职位而言，要宣称性别是一种真实职业资格都会非常困难。例如，不能仅仅因为一个职位要求任职者能举起重物，就将性别视为一种真实职业资格。得克萨斯州的一名男性起诉了全美之胸公司（Hooster of America），指控该公司的一家加盟连锁店以"仅仅想利用女性性征作为吸引顾客、确保盈利的一种营销工具"为由，拒绝雇用他，并因此将雇用范围限制为女性群体。[108]在达成庭外和解之前，该公司采用"真实职业资格"为自己辩护。

作为一种真实职业资格的国籍 在某些情况下，一个人的国籍也可以成为一种真实职业资格。例如，一位在某展销会上经营中国展台的雇主可能会宣称，对于需要与公众打交道的员工来说，华人血统就是一种真实职业资格。

2.3.3 经营必需

经营必需是由法院创造出来的一种辩解理由。它要求雇主能够证明自己的歧视性雇用规定是出于非常重要的经营目的，因而这种规定是法律允许的。

要证明某种规定属于"经营必需"并非易事。[109]最高法院明确规定，经营必需不能成为雇主为回避不便、麻烦或节省费用而采取的做法进行辩护的理由。例如，雇主可能需要配合相关机构扣押员工的部分薪酬用于偿还他们的债务，在这种情况下，雇主通常不能仅仅因为需要承担协助完成扣押薪酬偿债义务（要求雇主代扣某位员工的部分薪酬，以代付其承担的债务），会给自己带来不便，就解雇该员工。美国第二上诉巡回法院裁定，经营必需"不能仅仅是直接提高安全和效率水平"，还必须是实现这些目标的一个根本要求。[110]此外，"……这种经营目标必须十分重要，其重要程度超过了任何一种种族影响"。[111]

尽管自我辩护的难度很大，但在实践中许多雇主还是成功地利用经营必需为自己进行辩护。在一个早期案例——斯普鲁克诉美国联合航空公司案（Spurlock v. United Airlines）中，斯普鲁克这位少数族裔候选人提出指控说，美国联合航空公司的规定要求飞行员候选人必须有 500 小时的飞行经验和大学文凭，这是一种不公正的歧视行为。法院承认这些要求对于斯普鲁克所属的少数族裔群体确实具有消极影响。但法院最终裁定，鉴于雇用不合格的求职者将会带来高额的飞行训练成本以及巨大的人身和经济风险，航空公司的这种甄选标准是一种经营必需，并且与工作有关。[112]

一般来说，在一个职位只要求任职者掌握较少的技能和得到少量的培训的情况下，法院会仔细检查任何可能会对少数群体求职者产生歧视的录用前标准或指标。如果一个职位要求任职者具备较高水平的技能，同时雇用不合格的求职者会带来很高的经济和人身风险，雇主的举证责任就会相对较轻。[113]

雇主为证明自己的甄选测试或其他雇用实践符合法律法规，都是其以经营必需为理由为自己辩护的。这时，雇主必须能够证明自己采用的各种测试或其他雇用工具是与职位相关的，换言之，就是要证明这些测试或工具是对求职者未来的工作绩效进行有效预测的手段。一般来说，如果雇主可以证明这些测试或工具的效度，法院通常会支持它们，从而将这些测试或其他雇用工具视为经营必需。在这里，效度是指各种测试或其他雇用工具与职位绩效相关的程度，或者是对求职者未来的工作绩效进行预测的准确程度。本书第 6 章将解释关于效度的问题。接下来的"企业需要了解的雇用法律"专栏对如何应用上述方法进行了总结。

企业需要了解的雇用法律

你能做和不能做的事情

在继续讲解其他内容之前，我们应当回顾一下，联邦政府的平等就业机会法律允许

（和不允许）说些什么和做些什么。

《民权法案》第七章之类的联邦政府法律通常都未明确禁止雇主在雇用之前提问与求职者的种族、肤色、宗教、性别、国籍等有关的问题。换言之，"除了公然歧视某些受保护群体成员的人事政策之外"，是否询问这些问题本身并不重要，重要的是这些提问所造成的影响。[114]因此，诸如在接下来的几页中的那些说明性询问和做法本身并不是不合法的。例如，询问一位女性求职者的婚姻状况并不是违法行为（虽然这种提问看起来具有歧视性），所以你是可以就这种问题提问的。不过，你要准备好证明你并没有因此对求职者实施歧视或者你可以将这种要求辩解为一种真实职业资格或经营必需。

但是在实践中，雇主大多会避免这样的提问。这主要是出于以下两个方面的重要原因。首先，虽然联邦政府的法律并没有禁止此类提问，但是许多州和地方政府制定的法律禁止提问这类问题。

其次，美国平等就业机会委员会已经指出其反对这样的做法，因此，仅仅是问一个这样的问题就可能会引起平等就业机会委员会的注意。如果原告能证明你正是利用这些问题将其所属的受保护群体的更多成员淘汰了，而你又不能证明这种规定是一种真实职业资格或经营必需，你的这种做法就是违法的。

下面来看一看某些应当注意回避的、潜在的歧视行为。[115]

招募

口头信息　如果员工全部是（或大部分是）白人或者某个群体中的成员，比如女性或西班牙裔等，就不能完全依靠口头方式来发布有关工作机会的信息，因为这样做会降低其他人注意到该职位空缺信息的可能性。

误导性信息　向任何群体的成员提供错误的或可能导致误解的信息，或者是未能或拒绝为他们提供有关工作机会的信息以及提供有助于他们获得工作机会的程序等做法，都是非法的。

招募广告　除非性别是职位的一种真实职业资格，否则，"招募——要求男性"和"招募——要求女性"这样的广告就是违法的。同样，也不能刊登带有年龄歧视的招募广告。例如，不能在广告中表示要招募"年轻的"男性或女性。

甄选标准

对受教育程度的要求　法院裁定，当下列两种情况同时存在时，将"受教育程度"作为雇用标准是违法的：第一，少数族裔劳动者不太可能具备那样的受教育程度（例如高中毕业水平）；第二，这种任职资格要求与工作无关。不过，对于某些职位来说，受教育程度（例如飞行员候选人必须具备大学学历）确实是一个必要条件。

测试　法院认为，如果测试以更高的比例淘汰了少数族裔或女性劳动者，并且这种测试与工作无关，该测试就是非法的。根据前任大法官伯格的观点：

> 《民权法案》第七章并没有作出禁止使用测试或衡量程序的规定，显然，这些工具和程序都是有用的。国会所要禁止的是将这些工具和机制作为一种控制力量——除非能证明它们的确是衡量工作绩效的一种合理手段。

雇主必须准备好证明测试结果与职位是相关的，比如，测试分数与在职表现之间存在相关关系。

亲属优先权　如果现有的员工大多是非少数族裔，就不能给他们的亲属提供雇用优先权。

身高、体重以及身体特征 雇主对求职者的最矮身高等身体特征提出要求属于一种非法行为，除非能够证明这种要求是与工作相关的。例如，一家美国上诉法院支持了陪审团对黛尔公司（Dial Corp.）处以340万美元赔偿金的判决。该公司以52名女性在体力测试中不及格为由，拒绝为她们提供肉类加工厂中的初级工岗位，但事实上体力要求并不是承担这份工作的一个必要条件。[116]但一般情况下，雇主设定最高体重限制并不会导致不利的法律裁决。肥胖的求职者要想得到雇主提供的合理便利，必须至少比理想体重超出100磅，或者是一种生理原因导致他们出现这种肥胖残疾状况。抛开法律责任不说，管理人员也需要多加小心。[117]很多研究几乎毫无疑问地发现这样一种现象，即肥胖者不太可能被雇用，也更少得到晋升，他们更有可能接到不太有利的销售任务，并且在以消费者身份出现时更有可能得到糟糕的服务。[118]

拘捕记录 除非工作本身的性质要求对求职者进行安全背景核查，否则就不能询问某位求职者是否曾经遭到拘捕或进过监狱，或者若有被拘捕记录则自动取消某人申请某个职位的资格。由于在被拘捕比例上存在种族和族裔差异，平等就业机会委员会和联邦合同合规办公室都发布了新的指南，以阻止雇主将有犯罪记录的求职者一律排除在外。[119]

求职申请表 求职申请表中一般不应询问求职者的残疾、工伤保险享受史、年龄、被拘捕记录或是否为美国公民身份等信息。通常来说，所需要的个人信息（例如紧急情况下的联系人）最好是在已经雇用此人之后再去收集。[120]

因扣押债权而被解雇 与其他人相比，少数族裔成员中受到债权扣押程序（根据这种程序，债权人有权扣押债务人的部分工资）制约的人所占的比例更高。因此，雇主解雇那些薪酬需要被扣押的少数族裔员工的做法是违法的，除非其能证明这样做是出于某种重要的经营必需。

歧视性晋升、调动以及解雇行为举例

平等就业机会方面的法律不仅保护求职者，也保护现有的员工。例如，《公平薪酬法》规定，雇主应当为从事大致相同工作的男性和女性支付相同的薪酬。因此，雇主的任何与薪酬、晋升、解雇、惩戒或福利有关的活动，如果同时满足以下三个方面的条件，都有可能会被判定为非法歧视：

第一，对不同群体中的人区别对待；

第二，对某一受保护群体的成员产生了消极影响；

第三，不能证明这种做法是一种真实职业资格或经营必需。

个人仪表规定与《民权法案》第七章 员工有时会根据《民权法案》第七章对雇主制定的有关着装和仪表的规定提出控诉。他们一般会指控自己受到性别歧视，有时也会指控雇主对自己实施种族歧视甚至宗教歧视。以下是法院裁定的一些例子。[121]

● 着装。一般来说，雇主对所有员工提出应适度着装的要求并未违反《民权法案》第七章关于禁止性别歧视的规定。例如，如果某事务所一直要求员工保持严谨的着装风格，并且对男性员工的着装端庄程度提出忠告，那么一位主管人员对一位女律师提出应穿着颜色比较柔和的服装的建议是允许的。但是，阿拉莫租车公司（Alamo Rent-A-Car）因禁止一位穆斯林女性员工戴头巾的行为而被起诉，并输掉了官司。

● 毛发。法院在这方面的裁决一般还是倾向于雇主一方的。例如，雇主对员工的面部毛发所作出的规定并不构成性别歧视，因为对刮净面部毛发的男性和留胡子的男性加以区

别对待的情况并不属于《民权法案》第七章所禁止的性别歧视范畴。在许多案件中，法院都驳回了这样一种指控，即雇主禁止员工留一排排小辫子发型的规定侵犯了黑人员工表达其文化特征的权利。

● 制服。当雇主要求员工穿着歧视性制服和有歧视暗示的服装时，法院通常会站在员工这边。例如，如果雇主的雇用条件之一是女员工（例如女招待）必须穿着具有性挑逗意味的服装，法院就会判决雇主违反了《民权法案》第七章的规定。[122]

● 文身和身体打孔。在一项调查中，受访的千禧一代劳动者中大约有 38% 的人有文身，大约 23% 的人做过身体打孔，相比之下，在"婴儿潮"时期出生的人中仅 15% 的人有文身，做过身体打孔的人仅有 1%。有一个案例是关于红罗宾汉堡包连锁店（Red Robin Gourmet Burgers）的一位服务员的，他在手腕上做了个宗教文身。公司坚持要求他在工作时间把文身遮盖起来，但被他拒绝了。在这位员工宣称在他的宗教信仰中，将文身遮盖起来是一种罪过之后，红罗宾汉堡包连锁店与这位员工达成了和解。[123]

最后，你还需要记住三件事：

1. "善意"并不能成为借口。正如最高法院在格里格斯诉杜克电力公司案中持有的观点，雇主的"善意"或者没有歧视意图本身并不能弥补那些对少数群体形成了内在阻力所造成的损害，也不能弥补与衡量职位所需的工作能力无关的程序或测试机制所造成的损害。

2. 没有人能利用工会合同来使一些歧视性做法合理化。与平等就业机会相关的法律规定的效力总是胜过工会合同。[124]

3. 提出强有力的辩护并不是你唯一的出路。雇主还可以通过承诺消除非法的做法以及（如果被要求这样做的话）对那些遭受歧视的人给予赔偿来回应受到的歧视指控。

➡ 2.4　平等就业机会委员会的执法程序

即使是最谨慎的雇主也有可能会遭到雇用歧视指控，并且要与平等就业机会委员会的官员打交道。[125] 所有的管理者（而不仅仅是人力资源管理者）在这个过程中都扮演着重要的角色。图 2-3 提供了关于平等就业机会委员会执法程序的一个总览图。[126]

● 提出指控。当原告向平等就业机会委员会提出指控时，这个过程就开始了。指控必须由受害者本人或有充分理由确信发生违法行为的平等就业机会委员会成员以书面形式提出，并进行口头宣誓。[127] 根据 1991 年《民权法案》，歧视指控一般必须在涉嫌违法的活动发生后 300 天内（如果有相应的州法律）或者 180 天内（如果没有相应的州法律）提出（但对《公平薪酬法》来说，这个期限是两年）。[128] 在莱德贝特诉固特异轮胎橡胶公司案（Ledbetter v. Goodyear Tire & Rubber Company）中，美国联邦最高法院认为根据《民权法案》第七章，提出薪酬歧视指控的员工必须在首次收到自己认为具有歧视性薪资的 180 天之内提起诉讼。后来，经由国会通过和奥巴马总统签字批准，《礼来·莱德贝特公平薪酬法》（Lilly Ledbetter Fair Pay Act）生效。现在员工可以随时提出此类诉讼，只要他们得到不公平的薪资待遇。（在最近的一个财务年度中，平等就业机会委员会就收到了多达 91 503 起个人指控[129]）不过，雇主可以通过投保雇主责任保险来应对歧视指控。[130]

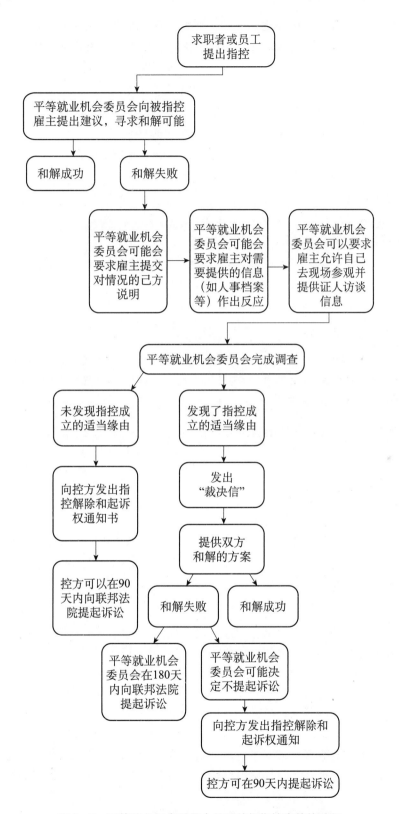

图2-3 平等就业机会委员会处理歧视指控案件的过程

说明：控辩双方可能会在任何一个节点上达成和解。

资料来源：Based on www.eeoc.gov.

● 受理指控。平等就业机会委员会的一般做法是，受理一项指控并代表指控方将指控内容以口头形式通知有关的州政府或地方政府机构。如果有关机构放弃管辖权，或不能圆满解决问题，则延长期满后由平等就业机会委员会负责处理而无须提出新的指控。[131]

● 向涉案雇主发出通知。在受理指控（或有关州政府或地方政府的延长期结束）之后，平等就业机会委员会须在 10 天之内向涉案雇主发出通知。律师建议不要提交冗长的陈述来回应指控，相反，应提供论述行为合法性的简要说明。[132] 图 2-4 总结了雇主在接到平等就业机会委员会的歧视指控后应该自行询问的一些重要问题。

---

1. 你们受到的歧视指控是什么？你们公司属于相关法律法规的管辖范围吗？（例如，《民权法案》第七章与《美国残疾人法》一般只适用于员工人数达到或超过 15 人的雇主。）员工是不是在法定时限内提出指控的？平等就业机会委员会是否及时处理了这一指控？

2. 员工属于哪个受保护群体？

3. 平等就业机会委员会指控你们公司所实施的歧视属于差别影响还是差别对待？

4. 有没有明显的事实可以作为你们质疑或反驳该指控的依据？例如，如果员工不属于任何一个受保护群体，那么雇主是否还会采取同样的做法呢？

5. 如果这是一起性骚扰控诉，公司中有没有公开存在的具有侵犯性的评论、日历、海报或电脑屏幕保护呢？

6. 为了在面临歧视指控时为公司辩护，需要搞清楚采取这些被指控的实际歧视行为的主管负责人到底是谁。如果让他们作为潜在的证人，有效度有多高？对于官司胜算的可能性，你是否已经咨询过法律顾问的意见？

图 2-4　雇主收到平等就业机会委员会的歧视指控通知时需要澄清的若干问题

资料来源：Bureau of National Affairs, Inc., "Fair Employment Practices: Summary of Latest Developments," January 7, 1983, p. 3; Kenneth Sovereign, *Personnel Law* (Upper Saddle River, NJ: Prentice Hall, 1999), pp. 36-37; and Equal Employment Opportunity Commission, "What You Can Expect After a Charge Is Filed," http://www.eeoc.gov/employers/process.cfm, accessed June 28, 2018.

● 调查或取证会议。平等就业机会委员会开始对有关指控的内容进行调查，以确定是否存在足以使人相信该指控成立的适当缘由。这种调查取证应在 120 天内完成。[133] 在调查初期，平等就业机会委员会会举行一次初步的取证会议。平等就业机会委员会在此关注的重点是寻找控辩双方的弱点，然后利用这些弱点来推动双方达成解决方案。

● 查明指控的缘由。如果没有查明指控成立的适当缘由，平等就业机会委员会必须驳回指控，同时必须向控方发出《起诉权通知书》。然后，控方可以在 90 天内以个人名义提起法律诉讼。

● 达成和解。如果平等就业机会委员会查明了指控成立的缘由，则可以有 30 天的时间来让当事双方达成和解协议。平等就业机会委员会的调解员会首先与员工见面，以确定什么样的赔偿可使其感到满意，然后努力与雇主就解决方案进行协商。

● 发出起诉通知。如果控方对平等就业机会委员会提出的和解协议不满意，平等就业机会委员会可以向联邦地区法院提起民事诉讼，或者向控方发出《起诉权通知书》。

2.4.1　自愿调解

平等就业机会委员会将收到的 10% 的指控案件交给自愿调解机制去进行处理。这是

"由中立的第三方帮助控辩双方通过自愿协商达成针对歧视指控的解决方案的一种非正式程序"。[134]如果双方没有达成协议（或者一方拒绝参加），该指控仍然通过平等就业机会委员会的常规机制来进行处理。[135]

面对调解的机会，雇主通常会有三种选择：一是同意对指控进行调解；二是在不进行调解的情况下就达成和解；三是向平等就业机会委员会提交一份"立场声明"。如果该雇主没有接受调解或提出解决方案，则需要准备一份"立场声明"。这份声明应是一份强有力的自我辩护，其中需要包括以下信息：公司的业务以及控方所承担的职位；对可适用的公司规章、政策及程序的描述；导致公司不得不采取消极行为的侵犯性事件发生时间表。[136]

2.4.2 歧视指控的强制仲裁

很多雇主为了避免遭到平等就业机会委员会的起诉，都会要求求职者或员工在提出歧视控诉时同意将其提交强制仲裁。平等就业机会委员会对强制仲裁没有好感。但是，美国联邦最高法院在吉尔默诉州际约翰逊·莱恩公司案（Gilmer v. Interstate/Johnson Lane Corp.）以及其他一些类似的案件中裁定："在某些情况下，雇用歧视指控中的原告（员工）可能会被要求将他们的指控提交强制仲裁。"[137]有鉴于此，雇主应当考虑以下建议：雇主"可能希望考虑在其求职申请表或员工手册中加入有关强制仲裁的条款"。[138]为了免于被起诉，雇主应当制定各种措施来防止仲裁员出现偏见；应允许仲裁员为原告提供更为宽松的安抚条件（包括复职）；应允许有合理次数的听证前调查（取证）。

罗克韦尔国际公司（Rockwell International）实施了一套争议处理程序，这套程序规定，强制仲裁将是其中的最后一个步骤。罗克韦尔国际公司将这个计划（按传统的说法）**称为建设性争议处理程序**（alternative dispute resolution）或**建设性争议处理计划**（ADR program），逐步将这一计划扩展到某些地区的全体非工会员工。罗克韦尔国际公司的新员工要想被雇用，就必须签订这种协议；现有的员工在晋升或调动之前也必须签订这种协议。美国联邦政府机构也必须有建设性争议处理计划。[139]虽然平等就业机会委员会通常更喜欢通过调解来处理歧视指控，但建设性争议处理计划还是越来越普及。[140]

"改进绩效：直线经理和小企业家的人力资源管理工具"专栏总结了应对平等就业机会委员会索赔时需要遵循的一些指南。

改进绩效：直线经理和小企业家的人力资源管理工具

应对平等就业机会委员会索赔的指南

平等就业机会委员会可能不会提起诉讼，但企业收到正在接受平等就业机会委员会调查的通知仍然感到恐惧。无论你是管理一个团队还是自己的小企业，每个管理者都应该提前了解平等就业机会委员调查过程中会寻找什么以及要做什么，清单如下。[141]

在平等就业机会委员会进行调查的过程中：

● 自己进行一番调查，以获取事实信息。

● 确保平等就业机会委员会的文档中包含这样一些信息：它们表明对你的指控是缺乏

依据的。

- 确保只提供与指控内容本身有关的信息。
- 尽可能多地获得关于控方的指控内容的信息。
- 会见提出控诉的员工以澄清所有相关的问题。例如，到底发生了什么？涉及谁？
- 请记住，平等就业机会委员会只可请求雇主提交相关文件和证人宣誓后发表的证言，但它不能强迫雇主这么做。
- 向平等就业机会委员会提交一份立场声明。它应该包括具有类似含义的话："本公司已制定了反歧视政策，绝对不会以指控中提及的方式来实施歧视。"同时提供相关文件来证明这一声明。

在取证会上：

- 由于平等就业机会委员会调查员所记下的是唯一的官方记录，所以请保留你自己的记录。
- 带上一位律师。
- 确保你已充分了解自己所受到的指控以及案件的全部事实。
- 出席之前，证人（尤其是主管人员）需要意识到他们将要提供的证词所具有的法律意义。

在平等就业机会委员会作出决定并寻求实现和解的过程中：

- 如果调查结果证明了歧视有成立的理由，请仔细审查该调查结果，指出其中不准确的地方，并以书面形式提交给平等就业机会委员会。
- 用这封信函努力说服当事人，让他知道自己的指控是没有依据的。
- 谨慎选择和解。如果你已经对此案进行了合理的调查和评估，那么在这个阶段达成和解对你来说可能没有什么优势。
- 请记住：平等就业机会委员会很有可能根本就不会提起诉讼。

要避免以下两个错误：

- 第一，管理层的不当行为，即"超出社会容忍界限"的反常管理行为。[142]例如，雇主将一名经理降级为门卫并羞辱他。陪审团最终判决该男子获赔数百万美元。
- 第二，进行报复。报复发生在雇主对待求职者、员工、前员工或与他们有密切联系的人，因为他们威胁要提出歧视指控。[143]

遭到报复是向平等就业机会委员会提出的最常见指控。[144]

2.5 多元化管理

多元化（diversity）意味着变得不同或多样化。多元化在工作中的含义是：企业的劳动力队伍由来自两个或两个以上群体的员工组成，这些员工在种族、民族、性别、文化、国籍、残障状况、年龄以及宗教背景等方面存在多样性。[145]我们将在此介绍多元化以及多元化管理，然后在全书中以专题的形式对其进行讨论。

2.5.1 多元化的潜在威胁

对于企业来说，员工队伍多元化带来的不仅仅是好处，还有问题。若不对其加以管理，就会引发一些削弱合作行为的问题。其带来的潜在问题包括：

● **刻板印象**（stereotyping）。即人们倾向于基于某人隶属的某个群体的成员身份来判断其具有某些特定的行为特征。[146]例如，"年龄较大的人不会努力工作"。脸书首席运营官谢丽尔·桑德伯格（Cheryl Sandberg）表示，很多人都抱有这种无意识的假设（刻板印象），其中一种是男性更果断，女性更合作。因此，一个为自己争取更多利益的女人被视为"专横"的，而这种男人则被视为理所应当。[147]换言之，职业女性面临着**性别角色刻板印象**（genderrole stereotype）——一种将女性与某些特定职位（一般是非管理职位）联系在一起的倾向。[148]

成见是人们基于某人的特点作出预先判断的一种偏见，比如"我们不会雇用他，因为他太老了"。有些人的偏见是潜意识的。可通过下列问题进行检查，如"我通常会雇用同一类型的人吗？""我通常将最好的项目分配给谁？"[149]

● 将成见付诸行动就变成了**歧视**（discrimination）。歧视是指基于某人所属的群体而对其采取具体行动。[150]当然，一般来说，在工作中基于某人的年龄、种族、性别、残疾情况或国籍等实施歧视的行为是非法的。以饱受争议的"玻璃天花板"现象为例，这种由"男人们的关系网"（在高级俱乐部这样的场所中建立起来的友谊）促成的现象阻碍着女性晋升到最高管理层。

● **象征主义**（tokenism）。象征主义在此处的含义是，一家公司仅仅对少部分女性或少数族裔的员工委以高位，而没有积极地为这些员工所属的群体争取更全面的代表性。[151]

● **种族中心主义**（ethnocentrism）。它是指这样一种倾向，与自己所属的社会群体相比，对其他社会群体的看法和观点更加消极。在一项研究中，管理者将某些少数群体员工的工作成绩更多归因于这些员工获得的帮助，而较少地归因于他们自己的能力。同样还是这批管理者，却将其他不属于少数群体的员工的工作成绩归因于那些员工自己的能力。[152]

改进绩效：作为利润中心的人力资源管理

多元化

多元化可以为企业带来更高的利润。在一项研究中，研究者对一家大型美国零售连锁公司的654家商店进行了多元化氛围测量。他们将多元化氛围定义为这些商店中的员工对于该公司促进机会公平的程度和包容性程度的评价。研究人员发现，那些多元化氛围浓厚的商店的销售额增长幅度最大，而那些多元化氛围较淡的商店的销售额增长幅度是最小的。[153]另一项研究发现，种族歧视与员工承诺之间存在负相关关系，组织在支持多元化方面的努力有助于削弱这种负面效应。[154]例如，默克公司需要为其生产的一种药品获得清真认证（halal certification）时，就转而求助于自己的穆斯林员工，这些员工帮助默克公司将产品更快地投入市场，并且确保产品被穆斯林消费者接受。[155]

在美国最大的公司中，有50家以上的公司——包括通用电气公司、微软公司、沃尔玛公司等，最近向美国联邦最高法院提交了申明，认为积极的反歧视行动计划会带来更高的销售额和利润。

2.5.2 多元化管理

要想从员工队伍多元化中获益，关键在于公司如何恰当地处理潜在问题。**多元化管理**（managing diversity）意味着将那些会弱化合作的潜在问题（如成见）减至最少的同时，使员工队伍多元化所带来的收益最大化。实践中，多元化管理涉及强制行动和自愿行动两方面。但是，强制行动（尤其是被要求遵守平等就业机会方面的法规）并不能保证合作。因此，多元化管理有赖于采取一定的措施，鼓励员工卓有成效地在一起工作。[156]

自上而下的多元化管理 通常情况下，多元化管理始于高层设计。企业首先会制定一个多元化管理计划，其目的在于使员工对个人文化差异变得更加敏感，并且能够更好地适应。其一，要确定多元化培训是不是解决问题的可行方案，是否存在其他更可取的解决方法。其二，如果问题要通过培训来解决，就需要设立可衡量的培训目标。[157]多元化管理计划通常由以下五个方面组成[158]：

1. 组建强大的领导团队。在多元化管理方面具有极高声誉的公司通常都有积极维护多元化的首席执行官。领导的作用之一是为变革所需的行为树立榜样。一项研究表明，擅长创建包容性组织的高层管理人员本身往往具备包容性和多样性的人格特质。[159]

2. 评价现状。一项研究发现，评估一家公司多元化程度最常用的工具包括：平等机会雇用与保留综合指标、员工态度调查、管理层与员工评价以及焦点小组等。

3. 提供多元化培训和教育。通常一家公司的多元化管理始于某些类型的员工教育项目。

4. 改变文化和管理体制。将教育项目与其他具体措施相结合的目的在于改变组织的文化和管理体制。例如，改变绩效评价程序，对主管人员的评价部分地以他们在减少部门间冲突方面的成就为依据。

5. 评价多元化管理计划。例如，员工态度调查是否表明员工对多元化的态度已经有所改善？多元化管理计划有时是无效的，原因在于即便是积极性高的员工也可能拒绝参加强制实施的计划。[160]其他人则认为该计划并不能改变现实而拒绝参加。一项研究发现，企业成立多元化管理委员会并任命多元化管理负责人并不会让管理人员相信他们的工作场所是包容的。[161]

一些公司正在寻求多元化管理计划的替代方案。德勤会计师事务所（Deloitte LLP）调查表明，当前基于性别建立的多元化团体已不再是促进组织多元化的最佳方式，而创建包容委员会成为普遍选择。包容委员会不仅应包括女性或少数族裔，还应该包括多元化的人员和多元化的想法。[162]

通过参与实现多元化 明智地设计多元化行动，吸引员工积极参与是促进多元化管理的有效方法。[163]例如，思爱普公司（SAP）的首席学习官发现，尽管参与者对公司多元化培训计划有很高的评价，但该计划实际产生的效果很有限。因此，她用一个为期一年的领导力开发计划（她称之为"卓越领导力加速计划"（LEAP））取代了多元化管理计划。公司每年的LEAP都会有一群表现出色的女性员工参与，她们进行一年的领导力培训，如参与内部团队咨询等任务。[164]除此之外，公司还为女性员工在全球范围内提供8 000个工作岗位。最近，董事会承诺要将公司由女性担任的领导职位数量占比从23％提升至25％。[165]思爱普公司的领导力开发计划取得了成功，不少卓越的女性员工因此进入了管理岗位。[166]

2.5.3　实施积极的反歧视行动计划

平等就业机会旨在确保任何人都能凭自身的任职资格条件获得平等的就业机会，而不考虑其种族、肤色、残疾状况、性别、宗教、国籍或年龄等因素。积极的反歧视行动计划意味着要求雇主（主要是在招募、雇用、晋升、薪酬等方面）采取行动来消除以往的歧视造成的影响。

当前积极的反歧视行动计划仍然是工作场所中的一个重要措施。由法院强制实施的大型反歧视行动计划已不常见，但法院依然会用到这种计划。此外，很多企业还必须加入自愿性的积极的反歧视行动计划。例如，美国总统第 11246 号行政命令（1965 年颁布）要求联邦政府的承包商参与积极的反歧视行动计划，以增加女性和少数族裔等劳动者群体的受雇机会。受该行政命令管辖的员工人数约占美国全部劳动力的 22%。[167] 在讨论实现员工队伍多元化的方法时，两位研究人员指出，"很少有什么能像平等就业机会行动政策那样有效"。[168]

根据第 11246 号行政命令等指南，积极的反歧视行动计划的主要目标是：（1）运用数值分析确定，相对于相关劳动力市场来说，一家公司未能充分雇用的目标群体（如果有的话）是哪些；（2）消除实现平等就业的障碍。很多企业通过实施**善意努力战略**（good-faith effort strategy）来达成这些目标，这种战略强调的是识别和消除在雇用和晋升少数族裔和女性劳动者方面存在的障碍，提高少数族裔和女性劳动者的求职申请比率。这方面需要采取的一些合理步骤如图 2-5 所示。

例如，在面向少数族裔的求职网站上发布招募广告。设有"人力银行"的多元化候选人网站包括：全国城市联盟（National Urban League）、西班牙人在线（Hispanic Online）、拉丁美洲人网（Latino Web）、西班牙工程师协会（Society of Hispanic Engineers）、女科学家协会（Association for Women in Science）、少数族裔工作银行（Minorities Job Bank）等。

员工抵制　在推行积极的反歧视行动计划时，避免来自员工方面的抵制非常重要。一些研究建议，需要让现有的员工相信这个计划是公平的。透明的甄选程序（让大家对公司使用的甄选工具和标准有一个清楚的了解）对此会有所帮助。沟通交流也很重要。还要澄清一点：这个计划不含任何带有偏见的甄选标准。此外，还需提供所有新员工（既包括少数族裔员工，也包括非少数族裔员工）的任职资格条件方面的详细信息。要证明这个计划的合理性，还应该强调改正过去的歧视行为，重视多元化的价值，避免出现代表性不足的问题。[169]

1. 发布一项书面的平等就业机会政策，表明公司提供平等就业机会的立场，并且公司承诺采取积极的反歧视行动。
2. 表明公司高层对平等就业机会政策的支持。例如，委任一名高层管理人员负责实施促进平等就业机会方面的政策。
3. 在公司内部和外部公开承诺实施平等就业机会政策和积极的反歧视行动计划。
4. 根据部门和职位类别来调查公司当前少数族裔和女性员工的雇用状况，由此判断哪些方面最需要实施积极的反歧视行动计划。
5. 仔细分析公司的人力资源管理实践，以识别和消除隐性障碍。
6. 通过审查、制定并实施具体的人力资源项目来提高女性和少数族裔劳动者的利用率。
7. 使用焦点招募的方式到目标人群中寻找合格的求职者。
8. 建立内部审计和报告制度来监测和评价公司在积极的反歧视行动计划实施上取得的进展。
9. 从公司内部和外部两个层面为积极的反歧视行动计划的实施争取支持。

图 2-5　积极的反歧视行动计划的实施步骤

计划评估　如何判断多元化管理计划的有效性？可以通过回答以下常识性问题来得出答案：

- 有没有女性和少数族裔员工直接向高层管理人员报告工作，并担任高级管理人员职务？
- 在那些有助于职业取得成功的传统的基础性工作中，女性和少数族裔员工是否得到了公平对待？
- 女性和少数族裔员工有没有得到承担国际任务的公平机会？
- 雇主是否采取措施来确保女性和少数族裔候选人进入公司的职业发展规划体系？
- 与白人男性管理人员的离职率相比，女性和少数族裔管理人员的离职率是差不多还是更低？
- 员工是否报告他们已察觉到多元化管理带来的行为方面的积极变化？[170]

2.5.4　逆向歧视

逆向歧视（reverse discrimination）指针对非少数族裔求职者以及员工的歧视。[171]许多案件都涉及这个问题，但直到现在依然没有一个一致的答案。

巴克诉加利福尼亚大学董事案（Bakke v. Regents of the University of California，1978）是最早的此类案件之一。该大学的戴维斯医学院拒绝录取白人学生阿伦·巴克（Allen Bakke），声称这是由于学院采取的积极的反歧视行动配额制度导致的——这一制度规定，必须将一定数量的招生名额留给少数族裔申请人。美国联邦最高法院最终以 5：4 的投票结果否决了该校的这种政策，即将种族作为确定申请人能否获准入学的唯一标准，允许巴克被录取入学。

巴克案之后又出现了其他很多逆向歧视案件。2009 年 6 月，美国联邦最高法院裁定了一起由康涅狄格州的消防员提起的逆向歧视诉讼案。在里奇诉德斯特法诺案（Ricci v. DeStefano）中，19 名白人消防员和 1 名西班牙裔消防员声称，纽黑文市本应当鉴于他们在测试中的优良成绩而对他们予以晋升，但该城市的市政府宣称，如果根据测试成绩来决定晋升，市政府有可能会遭到来自少数族裔员工的起诉，即指控市政府违反了《民权法案》第七章的规定。[172]最高法院的最终裁决有利于（主要由白人组成的）原告。鉴于纽黑文市想避免作出可能会对少数族裔员工造成不利影响的晋升决策，肯尼迪（Kennedy）法官写道："该城市拒绝将测试结果作为晋升决策依据的唯一原因是，在测试中得高分的是白人。"观察者对此的一致看法是，这项裁决会让雇主更难以忽视通过具有较高效度的测试所得出的结果，即使测试结果会对少数族裔员工产生不成比例的影响。[173]

最根本的一点是，雇主应该强调对素质更高的少数族裔和女性员工的外部招募和内部开发，"同时将雇用决策建立在合法的雇用标准之上"。[174]

本章内容概要

1. 几部重要的平等就业机会方面的法案都是在 1964—1991 年通过的。

- 1964 年《民权法案》第七章禁止雇主根据种族、肤色、宗教、性别、国籍对员工实施歧视。根据该法案建立了平等就业机会委员会，其适用范围覆盖了全国的大部分员工。

● 根据 1963 年《公平薪酬法》（1972 年进行修正），对从事相同性质的工作、要求具有相同的技能、需要付出同等的努力，并且在类似条件下工作的男性和女性，不能区别对待，否则就是违法的。

● 1967 年通过的《反雇用年龄歧视法》禁止歧视年龄处于 40～65 岁的员工或求职者。

● 1973 年颁布的《职业康复法》要求大多数与联邦政府签订合同的雇主在雇用残疾人时采取积极的反歧视行动。

● 1978 年颁布的《反怀孕歧视法》禁止雇主在雇用、晋升、停职、解雇或其他雇用待遇或雇用条件方面，对处于怀孕、分娩或相关医疗状况下的女性实施歧视。

● 平等就业机会委员会、公务员委员会、劳工部、司法部联合颁布了统一的指南，为员工甄选、档案记录和雇用前询问等人力资源管理活动制定了一套"强烈推荐执行的"程序。

● 关于雇用歧视方面的一个最重要的早期案例是格里格斯诉杜克电力公司案。在该案件中，伯格法官认为，一种歧视性的做法并不一定是明显违法的，一种涉嫌歧视的雇用规则必须与工作相关。

2. 平等就业机会方面的法案不断发展演变，1990—1991 年又有更多新的重要法案生效。

● 1991 年《民权法案》彻底改变了最高法院在平等就业机会方面的几项裁决所产生的影响，例如，它强调，一旦原告提起涉嫌非法歧视的诉讼，雇主方负有举证的责任。

●《美国残疾人法》禁止对合格的残疾人实施雇用歧视。它还规定，在不至于对经营造成"不必要的困难"的情况下，企业必须为精神或身体方面受到限制的员工提供"适当的便利"。

● 1994 年《联邦政府反女性暴力侵害法》为女性在面对（暴力）性骚扰时提供了寻求帮助的途径。一般而言，性骚扰是指不受被侵害者欢迎的性接触、性要求或其他口头或身体上的具有性意味的行为。例如，这种行为被明确或隐含地作为个人就业的条件。证明性骚扰主要有三种方式：交易性、上级主管人员制造的敌对性工作环境以及由同事或非员工制造的敌对性工作环境。

3. 雇主可以运用多种方式对面临的歧视诉讼进行辩护。在辩护时，雇主应当分清楚差别对待（蓄意歧视）和差别影响（尽管没有歧视意图，但造成了消极影响）两种不同的情况。歧视案件的原告一般利用标准误差法则、差别拒绝率、限制性政策、人口比较，或者通过麦克唐纳·道格拉斯测试等来证明消极影响确实存在。雇主则可以证明某种雇用规则是一种真实职业资格（例如，性别对于模特这样的工作来说就是一种真实职业资格），雇主还能利用经营必需来为自己辩护，这就要求雇主能够证明自己的雇用规则是出于业务经营的需要。鉴于此，了解具有歧视性含义的雇用实践很有必要。例如，在招募中，雇主不能再打出"招募——男性"这样的广告。

4. 所有的管理人员都在平等就业机会委员会的执法过程中扮演重要的角色。这个过程中的一些基本步骤包括：（原告）提出指控；平等就业机会委员会受理指控；向涉案雇主发出通知；举行调查/取证会；查明指控成立的缘由是否存在；达成和解以及（如需要的话）发出起诉通知。平等就业机会委员会通常将所受理案件的约 10% 交由自愿调解机制解决。

5. 多元化管理意味着将实现多元化潜在优势的最大化，同时使其带来的潜在问题最小化。在典型的多元化管理计划中，主要包括：组建强大的领导团队、评价现状、提供多元化培训和教育、改变文化和管理体制，以及评价多元化管理计划。积极的反歧视行动计划一般意味着采取行动消除过去的歧视行为对目前产生的不利影响。很多雇主还会采取自愿的"善意努力战略"来识别和消除在招募和晋升女性与少数族裔成员时的障碍，有些雇主则只是按法院的要求被迫行事。

讨论题

1. 格里格斯诉杜克电力公司案创立的一个重要判例是什么？雅宝纸业公司诉穆迪案创立的重要判例是什么？

2. 列举并解释四个与真实职业资格相关的案例。

3. 什么是性骚扰？员工怎样才能证明自己遭遇了性骚扰。

4. 差别对待和差别影响之间的区别是什么？

个人及小组活动

1. 以个人或小组为单位，根据在本章中学到的内容，对以下三个场景作出判断：你们认为在什么条件下（如果有的话），以下情节已构成性骚扰？（a）一位女性管理人员解雇了一名男员工，因为他拒绝了她的性要求；（b）一位男性管理人员用"亲爱的""宝贝"等称呼女员工；（c）一位女员工无意中听见两位男员工在说与性有关的笑话。

2. 以个人或小组为单位讨论你（们）如何制订一项积极的反歧视行动计划。

3. 结合巴克案中反映出来的一些问题以及法院对积极的反歧视行动所做的一些最新裁决。以个人或小组为单位讨论积极的反歧视行动的发展趋势。

4. 以个人或小组为单位，写一篇篇幅一页、题为《平等就业机会委员会如何处理一个人提出的歧视指控》的文章。

5. 说明积极的反歧视行动与平等就业机会之间的区别。

6. 假设你是一家小餐馆的经理，你负责雇用和指导下属员工，并提出关于员工晋升的建议和意见。以个人或小组为单位编制一份你认为应当避免的歧视性管理行为清单。

体验式练习

"古怪者"还是受害者[175]

歧视诉讼多属于复杂案件，因为雇主常常会说员工被解雇不是因为歧视，而是因为他们的工作绩效太差。在这种情况下，通常会存在一种"混合动机"要素。下面的案例（伯克诉加利福尼亚州房地产协会案，加利福尼亚州上诉法院，161513 号，未公开，2003 年12 月 12 日）正是这样一种情况。具体的事实是这样的：加利福尼亚州房地产协会（California Association of Realtors）有一条专门向房地产经纪人提供法律咨询的热线。在代表该协会接听热线的 12 位律师中，有一位 61 岁的加利福尼亚州律师，1989—2000 年他一直在该协会中工作。在 1996 年之前，他的工作表现得到了很多好评，他的薪酬也在不断增加。在那一年之后，该协会的很多会员开始抱怨他所提供的咨询建议不佳。他的主管人员让他以后注意提供更为周到和全面的咨询建议。

两年之后，该协会的会员仍在抱怨此人，而且拨打该协会热线并由这位律师接听电话的会员常抱怨，他是一个"古怪者""无能者"和"混蛋"。随后，这位律师的主管人员找到最近接受过他提供的咨询建议的 6 位会员了解情况，其中 5 个人说他们（在与此人打交道的过程中）有很糟糕的经历。于是，该协会解雇了这位 61 岁的律师，理由是他对该协会的会员服务不周，并且向他们提供了不恰当的法律咨询服务。

这位 61 岁的老律师对协会提出了控诉，指出他被解雇的原因与他的年龄有关。为了支持他的观点，他还说，他的一位同事曾经告诉他，他"可能将要退休了"，另一位同事也曾告诉他，他和另外一个同事都"变得越来越老了"。上诉法院必须判断，该协会解雇这位 61 岁的律师的真正原因到底是年龄问题，还是工作绩效问题。

目的：该练习是为大家提供一个通过分析和应用平等就业机会法律方面的知识来解决实际问题的实践机会。

必须理解的内容：全面系统地熟悉本章中讲述的内容；此外，还要阅读该体验式练习中提供的"古怪者"案例。

如何进行练习/指导：

● 将全班同学进行分组。

● 每个小组都应该回答以下问题：

1. 基于本章所学的内容，这位 61 岁的加利福尼亚州律师可以基于怎样的法律依据来声称自己是歧视的受害者？

2. 雇主在解雇这位 61 岁的律师时所依据的是哪些法律规定和法律概念？

3. 根据哪些法律规定和法律概念可以采取以下立场：即使存在歧视方面的因素，由于某位员工的绩效不佳而将其解雇也是合法的？（当然，这个问题并不是说这个案例中一定存在这种歧视因素。）

4. 如果你是处理此案件的法官，你的判决会是什么？为什么要作出这样的判决？

● 下面是法院的判决书，请在完成练习之后再阅读以下内容。

对于该案，加利福尼亚州上诉法院作出如下判决："从现有的证据中可以得出的唯一推论是：原告被开除仅仅是因为他不能完全胜任工作，即不能再为拨打热线者提供全面、准确、周到的法律咨询服务。"

应用案例

星巴克的性别平等

星巴克在性别平等政策方面是进步的。[176] 20 世纪 90 年代，星巴克开始为男女同性恋员工提供医疗保险，其医疗保险覆盖性别调整手术。最近，星巴克宣布已经消除其合作伙伴的性别工资差距：从事类似工作的星巴克男性和女性合伙人的工资几乎完全相同——99.7%（全国约为 70%）。

然而，星巴克的几个大股东认为其在性别问题上的努力仍然不够。例如，泽文资产管理公司（Zevin Asset Management）建议星巴克报告其"带薪休假"政策是否具有歧视性。根据星巴克的说法，这项政策对连锁零售店来说既慷慨又有竞争力。如果星巴克的员工生了孩子，她们可以享受 16 周的带薪假期，如果他们是孩子的父亲或养父母，这一带薪假期为 12 周。星巴克说，它的计划是特殊的，因为即使是每周工作 20 小时的员工也可以使用它。但泽文资产管理公司说，问题在于这项政策是歧视性的，因为发生同样情况的零售店员工只能享受六周的带薪假期，而孩子的父亲则没有这一假期。一些股东表示，这将损害星巴克的声誉，因为星巴克曾表示，它试图对公司员工和零售店合作伙伴一视同仁。

尽管经常遭到股东的拒绝，但雇主仍然可以实施某些建议，特别是当这些建议涉及公平待遇时。几年前，一家投资公司建议亚马逊和苹果等几家科技公司向男性和女性员工支付平等的薪酬。该提议从未经股东表决，因为这些科技公司很快就缩小了性别工资差距。

归根结底，这些提议让高层管理者陷入了两难境地。例如，星巴克认为其育儿假政策已经是业内最好的政策之一，但仅为公司办公室员工提供这么好的福利似乎有点不公平。

问题

1. 你是否认为"为公司员工提供比零售店合作伙伴更好的福利"这一举措是不公平的？为什么？有法律依据吗？

2. 作为星巴克的首席执行官，你会就当前政策的公平性提出哪些论点？

3. 如果你所经营公司的股东提出这些要求，你会如何处理？

连续案例

卡特洗衣公司

一个有关歧视的问题

詹妮弗在父亲的公司中面临的第一个问题是，公司现有的人力资源管理方法和程序存在很多不足。

她最担心的一个问题是，公司缺乏对平等就业问题的关注。每家门店的经理基本上都独自处理所有与雇用有关的问题，然而，这些经理并没有受过关于如何招募员工的基本培训。例如，面试过程中哪些问题不该问，等等。因此，下面这种情形并不少见，经理常常会向女性求职者提这样的问题："你在上班的时候，孩子由谁照顾？"此外，少数族裔求职者还会被问及拘捕记录和信用历史方面的问题。事实上，这似乎已经成为一种惯例。詹妮弗在与各店经理——顺便说一下，三家门店的经理是白人男性，另外三家门店的经理是白人女性——交谈后得知，非少数族裔的求职者不会被问到这些问题。在与父亲讨论之后，詹妮弗得出这样的结论：公司对于平等就业问题毫不重视的态度出于两个方面的原因：其一，她父亲缺乏对这方面法律知识的了解；其二，正如杰克·卡特所说："事实上，我们雇用的几乎所有的人都是女性或少数族裔员工，所以不会有人来指控我们存在歧视行为，难道不是吗？"

詹妮弗决定好好思考一下这个问题，在此之前，她还面临两个与平等就业相关的严重问题。在公司的一家门店中，有两位女员工私下向詹妮弗倾诉说，她们的经理曾对她们作出了一些令人讨厌的性挑逗行为，其中一位女员工还说，她的经理曾以解雇她相威胁，逼迫她在几个小时后"顺从"他。在调查取证的过程中，一位 73 岁的男员工抱怨说，尽管他有近 50 年的从业经验，但是他所得到的薪水比从事相同工作且年龄比他小一半的员工要少。詹妮弗对这些门店的审查引出了下列问题。

问题

1. 杰克·卡特的观点是，由于公司雇用的大多数员工是女性和少数族裔员工，所以公司不会受到雇用歧视方面的指控。这种说法正确吗？

2. 詹妮弗和公司应当怎样处理性骚扰指控及与其相关的问题？

3. 詹妮弗和公司应当怎样解决可能存在的年龄歧视问题？

4. 鉴于公司的每家门店都只有为数不多的几名员工，该公司是否在平等就业机会法律管辖的范畴之内？

5. 最后，如果公司需要遵守平等就业机会方面的法律，那么除了要审查上述这些具体问题之外，还应该审查其他哪些人事管理政策（如求职申请表、培训等）？

注　释

第 3 章 人力资源管理战略及其实施

Human Resource Management Strategy
and Performance

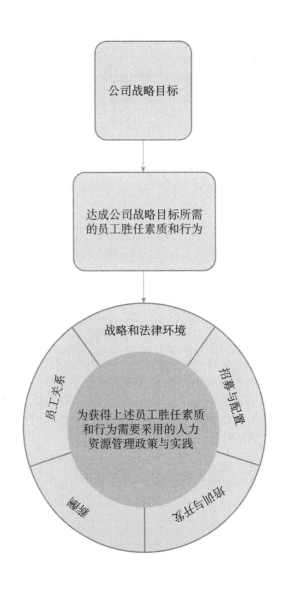

➡ 我们学到哪儿了

在本书的下一篇即第2篇中，我们将转向对人力资源管理的主要内容和关键组成部分的讨论，其中包括职位分析以及人事规划与招募等。理想情况下，此类活动应当能够帮助公司获得实现其战略目标所需的那些员工胜任素质和行为。因此，本章的主要目的是阐述管理者应当如何为公司制定人力资源管理战略。我们在本章中关注的主题包括：战略管理过程、战略的类型、战略性人力资源管理、人力资源管理的衡量指标、标杆管理及数据分析、高绩效工作系统和员工敬业度。下一章我们将介绍如何进行职位分析。

➡ 学习目标

1. 举例说明战略管理过程包括的七个步骤。
2. 举例说明几种主要的战略类型。
3. 定义战略性人力资源管理，并举一个例子来说明战略性人力资源管理在实践中的运用情况。
4. 至少举出五个人力资源管理衡量指标的例子。
5. 举出五个例子说明企业可以通过做些什么来建立高绩效工作系统。
6. 阐述如何通过设计一项计划提高员工敬业度。

丽思卡尔顿酒店（Ritz-Carlton Company）在接管位于中国上海的波特曼酒店（Portman Hotel）时，这家酒店已经在商务旅客中拥有良好的声誉。不过那时还有很多新的豪华酒店纷纷开业。为了保持酒店的竞争力，波特曼酒店新上任的管理者决定运用一种新的战略来对酒店进行重新定位。这种新的战略强调一流的顾客服务。不过，这家酒店的管理者也知道，要想提高服务水平，需要新的员工行为，因此需要采用新的员工甄选、培训、薪酬政策以及管理实践。让我们来看看他们是如何做的。

➡ 3.1 战略管理过程

如果不能理解人力资源管理政策和实践在帮助公司达成战略目标中扮演的角色，管理者就不可能明智地制定出这些政策和实践。在本章中，我们将看到管理者是如何制定战略计划和各项人力资源计划，以及如何评估这些计划所达成的结果的。让我们首先来对管理的基本规划过程进行一个总体描述。

3.1.1 管理的规划过程

管理的基本规划过程包括下列五个步骤：设定目标、进行基本的规划预测、审视可选行动方案、评估最佳选择以及选择并执行计划。一项计划表明了你从当前位置到达未来目标的行动路线。计划始终是"以目标为导向的"（比如，在2020财务年度使销售收入翻番，达到1600万美元）。

在很多公司中，传统上都将目标视为从最高管理层到一线员工的一整条目标链或目标层级，这一点如图3-1所示。在公司的最高层，总裁制定公司的长期目标或战略目标（例如在2020财务年度使销售收入翻番，达到1600万美元）。再由副总裁根据上述目标制定各自分管单元的目标，目的是确保总裁制定的目标得以实现（见图3-1）。接着，这些副总裁的下属继续制定目标，依次层层往下做。[1]

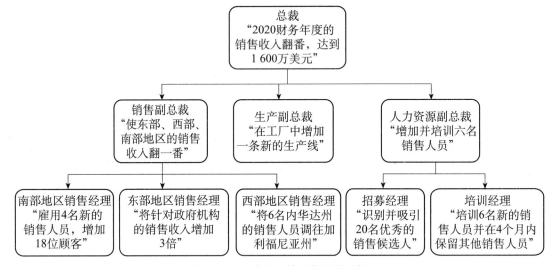

图3-1　一家公司的目标层级示例

政策和程序为员工根据公司的计划和目标开展工作提供了所需的日常指南。政策提供的是一种较为宽泛的指南，它大致描述了员工应当如何行动。例如，"本公司的政策是遵守国家的所有法律、规章制度以及道德行为准则"。程序则清楚地说明了在某些特定的情境下应当如何做事。例如：

> 任何员工如果认为有人违反本项政策的规定，必须将自己的想法上报给本人的直接上级。如果员工认为这样做并不妥当，则应当向人力资源总监提交一份书面报告。任何人不得以任何形式对员工的此类行为实施打击报复。[2]

企业一般都会自行制定本公司的各项政策和程序，或者在现成的政策或程序基础上加以修订（或者同时采用这两种方式）。例如，大多数企业都有一本员工手册，在其中列出与公司的各种人力资源事务有关的政策和程序。通过在线搜索就能找到一些提供成套的人力资源管理政策手册的供应商（例如去浏览 www.bizmanualz.com，然后点击人力资源管理政策和程序手册）。[3]

3.1.2　什么是战略规划

为公司设定目标的工作通常是自上而下展开的，主要做法就是为公司制定一项整体的战略规划。**战略规划**（strategic plan）是指为了使公司内部的优势和劣势与外部的机会和威胁相匹配，帮助组织维持竞争优势的一种总体性规划。战略规划者会问这样几个问题："作为一家企业，我们现在身在何处？我们要去哪里？"然后，他们需要制定出相应的战略规划来引导组织从目前所在的位置到达它希望到达的目的地。[4]当沃尔玛通过收购 Jet.com 扩大其在线业务时，当 WeWork 公司将业务拓展到向 IBM 等公司租赁办公空间时，它们都在进行战略规划。

战略（strategy）是一种行动方案。例如，在面对"人们更愿意喝含糖量更少的饮料"这一问题时，百事和可口可乐这两家公司选择了不同的应对策略。百事公司通过销售更多的食品，比如薯条等，实现产品的多样化，而可口可乐公司则聚焦于甜味饮料的开发，通过加大产品宣传力度提高产品的销量。[5]

最后，**战略管理**（strategic management）就是通过将组织的内部能力（优势和劣势）与外部环境（如竞争对手、客户以及供应商等）对其的要求加以匹配来确定和执行组织战略规划的过程。

3.1.3 战略管理过程

图 3-2 概括了战略管理过程，共包括下列七个步骤。（1）确定当前的业务；（2）进行外部和内部审计；（3）确定新的业务方向；（4）确定战略目标；（5）制定能够达成目标的战略；（6）实施战略；（7）评估战略规划。

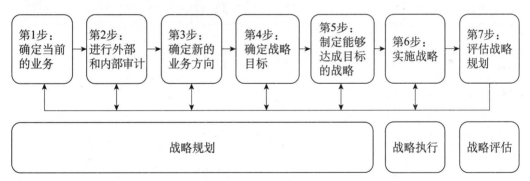

图 3-2　战略管理过程

战略管理过程源于这样一个问题："我们现在做什么生意？"在此，管理者需要确定公司当前的业务和使命。具体而言，就是要回答："我们现在销售的产品是什么？我们的产品销售到哪里去了？我们的产品或服务与竞争对手的区别是什么？"例如，可口可乐公司主要销售甜味饮料，如可口可乐和雪碧。百事公司除了销售饮料外，还销售桂格燕麦和菲多利薯片等食品。

第 2 步提出的问题是："鉴于我们的优势和劣势，以及目前面临的挑战，我们的前进方向正确吗？"为了回答这个问题，管理者需要对公司所处的环境、自身的优势和劣势进行研究或"审计"。图 3-3 的环境扫描清单为整理与公司环境有关的信息提供了指导。正如我们看到的，这张清单包括可能对公司产生影响的经济环境、竞争环境以及政治方面的变化趋势。图 3-4 的 SWOT 矩阵是战略管理过程中广泛使用的一种工具。管理者可以借助该工具分析公司内部的优势、劣势以及公司外部的机会和威胁等方面的信息。管理者还可以通过 PEST 分析模型整理与公司相关的信息。其中，政治因素（P）包括政府管制以及与雇用相关的法律等；经济因素（E）包括失业率和经济增长；社会因素（S）包括人口结构和人们的健康意识；技术因素（T）则包括社交媒体、数字化和自动化驾驶技术等。总之，管理者需要根据公司自身的优势和劣势及其面临的机会和威胁等信息制定战略规划。

经济趋势（比如经济衰退、通货膨胀、就业形势、货币政策等）

竞争与市场趋势（比如市场或顾客发展趋势、竞争对手的进入或退出、竞争对手的新产品等）

政治趋势（比如法律、管制或管制解除等）

技术趋势（比如新产品或营销技术的引进、产品报废率、供应和原材料方面的发展趋势等）

社会趋势（比如人口结构变化趋势、人口流动、教育、价值观的变化等）

地理趋势（比如新市场的开放或关闭、影响当前的工厂或办公地址选择的一些因素等）

图 3-3　环境扫描清单

潜在优势	潜在劣势
● 市场领先	● 大量库存
● 强大的研发能力	● 营销能力过剩
● 高质量的产品	● 管理层流动率高
● 成本优势	● 市场形象差
● 专利	● 缺乏管理深度
潜在机会	潜在威胁
● 新的海外市场	● 市场饱和
● 贸易壁垒消失	● 被收购威胁
● 竞争对手失败	● 低成本的国外公司
● 多元化经营	● 市场增长放缓
● 经济复苏	● 政府管制加强

图 3-4　SWOT 矩阵的一个通用示例

第 3 步的任务是在上述分析（换言之，基于环境扫描、SWOT 和 PEST 分析）的基础上，确定我们的新业务应该是什么，我们销售什么，我们将在哪里销售，以及我们的产品或服务与竞争对手的产品和服务有何不同。许多管理者用愿景声明来表达他们新业务的本质。**愿景声明**（vision statement）是公司对预期方向的一般性声明，从广义上讲，它表明了"我们想要成为什么"。[6] 例如，百事公司的愿景是在社会责任目标的框架内追求绩效。

正因如此，百事公司前首席执行官英德拉·努伊（Indra Nooyi）和她的高管们基于对人类可持续性、环境可持续性和人才可持续性的关注来选择要从事的业务。[7]这一愿景促使百事公司将健康的桂格燕麦和佳得乐添加到其产品线中。

愿景声明概括地描述了公司的业务应该是什么，而公司的**使命陈述**（mission statement）总结了公司目前的主要任务。几年前，福特公司一直采用强有力的使命陈述，即"质量第一"。

在任何情况下，下一步（第 4 步）是将期望的新方向转化为战略目标。例如，在福特公司，"质量第一"对每个部门意味着什么？答案围绕着"每 10 000 辆车不超过 1 个初始缺陷"等目标给出。

下一步，（第 5 步）管理者作出战略选择——行动方案，确保公司实现战略目标。例如，福特公司应该如何实现每 10 000 辆车不超过 1 个初始缺陷的目标？也许要开两个新的高科技工厂，建立新的、严格的员工选拔、培训和绩效评估程序。

第 6 步，实施战略，即将战略转化为行动。这意味着雇用（或解雇）人员、建造（或关闭）工厂、增加（或取消）产品和产品线。

最后，第 7 个步骤是对战略规划实施的结果进行评估。战略并非总能按部就班地实施，管理者应定期评估战略规划的进展情况。

3.2 战略的类型

在实践中，管理者会用到三种类型的战略规划，分别是公司战略规划、业务单元（或竞争）战略规划以及职能（或部门）战略规划（见图 3 - 5）。

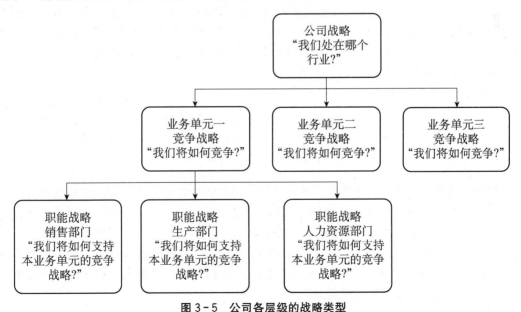

图 3 - 5 公司各层级的战略类型

3.2.1 公司战略

对于任何一家公司而言，公司战略所要解决的问题是："我们将要进入哪些业务领域?"**公司战略**（corporate-level strategy）确定了公司的所有业务投资组合以及各业务模块之间的关系。例如，在集中化（经营单一业务的）公司战略下，一家公司仅提供一种产品或产品系列，并且通常只在一个市场上开展业务。WD-40 公司（WD-40 Company）就是这样一个例子。该公司仅生产一种喷雾型润滑剂，其产品范围十分狭窄。多元化公司战略意味着公司将通过增加新的产品线来进行扩张，产品范围较为广泛。百事公司采用的就是多元化经营战略。该公司在现有的饮料业务之外又增加了菲多利薯片和桂格燕麦。基于同样的战略，谷歌（及其旗下的 Waymo 事业部）和苹果公司都将自己的商业版图扩展至自动驾驶汽车业务。[8]

纵向一体化战略是指公司通过自己生产原材料或直接出售自己生产的产品等方式进行扩张。比如，苹果公司开办了自己的苹果专卖店。实行整合战略的公司会缩减自身的规模。采取地理扩张战略的公司会通过进入新的地理区域来实现市场的扩大，比如把业务做到国外去。

3.2.2 竞争战略

一旦管理者决定了要进入某些经营领域，那么企业在每一个经营领域中都需要确定自己依靠什么来与对手展开竞争。在诸如百事公司这样的企业中，每一个业务单元（比如百事可乐和菲多利）还需要制定自己在业务层面的竞争战略（见图 3-5）。**竞争战略**（competitive strategy）明确了应当如何培养和强化公司的业务单元在市场上的长期竞争地位。[9]例如，必胜客的竞争战略明确了将如何与棒约翰（Papa John's）展开竞争，沃尔玛的竞争战略明确了如何与塔吉特（Target）展开竞争。

管理者希望围绕其经营业务的竞争优势来制定竞争战略。我们可以将**竞争优势**（competitive advantage）定义为一切能够将公司的产品和服务与其竞争对手区别开来，从而扩大公司所占的市场份额的因素。如可口可乐公司拥有可乐的"秘密配方"。然而，竞争优势不一定是有形物品。例如，位于肯塔基州乔治敦的丰田汽车生产厂的前人力资源副总裁就强调人力资本是组织重要的竞争优势。

> 企业的成功离不开员工。因为机器是不能产生新的想法、不能解决问题，也不能抓住机会的。有想法的员工才是确保组织取得成功的关键……美国的每一家汽车厂中的机器都基本相同，但不同的工厂在发挥员工的潜能以及提高员工敬业度方面存在巨大的差异。因此，人力资本是组织的真正竞争优势。[10]

管理者通常会从成本领先战略、差异化战略或聚焦战略中选择一种或多种实现竞争优势。成本领先战略意味着成为行业的低成本领导者，沃尔玛就是一个例子。通过差异化战略，企业试图在购买者非常看重的方面占据独一无二的行业地位。[11]正因如此，沃尔沃公司强调其汽车的安全性，匠人比萨（Artisan Pizza）强调其食材的新鲜度。聚焦战略则致力于开拓出一个细分市场。例如，Jopwell.com 公司就专门为"黑人、拉丁裔和印第安学生以及专业人士的职业发展提供服务"。[12]

3.2.3 职能战略

每个部门都应该在业务战略规划的框架内运行。**职能战略**（functional strategy）确定了各部门为实现战略目标所必须做的事。例如，为了使玉兰油成为一个顶级品牌，宝洁公司的产品开发、生产、营销、销售以及人力资源等部门都必须参与到与该业务单元新的高质量使命一致的活动中。[13]比如，不允许出现劣质的产品、廉价的包装和邋遢的销售人员。

3.2.4 管理者在战略规划中的角色

制定公司的总体战略规划是高层管理者的职责。然而，很少有高层管理者能够在没有中基层管理人员参与的情况下单独完成这一任务。没有人会比公司的各位部门经理更清楚地了解本公司所面临的竞争压力、供应商的能力、产品和行业的发展趋势、员工的能力以及他们关注的问题。

例如，人力资源经理就处在一个提供"竞争情报"——有关竞争对手的行动的信息——的绝佳位置。关于竞争对手实施的激励计划的细节、就顾客投诉问题对员工进行的意见调查、关于即将实施的诸如劳工法等法律方面的信息，都是这方面的典型例子。此外，人力资源经理还应该是全面掌握本公司员工的优点和不足等方面信息的人。

在实践中，制定公司总体战略规划的过程往往需要高层管理者和中基层管理人员之间进行广泛的讨论。然后，高层管理者利用这些信息制定公司的战略规划。

➡ 3.3 战略性人力资源管理

高层管理者需要制定公司的整体战略，并为公司的各个业务单元制定竞争战略。接着，由各个部门经理制定本部门的职能战略，以支持公司的业务单元战略和公司的整体战略。市场营销部门负责制定市场营销战略，生产部门负责制定生产战略，人力资源管理部门负责制定人力资源管理战略。

巴黎酒店的人力资源管理实践

巴黎酒店起源于 1995 年在法国巴黎郊区开业的一家小旅馆。现在，巴黎酒店已经拥有九家分店，其中法国有两家，伦敦和罗马各有一家，其他的分别位于纽约、迈阿密、华盛顿、芝加哥和洛杉矶。如果想知道这家酒店的管理者是如何利用战略性人力资源管理来改进组织绩效的，请参见本章末的"改进巴黎酒店的绩效"案例并回答相关问题。

3.3.1 什么是战略性人力资源管理

每一家公司都需要确保本公司的各项人力资源管理政策和各种人力资源管理活动能够与组织的总体战略目标相吻合。例如，像上海波特曼这样的高端酒店就有与小型汽车旅馆不同的员工甄选、培训及薪酬政策，因为该酒店的客户期望获得更好的入住体验。**战略性人力资源管理**（strategic human resource management）意味着通过制定和实施一系列人力资源管理政策和措施来帮助组织获得实现其战略目标所需的员工胜任素质和行为。接下来的专栏将会阐明这一点。

上海丽思卡尔顿波特曼酒店

当丽思卡尔顿酒店接管了位于中国上海的波特曼酒店时，新的管理层审视了波特曼酒店的优势和劣势及正在迅速发展的本地竞争者的情况。他们得出的结论是，要想参与竞争，就必须提升本酒店的服务水平，而要实现这一点，就必须制订包括招募、培训和薪酬支付在内的新的人力资源管理计划。这就意味着要为波特曼酒店制定一项新的人力资源管理战略，以提升酒店的顾客服务水平。他们制定的人力资源管理战略包括以下几个方面的措施：

● 在战略层面上，他们制定的目标是通过提供卓越的顾客服务使上海波特曼酒店成为业界翘楚。

● 为达到这一目标，上海波特曼酒店的员工必须能够展示出新的技能和行为，比如，对待和回应顾客方面的技能和行为。

● 为了培养上述技能与行为，酒店管理层制订了各种新的人力资源管理计划、政策和程序。例如，他们将丽思卡尔顿酒店的人力资源管理信息系统引入了波特曼酒店："我们（当前）的甄选看重的是人才及个人价值观，因为这两者是无法教会的……这涉及关心和尊重他人的问题。"[14] 2017 年，丽思卡尔顿成为万豪的一部分，但丽思卡尔顿的"金标准"信条保持不变。这在某种程度上意味着："我们承诺为我们希望享受温暖、放松、优雅氛围的客户提供最好的服务和设施。"[15]

酒店管理层的这些努力得到了回报。他们制定的各项新的人力资源管理计划和实践帮助波特曼酒店获得了提高服务水平所需的员工行为，因此吸引了更多新的顾客。很快，这家酒店就被很多旅游媒体誉为"亚洲最佳雇主""亚洲最佳商务酒店""中国最佳商务酒店"，这一认识延续至今。[16]酒店的利润随之飙升，这在很大程度上归功于酒店运用了有效的战略性人力资源管理。

战略性人力资源管理的基本理念是：在制定人力资源管理政策和安排各种人力资源管理活动时，管理者的出发点应当是帮助公司获得为实现其战略目标所需的那些员工胜任素质和行为。[17]

人力资源管理战略是动态的而非静态的。换言之，管理者不仅应当了解各种人力资源管理活动（招募等）的现状，而且要明确何种人力资源管理活动有助于实现组织的战略目标。人力资源管理战略取得成功的关键在于：管理者要思考如何确保组织人力资源管理与公司的战略目标相一致，进而支持公司战略目标的实现。[18]值得注意的是，管理者不能在不了解经营战略需要的情况下制定人力资源管理政策以及安排各种人力资源管理活动，而是应当考虑如何使人力资源管理活动与组织的战略需要保持一致。

图 3-6 简要说明了这种理念。首先，管理者需要制定出战略规划和目标。接下来，管理者需要回答这样一个问题："为了实现这些规划和目标，我们需要哪些员工胜任素质和行为？"最后，管理者需要回答："我们需要实施哪些招募、甄选、培训以及其他人力资

源管理政策和实践，才能使我们获得所需的那些员工胜任素质和行为？"管理者通常将这些特定的人力资源管理政策和实践称为人力资源管理战略。[19] 接下来的专栏提供了另外一个战略性人力资源管理的例子。

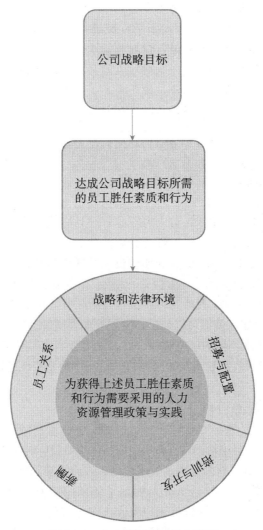

图 3-6 人力资源管理战略模型

改进绩效：作为利润中心的人力资源管理

美捷步的"哇"方式

当一家公司的战略涉及以在线方式向那些现场不拿走所购物品的人销售鞋子和衣物时，就需要一支精力充沛且享受工作的员工队伍。美捷步公司（Zappos，亚马逊旗下的子公司）希望自己的员工能够提供一种让客户惊呼"哇"（WOW）的优质服务。[20] 该公司创始人知道，自己需要通过一些独特的方法来雇用、开发和留住员工，而他也确实做到了。正如公司网站显示的那样："注意，这不是你妈妈那个年代的人力资源管理了！招募、福利和员工关系等这些都使这艘游轮充满了乐趣，公司以创新的方式让员工受到激励以及受到关于美捷步公司的相关教育，在这里还有员工福利以及很多其他有趣的事情！"[21]

这些有趣、创新的方式包括：在类似脱口秀的场景中面试求职者，让求职者为史蒂夫·马登（Steve Madden）鞋业品牌提交自己的设计，允许员工在美捷步公司一年一度的"秃头与蓝色日"（Bald & Blue Day）里剃头或将头发染成蓝色。[22]然而，并非所有人都喜欢这样的方式。当有人不喜欢时，公司也不会强人所难，而是给员工一笔钱让其离开。另外，美捷步还采取"全体共治"（holacracy）的管理模式，鼓励每位员工参与组织创新。[23]

尽管这种方式并不适合所有的公司，但对美捷步来说是有效的。管理层通过这些特殊的人力资源管理实践塑造了公司实施其战略所需的那种充满活力和乐趣的环境，打造了一支真正享受工作且精力充沛的员工队伍，进而提高了公司的在线销售业绩。从公司目前的运营所取得的成功来看，这些做法确实正在发挥作用。

3.3.2 可持续性和战略性人力资源管理

今天大家都在强调可持续性，这对人力资源管理具有重要影响。战略性人力资源管理意味着人力资源管理政策的制定和人力资源管理活动的开展能够帮助公司获得实现战略目标——其中包括可持续性目标——所需的那些员工胜任素质和行为。

例如，百事公司希望能够实现"有意义的绩效"，这就意味着公司在实现财务绩效的同时，也要实现人类、环境以及人才的可持续性。[24]百事公司的人力资源管理者可以帮助公司实现这些目标。[25]比如，他们可以与公司高层管理者通过合作的方式作出灵活的工作安排，减少员工的通勤以实现环境的可持续性；可以使用激励体系激励员工实现公司的可持续发展目标。[26]人力资源管理政策和实践的最终目的是支持企业实现可持续性发展目标。

3.3.3 战略性人力资源管理工具

管理者通常运用几种工具来帮助自己将组织的整体战略目标转化为人力资源管理政策和实践。其中有三种重要的工具，它们分别是战略地图、人力资源管理计分卡以及数字仪表盘。

战略地图 战略地图（strategy map）展示了各部门如何为公司总体战略目标的达成作出贡献。它有助于管理者和每一位员工想象和理解本部门在实施公司战略规划方面扮演的角色。战略地图使员工的视线变得更加清晰。这一点是通过将员工的努力与公司的终极目标联系在一起实现的。[27]

图 3-7 是美国西南航空公司（Southwest Airlines）的一幅战略地图的示例。其中，位于顶层的活动是实现战略性财务目标。接下来，战略地图展示了有助于西南航空公司达成上述财务目标的一系列活动链。与沃尔玛一样，西南航空公司采取了成本领先战略。例如，为了增加收入、提高盈利水平，西南航空公司需要使用更少的飞机（以降低成本）、保持很低的价格，同时还要确保航班准点。要想保持航班准点和低票价，要求飞机必须能够快速转场（在战略地图上自上而下来看）。要想加快飞机的转场速度，需要一批对工作充满激情的地勤人员和机组人员。这张战略地图有助于每个部门都理解为实现西南航空公司的成本领先战略，每个部门应该做些什么。[28]例如，西南航空公司的人力资源管理团队需要采取哪些措施来激发地勤人员的工作动力和奉献精神？

人力资源管理计分卡 许多企业都将战略地图中涉及的各种活动进行量化和计算机化处理。人力资源管理计分卡就可以帮助企业做到这一点。**人力资源管理计分卡**（HR

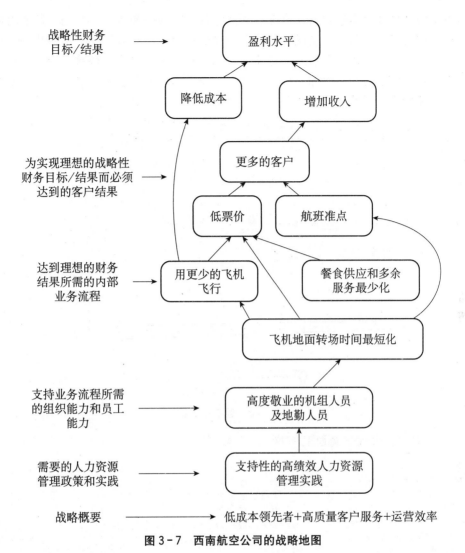

战略性财务
目标/结果 →

盈利水平

降低成本　增加收入

为实现理想的战略性
财务目标/结果而必须 →
达到的客户结果

更多的客户

低票价　航班准点

达到理想的财务
结果所需的内部 →
业务流程

用更少的飞机
飞行

餐食供应和多余
服务最少化

飞机地面转场时间最短化

支持业务流程所需
的组织能力和员工 →
能力

高度敬业的机组人员
及地勤人员

需要的人力资源
管理政策和实践 →

支持性的高绩效人力资源
管理实践

战略概要 → 低成本领先者+高质量客户服务+运营效率

图3-7　西南航空公司的战略地图

资料来源：Based on TeamCHRYSALIS.com，accessed July 2006；http：//mcknightkaney.com/Strategy_Maps_Primer.html；www.strategymap.com.au/home/StrategyMapOverview.html.

scorecard）并非一张计分的卡片，它是指将各种财务和非财务目标或衡量指标分配到为实现组织战略目标所需完成的一系列人力资源管理活动链之中的过程。[29]（西南航空公司的绩效衡量指标包括：飞机转场时间、航班准点率以及地勤人员的效率等。）简而言之，人力资源管理计分卡就是要在拿到一张战略地图之后，对其进行量化处理。

管理者通过使用一些特殊的计分卡软件，就可以很方便地完成上述工作。计算机化的计分卡设计过程有助于管理者对以下内容做量化处理：一是各种人力资源管理活动（甄选测试以及培训数量等）；二是员工行为（例如客户服务等）；三是人力资源管理活动产生的公司战略性结果及其绩效（比如客户满意度和利润率等）。[30]人力资源管理计分卡源自平衡计分卡，这种方法的目的是在评价一家公司的绩效时在硬数据（如财务指标）和软数据（如客户满意度）之间恰当地平衡。

数字仪表盘　俗话说"一图胜千言"，恰好说明了使用数字仪表盘的目的。**数字仪表盘**（digital dashboard）以桌面图形和表格以及计算机图片的形式，向管理者说明目前公司在人力资源管理计分卡中的各项指标进展到了什么程度（见图3-8）。正如下面所描述的，西南航空公司高层管理人员的数字仪表盘就是在电脑屏幕上展现出来的战略地图中的各项活动（比如快速转场以及航班准点率等）的实时进展情况。这种数字展示为管理者提供了采取纠正措施的机会。例如，如果地勤人员今天为飞机提供的转场服务速度太慢，那么，除非管理者及时采取行动，否则明天的财务结果就会下滑。

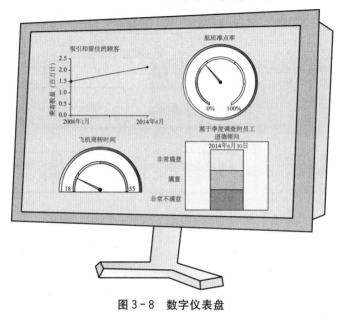

图3-8　数字仪表盘

图3-9对这三种战略规划工具做了一个概括。

战略地图	人力资源管理计分卡	数字仪表盘
展示了各部门如何为公司总体战略目标的达成作出贡献，有助于管理者和每位员工想象和理解本部门在实施公司战略规划方面扮演的角色。	将各种财务和非财务目标或衡量指标分配到为实现组织战略目标所需完成的一系列人力资源管理活动链之中的过程。	以桌面图形和表格以及计算机图片的形式，向管理者说明目前公司在人力资源管理计分卡中的各项指标进展到了什么程度。

图3-9　三种重要的战略性人力资源管理工具

3.4　人力资源管理的衡量指标、标杆管理及数据分析

　　我们已经看到，战略性人力资源管理的含义是，为帮助公司获得实现战略目标所需的员工胜任素质及行为而制定相应的人力资源管理政策和实践。在这个过程中，能够对结果加以衡量是至关重要的。例如，对上海波特曼酒店的管理层来说，如果不能衡量客户服务，那么将"更好的客户服务"设定为目标就是徒劳的。[31]这些衡量指标可能包括员工人均培训小时数、员工人均生产率以及（通过客户调查得到的）客户满意度等。

　　人力资源管理者会使用许多**人力资源管理衡量指标**（human resource metrics）。例如，在员工人数为100～249人的公司中，平均每100名员工中有一人从事人力资源管理工作。在员工人数为1 000～2 499人的公司中，人力资源管理人员与员工总人数的比率大约为0.79。在

员工人数超过 7 500 人的公司中，这一比率下降到了 0.72。[32] 图 3-10 描述了其他一些人力资源管理衡量指标，其中包括员工任职年限、人均雇用成本、年度总离职率等。[33]

组织数据
- 收入
- 全职员工（FTE）人均收入
- 税前净收入
- 全职员工人均税前净收入
- 组织继任计划中包含的职位

人力资源部门数据
- 人力资源部门员工总人数
- 人力资源部门员工占员工总人数的百分比
- 主要从事监督管理工作的人力资源部门员工所占百分比
- 主要从事专业或技术工作的人力资源部门员工所占百分比
- 主要从事行政支持工作的人力资源部门员工所占百分比
- 人力资源部门负责人的汇报结构
- 组织在今年预期雇用的人力资源管理职位的类型

人力资源管理费用数据
- 人力资源管理费用
- 人力资源管理费用占运营费用的百分比
- 人力资源管理费用占全职员工总费用的百分比

薪酬数据
- 年度加薪水平
- 固定薪资占运营费用的百分比
- 非高层管理人员的目标奖金
- 高层管理人员的目标奖金

学费/教育费用数据
- 每年允许用于学费/教育费用报销的最高额度
- 参与学费/教育费用报销项目的员工所占的百分比

雇用数据
- 填补职位空缺数量
- 填补职位空缺所用时间
- 人均雇用成本
- 员工留任年限
- 年度总离职率
- 年度自愿离职率
- 年度非自愿离职率

收入和组织雇用预期
- 与去年相比，今年的组织收入预期变化百分比
- 与去年相比，今年的组织雇用人数预期变化百分比

实现更高盈利水平组织的衡量指标
- 人力资源部门员工总人数
- 人力资源部门员工占员工总人数的百分比
- 人力资源管理费用
- 人力资源管理费用占运营费用的百分比
- 人力资源管理费用占全职员工总费用的百分比
- 年度加薪水平
- 非高层管理人员的目标奖金
- 高层管理人员的目标奖金
- 每年允许用于学费/教育费用报销的最高额度
- 参与学费/教育费用报销项目的员工所占的百分比
- 填补职位空缺所用时间
- 人均雇用成本
- 年度总离职率

图 3-10 美国人力资源管理协会《2017 年定制化人力资本标杆管理报告》中的衡量指标

资料来源：Reprinted with permission from the Society for Human Resource Management. All rights reserved.

3.4.1 标杆管理

在决定要作出哪些方面的变革之前,仅仅对组织自身的运营情况(比如员工的生产率)进行衡量是远远不够的。绝大多数的管理者必须问这样一个问题:与别人相比,"我们做得怎么样?"例如,我们公司的事故率是上升还是下降了?管理者还想将这个结果与那些高绩效公司进行比较,以更好地理解别的公司在哪些方面做得更好。[34]

美国人力资源管理协会提供的标杆管理服务能够使企业将自己的人力资源管理衡量指标与其他企业的相应指标进行比较。企业不仅可以得到与同一行业中的其他公司进行比较的数据,而且可以获得与本企业同等规模、同等收入以及在相同地理区域内的公司的可比数据(详见 http://shrm.org/research/benchmarks)。

表 3-1 展示了美国人力资源管理协会开发的一套可比标杆管理衡量指标。该图显示了各企业在学费/教育费用报销项目上支出的资金。

表 3-1　美国人力资源管理协会的定制化人力资本标杆管理报告

学费/教育费用报销数据					
	n	25 分位	中位数	75 分位	平均数
每年允许用于学费/教育费用报销的最高额度	32	1 000 美元	5 000 美元	7 500 美元	6 000 美元
参与学费/教育费用报销项目的员工所占的百分比	32	1.0%	3.0%	5.0%	4.0%

资料来源:"HR Expense Data," from *SHRM Customized Human Capital Benchmarking Report*. Reprinted with permission from the Society for Human Resource Management. All rights reserved. www.shrm.org/Research/benchmarks/Documents/sample _ humnba _ capital _ report.pdf.

3.4.2　战略及基于战略的衡量指标

标杆管理仅仅为你提供了一个公司的人力资源管理系统如何运作的视角。[35]它表明了你们公司的人力资源管理系统与竞争对手相比情况如何。但是,标杆管理并不能表明你们公司的人力资源管理实践在何种程度上对公司的战略目标起到了支持作用。因此,如果公司的战略要求我们必须通过提高客户服务质量使利润翻一番,那么我们新的培训措施能够在多大程度上帮助公司提高客户服务水平?

管理者可以运用基于战略的衡量指标来解决上述问题。**基于战略的衡量指标**(strategy-based metrics)所关注的是对那些有助于公司战略目标实现的活动进行衡量。[36]比如,对上海波特曼酒店而言,战略性人力资源管理衡量指标可能包括 100% 的员工测试、80% 的客户回头率、奖励薪酬在总薪酬中所占的百分比、销售额增加 50% 等。如果企业的人力资源管理实践所发生的变化(比如增加培训)达到了预期效果,那么客户回头率等基于战略的衡量指标的数值应该也会上升。

3.4.3　什么是人力资源管理审计

人力资源管理者经常通过人力资源管理审计收集员工流动率以及安全性等方面的数据。**人力资源管理审计**（HR audit）是"对组织的人力资源管理职能的完整性、效率和有效性所做的分析，包括组织的人力资源管理政策、实践、流程及相关衡量指标"。[37]一般而言，人力资源管理审计涉及对一家公司的各项人力资源管理职能（比如招募、测试、培训等）进行审查，同时确保公司能够遵守各项法律法规以及公司政策的规定，这一过程通常需要依照一份清单来完成。人力资源管理审计人员可能首先审查工资单数据，重点关注每位员工的薪酬金额和发放时间。然后，需要将视角转向人力资源管理记录是否有序（例如，医疗记录与简历是否分开保存）。此外，还需要审查公司的相关政策，例如，检查公司针对残疾人提供的适当便利性政策、社交媒体政策以及家庭和医疗休假政策。[38]

除此之外，人力资源管理审计的范围也各不相同。比较典型的人力资源管理审计的内容包括[39]：

1. 员工类型以及人数（包括职位描述以及根据全日制和非全日制等类型划分的员工人数）。

2. 遵守联邦政府、州政府及地方政府制定的与雇用有关的法律的情况。

3. 招募和甄选（包括各种甄选工具的使用、背景核查等）。

4. 薪酬管理（薪酬政策、奖励、薪酬调查程序等）。

5. 员工关系（集体协议、绩效管理、纪律惩戒程序以及员工认可）。

6. 法定福利（社会保障、失业保险、工伤保险等）。

7. 集体福利（各种保险、休假、弹性福利等）。

8. 薪酬支付（比如法律方面的合规性）。

9. 各种文件以及记录的保存。例如，我们公司的文件中是否包含：员工的简历和求职申请书、雇用通知书、职位描述、绩效评价、福利登记表、薪酬调整通知单以及员工手册等一些人事相关文件？[40]

10. 培训和开发（新员工上岗引导、员工队伍开发、技术及安全、职业规划等）。

11. 员工沟通（员工手册、时事通讯、各种认可计划等）。

12. 解雇及调职政策和实践。

影响人力资源管理的趋势：数字化与社交媒体

像每月雇用成本这样的数据是很有意思的，但是在将这种数据转化为信息之前它没有太大用处。信息是指用一种对决策有用的形式呈现出来的数据。了解你们公司的人均雇用成本是一件很有趣的事情。然而，如果以另一种形式来展示这一数据，从而使你们能够看到这一成本正处于上升趋势还是下降趋势，以及本公司的这种成本与竞争对手相比较的情况，就能为你们公司提供用于实际决策的信息。[41]

数据分析是指基于对数据的统计分析发现其中存在的规律并作出相应的预测。例如，当网上书店使用算法预测出你最有可能购买的书籍时，它采用的就是数据分析。它的预测依据是你既往的书籍购买记录以及你和其他群体之间存在的相似性等。[42]数据分析离不开数据挖掘。数据挖掘是指通过对大量员工数据的筛选发现存在的相关关系，然后利用这些相关关系改进员工的招募、甄选以及其他人力资源管理实践。数据挖掘是"旨在从数据中发现新的、隐藏的或意外模式的一组活动"。[43]

大数据分析基本上是立体化的数据分析。其基本思想与数据分析是相同的（即通过科学分析数据发现变量之间存在的关系，从而作出预测）。然而，大数据分析的数据量、速度和多样性都要比数据分析大得多。就数量而言，沃尔玛现在每小时从其客户交易中收集大约 2.5 PB 即每小时 250 万 GB 的数据。[44]从速度方面来看，这些数据或多或少都是在瞬间获取的（就像沃尔玛那样），这就意味着公司可以利用它们更快速地调整公司管理实践（例如，知道谁在购买什么产品，从而知道应当如何调整在线促销活动）。最后，大数据分析利用了现有的海量数据。这些数据不仅来自沃尔玛的交易信息，还来自客户的手机、定位系统以及社交网络等不同渠道。

人才分析

此类数据分析工具使企业能够分析来自传统来源（如员工记录）的员工数据（如员工人口统计特征数据、培训和绩效评级）以及来自新来源（如公司内部社交媒体网站、定位系统跟踪和电子邮件活动）的数据。[45]然后，企业使用人才分析（适用于人力资源问题的数据分析）回答过去难以解决的问题。例如，人力资源管理顾问公司怡安翰威特（Aon Hewitt）就有一个可以用于分析客户的员工和绩效数据的"分析引擎"。电脑仪表盘使客户能够回答诸如"我们是否应该进一步分析潜在的营业额趋势以避免潜在问题？"[46]"哪些因素驱动我们的高绩效销售人员？"以及"什么样的人最有可能发生事故并提出索赔？"

人才分析可以产生显著的盈利结果。例如，百思买公司（Best Buy）利用人才分析发现，员工敬业度提高 0.1％使百思买商店的年营业收入增加超过 100 000 美元。[47]企业可以利用人才分析回答以下几种类型的人才管理问题：

● 人力资本情况。例如，"关于我们公司总体健康状况的关键指标有哪些？"捷蓝航空公司（JetBlue）发现员工敬业度就是这样一个关键指标，因为它与公司的财务绩效密切相关。

● 人力资源问题分析。例如，"公司的哪些业务单元、部门或个人需要引起我们的注意？"洛克希德·马丁公司（Lockheed Martin）通过收集绩效方面的数据来确定哪些业务单元的绩效需要改进。

● 人力资本投资分析。例如，"哪些行动对我们的业务影响最大？"思科公司（Cisco）通过监测员工满意度将其员工保留率从 65％提高到了 85％，从而为本公司在招募、甄选以及培训上节省了近 5 000 万美元的成本。谷歌公司的人才分析团队对员工的背景、能力和绩效方面的数据进行了分析[48]，确定了可能导致员工离职的原因（如员工感觉自己的才能未得到充分利用），并基于此开展管理活动，从而有效地降低了员工的离职率。微软通过数据分析确定了员工的来源（毕业的学校和过去就职的公司）与员工绩效之间的关系，这有助于公司改进招募和甄选方式。[49]

人才分析等数字工具使人力资源经理这一岗位变得更加具有科学性和分析性，而且数字工具可以将人力资源管理职责从人力资源部门转移到其他部门（如财务部门），有时转移给直线经理比如部门主管（例如，怡安翰威特公司的数字仪表盘就可以将人员流动信息

直接报给直线经理)。

数字工具显示出巨大的前景。在一项研究中,82%的高绩效组织向它们的人力资源管理者提供类似的分析过的员工队伍数据,而在低绩效组织中,这一比例只有33%。[50]

影响人力资源管理的趋势:人才管理科学

数据分析有助于根据对实际情况所做的可衡量的、客观的审查作出决策,管理者将此命名为循证人力资源管理,它是指利用数据、事实、分析、科学严谨性、批判性评估和批判性评估的研究/案例研究来支持人力资源管理的提案、决策、实践和结论。[51]

你可能会感觉到以证据为基础与科学相似,如果是这样,你是正确的。《哈佛商业评论》(Harvard Business Review)的一篇文章甚至认为,管理者在作出商业决策时必须更加科学,即"像科学家一样思考"。[52]

管理者怎么能像科学家一样思考呢?客观性、实验性和预测性是科学的核心。在收集证据时,科学家(或管理者)首先需要客观,否则就无法相信他们的结论。最近,一所医学院处分了几位教授,因为这几位教授隐瞒了他们受雇于一家制药公司的事实,而且正在对这家公司提供的一些药品的药性进行研究。在这种情况下,谁能相信他们的客观性或结论?

科学也需要实验。实验是一种人们为确保自己能够理解某些结果产生的原因进行的测试。例如,在《哈佛商业评论》的文章《智能商业实验分步指南》(A Step-by-Step Guide to Smart Business Experiments)中,作者认为,如果你想判断一项新的激励计划对公司利润的影响,不要对所有员工实施该计划,而是分为"实验组"(获得激励计划的小组)和"控制组"(未获得激励计划的小组)来实施,这样做有助于你评估绩效改进是否源于激励或其他原因(如在公司范围内实施的一项新培训计划)。[53]此外,它将使你能够预测激励计划的改变将如何影响绩效。

对于管理者来说,科学的意义在于通过收集事实来作出更好的决策。"这项销售激励计划真的能促进销售吗?""在过去5年内,我们在退还学费计划上花费了4万美元,我们从中得到了什么(如果有的话)?"证据是什么?

今天,成功的人力资源管理者需要科学。例如,化工公司巴斯夫(BASF Corp.)使用人才分析来分析15 000名在其美国总部工作的员工的压力、健康和生产率之间的关系等方面的数据。基于这一分析,该公司制定了多项健康计划。由于这些计划能够通过减轻员工的压力提高他们的生产率,因而对企业来说收益超过成本。[54]

在本书中,我们将举例说明管理者如何利用证据作出更好的人力资源管理决策。例如,哪种招聘来源能为公司提供最好的求职者?使用甄选程序是否值得?我们的安全计划真的能减少事故吗?

➡ 3.5 高绩效工作系统

对人力资源管理实践进行衡量、标杆管理以及科学分析的原因之一在于:可以通过这些措施来强化高绩效工作实践。**高绩效工作系统**（high-performance work system，HP-WS）是一系列能够达成卓越员工绩效的人力资源管理政策与实践的集合。

那么，到底哪些属于高绩效工作系统中的管理实践呢？在一项研究中，研究人员收集了 2007—2009 年经济衰退之前、期间和之后的 359 家公司的数据。他们发现，在经济衰退之前、期间和之后，进行更有效的人员配备和培训的公司的表现都优于竞争对手。[55]

另一项研究对 17 家制造工厂进行了考察，其中一些工厂采用了高绩效工作系统方面的实践。这些采用高绩效工作系统实践的工厂给工人支付的工资更高（它们支付的小时工资的平均值为 16 美元，高于全部被调查工厂的小时工资平均值 13 美元），提供的培训更多，采用更为复杂的招募和雇用实践（比如采用多种测试以及经过效度检验的面试），采用更多的自我管理工作团队。[56]那些运用高绩效工作系统中的人力资源管理实践的工厂明显要比那些没有采用该实践的工厂经营得更好。值得一提的是，服务业中的公司（比如酒店）尤其能从高绩效工作系统及其相关管理实践中获益。[57]

多项研究表明，高绩效工作系统中的各种管理政策和实践的确与那些低绩效工作系统中的政策和实践有所不同（见表 3-2）。例如，高绩效公司能招募到更多的求职者，使用更多的甄选测试，并且在培训员工方面也会花更多的时间。表 3-2 说明了三件事：

第一，该表呈现了人力资源管理衡量指标的若干例子，比如每位员工的培训时间，或者为每个职位吸引的合格求职者人数。（从表 3-2 中可以看出，在高绩效公司中，"为每个职位吸引的合格求职者人数"达到 37 人。）管理者可以运用类似的指标来评估本公司的人力资源管理绩效，还可以对不同公司的人力资源管理绩效进行比较。[58]

第二，该表描述了企业必须做些什么才能构建高绩效工作系统。例如，在为每个职位吸引的合格求职者人数上，高绩效公司可以得到的人数是低绩效公司可以得到的人数的 4 倍多。高绩效公司还根据经过验证的选拔测试进行招聘，并广泛培训员工。

第三，该表体现了高绩效工作系统中的人力资源管理实践的另一个特征，即特别希望帮助员工进行自我管理。其中的招募、甄选、培训以及人力资源管理实践的目的是打造一支被赋能的且能够进行自我激励的员工队伍。[59]

表 3-2　高绩效公司与低绩效公司在招募、甄选、培训、绩效评价、薪酬支付及其他人力资源管理实践方面的差异：摘自多项研究

	低绩效公司的人力资源管理系统平均值（例如，公司在销售、员工、创新和员工保留方面的表现）*	高绩效公司的人力资源管理系统平均值（例如，公司在销售、员工、创新和员工保留方面的表现）*
招募：为每个职位吸引的合格求职者人数	8	37
甄选：基于有效的甄选测试雇用的员工百分比	4%	30%
培训：新员工（入职时间在一年以内者）的培训小时数	35 小时	117 小时
绩效评价：得到正规绩效评价的员工所占百分比	41%	95%
薪酬实践：有资格获得奖金的员工所占百分比	28%	84%
团队：常规性地在自我管理团队、跨职能团队或项目团队中工作的员工所占百分比	11%	42%

续表

	低绩效公司的人力资源管理系统平均值(例如，公司在销售、员工、创新和员工保留方面的表现)*	高绩效公司的人力资源管理系统平均值(例如，公司在销售、员工、创新和员工保留方面的表现)*
自我管理团队：在自治或半自治工作团队中工作的员工所占百分比	9%	70%
运营信息分享：获取相关运营绩效信息的员工所占百分比	62%	82%
财务信息分享：获取相关财务业绩信息的员工所占百分比	43%	66%

* 调查结果经过四舍五入。

资料来源：Based on "Comparison of HR Practices in High-Performance and Low-Performance Companies," by B. E. Becker, et al., from *The HR Scorecard: Linking People, Strategy and Performance* (Boston: Harvard Business School Press, 2001); Barry Macy, Gerard Farias, Jean-Francois Rosa, and Curt Moore, "Built to Change: High-Performance Work Systems and Self-Directed Work Teams—A Longitudinal Field Study," *Research in Organizational Change and Development*, 16, pp. 339–418, 2007; James Gathrie, Wenchuan Liu, Patrick Flood, and Sarah MacCurtain, "High Performance Work Systems, Workforce Productivity, and Innovation: A Comparison of MNCs and Indigenous Firms," The Learning, Innovation and Knowledge (LINK) Research Centre Working Paper Series, WP 04-08, 2008. Michael C. Campion, and Malika Masimova, "A High Performance Work Practices Taxonomy: Integrating the Literature and Directing Future Research," *Journal of Management*, 39, no. 5, July 2013, pp. 1184–1220.

➡ 3.6　写给管理者的员工敬业度指南：员工敬业度和绩效

员工敬业度是指员工投入工作的充分程度及对所从事工作的承诺度。高敬业度的员工能"体验到与工作任务的高度联系"，并努力完成与任务相关的目标。[60]

全身心投入工作且对公司承诺度高的员工能够为企业带来竞争优势，包括更高的员工绩效和更高的生产率。根据盖洛普公司的调查，员工敬业度最高的业务部门的业绩有83%的概率高于公司中位数；在员工敬业度最低的业务部门此概率只有17%。[61]一项实证研究显示，员工敬业度与员工的客户服务生产率相关，员工敬业度的改善与产品销售量、产品质量、员工生产率、员工留任以及收入增长等显著正相关，与工作安全事故、员工的缺勤率等显著负相关。[62]一家咨询公司估计，员工敬业度每提高5%，营业利润率将增加0.7%。[63]拥有高敬业度员工的公司也不太可能成立工会。[64]在一项调查中，高度敬业的员工每年仅有7.5天不工作，而不那么敬业的员工每年不工作的时间约为14天。[65]华信惠悦咨询公司（Watson Wyatt Worldwide）的调查显示，员工敬业度高的公司，其员工人均收入要比平均水平高出26%。[66]

3.6.1　员工敬业度问题

研究表明，美国的员工敬业度水平只有21%～30%。[67]盖洛普公司将员工分为"工作充满激情并与公司有着深刻联系"的员工、"退出的"的不敬业型员工和积极不敬业型员工。后者通过破坏他们敬业同事所取得的成就来"表现出他们的不满"。[68]盖洛普公司发现，大约有 30％的员工能够达到较高水平的敬业度，50％的员工没能全身心投入工作，20％的员工正在积极脱离工作。

3.6.2　管理者可以做些什么来提高员工敬业度

管理者可以采取具体措施来提高员工敬业度，我们稍后会详细探讨这方面的问题，有一个重要措施是提供支持性监督。例如，盖洛普公司的一项调查发现，那些为员工提供支持和指导的管理者"实际上可以降低员工的主动离职率"；相反，"来自地狱的老板"会扼杀员工敬业度。[69]管理者可以采取的提高员工敬业度的其他措施包括：让员工了解他们所在的部门如何为公司的成功作出贡献；了解他们自身的努力如何与公司目标挂钩；从工作中获得成就感[70]；高度参与，比如在自我管理团队中工作。[71]雇主还应该要求管理者对员工敬业度负责。例如，WD-40 公司让管理者定期与员工见面，讨论如何提高员工敬业度。[72]

3.6.3　如何测量员工敬业度

盖洛普和韬睿惠悦（Towers Watson）等公司提供全面的员工敬业度调查服务。对员工敬业度的测量并不需要太复杂。埃森哲咨询公司（Accenture）在全球拥有约 18 万名员工，它使用了由"说、留、干"（say，stay，and strive）三部分组成的简明方法测量员工敬业度。首先，埃森哲咨询公司会评估员工对公司所做的评价以及他们愿意将公司推荐给其他人的积极程度。其次，它评估谁会继续留在公司中以及留在公司中的原因。最后，它会考察员工"干"的程度。例如，"员工在组织的整体成功中是否发挥了积极作用，他们是仅仅追求完成任务，还是会干得更多？"[73]

本章和后续章节中的"写给管理者的员工敬业度指南"部分将讨论管理者如何借助人力资源管理活动提高员工敬业度。

3.6.4　起亚英国公司如何通过旨在提高员工敬业度的人力资源管理战略提高绩效

起亚汽车公司（Kia Motors）是一家成功的汽车制造商，在世界各地拥有数万名员工，并且以其 10 年保修期和产品质量价值而闻名。然而，起亚汽车公司并不总是如此成功。1997 年 7 月，起亚汽车公司因为难以偿还其 106 亿美元的债务而申请破产保护。[74]1998 年，韩国现代汽车公司（Hyundai Motorcar Company of Korea）收购了起亚汽车公司 51％的股份，并启动了一项旨在改善起亚汽车公司经营业绩的多年计划。如今，现代汽车公司拥有起亚汽车公司大约 1/3 的股份。

挑战　随着 2006 年信贷紧缩和消费者支出的削减，现代汽车集团（Hyundai Motor Group）、起亚汽车公司以及世界上大多数汽车制造商的经营状况都遇到了强劲的挑战。起亚汽车公司董事长在回顾 2006—2007 年的情况时，在公司年报中写道：

在如今的汽车行业中，竞争是如此激烈。即便是那些内心强大的人在消息灵通的情况下，也会犹豫自己能否成为未来汽车市场上的胜利者。日本汽车公司对我们采取了毫不留情的措施，而中国汽车公司等后来者则在加速追赶我们。世界经济发展放缓、巨大的汇率风险以及其他一些威胁，对于任何全球参与者来说都是不利的经济条件。[75]

董事长阐述了起亚汽车公司在面对这些挑战的情况下应对全球竞争的战略。他说：

我们打算将未来的增长建立在提高我们在生产、销售、营销、品牌以及售后服务等方面作为一家全球制造商的能力基础之上。我们还将专注于一直推进的全球质量管理。第一，我们将加强在生产成本和最终产品方面的基本竞争力；第二，我们将通过先进的系统排除管理中所有不必要的因素，为稳定盈利奠定基础；第三，我们将通过专业研发部门和全球生产基地有效地投资于未来的新业务。[76]

2006—2007年期间，起亚汽车公司的英国子公司（起亚英国公司（Kia UK））面临着极其严峻的形势。这家拥有大约2 500名员工的公司面临一系列问题：销售额迅速下降、财务损失增加、员工敬业度降低。2006年，员工流动率高达31%，这给公司直接造成了大约60万英镑（约合100万美元）的成本。[77]

新的人力资源管理战略　起亚英国公司新上任的人力资源总监加里·汤姆林森（Gary Tomlinson）认为，起亚英国公司的员工敬业度过低，很可能既是该公司业绩不佳的原因，也是公司业绩不佳所产生的后果。事实上，一项针对起亚英国公司员工所做的调查发现了人力资源管理方面的许多问题，其中包括员工士气低落以及沟通不畅。他认为，公司需要一个新的人力资源管理战略来解决上述问题。同时，这一战略应该支持母公司的战略，即"未来的增长建立在提高我们在生产、销售、营销、品牌以及售后服务等方面作为一家全球制造商的能力基础之上"。

正如汤姆林森所说，他（在起亚英国公司最高管理层的支持下）明智地决定："这是一种提高员工士气和解决高水平员工流动率问题的员工敬业战略。"[78]简言之，他的想法是，通过实施旨在提高员工敬业度的新人力资源管理政策和实践改变起亚英国公司员工的行为（例如，提高绩效和降低离职率），进而支持母公司的战略，即"提高我们作为一家全球制造商在各个领域的能力"。以下是他为提高员工敬业度采取的措施。

如何执行员工敬业度战略　起亚英国公司的员工敬业度战略包括六个步骤。第一，公司设定了可衡量的目标。这些目标包括将员工对直线经理在沟通、工作业绩以及尊重员工等方面的评估分数至少提高10%。[79]其他目标还包括员工离职成本（如招募成本）每年至少降低10%。

第二，起亚英国公司制订了领导力开发计划。它要求所有的管理人员都要参与这项培训，以提高他们的管理技能。起亚英国公司运用360度评估工具（让管理者的上级、同事和下属对其领导能力进行评分）测试管理人员的领导能力。

第三，起亚英国公司制订了新的员工认可计划。每个季度向选拔出来的员工颁发"杰出员工奖"，并为工作绩效优秀的员工颁发"起亚感谢卡"。[80]

第四，起亚英国公司改善了内部沟通。例如，它推出了员工季度简报，开展了更为广泛的绩效评估，并建立了一个名为"起亚愿景"的公司内部网（该网站为所有员工提供关键经营信息以及其他一些有用的公报）。根据员工的反馈，起亚英国公司决定成立员工论坛来加强沟通。该论坛由每个部门推选一名代表组成，他们能够表达对工作的意见、建议和担忧，从而有效提升了员工的敬业度。

第五，起亚英国公司制订了新的员工开发计划。包括使用公司的评估流程确定员工的培训需求。随后基于公司的发展需要和员工的个人职业规划为每位员工制订了培训计划。

第六，起亚英国公司对薪酬和其他人力资源管理政策进行了修订。例如，它取消了奖金，代之以固定比率的加薪。它还修订了员工手册以及所有的人力资源管理政策，"以确保它们符合（起亚英国公司的）文化价值观"。[81]

结果 员工敬业度战略的实施结果令人印象深刻。对员工所做的调查发现，员工敬业度、员工对直线经理的沟通行为和其他行为所做的评价得到显著改善；员工离职率从 2006 年的 31% 下降至 2007 年的 15%，2008 年又降至 5%，到 2009 年底，员工离职率降至 2% 以下。在两年的时间内，公司的招募和离职成本减少 40 多万英镑，下降了 71%。[82]

综上所述，战略性人力资源管理意味着在制定人力资源管理政策时要以能够获得公司实现战略目标所需的那些员工胜任素质和行为为目标。起亚英国公司的员工敬业度战略很好地说明了一家公司是如何做到这一点的。

本章内容概要

1. 所有管理者的人事和其他决策都应该与公司整体战略规划的目标保持一致。这些目标形成了一个层次结构，从总裁的总体战略目标（如使销售收入翻一番至 1 600 万美元），一直到每个管理者需要做什么才能支持公司的总体目标。

战略规划过程包括七个步骤：(1) 确定当前的业务；(2) 进行外部和内部审计；(3) 确定新的业务方向；(4) 确定战略目标；(5) 制定能够达成目标的战略；(6) 实施战略；(7) 评估战略规划。

2. 我们区分了三种类型的战略：公司战略、业务单元/竞争战略以及部门/职能战略。

3. 企业中的每个职能部门都需要自己的职能战略，战略性人力资源管理意味着制定和执行人力资源管理政策有助于企业获得实现其战略目标所需的员工胜任素质和行为。人力资源管理战略是管理者用来支持其战略目标的具体人力资源管理政策和实践。较为重要和得到普遍运用的战略性人力资源管理工具包括战略地图、人力资源管理计分卡以及数字仪表盘。

4. 在作出各项决策之前，管理者可能希望收集和分析相关数据。人力资源管理衡量指标（人力资源管理活动的一些量化指标，如员工流动率）对于制定高绩效人力资源管理政策至关重要。

5. 高绩效工作系统是指一系列能够提升组织有效性的人力资源管理政策与实践。

6. 员工敬业度之所以很重要，是因为它可以推动绩效和生产率的改善。起亚英国公司提升员工敬业度的人力资源管理战略包括六个步骤：(1) 设定可衡量的目标；(2) 制订领导力开发计划，例如安排所有管理人员接受培训，以提高他们的管理技能；(3) 制订新的员工认可计划，例如每季度向选拔出来的员工颁发"杰出员工奖"；(4) 改善内部沟通；(5) 制订新的员工开发计划，例如，利用公司的评估流程确定员工的培训需求，并为每位员工制订培训计划；(6) 改革薪酬和其他人力资源管理政策，以确保它们与新的文化价值观相一致。

讨论题

1. 举例说明一个组织在各个管理层级上的战略目标。
2. 公司战略与竞争战略之间的区别是什么？请举例说明。
3. 为什么战略规划对所有的管理者来说都很重要？
4. 对战略管理过程的七个步骤分别举例说明。
5. 举例说明人力资源管理在帮助公司赢得竞争优势方面怎样发挥作用。
6. 概述你将如何实施员工敬业度计划。

个人及小组活动

1. 与其他3～4位同学组成一个针对你们学院或学校的战略管理团队。你们的任务是为自己的学院或学校制定一份战略规划大纲。这份战略规划大纲应当包括使命陈述和愿景声明、战略目标、公司战略、竞争战略以及职能战略。在准备这份战略规划的过程中，你们应当确保说明了自己大学的优势、劣势以及所面对的机会和威胁，这些方面的内容将会成为你们制定战略规划的重要基础。

2. 利用互联网或图书馆的资源对5家公司的年报进行分析。在课堂上向同学们举例说明这些公司是如何利用人力资源管理过程来达成其战略目标的。

3. 采访一位人力资源经理，并以"人力资源经理在××公司中的战略角色"为题，写一份简短的调查报告。

4. 利用互联网或图书馆的资源，在课堂上与同学们讨论至少两家公司的案例，看它们是如何使用人力资源管理计分卡来帮助公司塑造能够支持组织战略目标的人力资源管理系统的。当提及人力资源管理计分卡时，所有管理者的理解都是一样的吗？有什么不同之处？

5. 4～5位同学组成一个小组，选择一家你们打算为其制定一份战略性人力资源规划大纲的公司。该公司的主要战略目标最有可能是什么？该公司的竞争战略是什么？该公司的战略地图看起来是什么样的？你如何总结出你建议这家公司采用的战略性人力资源政策？

体验式练习

为星巴克制定人力资源管理战略

几年前，星巴克面临着诸多严峻挑战。所有门店的销售额都出现了停滞或下降，公司的增长率和利润水平也在下滑。许多人认为，星巴克在门店中引入早餐食品的做法，实际上将人们的注意力从星巴克传统上扮演的"咖啡专家"的角色上分散了。麦当劳和唐恩都乐（Dunkin's Donuts）都在引进价格更低但品质高级的咖啡。星巴克的前首席执行官重新回来执掌星巴克。现在，你需要帮助他为公司确定一个新的发展方向。

目的：这个练习的目的是让你获得制定人力资源管理战略的经验，在这里是为星巴克制定人力资源管理战略。

必须理解的内容：你应当完全熟悉本章中讲授的内容。

如何进行练习/指导：为完成这个练习，首先需要组建几个由3～4名同学组成的小组。你们可能已经非常熟悉在星巴克的咖啡店中喝咖啡或茶的体验，如果还没有这种体验，你们应当在完成这个练习之前，先到星巴克的门店中去体验一下。各小组通过开会讨论制定出星巴克的人力资源管理战略纲要。你们的这份人力资源管理战略纲要应当包括四个方面的基本要素：一是星巴克的基本经营战略或竞争战略；二是该战略对员工队伍提出的要求（根据员工的胜任素质和行为来描述）；三是为满足战略对员工队伍的这些要求而应当制定的具体的人力资源管理政策和活动；四是为衡量这种人力资源管理战略的成功程度而建议采用的衡量指标。

应用案例

特斯拉的战略

截至 2017 年，特斯拉公司（Telsa Motors，简称特斯拉）的市场估值一度高于通用汽车公司（General Motors）。特斯拉的战略规划由公司创始人埃隆·马斯克（Elon Musk）于 2006 年制定。公司最初的战略规划是"毫不打折"地生产高性能的节能电动汽车，随后，这一战略扩展为为社会提供成本更低的家用汽车，最终实现用太阳能为汽车电池充电。[83]

到 2017 年初，特斯拉很难实现其最初设定的每周生产 5 000 辆 Model 3 车型的家庭轿车的目标，并且面临着与人力资源管理相关的大量挑战。[84]

例如，在内华达州里诺附近修建特斯拉电池厂的数百名工人举行了罢工，称公司使用外部合同工人的做法导致他们的薪酬水平下降。特斯拉的工人抱怨事故率高。据报道，马斯克表示，特斯拉并不是为了赚取更多利润而在安全方面如此吝啬，主要是为了生存，从而能够继续提供就业机会。

特斯拉还在加利福尼亚州制造厂解雇了大约 700 名工人。许多工会活动家质问该公司为什么要解雇这么多员工。埃隆·马斯克解释说，之所以解雇工人，是因为他们的绩效评价结果不佳。大多数公司通过绩效评价筛选员工，特斯拉想要生产出最高质量的汽车，就需要比竞争对手设定更高的绩效标准。马斯克说，如果一家小公司想与一家大公司竞争，这家小公司就必须拥有更多的技能，否则它将受到重创。但一些人认为，上述员工之所以被解雇，并不是因为他们的绩效评价结果不佳，而是因为他们想要成立工会。

特斯拉的一些人力资源管理程序也不同寻常。例如，特斯拉要求新员工签署保密协议，禁止他们讨论特斯拉的经营战略和工作条件。美国汽车工人联合会（United Auto Workers）对特斯拉提出了不公平劳资关系的指控，称此类协议侵犯了员工的权利。

另外，特斯拉还使用了一些复杂的人力资源管理工具来改进其人力资源管理流程。例如，他们运用人才分析确定内部员工推荐计划是否改善了公司招募和留住员工的流程，并在公司内部对员工敬业度进行了调查。

2017 年 5 月，特斯拉任命了新的首席人力资源官加比·托莱达诺（Gaby Toledano）。公司指出，托莱达诺将帮助特斯拉解决劳资关系和性骚扰方面的争议。此外，特斯拉的员工还接受了反歧视和反性骚扰方面的培训。

问题

1. 特斯拉的人力资源管理战略是否与其"毫不打折"地生产高性能电动汽车的总体

战略相一致？

2. 鉴于起亚英国公司取得的成就，特斯拉是否应该实施类似的员工敬业度计划？为什么？

3. 如果你是特斯拉的首席人力资源官，你会采取什么措施？

4. 基于本案例中的信息，请指出特斯拉至少需要达成的四项战略性组织成果以及对员工的胜任素质和行为提出的四个方面的基本要求。

5. 请为特斯拉绘制一幅简单的战略地图。

连续案例

卡特洗衣公司

高绩效工作系统

作为一个经常阅读商业书刊的人，詹妮弗·卡特非常熟悉全面质量管理和高绩效工作系统等所能带来的好处。

事实上，杰克（詹妮弗的父亲）已经在卡特洗衣店中实施全面质量管理项目有大约五年了。这个项目的实施方式是召开员工会议。杰克会定期召开员工会议，尤其是当店里出现了某种严重的问题时，比如工作质量较差或者机器受到损坏等。当出现此类问题时，杰克不会试图自己单独诊断问题所在或只是同詹妮弗一起来做这件事，相反，他会与店里的所有员工进行接触，并且在闭店后立即和他们开会。如果员工是按小时领取薪酬的，则他们参加这种会议的时间可以得到额外的薪酬。例如，在公司的一家洗衣店里，所有的白色女士衬衫在洗过之后都被染色了。后来发现，原来是负责清洗的工人忽视了公司有这样一条要求，即在清洗类似的衣物之前，需要首先清除干净四氯乙烯洗涤液。

詹妮弗正在考虑是否应当将现有员工会议的功能扩大，从而让员工在管理公司的质量方面发挥更大的作用。"我们无法做到时刻监督在每一处发生的所有事情。"詹妮弗对她的父亲杰克说。杰克回答说："是的，但是这些员工每小时只赚 8～15 美元的工资，他们真的愿意像迷你经理人那样去工作吗？"

问题

1. 你会推荐卡特洗衣公司扩展其全面质量管理项目吗？如果是，你建议采用哪种形式呢？

2. 假设卡特洗衣公司现在准备在下属的一家洗衣店里开展构建高绩效工作系统的试点项目。请用一页提纲简要说明这种项目应当由哪几部分内容组成。

将战略转化为人力资源政策及实践的案例

改进巴黎酒店的绩效

巴黎酒店始建于 1995 年，那时它还只是一家位于巴黎郊区的旅馆。现在，巴黎酒店已经成为拥有 9 家分店的连锁酒店，其中法国有两家，伦敦和罗马各有一家，其余的几家分别位于纽约、迈阿密、华盛顿、芝加哥和洛杉矶。巴黎酒店的管理层和所有者将继续在地理区域上扩张酒店规模作为一种公司战略。他们认为，这样做可以为满意的客人提供多种选择，从而使酒店能够更好地利用自己服务优良的声誉。问题是，其服务优良的声誉已经受到了损害。如果不能改进服务，那么他们扩张酒店规模的选择就是不明智的，因为客人可能会在试住了巴黎酒店后发现，还是应该去住别的酒店。

还有一些事情使问题变得更加复杂。越来越多的游客选择住在短期租赁公寓（通过爱彼迎（Airbnb）等网站），其花费比高档酒店便宜很多。2018 年，爱彼迎同意更严格地遵守巴黎核心地区的租赁期限限制，但在其他地区并未如此。万豪最近收购了喜达屋连锁酒店（Starwood）（包括丽思卡尔顿等多个品牌），此举将引发更激烈的竞争。2017 年，马克龙正式就任法国总统，这使许多法国人对该国的增长前景持普遍乐观态度。但是，也存在发生劳资冲突的可能性，至少在短期内是这样。

战略

酒店的高层管理者在人力资源经理和其他职能经理的协助下，经过董事会的批准，制定了一项新的竞争战略和新的战略目标。他们决定："巴黎酒店将通过卓越的顾客服务将自己与同行区别开来，吸引顾客延长入住时间，提高顾客再次入住率，从而提高酒店的收入和利润水平。"巴黎酒店的所有管理人员——包括人力资源总监——都必须制定战略来支持这一竞争战略。

战略所要求的组织成果

巴黎酒店采取的基本战略是通过卓越的顾客服务来实现地域扩张。酒店价值链中的每个环节都为改善顾客服务提供了机会。对于莉萨·克鲁兹（Lisa Cruz）而言，在审查酒店的价值链之后，她更加明确地认识到，要想实现组织的战略目标，就必须达成一系列必要的组织成果。例如，莉萨必须和她的管理团队采取措施来减少顾客投诉数量，增加顾客发来的表扬信数量，让顾客更为频繁地再次入住，使顾客在酒店入住的时间更长、顾客每次入住期间的消费额更高，等等。

与战略相关的员工队伍胜任素质和行为

莉萨面临的问题是，如果酒店想得到更少的顾客投诉、更多的赞许、更多的回头客等必要的组织成果，那么酒店的员工需要具备哪些胜任素质并表现出哪些行为呢？通过思考酒店价值链上每一个环节涉及的相关活动，莉萨找到了问题的答案。例如，酒店需要员工具备的胜任素质和行为应当包括"高质量的前台服务""热情友好地接听顾客的预订电话""在正门迎接顾客"以及"高效处理客房的订餐服务请求"。所有这一切都需要酒店有一支充满工作热情且士气高昂的员工队伍。

与战略相关的人力资源管理政策和活动

人力资源经理现在的任务就是要确定哪些人力资源管理政策和活动有助于组织得到那些关键的员工胜任素质和行为。举例来说，"高质量的前台服务"就是组织需要的一种行为。莉萨据此确定了哪些人力资源管理活动有助于员工在前台服务方面作出这种努力。例如，她决定采取一些人力资源管理实践来改善惩戒的公平性和公正性，以提高员工士气。她的一个假设是，强化公平感能够鼓舞员工士气，进而带来前台服务质量改善的效果。

战略地图

接下来，莉萨与酒店的首席财务官合作，勾勒出酒店的战略地图。这张战略地图描述了人力资源管理活动、员工行为以及组织成果之间的因果关系。

对莉萨来说，这张战略地图及其联系反映了某些特定的假设。例如，基于实践以及与公司其他管理者的讨论，她形成了如下有关人力资源管理如何影响酒店绩效的假设：改进申诉程序能够提高员工士气，而员工士气的提高将会带来更好的前台服务，这又将产生更高的顾客回头率，进而使财务绩效得到提高。接着，这位人力资源总监选择了一些指标来衡量上述每一个因素。例如，她决定依据员工每个月提交的申诉数量来衡量"惩戒程序改进"，依据"本酒店每半年的员工态度调查得分"来衡量"员工士气改进"，依据"每月顾客投诉量"来衡量"高质量的前台服务"。

莉萨进一步将这些指标之间的因果关系进行了量化。例如，"我们能向最高管理层证明在惩戒程序改进、高员工士气、更好的前台服务、顾客再次光顾次数以及酒店财务绩效（收入和利润）之间存在可测量的联系吗？"如果能证明这些联系确实存在，她就得到了有说服力的证据来证明人力资源管理部门对于酒店的财务绩效作出了可衡量的贡献。

在实践中，这位人力资源总监很可能只是依赖于一个在很大程度上属于主观的但具有逻辑性的论证，来取代上述这种因果关系分析。但在理想情况下，她会运用诸如相关分析等统计方法来确定是否存在可衡量的联系，以及如果存在联系的话，这种联系的程度是怎样的。通过这种方式，她可能会发现，比如，员工申诉率减少 10％与员工士气提高 20％是存在相关性的；类似地，员工士气提高 20％与顾客对前台服务的抱怨减少 30％也存在相关性；另外，顾客抱怨减少 30％与顾客回头率上升 20％之间又是相关的，而后者又与酒店收入增加 6％存在相关关系。这样看来，人力资源管理部门在减少员工申诉数量方面投入的微小努力，就可能会对酒店的最终绩效产生巨大影响。

有些事情会使这种衡量过程变得更加复杂。例如，根据这种相关性测量就得出存在因果关系的结论是有风险的。（到底是更低的员工申诉率导致了更高的员工士气，还是恰恰相反，即更高的员工士气导致更低的员工申诉率呢？）另外，某个因素（比如员工申诉率）单独产生这样大的影响是非常罕见的，因此我们可能会想要同时衡量几种不同的人力资源管理政策和活动对于员工士气所产生的影响。

正如本章中解释过的，计算机可以帮助莉萨建立起一个综合性的人力资源管理计分卡程序，利用该程序可以处理几十个可能存在因果关系的指标之间的联系。有些供应商就提供这样的计分卡软件。如果不采用计算机化的做法，她就得更多地依赖战略地图背后的逻辑和常识来作出解释。

在本书中我们将如何使用巴黎酒店的案例？

从本章起，我们将会在每一章中使用巴黎酒店的案例。这些案例说明了巴黎酒店的人力资源总监莉萨是如何运用各章介绍的概念和技术来达到下述目的的：第一，制定对巴黎酒店有用的人力资源管理政策和实践；第二，帮助公司获得所需的那些员工胜任素质和行为；第三，提供酒店实现其战略目标所需的顾客服务。

例如，莉萨可以通过实施改进之后的招募流程来改善员工的胜任素质和行为，并且可以用"为每个职位获得的合格求职者人数"这一指标来衡量招募流程的改进情况。同理，她可以向高层管理者提出改革公司薪酬政策的建议，以使"公司总体薪酬达到的目标水平处于行业前 25％"。然后，她可以向大家表明，基于竞争对手的经验，这种做法会对员工士气、员工的服务行为、顾客满意度以及整个酒店的绩效产生显著的有利影响。在管理实践中，我们在本书中讨论的所有人力资源管理职能都将会影响员工的胜任素质和行为，进而影响组织所取得的各项成果以及最终绩效。

问题

1. 请你为巴黎酒店绘制一幅简单的战略地图。用你自己的语言概括地说明在这家酒店的人力资源管理实践、必要的员工胜任素质和行为以及要求实现的组织成果之间存在怎样的关系。

　　2. 请借助表 3-2 和图 3-10，至少列出巴黎酒店可以用来衡量其人力资源管理实践成效的 15 种具体指标。

注　释

第 2 篇

员工招募、配置
与人才管理

第 **4** 章　职位分析与人才管理过程

Job Analysis and the Talent Management
Process

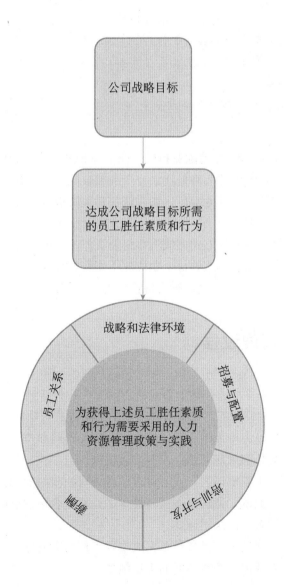

公司战略目标

达成公司战略目标所需
的员工胜任素质和行为

战略和法律环境

员工关系

招募与配置

为获得上述员工胜任素质
和行为需要采用的人力
资源管理政策与实践

薪酬福利

培训与开发

➡️ **我们学到哪儿了**

> 　　管理者在决定应当招募与甄选什么样的人来填补某个职位空缺之前，应该首先确定这个职位承担哪些职责。人力资源管理实际上是从确定某项工作需要做什么开始的。本章的主要目的是展示如何进行工作分析和编写职位描述。我们讨论了几种职位分析技巧，并解释了如何编写职位描述和任职资格。我们在本章中将要讨论的主题包括人才管理过程、职位分析基础知识、收集职位分析信息的方法、职位描述的编写、任职资格的编写以及胜任素质模型在人才管理中的运用。在第 5 章中我们将了解在实际中如何找到需要的员工。

➡️ **学习目标**

> 1. 界定人才管理的概念并解释注重人才管理的管理者应当做些什么。
> 2. 讨论职位分析过程，其中包括为什么它很重要。
> 3. 阐明并使用三种以上的方法收集职位分析信息。
> 4. 说明如何编写一份职位描述以及你会使用哪些资源。
> 5. 解释如何编写一份任职资格。
> 6. 举例说明何谓基于胜任素质的职位分析。

　　当戴姆勒公司（Daimler）在美国亚拉巴马州开设梅赛德斯-奔驰汽车组装厂时，它的管理者面临着一个困境：组织的战略是建立一个高绩效的工厂，并将这种高绩效模式扩展到美国、南非、巴西和德国的其他工厂。如果这些管理者根本不知道每一位员工应该做什么，他们就无法雇用、培训这个工厂所需的工人并向其支付相应的薪酬。但是，在这家工厂中，员工是以自我管理团队的方式完成汽车组装工作的，他们每个人的工作内容和工作职责可能每天都在发生变化。在这种每个职位的工作职责每天都在变化的情况下，你将如何为这些职位雇用人员呢?[1]让我们来看看他们是怎么做的。

➡️ 4.1　人才管理过程

　　对许多读者而言，第 4～13 章是本书的核心内容——包括招募、甄选、培训、绩效评价、职业发展规划和薪酬管理等。考察这些活动的传统方式包含如下几个步骤：

1. 通过职位分析以及人事规划和预测确定需要填补哪些职位。
2. 通过招募内部或外部求职者建立求职者数据库。
3. 要求求职者填写求职申请表，或者对求职者进行初步的甄选面试。
4. 运用各种测试、面试、背景核查及体检等工具确定合格的求职者。
5. 决定向哪些求职者发出录用通知。
6. 引导、培训和发展员工，使其具备完成本职工作所需的胜任素质。
7. 对员工进行绩效评价，考察他们的工作绩效。

8. 向员工支付薪酬，以维持其工作积极性。

这种逐步实施的全程考察是很有意义的。例如，企业在选择雇用哪些人之前，首先需要得到一定数量的求职者。

但这种方式存在两个问题。第一个问题是，这个过程通常不是一步一步进行的。例如，管理者可能并不是先对员工进行培训（第 6 个步骤），再对他们的工作绩效进行评价（第 7 个步骤），绩效评价还会反过来影响员工后续接受的培训。因此，与逐步考察上述八个步骤相比，更好的方法是将上述活动视为一个整体——各个步骤之间存在相互作用。第二个问题是，只关注每一步可能会导致管理者因小失大。重要的不仅仅是每一步，而是将它们结合在一起得到的结果。因此，要记住，每一步都应该专注于实现某些特定的结果（例如，得到改善的客户服务）。

正是由于认识到这一点，当今的趋势是将上述八个步骤视为有效协调的人才管理过程的一部分。[2] 有鉴于此，我们将**人才管理**（talent management）更准确地定义为"涉及员工的规划、招募、甄选、开发、管理和薪酬等多项内容的一个以结果和目标为导向的完整过程"。[3] 这在实践中意味着什么呢？一位具有人才管理思维的管理者会这样做：

1. 从结果出发弄清这样一个问题："为了获得达成公司战略目标所需的员工胜任素质和行为，我们应该采用哪些招募、测试、培训或薪酬管理活动？"

2. 从相互联系的视角看待招募和培训等人才管理活动。例如，员工能否掌握正确的技能在很大程度上取决于招募、培训、薪酬以及求职者测试等一系列管理活动。

3. 人才管理是一个全面的综合性管理过程。因此，在针对某个职位制订招募计划以及作出甄选、培训、绩效评价、薪酬等方面的决策时，要确保这一职位对求职者的技能、知识和行为（胜任素质）的要求具有一致性。

4. 为了确保所有的管理活动目标一致，管理人员应当采取措施对人才管理的各项职能（例如，招募和培训等）进行协调，比如利用专门的人才管理软件达到这一目的。

4.1.1　人才管理软件

为了实现公司的人力资源管理目标，企业往往采用专门的人才管理软件协调人才管理活动。例如，甲骨文公司（Oracle）表示，其人才管理套件可帮助管理者雇用最佳人才，提供员工绩效的实时评估，以及"根据你的人才管理目标发展你的员工队伍"。[4] SilkRoad Technology 的人才管理解决方案包括求职者追踪、新员工入职管理、绩效管理、薪酬管理、员工内部网络支持等，它可以"帮助你招募、管理以及留住最优秀的员工"。[5]

➡ 4.2　职位分析基础知识

人才管理是从搞清楚两个问题开始的：想要填补哪些职位，以及为了有效地完成工作任务，员工需要具备怎样的特点和胜任素质。

4.2.1　什么是职位分析

组织是由必须为之配备人员的若干职位组成的。组织结构图（见图 4-1）显示了主管人员所在职位的名称，并通过相互连接的线条说明哪个职位应当向哪个职位报告工作以及每个职位的任职者需要与谁进行沟通和交流。**职位分析**（job analysis）就是一个确定一家公司中的所有职位需要承担的工作职责以及为这些职位雇用的任职者应具备何种特征的过程。[6]职位分析提供了编写**职位描述**（job description，一份关于职位承担的全部工作职责的清单）以及**任职资格**（或人员说明）（job specification，应该为该职位雇用哪种人）所需要的信息。事实上，几乎每一项与人事有关的行动（例如，面试求职者以及培训和评价员工等）都需要了解职位承担的工作职责以及任职者想要圆满完成工作任务需要具备哪些方面的特征。[7]如今，从万豪到爱彼迎的几乎所有企业都需要进行职位分析并编写职位描述。[8]

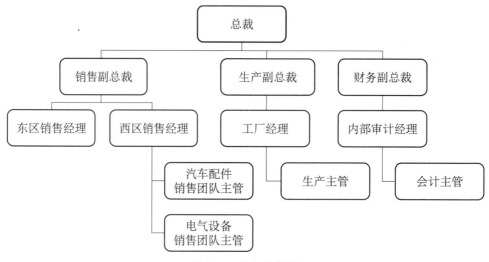

图 4-1 组织结构图

作为员工的直接上级或人力资源管理专业人员，通常需要通过职位分析收集以下一种或多种信息：

● 工作活动。首先，他们需要收集关于该职位的实际工作活动的信息，比如，清洁、销售、教学或绘图等。这张清单可能还包括该职位的任职者应当如何完成每一项工作活动，为什么要完成这些活动，以及应当在何时完成这些工作活动。

● 人的行为。专家可能还要收集工作对于人的行为提出的要求方面的信息，比如感知、沟通、举重物或远距离行走等。

● 机器、工具、设备及其他辅助工具。这里涉及的信息包括需要使用的工具、需要加工处理的原材料、需要接触或者应用的知识（比如财务或法律知识）以及需要提供的服务（比如咨询或维修）。

● 绩效标准。企业可能还需要获得该职位的工作绩效标准方面的信息（例如，每一种工作职责需要达到的数量或质量标准）。

● 工作背景。这类信息包括工作的物理环境、工作时间表、激励措施以及某一职位上的员工通常需要与多少人打交道等。

● 对人的要求。这类信息包括工作对人本身提出的一些要求，比如与本职工作有关的知识或技能（接受的教育与培训、拥有的工作经验等）以及一些必要的个人特性（才干、人格、兴趣等）。

4.2.2　职位分析信息的应用

正如图 4-2 所示，职位分析之所以很重要，是因为管理人员要运用它为几乎所有的人力资源管理活动提供支持。

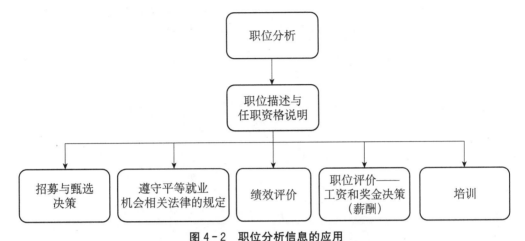

图 4-2　职位分析信息的应用

招募与甄选决策　职位分析提供的信息包括职位应当承担的工作职责以及任职者为完成这些工作活动需要具备的个人特征。这些信息能够帮助管理者决定应当招募和雇用哪种类型的人员。

遵守平等就业机会相关法律的规定　例如，了解工作职责对于确定一项测试能否有效预测工作成功是必要的。此外，为了遵守《美国残疾人法》，雇主应了解每个职位包含的必要工作职能，这就要求必须进行职位分析。

绩效评价　绩效评价过程就是将每一位员工的实际工作绩效与预先设定的工作绩效标准进行比较的过程。要做这样的比较，管理者需要利用职位分析了解这些工作职责及其绩效标准是什么。

薪酬　薪酬（比如工资和奖金）通常取决于职位要求任职者具备的技能、任职者的受教育程度以及工作中存在的安全风险和承担的责任大小等因素，所有这些因素都可以通过职位分析确定。

培训　职位描述中列出了某一职位需要承担的具体工作职责以及完成这些工作必须具备的技能，显然这指出了任职者需要接受哪些方面的培训。

4.2.3　进行职位分析

对一个职位进行职位分析的过程包含如下六个基本步骤。

步骤一：确定信息的用途，因为这将决定你收集信息的方式　有些职位分析信息收集技术（比如对员工进行访谈）非常适合编写职位描述。有些职位分析信息收集技术，比如后面将要介绍的职位分析问卷法，能够提供对每一个职位作出定量评价的信息，在确定薪酬时，可以利用这些信息对各职位进行对比。

步骤二：审查相关工作背景信息，比如组织结构图、工作流程图[9]　了解职位的背景信息非常重要。例如，**组织结构图**（organization chart）展示了整个组织中的工作分工情况以及某个职位在整个组织中的位置等。**工作流程图**（process chart）则提供了更为详细的工作流程示意图。在图 4-3 所示的工作流程图中，质量控制员应该对来自供应商的零配件进行检验，对发给工厂管理人员的零配件进行检验，还要为这些工厂管理人员提供有关零配件质量的信息。最后，现有的职位描述通常可以作为修订职位描述的一个重要基础。

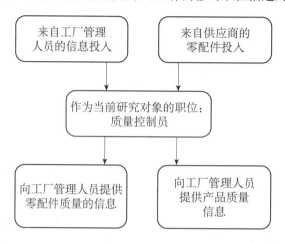

图 4-3　用于分析某个职位的工作流程图

资料来源：Henderson, Richard I., *Compensation Management in a Knowledge Based World*, 9th Ed., © 2003, p. 137. Reprinted and Electronically reproduced by permission of Pearson Education, Inc., Upper Saddle River, New Jersey.

工作流分析　审查组织结构图、工作流程图和职位描述有助于管理者确定职位目前的主要工作职责以及对任职者的要求。但是这样的审查并不能回答"该职位与其他职位发生联系的方式合理吗"或者"该职位应该存在吗"这样的问题。为了回答此类问题，管理者可以进行工作流分析。**工作流分析**（workflow analysis）就是对在一个工作流程中，工作从一个职位到另一个职位的流动情况进行的详细研究（例如处理按揭申请）。工作流分析还可能导致改变或"重新设计"工作。下面的专栏将对工作流分析加以描述。

改进绩效：作为利润中心的人力资源管理

通过工作再设计提高生产率[10]

　　位于亚特兰大市的美国大西洋公司（Atlantic American）进行了一次工作流分析，以识别在其处理保险索赔过程中存在的低效率因素。用该公司人力资源总监的话来说，为了找到改进工作流程的方法，"我们对一份索赔申请从邮件到达公司直到形成最后处理结果的整个过程进行跟踪"。[11]

　　这种工作流分析推动公司出于改进绩效的目的，对保险索赔处理职位进行了几项工作再设计。公司将负责查看索赔邮件的员工从四人减少至一人，同时用机器自动处理邮件的方式替代了另外三个人所做的工作。有了新的盖日戳的机器之后，工作人员可以一次性在20 页上盖上日期，而此前一次只能盖一页。另外，一套新的软件程序代替手工操作为每一份索赔申请自动增加了条形码，这套新系统为该公司降低了成本。

在进行工作流分析时，管理者可能会用到流程图，流程图依次列出了整个工作过程的每一个步骤。管理者可以将这张分步骤的流程图转化成一张图解的过程图。这种图可以用箭头和圆圈来表示工作过程中的每一个步骤。

业务流程再造 美国大西洋公司的工作流分析导致其索赔处理业务重组。**业务流程再造**（business process reengineering）就是对业务流程重新设计，它的做法通常是将一些业务步骤加以合并，从而将此前由一系列部门完成的工作步骤交给某些小型的跨职能团队来完成，为了达到这一目的，它通常需要利用信息技术。美国大西洋公司实施的工作流分析最终促使其对保险索赔处理流程进行了再造。一些基本的业务流程再造方法包含以下步骤：

1. 确定需要进行再设计的业务流程（比如处理一份保险索赔的业务流程）。
2. 对现有业务流程的绩效进行衡量。
3. 识别改进这些业务流程的机会。
4. 重新设计并实施新的工作完成方式。
5. 将此前彼此分散的工作任务交给某个人或某个团队，让其利用新的计算机系统来支持这种新的工作安排。

正如美国大西洋公司一样，业务流程再造通常要求对员工个人承担的工作进行重新设计。例如，那些负责盖日戳的工作人员现在必须知道如何使用新的盖日戳机器。

工作再设计 早期的经济学家热情洋溢地描述了为何专门化的职位（即让人重复地去做一件小事情）更有效率（也就是所谓的"熟能生巧"）。如今，大多数人都认为工作专门化可能会带来一些负面效果，例如降低员工士气。为此，专家提出三种方法来进行工作再设计。**职位扩大化**（job enlargement）意味着给工人安排额外的但具有相同难度的工作活动。比如，此前仅仅需要将椅子面与椅子腿固定在一起的工人，现在可能还要负责将椅子背也安装上。**职位轮换**（job rotation）则是系统性地将工人从一个职位转移到另一个职位上。

心理学家弗雷德里克·赫茨伯格（Frederick Herzberg）认为，激励工人的最好方式是职位丰富化。**职位丰富化**（job enrichment）是以一种能够让工人有更多的机会体验到责任、成就、成长以及认可，从而产生更大激励的方式来对职位进行重新设计。职位丰富化是通过对工人赋能的方式来实现的。比如，使工人具有检查工作的技能和权力，而不是让直接上级来完成这些任务。赫茨伯格指出，被赋能的工人之所以会将工作做得很好，是因为他们自己想要去做这些工作，这样工作的质量和生产率都会得到提高。这一理念以各种不同的形式成为当今世界许多公司实行的以团队为基础的自我管理职位的理论基础。

步骤三：选择有代表性的职位 接下来，管理者通常会选择某些特定的职位进行重点分析。例如，要分析装配工职位，没有必要对公司的 200 个装配工职位全部分析一遍，而只需将其中的 10 个职位作为分析样本就足够了。

步骤四：实际进行职位分析 职位分析过程包括以下几个方面的内容：对参与职位分析的每个职位的任职者表示欢迎和致谢；简要解释职位分析的过程以及所有参与者在这一分析过程中扮演的角色；用 15 分钟左右的时间与这些员工进行交谈，以便就职位概要达成基本一致的意见；明确职位承担的大范围职责，比如"拜访潜在客户"等；接下来需要运用我们下面将要讨论的方法之一，以互动的方式确定每个职位范围内的具体工作职责或任务。[12]

步骤五：与职位的当前任职者及其直接上级共同核实得到的职位分析信息　这一步骤有助于确定这些信息（比如该职位的工作职责方面的信息）确实是正确、完整的，并且有助于获得任职者及其上级对信息的认同。

步骤六：编写职位描述和任职资格　职位描述列出了一个职位承担的主要工作职责、工作活动以及相关责任，还包括该职位的其他一些重要特征，比如工作条件。任职资格则概括任职者为完成职位所包含的各项工作需要具备的个人品质、特点、技能以及其他背景。

4.3　收集职位分析信息的方法

有很多种方法（比如访谈法、问卷调查法等）可用于收集职位信息。[13] 一条基本准则是运用最符合你所要达到的目的的方法。比如，对于创建一份工作职责清单来说，访谈法可能是最合适的方法。在以确定薪酬为目的的情况下，相对定量的职位分析问卷法可能是一种有助于对各职位的价值进行量化处理的最好方法。在对一个职位实际进行分析之前，请记住以下要点。

● 确保职位分析是人力资源管理者、员工及其上级合作的结果。人力资源管理者可以首先观察正在被分析的职位上工作的员工，再让任职的员工及其直接上级都填写职位调查问卷。然后，由人力资源管理者列出被分析职位的工作职责以及对任职者的人员特征要求。最后，主管和员工核实人力资源管理者的工作职责清单。

● 确保员工对于你提出的每一个问题以及职位分析程序都很清楚。

● 运用多种不同的职位分析方法。例如，如果仅仅是让任职者填写问卷，则他们很可能会漏掉某项仅在偶然情况下才需要完成的工作任务。因此，如果在采用问卷调查法之后再辅以一个简短的访谈是比较好的做法。

4.3.1　访谈法

进行职位分析访谈的方法有很多种，其中包括从完全非结构化的访谈（"请跟我谈一谈你所做的工作"）到涵盖数百个问题的高度结构化访谈的各种不同类型。

管理人员可以对员工个人进行单独访谈，也可以对相同职位的一群员工进行小组访谈，还可以与一名或多名上级主管人员进行主管人员访谈。当大量的员工所在的是相似或相同的职位时，便可以采取小组访谈的形式，这种方法可以用一种快速且成本较低的方式来收集信息。作为一条规则，这些员工的直接上级也要参加这种小组访谈；如果任职者的直接上级没有参加小组访谈，则你可以对他们进行单独访谈。

被访谈者应充分了解接受访谈的原因，因为员工常常会在有意或无意中将这种访谈理解为"效率评价"。如果被访谈者真这么想，他们很可能就不愿意准确地描述自己的职位。

典型的访谈问题　一些典型的职位分析访谈问题如下所示：

你正在做什么工作？

你的职位承担的主要职责有哪些？

你的工作地点在哪里？

你的职位需要你具备什么样的受教育程度、工作经验、技能（资格证书或执照）？

你都参与哪些工作活动？

你的职位承担哪些工作职责和责任？

你在工作中承担的基本职责或需要达到的工作绩效标准是什么？

你的职责是什么？你的工作环境和工作条件是什么样的？

你的职位对人的体力要求是什么？在情绪和脑力方面的要求是什么？

你工作时的卫生和安全条件如何？

你在工作中可能会遇到的伤害或非正常条件有哪些？

结构化访谈 很多管理者使用问卷来为访谈过程提供指导。图 4-4 就是这样的一个例子。表中的内容涉及这样一些问题：职位的总体目的；监督责任；工作职责以及技能要求等。

职位分析问卷

目的与使用说明

作为当前职位的任职者，你应该是最了解它的人，因此我们现在请你填写本表格。此次调查的目的在于：基于对该职位承担的工作职责的审查，获得你所担任职位的当前信息。我们的调查目的仅仅是了解你现在的职位对你的要求，并不是要询问你的工作绩效。

员工数据

你的姓名_____ 填写日期_____

员工编号_____ 地点或部门_____

你的职位名称_____ 职位代码_____

你在当前职位的任职时间_____ 工作电话号码_____

直接上级姓名_____ 直接上级职务_____

工作职责概述

请简要描述你所从事的工作承担的主要职能或目的。你的陈述应该是对下一部分内容中列出的那些工作职责的简要总结。

_____

_____

工作职责清单

你在本职位上的工作内容是什么？请在下面的空行中列出你当前的职位承担的具体工作职责。在回答这一问题时，请你：

首先列出最重要的工作职责。每一项职责单独占一段。

请在每一条职责描述最后指出你在该项工作职责上花费的时间占全部工作日时间的大概比例（比如 25%，7% 等）。

请在你所认为的该职位的基本工作职责后面标注星号（" * "）。

_____

_____

（如有必要，请增加其他工作职责）

还有哪些工作职责你现在实际在承担，但在职位描述中没有列出来？如果有，请在本页背面列出。

职位要求任职者达到的最低受教育程度（或同等经验水平要求）

要承担你的职位，必须达到怎样的最低受教育程度？请从下面选择一项：

1. 小学教育

2. 一定程度的中学教育

3. 高中毕业或者同等学力（普通教育水平测试）

4. 完成某个正式的职业培训项目（大约一年时间）、某个学徒计划，或者一定年限的大学教育经历

5. 副学士学位（如文学副学士学位、理学副学士学位）

6. 学士学位（文学学士学位、理学学士学位）

7. 硕士学位（文学硕士学位、理学硕士学位、工商管理硕士学位、公共管理硕士学位）

8. 博士学位（哲学博士学位、医学博士学位、法学博士学位、教育学博士学位）

9. 想要承担你的职位，是否需要获得某种执照或者某种认证证书？

是 [　] 否 [　]　请列出证书类型＿＿＿＿＿＿＿

本职位需要接受的培训

要承担你的职位，需要接受多长时间的在职培训或课堂培训？请从下面选出一项：

1. 没有额外的培训要求

2. 一天或两天

3. 一周

4. 一个月

5. 几个月

6. 一年

7. 两年或更长

监督管理责任

你的工作职责包括监督管理他人吗？如果包括，请简要描述你所承担的监督管理责任的性质。

职位的体力要求

请简要描述职位对你的体力要求。例如，需要你久坐、行走、站立、举重物、完成一些细致的重复性动作或攀爬等吗？

工作条件：环境和安全要求

请列出你的工作条件，比如空调办公环境、室外或室内极端酷热或严寒、潮湿、噪声、工作伤害或者是在升降环境中工作等。

员工意见

是否还有其他一些对于理解你的职位来说非常重要的信息？如果有，请在下面给出你的意见。

直接上级审核

根据你对当前被调查职位的理解，请对员工的回答进行审核，并在下面的空行中提供你的意见。请不要对员工的回答进行任何直接修改。

图 4-4　为编写职位描述而设计的职位分析问卷

资料来源：Adapted from www.tsu.edu/PDFFiles/Human%20Resources/HR%20Forms/JAQ%20FORM _ rev%20100809%20a.pdf；www.delawarepersonnel.com/class/forms/jaq/jaq.shtml；www.uh.edu/humanresources/forms/JAQ.doc；www.tnstate.edu/hr/documents/…/Job%20Analysis%20Questionnaire.doc（all accessed July 24，2013）.

优点和缺点　访谈法能够得到广泛应用，这本身就说明它有许多优点。它是一种简单、快捷地收集信息的方法。高水平的访谈人员还可能发掘出一些只是偶然发生但非常重要的工作活动，或者是从组织结构图上看不出来的一些非正式工作联系。员工也可以借此发泄一下在其他情况下可能不会被管理者注意到的种种不满。

访谈法的主要问题是可能出现信息扭曲现象。[14]职位分析往往是改变一个职位的薪酬水平的前奏，因此员工理所当然地认为职位分析是与薪酬相关的，很可能会夸大自己的某些工作职责，同时弱化另外一些职责。在一项研究中，研究人员列出了各种可能的工作职责，有些工作职责是以简单的任务陈述的方式加以描述的（比如"记录来电信息和其他一些常规信息"），另一些工作职责则是以能力陈述的方式加以描述的（"记录来电信息及其他一些常规信息的能力"），结果，大部分被访谈者都更愿意将基于能力的陈述纳入自己的工作职责范围之内。因此，在涉及能力时，人们很可能会存在一种夸大自己的工作重要性的倾向，从而影响其他人对自己所做工作的看法。[15]

访谈指南　为了尽可能地收集到最有用的信息，在进行职位分析访谈时必须牢记以下几件事情：

● 尽快与被访谈者建立融洽的关系。应当了解对方的姓名，用一种通俗易懂的语言进行交流，简要介绍访谈的目的，说明是怎样挑选他作为访谈对象的。

● 依照一份列举多个问题的结构化指南提问。这种做法能够确保你在访谈之前就了解哪些是必须提问的关键问题，同时确保所有的被访谈者（如果被访谈者不止一位）都能回答所有应该回答的问题。（不过，一定还要向被访谈者提出一些开放性问题，比如"在我们提的问题中还有哪些遗漏的内容"，等等。）

● 确保你没有遗漏很关键但并不经常履行的工作活动。比如，护士偶尔需要在急诊室承担某些工作。应要求任职者按照他们承担的各项工作职责的重要程度和发生频率从高到低列举出来。

● 访谈结束后，与任职者的上级以及被访谈者共同审核收集到的信息。

4.3.2　问卷调查法

让员工填写问卷来描述自己的工作职责是获取职位分析信息的另一种常用方法。

有些职位分析调查问卷是一张结构化的清单。在这种问卷中，每一位员工可能会看到可供选择的上百种具体的工作职责或工作任务（比如"更换和切割电线"等），员工需要指出自己是否在执行某一项工作任务，如果是在执行某项任务，那么需要进一步说明在该项工作任务上通常要花费多长时间。在另一种极端情况下，职位分析调查问卷是完全开放的，它只要求员工"请描述一下你的主要工作职责"。

在实际中，最好的调查问卷往往是介于这两种极端格式之间的。如图 4 - 4 所示，一份典型的职位分析问卷会包括一些结构化的问题（例如，简要描述你所从事的工作承担的主要职责或目的），同时也会包括几个开放式的问题（例如，"请谈一谈你所在职位的学历要求是什么"）。

不管是哪一种职位分析调查问卷，它都有优缺点。一方面，该方法是一种快速、高效地从大量员工那里获取信息的方法，比如，与对数百位员工进行访谈相比，问卷调查法的成本要低很多；另一方面，设计调查问卷以及对问卷进行测试（主要是为了确保员工能够明白问卷中提出的问题）可能是一件很耗时间的事情，同时，与访谈相比，员工在接受问卷调查时可能会歪曲自己的答案。

4.3.3　观察法

当一个职位承担的主要是那些可观察的体力活动时，比如装配线上的工人和会计人员从事的工作，观察法就是一种特别有效的职位分析方法。不过，当一个职位的职责包含非常多的脑力活动时（比如律师、设计工程师从事的工作），观察法通常就不适用了。对于员工偶然从事的一些比较重要的工作活动，比如参与处理急诊的护士，观察法也会失效。此外，反应性的问题——当你正在观察员工时，他们可能会改变自己的日常工作行为——也会成为观察法的一个弊端。

管理人员往往将观察法与访谈法结合在一起使用。一种方法是，在一个完整的工作周期中对员工的实际工作活动进行观察。（这里的周期是指完成本职工作所需的时间。对于流水线上的一位装配工来说，一个工作周期可能就是一分钟的时间，而对于从事较为复杂的工作的员工来说，一个工作周期则可能是一小时、一天或更长的时间。）将所观察到的工作活动都记录下来。再对任职员工进行访谈，要求他们说明你没能理解的一些问题，要他们告诉你还有哪些工作活动你没有观察到。

4.3.4　参与者工作日记或工作日志法

另一种进行职位分析的方法是要求任职者本人把每天所做的事情都记录在**工作日记/工作日志**（diary/log）之中。每一位员工都（按时间的先后顺序）将自己在一天当中从事的每一项工作活动以日志的形式记录下来。

有些企业为员工提供一种袖珍的录音机和寻呼机，这样企业就可以在一天中的任何时间呼叫员工，然后员工以口述的方式说明自己此时正在做什么。

4.3.5　量化的职位分析技术

访谈法和问卷调查法等定性职位分析方法并不适用于所有情况。比如，如果出于确定薪酬的目的想对每一种职位的价值进行相互比较，仅仅把各个职位的工作职责列举出来肯定就不够了。实际上，你可能不得不说，"甲职位的挑战性是乙职位的两倍，因此付给甲职位的薪酬应当是乙职位的两倍"。为做到这一点，对每一个职位进行量化评价会更有帮助。职位分析问卷法和美国劳工部职位分析程序是两种这样的量化分析方法。

职位分析问卷法　职位分析问卷法（position analysis questionnaire，PAQ）是一种常用的定量职位分析工具。这份详细的职位分析问卷中一共包括 194 个项目。[16] 在这份问卷中出现的 194 个项目，每一个（例如"书面材料"）都代表了在某个职位上可能起作用也可能不起作用的一个基本要素。[17] 这 194 个项目分别归属于这一问卷划分的五大类基本活动：（1）决策/沟通/社会责任方面的活动；（2）技能运用活动；（3）体力活动；（4）车辆或设备操作方面的活动；（5）信息处理活动。通过这份职位分析问卷得出的最终分数显示了某一职位在这五大类活动方面得到的评价结果。为了得到这些分数，职位分析人员需要确定这 194 个项目中的每一个在某个职位上是否起作用，如果起作用，还要判断起作用的程度如何。例如，在"处理信息"活动中，关于工作需要使用"书面材料"这一项得到的评价是第 4 级（评价尺度表是从第 1 级到第 5 级），表明"书面材料"在这个职位上具有相当重要的作用。职位分析人员也可以使用网络版的职位分析问卷（见 www.paq.com）对每一个职位进行分析。

职位分析问卷法的一个优点是，它会出于确定薪酬的目的将一个职位放入不同的职位等级之中。当确定了一个职位在决策活动、技能运用活动、体力活动、车辆或设备操作方面的活动以及信息处理活动等方面的等级之后，便可对不同职位的相对价值进行定量比较[18]，进而能够对职位进行分类，使其最终服务于确定薪酬。[19]

美国劳工部职位分析程序　在早期的职位分析方面，美国劳工部的专家做了大量的工作。[20]他们将自己的研究成果编撰成《职位名称词典》（*Dictionary of Occupational Titles*）。这部词典几乎包括美国存在的每一个职位的详细信息。如今基于互联网的职位分析工具在很大程度上取代了这一词典。[21]尽管如此，在根据《职位名称词典》中提供的信息、人、事三个方面对不同的职位进行量化评价、分类以及比较方面，美国劳工部职位分析程序仍然是一种非常有用的样板。如表 4-1 所示，这一程序被称为"任职者职能"的一整套标准活动，它描述任职者必须在信息、人、事三个方面做什么。例如，在信息方面，任职者的基本职能包括综合、复制等；在人方面，任职者的基本职能包括辅导、监督等；在事方面，任职者的基本职能包括操作、搬运等。

表 4-1　美国劳工部职位分析程序中的三大任职者职能

	信息	人	事
各种基本活动	0 综合	0 辅导	0 创立
	1 整理	1 谈判	1 精密加工
	2 分析	2 指示	2 操纵或控制
	3 汇编	3 监督	3 驾驶或操作
	4 计算	4 转移	4 处理
	5 复制	5 说服	5 照料
	6 比较	6 交谈或示意	6 进料或卸料
		7 服务	7 搬运
		8 接受指令/协助	

说明：在确定员工的职位在信息、人、事三个方面应得的分数时，首先要通过观察他们所做的工作，确定被分析职位在上述三类基本职能中，哪些基本职能是对他们的职位所做的最好描述。其中，0 是最高分，6、8 和 7 分别是每一列中的最低分。

每一种任职者职能都会被赋予一个重要性等级。例如，"整理"职能的重要程度为第 1级，而"复制"的重要程度为第 5 级。再举个例子，如果你正在分析的是一个接待员或办事员职位，你可能会给这一职位在信息、人、事三方面分别标上 5，6，7 这三个代码，这三个代码分别代表了复制信息、以交谈或示意方式与人沟通以及搬运一些东西。如果你正在分析的是医院中的精神分析助理职位，你可能会用 1，7，5 这三个代码来分别表示这一职位在信息、人、事三个方面的职能。事实上，你会对任职者在工作中需要完成的与信息、人、事三个方面有关的每一项工作任务进行赋值。这样，你就会用某一职位在这三个方面的最高得分组合（比如 4，6，5）来对职位作出总体评价，因为这是你可以看到的该职位上的任职者所能够达到的最高水平。如果你想为代码为 4，6，5 的职位找到一位任职者，那么你肯定希望这位任职者至少能够完成以下三种职能：计算（4）、以交谈或示意方式与人沟通（6）以及照料（5）。如果你想从确定薪酬的角度对这些职位进行比较，那么一个代码为 4，6，5 的职位（请参见表 4-1）应当比代码为 6，8，6 的职位处于更高的职位等级。然后，你可以以表格的形式（见图 4-5）提交一份职位概要，并附上该职位在信息、人、事三个方面的评级结果。[22]

职位分析表

1. 现有职位名称　　　　　　　面粉搅拌
2. 所属行业　　　　　　　烘烤制品
3. 标准行业分类代码和名称　　　2051　面包及其他烘烤制品

4. 职位概要：

根据既定的配方，通过操作搅拌机将各种配料搅拌成可直接使用的、松软的（含酵母）生面团；指导其他工人进行面团发酵，以及用手工刀具将面团切成小块。

5. 对在工作中履行的职能的评价：

	D	P	（T）
任职者的职能	信息	人	事
	5	6	2

工作领域　　　　　烹饪、食品准备

6. 对任职者的特征的评价（由职位分析人员填写）

要求的培训时间

才干

气质

兴趣

体力要求

环境条件

图 4-5　基于美国劳工部职位分析程序的一份职位分析表样本

4.3.6　在线职位分析法[23]

借助互联网进行职位分析是一个很好的做法。人力资源部门可以通过公司的内网向办公地点比较分散的员工发送标准化的职位分析调查问卷，并附上指导大家填写该问卷的说明，同时强调一下回收问卷的日期。随后，基于问卷收集的信息，职位分析人员召集职位专家共同对被分析的职位所要求具备的知识、技能、能力及其他特征等进行讨论和最终确认。[24]

在没有职位分析人员对员工或其直接上级人员提供指导的情况下，很可能会出现员工遗漏一些要点的情况，或者由于误解导致分析结果不准确。因此，人力资源部门提供的说明应当非常清楚，并且最好在事前对整个过程做一次测试。

美国海军使用基于互联网的工作分析。[25]为了把模糊性降到最低，他们要求员工一步一步、一个职责接一个职责地完成结构化的职位分析表格。具体步骤如下。

● 首先，通过互联网提供的一张表格向员工展示一组工作活动（如"收集信息"和"监控进程"），这些工作活动都是从美国劳工部的职位信息网（O* NET）的工作活动清单中复制的（见图4-6）。[26]

一般性工作活动——多种职位上都会发生的一般工作行为类型。

信息输入——为了满足履行职位工作的需要，从何处以及以何种方式获得信息和数据？

● 搜寻并接收与职位有关的信息——为了履行职位工作，如何获得信息？

■ 收集信息——观察、接收以及从所有相关来源获取信息。

■ 监控进程、材料或者环境——监控并审查材料、项目或者环境的信息，以检测或评估问题。

● 确定并评估与职位相关的信息——为了完成职位工作，如何对信息进行解释说明？

■ 确定目标、行动以及项目——通过分类、估计和识别以及检测环境或项目中发生的变化来确定信息。

■ 检查设备、结构或材料——通过检查设备、结构或材料，确定错误、缺陷或其他问题发生的原因。

■ 估计产品、项目或信息的可量化特征——对尺寸、距离及质量进行估计；或者确定执行某项工作活动所需的时间、成本、资源或材料。

图4-6　从 O* NET 上选取的一般性工作活动

说明：美国海军人员被要求指出他们所在的职位是否要求他们参与如下这样一些工作活动：收集信息、监控进程、确定目标、检查设备、估计产品、项目或信息的可量化特征等。

资料来源：From O* NET Web site, www.onetonline.org.

● 其次，这张表格要求他们选出对他们的职位来说比较重要的一般性工作活动。

● 最后，这张表格还要求他们列出与他们选出的这些工作活动相匹配的具体工作职责。例如，如果一位员工选择将"收集信息"作为比较重要的一项工作活动，那么在这一步，他就需要在"收集信息"下方列举出与这项活动相匹配的更为具体的工作职责，比如"让老板注意供应商的新订单"。

再次强调，在线职位分析方法的要点是，尽可能减少职位分析过程中存在的模糊点。美国海军使用这种方法的结果证明，这是一种通过在线方式收集职位相关信息的有效渠道。[27]

4.4　编写职位描述

职位分析的最重要成果就是职位描述。职位描述是对任职者实际做了什么、如何去做以及该职位的工作条件等作出的书面陈述。你可以利用这些信息编写一份任职资格。任职资格列出了圆满完成该职位的工作所需的知识、能力和技能等。[28]

巴黎酒店的人力资源管理实践

在对巴黎酒店的雇用系统进行审查时，它的人力资源管理者产生了担忧：事实上，本公司所有的职位描述都已经过时，甚至许多职位根本就没有职位描述。她明白，在没有准确的职位描述的情况下，自己改进公司绩效的所有努力都将是徒劳的。要了解他们如何解决这个问题，请看本章末的该案例。

多元化盘点

人们都认为，职位描述只有在商业环境中才有用，事实并非如此。例如，对于那些希望自己的孩子得到最好照顾的父母来说，在雇用一名儿童看护人员之前编写一份职位描述也是相当有意义的。实际上，由于孩子们在年幼时学到的一些东西有助于他们将来在学业和事业上的成功，因此对于许多儿童看护人员来说，促进孩子在幼年时学习是一项非常重要的任务。[29]但很少有家长会在招募儿童看护人员前编写一份职位描述。很多孩子的父母在雇用这样一个重要的人员时，并不清楚自己到底想让这个人做些什么，比如，促进学习。

一份经过深思熟虑编写的职位描述能让所有的利益相关者受益。父母——他们知道支持孩子的幼年学习是非常重要的——可能会在招募和培训子女的看护人员（95％的儿童看护人员都是女性）方面投入更多的精力，孩子们则可能受益于一个良好的学习成长环境，儿童看护人员也会有所受益，当孩子的父母认识到儿童看护人员承担着多少具有挑战性的任务之后，这些孩子的父母可能会提升儿童看护人员的薪水——当前薪酬为每年大约 1.9 万美元。

在编写职位描述方面并没有一个标准的格式。大多数职位描述都包括以下几部分内容：

1. 职位标识
2. 职位概要
3. 工作职责
4. 任职者权限
5. 绩效标准
6. 工作条件
7. 任职资格

图 4-7 和图 4-8 是两份职位描述的样本。

职位名称：电话销售代表	职位代码：100001
建议薪酬等级：	豁免性/非豁免性职位：非豁免性职位
职位族：销售类	平等就业机会：销售类员工
事业部：高等教育事业部	直接上级：地区销售经理
部门：室内销售部	工作地点：波士顿
	编写日期：2013 年 4 月

职位概要（职位的简要概括）

该职位的员工需要通过接听以及拨打电话的方式，向教授们销售在大学中使用的教材、软件以及多媒体产品，在公司划定的规模较小的大学或学院中通过执行公司销售战略达成销售目标。此外，该职位的员工还要负责总结出一定数量的编辑线索，然后将产品反馈情况以及在公司划定领域中观察到的市场发展趋势等反映给出版小组。

职位的范围和影响

经济责任（预算以及/或收入责任）

该职位的员工需要负责完成 200 万美元左右的销售额，能够使用的运营费用预算不超过 4 000 美元，可使用样书预算不超过 1 万本。

监督责任（直接下属或间接下属）

没有。

其他

知识和经验要求（完成本职工作必需的知识和经验）

相关工作经验

最好有销售经验或出版经验。在客户服务或营销职能领域有一年的公司工作经验，最好对公司的产品和服务有比较全面的了解。

正规教育或对等经验

要求有学士学位且学业成绩较高或有对等工作经验。

技能

必须有很强的组织和说服能力。必须有很强的口头表达和书面表达能力，必须熟悉计算机的使用。

其他

要求少量的出差（大约 5%的时间）。

主要工作职责（根据重要性和在各项任务上花费的时间罗列）

销售（60%）

● 在分管的小规模学院和大学领域达成量化销售目标。

● 在分管的领域中确定工作重点和销售战略，制订实施这些战略的计划。

● 在每个销售年度中每天拜访 15～20 位教授，以完成重点销售目标。

● 进行产品展示（包括文字、软件以及网页等），有效表达出作者一些关键标题的中心思想；运用 PPS 模型进行销售访谈；对各种书籍和技术进行浏览。

● 运用电话销售技术和策略。

● 向合适的教师提供样书，策略性地使用公司配给的样书预算。

● 为第一版产品完成课堂测试。

● 在公司指导方针的指导下与客户就出版以及一些特殊的装帧设计进行谈判。

● 主动提出并亲自向教师进行产品演示，通过策略性地使用公司的出差预算使差旅支出所产生的销售额最大化，同时利用各种内部资源来支持本领域销售目标的实现。

● 策划并实施本领域中的特定销售活动和展销会。

● 策划并实施本领域中的促销活动以及定向的电子邮件促销活动。

出版（编辑/营销，25%）

● 报告、跟踪以及记录编辑项目。

● 收集并向出版小组提供重大的市场反馈情况和信息。

分管领域管理（15%）

● 在分管数据库中跟踪和报告即将达成以及已经结束的交易。

● 在分管数据库中做好客户销售拜访以及客户接受情况的记录。

● 策略性地管理运营预算。

● 提交分管领域中的行程、销售计划以及销售预测。

● 提供卓越的客户服务，在分管领域中与专业书店保持良好的关系。

决策责任	
决定如何策略性地使用公司分配的样书预算，从而最有效地产生销售收益，以超越销售目标。 决定客户以及接触客户的优先顺序，以挖掘最大的销售潜力。 决定到哪里进行产品演示和确定哪些特定的销售活动对于产生最大的销售额是最有效的。	
提交者：吉姆·史密斯，地区销售经理	日期：2013 年 4 月 10 日
审批者：	日期：
人力资源部：	日期：
公司薪酬处：	日期：

图 4-7 培生教育集团的职位描述样本

资料来源：Reprinted and Electronically reproduced by permission of Pearson Education, Inc., Upper Saddle River, New Jersey.

11-2021 市场营销经理

确定一家公司及竞争对手的产品和服务需求，确定潜在客户。在公司利润最大化或市场份额最大化目标指导下制定价格策略，同时确保公司客户足够满意。监督产品开发情况，或监测表明需提供新产品或新服务的各种趋势。

图 4-8 美国劳工部的标准职位分类中对市场营销经理的职位描述

资料来源：U. S Department of Labor, Bureau of Labor Statistics.

4.4.1 职位标识

如图 4-7 所示，职位标识部分（见顶部表格）包括以下几种类型的信息[30]：职位名称具体说明了该职位的称呼，比如库存控制员等；《公平劳动标准法》（Fair Labor Standards Act，FLSA）状态一栏说明了当前职位到底是属于豁免性职位，还是非豁免性职位（根据美国的《公平劳动标准法》，某些职位——主要是管理类和专业类职位——可以不受该法案规定的加班工资以及最低工资支付的约束）；日期一栏则是职位描述被实际批准生效的日期。

在职位标识部分可能还会留出空白说明是谁批准了该职位描述，还有可能指明职位所在的地点，比如所在的工厂、事业部、职能部门或科室等。这部分还有可能包括上级的职位名称以及薪酬或薪酬等级等方面的信息。如果存在职位等级划分，还可以在这里标明该职位所在的职位级别或等级。例如，一家公司可能将程序员划分为Ⅱ级程序员和Ⅲ级程序员等。

如何为职位命名（或设计职位名称）？有些职位的头衔很有创意。例如，美国图片社交网站 Pinterest 将其设计师称为"像素推手"，将实习生称为"像素推动者"。[31]一项研究表明，可以为自己的职位命名的员工以及职位头衔更具创意的员工往往满意度更高，感觉自己被组织认可的程度也更高。[32]

美国海军也有这种情况。自美国海军成立之初，他们的职位头衔就颇具创意，如"一级电工"。为了去掉职位名称中的性别标签，美国海军决定将薪酬水平相同的岗位放在一起，使用相同的（乏味的）职位头衔，例如"一等士官"。[33]此举引起海军的抵制，在一份超过 10 万名海军签名的请愿书送到了白宫之后，美国海军随后恢复了其有趣的职位头衔。

4.4.2　职位概要

职位概要是对职位的性质所做的总结，因此其中应当包括承担的主要职责或需要完成的主要工作活动。在图 4-7 中，电话销售代表的职位概要就是"……销售在大学中使用的教材……"对邮件收发主管来说，其职位概要可以是"恰当地接收、归类并分发寄到公司的所有邮件，同时处理所有的待寄出邮件，其中包括准确、及时地将这些邮件寄送出去"。[34]

一些专家一针见血地指出："我们经常可以在一些企业的职位描述中看到但实际上永远都不应该被写进职位描述的话，像'需要完成的其他工作任务'这样的'免责条款'。"[35]这是因为对于确定一个职位的性质以及需要雇用什么样的任职者承担该职位来说，这种说法存在很强的主观随意性。最后，职位概要中应当清楚地写明企业期望任职者高效、认真、负责地履行自己的各项工作职责。

4.4.3　工作关系

职位描述中通常还会有一个关于工作关系的说明（图 4-7 中没有这部分内容），这种工作关系说明了某一职位的任职者与组织内部及外部的其他人之间的相互关系。以下针对人力资源经理提供了一些关于其工作关系的说明[36]：

> 工作报告对象：员工关系副总裁。
> 监督管理对象：人力资源专员、甄选测试专员、劳资关系主任以及一位秘书。
> 工作合作对象：其他所有部门的经理以及公司高层管理人员。
> 公司外部联系：就业机构、高层管理人员代理招募机构、工会代表、州政府及联邦政府就业服务办公室，以及其他各种服务供应商。[37]

4.4.4　工作职责

这部分内容是职位描述的核心所在，它列出了一个职位需要承担的职责。如图 4-7 所示，首先要列出职位承担的每一项主要工作职责，然后用几句话对每项工作职责加以描述。例如，在该图中，工作职责包括"……达成量化销售目标"以及"……确定工作重点……"等。其他一些职位需要承担的主要工作职责可能包括：维持均衡可控的库存、向应付账户准确过账、保持有利的采购价格浮动区间、修理生产线上的工具和设备等。这一部分还可以界定任职者的权限，其中包括决策权、对他人的直接监督权以及预算经费支配权等。例如，任职者可能有权批准金额最高为 5 000 美元的采购申请，有权批准员工在工作时间外出或请假，有权对本部门人员给予纪律惩戒，有权提出加薪建议，有权面试和雇用新员工，等等。

通常情况下，管理人员在这里会问两个基本问题，即"我应当怎样确定这个职位当前的工作职责实际是什么以及应该是什么？"第一个问题的答案可以从职位分析本身获得，职位分析信息可以告诉管理人员每一个职位的任职者现在正在做什么。

关于第二个问题的答案，管理人员则可以从各类标准化的职位描述中获得信息。如前所述，多年来无论是政府部门的管理人员，还是政府部门之外的其他组织的管理人员，都将美国劳工部的《职位名称词典》作为标准的职位描述来使用。然而，美国联邦政府已经在用其他几种工具代替这本词典。美国联邦政府的**标准职位分类**（Standard Occupational Classification，SOC）（www. bls. gov/soc/socguide. htm）把所有劳动者从事的工作划分为 23 个主要职位类别，如"管理"和"健康护理"。这些主要职位类别又包括 96 个小职位类别，如"管理职位"和"医疗保健职位"等。这些小的职位类别又可以进一步划分为 821 个具体的职位——如图 4 - 8 中的市场营销经理的职位描述。企业可以使用这样一些标准的职位描述去确定一个职位的具体工作职责，比如"确定产品需求"。

此外，企业还可以运用来自其他各种渠道的职位描述信息，比如在 www. jobdescription. com 网站上就可以得到此类信息。也可以通过谷歌去搜索你想要的职位描述信息。当公司需要为市场营销经理职位撰写职位描述时，可以通过以下方法找到相关的信息：

● 访问 http：//hiring. monster. com。依次单击"资源中心""招募和雇用建议""职位描述"，就可以找到"市场营销经理职位描述"的样本。[38]

● 访问 www. careerplanner. com。单击"职位描述"，然后向下滚动至你感兴趣的职位描述。[39]

● 如前所述，美国劳工部职位信息网是另外一种能够帮助企业找到职位所承担的工作职责的方法。我们将在本节末的"改进绩效：直线经理和小企业家的人力资源管理工具"专栏中展现一个相关示例。

影响人力资源管理的趋势：数字化与社交媒体

如今编写一份职位描述最容易的方法是使用领英这样的社交媒体向他人征求意见。例如，最近有一位自称负责全公司所有空缺职位招募的人在领英上发布了这样一条信息："我希望这里的小组成员可以给我提供一些建议，说明哪些信息技术类的职位描述是最好的。我一直在为美国劳工部职位信息网招募开发人员和开发经理，我想知道你们在一份职位描述中希望看到哪些方面的信息……"回复中主要提到的 12 项工作任务包括：第一，求职者的技术水平是否与当前职位相匹配？第二，求职者在过去的工作中解决过什么样的技术问题？第三，求职者是否了解云部署模型？[40]

编写清楚无误的职位工作职责是一门艺术。例如，对于一名教师来说，其职责之一可能是[41]：

不正确的描述方式：确保学生掌握五年级的英语并通过规定的考试。

评论：这种描述是不完整的。对教师所做的工作描述很模糊，并且没有对教师遵循的程序和行动的结果作出清楚的描述。

正确的描述方式：通过英语考试了解学生需要掌握的内容；制定每年、每周和每日的课程计划；清晰地展示每日课程安排；每周进行测试以确认学生的学习情况；必要时，一对一地辅导学生。

<h3>企业需要了解的雇用法律</h3>

<h3>编写符合《美国残疾人法》规定的职位描述</h3>

对于努力遵守《美国残疾人法》相关规定的企业来说，关于一个职位的工作职责清单是很关键的。根据《美国残疾人法》，残疾人也必须具备履行一个职位的基本职能所需的那些基本的技能、教育背景和经验。美国平等就业机会委员会称："基本职能是指一位员工在组织提供或没有提供合理便利的情况下，必须能够履行的基本工作职责。"[42]需要考虑的因素包括：

- 是否存在履行该职能的职位；
- 能够履行该职能的其他员工的数量；
- 履行该职能所需的专业或技能程度；
- 该职位的任职者是否实际被要求去履行这一工作职能[43]；
- 履行该工作职能需要什么程度的专业或技能。[44]

举个例子来说，对于一个接待员职位而言，接听电话以及将来访者引导至正确的办公室可能就是其基本工作职能。美国平等就业机会委员会称，他们会考虑将雇主关于基本职能的判断以及雇主在发布招募广告以及面试求职者之前编写的书面职位描述，作为界定该职位的基本职能的根据。其他方面的依据包括该职位的当前任职者或过去任职者的实际工作经验，履行一项工作职能所需花费的时间，以及如果不指派一位员工履行某项工作职能可能给雇主带来的后果。

如果按照当前的安排，残疾人不能履行某个职位的工作，则企业会被要求提供"适当的便利"，除非这样做会为其带来"不必要的困难"。根据平等就业机会委员会的规定，适当的便利可能包括：

- 购买或修正设备或设施；
- 提供兼职工作机会或对工作时间表加以修正；
- 调整或修改考试和培训材料或相关政策；
- 为其提供阅读器和解释器；
- 为残疾员工进出工作场所以及在工作场所活动提供方便。

4.4.5　绩效标准与工作条件

一些管理者还希望职位描述中能够包括有关"绩效标准"的内容。这部分内容说明了企业期望员工在履行职位描述中的每一项主要工作职责时需要达到的绩效标准。设置绩效标准的方法之一是完成以下陈述："当你……的时候，我就会对你的工作感到完全满意。"如果针对职位描述中的每一项工作职责都按照这个句式作出完整的陈述，那么会形成一套切实有效的绩效标准。例如：

工作职责：向应付账户准确过账

1. 在同一个工作日内将所有收到的发票完成过账。

2. 在收到发票的第 2 天之前将所有发票送达各有关部门经理签批。

3. 每个月的过账业务出现差错的次数不超过 3 次。

职位描述可能会列出该职位的工作条件，比如噪声水平或伤害风险等。

改进绩效：直线经理和小企业家的人力资源管理工具

运用美国劳工部职位信息网站

许多小型企业没有自己的专职职位分析人员，甚至连人力资源管理人员都没有，因此，在这种情况下它们进行职位分析会面临两个障碍。首先，大部分企业需要一种比图 4-4 提供的调查问卷更为简便的方法。其次，在编写职位描述时，可能会忽略一些本来应该分配给下属的工作职责。因此，它们需要一部能够列出它们可能会遇到的所有职位的百科全书，其中包括职位的工作职责清单。

小企业的所有者至少有三种选择。第一种选择是此前提及的标准职位分类，它提供了关于上千种不同职位的比较详细的职位描述及其对任职者的要求。第二种选择是像 www.jobdescription.com 这样的网站按照职位名称和行业提供了职位描述。第三种选择是美国劳工部建立的职位信息网站。我们将在这里集中讨论如何利用该网站（http：//on-line.onetcenter.org）来编写一份职位描述。[45] 该网站可以免费使用。

美国劳工部职位信息网站

美国劳工部的职位信息网（简称 O＊NET）不仅使用户能够看到各种职位的最重要特征，还可以使用户看到每一种职位对任职者的工作经验、受教育程度以及知识水平的要求。无论是标准职位分类系统，还是职位信息网，都包括与职位相关的各种具体工作任务。职位信息网还提供了与特定职位相关的技能列表，其中包括阅读和写作等基本技能、批判性思考等处理技能、说服和谈判等可转移性技能。[46] 在职位信息网列举的职位信息清单中，你还可以看到任职者要求方面的信息（比如要求任职者掌握的知识）、工作要求方面的信息（比如数据整理、编码和分类等），以及工作经验要求方面的信息（比如受教育情况以及接受过的培训等）。企业和职业规划者还可以利用职位信息网来考察某种职位的劳动力市场特征，比如预期的就业人数以及薪酬数据等。[47]

使用美国劳工部的职位信息网来编写一份职位描述的步骤如下：

步骤 1：审查你的战略规划。理想情况下，你所需要的职位都是从公司的战略规划或部门规划中衍生出来的。你们公司的战略规划是进入还是退出某些业务领域？你们公司今后几年的销售额预计将会达到多少？你们公司的哪些领域或哪些部分需要扩张或收缩？你们公司需要设立哪些新的职位？

步骤 2：绘制组织结构图。以公司的现状为起点绘制一张组织结构图来说明你们公司在未来（比如未来一两年内）是什么样的。微软和其他公司为此提供了免费工具。[48]

步骤 3：采用某种职位分析问卷。接下来要做的就是收集关于工作职责的一些信息（你可以用图 4-4 和图 4-9 中提供的职位分析问卷）。

编写职位描述所需的背景信息

职位名称＿＿＿＿＿＿＿＿＿＿＿＿　　部门＿＿＿＿＿＿＿＿＿＿＿＿＿

职位编号＿＿＿＿＿＿＿＿＿＿＿＿　　填写人＿＿＿＿＿＿＿＿＿＿＿＿

填写日期＿＿＿＿＿＿＿＿＿＿＿＿　　适用的《职位名称词典》代码＿＿＿＿＿＿

1. 适用的《职位名称词典》定义：

2. 职位概要：
（请列出最重要或最经常完成的工作任务）

3. 工作报告对象：

4. 工作监督对象：

5. 工作职责：
（请简要描述对于每一项职责而言，员工实际在做什么以及如何做。在每一项职责后的圆括号中注明在该工作职责上耗费的时间大概所占的百分比。）

A. 各项日常工作职责：

B. 定期履行的工作职责：
（请指出履行的周期是每周、每月、每季度还是其他）

C. 不定期履行的工作职责：

图 4-9　简明职位描述问卷示例

步骤 4：从职位信息网上获取工作职责。你通过上一个步骤获得的工作职责清单可能是完整的，也可能是不完整的。因此，我们需要利用职位信息网整理出一份比较完整的工作职责清单。

首先登录网站 http：//online. onetcenter. org（见图 4-10 中的 A 图）[49]，点击"查询职位"。假设你想创建的是零售店售货员的职位描述。在职位名称的下拉框中键入"零售店售货员"。这一步操作会让你看到"职位查询结果"界面（见图 4-10 中的 B 图）。[50]

Welcome to O*NET™ OnLine!

Making occupational information interactive and accessible for all...

About New Data in OnLine

⧉ Find Occupations

Find occupations using keywords, O*NET-SOC codes, Job Families, or by viewing a complete list.

⧉ Skills Search

Use a list of your skills to find matching O*NET-SOC occupations.

⧉ Crosswalk

Use other classification systems (DOT, SOC, MOC, and RAIS) to find matching O*NET-SOC occupations.

If your search identifies occupations that require skills or abilities that may be difficult to use because of a health problem or disability, please consider job accommodations. Accommodations may involve a change in the work environment, the way a specific job is performed, or the use of special equipment.

For assistance in identifying accommodation options, contact the Job Accommodation Network (JAN), a service of the U.S. DOL Office of Disability Employment Policy, or go directly to SOAR (Searchable Online Accommodation Resource).

The Occupational Information Network (O*NET) and O*NET OnLine were developed for the US Department of Labor by the National O*NET Consortium. For more information about O*NET and the O*NET Consortium, please visit the O*NET Consortium Website.

Find Occupations | Skills Search | Crosswalk
Related Links | Content Model | Online Help

A

Job Family Search Results for:
Sales and Related (30 matches)

| Sales and Related | ⬍ Go |

O*NET-SOC Code	O*NET-SOC Title	Reports [help]		
41-1011.00	First-Line Supervisors/Managers of Retail Sales Workers	Summary	Details	Custom
41-1012.00	First-Line Supervisors/Managers of Non-Retail Sales Workers	Summary	Details	Custom
41-2011.00	Cashiers	Summary	Details	Custom
41-2012.00	Gaming Change Persons and Booth Cashiers	Summary	Details	Custom
41-2021.00	Counter and Rental Clerks	Summary	Details	Custom
41-2022.00	Parts Salespersons	Summary	Details	Custom
41-2031.00	Retail Salespersons	Summary	Details	Custom
41-3011.00	Advertising Sales Agents	Summary	Details	Custom
41-3021.00	Insurance Sales Agents	Summary	Details	Custom
41-3031.00	Securities, Commodities, and Financial Services Sales Agents	Summary	Details	Custom
41-3031.01	Sales Agents, Securities and Commodities	Summary	Details	Custom
41-3031.02	Sales Agents, Financial Services	Summary	Details	Custom
41-3041.00	Travel Agents	Summary	Details	Custom
41-3099.99	Sales Representatives, Services, All Other	Summary	Details	Custom
41-4011.00	Sales Representatives, Wholesale and Manufacturing, Technical and Scientific Products	Summary	Details	Custom
41-4011.01	Sales Representatives, Agricultural	Summary	Details	Custom
41-4011.02	Sales Representatives, Chemical and Pharmaceutical	Summary	Details	Custom
41-4011.03	Sales Representatives, Electrical/Electronic	Summary	Details	Custom

B

Updated 2003

Summary Report for:
41-2031.00 - Retail Salespersons

Sell merchandise, such as furniture, motor vehicles, appliances, or apparel in a retail establishment.

Tasks | Knowledge | Skills | Abilities | Work Activities | Work Context | Job Zone | Interests | Work Styles | Work Values | Related Occupations | Wages & Employment

Tasks

- Greet customers and ascertain what each customer wants or needs.
- Open and close cash registers, performing tasks such as counting money, separating charge slips, coupons, and vouchers, balancing cash drawers, and making deposits.
- Maintain knowledge of current sales and promotions, policies regarding payment and exchanges, and security practices.
- Compute sales prices, total purchases and receive and process cash or credit payment.
- Maintain records related to sales.
- Watch for and recognize security risks and thefts, and know how to prevent or handle these situations.
- Recommend, select, and help locate or obtain merchandise based on customer needs and desires.
- Answer questions regarding the store and its merchandise.
- Describe merchandise and explain use, operation, and care of merchandise to customers.
- Ticket, arrange and display merchandise to promote sales.

back to top

Knowledge

Customer and Personal Service — Knowledge of principles and processes for providing customer and personal services. This includes customer needs assessment, meeting quality standards for services, and evaluation of customer satisfaction.

Sales and Marketing — Knowledge of principles and methods for showing, promoting, and selling products or services. This includes marketing strategy and tactics, product demonstration, sales techniques, and sales control systems.

Administration and Management — Knowledge of business and management principles involved in strategic planning, resource allocation, human resources modeling, leadership technique, production methods, and coordination of people and resources.

Education and Training — Knowledge of principles and methods for curriculum and training design, teaching and instruction for individuals and groups, and the measurement of training effects.

Mathematics — Knowledge of arithmetic, algebra, geometry, calculus, statistics, and their applications.

English Language — Knowledge of the structure and content of the English language including the meaning and spelling of words, rules of composition, and grammar.

C

图 4 - 10　美国劳工部职位信息网

　　找到"零售店售货员",然后点击其后面的"职位概要"项目(见图 4 - 10 中的 C 图)[51],便可得到零售店售货员的职位概要以及具体的工作职责。对于一家小商店来说,你可能想把零售店售货员承担的工作职责与"零售店售货员的一线主管或经理"承担的工作职责合并在一起。

　　步骤 5:利用职位信息网列出职位对任职者的要求。接下来让我们回到"零售店售货员"的界面(职位概要),点击知识、技能和能力条目。可以用这些信息来编写一份关于某职位的任职资格。这些信息可用于员工的招募、甄选以及培训。

　　步骤 6:完成职位描述。最后,以图 4 - 9 为指南编写一份合适的职位概要。然后,利用在步骤 4 和步骤 5 中得到的信息,为每一个需要填补的空缺职位创建一份完整的包括工作任务、职责以及任职资格要求的清单。

4.5　编写任职资格

　　任职资格是在职位描述的基础上回答这样一个问题:"要有效地完成这个职位的工作,任职者必须具备哪些特点和经验?"它说明了应当为该职位招募什么样的人以及在甄选测试时应当考察求职者哪些方面的特征。任职资格既可以作为职位描述的一部分来编写,也可以形成一份单独的文件。通常都是作为职位描述的一部分,如图 4 - 8 所示。[52]

4.5.1　针对接受过培训和未接受过培训的人编写的任职资格

为一位接受过培训且有经验的员工编写一份任职资格相对来说比较简单。这类任职资格倾向于关注任职者在上岗前的服务年限、接受过的相关培训的质量以及过去的工作业绩等因素。

当你需要用没有接受过培训的人来填补某个职位空缺时（其目的在于通过让他们到这个职位上任来接受培训），问题就比较复杂了。在这种情况下，你需要明确候选人为承担这一职位或接受培训而必须具备的潜质，其中包括体力特征、人格特点、兴趣或感知能力等。例如，假设某一职位要求任职者进行比较精细的操作，你可能会希望求职者在手指灵活性测试中取得较高的分数。企业通常使用主观判断法或统计分析法（或同时使用两种方法）来帮助自己确定这些职位对人员的要求。

4.5.2　基于主观判断编写的任职资格

大部分任职资格可能仅仅反映了人们（比如职位的上级主管人员和人力资源经理）所做的一些合理估计。这里的一个基本程序就是要回答这样一个问题："要做好这份工作，任职者应具备什么样的受教育程度、智力水平以及培训经历等？"

人们一般是如何作出这样的"合理估计"的呢？你可以简单地回顾一下这个职位的工作职责，然后推断出这个职位对任职者具备的个人特征和技能等要求。你还可以到 www.jobdescription.com 等网站查看一些现成的职位描述，从其中包括的各种胜任素质中挑选出一些来用（例如，一份典型的职位描述中列出"提出创造性解决方案的能力"以及"处理难以接待的顾客或情绪化顾客的能力"等）。你还可以使用美国劳工部的职位信息网。该网站提供的职位描述中包括受教育程度以及其他相关经验和技能方面的要求。

在任何情况下，编写任职资格都可以运用一些常识。不要忽视这样一个事实，即有些工作行为可能适用于几乎所有的职位，但这些行为可能并不是通过一次职位分析就能发现的。勤奋就是这方面的一个例子。谁想得到一位工作不努力的员工呢？一位研究者选取了零售行业的按小时领取薪酬的 42 种初级岗位上的 1.8 万名员工，收集了他们的相关信息。[53]这位研究者发现，对所有工作都很重要的常见工作行为包括工作缜密、出勤情况、遵守工作规范和灵活安排工作日程（例如，在商店忙碌的时候主动要求加班）。另外一项针对 7 000 多名高管人员的研究发现，高层领导的关键行为包括积极主动、自我开发、表现出高度的诚信、结果导向以及培养下属。[54]

人力资源管理与零工经济

做零工的员工也需要任职资格描述吗

即使企业雇用的是零工，也并不意味着不需要职位描述和任职资格描述，在这种情况下，企业同样必须确保自己雇用的员工能够达到最低工作要求。

Lyft 和优步两家公司都为平台司机制定了"司机要求"，即传统意义上的任职资格描述。[55] 不同地区的司机的职位描述是存在差别的，但仍然有一些普遍性的标准。如优步和 Lyft 都要求司机必须年满 21 周岁，有社会保险，有州内驾驶执照（至少一年）和州内保险，并接受车管所及相应部门的背景调查。优步通过背景调查确保司机最近没有酒后驾驶或与毒品有关的违法行为，没有无证驾驶的违章情况，没有致命事故或鲁莽驾驶史以及犯罪史。另外，车辆必须符合驾驶标准。比如，汽车必须是四门轿车，拥有四个或四个以上座位（不包括司机），是在 2001 年及之后购买的，有州牌照，有车管所注册记录，并通过公司的车辆检查。

4.5.3 基于统计分析编写的任职资格

根据统计分析（而非仅仅是主观判断）来编写任职资格的做法更有说服力，但是这种方法操作起来比较麻烦。该做法的目的是运用统计方法确定以下两者之间的关系：一是某种预测因素（例如身高、智力或手指灵活性等个人特征）；二是关于工作有效性的衡量指标或标准，例如直接上级评价的工作绩效等级。基本程序是检验预测效度。

这种操作过程一共包括五个步骤：第一，对职位进行分析，决定如何对工作绩效进行评价；第二，挑选出你认为最能预测优秀绩效的个人特征，如手指灵活性等；第三，对候选人的这些特征进行测试；第四，对这些候选人实际上岗后的工作绩效进行评价；第五，用统计方法对这种个人特征（如手指灵活性）与工作绩效之间的关系进行分析。你的目的就是要验证这些特征能否真的对绩效有预测作用。

为什么这种统计分析方法比主观判断法更有说服力？首先，如果某种特征并不能预测工作绩效，那么为什么还要使用它呢？其次，美国的平等权利法律不允许企业使用那些不能区分高工作绩效和低工作绩效的个人特征。在实践中，大多数企业还是更多地采用经验判断的方法。

4.5.4 职位要求矩阵

大多数企业都用职位描述和任职资格来概括其职位职责，但职位要求矩阵也得到了广泛的应用。[56] **职位要求矩阵**（job-requirements matrix）包括一个职位的主要职责、每一项职责的目的以及履行每一项职责所需的知识和技能。典型的职位要求矩阵会将下述信息分五列展示出来：

第一列：该职位的 4～5 项主要工作职责（如支付应付账款）；

第二列：与每一项主要工作职责相联系的工作任务描述；

第三列：每一项主要工作职责的相对重要性；

第四列：在每一项主要工作职责上花费的时间；

第五列：与每一项主要工作职责相关联的知识、技能、能力及其他人格特征

（KSAO）。[57]

　　建立职位要求矩阵的第一步是为每个职位编写一份任务描述。每一份**任务描述**（task statement）都说明了在某一项特定的任务上，员工需要做什么，员工是如何完成这项任务的。

4.5.5　写给管理者的员工敬业度指南

　　如前所述，管理者在撰写任职资格描述时，不应忽视那些适用于任何工作的理想行为，但仅仅通过职位分析是无法确保描述出这些行为的，员工敬业度就是其中一个。

　　美国智睿咨询有限公司（Development Dimensions International）对 3 800 名员工进行了一项研究，确定了一些可以预测求职者的敬业度的个人特征[58]，其中包括适应性、对工作的热情、情绪稳定性、积极的个性、自我支持和成就导向。

　　一个明智的建议是寻找员工以往的敬业度信息。因为过去的行为往往是未来行为的最佳预测依据，如果你想雇用敬业度高的员工，那就"寻找他们在其他领域是否敬业的例子"。[59]例如，寻找那些致力于为他人服务的求职者，如护士、退伍军人和志愿急救员等。

➡ 4.6　胜任素质模型的运用

　　大多数人仍然将一个"职位"视为某人为了获得薪酬而承担的一系列具体工作职责的组合，但是如今职位的概念正在发生变化。例如，如今的公司继续推行扁平化的组织结构，减少经理数量，让工人有更多的工作要做。这样的变化往往会使职位之间的界线变得模糊。在很多类似的情形中，列出一份你期望任职者完成的具体事项的清单可能就不切实际。[60]

　　因此，许多雇主使用不同的职位分析方法。最好是以胜任素质模型（或画像）的形式罗列一个职位要求任职者具备的知识和技能。胜任素质模型或职位特征（见图 4-11）列出了员工为圆满完成工作而必须具备的胜任素质。[61]在为人力资源经理创建胜任素质模型时，美国人力资源管理协会将胜任素质描述为"高度相关的属性集群"（如研究设计知识、批判性思维技能以及演绎推理能力），这些能力会产生一些行为（如批判性评估），而这些行为是执行工作（在本例中为人力资源经理）所必需的。[62]

　　胜任素质模型或职位特征会成为针对每个职位进行招募、甄选、培训、绩效评价以及员工开发的指示标志。[63]换言之，管理者可以运用能够测量出职位特征中列举的那些胜任素质的测试来雇用新员工，用旨在开发这些胜任素质的课程对员工进行培训，以及通过评价员工的胜任素质来对其绩效进行评价，等等。"改进绩效：战略背景"专栏举例说明了胜任素质模型。

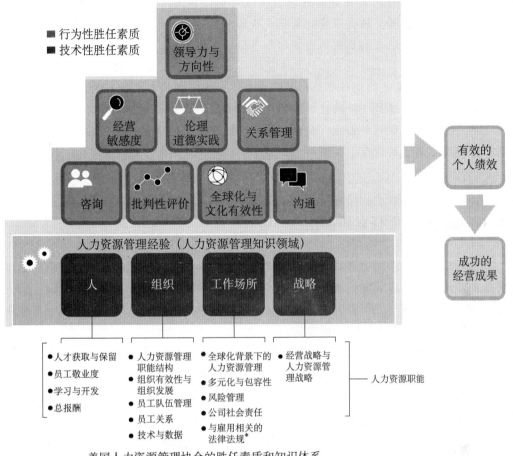

■ 行为性胜任素质
■ 技术性胜任素质

领导力与方向性

经营敏感度　伦理道德实践　关系管理

咨询　批判性评价　全球化与文化有效性　沟通

有效的个人绩效

成功的经营成果

人力资源管理经验（人力资源管理知识领域）

人　组织　工作场所　战略

- 人才获取与保留
- 员工敬业度
- 学习与开发
- 总报酬

- 人力资源管理职能结构
- 组织有效性与组织发展
- 员工队伍管理
- 员工关系
- 技术与数据

- 全球化背景下的人力资源管理
- 多元化与包容性
- 风险管理
- 公司社会责任
- 与雇用相关的法律法规*

- 经营战略与人力资源管理战略

人力资源职能

美国人力资源管理协会的胜任素质和知识体系

图4-11　人力资源管理者的胜任素质模型

说明：*表示仅适用于在美国境内考试的学生。

资料来源：The SHRM Body of Competency and Knowledge. © 2014，Society for Human Resource Management，Alexandria，VA. Used with permission. All rights reserved.

改进绩效：战略背景

戴姆勒公司在亚拉巴马州的例子

2020年，戴姆勒公司打算利用其位于亚拉巴马州的塔斯卡卢萨工厂生产混合动力越野车。[64]这是公司战略中的重要一步，它20年前投产的工厂如今已经非常成功。

总部位于德国的戴姆勒公司在规划自己位于美国亚拉巴马州的奔驰汽车工厂时，采取的战略就是设计一家高科技工厂。[65]这种工厂强调零库存的生产方式，由于各种零部件都能够及时送达，因此工厂的库存量可以保持在非常低的水平。这家工厂还将员工组织成一个个工作团队，并且强调所有的员工都必须致力于持续改进（不断寻求更好的做事方式）。

这样的生产策略要求员工具备某些特定的胜任素质（即技能和行为）。例如，要求团队员工具备多种技能并且有足够的灵活性。

在为这家工厂进行人员配置时，基于胜任素质的职位分析起到了非常重要的作用。与工作职责清单不同，这里的关于雇用哪些人以及如何对他们进行培训的指南，更多的是基于任职者完成本职工作所需具备的胜任素质（比如"在团队中与他人协同工作的能力"）编写而成的。由于不必严格按照那种表明"我的职位"是什么的详细的职位描述来开展工作，员工可以很方便地在自己团队内部的各个职位之间流动。重视胜任素质而不是工作职责的做法，还会鼓励员工超越自己的职责范围去寻找能够改进绩效的方式。例如，一个团队发现，一款 0.23 美元的塑料插销比工厂在喷漆时用来稳固车门的塑料插销（售价 2.50 美元）的效果更好。建造"持续改进"的现代化工厂意味着戴姆勒公司需要招聘具有主人翁意识的员工。现在这种新系统（其中包括基于胜任素质的职位分析）已经在亚拉巴马州的工厂中证明了自己的价值。

4.6.1 如何编写胜任素质描述

确认一个职位要求任职者具备的胜任素质（以胜任素质为基础进行职位分析）的过程和传统的职位分析过程非常相似。换言之，你可以对职位的当前任职者及其上级主管人员进行访谈，询问一些与工作职责和工作活动有关的开放性问题，或许还可以发现与在职位上取得工作成功有联系的一些关键事件。

但是，与针对一个职位编制一份工作职责清单相反，你的目的是完成像下面这样一份胜任素质描述（如前面所提及的）："为了有效完成该职位的工作，员工应当能够完成……"你可以根据自己或者当前任职者、任职者的直接上级对该职位的了解来回答这个问题，也可以使用像职位信息网或者美国劳工部的人事管理署建立的网站（www.opm.gov）上的信息来回答这一问题。然后为每一项胜任素质编写一份胜任素质描述。

一份好的胜任素质描述包含三大要素[66]：第一个要素是胜任素质的名称及其简要描述，例如"项目管理——建立准确和有效的工作日程安排"。第二个要素是对那些代表胜任素质的相应熟练水平的可观察行为的描述，比如"通过及时决策持续性地管理项目风险及相关因素"。第三个要素是熟练水平。下面以项目管理为例来加以说明（从低到高的项目管理）[67]：

● 一级熟练水平：识别项目风险及相关因素，并与利益相关者保持日常沟通。
● 二级熟练水平：开发出能够监控风险及相关因素，还能报告变化的系统。
● 三级熟练水平：能够预见到条件变化以及它们对风险及相关因素所产生的影响，并能够采取预防性行动。

英国石油公司的案例 英国石油公司（British Petroleum）勘探事业部领导希望其员工转变以工作职责为导向的"那不属于我该干的工作"这样一种工作态度，设法找到一种能够激励他们为承担更多的职责而努力获得新技能的新方法。[68]

解决该问题的办法就是采用一种类似于图 4-12 的技能矩阵。每一个职位或一个职位族（比如钻井平台经理）都有一个技能矩阵。如图 4-12 所示，每一个矩阵都列出了两个方面的内容：一是承担该职位所需的一些基本技能，例如技术方面的一些专业经验；二是该职位或职位族对每一种技能水平提出的最低要求。该图下方的说明解释了如何实际运用该矩阵。

	专业技术经验/技能	决策及解决问题的技能	人际关系技能	领导能力	经营意识
六级	6	6	6	6	6
五级	5	5	5	5	5
四级	4	4	5	5	5
三级	3	3	3	3	3
二级	2	2	2	2	2
一级	1	1	1	1	1

图 4-12　技能矩阵

说明：这是一个为技术或工程产品开发人员设计的技能矩阵示例。图中的深灰色背景数字表示这些产品开发人员所需具备的技能水平。矩阵附带的解释材料将对每一种技能从一级开始递增的各级技能难度要求给出举例说明。例如，一级专业技术经验/技能可能表述为"具备或正在获取完成这一类型职位的工作所必需的基本知识"，而六级则可能表述为"能够执行并监督需要高级技术知识和技能才能完成的高度复杂的分析性任务"。

资料来源：Copyright Gary Dessler PhD.

英国石油公司的人才管理工作现在能够基于员工完成职位上的工作所需的技能，有针对性地进行招募、雇用、培训、绩效评价以及薪酬支付等方面的工作。

本章内容概要

1. 当今的企业通常将人员配置、培训、薪酬等这样一些活动视为一体化人才管理过程的组成部分之一。人才管理的定义为以目标为导向，融合了人力资源规划、招募、开发、管理以及薪酬等活动的一个一体化的过程。从人才管理的角度来看：人才管理中的各项任务是单一的一体化人才管理过程的各个组成部分；要确保诸如人员配置和薪酬等人才管理决策是以目标为导向的；在为一个职位制订招募计划时，坚持使用与作出甄选、培训、绩效评价以及薪酬等方面的决策时相同的"职位特征"；积极对员工进行分类和管理；整合或协调所有的人才管理职能。

2. 职位分析就是用于确定各部门中的各个职位的工作职责以及应当雇用具有哪些特征的人来承担这些职位的一种程序。职位描述是与职位需要履行的各种工作职责和任务有关的一份清单；任职资格则确定了需要雇用何种类型的人来承担相应的职位。职位分析活动涉及收集以下各个方面的信息：职位活动；人的行为；机器、工具、设备及其他辅助工具。职位分析的基本步骤包括：确定信息的用途；审核相关工作背景信息；选择有代表性的职位；实际进行职位分析；与职位的当前任职者及其直接上级共同核实得到的职位分析信息；编写职位描述和任职资格。

3. 收集职位分析信息的方法有很多种，其中包括访谈法、问卷调查法、观察法和参与者工作日记或工作日志法等定性分析方法，以及职位分析问卷法等定量分析方法。企业越来越多地通过互联网从员工那里收集职位分析信息。

4. 管理者必须熟悉职位描述的编写过程。在编写职位描述方面虽然并没有一个标准的格式，但是大部分职位描述都包括职位标识、职位概要、工作职责、任职者权限、绩效标准、工作条件以及任职资格等内容。很多企业都会利用像 www.jobdescription.com 这样的互联网资源来帮助自己编写职位描述。

5. 在编写任职资格的时候，要区分这份任职资格针对的是受过培训的人，还是没有受过培训的人。相对而言，为受过培训的人编写任职资格比较简单，因为你所要寻找的就是类似于工作经验这样一些个人特征。对于未受过培训的人，很有必要确定哪些个人特征可以有效地预测一个人在未来的工作中能否取得成功。大多数任职资格都出自直接上级等人的经验总结，是一种基于主观判断的产物。一些企业还会使用统计分析方法来确认哪些预测因素或个人特征与一个人在职位上取得成功联系在一起。有助于预测求职者被聘用可能性以及管理者可能希望任职资格中包括的特征有：适应性、对工作的热情、情绪稳定性、积极的个性、自我支持、成就导向等。

6. 胜任素质模型和职位特征旨在针对在某个特定角色或职位上取得卓越绩效所需的胜任素质、个人特质、知识以及经验等编写一份详细的描述。这样每个职位的职位特征就成为企业制订招募、甄选、培训、绩效评价和开发计划的锚。基于胜任素质的职位分析意味着，通过揭示出员工成功地履行本职工作所必须展示出来的那些可衡量、可观察的行为性胜任素质（比如特定的技能）来对该职位进行描述。

讨 论 题

1. 为什么从总体上来说管理者应该将人员配置、培训、绩效评价以及薪酬等视为人才管理过程的组成部分？

2. 职位描述中通常包含哪些项目？

3. 我们讨论了几种收集职位分析信息的方法——问卷调查法、职位分析问卷法等。请对这些方法进行比较，说明每种方法的用途以及优缺点。

4. 描述一份任职资格中通常包括哪些类型的信息。

5. 说明你将如何进行职位分析。

6. 你认为公司是否真的不需要详细的职位描述？为什么？

7. 说明你将如何为职位建立职位要求矩阵。

8. 在一家只有 25 名员工的公司中，是不是没有编写职位描述的必要？为什么？

个人及小组活动

1. 以个人或小组的形式，到你目前正在就读的大学或就业的企业找到一些关于事务性工作的职位描述副本。这些职位描述中包含哪些类型的信息？它们是否为你提供了充足的信息来说明这些职位具体承担了哪些工作职责，同时说明了怎样履行这些职责？你会怎样完善这些职位描述？

2. 以个人或小组的形式，利用美国劳工部的职位信息网来为你们班的教授编写一份职位描述。然后根据这份职位描述，运用自己的判断来编写一份任职资格。将你们的结论与其他学生或其他小组的结论进行比较，你们的结论之间存在较大的差别吗？你认为造成这些差别的原因何在？

体验式练习

教师的职位描述

目的：本练习的目的是，通过你为自己的老师编写一份职位描述，让你获得一个练习编写职位描述的机会。

必须理解的内容：你应当理解职位分析的技巧，并且完全了解职位分析问卷（见图 4-4 和图 4-9）。

如何进行练习/指导：组建由若干学生组成的小组。与本书中的其他所有练习一样，各小组在练习过程中应该各自独立，各小组之间不应进行交流。在课堂上，有一半小组借助职位分析问卷（见图 4-4）编写职位描述，另一半小组则运用职位描述问卷（见图 4-9）编写职位描述。每个学生在参加本小组之前，都应当对问卷进行审查（以确保其合适性）。

1. 每一个小组都要对教师这个职位进行职位分析：其中一半小组用图 4-4 中提供的职位分析问卷来做，另一半小组则用图 4-9 中提供的职位描述问卷来做。

2. 根据在上一步骤获得的信息，每个小组为这个教师职位编写一份职位描述和任职资格。

3. 接下来，每个小组应当在使用另外一种问卷分析方法来编写职位描述和任职资格的小组中选定一个伙伴小组。（一个使用职位分析问卷的小组应当与一个使用职位描述问卷的小组进行配对。）

4. 最后，在通过配对新组成的每个小组中，对原来两个小组各自编写的职位描述和任职资格逐一进行比较和点评。每一种职位分析方法会提供不同类型的信息吗？哪一种信息看起来更好一些？针对某些特定类型的职位而言，一种方法会比另一种方法更具优势吗？

应用案例

飓 风

2017 年下半年，飓风玛利亚（Maria）袭击了位于佛罗里达州迈阿密市的奥普蒂玛空气过滤器公司（Optima Air Filter Company）。很多员工的房屋都被摧毁了。公司发现自己不得不雇用三组全新的员工，每个轮班班次配备一组。问题在于那些老员工对自己的工作十分了解，此前从没有人会自讨没趣地为他们起草职位描述。当这 30 位新员工开始工作的时候，他们彻底困惑了，不知道自己应该做什么以及如何去做。

对位于其他州的客户来说，此次飓风很快就成了旧闻，他们只想买到过滤器，而不愿意听任何借口。公司总裁菲尔·曼（Phil Mann）为此绞尽脑汁。他现在只有大约 30 名新员工、10 名老员工以及原来的工厂厂长美比莱恩（Maybelline）。他决定去找来自当地一所大学商学院的顾问琳达·洛（Linda Lowe）谈谈。琳达·洛立即让公司的那些老员工填写了一份职位调查问卷，在问卷上列出了他们需要履行的所有工作职责。这下争论立即"爆发"：菲尔和美比莱恩都认为，这些老员工为了使自己的工作显得更加重要而夸大其词，而老员工们却坚持认为，自己的回答真实地反映了实际承担的工作职责。与此同时，客户们还在吵嚷着要求公司尽快提供空气过滤器。

问题

1. 菲尔和琳达应该忽视老员工们的意见，用自己认为恰当的方式来编写职位描述吗？为什么？你将如何解决这些分歧？

2. 你将如何进行职位分析？菲尔现在应该做些什么？

连续案例

卡特洗衣公司

职位描述

在对卡特洗衣公司的各家门店进行考察之后，詹妮弗认为，她现在必须关注的重要事情之一就是为她的商店经理编写职位描述。

正如詹妮弗所说，她在基础管理课程和人力资源管理课程中所学的关于职位描述的内容，并不足以使她相信职位描述确实能为一家企业的顺利运转发挥关键作用。詹妮弗发现，在自己刚刚到公司任职的前几周中，她多次询问自己的一位商店经理这样一个问题：为什么他们会违反据她所知属于公司政策和程序的那些要求。她得到的答案通常都是"因为我不知道这是我应该干的事情"，或者是"因为我不知道我们应该这样去做"。詹妮弗知道，一份能够清楚地说明任职者应该做什么以及应当怎样做的职位描述，再加上一套明确的标准和程序，对于解决这种问题会起到一定的作用，尽管可能不会在短期内见效。

总的来说，商店经理负责指导一家商店中的所有工作活动，同时他们的工作应当达到这样一些要求：高质量完成工作；维护好客户关系，实现销售额最大化；通过对劳动力成本、各种用品以及能源成本进行有效的控制来维持一定的盈利水平。为了实现这个总目标，商店经理需要承担的工作职责包括：质量控制；保持店面清洁；维持客户关系；账目和现金管理；控制成本和保持生产率；损耗控制；定价；库存控制；污损清理；机器维修；采购；确保员工安全；有害废弃物的清除；人力资源管理；病虫害防治；等等。

很快，詹妮弗需要处理的各种问题就接踵而至了。

问题

1. 商店经理的职位描述应当采用什么样的格式和表格？

2. 在职位描述的文件中就指出工作的标准和程序更合适，还是把它们单独列出来更合适呢？

3. 詹妮弗应该如何着手收集制定工作标准、程序以及编写职位描述所需要的信息？

4. 在你看来，商店经理的职位描述应该是什么样的？其中应该包括哪些内容？

将战略转化为人力资源政策及实践的案例

改进巴黎酒店的绩效

新型职位描述

巴黎酒店的竞争战略是："通过卓越的顾客服务将自己与同行区别开来，吸引顾客延长入住时间，提高顾客再次入住比率，从而提高酒店的收入和利润水平。"酒店人力资源总监莉萨·克鲁兹现在必须制定和实施战略性人力资源管理政策和活动，通过帮助酒店获得战略所需的员工行为和胜任素质来支持酒店的这一竞争战略。

作为一位经验丰富的人力资源总监，莉萨·克鲁兹知道，招募和甄选过程毫无疑问会影响员工的胜任素质和行为，然后通过这种影响促进公司盈利水平的提高。与员工队伍有关的一切因素——他们的整体技能、士气、经验和动机——都有赖于吸引和甄选正确的员工。

在重新审视巴黎酒店的雇用体系的过程中，她注意到，公司中几乎所有的职位描述都是过时的，还有很多职位甚至根本就没有职位描述。她知道，如果没有准确的职位描述，她的所有改进努力都将会是徒劳的。如果连一个职位应当承担的工作职责以及对人的要求都不清楚，还怎么决定应当雇用什么人以及如何培训他们呢？为了通过制定有效的人力资源管理政策和实践，来帮助酒店获得有助于实现其战略目标的员工胜任素质和行为，莉萨的团队必须编制出一套有用的职位描述。

莉萨在与公司的首席财务官共同做了一次简短的分析之后，更加肯定了自己所看到的一些现象。他们从这家连锁酒店中选取几个已经更新过职位描述的部门以及尚未更新职位描述的部门。虽然他们也知道，还有许多其他因素可能会影响员工的工作，但是他们仍然相信，职位描述对于员工行为和胜任素质会有积极的影响。或许职位描述会为员工甄选过程提供更多的便利，也或许有职位描述的部门中有更好的管理者。无论如何，莉萨为这家连锁酒店编写新的职位描述的决定获得了批准。

随后编写出的职位描述不仅包括许多传统的工作职责和责任，而且包括对于描述的职位来说比较独特的几项胜任素质。例如，前台接待员的职位描述中包括"能够在五分钟之内为一位客人办理好入住手续或退房手续"这样的胜任素质。此外，大部分服务类工作的职位描述中还包括这样一种胜任素质："即使正在忙其他工作，也能够对客户表现出应有的耐心，并能提供相应的帮助。"莉萨知道，将这些胜任素质纳入职位描述的做法，将会使她的团队更容易设计有用的员工甄选、培训以及绩效评价程序。

问题

以个人或团队的形式完成下列两项工作：

1. 根据酒店的既定战略，列出对于巴黎酒店的员工比较重要的四种员工行为。

2. 如果时间允许，在课前花一些时间去观察当地酒店的前台接待员的工作，然后为巴黎酒店的前台接待员创建一份职位描述。

注　释

第**5**章 人事规划与招募

Personnel Planning and Recruiting

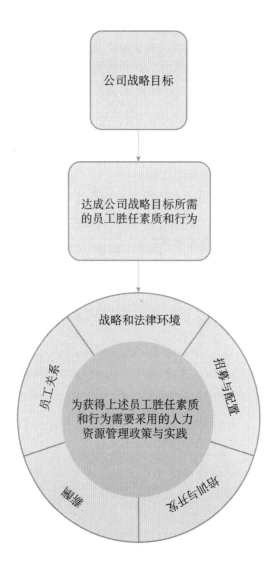

➡ 我们学到哪儿了

在第 4 章中，我们讨论了职位分析以及管理者用来创建职位描述、任职资格和胜任素质模型的方法。本章的目的是帮助你提高在招募求职者方面的工作有效性。我们在本章中将要讨论的主题包括：人事规划与预测；为什么有效招募很重要；候选人的内部来源；写给管理者的员工敬业度指南；候选人的外部来源；招募一支更加多元化的员工队伍；设计和使用求职者申请表。在接下来的第 6 章中，我们将讨论管理人员可以采用哪些方法从候选人中甄选出最合适的员工。

➡ 学习目标

1. 定义人事规划并说明如何制定人事规划。
2. 解释有效招募的必要性并说明如何进行有效招募。
3. 讨论从组织内部寻找候选人的主要渠道。
4. 描述如何利用招募提高员工敬业度。
5. 讨论外部求职者的主要来源，并制作一份雇用广告。
6. 说明如何招募一支更加多元化的员工队伍。
7. 讨论获得求职者信息的操作指南。

与大多数高端连锁酒店一样，四季酒店（Four Seasons）围绕提供卓越的客户服务制定了战略目标，这需要一支具备高度积极性和士气高昂的员工队伍。[1] 因此，在思考如何招募员工时，四季酒店的管理者决定通过招募提高员工的积极性和士气，进而改善客户服务，提高客户满意度。让我们来看看他们是如何做的。

➡ 5.1 导论

职位分析界定了公司中每个职位的工作职责及其对人员的要求。下一步就是要决定需要填补哪些职位空缺，然后为这些职位招募和甄选合适的员工。

如图 5-1 所示，实施招募和甄选的传统方式就是完成下面的一系列活动[2]：

1. 通过员工队伍或人事规划与预测来决定哪些职位需要招募人员填补。
2. 通过从组织内部和外部招募申请者为这些职位建立一个候选人才库。
3. 让这些候选人填写求职申请表，或许还要进行初步的甄选面试。
4. 通过运用测试、背景调查以及体检等甄选工具找到合适的候选人。
5. 让待填补的空缺职位的直接上级或其他相关人员对候选人进行面试，决定应当向哪一位候选人发出录用通知。

本章主要关注人事规划以及员工招募。第 6 章和第 7 章将对测试、背景核查、体检以及面试等进行讨论。

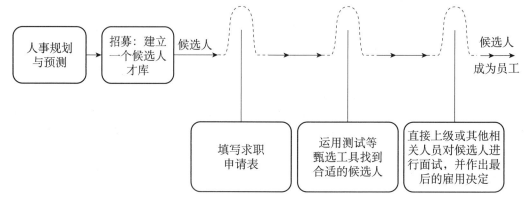

招募与甄选过程是旨在为某个职位挑选出最优秀的候选人而设置的一系列障碍。

图 5-1　招募与甄选过程中的几个步骤

5.2　员工队伍规划与预测

员工队伍（或雇用、人事）规划（workforce（or employment or personnel）planning）就是一个确定企业需要填补哪些空缺职位以及如何填补的过程。其目的是确定并消除雇主预计劳动力需求与可能满足这些需求的现有员工之间的差距。在招募和雇用员工之前，管理者应参与员工队伍规划。毕竟，如果你不知道未来几个月或几年你的就业需求是什么，你为什么要招募？

韬睿惠悦公司的员工队伍规划解决方案说明了企业应当如何管理其整个员工队伍规划过程。[3]

首先，韬睿惠悦公司对经营计划以及员工队伍数据（包括以往的员工队伍经验数据）进行审查，以确定经营计划的改变可能会对员工人数和技能要求产生什么样的影响。

其次，他们预测并确定公司需要填补哪些职位以及潜在的劳动力缺口。这有助于他们了解未来需要填补哪些新职位，以及现有员工可能晋升到哪些职位。

再次，制定一份员工队伍战略规划。优先解决那些关键的员工队伍缺口（例如，哪些职位需要填补，我们有谁可以填补），确定避免这些缺口出现或弥补这些缺口的具体来源与方法（招募、培训和其他）。

最后，通过实施计划（比如采用新的招募来源或新的培训及开发项目等），并使用各种指标来监控流程。

韬睿惠悦公司的互联网软件（"韬睿惠悦员工队伍分析与规划系统"，Tower Watson Workforce MAPS）能够帮助客户管理自己的员工队伍规划过程。该系统中有用来监控关键衡量指标（比如衡量招募和保留的指标）的数字仪表盘，管理者使用这些指标来监控关键招募指标，并对当前员工队伍和历史员工队伍趋势进行详细分析。

员工队伍规划涉及所有未来职位，从维修员到首席执行官。然而，我们将看到，大多数公司将决定如何填补高管职位的过程称为继任规划。[4]

5.2.1　战略与员工队伍规划

员工队伍规划是公司战略的重要组成部分。例如，当企业作出进入新业务领域或降低成本的决策时，都会影响到公司需要的员工技能以及需要找人填补的职位。关于如何填补这些职位的决策则会对其他人力资源管理计划（如培训和招募计划）产生影响。在接下来的"改进绩效：战略背景"专栏中我们将详细说明这种情况。

改进绩效：战略背景

四季酒店[5]

如前所述，四季酒店的战略是围绕提供优质的客户服务制定的，这需要组织配备一支积极而士气高昂的员工队伍。[6]四季酒店通过招募实践来提升员工的工作积极性和士气，进而推动公司战略的实现。具体来看，四季酒店通过内部职位调动的方式填补位于世界各地的连锁酒店中的空缺职位。比如，在一年内，公司大约有 280 名员工实现了职位的跨国调动。因为这种职位调动可以让员工见识不同的风土人情以及给员工提供集团内部的晋升途径，所以获得了员工的一致好评。[7]另外，这种方式提高了员工的士气，增强了他们的工作动机，有助于四季酒店战略目标的实现。换言之，四季酒店通过招募实践推动了公司战略目标的实现。

与其他的良好规划一样，人事规划也需要建立在对未来的预测和一些基本假设基础之上。在进行人力资源预测时，人力资源管理专业人员需要判断不同类型的人力资源的供给和需求状况：首先要确定劳动力需求，其次要确定劳动力供给，包括内部候选人的供给和外部候选人的供给（与四季酒店一样，企业必须决定是从内部挑选现有员工填补预计出现的职位空缺，还是从外部雇用新员工）。一旦完成了对劳动力需求和劳动力供给的预测，人事资源规划者就可以通过比较上述数据，确定各种不同类型的职位将会存在的劳动力需求和供应缺口，并制定培训和其他计划来解决劳动力供需不平衡的问题。下面让我们首先来看看人员需求预测。

5.2.2　人员需求（劳动力需求）预测

我们到底需要雇用多少具有某些技能的人呢？管理人员在回答这个问题时需要考虑很多因素。[8]

重要的是，一家公司的人员需求反映了市场对其产品和服务的需求，并且这种人员需求会随着公司战略目标、员工流动率以及生产率的变化等作出调整。因此，在预测公司对员工队伍的需求时，应当从估计市场对公司提供的产品或服务的需求入手。在短期内，公司管理层应当关注每日、每周以及每季度的市场需求情况。[9]例如，零售商每天都会追踪销售额的变化趋势，就是因为它们知道像母亲节这样的节日会带来营业额的大幅增长，并且会对门店中的工作人员数量有额外的需求。对于零售商来说，要想预测出年终节假日的销售额，进行季度销售情况预测是十分关键的，对于许多像景观绿化和空调之类的供应商来说，同样如此。从长期来看，管理者要通过与客户交谈、密切关注行业出版物以及各种经济预测信息，力求敏感地抓住未来的需求。

对人员需求进行预测的基本过程是从对收入的预测开始的，接着估计出为达到这一销售额而需要雇用的人员规模。管理者还需要考虑其他一些战略性因素，其中包括预期人员流动率、产品或服务升级（或降级）决策、生产率变化、财务资源以及进入或退出某个业务领域的决策（正如 IBM 所做的决定）。对人员需求进行预测所使用的工具包括趋势分析、比率分析以及散点分析。

趋势分析　趋势分析（trend analysis）是研究与公司的雇用水平有关的变量在过去几年的情况。例如，计算出在过去 5 年内各团队（比如销售、生产、秘书、行政等团队）在每年年末的员工人数，以确定未来的变化趋势。

趋势分析能够提供对公司的未来人员需求的一个初步和粗略的估计。但是，雇用水平并不仅仅会随着时间的推移而变化，其他一些因素（如生产率、退休）以及技能需求方面的变化等都会对员工队伍需求产生影响。

比率分析　另一种简单的人员需求预测方法是**比率分析**（ratio analysis），这种预测方法是基于以下两种因素间的历史比率进行人员需求预测的：第一个因素是某些因变量或原因性因素（比如销售额）；第二个因素是需要的员工人数（例如销售人员数量）。举例来说，假设从历史经验来看，每位销售人员每年通常能完成 50 万美元的销售额，如果销售额与销售人员之间的这一比率关系保持不变，公司要想在来年增加 300 万美元的销售额，则需要雇用 6 名新的销售人员（他们每人要完成 50 万美元的销售额）。

与趋势分析一样，比率分析也是假定生产率保持不变。如果销售人员的生产率提高或下降，则销售额与销售人员之间的比率关系就会发生改变。

散点分析　**散点分析**（scatter plot）以图形的方式生动地展现了两个变量——比如企业的销售额与销售人员数量——之间的相关性。如果它们之间是相关的，那么只要能够预测出公司未来的业务活动水平（例如销售额），就能够估计出公司未来的人员需求。

例如，假定一个拥有 500 张床位的医院计划在今后的 5 年内将床位数量增加到 1 200 张。该医院的人力资源总监想预测自己将来需要雇用的注册护士人数。于是，这位人力资源总监意识到，她首先需要确定医院规模（以床位数量为依据）和所需的护士人数之间存在何种关系。她通过给 8 家规模不同的医院打电话询问，得到了如表 5-1 所示的两组数据。

表 5-1　医院规模与所需护士的数据

医院规模（床位数）	注册护士人数
200	240
300	260
400	470
500	500
600	620
700	660
800	820
900	860

在图 5-2 中，横轴表示医院规模，纵轴表示注册护士人数。如果这两个因素是相关的，那么这些点通常会分布在一条直线附近，正如图中所示。如果仔细地画一条线，使这条线与每个散点之间的距离最短，就能够估计出每一种规模的医院需要的护士人数。对拥有 1 200 张床位的这家医院来说，这位人力资源总监就可以确定大约需要 1 210 名护士。

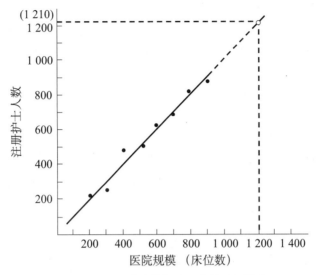

图 5-2　确定医院规模与护士人数之间的关系

说明：在找出匹配的直线之后，只要知道预计的床位数量，就能估计出需要多少名护士。

尽管散点分析具有操作简单的优点，但这种工具也存在以下几个方面的不足[10]：

1. 这种以历史销售额和人员数量之间的关系为依据作出的预测实际上假定公司的现有业务活动和技能需要会像过去一样持续下去。

2. 这种方法容易鼓励管理者要求组织给自己不断增加人手，而不考虑公司的实际需求。

3. 这种做法倾向于把现有的工作方式固化，即使在面临变革的时候。

计算机化系统（如 Towers Watson）和 Excel 电子表格可帮助管理人员将预计生产率和销售水平的估计值转化为可预测的人员需求。管理者还可以利用计算机化的预测工具把更多的变量纳入他们的人员需求预测过程之中。[11]比如，在美国华盛顿州奇兰县的公用事业区，开发经理就建立了一个包含如下变量的统计模型：年龄、任职年限、人员流动率以及培训新员工所需的时间等。这一模型帮助他们很快确定了本区的 33 个职组中存在的 5 个"热点"职位，这反过来又促使他们更加关注通过制订一些计划来保留和雇用更多像系统操作员这样的员工。[12]

管理判断　很少有历史趋势、比率或关系会在未来保持不变。因此，需要通过判断来调整预测。可能会改变你最初对人员需求预测的重要因素包括：提升质量或进入新市场的决定；导致生产率提高的技术和行政变革；可用的财政资源，例如，预计的预算紧缩。

5.2.3　内部候选人供给预测

人员需求预测只不过是完成了人员配置工作内容的一半，它回答了以下问题："组织在未来对能够承担某种类型职位的人的需求是多少？"接下来，你必须对组织内部和外部候选人的供给情况进行预测。

在确定劳动力供给时，大多数企业都是从确定企业内部的劳动力供给开始的，主要任务就是确定现有员工中有哪些人适合填补组织在未来可能会出现的职位空缺。部门经理或者小企业主常常会采用一些人工操作手段来对员工的任职资格进行跟踪（或者了解谁能做什么）。例如，你可以创建自己的人员技能与开发记录表。[13]人员技能与开发记录表记录了每位员工的任职资格信息。这些信息包括受教育情况、在公司资助下参加的课程、职业发展兴趣、语言情况、期望组织安排的工作以及具备的技能等。还可以使用计算机化的技能清单系统。[14]

人员替代图（personnel replacement chart）（见图5-3）是另一种选择，它对于选拔企业高层管理职位的候选人特别有用。该图显示了每个职位的内部潜在替补者当前的工作绩效以及可以得到晋升的程度。此外，还可以采用另一种替代方法，这就是设计一张**职位替代卡**（position replacement card）。在这种情况下，可以为每个职位制作一张卡片，在卡片上记录可能的职位替补者及其当前的工作绩效、晋升潜力以及接受过的相关培训等方面的内容。

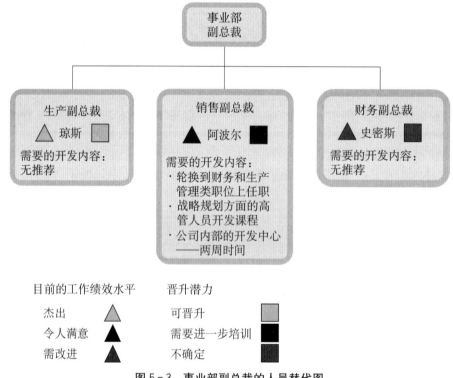

图5-3 事业部副总裁的人员替代图

显然，规模较大的公司无法仅用手工的方式来跟踪记录成百上千名员工的任职资格信息。这类公司通常都会采用各种成套的软件系统（比如Survey Analytics公司的Skills Inventory软件）来对这些信息进行计算机化管理。此外，像Perceptyx公司（www. perceptyx. com）等提供的一些技能数据库，也使企业能够通过员工在线调查的方式来对员工的技能信息进行实时的收集和整理。此类程序能够帮助管理者预测组织的人员配备需求和存在的技能缺口，从而为企业的员工队伍规划、招募以及培训规划工作提供便利。[15]这种计算机化的技能数据库通常包括工作经验代码、产品知识、员工对公司产品线或服务的熟悉程度、员工的行业经验、所受的正规教育情况、外语技能、地域限制、职业兴趣以及绩效评价等信息。

这种数据库的使用程序通常是，由员工、员工的上级以及人力资源管理者通过公司的内网录入员工的个人背景资料、工作经验以及技能等方面的信息。然后，当某位管理人员需要找人填补某个职位空缺时，他就可以输入代表这个职位的任职资格条件的关键词（比如所需的受教育情况以及技能等）。接着，计算机化的技能数据库就会列出一份合格候选人名单。正如该系统的一位用户所言："这个（总的）平台能够让我们对人才库进行追踪和评价，从而帮助我们从公司内部提拔人员……而该系统的继任模块可以帮助我们确定谁将会是我们的下一任高级经理，然后制订相应的开发计划帮助这些人发挥他们的潜能。"[16]

企业必须确保所有员工信息的安全性。[17]法律赋予了企业决定哪些人能够接触到这些信息的合法权利。[18]互联网使更多的人获取公司的电子文档变得相对容易。[19]美国人事管理局（U. S. Office of Personal Management）由于网络安全方面的问题丢失了多达1 400万名现有员工及前员工的有关数据。[20]图5-4概括了保证员工信息安全的一些指南。

由于信息系统的入侵者可能来自组织外部，也可能来自组织内部，因此人力资源部门通过遵循以下四条基本规则，就可以屏蔽那些潜在的个人信息盗用者：

- 对任何一个即将接触个人信息者进行背景调查。
- 当有权接触个人信息者生病或外出时，不要聘用临时员工来代替他们，相反，应当从其他部门调派一个可信的员工来暂时管理。
- 不定期进行背景调查，比如随机性的药物测试。一个人在5年前通过了这一测试并不能表明他目前还处于当初的那种状况。
- 将能够接触一些敏感信息（类似于类固醇敏感性肾病综合征（SSNS）、健康信息以及其他敏感信息）的人限定在为完成工作而必须使用这些信息的人力资源管理者之中。

图5-4 保证信息的安全

资料来源：Reprinted with permission from *HR Magazine*，November 2005. ©. SHRM.

马尔可夫分析法 企业还可以使用一种称为马尔可夫分析法（Markov analysis）（或转移分析）的程序来预测可以获得的来自组织内部的职位候选人。马尔可夫分析法通过建立一个矩阵来表明处于某个关键职位的供给链条（比如从初级工程师到工程师，再到高级工程师，然后到工程部主管，最后到工程总监）中的员工从一个职位将晋升到另一个职位，并且最终可以填补这一关键职位的可能性大小。

5.2.4 外部候选人供给预测

如果没有足够多的内部候选人填补预期出现的职位空缺（或者由于其他方面的原因希望雇用组织外部的候选人），企业就要转而去寻找外部候选人。

劳动力供给预测首先取决于管理人员对于本公司所在的行业和区域正在发生的各种情况的了解。例如，最近的失业率超过7%这一信息就暗示管理者比过去更容易找到素质更高的候选人。[21]接下来，管理者会通过正式的劳动力市场分析来对自己的这种观察加以补充。例如，要想得到一些在线的经济形势预测信息，可以浏览美国国会预算办公室的网站

（www. cbo. gov）或者美国劳工部劳工统计局的网站（www. bls. gov/emp/ep _ pub _ occ _ projections. htm）。企业的人事规划可能还需要对与某些具体职位相关的情况进行预测。职位信息网（在本书第 4 章中曾经提到过）上包括对大多数职位的劳动力需求情况所做的预测。美国劳工部劳工统计局也会在其网站上公布年度职位需求预测信息，还会在《每月劳工评论》（*Monthly Labor Review*）和《职位展望季刊》（*Occupational Outlook Quarterly*）两份刊物上刊载此类信息。

企业对技术的重视意味着许多求职者可能缺少一些基本的技能，比如数学能力、沟通能力、创造力以及团队合作能力等。[22]这种对基本能力的需求也成为企业进行员工队伍规划时需要考虑的内容。

5.2.5 预测性员工队伍监控

一位新的高管来接管瓦莱罗能源公司（Valero Energy）的人力资源管理工作，他分析了该公司在不久的将来可能会因退休、晋升、调动、自愿流动以及解雇等原因出现的变动。他发现公司预计的劳动力缺口是目前通过招募所能填补的四倍。为此，他制定了新的人事规划，以提高员工保留率，并招募和甄选更多的候选人。[23]

大多数企业每年都会对自己的员工队伍规划进行审查，但这并不一定足够。例如，由于没有做足够的正式员工队伍规划，瓦莱罗能源公司发现几乎没有足够的时间执行相应的员工队伍规划，从而解决替换那些很快就要退休的员工的问题。

因此，公司必须持续关注员工队伍规划问题，管理者称之为预测性员工队伍监控。比如，英特尔公司每半年进行一次的组织能力评估就是这方面的一个例子。该公司的人力资源管理部门与各个业务部门的负责人每年开展两次合作，对公司的员工队伍需求——其中包括在当前以及未来两年内的员工队伍需求——进行评估。[24]波音公司将预测人才缺口时的各种因素视作其"员工队伍建模"过程的一个组成部分，这些因素包括波音公司的员工队伍人口结构特征（比如年龄）、拥有各种不同类型技能的员工的退休资格、经济发展趋势、预期的人员配备水平上升或下降以及公司内部的调动和晋升。[25]

5.2.6 将预计劳动力供求与计划相匹配

员工队伍规划的最终成果应该是一项员工队伍计划。该计划将确定：第一，需要填补哪些职位；第二，用来填补这些职位空缺的组织内部和外部的潜在来源；第三，为了将员工安排在这些职位上所要进行的培训、开发以及晋升；第四，实施这项计划所需的各种资源，比如实施招募的工作人员的费用、估计的培训成本、职位调整成本以及面试费用等。[26]

5.2.7 继任规划

2018 年，苹果公司首席执行官蒂姆·库克（Tim Cook）宣布，苹果公司的董事会制定了一个关于库克离职后谁将成为首席执行官的继任规划。[27]

继任规划是专门针对公司的高层管理职位制定的员工队伍规划。**继任规划**（succession planning）是通过系统性地确认、评价以及开发组织的领导力来提升组织绩效的一个持续性过程。[28]继任规划一共包括三个步骤：第一，明确关键需求；第二，开发内部候选人；第三，评估和选择那些能够填补关键职位的内外部候选人。[29]

首先，公司的高层管理人员和人力资源总监应当根据公司的战略和经营规划确定公司在未来的一些关键职位上的人员需求。在这里所要解决的问题包括：第一，确定关键职位以及具有较高潜在人员需求的职位；第二，盘点公司现有的人才；第三，（根据公司的战略）为那些关键职位创建技能特征模型。[30]

其次，在确认了未来的关键职位之后，管理层的工作重心就转向为这些职位"造就"候选人。这里的"造就"是指为未来的关键职位确定潜在的内部或外部候选人，然后为他们提供能够使其成为合格候选人所需的那些开发经历。很多公司通过内部培训、跨职能工作体验、职位轮换、外部培训以及全球性或区域性工作安排等方式来对具有高潜质的员工进行开发。[31]

最后，继任规划还要求对这些候选人进行评估，然后从中选出合适的人来填补这些关键职位。[32]

与苹果公司一样，公司董事会应确保高层管理人员继任规划的落地。事实上，监督和批准高层管理人员继任的规划是公司董事会的基本职责之一（其他人则负责监督战略、绩效、公司治理和诚信）。[33]

实例 许多年前，都乐食品公司（Dole Foods）的战略包括通过裁减冗员和将某些活动（包括继任规划）集中化处理等来改进公司的财务绩效。[34]在继任管理方面，都乐食品公司选择了皮拉特公司（Pilat）提供的软件。（一些供应商提供继任规划软件。[35]）皮拉特公司开发的系统将所有的信息都保存在自己的服务器上，然后按月向都乐食品公司收取费用。都乐食品公司的管理者则使用密码从网上进入属于本公司的继任规划项目。他们在网上填写简历，其中包括职业发展兴趣，并且注明像地理区域限制等这样一些特殊考虑。

管理者还要根据多种胜任素质对自己进行评估。当管理者完成了信息输入之后，这一程序会自动通知他们的上级主管人员。上级主管人员会对他们的下属作出评估，并指明他们能否得到晋升。接下来，这些评估结果以及网上的简历会自动送达各部门的负责人及人力资源总监。都乐食品公司高级人力资源副总裁会根据这些信息为每位管理人员制定一份职业发展规划，其中包括参加各种研讨会和其他一些开发项目。

5.3 为什么有效的招募很重要

假设公司任命你负责找人来填补某个职位空缺，接下来的步骤就是通过招募建立一个求职者人才库。[36]**员工招募**（employee recruiting）意味着为企业的职位空缺寻找以及（或）吸引求职者。

有效招募是非常重要的。如果有两个职位空缺，而刚好只有两名候选人来申请，除了雇用他们之外你可能别无选择。但是如果有 10 名或 20 名候选人，你就可以运用面试和测试等技术对候选人进行甄选，然后留下其中最优秀的人。

5.3.1　提高招募的有效性：招募官、招募来源和公司形象

当然，公司想要的是有效的招募。其中，招募官、招募来源和公司形象都很重要。

一项早期的研究证明了招募官的重要性。该研究以 41 名有面试经验的大学毕业生为样本[37]，询问他们当时选择去某家公司求职的原因，39 位求职者提到工作性质，其中有 23 名求职者说，他们在招募过程中就已不打算去那家公司了，原因是招募官穿着不正式甚至显得很邋遢，还有一些招募官作出了某些粗鲁行为（这些行为透露出来的信号是"公司对我不感兴趣"）。因此，企业应加强招募官的培训和选拔。培训内容应包括人际交往技能（如沟通）以及关于如何进行招募的基本知识以及美国的平等就业机会法中关于招募的一些规定。

招募来源包括确定公司可以利用哪些不同的招募来源（员工推荐、在线广告等）获得潜在的员工，并且对各种招募来源的优缺点作出评价。为了评价招募来源的有效性，大多数企业都会计算并比较每一种招募来源能够产生的求职者人数。然而，数量并不代表质量。其他一些关于招募有效性的指标还包括：不同招募来源的求职者中有多少被雇用？被雇用求职者的工作绩效如何？有多少人因表现不佳被辞退？以及求职者在培训、缺勤和流动等方面的表现。[38]

同样，公司的形象或声誉也会影响招募的成功。其中最为明显的一个影响就是，如果公司在劳动力市场上的名声不好，比如"这是一个很糟糕的工作场所"，那么公司很难招到合适的人。

企业希望员工如何看待自己的工作场所呢？雇主品牌关注的就是这个问题，其中包括员工对公司价值观和工作环境所做的评价。[39] 例如，通用电气公司强调创新（雇用那些"聪明、有趣的人，让他们共同开发新的、令人兴奋的项目"）。[40] 有些公司则强调要对环境负责。[41]

glassdoor.com 上刊登了求职者对很多公司所做的评价，所有的潜在求职者都可以看到某家公司的相关信息。因此，为了提升公司在劳动力市场上的形象，公司管理人员必须确保礼貌地对待所有的求职者，并且对相应的评论予以回复。[42]

5.3.2　招募产出金字塔

即使是填补一批数量较少的职位空缺，可能也需要招募几十或几百名候选人。很多管理者都会使用如图 5 - 5 所示的人员配置金字塔或**招募产出金字塔**（recruiting yield pyramid）来估计公司需要解决的人员配置问题。在图 5 - 5 中，这家公司知道自己在下一年需要新招收 50 名初级会计员。根据过去的经验，这家公司还知道以下一些比例关系：

- 拿到录用通知的人与实际入职的人之比为 2 : 1；
- 参加面试的人和在面试后能够拿到录用通知的人之比为 3 : 2；
- 收到面试通知的人与实际参加面试的人之比为 4 : 3；
- 最后，这家公司还知道，在通过各种招募渠道与公司取得联系的每六位求职者中，通常只有一位能收到公司发出的面试通知，即两者之比为 6 : 1。

因此，要想招到 200 名潜在候选人接受面试，该公司就必须在一开始时招来 1 200 名

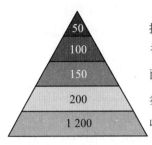

接受雇用的新员工

被录用后实际入职的候选人比例（2∶1）

面试后能被录用的候选人比例（3∶2）

参加面试的候选人比例（4∶3）

收到面试通知的求职者比例（6∶1）

图 5-5　招募产出金字塔

求职者。然后，在能够收到面试通知的 200 人中，这家公司实际上也就能对其中的 150 人进行面试，以此类推。

雇用前的活动

正如我们在第 2 章中解释过的，美国的联邦政府、州政府和地方政府的法律以及法院判决都对企业在招募求职者时能做和不能做的事情作出了限制。在实践中，"所有招募程序的关键都在于企业采用的招募方式是否限制了合格求职者的申请"。[43] 例如，那些指明要招募"男杂工"或"男消防员"的广告以及针对特定性别群体的广告会明显引发人们的不满。同样，法院通常会质疑那种口头形式的招募方式，因为员工们往往倾向于向公司推荐那些与自己具有相同国籍、种族和宗教信仰的候选人。[44]

其他法律也对此作出了相关规定。例如，企业通过彼此串通作出不雇用对方公司员工的行为是不符合法律规定的。苹果公司和谷歌公司曾经为此支付了 4 亿多美元的罚款。[45]

直接上级扮演的角色　直接上级在招募过程中发挥着重要作用。负责为空缺职位招募求职者的人力资源管理者对职位本身的情况往往并不是很了解，因此，他们会想从空缺职位的直接上级那里获得以下这样一些信息：该职位实际上承担着哪些方面的工作职责，其任职资格是什么，以及直接上级的领导风格和团队相处方式等非正式事项等。

在对巴黎酒店当前的招募实践进行审查时，莉萨·克鲁兹和公司的首席财务官感到更加担忧。他们发现，酒店的招募职能完全处于失控状态。要了解他们是如何处理这方面问题的，请参见本章末的案例。

➡ 5.4　候选人的内部来源

一提到招募，人们总是会想起领英等招募网站以及各种雇用代理机构和报纸分类广告中的招募信息，但是候选人的组织内部来源，也就是说，组织目前的员工或者"内部雇用"，往往是填补职位空缺的最佳候选人来源。内部招募正得到日益广泛的应用。

从组织内部寻找候选人来填补职位空缺有很多好处。如果想要了解一位候选人的优点和缺点，那么没有比与这个人共事一段时间更好的选择了。此外，组织当前的员工对公司可能也会更加忠诚。如果员工将晋升视为组织对自己的忠诚和能力的一种奖励，那么用内部人填补职位空缺的做法可能会提高员工的士气和敬业度。此外，与外部候选人相比，内部候选人对于上岗引导的需求更少，同时对培训的需求（可能）也会较少。

从组织内部寻找候选人填补职位空缺还有其他一些好处。外部员工的薪酬水平往往比从内部晋升上来的员工的薪酬水平更高，一些从外部招募来的"明星"可能会令人失望。但是，一些公司（特别是那些面临挑战的公司）——比如麦当劳——通过引进外部员工也取得了很好的效果。[46]

一位负责招募的高管人员认为，内部候选人总是比外部候选人更好，除非内部候选人不符合选拔标准。一项研究得出的结论是，从组织内部而非外部雇用首席执行官的公司在绩效方面表现得更好。[47]

从组织内部雇用人员也有可能会产生一些不利的方面。如果组织需要接受新的观点，那么"近亲繁殖"就是一个潜在的问题。当部门经理已经知道他或她想要雇用谁时，发布职位空缺和了解申请人的过程可能是浪费时间。那些申请某一职位却未得到批准的员工有可能会产生不满，因此，让这些员工知道组织为什么没有批准他们的申请，同时告诉他们应当采取哪些补救措施就显得非常重要。

在确定招募来源时，有一些实用的规则可供参考。例如，如果公司需要具备新的专业技能的员工、需要进行艰难的转型以及公司的继任规划或技能清单系统不完善，那么最好从外部寻找适合的员工。但是，如果公司发展势头好，继任规划和技能清单清晰完善，内部员工掌握企业发展所需的技能，公司文化独特而强大，就应该从公司内部选拔。[48]

5.4.1　寻找内部候选人

在最好的情况下，组织会坚持采用正式的内部招募政策和程序。不过，这种政策通常需要在很大程度上依靠组织的职位空缺公告以及员工技能数据库。**职位空缺公告**（job posting）是指把职位空缺的信息公开告知组织内部的员工（通常是在公司内网上公布或在公告栏上张贴）。这些职位空缺公告会列出空缺职位的一些特性，如任职资格、直接上级职位、工作时间表以及薪酬水平等。员工技能数据库可以揭示出哪些员工是有潜力的，经过进一步的培训能够胜任空缺职位的工作，或者哪些人的个人背景已经达到了空缺职位的任职资格要求。理想情况下，企业的软件系统能够使最合适的内部候选人与职位自动实现完美匹配。但在实践中，这种情况并不经常发生。公司的内部政治和人脉关系等在内部人员配置方面或多或少会起到一定的作用，这很可能会使得这种配置看起来（或者实际上就是）不公平，达不到最优的配置。

重新雇用那些离开公司的人的做法有利也有弊。一方面，企业对这些员工的情况毕竟或多或少是了解的，这些员工对于本企业的做事方式也很熟悉。另一方面，那些在过去曾经被企业要求离开的员工再回来时可能会带着消极的工作态度。[49]（在重新雇用他们之前）询问一下他们在被公司解雇的这段时间里做了什么以及他们对重新回到公司工作的感受是怎样的。当这些重新回到公司工作的员工过了试用期之后，企业可以将他们过去曾经在公司工作的那段时间也计算为工龄。[50]

5.5 写给管理者的员工敬业度指南

内部晋升

许多企业都鼓励内部晋升，理由是这样做可以提高员工敬业度。当 IBM 的战略业务从提供硬件转向提供咨询服务时，该公司的人力资源管理专业人员评估了现有员工的技能差距，制定了人事规划，并且基于新的工作岗位要求对公司现有员工进行了培训，这一系列举措提高了员工敬业度。类似地，国际纸业公司（International Paper）专门指定了一个人"为各个业务单元、员工群体以及地区提供人事规划和敬业度方面的支持"。[51]相反，有些公司在面对这种战略转变时采取的措施是干脆解雇那些不"适合"的员工。

联邦快递公司从一开始就致力于实施公司内部晋升的政策，这源于其创始人弗雷德里克·史密斯（Frederick Smith）的信念："当人们排在晋升的第一顺位时，他们将会提供尽可能高水平的服务，公司利润也将随之而来。"[52]联邦快递公司将内部晋升与其他政策（包括年度员工态度调查、员工认可和奖励、领导力评估流程、员工沟通和申诉流程）结合起来，以培养员工对组织的承诺度和敬业度。联邦快递公司的措施证明了采取综合方法培养员工敬业度的必要性。如果没有有效的绩效评价和培训实践做支撑，内部晋升往往是徒劳的。

与联邦快递公司一样，当从内部招募合适的员工填补空缺职位时，往往需要一个职位发布系统，该系统能够确保合格的员工获取职位空缺的相关信息。联邦快递公司将其职位发布系统称为职位变更申请人跟踪系统（JCATS）。该系统通常在每周五发布职位空缺信息。申请填补空缺职位的所有员工都会根据工作绩效和服务年限获得相应分数，他们会被告知是否被选为候选人。

致力于培养员工敬业度的管理者还从联邦快递公司的职位发布系统中得出一些有用的指导原则：对员工的职业发展表现出真正的兴趣；提供职业发展导向的评估；建立正式的职位发布系统；确保员工获得所需的技能培训；在留住优秀员工和帮助他们了解并申请公司其他职位之间取得平衡。

5.6 外部招募来源

企业并不总能从现有的员工中找到需要的人，有些时候企业也并不想从内部员工中招募。因此，接下来让我们来看一看企业可以通过哪些渠道寻找外部候选人。

5.6.1 非正式招募以及隐性求职市场

许多职位空缺根本就不需要公开发布公告。有时候是企业偶然发现了一个合适的候选人，才开始设立某个职位的。据《解密隐性求职市场》（*Unlock the Hidden Job Market*）

一书的作者估计，可能有一半左右的职位都是通过非正式的方式（即没有通过正式的招募）被填补的。[53]类似地，一项调查发现，受访者中有 28% 的人都是通过从别人口中得知消息找到最近这份工作的。19% 的人是借助在线的职位布告栏获得招募信息的，16% 的人则是直接从企业和雇用服务机构获得招募信息的，还有 7% 的人通过企业发布的纸质广告获得招募信息，只有约 1% 的人是通过社交媒体网站获得工作机会信息的（尽管有 22% 的人在使用像领英这样的社交网站寻找工作）。[54]

5.6.2　通过互联网进行招募[55]

大多数雇主都会在自己的网站上发布广告，也会在招募网站上发布广告，如 Indeed. com、Monster 和 CareerBuilder。例如，通过智能手机应用程序，用户可以通过输入关键词进行搜索，浏览职位描述和薪酬信息，还可以将一些感兴趣的职位收藏到自己的清单中，还能把某个职位的链接通过电子邮件发送给联系人名单中的任何人。用户可以要求只搜索那些在其所在地区提供的职位空缺。另外，公司还可以采取一定措施增加招募职位被谷歌求职程序识别和推荐的可能性，从而当求职者在谷歌的搜索框中输入特定的求职词时（如"俄亥俄州克利夫兰律师事务所的社交媒体营销总监职位"），谷歌的搜索算法会从企业以及领英和 CareerBuilder 等求职服务中挖掘出职位推荐的列表。[56]

企业可以使用各种方法提高在线招募的有效性。如普华永道会计师事务所（PriceWaterhouseCoopers，PWC）在匈牙利就通过采用一种被称为 Multipoly 的模拟游戏程序让求职者更好地了解普华永道的工作情况，该公司将求职者的大幅度增加归因于对这个模拟游戏程序的使用。[57]麦当劳公司在社交网站上发布了一系列来自本公司员工的言论，以吸引求职者。[58]有些企业则仅仅通过对网上求职信息板中的简历清单进行搜索来筛选求职者。求职者到以".job"结尾的网页上，通过点击就可以在线搜索在 www.（employer's name）.jobs 网站上注册的企业发布的职位空缺信息。例如，想到迪士尼公司求职的人可以访问 www. Disneyland. jobs 网站。HireVue 网站为求职者提供了视频求职的渠道，该平台让"求职者录制与求职相关的视频，并将其发送给企业审查、分享以及与其他求职者进行比较"。[59]

虚拟（完全通过在线方式进行）人才招募会是另一种选择。在线访客看到的是一个类似于平常的人才招募会，他们可以听宣讲、浏览各招募单位的展台、留下简历和名片、参与在线聊天、从招募工作人员甚至雇用经理那里获得联系信息。[60]这种人才招募会大概会持续 5 个小时。

全球在线招募　每个国家都有招募网站，比如中国的智联招聘网站。日本兼职平台（baitoru. com）在求职市场上的超高人说明了日本职场环境的变化。日本在历史上多采取终身雇用制，但最近这一制度已接近崩溃。如今，大量日本劳动者成为兼职或临时工，他们通过 baitoru. com 平台寻找工作。[61]

网络招募的利与弊　与其他方式相比，网络招募可以在更短的时间内得到更多的回应，并且在较长的时间内有效，成本更低。由于网络广告对公司职位的描述更全面，因此与印刷广告相比，网络广告对求职者的吸引力更大。[62]但是，这种招募方式存在两个潜在的大问题。

第一个是偏见问题。[63]年龄较大的和一些少数族裔的求职者很少使用互联网，网络招募方式可能会无意中将一些年龄较大的求职者（以及一些特定的少数族裔求职者）排除在外。类似地，据报道，有些求职广告在年龄选项中设置下拉框，不允许 1980 年之前出生的候选人（年龄较大的求职者）填写信息。有些网站如脸书，允许招募人员发布针对特定年龄组（通常是较年轻的人）的广告。

第二个是网络超载问题：企业最后可能会收到过多求职者简历，自动筛选可以帮助解决这个问题。芝士蛋糕坊（Cheesecake Factory）就列出了某一职位需要承担的详细工作职责，这样那些不怎么感兴趣的求职者就不会提交申请了。另一种方法是让求职者首先在线接受一项简短的预筛选性质的问卷调查，然后利用调查结果来决定哪些人可以进入下一步雇用程序。[64]此外，大部分公司还会使用求职者跟踪系统，这也是接下来要讨论的内容。

5.6.3 运用招募软件和人工智能系统

网络超载使得绝大多数企业采用求职者跟踪软件对求职者进行筛选。[65]**求职者跟踪系统**（applicant tracking system，ATS）是帮助企业吸引、收集、汇总以及管理求职者的在线系统。[66]这种系统还提供其他服务，包括企业招募管理（用来监控企业中的职位空缺）、求职者信息收集（把求职者的信息扫描输入系统）以及生成报告（创建各种与招募活动相关的报告，比如雇用每位新员工的平均成本以及从各种渠道雇用员工的情况）等功能。[67]大部分求职者跟踪系统都是由一些应用服务提供商提供的。这些系统基本上将求职者从企业引导到服务提供商的网站。因此，那些登录招募企业网站参加测试的求职者实际上都是在应用服务提供商的网站上进行测试的。[68]比如，一家银行通过公司求职者跟踪系统将那些没有达到基本职位要求的求职者筛选出来，然后向这些求职者发送邮件，并在邮件中建议他们访问银行的网站以了解更适合自己的职位。接下来，该银行通过电话访谈或自动化访谈系统缩减候选人才库中的候选人数量，并由银行的招募工作人员在总部对筛选出的候选人进行面试并开展后续的甄选等。[69]

类似地，Breezy HR 的软件（https：//breezy.hr）提供所谓的"端到端"招募解决方案。例如，招募经理可以使用 Breezy HR 的软件应用程序为广告创建职位标题和职位描述，并自动将广告发布到 40 多个职业介绍所，如 Indeed 和 ZipRecruiter。然后，招募人员使用 Breezy HR 应用程序安排面试，进行视频面试，以表格形式跟踪申请人，与招募团队成员讨论应用程序中的每个申请人，并汇编和报告统计数据，例如向平等就业机会委员会报告。类似的系统还包括：Automatic Data Processing（ADP. com），HR smart（hrsmart. com），SilkRoad Technology（silkroad. com），以及 Monster（monster. com）。

人工智能系统 企业也会借助人工智能系统来提高招募的有效性。[70]

本书主要关注的是人工智能系统辅助下的简历自动筛选。借用一位专家的话，"如果计算机能瞬间抓取综合排名前 20 的求职者的信息，为什么还要让人力资源从业者人工审核 10 000 份简历呢？"

例如，Textkernel 系统（www. textkernel. com）通过人工智能抓取简历中的关键词或短语，进而帮助企业找到最适合的候选人。如果公司希望应聘者具备自动驾驶方面的经验，该系统不仅会扫描简历中的"自动驾驶"字眼，其算法还会扫描类似的词语，如"self-driving"。另外，SAP 中的简历匹配器功能会通过读取公司的职位描述以及维基百科中该公司的相关信息，更好地了解适合该岗位的求职者应该具备的个性特征和相关技能等[71]，帮助企业招到最合适的员工。

影响人力资源管理的趋势：人才管理科学

当谷歌公司的"人员运营"（即人力资源管理）团队发现互联网上的职位公告板对他们来说成本有效性很差时，他们成立了自己的招募团队。谷歌在公司内部研发了自己的招募产品。招募团队使用的是一种可以建立求职者数据库的名为 gHire 的系统。谷歌的招募官通过搜索社交网络和其他网站、搜索潜在求职者的工作地点、与潜在员工取得联系并与他们保持对话（有时长达数年），不断扩大候选人名单。谷歌通过这种途径获得的求职者占到其年度招募人数的一半左右。[72]

谷歌还采取员工内部推荐的方式，因为员工内部推荐被证明是很好的招募途径。谷歌调查分析了如何增强员工内部推荐的积极性。调查发现，增加员工推荐奖金并不是有效的办法，而在简化了甄选流程之后，内部员工推荐的人数显著增加。

谷歌现在很少采取委托外部机构招募的做法，并且在多年前取消了在互联网上发布信息的职位公告板。[73]

提高在线广告的有效性　企业发布招募广告需要深思熟虑。最好的在线招募广告并不是简单地将在报纸上刊登的广告照搬到互联网上。正如一位专家指出的："要想将招募官的思想从'紧缩型招募广告思维定式'中抽离出来是一件很难的事情。"图 5-6 列举了一个将在印刷品上刊登的招募广告直接放到互联网上的例子。这种无效的互联网招募广告用了很多不必要的省略写法，并且没有说明求职者为什么希望得到这个职位。[74]

简单地从报纸上照搬到互联网上的无效广告	有效的互联网招募广告（不必考虑空间位置）
废水处理工程师年薪：6.5 万～8.5 万美元。 急招一名在佛罗里达州工作的废水处理工程师。 要求有 4～7 年的工业废水处理经验。请将简历发送至：KimGD@WatersCleanX.com。	你想帮助我们一起使这个世界变得更加美好吗？ 我们是全世界顶级的废水处理公司之一，从迈阿密到伦敦再到北京，都有我们的废水处理设施。我们正在快速发展，需要寻找一位经验丰富的废水处理工程师加入我们的团队。如果你有 4～7 年为废水处理厂设计流程的工作经验，并且致力于让我们的世界变得更加美好，我们非常愿意收到你的来信。该职位的薪酬水平将根据工作经验而定，薪酬范围为每年 6.5 万～8.5 万美元。有意者请密送：KimGD@WatersCleanX.com。

图 5-6　无效的和有效的互联网招募广告

现在让我们再来看一看图 5-6 中一个有效的互联网招募广告的例子。这则广告给出了很多到该公司来工作的理由。广告一开头就使用了一个引人注目的标题，并留出了额外的空间来刊载更多的具体职位信息。很多企业通常会将整份职位描述都包括在广告内容中。[75]理想情况下，招募广告还应当提供某种途径（比如一份关于该职位的人员要求清单），让求职者自己来判断他们与职位之间的匹配程度。[76]

最后，网络招募要求求职者也要非常小心。许多职位公告板并不会核查在互联网上刊登招募广告的"招募官"是否合法。许多求职者在线提供了一些关于个人的详细信息，而并不考虑哪些人会获得这些信息。[77]

影响人力资源管理的趋势：数字化与社交媒体

埃森哲咨询公司指出，目前 80% 左右的新员工是通过社交媒体招募的方式进入职场的。[78]

企业利用社交媒体进行招募。招募人员通过社交网站等途径主动搜寻那些当前可能没有求职意愿的潜在求职者。他们通过社交网站如 LinkedIn Recruiter Lite 浏览会员简历，寻找潜在候选人（即不主动找工作的人）。[79]许多公司使用推特向订阅 Twitter feeds 的用户发布职位空缺信息。[80]像 Theladders. com's Pipeline™ 这样一些网站让招募官与在当前对求职并不感兴趣的潜在求职者保持对话。也有招募官使用脸书的朋友搜索功能和推特来了解潜在候选人和实际候选人的相关信息。TalentBin 在 Pinterest 等网站上搜索合格的技术人员。[81]许多企业都在社交媒体上建立了"公司战略和职业"页面，通过网络宣传公司的员工福利，以吸引求职者。[82]在一次会议上，美国翰威特咨询公司（Hewitt Associates，简称翰威特）要求与会者给一个特定的 5 位数号码发短信（短信内容为"hewdiversity"）。每个发短信的人都会成为翰威特"移动招募网络"的一员，他们会定期收到关于该公司的招募短信。[83]（企业应保留短信，以备平等就业机会委员会等机构进行审核。）[84]

企业可以通过 LinkedIn Recruiter Lite 发布职位空缺信息，还可以借助该招募网站的搜索过滤功能，在领英的数据库中进行人才搜索。然后，使用领英的 InMail 功能向它们感兴趣的用户发送简短的个性化招募短信。招募官也可以加入相关的领英群组，在群组成员中挖掘公司的潜在员工。[85]这不仅有助于企业获得更多的求职者，还可以从求职者的博客评论和他或她喜欢或不喜欢的内容中获取求职者的相关信息。另外，招募官还可以在专业协会和其他社交网站上发布职位空缺信息。[86]（注意，在一次诈骗中，黑客在领英上创建了自己的个人资料库，然后与招募官进行在线聊天，最终获取了该公司员工的电子邮件和个人资料。）[87]

甲骨文公司推出的社会招募云服务方案（Oracle Taleo Social Sourcing Cloud Service）可以让企业利用社交媒体如领英、推特、脸书的巨大力量，将就业机会发布给公司当前雇员，然后查看他们的社交关系以获取他们可能想要提出的推荐建议。利用 My Staffing Pro 求职者跟踪系统，求职者可以在脸书上发布求职申请，分享求职意向，与人力资源经理联系。[88]

5.6.4 广告招募

尽管互联网上的招募广告正在迅速替代纸质的招募广告，但印刷品上的招募广告依然非常流行。为了成功地利用这种招募广告，企业必须弄清两个问题：一是想要刊登广告的媒体；二是广告的制作。

媒体　最佳媒体的选择——当地报纸、《华尔街日报》，还是《经济学人》（*The Economist*）杂志——取决于企业想要招募的人员需要从事什么样的工作。例如，如果企业要招募的是本地蓝领工人、事务性工作人员以及低层次的行政人员，那么地方报纸通常是最佳的招募广告载体。如果企业想要招募具有特殊技能的员工，比如家具整修工，那么即使工厂位于田纳西州，也可能会想到卡罗来纳州或佐治亚州去刊登招募广告。关键在于哪一种媒体能够将广告传达到企业想要招募的那些目标人群。

为招募那些专业化水平较高的员工，企业可以在《美国心理学家》（*American Psychologist*）、《销售管理》（*Sales Management*）、《化学工程》（*Chemical Engineering*）、《女性服饰日报》（*Women's Wear Daily*）等行业性和专业性杂志上做广告。在《华尔街日报》等报纸上刊登招募广告则是招募中层或高层管理人员的一种有效手段。大部分这类报纸杂志除了会刊登客户投放的印刷版招募广告之外，也会为客户在线刊登招募广告。艺电公司（Electronic Arts）在它的视频游戏手册的背面刊登关于它的实习项目的信息。

广告的制作（编写）　有经验的广告设计者会根据 AIDA 原则（即关注、兴趣、愿望、行动这四个方面的要求）来制作广告。首先必须吸引大家注意你的广告。图 5-7 是从一份报纸的广告栏中选取的一则招募广告。为什么这则广告会引人注目呢？"下一位'关键选手'"这样的字眼肯定起到了效果。

> ## 你是我们的下一位"关键选手"吗？
>
> ### 工厂总会计师　　　　　　　新泽西州北部
>
> 您正在找机会去做能够产生更大影响的事情吗？您能成为我们的战略经营伙伴和团队成员吗？我们的客户是位于新泽西州北部的一家有两处厂址的成长型制造企业，它们需要一位精力充沛、善于自我激励并且技术过硬的工厂总会计师。您必须具有组织能力以及非常熟悉一般会计、成本会计以及制造业会计。我们要找的不是一个代理商，而是一个实干家。如果您是一个有着积极肯干的态度，并且具有强化我们的会计职能的能力的人，那就快来看一看吧！
>
> **工作职责和任职资格**
> · 每月进行结算，提交管理报告核算产品成本，编制年度预算。
> · 准确进行库存估值、年终盘存以及内部控制。
> · 要求具有四年制会计学学士学位，并有5~8年的制造行业工作经验。
> · 必须能够熟练使用Microsoft Excel，并且掌握一般的计算机技能。
> · 必须具备分析能力和技术能力，同时具有能够影响员工、情景或环境的领导力。
>
> ―――――――――――――――――
>
> 如果您具备成为我们的下一位"关键选手"的条件，请在您的求职信中回答这样一个问题："除了上面这些常规工作之外，一一位工厂总会计师还需要扮演哪些角色？"只有在求职信中回答这个问题的求职者才会被考虑。请在求职信中说明您对薪酬的大致要求，并且通过电子邮件或者传真的方式将您的简历和求职信发送至：
>
> Ross Giombetti
> Giombetti Associates
> 2 Allen Street, P.O Box 720
> Hampden, MA 01036
> 邮件：Rossgiombetti@giombettiassoc .com
> 传真：(413) 566-2009

图 5-7　能引起读者注意的招募广告

资料来源："Help Wanted Ad That Draws Attention," in Giombetti Associates，Hampden，MA. Reprinted with permission.

接下来要做的就是激起人们对职位的兴趣。可以用下面这样的说法激发大家的兴趣，比如"您正在找机会去做能够产生更大影响的事情吗?"

还可以通过突出"出差"或"挑战"等字眼来激发求职者的求职愿望。例如，如果公司附近有大学研究生院，则会对工程师和专业类员工更有吸引力。

最后，要通过在招募广告中写上诸如"今天就打电话吧"之类的话，鼓励人们立即采取行动。

求职者认为，那些包含更多体信息的招募广告更有吸引力，也更值得信赖。[89]但如果职位本身确实存在很大的缺陷，则可以考虑使用符合实际的招募广告。当纽约市政府儿童服务管理局（New York City Administration for Children's Services）遇到难以留住员工的问题时，它在招募广告中选择使用这样的广告语："现招募愿意进入危险小区中的奇怪楼房，同时能够承受精神错乱者咆哮的人，男女不限。"[90]

5.6.5 雇用服务机构

美国一共有三种主要的雇用服务机构：一是由美国联邦政府、州政府或地方政府开办的公共雇用服务机构；二是由非营利组织开办的雇用服务机构；三是由私营机构开办的雇用服务机构。

公共部门和非营利组织开办的雇用服务机构　美国各州都有一个公立的州立雇用服务机构。美国劳工部通过拨款的方式以及其他一些方式——比如建立全国联网的计算机化职位空缺数据库——向这些机构提供支持。同样，迪尔乐公司（DOL）的一站式职业网站使各州雇用服务机构中的顾问能够向求职者提供职位空缺信息，这些信息不仅包括本地的职位空缺信息，而且包括其他州的职位空缺信息。

企业与这种公共雇用服务机构打交道的体验有好有坏。一方面，美国的法律要求那些申请失业保险金的人必须到雇用服务机构去登记，并且需要参加面试，但这些失业者中的一些人根本就不愿意重返工作岗位，所以企业到头来会发现，自己接触的这些求职者根本就没有马上就业的意愿。一些企业认为，有些地方的公共雇用服务机构根本就没有积极地帮助本地企业去雇用合适的人员——无论这种看法本身是否公平。

另一方面，这些公共雇用服务机构实际上可以是非常有用的。例如，这些雇用服务机构的咨询师不仅帮助企业填补空缺职位，而且会去考察企业的工作场所，审查企业中的那些职位提出的要求，甚至帮助企业编制职位描述。大部分州正在将其地方性的州政府雇用服务机构转变为"一站式的"服务机构——集培训、就业和教育于一体的服务中心。[91]在俄勒冈州的就业服务中心，求职者可以使用"iMatch"技能评估软件，企业则可以通过该中心获得关于当地经济的最新消息，并使用该中心的在线招募工具。[92]因此，更多的企业应当利用这些服务中心提供的服务（在其他很多城市过去被称为"失业办公室"）。

大多数（非营利性的）专业协会和技术协会，比如美国电气电子工程师学会（Institute for Electrical and Electronic Engineers，IEEE），都有专门的机构帮助会员去找工作。许多特定的公共机构也会努力安置那些属于某些特殊类型的人，比如残疾人。

私营雇用服务机构　如果企业需要招募的是事务性工作人员、白领员工以及管理人员，则私营雇用服务机构是非常重要的招募来源之一。这种机构的服务是收费的（收费标准通常由各州法律规定，并且要张贴在这些机构的办公室）。它们为大部分职位进行招募时都是要收取费用的，费用一般由企业支付。

为什么要求助于这种私营雇用服务机构呢？原因包括：

1. 企业没有自己的人力资源部门，又认为自己不能很好地完成招募和筛选工作。

2. 企业必须迅速地填补某一特定的职位空缺。

3. 企业认为自己需要吸引较大数量的少数族裔劳动者或女性来求职。

4. 企业想招募已经在其他企业中就业的员工，而这些人可能会觉得直接与公司目前的竞争对手进行接触不太好，而与雇用服务机构接触会让他们感觉更舒服一些。

5. 企业想要节省在招募方面花费的时间。[93]

不过，在使用雇用服务机构提供的服务时，仍然需要注意避免一些潜在的问题。例如，如果没有选择好的雇用服务机构，可能会使不合格的候选人直接被推荐到负责招聘人员的直线主管人员那里，而这些主管人员很可能会盲目相信雇用服务机构的筛选水平，从而雇用这些不合格的人。另外，如果雇用服务机构所做的筛选不是很恰当，又会使一些本来合格的潜在求职业者被错误地筛选掉。

为了避免此类问题，企业应当注意：

1. 向雇用服务机构提供准确、完整的职位描述。

2. 确保在雇用服务机构的甄选过程中包括各种测试、填写求职申请表和面试等几个组成部分。

3. 根据平等就业机会相关法律要求的那些数据，定期对本公司以及雇用服务机构接受或拒绝的候选人的情况进行审查。

4. 对雇用服务机构进行筛选。你可以同其他管理人员一起来审查，看一看相对于你们需要填补的那些职位类型来说，哪些雇用服务机构是最为有效的。通过上网搜索以及查看分类广告来找出哪些雇用服务机构能够帮助你们填补那些职位空缺。

5. 务必对雇用服务机构推荐的员工进行补充性的推荐材料审查，至少要对最后准备雇用的候选人的推荐材料进行认真审查。

5.6.6　招募流程外包商

招募流程外包商（RPO）是处理企业所有或大部分招募需求的一种特殊供应商。它们通常与企业签订短期合同，根据企业实际需要完成的招募数量按月收费。与内部招募的固定成本相比，招募流程外包使企业能够更为灵活地控制招募成本。[94]大型招募流程外包商包括万宝盛华集团解决方案公司（Manpower Group Solutions）、吉斯全球解决方案公司（Allegis Global Solutions）和 IBM 招募服务（IBM Recruitment Services）。[95]

5.6.7　按需招募服务

按需招募服务（on-demand recruiting service，ODRS）是指为支持特定项目而按小时或项目收费的招聘服务，而不是按百分比付费。例如，当一家生物技术公司的人力资源经理需要雇用几十名有科学学位和制药经验的人员时，她使用了一家 ODRS 公司。传统的招募公司可能会按每位员工工资的 20%～30% 收费。ODRS 公司按时间收费而不是按员工收费。它负责招募和预筛选，并给客户留下一份合格候选人的短名单。[96]

人力资源管理与零工经济

临时工和替代工

如今，大量的劳动者在零工经济（也称为共享经济、1099 经济和按需供给经济）中从事工作。[97]从网约车司机到小时工，越来越多的人以自由职业者、合同工、临时工或顾问的身份工作。

例如，对于想要招募自由程序员、设计师或营销人员等群体的企业而言，自由职业者社区网站可以让企业根据求职者的声誉和工作成果进行招募。例如，upwork.com 通过展示成员的技能评估和详细的项目工作经验，方便企业作出雇用决定。TopCoder.com 网站使企业根据程序员的声誉来招募顶级程序员。

临时工

企业越来越多地雇用非固定员工或临时工，将他们作为固定员工队伍的一种补充，而企业通常会利用临时工雇用服务机构来招募这类员工。非固定员工也称为非全职员工或零库存员工。临时工队伍庞大且不断增长，不仅限于文员或维修人员，它包括数千个工程、科学和管理等支持性职业，如临时首席财务官、人力资源经理和首席执行官。[98]

企业更多地使用临时工这样一种趋势是由很多原因造成的。其中一个原因是，当前存在一种围绕短期项目开展工作的趋势。例如，生产机械工具的牧野公司（Makino）现在将大型机器的安装工作外包给承包公司，而后者又雇用临时工来完成安装工作。灵活性是另一方面的考虑，当有证据表明经济形势只是暂时性好转时，越来越多的企业可能希望做到快速减少员工人数。[99]另一个原因是，企业将从临时工雇用服务机构招募的员工当作企业的"试用"员工。企业也经常利用临时工代替生病或休假的正式员工。

企业应比较临时工和固定员工的成本。生产率是用需要支付报酬的每小时实现的产出来衡量的，而企业通常只在临时工上班的时候才向他们支付薪酬，换言之，他们不工作的时候企业不用支付薪酬。然而，企业使用临时工的小时成本通常会更高，这是因为临时工雇用服务机构会向企业收取服务费用。毕竟这些临时工雇用服务机构也要招募员工，企业在招募固定员工时也需要承担广告投放费用以及面试官的时间占用费用等成本。[100]

招募临时工就是**非常规性配员**（alternative staffing）的一个例子，从本质上说，非常规性配员就是使用非传统的人员招募渠道。其他类型的非常规性配员包括"企业内部的临时工"（公司根据一些明确的短期合同直接雇用的员工）和"合同制技术型员工"（即高技能员工，如工程师等，他们来自企业外部的某个技术服务型企业，按照一份长期项目合同为本公司工作）。

临时工雇用服务机构

可以直接雇用临时工，也可以通过临时工雇用服务机构来雇用这类员工。直接雇用就意味着企业雇用这类员工，然后将他们安排到相应的职位上。在这方面，正如向其他员工支付薪酬一样，企业也直接向这些员工支付薪酬，只是企业会对这些人进行单独分类，如非正式员工、季节性员工或临时性员工。虽然企业也会为这些员工提供福利，但通常会比为正式员工提供的福利少一些。[101]另一种做法则是让临时工雇用服务机构为企业提供非固定员工。临时工雇用服务机构负责处理临时性员工的招募、甄选、薪酬支付等所有方面的人力资源管理工作。例如，耐克公司就雇用凯利服务公司（Kelly Services）来满足自己对于临时工的需求。

在与临时工雇用服务机构合作时，要理解它们的相关政策。例如，在使用临时工时，工时清单不仅仅是对他们实际从事的工作小时数的一种确认文件，一旦临时工的直接上级在清单上签字，这份文件通常就会成为向临时工雇用服务机构支付服务费的一种协议。如果客户想要将临时工雇用服务机构中的某名临时工转成永久性员工，相关政策是什么？这些临时工雇用服务机构是如何招募员工的？最后，检查它们的资质证明。[102]

临时工关心的事项

为了确保企业与临时工之间的关系对双方都有利，临时工的直接上级应当了解这些员工关心的一些问题。一项调查表明，这些临时工主要存在以下五个方面的担心：

1. 担心企业以不人道、非人性化、总是令人气馁的方式对待他们。
2. 觉得就业不可靠，对未来感到悲观。
3. 为缺少保险和养老福利而担忧。
4. 对自己从事的工作感到迷茫，特别关心临时性的工作安排是否有可能会变成全职工作。
5. "就业不充分"（特别是对那些试图回到全职劳动力市场的人来说）。[103]

企业需要了解的雇用法律

合同工人

根据大部分就业方面的法律所做的解释，除极少数的例外情况，当受雇于某一临时工雇用服务机构的员工被派遣到另一家企业去工作时，法律会将这些员工同时视为临时工雇用服务机构的员工和实际使用这些人的企业的员工。[104]企业需要对临时工承担的责任取决于企业的管理者对于临时工的工作活动到底有多大的控制权。当然，管理人员所能行使的控制权越大，临时工雇用服务机构就能把事情做得越好。例如，企业可以要求临时工雇用服务机构负责提供培训，并让其与自己聘用的临时工进行谈判，确定工资率和休假政策等。

企业还可以采取其他措施来尽可能地降低风险。企业应该要求临时工雇用服务机构遵从企业制定的背景核查程序，并且要求当企业和临时工雇用服务机构需要共同承担相关法律风险时，由临时工雇用服务机构一方来承担。仔细核实公司实际拥有的临时工人数。如果临时工有机会接触本企业的知识财产或电脑系统，企业就要对这些员工进行谨慎的筛选和监管。[105]不要将临时工视为"员工"，例如颁发带有公司标识的名片、员工手册或员工证件。[106]

偷猎　2016 年，谷歌旗下的自动驾驶公司 Waymo 的一名员工加入了优步公司，并且担任其自动驾驶部门的负责人，在这之后，Waymo 公司表示，优步公司涉嫌窃取其自动驾驶技术商业机密，并提起诉讼。双方在 2018 年达成和解，优步公司向 Waymo 公司支付大约 2.45 亿美元的赔偿金，并承诺不会使用 Waymo 公司的保密技术。

从竞争对手那里"偷猎"人才虽然可以快速培养出优秀的员工，但也会引发一系列问题。例如，员工对当前雇主负有信托责任，但也可能掌握原雇主的机密信息。因此，从其他公司"挖人"后，不要试图要求或接受员工掌握的关于竞争对手的机密信息，否则将面临被诉讼的可能。

公司不可能做到"不被偷猎人才"，但是让员工签署"竞业禁止协议"和"禁止招揽现有客户"等措施，可以在一段时间内保护自己不被"挖墙脚"。[107]据称，苹果公司和谷歌公司被指控共同签署了"互不挖人"协议，最终该案以 4.15 亿美元和解。[108]

5.6.8 离岸经营和职位外包

不同于把员工招进公司来工作的做法，外包和离岸经营是把职位转移出去。外包意味着让外部供应商来提供原本由公司自己的员工提供的那些服务（例如福利管理、市场调查或者生产制造等），离岸经营则是让企业外部的供应商或国外的员工来提供那些原本由公司内部的员工提供的服务。

员工、工会、立法者甚至企业所有者都觉得"把职位都送到外面去"（尤其是送到海外去）是一种欠考虑的做法。尽管如此，很多公司仍然把越来越多的职位外包出去，被外包出去的不仅仅是蓝领类职位。例如，美国雇主最近向印度等国提供了约 13.5 万个信息技术岗位。[109]

把工作外包出去尤其是外包到海外去的做法给企业带来了很多特殊的人事挑战，其中一个是存在文化误解的可能性（比如本国客户和海外员工之间存在的误解）。其他方面的挑战包括对安全和信息隐私问题的担忧；需要处理国外的合同、负债以及法律系统等问题；在离岸经营的职位上工作的员工需要接受一些特殊培训。

亚洲工资水平不断上涨，再加上信誉问题以及更多地把投资留在本地的要求，这些因素正在促使美国企业开始收回外包出去的职位。包括苹果公司和微软公司在内的一些美国企业正在将当初转移出去的职位收回美国。[110]

美国的 H-1B 签证计划最初的目的是帮助美国企业在短期内从国外雇用从事特殊职业的劳动者，从而为企业提供急需但在国内找不到的人才。但近年来，报纸上关于企业先从国外引进工人，再让他们接受美国同行的培训后才能开始工作的报道，促使立法者（和其他人）认为该计划被滥用了。[111]因此，美国移民局等相关部门采取措施限制面向外国劳动者签发的 H-1B 签证数量。[112]随着审查更为严格，（为确认是否应该发放签证）要求进一步提供证据的个案比例已经从过去的大约 17％增加到 46％以上。[113]印度 Infosys Ltd. 等大型外包商针对这些措施采取的应对方法是，"雇用数千名美国劳动者，同时在美国开设技术中心"。[114]

5.6.9 高层管理人员代理招募机构

高层管理人员代理招募机构（也称猎头公司）是一种特殊的雇用代理机构，它们受雇于客户企业，帮助这些企业寻找其需要的高层管理人才。一家公司中需要通过这种服务来填补的职位可能很少，但是这些职位中包括企业最为关键的高层管理职位和技术职位。为了填补高层管理职位的空缺，猎头公司可能是企业获得候选人的唯一来源。在这种情况下，企业通常要向猎头公司支付服务费。

高层管理人员代理招募机构分为两类：不要求预付费的和要求预付费的。加入国际猎头顾问协会（Association of Executive Search Consultants）的猎头公司针对的那些高管职位的年薪通常都在 15 万美元以上，它们提供的都是预付费性质的高层管理人员搜寻服务，即无论这些客户企业最终是否雇用这些高层管理人员代理招募机构推荐的候选人，它们都要为这种搜寻服务付费。无预付费要求的猎头公司针对的通常是年薪 8 万～16 万美元的初级和中级管理职位。无论是要求预付费的猎头公司，还是不要求预付费的猎头公司，它们收取的服务费一般都是被猎取的高层管理人员在受雇后第一年薪酬的 15％～25％。[115] 一些顶级的猎头公司（都是需要预付费的）包括海德思哲国际咨询公司（Heidrick and Struggles）、亿康先达咨询公司（Egon Zehander International）、罗盛咨询公司（Russell Reynolds）以及史宾沙公司（Spencer Stuart）。

招募工作中具有挑战性的部分是如何找到潜在的候选人。毫不奇怪的是，基于互联网的数据库现在已经大大加快了搜寻高层管理人员的步伐。高层管理人员代理招募机构还在针对一些专业化的职能（例如销售）或行业（比如石油产品）创造一些专业的业务单元。

高层管理人员代理招募机构有很多优势。这些机构有很多人际接触，它们特别擅长找到那些目前已经受雇，因而在换工作方面并不积极的合格候选人。它们能够做好客户企业的名称保密工作，并且通过创建一个求职者人才库来为企业的管理者节约时间。与企业高层管理人员在这方面能够节省的时间相比，这些招募机构收取的费用到最后看来实际上可能微不足道。

在使用这类高层管理人员代理招募机构的服务时需要解决的一个最大问题是，一定要确保它们真正理解企业的需求，并且为企业推荐经过妥善审核的候选人。企业必须详细全面地向这些机构解释自己到底需要哪种类型的候选人以及需要这种人的理由。一些招募机构更感兴趣的可能是说服企业雇用某位候选人，而不是为企业找到一位真正能把那份工作做好的人。因此，在"最终候选人名单"上出现的某一两个人事实上只不过是充数者，这些招募机构只是想通过这些人来衬托出它们想推荐的那位"真正的"候选人更为优秀罢了。

与招募机构合作　与高层管理人员代理招募机构打交道需要采取谨慎的态度。在挑选这类机构时，需要遵循以下原则[116]：

1. 确信这家招募机构能够自始至终完成整个招募过程。根据该行业的伦理规范，一家猎头公司在为一家客户公司完成人才招募工作的两年之内，不得再次将为该客户招募的人才作为自己的猎取目标。因此，这些招募机构必须从日渐缩小的人才库中搜寻人才。[117]

2. 与高层管理人员代理招募机构中实际负责公司项目的人进行会谈。

3. 一定要问清楚这类机构如何收费，并签订书面协议。[118]

4. 确保这些招募机构和公司在需要招募何种类型的人这一问题上达成共识。

5. 弄清楚这些招募机构是否已经对最后的候选人进行过审查。如果你得到的回答是"不，我们只负责找到候选人，并不真正对他们进行筛选"，请不要惊讶。

6. 绝不能仅仅依赖招募机构替公司完成候选人的全部背景调查工作。可以让这些机构去对候选人的背景进行调查，但是一定要从招募机构拿到这些背景调查的书面文件（如果可能的话），而且要确保对最终的候选人亲自进行背景调查。

7. 考虑与拥有一位你们公司所在行业的专家的招募机构合作，这位专家可能最了解应该为你的公司雇用什么样的人。

内部招募　更多的企业正在把对管理人员的招募工作转移到公司内部进行。它们仍然会让诸如海德思哲国际咨询公司这样的高层管理人员代理招募机构负责高层领导者（首席执行官与总裁）以及董事会成员的人员配置，在保密情况下进行人才搜索。但是包括通用电气公司和谷歌公司在内的很多企业现在已经设立了自己的内部高层管理人员招募办公室来处理公司中的大多数管理人员招募工作。根据时代华纳公司的报告，使用内部招募团队的做法每年为该公司节约了数百万美元。[119]

随着企业招募高级管理人才途径的增加，猎头公司正在实现多元化经营。例如，光辉国际公司（Korn/Ferry）负责人表示，越来越多的企业要求他们对潜在候选人进行背景调查，另外，该公司也在拓展员工开发等领域的业务。[120]下面的专栏将说明小企业家在这方面可以采取哪些措施。

改进绩效：直线经理和小企业家的人力资源管理工具

招募 101

大多数小企业的生命周期可能都到了这样一个阶段，即其所有者已经意识到自己需要新鲜血液将公司带到更高的水平。那么，这时所有者应当自己来完成对这位重要的新人的招募工作吗？

大部分大公司通常会毫不犹豫地选择高层管理人员代理招募机构，但是规模较小的企业会对此感到犹豫，这一点是可以理解的，因为要招募一位年薪 12 万美元的市场营销经理，企业可能需要向招募机构支付 6 万美元甚至更多的费用。

寻找高层管理人员的工作与寻找一位招募主管或数据录入员是不一样的。可能发生的情况是，你不能通过发布招募广告来找到一位高级管理人员，那种人很可能并不会看公司的招募广告。因此，如果仅仅依靠广告招募，最后很可能会收到一大摞求职者简历，但由于这样或那样的原因，这些求职者很可能并不符合职位的要求。尽管其中也有很多人可能有能力胜任工作，但是你将不得不通过面试和评估来找出这些人。

你可能不知道到哪里发布招募广告或如何编写招募广告，或者不知道到哪里去搜寻、跟谁联系，或者不知道如何筛选掉那些看起来合格实际上并不符合要求的候选人。即使你知道这些问题的答案，这个过程本身也是十分耗时的，会分散你对其他事情的注意力。

如果真的决定要自己完成高层管理人员的招募工作，可以考虑雇用一名工业心理学家。他可以用 4～5 小时的时间，对公司最感兴趣的两三位候选人的问题解决能力、人格特征、兴趣爱好等进行评价。这些方面的信息可以提供关于候选人的有价值的观点。

当企业从竞争对手那里招募求职者时，还有一些需要注意的地方。在优步公司与谷歌Waymo 公司的案例中提出了一些问题，例如，"如果你仅仅是用大脑记住了相关信息，那么这一行为是否属于盗窃信息？"以及"即使技术解决方案是工程师自己开发的，此人也不能将此解决方案提供给新雇主"。一定要核实竞业禁止协议或者保密协议是否限制这些人到你们公司来工作，而且（尤其是在招募其他公司的高级别员工时）最好在询问某些问题（比如有关专利或者潜在的反垄断问题）之前，与律师进行协商。[121]

如果你是一家《财富》500 强公司的一位部门经理，你们部门目前有一个职位空缺需要填补，这时你有可能会陷入一种两难境地。你们公司的人力资源部门除了在招募网站上发布一些招募广告，并没有做其他的事情。另外，你们公司几乎确定不会让你发布招募广告。这时你该怎么办呢？你可以为你们部门的职位空缺在公司内部和外部去做一些口头

"广告"，你还可以与你在其他公司工作的朋友取得联系，让他们知道你现在正在招募人员。

5.6.10　员工推荐求职者与自荐求职者

员工推荐求职者也是一种重要的招募方式。在这种情况下，企业将职位空缺以及请员工推荐求职者的通告张贴在公司的网站、公告栏及墙上。在员工推荐的候选人被企业雇用的情况下，企业会向员工提供奖励。例如，医疗保健巨头凯撒医疗集团（Kaiser Permanente）规定，向公司的某个"推荐有奖职位"推荐候选人的员工可以获得 3 000 美元甚至更多的奖金。[122] 货柜商店（Container Store）培训自己的员工从公司的顾客中招募新员工。许多企业使用社交求职招募网站（比如 Jobvite Refer），为员工宣传公司空缺职位的相关信息提供便利。[123]

员工向公司推荐求职者的最大优点在于：通常会产生"更多的求职者、更多的受雇员工以及更高的产出率（被雇用人数和求职者人数之比）"。[124] 一方面，由于公司现在的员工实际上是在用自己的名誉做担保，他们通常会向公司提供有关被推荐人的准确信息，而这些被推荐的新员工对于企业也会有一个更为真实的认识。美国人力资源管理协会所做的一项调查显示，在 586 家受调查企业中，69％的企业认为让内部员工推荐求职者的做法比其他招募方式的成本效益更高，还有 80％的企业指出，这种招募方式比使用雇用服务机构的成本效益更高。平均而言，每通过内部员工推荐渠道雇用一名员工，企业的成本仅仅是支付给推荐者 400～900 美元的奖金和其他报酬。[125]

另一方面，如果员工的士气低落，首先需要设法提高员工的士气，才能让他们为企业推荐求职者。如果没有雇用员工推荐的人，应当向这些员工（即推荐人）解释其中的原因。要记住，如果公司员工队伍的同质化水平已经很高，那么过度依赖内部员工推荐求职者有可能会造成雇用歧视。当公司员工队伍的多元化程度不高时，员工推荐求职者的方式可能适得其反。为了解决这一问题，公司可以提供更高的奖金，鼓励员工推荐多元化的求职者。[126]

自荐求职者　自荐求职者——直接到企业求职的人——是一种重要的招募渠道，特别是对于小时工的招募来说。能够吸引当地优秀求职者的成本效益最高的招募方式可能是在公司门口张贴一张"招人"的公告。记住，对于上门求职的人要以礼相待，这不仅是为了维护企业在社区中的良好声誉，也是为了维护求职者的个人尊严。许多企业都会对上门求职的人进行一次简短的面试，即使这种面试仅仅是为了向求职者传递这样一种信息："将来一旦出现某个适合你的职位空缺，我们就会通知你。"企业也经常会收到很多来自专业人士和白领人士的自荐求职信。良好的商业惯例是，企业对所有求职者的来信都给予及时且礼貌的回复。

5.6.11　大学校园招募

大学校园招募（college recruiting）是指企业派出自己的代表到大学校园中，对即将毕业的求职者进行初步筛选，然后建立一个求职者人才库。这是企业招募的一种重要渠道。近几年来，初级就业市场发展强劲，从历史上看，近40%的此类工作岗位都是由应届毕业生来填补的。[127]

校园招募存在的一个问题是费用较高且比较费时。企业必须在进行校园招募前提前制定好日程表，印制好介绍公司的手册，保管好面试记录，还要在校园中花很多时间。此外，有些到校园从事招募工作的人员效率低下。有些招募人员事先不做好准备，在求职者面前显得兴趣索然，摆出一副高高在上的姿态。许多招募人员也并未对求职学生进行有效的筛选。因此，企业需要对招募人员进行以下几个方面的培训：如何对候选人进行面试；如何向候选人解释公司能提供给他们的条件；如何让候选人保持放松。此外，更为重要的一点是，招募人员应当具有良好的外表和风度，最好有成功地吸引来优秀求职者的经历。[128]

校园招募人员有两个主要目标。一是确定一位候选人是否值得进一步考虑。通常需要对一位求职者的以下个人特点进行评估：沟通能力、受教育情况、工作经验以及人际关系能力。二是吸引优秀求职者。真诚随和的态度、对求职者的尊重以及尽快给求职者反馈等，这些都有助于将企业推销给前来接受面试的求职者。

那些与学校里的职业咨询师和教授等这样一些意见领袖建立关系的企业通常能取得更好的招募结果。[129]与大学的职业发展中心保持密切关系，也有助于企业招募官获得关于劳动力市场状况以及企业发布的线上和线下招募广告的有效性等方面的信息反馈。[130]企业可以将诸如上学时的课程质量、注册学生数量、课程设置、公司距离学校的距离、竞争环境（学生的薪酬期望等）以及学生群体的多元化等指标作为筛选标准，精简校园招募中目标学校的数量。[131]

很多企业通常会邀请一些优秀的求职者到企业办公场所或者工厂现场参观访问。首先，邀请函的内容一定要热情，又具有一定的商业风格，还应当给被邀请者提供参观访问的不同时间选择。其次，安排工作人员出面接待这些来访的求职者，最好是到机场或他们下榻的宾馆迎接他们，以尽地主之谊。应当在这些参观访问的人住的房间为他们准备好一整套资料，其中包括这次参观访问的日程表以及其他一些与本企业相关的信息，比如企业年报以及关于员工福利的介绍等。

要事先计划好面试的时间，按计划好的日程行事。在面试中要注意避免受到干扰，使求职者能够不受影响地去关注每一位对他进行面试的人。还可以安排最近刚刚被公司雇用的大学毕业生主持来访求职者的午餐。企业应当尽早发出录用通知，最好是在求职者来参观访问的时候。对想要录用的求职者进行密切跟踪，以了解他们的"决策过程进展到哪一步了"，这些都有助于这些候选人最终选择本公司。

还应该做些什么呢？一项针对96名毕业生进行的调查揭示了其他一些需要注意的事情。例如，53%的毕业生谈到，"在对工作场所进行现场参观访问期间，能够有机会接触那些在与自己准备申请的职位类似的职位上工作的员工，或者是职位更高的员工"，这确实能够起到积极的作用；51%的毕业生则提到了"令人印象深刻的酒店住宿和晚餐安排，以及在参观访问时良好的组织安排"。"组织混乱，缺乏准备的面谈行为，或者信息不充分，对问题的回答毫无用处"使41%的毕业生不愿意到企业就业。弗吉尼亚大学为求职者提供了在工作场所现场参观访问期间需要注意的事项。[132]

实习 实习可以带来一种双赢的局面。对于学生来说，这种计划可能意味着他们能够积累一些商业技能，了解将来可能就业的企业的情况，进一步了解自己在职业选择方面喜欢（和讨厌）哪些东西。当然，企业同样可以利用实习计划来取得一些有用的成果，还能对这些候选人能否成为潜在的全职员工进行评估。一项调查发现，大约有 60% 的实习最后变成了正式录用。[133]

令人遗憾的是，有些实习最终变成了噩梦。许多实习生（尤其是高级时尚行业和媒体行业的实习生）指出，他们被要求长期无偿从事一些琐碎的工作。[134]法院制定了确定某人是否真的属于"实习生"的标准。比如，实习生和雇主是否都知道这些工作是无偿的；实习是否为员工提供了类似教育环境的培训；实习是否与该人的正式培训计划挂钩；等等。[135]

5.6.12 军事人员

美国退伍军人为企业提供了另一个获得训练有素的候选人的很好来源。有些军事机构专门设置了一些项目来帮助军人寻找工作。[136]然而，退伍军人往往很难找到合适的职位。为了解决这一问题，美国联邦政府向雇用退伍军人的企业提供税收抵免的政策，包括沃尔玛在内的许多企业都制定了招募退伍军人的计划。[137]例如，美国军队青年成才伙伴委员会（U. S. Army's Partnership for Youth Success）会为参军的年轻人选择一个在退伍后可能去工作的合作公司接受面试，以帮助军人在离开军队后能够找到一份合适的工作。[138]

对退伍军人的误解（例如，创伤后应激障碍会影响他们的工作绩效）一般来说都是没有根据的。[139]沃尔玛有一个为期五年的项目，保证为任何一位在上一年光荣退役的军人提供一份工作。[140]网站 www.helmetstohardhats.org 直接将退伍军人与建筑企业联系在一起。[141]下面的专栏将会说明雇主如何降低招募成本。

改进绩效：作为利润中心的人力资源管理

削减招募成本[142]

通用电气公司医疗保健事业部每年需要雇用大约 500 名技术人员来设计 CT 扫描仪等复杂的医疗设备。该公司已将自己的雇用成本削减了 17%，填补职位空缺的时间缩短了 20%～30%，同时使新雇用员工无法胜任工作的比例减少了一半。[143]

通用电气公司医疗保健事业部的人力资源管理团队取得的这些成果部分源于它在处理与代理招募机构之间的关系时运用了一些技术。例如，几年前，它召集了一次有 20 家代理招募机构参加的会议，告诉这些代理招募机构，它只会与其中 10 家最优秀的机构合作。为了评价哪些机构是"最优秀的"，通用电气公司医疗保健事业部受制造技术的启发，设立了一些衡量指标，比如"全体投简历者最后进入面试的比例"以及"最终被雇用的求职者占接受面试者的比例"等。通用电气公司医疗保健事业部还发现，公司现有的员工是非常有效的求职者推荐人。例如，总的来说，在向通用电气公司医疗保健事业部提交简历的所有求职者中，只有 1% 的人能够得到面试的机会，而在员工推荐的求职者中有高达 10% 的人最终被公司雇用了。通用电气公司医疗保健事业部简化了推荐表格的设计；取消了一些官僚化的推荐表格提交程序；增加了为推荐一位合格候选人的员工提供的小奖品，比如西尔斯百货的礼品卡。另外，通用电气公司还进一步提高了对推荐人的奖励：如果员工向公司推荐的求职者被雇用，则推荐人可以得到 2 000 美元的奖金；如果被推荐并得到公司雇用的人是软件工程师，则推荐人可以得到 3 000 美元的奖金。（2018 年，通用电气公司将其医疗保健事业部的所有权剥离给了通用电气公司的股东。）

5.7　招募一支更加多元化的员工队伍

到目前为止我们讨论过的所有招募工具对于招募少数族裔员工及其他类型的员工肯定是同样有用的。不过，如果要招募一支更加多元化的员工队伍，还需要采取一系列特殊的措施。比如，脸书会因为招募官雇用了黑人、西班牙裔或女性工程师而给予他们更多的认可。[144]该公司还让招募经理为每个空缺职位至少面试一名少数族裔群体的人员。[145]Pinterest 最近也设定了公司的多元化目标，比如为 30％的空缺工程师职位招募女性员工。尽管该公司没有达到这一目标，但在其已经雇用的工程师中，女性占 22％。微软公司也将经理奖金与雇用多元化员工挂钩。[146]

5.7.1　招募女性

由于很多女性已经成功进入了包括专业类、管理类及军事类等各种职位之中，并且表现非常突出，有人可能会认为企业并不需要针对女性进行专门的招募活动，但这并不是事实。例如，女性在像工程师这样一些由男性主导的职位上依然面临着很多阻碍。另外，女性还承担着生育子女的重任，担任高层管理职位的机会相对较少，即使是在类似的职位上，女性的薪酬也只有男性薪酬的 70％左右。因此，许多雇主在招募女性员工方面作出了一些特别的努力。[147]

最有效的战略是由高层管理人员驱动的。[148]企业要强调招募女性的重要性，确定本企业在招募和留住女性员工方面存在的差距，并且实施综合性的计划来吸引女性求职者。这些举措的总体目标在于表明本企业是女性想要来工作的地方，至于这种计划的细节并不一定要很复杂。例如，对于一些"非传统型的"职位（如工程师）而言，公司可以利用自己的网站强调这些职位现在女性也能从事。要强调企业的导师指导计划在帮助女性获得晋升方面的有效性。企业应使工作场所真正具有灵活性，例如，对于那些从事兼职工作的女性员工而言，不仅为她们提供工作时间方面的灵活性，而且为她们提供成为正式员工的机会。公司可以将自己的一部分招募努力集中于女性组织、女性就业网站以及女子学院的职业发展宣讲会。企业要确保自己的福利覆盖家庭计划和产前保健等内容。另外，还要在公司实行针对性骚扰的零容忍政策。

5.7.2　招募单身父母

最近，在美国大概有 150 万个由母亲单独抚养 18 岁以下孩子的单亲家庭，还有 500 万个由父亲单独抚养 18 岁以下孩子的单亲家庭。[149]（还要记住，其中很多问题也正是那些父母双方都正在努力维持生计的家庭所面临的。）一项调查指出：

> 他们中的很多人这样描述自己：往往要忙到午夜才筋疲力尽地倒在床上，几乎没有一点时间留给自己……他们经常需要请事假或其他假去照看生病的孩子。正如一位单身母亲所说的："我没有足够多的病假去生病。"[150]

考虑到这些方面的问题，吸引和留住单身父母的第一步就是要使工作场所尽可能对他们非常友善。[151]这些单身父母的直接上级应该采取一种支持性的态度，为这些员工平衡工作与生活提供支持。[152]许多企业的弹性工作时间计划为员工安排自己每天的工作时间提供了一定程度的灵活性（例如，每天的上下班时间有 1 小时的机动时间）。令人遗憾的是，对于很多单身父母来说，这种有限的弹性安排还不够。美国有线电视新闻网（CNN）甚至开发了一种工作与生活平衡计算器来评估员工生活失衡的程度。[153]我们将在第 13 章中讨论解决这种问题的一些方法。

5.7.3 老年员工

当前在美国 65～69 岁的人口中，有 32％的人仍然在工作。[154]因此，企业的明智之举是鼓励老年员工继续留在企业工作（或者让他们重新返回公司工作）。要想做到这一点，最重要的一件事情可能就是为他们提供弹性的（或者压缩的）工作时间表。[155]在一家公司中，65 岁以上的员工可以逐渐缩短他们每天的工作时间；另一家公司则采用"小轮班"制度来迎合那些不想从事全职工作的年老者的需要。其他方面的一些建议包括：允许员工采取逐渐退出劳动力队伍的渐进性退休方式[156]；为那些喜欢在冬天待在暖和地方的"候鸟"提供可以带走做的工作；为退休人员提供一些非全日制的项目；为从事非全日制工作的老年员工提供全部福利。[157]

正如在招募中一直都要注意的，必须在候选人面前展现积极的企业形象。最有效的招募广告会突出工作时间安排的弹性化以及公司提供的平等就业机会。这种广告远比强调"退休者能有机会把他们的知识转化到新的工作环境之中"有效得多。[158]

多元化盘点

老年员工的刻板印象

年纪较大的员工是优秀的员工。最近的一项调查关注了六种比较普遍的与老年员工有关的刻板印象：老年员工不够积极主动；他们不太愿意参与培训和职业发展计划；对于变革表现出更多的抵制；他们不容易相信别人；健康状况不好；更容易受工作和家庭失衡的影响。[159]实际上，调查人员发现，年龄与工作动力、工作投入之间存在一种微弱的正相关关系而非负相关关系（也就是说，随着年龄的增长，员工的工作动力实际上是处于上升趋势的）。不过，他们的确发现，年龄和可培训性之间存在微弱的负相关关系。年龄与接受变革的意愿、信任他人之间存在微弱但是属于正向的相关性。与年轻员工相比，老年员工更不容易出现心理问题或者日常的身体健康问题，但是他们更可能患有高血压和高胆固醇。另外，老年员工的确更加不能忍受工作与家庭失衡。综上所述，上述那些普遍存在的关于老年员工的刻板印象是缺少有力支持的。

企业应该怎么做呢？首先，纠正员工、管理者以及招募人员对老年员工不正确的刻板印象。其次，提供更多的接触老年员工的机会，以及增加年轻员工与老年员工之间的信息交流。[160]

5.7.4 招募少数族裔员工

前面讨论的那些适用于招募老年员工的对策，也适用于针对少数族裔员工的招募。[161] 首先，要理解哪些方面的障碍使少数族裔求职者一开始就不来求职。例如，由于许多少数族裔求职者达不到职位对受教育程度或者工作经验的要求，许多企业会为这类求职者提供补救性的培训。在一家零售连锁企业中，正是由于此前缺乏成功的榜样阻碍了女性求职者前来求职。有些时候则是由于工作时间安排缺少灵活性阻碍了一部分求职者前来求职。

在认识到潜在的障碍之后，接下来就可以制订吸引和留住少数族裔员工和女性员工的计划。比如，这种计划可能包括基本的技能培训、提供灵活的工作选择、树立模范以及重新设计职位等。

然后，实施上述计划。例如，很多求职者会把向朋友或亲戚打听消息作为一种找工作的途径，因此，鼓励公司的少数族裔员工帮助企业完成招募工作会很有用。多元化招募方面的专业网站包括 www. diversity. com，www. 2trabajo. com。[162] 还有一些公司则与全国非裔工商管理硕士协会（http：//careersuccess. nbmbaa. org）等专业组织开展合作。

有些企业遇到的一种困难是它们难以雇用和吸引那些正在享受失业福利的人。这些求职者有时缺乏基本的工作技能（比如及时汇报工作以及在团队中开展工作）。一项诱使劳动者从享受失业福利到重返工作岗位的计划能否取得成功，关键在于企业的预培训计划。在这种计划中，参与者会在几周内接受咨询服务以及一些基本技能方面的训练。[163]

5.7.5 残疾人

对残疾求职者的偏见可能是有意的，也可能是无意的，但肯定会发生。在一项研究中，研究人员通过发送简历和虚构候选人的求职信来申请职位空缺，所有的"候选人"都是符合职位要求的，但一些信件内容显示他们有残疾。招募官对有明显残疾信息的候选人进行后续面试的可能性会比那些没有明显残疾的候选人的可能性小 26％。[164]

一些研究发现的以下事实是非常有说服力的：从几乎所有工作的标准要求来看，残疾人都是能够胜任的。在美国和其他很多地方，有数以千计的企业意识到，残疾人是一个非常不错但在很大程度上尚未得到开发的员工来源，他们不仅可能是胜任和高效的，而且可以从事很多类型的工作，从信息技术类职位到创意性广告类职位，再到接待类职位，都不成问题。[165]

企业可以通过采取一些措施来开发这一巨大的潜在劳动力队伍。美国劳工部下属的残疾人就业政策署（U. S. Department of Labor's Office of Disability Employment Policy）提供了一些此类的项目，其中的一个项目是当那些患有残疾的大学生寻找暑假实习机会时，帮助他们联系潜在的雇主。[166] 美国所有的州都有一些地方机构（比如田纳西州的"企业联络处"）为那些想招募残疾人的企业，提供人员安置服务、招募服务、各种培训工具以及信息等。此外，企业还应当具备一些常识。例如，企业如果仅仅把职位空缺情况公布在网上，则很可能会错过那些患有眼部疾病的求职者。[167]

➡ 5.8 求职申请表的设计和使用

5.8.1 求职申请表的目的

一旦吸引来一批求职者，企业就可以开始进行预筛选程序了，而**求职申请表**（application form）通常是这个过程的第一步（有些企业则要求首先对求职者做一个简单的预筛选面试或者是在线测试）。

一张内容填写完整的求职申请表可以为企业提供四个方面的信息：第一，可以对很多实质性的事情作出判断，比如，这位求职者是否具备承担该职位所要求的受教育水平和工作经验；第二，可以对求职者过去的工作进步和成长情况加以总结，这一点在雇用管理类职位的候选人时尤为重要；第三，可以根据求职者过去的工作记录，大致判断出其工作稳定性如何（近年来企业裁员较多，因而在作出这方面的判断时需要小心）；第四，可以运用求职申请表中的一些信息来预测哪些候选人在工作中可能会做得比较好，哪些人可能做得不够好。

5.8.2 求职申请表指南

求职申请表的无效使用会给企业带来高昂的成本。管理者必须牢记几条很实用的原则。首先是在"工作历史"这部分内容中，应当要求求职者提供此前就职的每个组织的详细信息，包括当时的直接上级的姓名及电话号码。在进行背景调查时，这些信息是必不可少的。同时，求职者在求职申请表上签字的时候，应当确保自己了解以下几点：虚假的信息可能导致自己将来被开除；自己已经授权用人企业对自己的信用记录、就业记录以及驾驶记录进行调查；公司可能要求自己去做一次体检；公司可能会要求自己去做药物筛查测试；雇用是没有明确时间期限的。

据估计，夸大自己的任职资格的求职者占求职者人数的 $40\%\sim70\%$。[168] 其中最普遍的是夸大自己的受教育程度和工作经验。绝大多数即将毕业的学生称，他们认为企业可能会预期求职者在一定程度上夸大自己的简历。虽然这种夸大主要是出现在简历中，但也可能会出现在求职申请表中。因此，要确保求职者完整地填写求职申请表，并且在上面签署声明，以表明求职申请表中提供的信息均是属实的。这是因为法院通常都会支持公司解雇那些在求职时提供虚假信息的员工。[169]

最后，如果一个人连求职申请表都填写不完整，那说明这个人的工作习惯很差。还有一些求职者只是在求职申请表上敷衍了事地写上一句"请详见附件中的简历"，这种做法也是不能接受的。你需要拿到的是一份有签名的、完整的求职申请表。也有些公司根本不要求求职者递交任何简历，而是要求他们提供网站链接，比如他们在推特或领英网站上的账号等，并在之后详细浏览这些网页上的内容。[170]

大多数组织实际上都需要准备好几种求职申请表。例如，如果要雇用的是技术人员和管理人员，在表格中会要求求职者详细填写有关本人受教育情况以及接受培训方面的情况；如果要雇用的是工厂中按小时计酬的工人，那么求职申请表的设计重点可能会是考察求职者在使用工具和设备方面的情况。图 5-8 介绍了一种求职申请表。

美国联邦调查局
荣誉见习项目初选申请表
（请用黑色墨水打印或印刷体填写）
日期：_____   仅限外勤人员用

部门：   项目：

Ⅰ. 个人历史

全名（名，姓）：	所上大学、专业及取得的学位以及平均学分绩（如果有的话）：
出生日期（年/月/日）： 出生地点：	社会保障号码（可选）：
当前住址： _____ 街　　公寓号码	住所电话号码：_____
_____ 城市　　州　　邮政编码	工作电话号码：_____

你有驾驶执照吗？ □有　□没有　你是美国公民吗？ □是　□不是

你在美国军队服役过吗？ □有　□没有	如果是，请说明部队番号和日期：	退伍类型

你是怎么知道联邦调查局的这个实习项目的或为什么会对此感兴趣？

你懂外语吗？ □是　□否　请在本表背面说明对每种外语的熟练程度。

你是否曾经因任何违法行为（包括交通违章，但不包括停车不当收到罚款单）被拘捕过？
□是　□否　　如果是，请在本表背面列出所有此类问题，即使最终你被判无罪，没有被正式起诉，没有上法庭，或者以支付罚金或没收抵押品的方式解决了问题。请详细说明具体的日期、地点、指控、处置、细节以及警察局的名称等。

Ⅱ. 工作经历

请说明你从中学毕业后，最近三年的全职工作经历（不包括暑假工作、兼职工作和临时性工作）。

起	止	工作内容描述	雇主的名称和地点

Ⅲ. 个人声明

需要作出适应性调节才能完成申请过程的残疾人需要告知联邦调查局需要何种调节手段。

你在最近三年内是否使用过大麻或者使用大麻的总次数是否超过 15 次？ □是　□否

你是否曾使用过除大麻以外的其他违禁药品或违禁药品混合物达到 5 次以上或者是在最近十年内使用过这些药品？ □是　□否

求职者所提供的所有关于药物使用历史的信息都需要通过雇用之前的测谎测试来检验。

你是否知道联邦调查局所有的未来员工在被雇用前都会被要求提交尿样进行药物滥用检验？
□是　□否

我知道，在本申请表中刻意隐瞒信息或制造虚假信息均构成违反美国宪法第 18 章第 1001 节的违法行为，如果任职后被指证存在此类问题，则会被联邦调查局作为开除的根据。我同意这些条件，并在此保证本人在本申请表中提供的所有信息都是尽可能真实且完整的。

_____
求职者手写签名（不要签昵称）
美国联邦调查局是一个讲究平等就业机会的雇主。

图 5-8　美国联邦调查局的雇用申请表

资料来源：From FBI Preliminary Application for Honors Internship Program. Federal Bureau of Investigation.

求职申请表和平等就业机会法律[171]

求职申请表必须符合政府关于平等就业机会的立法。必须注意以下几个方面的问题：

教育。要求求职者填写所上学校的入学日期和毕业日期的做法可能是违法的，因为这种信息可能会反映出求职者的年龄。

被捕记录。如果企业因为一位求职者曾经有被拘捕记录就认为其不合格，法院通常会判定企业违反《民权法案》第七章的规定，因为这种考察项目对于少数族裔劳动者具有不利的影响，而且企业通常不能证实这种要求是一种经营必需。

紧急情况下的通知对象。法律通常允许企业要求求职者提供在遇到紧急情况时可以通知的人的姓名、住址及电话号码。但是，如果要求求职者告知此人与他们之间的关系则可能是违法的，因为这可能会表明求职者的婚姻状况或种族等情况。

所加入的组织。有些求职申请表还要求求职者填写他们所加入的俱乐部、各种组织或者协会的情况。在这种情况下，企业应当在表中注明，求职者不要填写可能暴露他们的种族、宗教、身体残疾、婚姻状况或血统的组织。

身体残疾状况。通常情况下，要求求职者填写身体残疾状况或过往病史的做法都是违法的，除非在求职申请表中特别注明，求职者只需填写"可能会影响到工作绩效"的身体情况。同样，询问求职者过去是否领取过工伤保险通常也是违法的。

婚姻状况。总的来说，求职申请表不应当询问求职者是否单身、已婚、离婚、分居、与人同居，或者求职者的配偶或子女的姓名、职业和年龄等。

住房情况。问求职者是自己有住房，还是租用或出租住房，也会有歧视之嫌，因为这类问题对少数族裔求职者会产生不利的影响，并且企业很难证明这种要求是一种经营必需。

视频简历。越来越多的求职者选择提交视频简历，这是一种既有好处又存在潜在风险的方式。为了方便使用视频简历，一些网站为求职者提供了生成多媒体简历的服务。[172]但其潜在风险是，企业更有可能会受到被拒求职者的歧视指控。[173]

5.8.3 利用求职申请表预测工作绩效

有些企业通过对求职申请表中的信息（个人经历）进行分析来预测求职者的任期和工作绩效。在一项调查中，研究者发现，在被雇用后的6个月内，那些在之前的企业中工作时间较长的求职者离开当前公司的可能性更小，而且能够达到更高的绩效。[174]一些个人经历方面的信息对工作绩效具有预测作用，这些信息如："在没有提前通知的情形下就离职""从大学毕业"以及"旅行次数大大增加"。[175]

在选择个人信息项目时，一定要记住三件事情。第一，平等就业机会方面的法律显然会限制企业可能想使用的那些信息（例如，避免使用年龄、种族或性别等）。第二，最好避免提问那些具有攻击性的问题。在一项研究中，很多专家都将像"实现的销售额"和"在数学方面的平均成绩"这样的项目视为合法的而不是攻击性的。其他的项目，比如

"出生次序"以及"中学的入学和毕业日期"等，则会被认为具有较强的攻击性。第三，有些求职者会在个人简历上造假，以给企业留下良好的深刻印象。[176]

5.8.4 强制仲裁

许多企业由于认识到因雇用员工的问题而被卷入诉讼的代价高昂，通常都会要求求职者以书面方式同意，一旦双方之间发生争议，则应当接受强制仲裁。

对于这种"强制的替代性争议解决方法"条款是否具有法律上的强制力，不同的联邦法院持有不同的立场。这种条款一般来说是具有强制力的，但要注意两个方面的告诫。第一，这应当是一个公平的过程。例如，协议应当是一份由双方共同签署并标明日期的单独协议；措辞应当简练；如果法律条文适用有误，可以复议并提起上诉。企业必须承担仲裁的大部分费用。仲裁过程应当以合理的速度尽快完成；如果员工获胜，则其应当获得相当于去法院起诉能够得到的全部补偿。[177]

第二，强制仲裁条款有可能将一些求职者拒之门外。在一项调查中，研究者让389名工商管理硕士去阅读一些模拟的企业雇用手册，结果表明，强制仲裁条款对于公司作为一个工作场所的吸引力具有显著的消极影响。[178]

5.8.5 培养管理技能：招募中人的一面

在一项调查中，近60％的求职者诉说了他们曾经遇到的糟糕的求职经历，最糟糕的反馈莫过于那些甚至没收到求职公司回复的人。[179]在另一项研究中，招募官的不文明行为损害了求职者的"自我效能感"，即求职者对自己找到工作的能力的信心。什么样的行为被视为"不文明"呢？例如，对求职者不屑一顾的评论或行为（"招募官看了我的简历，说他们永远不会雇用像我这样的人"）；无反应或不及时沟通（"他们说他们会回复我，但他们从未回复"）；粗鲁的互动（"在等待15分钟才进入面试后，在我说话时面试官却一直看手表"）；贬低（"面试官用贬低的语气跟我说话"）；匆匆面试。[180]其实，大多数企业可以而且应该做得更好。

本章内容概要

1. 招募和甄选是从人事规划和预测开始的。人事规划就是确定企业需要填补哪些职位空缺以及如何填补的过程。这一过程通常始于对人员需求的预测，在进行这种预测时可能会用到趋势分析、比率分析、散点分析或者计算机软件包。人事规划的另一个方面则是对内部人员供给的预测。在进行这种供给预测时，企业可以运用人工操作手段以及人员替换图，或者是计算机化的技能数据库。对外部候选人的供给进行预测是非常重要的，尤其是当进入经济扩张时期，失业率很低，找到优秀的候选人变得更加困难的时候。

2. 管理者需要明白为什么有效的招募是非常重要的。如果没有足够数量的候选人，企业便无法对候选人进行有效的甄选或者雇用最优秀的候选人。一些企业还使用招募产出金字塔来估计为了填补预期的职位空缺，必须吸引多少人前来求职。

3. 用内部候选人来填补职位空缺有很多优势。例如，企业可能会更了解他们的长处和短处，而且在一开始的时候需要对他们进行的入职培训更少。在寻找内部候选人时，通常使用的办法是发布职位空缺公告。在填补公司预期出现的高层空缺职位时，继任规划是一种很好的选择，这是一个通过系统性地确认、评估和发展组织领导力来提高绩效的持续过程。

4. 人事规划能够影响员工敬业度。例如，员工开发和保留计划以及内部晋升计划往往会提高员工敬业度，反之，则可能会降低员工敬业度。正是因为认识到这一点，联邦快递等公司通过采取内部招募和内部晋升的计划显著提升了员工敬业度。内部晋升政策包括帮助员工识别和发展员工的晋升潜力。同时，该政策需要配备一个可以获取职业记录和发布职位空缺的协作系统。

5. 企业在招募候选人时可能会用到多种外部候选人来源。包括网络招募、广告招募、雇用服务机构（其中包括公共的、非营利的以及私营的雇用服务机构）、临时工雇用服务机构和其他非常规性配员方法，高层管理人员代理招募机构、大学校园招募、员工推荐求职者以及自荐求职者和退伍人员等。

6. 理解如何招募一支更加多元化的员工队伍是非常重要的。无论企业的招募目标是单身父母、老年员工还是少数族裔员工，基本的原则都是理解这些人的特殊需求，通过制定一系列的政策和实践来为他们营造一个更为友好的工作环境。

7. 在招募过程中不可避免地需要设计和使用求职申请表，以收集求职者的一些必要的背景信息。求职申请表应当能够让公司了解求职者的受教育情况等大量实质性的信息，确认求职者的工作偏好及其过去的直接主管人员。当然，很重要的一点是，一定要确保求职申请表符合平等就业机会法律的规定，例如，一定要搞清楚是否可以询问求职者身体残疾之类的问题。

讨 论 题

1. 简要概述人事规划过程。

2. 简要说明招募和甄选过程中的每个步骤。

3. 求职申请表可以提供的四个方面的信息是什么？

4. 具体指出应当如何将平等就业机会方面的法律运用于企业的人员招募活动。

5. 在招募和留住一支更为多元化的员工队伍方面，企业应当做好哪五个方面的工作？

个人及小组活动

1. 从网络或周日的招募广告栏中摘取几种不同的招募广告，到课堂上进行展示。请运用我们在本章中讨论的那些指导原则来对这些广告的有效性加以分析。

2. 以个人或小组为单位，对 5 种职业（比如会计、护士、工程师等）在未来 5 年内的劳动力市场情况作出预测。

3. 以个人或小组为单位，拜访你们的州政府在当地设立的雇用服务机构。回到课堂上准备讨论以下几个方面的问题：通过这种服务机构主要能够找到哪些类型的职位？你认为这类机构在多大程度上适合作为专业人员、技术人员或管理人员等求职者的来源？这种机构要求求职者完成哪些类别的文案工作，才会对他们的求职申请表进行处理？这种机构还会提供其他哪些方面的服务？你对州政府的雇用服务机构还有什么看法？

4. 以个人或小组为单位，在国际互联网或者当地的报纸上找出至少 5 则雇用广告，要求这些广告能够表明公司是关心员工的家庭的，并且对女性劳动者、少数族裔劳动者、老年劳动者以及单身父母是有吸引力的。请讨论这些企业为了关心员工的家庭做了什么。

5. 以个人或小组为单位，对当地一家企业中一位年龄在 25～35 岁但管理着 40 岁及以上员工的管理人员进行访谈。请这位管理人员描述在管理这些比较年长的员工时所遇到的 3～4 件最富有挑战性的事。

体验式练习

护士紧缺

截至 2018 年 2 月，美国的失业率相当低，护士行业的失业率更低。事实上，几乎每家医院都在极力增加护士的招募。许多医院甚至开始把目光投向国外培训出来的护士，例如菲律宾护士。专家预测，护士在接下来的几年内将会出现极为短缺的状况。

目的：本练习是为你提供设计一项招募计划的经验。

必须理解的内容：你应当非常熟悉本章中讲授的内容，并且了解一家医院——例如纽约的香奈山医院（Mt. Sinai Hospital）（见 http：//careers. mountsinai. org）——的护士招募计划。[181]

如何进行练习/指导：组成若干由 4～5 位学生参加的小组来进行这项练习。各小组在练习的过程中应该各自独立，不应进行相互交流。每个小组都要完成以下任务：

1. 根据这家医院在网站上提供的信息，为该医院设计一份在《纽约时报》周日版上刊登的招募广告。你们会选择把广告放在这份报纸的哪个版本上（比如从地理区域的角度来说）？为什么要这样做？

2. 分析这家医院目前在网上发布的护士招募广告。你们会怎样对该广告进行改进？

3. 为这家医院制订一份完整的护士招募计划概要，其中包括你们小组将会用到的所有招募来源。

应用案例

Techtonic 集团

据估计，美国有超过 60 万个技术职位（系统工程师、程序员等）存在空缺。[182]因此，像 Techtonic 集团这样的信息技术公司正在不断寻找优秀的求职者。

多年来，Techtonic 集团将应用程序开发外包给亚美尼亚的一家公司，为此 Techtonic 集团的首席执行官海瑟·泰伦齐奥（Heather Terenzio）每年需要前往亚美尼亚两次，与那里的员工一起工作。然而，随着东欧程序员的薪酬不断上涨，再加上工作距离和语言差异等方面的问题，这一项目的管理变得更加复杂。海瑟·泰伦齐奥决定找到解决问题的更好办法。由于国外的软件编程人员需要得到越来越详细的指示，因此，她决定在靠近本地的地方雇用一些初级软件编程人员，只要付出同样的努力和提供同样的指示，Techtonic 集团就可以在本地完成软件开发工作。

当科技工作者在劳动力市场上供不应求时，公司如何才能招募到人才呢？泰伦齐奥制定了一个新颖的解决方案。她没有去寻找那些已经拿到工科学位的大学毕业生，而是设立了一个学徒训练计划，目的是吸引那些不一定有大学学位但有从事编程工作的强烈意愿的人。所有的申请人都需要在 Techtonic 学院参加为期五周的项目，学习基本的计算机编程技能。优秀毕业生还有机会参加 Techtonic 集团为期 8 个月的带薪学徒培训计划去学习软件开发的技能。

该培训计划取得了成功。每年大约有 400 位申请人竞争 15 个学徒培训名额。博尔德市为该项目提供补贴，申请人不需要为此支付费用。目前 Techtonic 集团正将其学院/学徒计划扩展到美国其他城市。

问题

1. 具体而言，你将采取哪些招募渠道吸引申请人加入 Techtonic 集团的学徒培训计划？

2. 你会建议 Techtonic 集团使用除学徒培训计划之外的哪些招募渠道？为什么？

3. 你会建议 Techtonic 集团如何改进它们的招募流程？为什么？

连续案例

卡特洗衣公司

获得更好的求职者

如果你去问詹妮弗和她的父亲，他们在经营自己企业的过程中遇到的主要问题是什么，他们的回答将会是直截了当的：雇用合适的员工。卡特洗衣公司原先是一家投币式自助洗衣店，实际上并不需要有技术的员工。现在，该公司已经开了 6 家分店，每家分店都要求有技术管理人员、清洁工（洗衣工）和熨衣工。公司所雇用的员工的学历通常都不超过高中毕业（经常是更低），但是招募竞争很激烈。在一个平常的周末，通常都可以在本地报纸上看到几十则招募有经验的洗衣工或熨衣工的广告。这些人的薪酬水平通常是每小时 15 美元，他们经常换工作。因而，詹妮弗和她父亲面临着一个持续不断的任务：要从一群在他们看来总是随心所欲地从一个地方跑到另一个地方，从一个工作场所跑到另一个工作场所的人里面，招募并雇用本企业需要的合格员工。在他们的店里（正如他们的许多竞争对手一样），员工的流动率常常高达 400%。"别再跟我谈什么人事规划和趋势分析，"詹妮弗说，"我们正在打一场经济战，只要有足够的活着的求职者让我把战壕填满，我就心满意足了。"

面对上述问题，詹妮弗的父亲要求她回答下面两个问题。

问题

1. 首先，你会建议我们怎样降低洗衣店的员工流失率？

2. 提供一份详细的建议清单，告诉我们应当怎样增加可接受的求职者人才库，从而让我们不再只能雇用每一个自己送上门的求职者。（你的后一个建议应当包括完整的在线广告词以及印刷版的招募广告，以及你建议我们采取的任何其他招募策略。）

将战略转化为人力资源政策及实践的案例

改进巴黎酒店的绩效

新的招募程序

巴黎酒店的竞争战略是："通过卓越的顾客服务将自己与同行区别开来，吸引顾客延长入住时间，提高顾客再次入住比率，从而提高酒店的收入和利润水平。"酒店人力资源总监莉萨·克鲁兹现在必须制定和实施战略性人力资源管理政策和活动，通过帮助酒店获得战略所需的员工行为和胜任素质来支持酒店的这一竞争战略。

作为一位长期从事人力资源管理的专业人员，莉萨·克鲁兹清楚地知道有效员工招募的重要性。如果巴黎酒店没有足够的求职申请者，就无法选择到底应当雇用哪些人；如果没有选择雇用谁的余地，那么酒店很可能无法获得公司战略所需要的那种顾客导向型的员工行为。因此，当她发现巴黎酒店事实上并不关注未来员工的招募工作时，她感到非常失望。当巴黎酒店下属的酒店出现了需要填补的职位空缺时，这家酒店的管理人员就会随便拼凑出一份招募广告，整个酒店中没有一个人清楚地知道招募广告到底能招来多少位新员工，或者哪种招募方法是最有效的（或是否有用）。莉萨知道是时候采取措施来控制巴黎酒店的招募职能了。

当他们开始审查巴黎酒店目前的招募实践的细节时，莉萨·克鲁兹和公司的首席财务官愈发感到担忧。他们发现，酒店目前的招募职能基本上是完全失控的。前任人力资源总监就是简单地将招募职责下放到各个酒店，让那些并非人力资源专业人员的酒店经理来承担。一旦出现需要填补的职位空缺，这些酒店经理通常采取的是阻力最小的招募方式，例如在当地报纸上刊登招募广告。酒店总部缺乏为各家酒店提供招募方面指导的意识，没有人告诉这些酒店的经理本集团对什么类型的候选人更为偏好，管理者应当使用哪些媒体和其他招募来源，既没有在线的招募方式，也从来没有衡量过招募过程的有效性。酒店也忽略了那些在其他公司中得到有效利用的关于招募来源的衡量指标：为每个职位空缺争取到的合格求职者人数；由内部人员填补的职位空缺所占的百分比；接受雇用的人和公司发出录用通知的人数的比率；各个不同招募来源的接受率；来自各个不同招募来源的员工入职后的流动率，以及从每个招募来源获得的求职者参加甄选测试所得到的结果。

毫不夸张地说，巴黎酒店战略目标的实现有赖于它所吸引的求职者的质量以及把其中优秀的人雇用到公司来工作。"我们想要的是那种把我们的顾客放在第一位的员工，是那种会主动采取措施让顾客满意的员工，是那种会任劳任怨地为我们的顾客提供超出他们预期的服务的员工。"公司首席财务官这样说。莉萨和公司的这位首席财务官都知道，这个过程必须从更好地招募员工开始。首席财务官给莉萨开了绿灯，让她设计出一个新的招募流程。

莉萨和她的团队让公司的信息技术部门为巴黎酒店的网站建立了一个集中的招募链接，这样集团在不同地区的每家酒店都能利用这个网站来发布自己的职位公告。公司人力资源管理团队设计了管理者可用于每一种职位招募的标准广告。这些标准广告强调了该公司以服务为导向的价值观，并且基本上指明了（实际上没有说出来），如果不能做到以人为本，就不要来求职。还强调了在巴黎酒店工作是什么样子以及公司提供的优厚福利（这也正是该人力资源管理团队要着手构建的）。该公司建立了一个新的基于内网的职位公告系统，鼓励员工通过该系统申请填补职位空缺。对于有些职位，比如房间清洁员和前台等，求职者必须先通过一个简短的预筛选测试，才能提交求职申请。公司人力资源管理团队对酒店过去使用的各类当地报纸以及招募公司的招募绩效进行了分析（比如实际申请的求职者与求职者总人数之比、被雇用的求职者与实际提出申请的求职者之比等），从中选出了最好的招募方式作为当地的招募来源。

经过 6 个月的上述改革以及其他招募职能的变革，到巴黎酒店求职的人数平均增加了40％。莉萨和她的团队现在受命制定新的甄选程序，以帮助公司挑选出所要寻找的那些具有高承诺度、以顾客为导向、积极主动的员工。

问题

　　1. 根据巴黎酒店对其偏好的员工所做的描述，你会建议它采用哪些招募来源？为什么你会提供这样的建议？

　　2. 巴黎酒店的一则招募广告看上去应当是什么样的？

　　3. 你会建议巴黎酒店怎样衡量其招募活动的有效性？

注　释

第 6 章　员工测试与甄选

Employee Testing and Selection

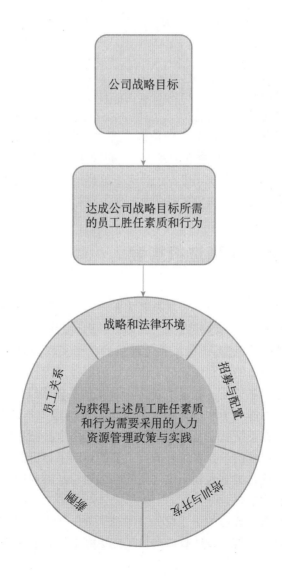

➡ 我们学到哪儿了

　　第 5 章集中讨论了建立候选人才库的问题。第 6 章的目的在于解释如何运用各种工具和方法来挑选出最符合职位要求的求职者。我们在本章中所要讨论的主题包括为什么员工甄选很重要；与员工测试和甄选有关的基本概念；各种类型的测试；工作样本法、工作模拟法、背景调查及其他甄选方法。在第 7 章，我们将介绍你可以用来提升技能的技术，这些技术可能是面试最常用的筛选工具。

➡ 学习目标

1. 回答为什么对员工进行测试和甄选很重要。
2. 解释信度和效度的含义。
3. 简要描述各种基本的甄选测试类型并举例。
4. 说明如何使用工作样本法和工作模拟法进行甄选。
5. 描述改善企业背景调查程序的四种方式。

　　Zulily 公司通过其在线电子商务网站提供时装、鞋子和其他商品。因为公司要与亚马逊和其他类似的一些网站开展竞争，所以它必须让自己与众不同。为此，它采取的部分做法包括每天进行新品销售，提供高达 70% 的折扣，并提供"客户喜欢的大品牌"。[1] 它采取的另外一种做法是确保员工遵守其基本价值观，即"我们为妈妈工作"（意思是"我们为客户做能做的一切"），"让不可能的事情发生""拥抱变革""与众不同的颜色"（不要模仿），"主人翁意识"以及"团队合作"。在确定了这样的基本价值观的情况下，该公司应当如何选择确信能够遵守公司基本价值观的员工呢?[2] 接下来让我们拭目以待。

➡ 6.1 为什么员工甄选很重要

　　在审查求职者的简历之后，下一步就是要为职位甄选出最佳求职者。这通常意味着需要运用我们在本章中将要讨论的这些甄选工具如各种测试、评价中心、背景调查和推荐信核查等来缩小候选人才库的范围。[3] 员工甄选的目的在于实现人和职位的匹配。这就意味着要将（通过职位分析得出的）完成职位工作所需的那些知识、技能、能力以及其他胜任素质（KSACs）与求职者的知识、技能、能力以及其他胜任素质相匹配。

　　当然，一位候选人可能对于职位来说是合适的，但与组织不匹配。[4] 例如，一位经验丰富的民航飞行员可能在美国航空公司表现很突出，但是未必能在西南航空公司取得同样的业绩，因为后者的组织价值观要求所有的员工都能对同事伸出援手，这就意味着他们甚至要帮忙搬运行李。因此，虽然人和职位之间的匹配通常是主要的考虑因素，但是人与组织之间的匹配也同样非常重要。

　　在任何情况下，甄选出合适的员工都是非常重要的，有以下三个方面的原因：绩效、成本以及法律责任。第一，具备合适技能的员工能更好地为企业工作。那些不具备合适技能的员工或者容易伤人感情或妨碍他人工作的员工则不能有效地完成工作，从而对个人以及企业的绩效造成不利影响。[5]因此，应当在雇用之前就把那些不理想的求职者剔除出去，而不是等到雇用他们之后再做决定。

第二，有效的甄选之所以重要，是因为招募和雇用员工的成本很高。即使是雇用和培训一名文员，企业可能也要花费 50 000 美元甚至更高的成本。[6]甄选测试可以提供这方面的帮助：一家呼叫中心在采用了人员甄选测试之后，使得 90 天内的员工离职率从 41％下降到了 12％。[7]

第三，员工甄选之所以重要，是因为如果雇用过程管理不当，还会产生法律方面的后果。[8]**疏忽雇用**（negligent hiring）意味着企业在雇用了有犯罪记录或其他问题的员工以后，这些员工利用接近客户家庭的机会（或其他同类机会）从事一些犯罪活动。[9]在一个案件中，一名公寓管理人员利用万能钥匙进入一名女士的房间并强奸了她。[10]法院裁定，追究该公寓所有者的疏忽雇用责任，因为在雇用之前他没有对该管理人员的背景进行适当的调查。[11]目前，此类诉讼在日益增加。[12]

6.2　与员工测试和甄选有关的一些基本概念

在本章中，我们先从各种测试开始，对一些在实践中得到广泛运用的甄选工具进行讨论。一项测试基本上就是一个人的行为样本。我们在使用任何一种甄选工具时都假设这一工具是既可信又有效的。

6.2.1　信度

信度（reliability）是对一项测试的首要要求，它指的是测试的一致性："一项有信度的测试是指一个人参加两种不同形式的同一测试时，或者在两个不同的时间参加同一项测试时，能够得到具有一致性的测试成绩。"[13]如果某人在星期一的智力测试中得了 90 分，而在星期二的重测中却得了 130 分，你可能就不太会相信这个测试。

有几种方式可以用来评估一项测试的一致性或信度。你可以在两个不同的时间点对相同的人实施相同的测试，然后对他们在这两个时间点的测试得分进行比较。这种做法称为重测信度估计。[14]你也可以先实施一项测试，再实施另一项专家认为与该测试等价的测试。这种做法称为复本信度估计。（作为美国大学录取新生参考标准之一的学术能力评价测试（Scholastic Assessment Test，SAT）就是这方面的一个例子。）或者，将被测者对某些问题的答案与其对同一项测试中衡量同一方面内容的另一组独立问题的答案相比较，这称作内部比较估计。例如，一位心理学家在一项关于职业兴趣的测试中设置了 10 个题目，这些题目都从不同的角度测试了被试对从事户外工作的兴趣。你可以先实施这项测试，再通过统计分析方法分析被试对这 10 个题目所给出的答案的总体变异情况。

有很多因素会导致一项测试是不可信的，其中包括物理环境（第一天测试时处于安静的环境，第二天处于嘈杂的环境），被测者自身的变化（第一次测试时很健康，第二次却生病），以及进行测试的人所发生的改变（第一次测试时对被测者很礼貌，第二次测试时对他们却很粗暴）。另外，测试题目本身可能并不是一个代表性很好的样本。例如，第一项测试重点关注第 1 章和第 3 章的内容，而第二项测试却重点关注第 2 章和第 4 章的内容。

由于对某项测试的信度进行衡量会涉及对评价相同事物的两组测量分数进行比较，因此通常利用信度系数来判断一项测试的信度水平。信度系数表明了两组测量分数（比如第一天的测试分数和第二天的测试分数）之间的相关程度。

图 6-1 对相关性进行了说明。在两张散点图中，心理学家都对每位求职者的第一次测验分数（横轴）和第二次测验分数（纵轴）进行了比较。在（a）图中，各个点（每个点表明了一位求职者的第一次测试分数和第二次测试分数）是比较分散的。这样看起来，第一次测试分数和第二次测试分数之间就不存在相关性。在（b）图中，这位心理学家尝试了一种新的测试。结果各点以一种可预测的模式分布在图中。这就意味着求职者的第二次测试分数与第一次测试分数存在相关性。

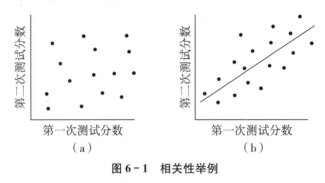

图 6-1　相关性举例

6.2.2　效度

虽然信度是不可或缺的，但它只不过是告诉你这项测试具有一致性。效度则可以告诉你这项测试所衡量的是不是你认为应该衡量的那些内容。[15] **测试效度**（test validity）回答这样一个问题："这项测试衡量了它想要测试的内容吗？"换言之，效度指的是基于这项测试得出的推断结果的正确程度。[16] 例如，如果珍妮在机械理解测试中的得分高于吉姆，那么能否断定珍妮的机械理解能力确实比吉姆更强呢？[17] 在员工甄选测试中，效度常常指一项测试与一项工作是相关的，换言之，一位求职者在测试中的得分是对其在未来工作岗位上的绩效进行预测的有效指标。一项甄选测试必须是有效的，因为如果没有相应的效度证明，则继续使用这种测试来甄选求职者就是不符合逻辑的或不合法的（根据平等就业机会的相关法律）。

正如我们前面说过的，一项测试就是一个人的行为样本，但有些测试能够比其他测试更准确地代表那些被测试的行为。例如，一项游泳测试明显与一位救生员的在职工作行为相关。另一种情况则是，测试题目与行为之间并不存在明显的关系。例如，在图 6-2 中，心理学家要求被试对一幅模糊的图片作出解释。然后，心理学家会根据被试给出的解释来推断其人格和行为。这种测试更难以证明它所衡量的到底是不是其声称要衡量的东西（在此案例中是指一个人的人格特质），也就是说，更难证明自己的效度。

在雇用测试中，有一些方法可以表明测试的效度。[18] **效标关联效度**（criterion validity）是从统计学角度证明一个甄选程序中的分数与样本员工的工作绩效之间的关系。例

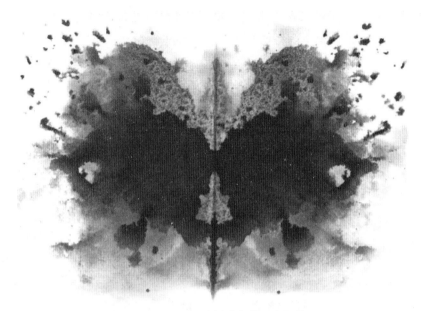

图 6-2　罗夏墨迹测试中的一张图片

如，这意味着要证明那些在测试中表现良好的人在工作中也会表现良好，而那些在测试中表现不好的人在工作中表现也不好。测试得分越高的人在工作中表现越好的话，就说明这种测试越有效度。在心理测试中，预测因子是指想要与某种效标（比如工作绩效）建立联系的一个测量指标（在这个例子中为测试分数）。效标关联效度就是反映这种关系的一个专业术语。

　　内容效度（content validity）是要证明一个甄选程序的内容能够代表其职位需要完成的工作内容的重要方面。例如，企业要想证明一项测试的内容效度，就需要证明这项测试是能够相当准确地反映工作内容的一个样本。这里的一个基本程序就是，找出对工作绩效至关重要的一些工作任务，然后从这些任务中随机选取一些作为样本来进行测试。许多牙科学校在甄选学生时，都会给申请者大块的粉笔，让他们把粉笔雕刻成牙齿。如果你选择的测试内容确实代表了这些被试在未来从事工作时必须掌握的内容，那么这项测试很可能是具有内容效度的。这样的话，那些在这方面很笨拙的学生就没必要申请牙科学校了。测试中使用的工作任务是由主题专家（SME）比如执业牙医来帮忙选择的。

　　构想效度（construct validity）意味着要表明：第一，一个甄选程序测量了一个概念（比如士气或诚实等抽象概念）；第二，这一概念对于成功达成工作绩效来说很重要。

　　在最好的情况下，无效的测试仅仅是浪费时间；最坏的情形是，测试可能是带有歧视性的。如果你是从供应商那里购买的现成测试工具，则供应商应该向你提供有关该测试的效度方面的信息。[19]在理想情况下，你应该重新对需要用于某个（或某些）职位的测试进行效度检验。无论如何，没有哪一种测试能完全准确（或者大致准确）地预测工作绩效，因此不要将测试作为唯一的甄选工具，还要运用面试和背景核查等其他甄选工具。

6.2.3　循证人力资源管理：如何检验一项测试的效度

　　企业通常选择运用效标关联效度来证明一项测试的效度。在这里，为了使一项甄选测试有用，你需要用一些证据来表明测试分数与工作绩效之间存在一种可预测的联系。因此，在其他条件相同的情况下，在研究生入学测试中得分较高的学生，在研究生院学习期间的成绩也会更好；在机械理解测试中得分较高的求职者，在做工程师时的工作绩效也更好。换言之，你应当在使用某种测试前对该测试的效度进行验证，即确保测试分数是像工作绩效这样的某种效标的一个有效预测因子，从而证明这种测试的效标关联效度。[20]

测试的效度研究工作通常是由工业心理学家来完成的，人力资源部门负责协调。严格来讲，直线经理的角色仅仅在于使工业心理学家清楚地了解一个职位对于人的具体要求以及绩效标准是什么。但是，在实践中，使用这种测试（或者测试结果）的每个人都应该了解与效度有关的一些内容。这样就能够更好地理解如何使用这些测试以及解释测试的结果。要想验证一项测试的效度，需要按如下五个步骤操作。

步骤 1：职位分析　第一步是对职位进行分析以及编制职位描述和任职资格。这里的目的是具体说明你认为任职者需要具备哪些方面的特征和技能，才能达成高绩效。例如，求职者是否必须善于沟通、具备良好的口头表达能力？这些要求都会成为预测因子，因为你认为这些因子是能够预测一个人在今后的工作岗位上能否取得成功的一些个人特征和技能。对于一名装配工人来说，预测因子可能包括手部灵活性和耐性。[21]

在第一步中，还必须定义"在工作岗位上取得成功"意味着什么，因为正是为了预测这种成功才需要预测因子的。成功的标准就是效标。在这里，可以采用与生产相关的效标（比如数量、质量等），也可以采用一些人事数据（比如缺勤率、服务年限等），还可以采用对员工的工作绩效所做的判断（比如直接上级作出的判断等）。

步骤 2：选择测试工具　一旦搞清楚了自己想要使用的预测因子（比如动手能力），下一步就是决定如何对这些预测因子进行测试。企业通常是根据经验、过去的一些研究成果以及"最佳的猜测"来作出选择的。它们通常不会从一开始就只选用一种测试，相反，它们都会选择几种不同的测试，然后将其组合为一个测试组。这个测试组的宗旨是测量一系列可能的预测因子，比如进取心、外向性、数学能力等。

哪些测试工具是现成可用的呢？在哪里能买到这些测试工具呢？最理想的做法是，聘请专业人员，比如工业心理学家。现在许多公司都推出了各种测试工具。[22]有些测试工具实际上是任何人都能买到的，但有的测试工具只有那些具备一定资格的人（比如取得心理学学位）才能购买。图 6-3 展示了一些能够提供关于各种测试或测试程序信息的网址。位于佛罗里达州庞帕诺比奇的 HRdirect 公司提供各种雇用测试工具，包括事务处理技能测试、电话销售能力测试和销售能力测试等。

步骤 3：实施测试　接下来就要实施这些选定的测试了。在这一步中，一种选择是对在职员工实施这些测试，这样就可以将他们的测试分数与他们目前的工作绩效进行比较，这种做法叫同时效度估计。它的主要优点是，员工的工作绩效数据是已经存在的。其缺点是，现有的员工可能并不能代表那些新的求职者（事实上，这些人才是甄选测试真正想要测试的对象），因为现有的员工已经受过在职培训，并且已经经过现有甄选手段的筛选了。

- www.hr-guide.com/data/G371.htm
提供与各种类型的雇用测试有关的一般介绍及其来源方面的信息。
- http://ericae.net
提供与各种类型的雇用测试和非雇用测试有关的技术性信息。
- www.ets.org/testcoll
提供与两万余种测试工具有关的信息。
- www.kaplan.com
由卡普兰公司（Kaplan）提供的关于各种不同的入学测试的信息。
- www.assessments.biz
提供雇用测试的众多公司之一。

图6-3　提供关于各种测试或测试程序信息的网站

预测效度估计是第二种也是一种更为可靠的对测试的效度进行检验的方式。在雇用求职者之前你可以先用一种新的测试工具对他们实施一次测试，但不要考虑这个新测试工具得到的结果，而是运用企业现有的其他各种甄选技术来测试并录用那些合格的求职者，待他们上岗工作一段时间之后，再来衡量一下他们的工作绩效，然后将这种工作绩效与他们在被雇用前通过那种新测试工具得出的测试分数进行比较。最后，你就可以确定你能否用他们的测试分数来预测他们以后的工作绩效了。

步骤4：确定测试分数和效标之间的关系　这一步是要确定测试分数（预测因子）与工作绩效（效标）之间是否存在一种显著的关系。通常采用的方法是通过相关分析来确定测试分数和员工的工作绩效之间的统计关系。

如果测试分数与工作绩效之间存在相关性，你可以制作一张**期望图**（expectancy chart）。它能用图形的方式展现出测试分数与工作绩效之间的相关关系。要想画出这样一张图，需要根据测试分数将员工分成几组，比如5个组，得分最高的1/5的人在第一组，得分次高的1/5的人在第二组，如此类推。然后，计算每一个组当中达成高工作绩效的人所占的百分比，再将这些百分比展现在如图6-4所示的期望图中。

在这个案例中，如果某人处于测试分数最高的20%的人当中，则此人被评为高绩效者的可能性为97%，此人如果处于测试分数最低的20%的人当中，则其被评为高绩效者的可能性只有29%。[23]

步骤5：进行交叉效度检验与重新检验　在正式将测试工具投入使用之前，你可能希望通过交叉效度检验来对测试工具进行检验，换言之，对一批新的员工样本再次实施步骤3和步骤4的操作。此外，至少应当让某些人定期对测试工具重新进行效度检验。

很多心理学家也可以很容易地以在线方式或使用基于Windows系统的解释性软件给一些心理测试打分。管理人员还可以自己给很多测试工具打分，如翁德里克人事测验（Wonderlic Personnel Test）。

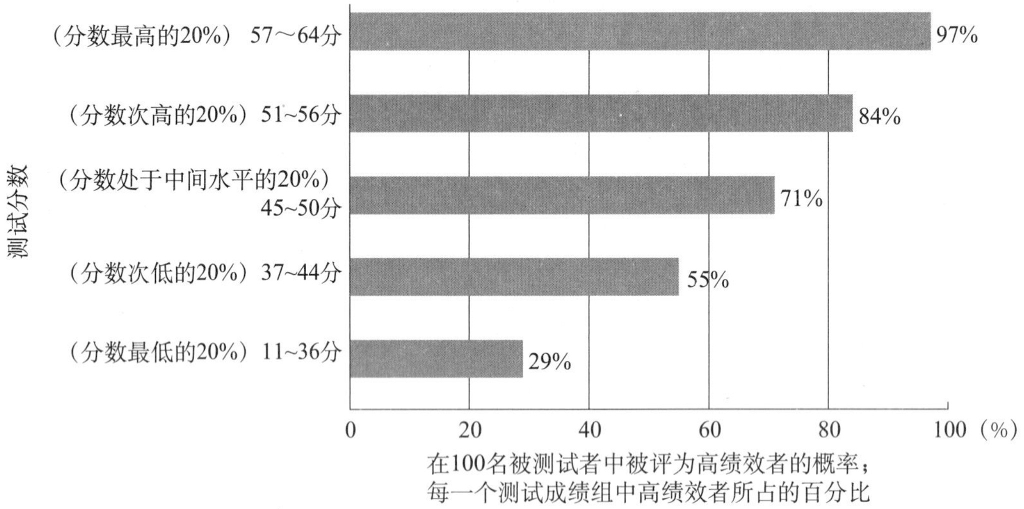

图 6-4　期望图

说明：本期望图展示了明尼苏达纸板测试（Minnesota Paper Form Board）中的得分与初级制图员的工作绩效评价结果之间的关系。

例如，那些测试分数在 37~44 分的人，其被评为高绩效者的可能性为 55％；那些测试分数在 57~64 分的人，其被评为高绩效者的可能性则为 97％。

6.2.4　偏见

大多数企业都知道自己不应该在甄选过程中使用有偏见的测试工具。[24]例如，一项特殊的智商测试能够对中产阶层白人群体的认知能力进行有效测量，但是对于少数族裔来说，测试分数则取决于他们是否熟悉中产阶层的文化。[25]直到最近，许多工业心理学家才认为他们已经能够充分控制测试中的偏见，但是目前这一问题还在审查过程之中。[26]因此，企业应该继续付出双倍的努力，以确保自己使用的测试工具不会产生带偏见的决策。

6.2.5　效用分析

仅仅知道一项测试能够预测绩效可能还不具有实用价值。例如，如果企业为了让每位求职者参加该项测试都要花费 1 000 美元的成本，而必须参加测试的求职者多达数百人，那么企业在这项测试上所花的成本可能就已经超过雇用一批有能力的员工所带来的收益。

要想回答"这项测试值得使用吗"这个问题，需要进行效用分析。有两位甄选专家指出："效用分析实际上从金钱的角度衡量了与没有使用某种甄选测试工具的情况相比，使用这种测试工具能在多大程度上改进甄选质量。"[27]进行效用分析所需的信息一般包括甄选测试工具的效度、用货币单位表示的工作绩效衡量结果、求职者的平均测试分数、测试一位求职者的成本，以及参加测试并被录取的求职者人数等。

改进绩效：作为利润中心的人力资源管理

运用测试来降低成本和增加利润

金融服务公司金钥匙银行（Key Bank）知道自己需要一种更好的方式来筛选柜员和呼叫中心的员工。[28]该公司计算出，它挑选和培训一位员工平均需要支出大约1万美元，但是在这些员工刚进公司的前90天里，这些新雇用的柜员和呼叫中心员工会有13%的人选择离职。当金钥匙银行使用了一种虚拟职位候选人预评估筛选工具之后，其新员工的离职率下降到了4%。"我们经过计算发现，公司在一年内仅仅因为柜员的离职率下降就节约了高达170万美元的成本，而这仅仅是因为我们作出了更好的雇用决定，降低了培训成本，同时提高了雇用质量。"该公司的人力资源总监如是说。

6.2.6　效度概化

对于许多企业尤其是小企业来说，对自己所使用的甄选工具自行进行效度检验是不划算的。这些企业必须找到那些已经在其他环境（公司）中被证明有效的测试以及甄选工具，然后将这些工具引入本公司，期望它们在自己的公司也能同样有效。[29]

如果一项测试在某家公司是有效的，那么我们能够在多大程度上将这种有效性推及自己的公司呢？效度概化就是指"一种测量方法在一种情境中达到的效度水平在不需要加以进一步研究的情况下，就能够被一般化地应用到另一种情境中的程度"。[30]此处需要考虑的因素包括该测试当前被用于各种不同目的的效度证据、该测试中的被试与你们公司准备测试的对象之间的相似性、职位的相似性等。[31]

根据美国联邦政府发布的《规范性员工甄选程序指南》（Uniform Guidelines，以下简称《规范性指南》），对甄选程序的效度进行检验是最好的，但是"《规范性指南》要求使用者只是在测试的消极影响出现时才提交关于测试工具的效度证据。如果没有产生消极影响，那么根据《规范性指南》的规定，企业没有必要提交效度证据"。[32]

企业需要了解的雇用法律

测试与平等就业机会

假设原告指出你的某个甄选程序对其所属的受保护群体存在消极影响。如果是这样，你就必须证明受到歧视性指控的测试或项目的效度和公平性。在测试方面，与平等就业机会相关的法律将其归结为两点：（1）必须能够证明你的测试与被试在职位上工作的成败是相关的；（2）必须能够证明你的测试对少数族裔群体和非少数族裔群体都没有造成不公平的歧视。[33]（请注意，企业在对求职者进行面试或使用其他人力资源管理技术（包括绩效评价）时，同样需要像使用测试时一样满足上述法律要求。）

6.2.7　被试的个人权利与测试的安全性

美国心理学会（American Psychological Association，APA）的教育测试和心理测试

标准规定，接受教育和心理测试的被试有隐私权以及获得测试结果反馈的权利。但这些规定是为心理学家提供测试指导的，并非法律上的强制要求。参加测试者拥有以下权利：

- 有权要求测试结果保密。
- 有权要求在本人的测试结果被使用前，先征得本人同意。
- 有权要求只允许那些有资格解释测试分数的人接触测试结果，或者是测试分数必须附有充分的信息，以确保能够对这些分数作出恰当的解释。
- 有权要求测试对所有人都是公平的。例如，任何参加测试的人都不得事先了解测试问题或答案。[34]

《联邦政府隐私保护法》（The Federal Privacy Act）赋予美国联邦政府的员工查阅本人的人事档案的权利，但其中的一条规定是，未经员工本人同意，不得对外披露其人事信息。[35]美国的一些普通法也针对向本公司以外的人披露公司员工信息的行为为员工提供某些保护。在这方面最常见的问题就是诽谤（包括书面诽谤和口头诽谤），当然还有一些隐私问题。[36]企业需要做到的最基本的两点是：

第一，确保清楚地知道需要对员工的信息保密。

第二，采取一种"有必要知道"的政策。例如，如果一位员工在服用药物一段时间后已经康复，这位员工的新任直接上级可能就"没有必要知道"了。

多元化盘点

测试中的性别问题

使用甄选测试的企业应该知道，性别问题可能会歪曲测试结果。一些父母以及其他人通过社会化的方式将女孩朝着传统女性角色的方向培养，而将男孩朝着传统男性角色的方向培养。例如，他们会鼓励小男孩而不是小女孩用工具做事情，或者鼓励小女孩而不是小男孩来照顾自己的弟弟妹妹。这种社会鼓励反过来又会导致男性和女性在回答职业兴趣等方面的问题时以及最终的得分出现差异。这种测试分数差距进而会导致职业顾问和其他人鼓励男性和女性进入很容易就形成显著性别隔离的职业之中，比如男工程师和女护士。

最基本的一点是，企业和其他人需要谨慎解释各种测试的结果（包括兴趣、资质等）。通常可能会出现这种情况，即这些测试结果更多地说明一个人的成长和社会化过程，而不是这个人具备的执行某些任务的内在能力。

6.2.8 企业在工作中应当如何使用测试工具

约有 80％的大型美国企业正在使用测试。[37]如果你想了解这种测试是什么样的，请试着做一做图 6-5 中的这个简短测试。

测试并不仅仅针对较低层级的员工。一般来说，随着工作的要求（技能要求、培训要求和薪酬要求）不断提高，企业在甄选中越来越多地依赖各种测试工具。[38]企业不仅利用测试工具挑选出好员工，而且用它们将不合格的人淘汰出局。[39]企业这样做是有充分理由的，让零售业企业担忧的一种情况是，在每 28 名员工中就有一名员工存在偷窃行为。[40]

请回答"是"或"否"。

1. 你喜欢自己的生活中有许多令人兴奋的事情。_____
2. 一位在工作中不紧不慢地干活的员工一定是在偷懒。_____
3. 你是一个谨慎的人。_____
4. 在过去的三年中，你在学校或工作中与他人发生过激烈的争吵。_____
5. 你喜欢开快车。_____

分析：根据工业心理学家约翰·坎普（John Kamp）的观点，从统计学的角度来看，对问题1，2，3，4和5的回答分别为否、是、是、否、否的求职者，缺勤以及发生工伤事故的可能性都比较小。如果他们在工作中需要驾车，则他们在工作中出车祸的情况也可能会比较少。这项测试的实际分数要根据被试对130个问题的回答得出。

图6-5　测试样本

资料来源：Based on a sample selection test from *The New York Times*.

巴黎酒店的人力资源管理实践

巴黎酒店人力资源总监莉萨·克鲁兹在考虑接下来该做什么的时候，她很清楚，员工甄选必须发挥应有的作用。巴黎酒店现在实行的是一种非正规的甄选程序，即各地的酒店经理在获得求职申请表后对求职者进行面试，最后再核查一下求职者的推荐材料。要了解莉萨是如何改进酒店的甄选系统的，请看本章末的案例。

6.3　测试的类型

我们可以很方便地根据各种不同的测试所要测量的对象，将它们划分为以下几类：认知能力测试、运动和身体能力测试、人格和兴趣测试以及成就测试。[41]下面逐一介绍每一类测试。

6.3.1　认知能力测试

认知能力测试包括一般推理能力（智商）测试和特定的智力测试，比如记忆能力和归纳能力测试。

智商测试　智商（IQ）测试属于一般性的智力测试。这种测试所要测量的不是人的某种单一特质，而是人的多种能力，其中包括记忆能力、词汇量、口头表达能力以及数学能力等。一个成年人的智商实际上是一种"派生出来的"分数，它反映了一个人的智商在多大程度上高于或低于成年人的平均智力分数。

通常采用韦克斯勒成人智力量表（Wechsler Adult Intelligence Scale）这样一类针对个体的测试工具来进行智力测量。企业还可以采用其他类型的智商测试，比如适用于不同人群的翁德里克人事测验。[42]在一项针对消防员实习生的工作绩效长达23年的研究中，研究者发现，对一般智力的测试和身体能力的评估能够在很大程度上预测这些实习生的绩效。[43]

特定的智力测试　还有一些测试用来测量某些特定的智力，比如归纳能力和演绎能力、语言理解力、记忆力以及数学能力。

心理学家往往将这种测试称为能力倾向测试，它们的目的就是测量一个人在从事某种特定职位的工作方面的能力如何。让我们来看一看图 6-6 中的机械理解能力测试，它所要测量的是求职者对于基本的机械原理的理解程度。它能够反映一个人在从事某些需要具备机械理解力的工作——比如机械师或工程师——方面的能力强弱。其他机械能力测试包括机械推理测试和 SRA 机械能力测试。

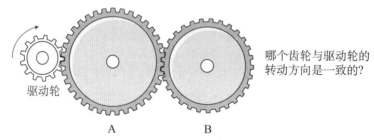

哪个齿轮与驱动轮的转动方向是一致的?

驱动轮

A　　　B

图 6-6　机械理解能力测试中可能会出现的题目

6.3.2　运动和身体能力测试

你可能还想测量运动能力，比如手指灵巧性、手工操作灵巧性以及（如果雇用飞行员）反应时间等。克劳福德小零件灵巧性测试（Crawford Small Parts Dexterity Test）就是这方面的一个例子，它测量一个人作出简单判断的速度和准确性，以及手指与手臂的运动速度。

企业可能还需要对求职者的身体能力进行测试。身体能力包括静态力量（例如举重）、动态力量（例如引体向上）、身体协调性（例如跳绳）以及耐力等。[44]美国海军的求职者必须通过海军部门的初始强度测试（2 个引体向上、35 个仰卧起坐以及跑步 1.5 英里）。

6.3.3　人格和兴趣测试

仅仅通过一个人的认知能力、运动和身体能力测试并不能说明这个人的未来工作绩效。正如一位咨询顾问指出的，大部分人都是因为他们具备相应的任职资格而被雇用的，但大部分人是因为态度、动机和性格而被解雇的。[45]

人格测试测量求职者性格的基本方面。工业心理学家通常关注"大五人格"中的五大维度：外向性、情绪稳定性（神经质）、宜人性、责任感和经验开放性。[46]

神经质是指倾向于表现出较差的情绪调节能力，能感受到负面效应，比如焦虑、不安全感和敌意；外向性是指倾向于友善、有决断力、积极，能感受到正面效应，如激情和狂热；经验开放性是指倾向于有想象力、不顺从、不循规蹈矩、有自制力；宜人性是指倾向于信任他人、服从、关心他人、待人温和；责任感包括相互关联的两个方面，即成就感和可靠性。[47]

人格测试所要测量的是求职者的人格特征。

有些人格测试是投射性的。在进行这种测试时，心理学家会向被试展示一个模糊的刺激源（例如一幅墨渍或云状图），然后让被试对此作出反应。由于这些图片是模糊不清的，所以心理学家假设被试会将自己的态度投射到这幅图画之中，比如不安全感。其他投射技术还包括看图讲故事（Make a Picture Story，MAPS）以及福勒结构性完成句子测试（Forer Structured Sentence Completion Test）。

另外一些人格测试则是自我报告式的，即由求职者本人来填写问卷。在网上可以找到的迈尔斯-布里格斯测试（Myers-Briggs test）提供了一种可用于职业选择和职业规划等决策的人格类型分类方式。[48]同样，DISC 性格测试这一工具使被试能够深入了解自己的行为风格。[49]

通常人格测试的结果的确与工作绩效之间具有相关性。例如，"在人格研究中，责任感是工作绩效最一致、最普遍的预测指标"。[50]另一项研究发现，神经质与动机负相关。[51]外向性与在销售类工作和管理类工作中取得成功是存在联系的。[52]情绪稳定性、外向性、宜人性则能够预测出外派人员是否会提前离开他们的海外工作岗位。[53]下面的专栏提供了一个示例。

改进绩效：全球人力资源管理实践

外派人员测试[54]

在国外生活和工作需要一些特殊的人才，并不是每个人都能轻松地适应远离家人的环境，也不是每个人都能做好与具有不同文化价值观的同事打交道这类事情。这要求外派人员具有很强的适应能力和人际交往能力。[55]

雇主经常使用特殊清单来对外派人员进行测试。例如全球能力清单（GCI），它侧重于测试适应性的三个方面：

● 感知管理因素，评估人们对文化差异的刻板印象，包括对文化差异进行评判，应对复杂性和不确定性。

● 关系管理因素，评估一个人对自己影响他人的认识。

● 自我管理因素，评估一个人的心理和情绪健康程度。

在工作中使用人格测试时需要注意四个问题。第一，要记住，对投射性人格测试是很难作出解释的。这是因为在这种测试中，专家必须分析被试对图片作出的解释和反应，并借此推断出他们的人格特点。第二，正是这种原因以及其他方面的一些因素，人格测试更有可能引发法律问题。[56]第三，专家们争论自我报告式人格测试的效度可能太低而无法被接受。[57]第四，人们有可能在人格和诚实性测试中提供虚假的答案。[58]在这里需要做到的最基本的一点是：要确保你所使用的人格测试能够预测出求职者在你所要测试的那个职位上的工作绩效。

兴趣测试 兴趣测试（interest inventory）是对被试的兴趣与实际从事各种不同职业的人的兴趣进行比较。因此，凡是参加斯特朗职业兴趣测试（Strong Career Interests

Test）的人都会得到一份报告，这份报告会将被试的兴趣与那些正在从事某些工作——比如会计或工程——的人的兴趣进行比较。有些人则通过参加自助式的自我指导职业探索测试（Self-Directed Search，SDS）来获得一个兴趣代码，以此来识别自己在哪些职业中可能会有较高的潜质。这里的一个基本假设就是，人们在自己感兴趣的职业领域中总是最有可能做得更好，这种测试确实可以预测员工的业绩和离职率。[59]人与职业之间的匹配度较差会使员工感到沮丧。[60]

6.3.4 成就测试

成就测试要测量的是一个人学到了哪些东西。你在学校里接受的大多数测试都属于成就测试。它们测量你在经济学、市场营销或人力资源管理等领域所掌握的"工作知识"。在工作中，成就测试也得到了广泛的应用。例如，普渡机械师和机器操作员测试（Purdue Test for Machinists and Machine Operators）就利用"公差的含义是什么"等问题来测试有经验的机械师所掌握的工作知识。此外，还有适用于其他职业的一些测试。除了工作知识，成就测试还可以测量被试的各种能力，游泳测试便是其中一例。

改进绩效：利用人力资源管理信息系统

计算机化与在线测试

计算机化测试以及（或）在线测试正在越来越多地取代纸笔测试。例如，Timken公司最近开始使用在线评估对美国的时薪职位求职者进行评估。在线测试的内容包括数学能力等内容。[61]我们在第5章中讨论过的求职者跟踪系统通常就包括在线预筛选测试。[62]（在这里，该系统的使用者要确保拒绝标准是有效的，同时要及时向求职者反馈他们的求职申请处于什么状态。）[63]一些供应商（见 www.iphonetypingtest.com）还设法使求职者能够通过自己的智能手机参加这些测试。[64]Development Dimensions International 公司开发了一种计算机化的多媒体技能测试工具，福特公司用它来筛选装配工人。"该公司可以测试一切，从人们如何拧紧螺栓到他们是否正确地遵循了特定的程序……"[65]

除了更便捷、成本更低，计算机化测试还有其他好处。例如，PreVisor（www. previsor. com）等提供了在线适应性人格测试。一位候选人在回答每个问题时，测试系统会根据被试对前一个问题的回答确定下一个需要回答的问题。这样做不仅提高了测试的效度，而且减少了欺骗行为的发生。例如，这种方式使候选人不大可能共享测试题（因为每位候选人看到的所有问题合起来形成的是一份定制的测试）。[66]就文本测试而言，最近已经开发出一种计算机程序，它被训练得和人工审读论文一样可靠。[67]本章中我们讨论的大多数测试都能够以电子化表格的形式获得。

影响人力资源管理的趋势：人才管理科学

人才分析、机器学习和人工智能

对于员工甄选来说，至关重要的是确定最优秀候选人的特征，并快速有效地把他们识别出来。雇主越来越多地使用多种相关的分析和技术工具，来改进和加快员工甄选过程。

所谓**分析**（analytics），是指使用统计工具处理数据，以便从中得出结论。[68]人才分析意味着雇主使用此类工具，对现有的员工数据进行深入挖掘，以更好地识别出能在工作中获得成功或失败的人员类型。[69]

例如，一家金融服务公司甄选员工时秉承这一理念：员工将来在工作中的绩效取决于他们的受教育背景和学习成绩。[70]然而，一项统计分析发现，就读学校和成绩根本不重要，真正重要的是申请人在以前的工作中取得了成功、表现出在含糊指示下取得成功的能力，以及"简历上没有拼写错误或语法错误"。

另一个例子是，连锁店邦顿百货公司（Bon-Ton Store Inc.）的化妆品销售人员离职率一度很高。为了对这一问题进行分析，公司挑选了450名现有的化妆品销售人员，让这些员工匿名填写旨在确定员工特点的调查问卷。通过运用人才分析对各种信息进行分析，该公司确定了化妆品销售人员自身与工作绩效及任职时间有关的特点。邦顿百货公司的假设是，最好的销售人员是那种友好且对化妆品充满热情的人，但实际上最好的销售人员是问题解决者。他们收集顾客需求方面的信息，然后解决这些问题。[71]人才分析帮助邦顿百货公司确定了更好的甄选标准。

机器学习（machine learning）基本上是指能够提高绩效和进行自主学习的软件。例如，你订阅的新闻通常能够识别你喜欢的文章类型并为你推荐更多的类似文章。这种软件的"学习"不受人为干预的影响。[72]

机器学习软件将某种输入特征（如贷款申请）与得到的响应（如谁拖欠贷款）联系起来。例如，银行可以通过机器学习审查成千上万的贷款申请（输入），以确定具备哪些特征的人最有可能偿还贷款（响应）。[73]未来就可以通过这种手段审查贷款申请人是否具备这些特征。[74]

机器学习不仅仅依赖测试，测试只是其中的一个组成部分，机器学习可以通过识别语言的使用情况（比如这个人是否经常说"好累啊"）、在社交媒体上发表的评论、视频采访中的面部表情等与员工过去的工作绩效之间的关系，来判断员工未来的工作绩效。[75]例如，HireVue软件通过分析客户的求职面试影像资料中的某些面部表情和语音，来判断哪些特征能够预测求职者是否适合本工作。随后就可以分析每一位新的候选人的面试视频，以找出能够预测其未来工作绩效的蛛丝马迹。为了寻找合适的候选人，Skillsurvey公司发明的工具能够帮助企业根据候选人在回答工作具体问题时使用的词语来判断其未来的个人绩效和具体行为。[76]Koru公司通过让现在的员工完成一些简短调查来识别应当对目标候选人进行评估的特征和行为（比如毅力），并提供一个图形配置文件。[77]

许多此类工具都在使用算法。这些程序很快能够通过成千上万的"如果—那么"逻辑关系（根据经验、个人特征、语言习惯、面部表情等进行校验），找到最适合岗位的候选人。采用这种做法的基础是算法统计出的个人特征与在特定岗位上的工作绩效之间所具有的相关性。[78]

最后，这些以及其他类似的工具成为人工智能的基石。**人工智能**（artificial intelligence）意味着利用计算机技术以一种我们认为是"人类的"或"智能的"方式完成各项任务。[79]

➡ 6.4　工作样本法与工作模拟法

在采用**工作样本法**（work sample）的情况下，可以向被试展现在他们申请的职位上从事工作时的典型场景，然后对他们作出的反应进行评价。[80]专家认为，工作样本法（以及正如我们将在本节中讨论的评价中心等这样一类工作模拟法）也属于测试，但是它们不同于其他大多数测试，因为它们直接测量工作绩效。

6.4.1　采用工作样本法甄选员工

工作样本技术（work sampling technique）试图通过要求职位候选人完成一项或多项基本工作任务的样本来对他们的工作绩效进行预测。例如，一位收银员的工作样本可能包括操作收银机以及数钱。[81]

工作样本法有几个优点。首先，它测量的对象是实际的工作任务，因此被试难以弄虚作假。其次，工作样本的内容——任职者在实际工作中必须履行的工作任务——不大可能对少数族裔不公平（不像那种强调中产阶层观念和价值观的人事测量可能会遇到的情况）。[82]再次，工作样本测试不去探究求职者的人格特点，因此，求职者几乎不大可能认为其会侵犯自己的隐私。最后，在设计得当的情况下，工作样本测试还可以比用来预测工作绩效的其他测试表现出更好的效度。

基本程序　工作样本法的基本操作程序是，从对于一个职位非常关键的几项任务中选择一个样本，然后用这个样本对求职者进行测试。[83]由一位观察员来监控求职者在执行每项任务时的表现，在一张清单上记录这位求职者的绩效好坏。这里有一个例子，在为维修技师创建工作样本时，专家首先列出了维修技师需要完成的所有工作任务（如"安装滑轮和皮带"等），其中的四项关键任务是安装滑轮和皮带、拆卸和安装齿轮箱、安装和调试马达、将套管压入链轮。由于维修技师可以用略有不同的方法去完成每一个步骤，因此专家会给不同的操作方法赋予不同的权重。

图6-7展示了要求被试完成的安装滑轮和皮带中的一个步骤——"在安装前核对销子"。在这一步中对销子进行核对的方法有三种：第一种是根据轴来核对；第二种是根据滑轮来核对；第三种是不以这两者中的任何一种为依据进行核对。图6-7右侧列出了反映每一种核对方法的价值的权重（分数）。求职者完成这项任务之后，观察员就会记录他所使用的方法。

安装前核对销子：
　——根据轴来核对　　　　　　　　　　　　　　　　　得3分
　——根据滑轮来核对　　　　　　　　　　　　　　　　得2分
　——不根据轴也不根据滑轮来核对　　　　　　　　　　得1分
　说明：这是安装滑轮和皮带中的一个步骤。

图6-7　工作样本法中的题目示例

6.4.2 情境判断测试

情境判断测试是一种"用来评价一位求职者对工作场所中可能会遇到的某种情境作出的判断"的人事测试。[84] 例如：

假如你是位于美国佛罗里达州迈阿密市的百思买公司（Best Buy）旗舰店的一位销售员。你们商店出售各类电子产品，其中包括智能手机。你所面临的竞争不仅来自邻近的其他零售商，还来自网络公司。许多光顾你们店的顾客都会与你一起查看想要购买的产品，但最后从亚马逊网站上以更低的价格买下同样的产品。作为一名销售员，你要负责提供优质的顾客服务，展示自己的产品知识，并努力使销售额最大化。你是按周领薪资的，没有销售奖金。你将如何应对下面这种情境？

情境：

一位顾客带着一份从亚马逊网站下载打印的三星 Galaxy 手机资料向你走过来。他向你详细地询问有关价格、电池寿命以及如何使用这款手机等方面的信息，还向你提到"这款手机在亚马逊上的销售价格比你们这儿要便宜 50 美元"。现在，你已经在这位顾客身上耗了将近半小时的时间，而此时还有其他顾客在等待你提供服务。这时你将会做的事情是：

1. 告诉这位顾客直接去亚马逊网站购买这款手机。

2. 请这位顾客稍等 20 分钟，等你处理好其他顾客的问题再回来接待他。

3. 告诉这位顾客在本地的 Sprint 手机经销商那里甚至能以比亚马逊更低的价格买到这款手机。

4. 向这位顾客解释说本店还有一些能够更好地满足其需求的类似手机，并且说明这种手机的优点。

5. 请你的主管过来，努力劝说这位顾客从你这里购买这部 Galaxy 手机。

人力资源管理与零工经济

自由职业者

如今，许多雇主全部或部分依赖自由职业者来组建员工队伍，比如短期自雇用程序员、设计师或营销人员。一家网站设计公司的经营者说，如果需要短期项目的设计师，他"只需在网上发布"招募公告，几分钟内就可以获得多份申请。[85]

自由职业者论坛使得这些雇主能够基于每个自由职业者的声誉和工作成果招聘和选择合适的自由职业者团队。例如，Upwork.com（见 www.upwork.com）报告其会员的技能评估清单并列出详细的项目工作经验，使潜在雇主更容易决定应该雇用谁。同样，Top-Coder.com 的程序员论坛可以帮助雇主根据程序员在论坛中的声誉识别出最优秀的候选人。

6.4.3 管理评价中心

管理评价中心（management assessment center）是一种为期 2～3 天的模拟活动，在

这一过程中，10~12 名候选人在专家的观察之下完成一系列的实际管理任务（如发表演说等），这些专家会对每一位候选人的领导力潜质作出评价。例如，芝士蛋糕坊（Cheese-cake Factory）就创建了自己的专业化评估与开发中心，以甄选那些可以被晋升的管理者。候选人要完成历时两天的练习、模拟以及课堂学习，以考察他们是否具备担任关键管理职位所需的技能。[86]

典型的模拟任务包括：

● 公文筐练习。在这个练习中，候选人要面对一大堆报告、备忘录、来电记录、信函以及其他资料，这些资料与他们模拟承担的职位相关，它们或者被装在真的文件筐中，或者被放在计算机的文件夹里。候选人必须对每份文件进行适当的处理。在练习完成后，受过训练的评价者会对候选人的工作情况作出评价。

● 无领导小组讨论。评价者会给出一个无领导小组的讨论题，然后要求这些参加讨论的成员达成小组决议。评价者会对每位小组成员的人际关系技巧、群体接受度、领导能力以及个人影响力等作出评价。

● 管理游戏。游戏参加者作为在同一个市场上相互竞争的几家模拟公司中的成员来解决一些现实问题。

● 个人口头演讲。这时评价者会对候选人的沟通能力和说服能力作出评价。

● 测试。这些测试可能包括人格测试、智力测试、兴趣测试以及成就测试等。

● 面试。大多数管理评价中心还要求至少由一名评价者对每一位参加者进行一次面试，从而对参加者的兴趣、过去的工作绩效以及动机等作出评价。

在挑选管理评价中心参加者的时候，主管人员的推荐意见通常是很重要的。直线经理通常担任评价者，并且通过讨论达成一致意见，然后对参加者作出等级评定。[87]管理评价中心的开发费用很高，比各种传统测试耗费的时间更长，还要由管理人员来担任评价者，有时还需要聘请心理学家。但是，很多研究证明，企业使用管理评价中心是物有所值的。[88]过去的研究一直表明，与管理评价中心相比，测试在预测工作表现方面表现得更好。但最近的一项研究发现，管理评价中心更加有效。[89]

6.4.4 情境测试和视频模拟测试

情境测试（situational test）要求被试对能够代表工作场景的典型情境作出反应。工作样本法（前面已经讨论过）和管理评价中心需要完成的任务（比如公文筐练习）都属于这种类型的测试。小型工作培训（我们稍后将加以描述）和我们将在第 7 章中讲到的情境面试也属于情境测试。[90]

视频模拟测试（video-based simulation）通过在线或电脑播放的方式向被试展现几个视频情境，每个情境都有一道或多道选择题。例如，一个情节可能描绘了一位员工在工作中需要处理的某种情境。在情节发展到一个关键点的时候，视频就终止了，然后，这个视频要求被试在几种行动方式中作出自己的选择。例如：

（一位管理者对部门的环境条件非常不满，然后就拿部门中的一位员工出气。）

经理：哦，我真高兴看到你正好在这里啊。

员工：怎么了？

经理：看看这个地方你就知道为什么了！我一天不在这里，回来就发现整个部门被搞得乱七八糟。你应该比我更清楚这到底是怎么回事。

员工：但是我昨天晚上并没有工作到很晚才走啊。

经理：可能是没有。但是，此前已经发生过很多次你们把部门的环境搞得乱糟糟的事情了。

（情节到此停止）

如果你是这位员工，你会怎么做？

a. 让把办公室搞乱的同事知道你不得不背这个黑锅。

b. 首先改变部门的现状，再找机会向经理解释缘由。

c. 建议经理自己去与那些把部门环境搞乱的同事谈话。

d. 把情况反映给经理的上级。[91]

6.4.5 小型工作培训和评价法

小型工作培训和评价法（miniature job training and evaluation）是指在雇用求职者之前，首先培训他们去完成几项工作任务，然后对他们的绩效进行评价。与工作样本法类似，这种方法假设一个人如果能够证明自己可以学会并实际完成工作任务样本，则此人就能够学会和完成职位的所有工作任务。

例如，本田汽车公司在美国亚拉巴马州建立一家新的汽车厂，它需要雇用数千名新员工。通过与亚拉巴马州的一家工业发展培训机构合作，本田汽车公司开始投放招聘广告。

本田汽车公司和这家机构首先对求职者进行了筛选，剔除掉那些缺乏相关教育背景或工作经验的人。然后，优先考虑那些居住地离工厂较近的求职者。每隔 6 周就会有大约 340 名求职者在新工厂中接受一项特殊培训，每周培训两个晚上。培训的内容包括课堂讲解、观看本田汽车公司员工的实际工作视频，还包括练习完成一些特定的工作。有些求职者通过观看视频了解到未来的工作节奏之后就主动退出了。

培训有两个目的：首先，求职者能学会他们今后在本田汽车公司工作时所需要的技能；其次，这家机构的专家会对求职者进行仔细的观察，并给他们打分，邀请那些成功完成培训的人申请新工厂中的职位。本田汽车公司的团队——由人力资源部门和用人部门的代表组成——最后决定录用哪些人。[92]

6.4.6 实际工作预览

有时，实际工作是最好的筛选工具。例如，当沃尔玛公司向求职者明确说明了公司的工作时间表，同时询问他们的工作偏好之后，员工的离职率下降了。[93]总的来说，虽然参与实际工作预览的求职者更有可能拒绝接受该公司的入职邀请，但该公司员工的离职率有可能会更低。[94]下面的专栏解释了其中的原因。

> 改进绩效：战略背景

Zulily 的 "速配" 式员工甄选

在"我们为天下的母亲工作""拥有所有权"等价值观的引领下，Zulily 必须谨慎甄选符合企业文化和公司价值观的员工。Zulily 是怎么做到的?[95] 答案是确保求职者真实体验到在公司工作的感受。例如，Zulily 定期举行在线员工甄选。在这些活动中，求职者会遇到今后可能在一起工作的同事。大家一起参加"速配"式的面试，合适的求职者当场就能得到录用通知。

"速配"式的面试可能看起来有点没有人情味，但对 Zulily 来说是最有效的。公司的一位经理表示，"速配"式的面试让求职者有机会体验我们快节奏的工作方式，并亲眼看到公司员工如何兑现对顾客的承诺，鼓励他们拥抱变革、积极参与团队合作。事实证明，让求职者体验在公司工作的真实感受是甄选合适员工的一种有效方式，让公司战略得以落地。[96]

6.4.7 选择一种甄选方法

在选择使用一种或几种甄选工具之前，企业需要考虑几件事情。这些事情包括甄选工具的信度和效度、投资回报率（通过效用分析回答），求职者的反应，甄选工具的可用性、消极影响以及甄选比率（它是否像应该做到的那样将很大一部分求职者筛选出去，还是会让所有求职者都通过筛选）。[97] 表 6-1 总结了几种应用广泛的甄选方法的效度、潜在消极影响以及成本。下面的专栏将会展示直线经理可以如何设计自己的测试。

表 6-1　对部分甄选方法的评价结果

甄选方法	效度	潜在消极影响	成本（开发成本/测试成本）
认知能力测试	高	高（不利于少数族裔劳动者）	低/低
工作知识测试	高	高（不利于少数族裔劳动者）	低/低
人格测试	低到中	低	低/低
诚实性测试	中到高	低	低/低
结构化面试	高	低	高/高
情境判断测试	中	中（不利于少数族裔劳动者）	高/低
工作样本法	高	低	高/高
评价中心	中到高	低到高，取决于实际的实施情况	高/高
身体能力测试	中到高	高（不利于女性和老年劳动者）	高/高

资料来源：From Selection Assessment Methods，SHRM Foundation，2005. Reprinted by permission from SHRM Foundation.

改进绩效：直线经理和小企业家的人力资源管理工具

员工测试与甄选

作为一家大型企业的直线经理，你可能面临的事情之一是，在筛选求职者的时候，你必须自己作出决策。有些大公司的人力资源部门可能会与雇用经理共同设计和管理我们在本章中探讨过的那些甄选工具。但事实是，在许多公司中，人力资源部门所做的顶多是一些初步的预筛选工作（比如，对申请文员工作的求职者进行一些数学测试），然后做一些背景核查以及药物测试和体检工作。

假如你是一位市场营销经理，想用更加正规的方式对求职者进行甄选，那么你应该怎么做呢？你可以自己设计测试组合，但需要小心。在购买和使用成套的智商测试或心理测试甚至营销能力测试时，你可能会遇到问题。因为这样做可能会违反公司的政策，引发有关测试效度的问题，甚至有可能会在出现问题时使你们公司面临美国平等就业机会委员会的起诉。

最好的办法是自己设计和使用甄选工具，这种做法的表面效度是很明显的。我们在前面讨论过的工作样本法就是这方面的一个例子。比如，下面的做法就是相当合理的：一位市场营销经理要求一位申请广告设计职位的求职者用半小时来设计一则广告，或者要求一位申请市场调研职位的求职者针对某个假设的产品快速地设计一份市场调研计划。类似地，一位生产经理可能会要求一位申请库存控制职位的求职者在几十分钟内运用某个标准库存控制模型来解决某个库存问题。

有些测试因为使用起来非常容易，所以特别适合小企业使用。其中一种测试就是翁德里克人事测验。这种测验能在大约15分钟的时间内对一个人的总体智力进行测试。测试人员首先阅读该测试的有关说明，然后让候选人回答在一张纸正反两面的50道简短问题，测试人员负责计时。接着，测试人员将候选人回答正确的题目数量加总。最后，将候选人的得分与各种不同的职位在理论上需要达到的最低分数加以比较，看其是否达到了这个职位对候选人的最低分数要求。预测指数则要求参加测试者回答那些与工作相关的人格特征问题。例如，如果一个人总是很无私、合群并且谦逊，他身上就存在一种"社会兴趣"特征。这个人很可能会成为一名优秀的人事面试官。这种测试提供的模板使打分的过程得以简化。

正如许多经理知道的那样，对某些职位来说，一个人的历史绩效比正式的甄选测试更能预测他们的未来绩效。例如，一项针对美国国家橄榄球联盟（NFL）候选球员的研究得出的结论是，候选球员在大学期间的成绩能够比身体能力测试更好地预测他们在国家橄榄球联盟中的表现。[98]

6.5 背景调查及其他甄选方法

各种测试通常只是企业甄选过程的一个组成部分。其他一些甄选工具还包括背景调查和推荐信核查、雇用前信息收集服务、诚实性测试以及药物滥用筛查。

6.5.1 为什么要进行背景调查和推荐信核查

一家大公司正准备宣布任命一位新的首席执行官，却发现他在一个州拥有一个妻子和两个孩子，在另一个州也拥有一个妻子和两个孩子。[99]，背景调查服务商 HireRight 在 12 个月的时间里对 60 万人的教育背景进行了调查，结果 32% 的人存在问题。[100]

避免发生雇用失误的最简单的方法之一就是彻底对求职者的背景进行调查。这样操作的成本非常低，但是（如果做法正确的话）非常有用。如果明白这些道理，甚至一些大企业的直线经理都没有理由不对自己准备雇用的人提供的推荐信进行核查。

大多数企业都会仔细核查和确认求职者的背景信息以及他们所提供的推荐信。在一项针对大约 700 名人力资源经理所做的调查中，87％的人说他们对求职者提供的推荐信进行过核查，69％的人对求职者的就业背景进行过调查，61％的人调查过员工的犯罪记录，56％的人调查过员工的驾驶记录，35％的人有时或总是检查员工的信用记录。[101]企业经常需要调查的信息包括就业资格的合法性（是否符合移民法的规定）、过去的受雇日期、服役情况（其中包括退伍的类型）、教育情况、个人身份（包括出生日期以及可以用来确认身份的有效住址）、县级政府提供的犯罪记录（在现居住地和前居住地的犯罪记录）、机动车驾驶记录、信用、驾照、社会保障号以及推荐信验证。[102]有些企业还会在征得求职者同意的情况下，对高管职位候选人牵扯到的民事诉讼记录进行调查。[103]美国一些州禁止私营企业在最初的书面求职申请阶段询问求职者有关犯罪记录的问题。[104]一些企业还会对现有员工进行背景调查。[105]

对求职者进行背景调查的主要原因有两个，即核查求职者信息（姓名等）的准确性以及发现一些不利信息。[106]在求职申请书中说谎的人绝不在少数。一项调查发现，在 7 000 名高层管理人员的简历中，23％的人都存在夸大信息或提供虚假信息的情况。[107]

至于对员工的背景要进行多么深入的调查，则取决于企业需要招募人员的职位。例如，与雇用一名场地管理员相比，在雇用一名会计时，对求职者的信用记录和教育情况进行审查就重要得多。无论如何，企业应当定期审查那些容易接触到公司资产的员工（如出纳）的信用状况。此外，对经常使用公司汽车的员工的驾驶记录进行审查同样很重要。

大多数管理人员并不认为求职者的推荐信很有用，而事实也是如此，没有多少企业会毫无顾忌地谈论自己过去的员工。例如，美国人力资源管理协会在一项调查中发现，在 433 名受访者中，98％的人都说他们的组织会为现有或过去的员工提供关于他们的受雇日期的证明，但是 68％的受访者指出，他们不会在这种文件中讨论员工的工作绩效；82％的人说他们不会讨论员工的个性或者人格；还有 87％的人说，他们不会披露对这些员工采取过的纪律惩戒行为。[108]

很多管理人员都不希望妨碍过去的下属找到新的工作，还有一些管理人员甚至可能为了摆脱这些不胜任工作的员工，宁愿为他们提供超出实际情况的良好评价。

另一个原因是法律方面的问题。通常情况下，为前员工提供推荐信的企业是不会被前员工以诽谤名义起诉的，除非这些前员工能够证明企业确实对自己存在"恶意"，也就是说用意不良、严重疏忽或无视员工的权利。[109]尽管如此，提供推荐信的管理人员和企业仍然会尽量注意避免发生那样的情况。

企业需要了解的雇用法律

提供推荐信

与给员工写推荐信有关的美国联邦政府法律包括 1974 年《隐私法》、1970 年《公平信用报告法》、1974 年《家庭教育权利和隐私法》（以及同年的《巴克利修正案》）、1966 年《信息自由法》。各种联邦政府法律都赋予了个人两个方面的权利：一是了解自己的信用档案以及提交给政府的各种文件中记载的与本人有关的那些信息的性质及内容；二是审查任何一家与美国联邦政府机构签订合同的私营企业提供的与自己有关的信息记录（依据《隐私法》）。因此，请你写推荐信的这个人很可能会查看你对他所做的评价。[110]如果你们公司给一位过去的员工提供一封对他不利的推荐信，主要是因为这位员工曾经向平等就业机会委员会控告过你们违反相关的法律，而你们希望借此来对他进行打击报复，则你们公司可能会被起诉。[111]

此外，美国的普通法——特别是诽谤所涉及的侵权行为——也适用于你提供的任何此类信息。如果你们提供的信息是虚假的，并且损害了评价对象的声誉（通过降低周围的人对评价对象的尊重，或者阻碍别人与该对象之间的交往）那么这种行为就是诽谤性的。

事实本身并非总能成为辩护的理由。在美国有些州，即使企业披露的与员工有关的大量信息都是真实的，但如果这些信息属于令其感到尴尬的隐私，员工也可以起诉企业。曾经有这样一起案件，一位主管人员在与一位员工的激烈争吵中，大声说出这位员工的妻子与某人发生过性关系。这位员工及其妻子起诉该企业侵犯了他们的隐私。陪审团裁决，这家企业必须为侵犯这对夫妇的隐私以及故意给他们造成的情感压力负责。[112]

尽管这类诉讼的风险可能很小[113]，但这种情况造成的最终结果就是，大多数企业和管理人员对于能够给谁提供推荐信以及在推荐信中写什么内容都有非常严格的限制。（一项研究发现，医院之间在分享此类信息方面存在"沉默文化"。）[114]作为一项重要原则，企业应当确保只有那些得到授权的管理人员才能提供推荐信息。为确保推荐信不至于引起法律问题，其他建议包括："不要主动提供推荐信""避免作出模棱两可的陈述"以及"不回答一些存在陷阱的问题，比如'你还会再雇用此人吗'等"。实际上，许多公司都有这样的政策规定，即除了前员工的就业日期、最后薪酬水平以及所承担的职位名称之外，不提供其他任何推荐信息。[115]

（但是，不披露相关信息可能也是很危险的。在美国佛罗里达州发生的一起案件中，一家公司以一名员工携带手枪进入工作场所为由将其解雇。这名员工后来就职的另外一家企业又因为他缺勤而再次把他解雇，结果他回到这家再次解雇他的公司，开枪射杀了几名员工。受害员工以及被射杀的员工的亲属对于过去曾经雇用这名凶手的第一家企业提起了诉讼，因为这家企业曾经为这名员工出具过一封说明其并不存在问题的推荐信，据说这家企业当初这么做就是不想因自己的解雇决定而惹怒该员工。）

一位宣称自己受到诽谤的求职者可以通过各种合法途径加以补救，其中包括控告提供推荐信的人诽谤自己。[116]在一起案件中，一位求职者被其求职的公司拒绝了，导致这种结果的原因之一是，此人就职的前一家企业将其描述为一个"性格独特的人"，后来法院判决提供推荐信的前雇主向这位员工支付5.6万美元的赔偿金。许多公司会收取很少的费用来检查推荐信（谷歌推荐信检查服务）。[117]比如，一位管理人员雇用了这样一家公司，该公司通过调查发现，这位管理人员原来工作过的企业中的一位主管认为他"不大愿意承担风险或作出重大的决策"。最后这位管理人员起诉了自己过去工作过的那家企业，要求该公司停止诽谤并支付4.5万美元的赔偿金。[118]

管理人员和企业可以通过做好以下几件事情来获得更好的信息。

大部分企业起码会尝试通过电话向求职者现在（或原来）就职的企业了解他们当前（或过去担任过的）职位以及薪酬的情况（假设你已经明确向求职者说明本公司会这样做）。还有一些企业则会打电话去询问求职者现在或过去的直接上级，以进一步了解此人的工作动机、技能以及与同事相处的能力（尽管很多公司同样会制定政策，禁止本公司管理者提供此类信息）。图 6-8 为一张可通过电话获得的推荐信息的表格。

（在进行推荐材料核查之前应当确认求职者授权你采取这种行动。）
求职者姓名_____
推荐人姓名_____
公司名称_____
雇用日期：始于_____ 终止于_____
承担职位_____
薪酬水平_____
离职原因_____
向求职者过去的上级解释自己为什么要打这个电话，然后与其确认上述各项信息（其中包括离职原因）。_____
1. 请描述此人过去负责的工作类型。_____
2. 你如何看待此人和同事、下级（如果有的话）以及上级之间的关系？_____
3. 此人的工作态度是积极的还是消极的？请具体说明。_____
4. 你如何描述此人过去在贵公司的工作数量和工作质量？_____
5. 此人在工作中的强项是什么？_____
6. 此人在工作中的弱项是什么？_____
7. 你对此人的总体评价如何？_____
8. 你会推荐此人到我们公司来承担这个职位吗？为什么？_____
9. 你们公司有可能再次雇用此人吗？为什么？_____
你对此人还有其他方面的评价吗？_____

图 6-8　求职者推荐材料核查表

资料来源：Reprinted with permission of the Society for Human Resource Management.（www. shrm. org），Alexandria，VA 22314.

自动化的在线推荐信核查软件能够改进核查结果。需要雇用人员的企业可以将求职者的姓名和邮箱地址等输入像"雇前 360"（http：//www. skillsurvey. com/reference-checking-solution）这样的系统中。该系统会让求职者事先选定的推荐者对求职者个人能力进行匿名评价，最后系统将这些推荐信息汇总到一份报告中反馈给需要雇用人员的企业。[119]

影响人力资源管理的趋势：数字化与社交媒体

数字化工具正在改变背景调查的过程。许多企业都利用谷歌对求职者进行搜索，或者是到脸书、领英等社交网站上进行核查。在脸书这个社交网站上，一家企业发现它的一名求职者将自己的兴趣描述为吸食大麻和朝人射击。这个求职者或许是在开玩笑，但是他因此而没能得到那份工作。[120]一篇名为《有趣！他们看起来不像我的推荐人》的文章提到，领英的增值服务"推荐人搜索"允许企业从人际网络中识别出与求职者在同一家公司工作的人，然后与他们取得联系。[121]根据领英的说法，你只需点击"推荐人搜索"，输入公司名称、求职者姓名和时间范围，然后点击"搜索"即可。雇主正在将此类工具与软件解决方案整合，例如甲骨文的 Taleo 系统，以更便捷地获取此类信息，然后将其整合到求职者的可视化资料库中。

通过网页或者社交网站进行核查可能会带来一些问题。虽然求职者通常不会在简历中列出自己的种族、年龄、残疾状况或国籍等信息，但他们的脸书主页可能会透露此类信息，这就为受到平等就业机会委员会的起诉埋下了伏笔。一位"过于积极"的管理人员可能通过脸书主页进行"背景调查"。[122]

在任何情况下，企业最好在通过社交网站进行核查之前征得求职者的同意。[123]注意不能找借口或编造身份。[124]美国马里兰州新颁布的一项法律明确限制企业向求职者索要社交网站用户名和密码的行为。[125]毫无疑问，美国其他州也将会紧随其后制定类似的法律。

当然，解决上述问题的方式并不是禁止合法利用社交网站获得求职者和员工信息（除非正如在马里兰州一样，这种做法是违法的）。与此相反，企业应该遵守通过社交媒体核查员工的政策和程序。例如，提前通知员工和求职者，让他们知道企业将会对哪些信息进行审查。同时，指派一两名经过培训的人力资源管理人员对社交网络中的信息进行搜索。还要禁止未经授权的员工（比如求职者未来的直接上级）获取此类信息。[126]

6.5.2　利用雇用前信息收集服务

企业很容易通过雇用筛选服务来对求职者进行背景调查。顶级的此类服务供应商包括 Accurate Background（accuratebackground.com），First Advantage（FADV.com），Hire-Right LLC（hireright. com），以及 Sterling Talent Solutions（https：//www. sterlingtalentsolutions. com）等公司。[127]这些公司利用数据库获得有关求职者的工伤保险、信用历史、犯罪记录以及驾驶记录等方面的信息。例如，一些零售企业运用首优咨询公司（First Advantage Corporation）的"尊享数据库"（Esteem Database）来查探自己的候选人之前有没有牵涉一些可疑的零售商品盗窃行为。[128]还有一家公司在广告中说，客户只需支付不到 50 美元，便可以提供关于一个人的犯罪历史记录报告、机动车或驾驶员记录报告、（在求职者受雇后能够提供的）历史工伤保险申请报告，还可以确认身份、姓名以及社会保障号等。目前已经有数千个数据库能够提供此类背景信息，其中包括性犯罪者档案、犯罪和教育历史等方面的信息。区块链技术使对求职者进行背景调查变得更加便捷。例如，在一所大学颁发了数字文凭后，blockcerts 移动应用程序就会为其创建一个独特的"指纹"，这有助于快速确认学位的合法性。[129]

在使用此类信息的时候一定要非常谨慎，原因有三个[130]：第一，这种做法可能会违反平等就业机会方面的法律。例如，美国许多州都制定了"禁止查问"的相关法律，禁止企业在雇用前对求职者的犯罪情况进行调查。[131]因此，永远不要授权信息服务提供商进行不合理的调查。

第二，很多美国联邦法律和州法律都对企业如何获取和使用求职者和员工的背景信息作出了规定。在美国联邦层面上起主要指导作用的法律是《公平信用报告法》。此外，美国至少有 21 个州对此作出了自己的规定。要想做到遵守法律，企业应当采取以下四个步骤：

步骤一：披露和授权。在要求得到相关报告之前，企业应当告知求职者或员工，公司会要求获得这份报告，而且员工或求职者将会得到这份报告的副本。（这可以体现在求职申请表上。）

步骤二：保证。企业必须向报告机构保证，自己会遵守联邦法律和州法律的要求，例如，企业会获得员工或求职者的书面同意。

步骤三：提供报告副本。根据联邦法律，如果企业要采取负面行动（比如收回录用通知），则必须把报告副本提供给求职者或员工。[132]

步骤四：在采取负面行动后发布通知。如果企业想要采取负面行动，应当提前通知员工或求职者。然后，员工或求职者可以根据各种适用的法律来采取一些补救行动。[133]

第三，关于犯罪信息可能是有缺陷的。很多时候，第三方提供的"可能匹配"的核查结果却指向了错误的人（此人刚好是一名罪犯）。[134]最近就有一家这样的公司被处罚金 260 万美元，因为它被美国联邦贸易委员会（Federal Trade Commission）控告提供了类似的错误报告。[135]

6.5.3 使背景调查更有价值

下面是为使企业收集的背景信息更为有用而需要采取的一些做法。

● 在求职申请表中应当包括一项求职者必须签署的声明，让他们明确授权企业进行背景调查。例如：

> 本人在此保证，在上面的求职申请表中提供的事实均真实、完整。我知道，在本表中若存在伪造或讹误信息，或者遗漏任何公司要求提供的信息，都可能会招致解雇（在已被雇用的情况下），或者可能导致企业拒绝发出录用通知以及（或者）收回已经发出的录用通知。在此，我也授权应聘的企业对我的信用情况、就业记录、驾驶记录进行调查，并且一旦企业向我发出录用通知或者在雇用本人期间，可以对我的工伤保险背景信息进行调查。

● 最好依靠电话推荐获得信息。可以使用诸如图 6-8 中的表格来获得电话推荐信息。要记住，也许你能得到有关雇用日期、重新雇用可能性以及任职资格等方面的相对准确的信息，但得到其他方面的背景信息（比如离开上一份工作的原因等）比较困难。[136]

● 坚持不懈并且对一些潜在的危险信号保持警惕也可以改善背景调查的效果。例如，如果求职者原来的公司管理人员在回答问题时犹豫不决或者似乎在论证自己的答案，则不要直接进入下一个问题，而是要去挖掘出这位求职者到底做了什么事情导致其过去的雇主在回答时迟疑不决。例如，如果这家企业的人说，"乔尔这个人需要得到一些特殊的照顾"，你就接着问："需要得到哪些方面的特殊照顾呢？"

● 将求职申请表和简历做比较。求职者在他们的简历中要比在求职申请表中更加富有想象力，因为求职申请表往往要求求职者确认自己提供的各种信息。

● 为了让推荐者更多地介绍有关求职者的情况，在提问时要用一些开放性的问题，比如："此人在本职工作中对结构化程度的需要有多高？"[137]但是，在索取信息时一定要注意：仅仅索取和获得你将使用的信息；记住索要拘捕记录这种信息是高度可疑的；要使用具体的、与职位有关的信息，而且要保密。

● 将求职者提供的推荐人作为寻找其他推荐人的信息源。你可以向求职者的每一位推荐人提出这样的问题："你能告诉我另一位可能也熟悉这位求职者的工作绩效的人的姓名吗？"通过这种方式，你可能会从其他推荐人那里得到更为客观的信息，因为这些推荐人不是由求职者直接提供给你的（也可以使用领英的"推荐人搜索"服务）。

● 努力获取360度的背景调查资料。这需要联系求职者之前的主管、同事和下属。[138]

6.5.4 测谎器与诚实性测试

测谎器（polygraph）是一种对出汗增加等生理变化情况进行测量的仪器。它的基本假设是这些生理变化能够反映与说谎相伴随的情绪状态变化情况。

对测谎器的攻击性产生的诸多抱怨以及对测谎器的准确性产生的严重怀疑，最终导致美国在1988年颁布了《员工测谎保护法》。[139]除了极少数例外情况，这项法律禁止企业利用测谎器对所有的求职者和大多数员工进行测验。[140]但美国联邦法律并不禁止企业使用纸笔测试以及化学测试（比如药物测试）。

美国地方政府、州政府以及联邦政府（包括联邦调查局）可以出于甄选或其他目的使用测谎器，但是各州的法律会严格限制地方政府和州政府使用测谎器。还有一些私人企业可以使用测谎器，但只能在严格限制的条件下使用。[141]这些企业包括签订了国防或国家安全合同的企业以及存在以下三种情况的私营企业：第一，雇用私人保安人员；第二，雇用的人员能接触到药物；第三，从事对一家企业蒙受经济损失或损害情况（比如盗窃活动）进行持续调查的工作。

纸笔诚实性测试　纸笔（或在线）诚实性测试是一种特殊类型的性格测试，旨在预测求职者的不诚实倾向以及其他反生产倾向。[142]这些测试大多是测量人们对于这样一些事情的态度，比如对他人盗窃行为的容忍度、认可与盗窃有关的活动等。这类测试包括Assessio（www.Assessio.com）发布的MINT测试等。[143]

研究表明这些测试具有良好的效度。[144]一项研究的对象是一家大型便利连锁店雇用的111名员工，这些员工都在商店或者加油站从事柜台工作。[145]这家企业估计，公司销售收入的"缩水"程度大概为3%，并且认为大部分的此类损耗都是内部盗贼所为。员工在诚实性测试中的得分可以有效地预测他们的盗窃行为——在这里是用他们因盗窃而被开除的情况来衡量的。

笔迹分析　笔迹分析（graphology）是指通过分析书写者的笔迹来确定一个人的人格特质、情绪，甚至是否患有抑郁症等疾病。[146]笔迹分析有点类似于投射性人格测试，但笔迹分析的效度很受怀疑。在笔迹分析中，笔迹分析专家通过研究求职者的手写笔迹和签名来分析求职者的需要、欲望以及心理特性。根据一位笔迹分析专家的说法，字号较小或中等、字形垂直、字母写得很小、字母之间连接生硬，表明一个人具有焦躁倾向。最近的一项研究报告成功地通过笔迹识别了作家的性别。[147]计算机系统可以让笔迹分析提速。[148]

实际上，所有的科学研究都表明笔迹分析是缺乏效度的，或者说，虽然笔迹分析专家有时能够对候选人进行精确的筛选，但那是因为他们还参考了其他一些背景信息。然而，有些公司依然对笔迹分析奉若真理。[149]考虑到需要选择有效度的工具，大多数专家都尽量避免使用笔迹分析。

人类谎言探测者 有的企业正在使用所谓的"人类谎言探测者",这是一群仅仅通过对候选人进行观察就能够(也许不能)识别出他们有没有撒谎的专家。[150]位于华尔街的一家公司就雇用了联邦调查局的一名前特工。他所做的就是在公司面试候选人的过程中在现场观察候选人,寻找他们可能存在欺骗行为的蛛丝马迹。一些表明一个人存在欺骗行为的迹象包括:瞳孔放大(恐惧)、呼吸急促(紧张)、双腿交叉("骗子们让自己与谎言保持距离的标志性动作")以及快速的口头回答(事先背熟的陈述)。

诚实性测试 无论企业是否进行诚实性测试,管理人员或企业都可以通过做其他一些事情来筛选出那些不诚实的求职者或员工。具体做法如下:

● 直言不讳地提问。[151]一位专家指出,向求职者直截了当地提问没什么不妥。比如:"你在原来工作的企业曾经偷过东西吗?""除了你在求职申请表上填写的那些工作之外,你最近还从事过其他方面的工作吗?""你的求职申请表上有不真实的或伪造的信息吗?"

● 认真倾听。说谎的人可能会试图在某种程度上回避直接的提问。例如,如果你询问他们是否使用过毒品,他们可能会说,"我不吸毒"。[152]

● 多注意肢体语言。例如,一个正在说谎的人可能会使自己的身体稍微远离你。[153]通过观察一个人说实话时的身体姿势,你就能建立一个基准。记住这一点:成年人说谎时不会直视你的眼睛这种说法是错误的。一个精明的骗子实际上可能会做得很逼真。[154]

● 进行信用调查。在求职申请表中注明一个条款,要求求职者授权企业进行背景调查,其中包括信用核查和机动车驾驶情况报告。

● 核查所有的就业推荐信和个人推荐信。

● 实施纸笔诚实性测试和心理测试。

● 进行药物测试。制订药物测试计划并给每位求职者一份关于这项计划的副本。

● 制定一项调查处理政策并实施调查。给每位求职者提供一份这种政策的副本,并要求他们在签字后交回。这种政策应当规定:"公司中所有的带锁储物柜、办公桌以及同类财产都是本公司财产,公司可随时进行常规检查。"

不过,企业还是应谨慎使用诚实性测试。如果求职者参加了一项明显的"诚实性测试"并且"未能通过",那么他们可能会产生这样一种感觉,即自己受到了不公平对待。有些测试中"诚实性"的问题还会引发侵犯隐私的问题。此外,一些州的法律需要予以注意,例如,马萨诸塞州和罗得岛州的法律就限制使用纸笔诚实性测试。

6.5.5 体检

一旦企业准备向求职者发出录用通知,甄选过程中接下来的一个步骤通常就是体检(虽然体检环节也有可能发生在新员工上岗工作之后)。

在雇用求职者之前对他们进行体检的原因主要包括:第一,验证求职者是否达到了职位对身体条件的要求。第二,发现在对求职者进行工作安排时应当予以考虑的身体限制因素。第三,为未来的保险或工伤保险申请确定一个基准线。还可以通过体检发现候选人的健康问题,从而降低未来的缺勤率和工伤事故率,当然,也可以发现一些传染病。

根据《美国残疾人法》的规定,如果求职者在其他方面是合格的,并且在企业提供适当的便利措施的情况下可以履行基本的工作职能,则企业不得拒绝为其提供工作机会。该法允许企业从发出录用通知到员工正式开始工作之前的这段时间里对员工进行体检，但前提是这种体检是一种针对应聘该职位的全体求职者的标准做法。[155]

6.5.6 药物测试

许多企业都进行药物测试，很多求职者并未通过此种测试。[156]最常见的做法是在正式雇用求职者之前对他们进行此类测试。许多企业在有充分的理由认为某位员工在服用药物时——比如出了工伤事故或有长期迟到等行为，也会对员工进行测试。一些企业会随机或定期实施药物测试，还有一些企业要求员工被晋升或调动到新的职位时接受药物测试。大多数进行此类测试的雇主都使用尿液取样。众多供应商都能提供工作场所药物测试服务。[157]企业可以通过尿样测试来检测非法药物，通过酒精测试来确定被试血液中的酒精浓度，通过血液测试来检测被试在接受测试时血液中的酒精或非法药物，通过毛发分析技术来揭露被试的吸毒史，通过唾液测试来检测大麻和可卡因等非法药物以及通过皮肤上的斑块来确定被试是否使用过非法药物。[158]近年来，要想找到能够顺利通过药物测试的人越来越难。[159]因此，越来越多的雇主正在放宽标准，倾向于雇用那些没完全通过测试的人，尤其是非法药物测试。[160]

虽然药物测试并不少见，但是它并不像看上去那么简单或有效。首先，没有一种药物测试是万无一失的。有些尿样测试并不能将合法物质与非法物质区分开。另外，有众多的企业承诺自己能够帮助员工（无论男女）在药物测试中蒙混过关（谷歌提供此类产品）。[161]（企业应该对一份被认定为阳性的样本中的掺杂物进行审查。）另外一种测试方式是毛囊测试，这种测试要求提供被试的少量头发样本供实验室分析使用。[162]但同样地，仍然有一些分类广告宣称把某种产品添加进样本中就可以让被试蒙混过关。企业应该选择那些在进行测试的过程中非常小心谨慎的实验室。

这里还存在一个问题：这样做到底有什么意义？这不同于警察在马路边对驾驶者进行的酒精测试，通过尿样和血样进行药物检测只能表明当时是否有药物残留而不能说明损害程度（或者使用者对那类药物的依赖程度或上瘾程度）。[163]有人认为，如果仅仅从保障工作场所安全的角度来说，实施这种测试的理由还不够充分。[164]许多人认为，这种测试程序本身会降低人的尊严以及干扰人的生活。很多企业则反驳，它们不希望自己的经营场所出现有滥用药物倾向的员工。

6.5.7 药物测试涉及的法律问题

药物测试也带来很多法律问题。员工可能会认为药物测试侵犯了他们的隐私权。毛囊测试比尿检更易被人接受，但实际上能够提供的个人信息更多：一段很短的头发能够记录一个人在数月内的药物使用情况。[165]美国国家劳动关系委员会支持工会成员在药检不合格后有权进行申请复议。这可能会"严重干扰和限制"加入工会的雇主进行药物检测和处理受到此项权利保护的工会成员的能力。[166]法院要求对员工进行药物测试的雇主主要关注有前科的员工最近的药物使用情况。[167]

一些联邦法律会影响工作场所中的药物测试。经营横跨美国多个州的雇主必须确保遵守每一个所在州的法律（例如，一些州允许使用医用大麻）。[168]例如，根据《美国残疾人法》，法院可能会认为一位过去使用过非法药物的人（如果已不再使用非法药物，并已成功完成或正在参加恢复计划）是有一定残疾但是合格的求职者。[169]按照 1988 年《无毒品工作场所法》（Drug Free Workplace Act of 1988），与联邦政府签约的承包商必须保证其工作场所中不存在滥用非法药物问题。结果这项法律并不要求承包商进行药物测试或帮助成瘾的员工实现康复，但其他许多法律存在这方面的要求。根据美国交通部的工作场所有关规定，在运输行业中，凡雇用 50 名以上合格员工的企业，都必须对从事敏感性工作或与安全有关的工作的员工（公共交通工具上的员工、空中交通指挥员、列车乘务员以及校车驾驶员等）进行酒精测试。[170]其他一些法律，其中包括《1973 年联邦职业康复法》（Federal Rehabilitation Act of 1973）以及各州的法律，都对药物使用者或那些存在身体或精神上成瘾问题的人的康复权利提供了保护。

如果一位求职者的药物测试结果呈阳性，企业该怎么办？大多数企业是不会雇用此人的，但是现在在职员工在这方面受到更多的法律保护，如果企业因为员工的药物测试结果呈阳性而解雇他们，企业必须明确告知他们被解雇的原因。这里再强调一遍，特定行业、特定州都会有特定的要求。例如，某些运输公司和联邦承包商必须遵守其所在行业的联邦药物测试规则。各州的法律也各不相同。在某些州，如果员工同意进行康复治疗，就不能因为第一次药检不合格而解雇他。[171]

但是，当涉及一些比较敏感的职位时，法院倾向于站在企业的一边。例如，在一起案件中，美国第一巡回上诉法院作出判决，埃克森公司（Exxon）解雇一名药物测试结果呈阳性的卡车驾驶员的做法是一种适当的行动。因为该公司制定的无药物工作场所计划规定，可随时对从事与人身安全高度相关的工作的员工进行测试。那名被解雇的员工曾驾驶有拖车的卡车运送 1.2 万加仑的易燃汽车燃料，但其可卡因测试呈阳性。工会对这位员工被解雇提出质疑，仲裁结果是将处罚减轻为停职两个月，但上诉法院推翻了仲裁结果。法院的判决是，鉴于当时的特定情况，企业解雇这位卡车驾驶员的行动是适当的。[172]

6.5.8　遵守移民法

在美国受雇的员工必须证明自己有资格在美国工作。在美国就业的人并非必须是美国公民。只要求职者能够证明其身份以及就业资格，企业就不能根据"要求雇员证实自己的资格"这一点，以某位求职者不是美国公民为由拒绝雇用他。要做到遵守这项法律的规定，企业应当遵循所谓的 I-9 就业资格验证表中概括的相关程序。[173]更多的企业则利用联邦政府的自助电子雇用验证程序即 E-Verify 来完成这项工作。[174]联邦政府的承包商必须使用这一电子程序[175]，而且 E-Verify 的使用是免费的。[176]现在许多企业使用带有下拉式菜单的自动化 I-9 认证系统，对求职者的 I-9 信息进行电子化汇总和提交。[177]最新的 I-9 表格的主要内容中还包括一项"反歧视声明"。[178]

求职者可以通过两种方式证明自己在美国的就业资格。一种是出示能证明个人身份和就业资格的文件（比如美国护照或者是带有照片的外国人登记卡）。另一种做法是提交一份能够证明其身份的文件，再提交一份能够证明其就业资格的文件，比如工作许可证。[179]

无论是哪种情况，最好每个人都可以出示这两种证明文件。

盗用身份——没有就业资格的工作者盗用某位经过授权的工作者的身份——即使在 E-Verify 系统验证的情况下也是一个问题。[180]联邦政府正在收紧对企业雇用无证工作者的限制。在意识到许多此类文件（如社会保障卡）是伪造的之后，政府要求企业核实清楚它们雇用的这些人的情况。

你可以通过打电话给社会保障管理机构来核实社会保障号码。企业还可以核实所有求职者的证明文件，而不是只核查那些受到怀疑的求职者的文件，这样就可以避免受到歧视指控。[181]

本章内容概要

1. 认真做好员工甄选工作的重要性是由多种原因决定的。你自己的绩效常常取决于你的下属的绩效；招募和雇用员工的成本很高；对雇用程序的不当管理会带来许多法律问题，其中包括平等就业机会、疏忽雇用和诽谤。

2. 无论是实施测试还是根据测试结果作出决策，管理人员都需要了解几个基本的测试概念。信度是指测试的一致性程度，而效度则告诉你实际测量的是不是你想要测量的内容。效标关联效度所要检验的是那些在测试中表现良好的人在工作中的表现是否也同样较好；内容效度则要考察测试能否成为某个职位需要完成的工作内容的一个合理样本。要想验证一项测试的效度，需要进行职位分析、选择测试、实施测试、确实测试分数和效标之间的关系，以及进行交叉效度检验与重新检验。测试的参加者有权要求自己的隐私得到保护，能够得到测试结果反馈，同时确保对测试结果保密。

3. 无论是通过纸笔方式、电脑方式还是互联网在线方式进行的测试，都包括我们讨论的几种主要的测试类型。认知能力测试测量诸如推理能力等这样一些内容，包括智商测试和各种特定的智力测试，比如机械理解能力测试等。其他还有运动和身体能力测试、人格和兴趣测试等。在人格测试方面，心理学家通常关注"大五"人格维度：外向性、情绪稳定性（神经质）、宜人性、责任感和经验开放性。成就测试则测量求职者学到了什么。

4. 利用工作样本法和工作模拟法，你可以向被试展示他们申请从事的工作中的一些典型情境。这方面的一个例子就是管理评价中心，这是一种为期2～3天的模拟工作活动，在此过程中，会有10～12位候选人在专家的观察下完成各种实际管理工作任务，这些专家会对每一位候选人的领导潜力作出评价。视频模拟测试以及小型工作培训和评价法是这方面的另外两个例子。

5. 测试只是员工甄选程序中的一个组成部分，你还要进行背景调查并完成其他一些甄选程序。

● 进行背景调查的关键在于核查求职者的信息，并发现一些隐藏的不利信息。在进行调查的过程中必须小心谨慎，而且在为他人提供推荐信时，一定要确保不对员工形成诽谤，要保护其隐私权利。

● 如果求职者过去就职的企业不愿提供全面的信息，那么对求职者的背景调查就要做到以下几点：确保求职者明确授权企业进行背景调查；利用核查清单或调查表来帮助自己获取电话推荐材料；对潜在的危险信号追查到底并保持高度的敏感性。

● 由于计算机化的就业背景数据库越来越普遍，很多企业甚至大部分企业都在利用雇用前信息收集服务来帮助自己获得求职者的背景信息。

● 对很多类型的工作而言，诚实性测试是必不可少的，同时纸笔诚实性测试也已经被证明是有用的。

● 大部分企业还要求新雇用的员工在正式入职前参加体检和药物测试。企业还必须遵守移民法，尤其是要求求职者完成一份 I-9 就业资格验证表，同时提交相关的资格证明。

讨 论 题

1. 信度和效度的区别是什么？两者在哪些方面是相似的？

2. 说明你为什么会认为，如果一家小企业需要使用一种雇用测试，则它应当（或不应当）聘请一位在测试工具构建方面受过专门训练的注册心理学专家。

3. 为什么在雇用员工之前对他们进行背景调查如此重要？你会如何进行这种调查？

4. 说明你会如何处理求职者过去就职的企业不愿意提供与其有关的不利推荐意见这样一个问题。

5. 企业如何才能有效地保护自己免遭疏忽雇用的起诉？

个人及小组活动

1. 写一篇短文，讨论测试中可能遇到的某些伦理道德和法律问题。

2. 以个人或小组为单位，列出一张清单，具体说明你们会建议你们的校长利用哪些人员甄选工具来雇用你们学院的下一位人力资源管理教授。请说明你们为什么选择这些甄选。

3. 以个人或小组为单位，与像学术能力评价测试这样的一些标准化测试的提供商联系，索取关于这些测试的信度和效度方面的书面信息。在课堂上做一个简短的报告，说明这种测试所要测量的是什么，然后根据提供商报告的信度和效度来指出你认为这种测试在多大程度上测试出了所要测量的内容。

体验式练习

针对一名机票预订员的测试

目的：这个练习的目的是，让你练习针对某大型航空公司的机票预订员职位开发一种用来测量某种具体能力的测试。如果时间允许，你可以将你们开发的测试合并到一个测试组之中。

必须理解的内容：你所在的航空公司决定将机票预订员职位外包到亚洲。你应当全面了解开发一项人事测试的具体程序，然后阅读下面关于机票预订员的工作职责描述：

客户通过与我们的机票预订员联系获得关于航班时刻、机票价格以及飞行路线等方面的信息。机票预订员应当在我们航空公司的在线飞行时刻表系统中查找到客户要求提供的信息，该飞行时刻表系统是随时更新的。机票预订员必须表达清晰、彬彬有礼且迅速地对客户的要求作出反应，并且能够迅速找到可替代的航班，从而提供与客户的需要相吻合的飞行路线。机票预订员应当能够迅速找到备选的航班和价格，不至于让客户久等，只有这样，我们的机票预订小组才能达到效率标准。通常必须在各种不同的飞行路线中进行查找，因为在客户的出发地和目的地之间可能会有十几条飞行路线可供选择。

你可以假设我们需要雇用大约1/3的求职者来担任机票预订员。因此，你的目标是开发一项能够将求职者中1/3的人甄选出来的测试。

如何进行练习/指导：将整个班级划分为几个小组，每组由5～6人组成。显然，理想的候选人必须掌握多种技能和能力才能完成这项工作。你们小组的任务是从中选出一种能力，然后开发出一种测试去测量这种能力。你们只能利用教室中现有的资料。这项测试应当能提供量化评分，可以是针对个人的测试，也可以是针对群体的测试。

就像我们在本章中介绍过的测试开发过程一样，每个小组应当列出与圆满完成机票预订员工作相关的各种能力清单。然后，每个小组应当用一个五分量表对这些能力的重要性进行评分。最后，开发一项测试来测量你认为最重要的能力。如果时间允许，应当将每个小组开发出来的各种测试整合成一个测试组。如果可能，可以留出时间让一组学生完成这组测试。

应用案例

知情人

一个联邦陪审团宣告一名任职于一家著名投资公司的股票交易员及两名同谋有罪，罪名是内幕交易。根据起诉状，这名交易员是从一些律师那里获得与即将发生的企业合并有关的内幕消息的。这些律师被指控浏览本事务所内的其他人正在处理的一些关于公司交易的信息。据称，这些律师将获得的信息发送给他们的一位朋友，然后由这位朋友将信息传递给那位股票交易员。有报告称，这些内幕消息帮助该交易员（及其投资公司）赚取了数百万美元的收益。这位交易员又用装在信封中的现金对那几位律师表示感谢。

类似的事情是不应该发生的。联邦及各州的法律对此都是明令禁止的。这家投资公司实际上也有自己的法律程序来识别和阻止这种内幕交易。但问题在于：一旦公司中本应该负责对此类交易行为加以控制的人也参与这种内幕交易，情况就很难控制。"最好是从一开始就避免雇用这样的人到公司工作。"一位专家如是说。

在位于曼哈顿帕克街的四季餐馆享用午餐时，一些投资公司的负责人讨论着陪审团的此次判决，以及他们能做些什么来防止类似事件发生在他们自己的公司中。"并不是遵守法规就行了，"其中一位负责人说，"我们要确保将那些'坏掉的苹果'拒之门外。"现在，他们想咨询你的意见。

问题

1. 我们想让你为招募股票交易员设计一项员工甄选测试。在技术能力方面，我们已经知道要寻找具备哪些特征的人——修过会计专业课程、经济学课程等。我们需要的是一个能将那些可能成为"坏苹果"的候选人剔除出去的甄选方案。为此，请回答：你将向我们建议采用哪些甄选测试，为什么？我们应该在求职申请表中添加哪些问题？我们应该怎样核查候选人的背景信息？我们应该向其过去的雇主和推荐人提问哪些问题？

2. 你还会向我们提出哪些方面的建议（如果还有的话）？

卡特洗衣公司

诚实性测试

卡特洗衣公司的詹妮弗·卡特与她的父亲需要完成对求职者进行甄选的工作，这也是詹妮弗的父亲所说的一项既容易又困难的工作。一方面，说它容易，是因为对两种重要的职位——熨衣工和洗衣工——只需要通过 20 分钟的在职测试就能很容易地甄别出哪些候选人是合格的。就像詹妮弗指出的，这种测试跟甄选打字员是一样的道理，"求职者要么知道如何很快地熨烫衣物，如何使用清洁品和机器设备，要么不知道如何完成这些工作，只要让他们上手做一做这些工作，我们很快就能知道结果。"另一方面，要想为各个洗衣店甄选求职者又是一件很令人沮丧的事情，这是由詹妮弗希望甄选的其他一些个人特征所决定的。她的公司面临的两个重要问题是员工的离职率和诚实性。詹妮弗和她的父亲非常需要采取一些措施来降低员工的离职率。如果有一种员工测试和甄选技术能够帮助他们做到这一点，詹妮弗会很想了解它，目前她的公司因为没完没了地需要招募和雇用新员工，浪费了很多金钱和管理人员的时间。更让詹妮弗和她的父亲关注的是，采取哪些新的措施能够筛除那些具有盗窃公司财物倾向的员工。

对于卡特洗衣公司来说，员工盗窃是一个很严重的问题，存在这种盗窃问题的并不限于那些能够接触到现金的员工。例如，洗衣工和（或）熨衣工常常在经理不在场的情况下自己打开店门开始一天的工作，这些人当中的个别人或某些人偷窃店里的各种物品或"接私活"的情况并不罕见。接私活是指一位员工拉拢自己的邻居去四处收集别人需要清洗的衣物，然后偷偷地拿到卡特洗衣公司的店里，利用店里的物品、煤气和电等对这些衣物进行清洗和熨烫。另外一种并不罕见的情况是，一位员工在没有人监督的情况下（或者就是监督者本人），在收到了一份在一小时内需要完成的加急衣物清洁或熨烫订单之后，在将衣物快速清洗、熨烫后交给顾客时，却不开具正规的票据或根本不在洗衣店登记这笔业务。这笔钱当然就进了个人的腰包，而没有交到店里的收银机中。

更为严重的问题是，各个洗衣店的经理和柜员实际上都必须接触现金。正如杰克·卡特所说的："你简直无法相信，为了逃避我们为制止员工盗窃而制定的各种管理手段，员工们到底有多大的创造性。"作为这种极其可恶的创造力的一个极端例子，杰克讲了下面这个故事："为了减少员工偷窃的现金数量，我印制了一个小标牌，放在每一台收银机的前面。这个标牌上写着：'如果在你付钱之后我们没有给你提供收银机打印的收据，那么你的全部费用都将会被免除。有问题请拨打电话 552-0235。'我写这个标牌的目的是迫使所有接触现金的员工将他们收到的所有现金都放进收银机，收银机会记录这些进项，便于会计记账。如果所有的现金都进入收银机，我们就能够更好地处理店里的偷窃问题。对不对？但是，我们的一位经理找到了一种恶毒的办法来逃避这种控制措施。有一天晚上，当我来到店里的时候，我注意到这位经理正在使用的收银机不太对，尽管我打印的那个标牌还立在那里。后来查明，每天下午 5 点左右当店里的其他员工离开后，那个家伙就从他藏在储备品下面的一个盒子里拿出他自己的收银机。来店里取衣物的顾客会注意到我的那个标牌，当然，还会注意到他小心翼翼地将每笔钱都放入收银机这样一个事实。但是，我们和顾客不知道的是，在近 5 个月的时间内，洗衣店每天大约有一个小时的销售收入都进了他个人的收银机而不是我的收银机。我们花了很长时间才弄清那个店里的现金都到哪里去了。"

问题

1. 对于詹妮弗的公司来说,如果想常规性地对所有员工实施诚实性测试,会有哪些好处和坏处?

2. 具体来说,该公司可以使用哪些甄别工具来甄别员工的偷窃倾向和流动倾向?

3. 该公司应当怎样解雇那些偷窃被抓的员工?当这些员工到其他公司求职时,这些企业可能会打电话来对这些员工的推荐材料进行核查。针对这种情况,这家公司应当建立一个什么样的程序来应对?

将战略转化为人力资源政策及实践的案例

改进巴黎酒店的绩效

新型员工测试项目

巴黎酒店的竞争战略是:"通过卓越的顾客服务将自己与同行区别开来,吸引顾客延长入住时间,提高顾客再次入住比率,从而提高酒店的收入和利润水平。"酒店人力资源总监莉萨·克鲁兹现在必须制定和实施战略性人力资源管理政策和活动,通过帮助酒店获得战略所需的员工行为和胜任素质来支持酒店的这一竞争战略。

巴黎酒店的人力资源总监莉萨·克鲁兹在考虑她下一步要做的事情时,清楚地知道,员工甄选工作将会在她的计划中扮演核心角色。巴黎酒店目前的甄选程序还不太正规,通常都是由各地的宾馆经理收取求职申请表、面试求职者,然后核查求职者提交的推荐信。巴黎酒店最近在其位于芝加哥的宾馆中完成了一项试点测试项目,即对一些服务人员进行一项雇用测试,结果令人吃惊。莉萨发现,测试绩效和员工的胜任素质及行为之间存在着一致性的显著关系,这些胜任素质和行为包括办理入住和退房手续的速度、员工离职率、按照规定热情地接听电话的比例等。显然,她需要做些事情。她知道,像这样的一些员工胜任素质和行为才能转化为实施酒店竞争战略所必需的较高的顾客服务水平。于是,她必须确定哪些甄选程序是最佳的。

莉萨的团队希望与一位工业心理学家合作设计出一个测试组,通过这个测试组为他们找到所需的士气高昂、有耐心、坚持以人为本的员工。这个测试组起码应该包括针对前台接待员、门童、助理经理以及必须与那些气急败坏的来访者打交道的安保人员等候选人的一项计算机化的测试;一份关于前台接待员的候选人用 10 分钟时间应对一位宾客来访的工作样本;一项旨在淘汰缺乏情绪稳定性的求职者的人格测试;翁德里克智力测验;评估候选人诚实性的测试。随后他们进行的效度分析证明,这些测试的得分对酒店员工的能力和行为具有预测作用。随着接受测试后被雇用的员工在全体员工中所占比例的上升,酒店员工的能力和行为得分均有所上升,例如,办理入住和退房手续的速度以及得到酒店规定服务的顾客所占的比例都加快和上升了。

莉萨和首席财务官还发现这套新的测试程序所带来的其他可衡量的改进。例如,酒店填补空缺职位的时间更短,人均雇用成本下降,人力资源部门也变得更加有效率。新的测试项目不仅仅通过改善员工的能力和行为对酒店的绩效作出贡献,它还提升了酒店的利润。

问题

1. 提供一个详细的关于前台接待员的工作样本测试的例子。

2. 提供两道可以用于人格测试的具体题目。

3. 你会推荐莉萨使用其他哪些类型的测试工具？为什么？

4. 莉萨试图证明上面出现的这些重大改进确实得益于新的测试项目而不是其他变革行动。你在这方面会给她提出哪些建议？

注　释

第 **7** 章 求职者面试

Interniewing Candidating

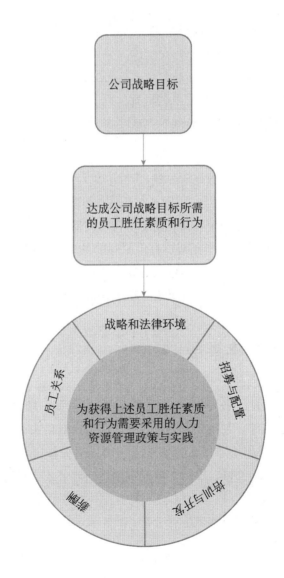

➡ **我们学到哪儿了**

　　我们在第 6 章中集中讨论了管理者用来甄选求职者的重要的甄选工具。第 7 章将聚焦面试这种甄选工具。我们将讨论的主要问题包括：面试的基本类型；影响面试效果的各种错误；如何设计和实施有效的面试；运用全面甄选计划提高员工敬业度；录用通知的设计和发放。在接下来的第 8 章中，我们将讨论新员工培训问题。

　　面试只是甄选工具中的一种，为什么要用整整一章的篇幅来讨论呢？因为面试是应用最广泛的甄选工具，而大多数人并不像他们自认为的那样擅长进行面试。[1]

➡ **学习目标**

1. 列出面试的主要类型并举例说明。
2. 列举并说明影响面试效果的主要错误。
3. 界定结构化情境面试，并解释如何实施有效的面试。
4. 列举并说明如何通过甄选提升员工敬业度。
5. 列出在实践中设计和发放录用通知的关键点。

　　当雇用员工的时候，美国时尚连锁品牌 Urban Outfitters 非常清楚地知道自己需要雇用什么样的人。[2]这家生活用品连锁零售商在美国、加拿大、欧洲开设了 200 多家门店，围绕培养具有创造力和个性化的企业文化制定了自己的战略。公司的管理者知道，想要维持独特的商店环境，就需要找到符合其核心价值观的员工，这些价值观包括团结、自信、富有创造力以及懂得尊重他人等。这里的问题就在于：这家公司如何才能在竞争激烈的零售行业中既能找到并吸引合适的员工，又能控制雇用成本？

➡ ## 7.1　面试的基本类型

　　管理人员在工作中会使用各种类型的面试或面谈。例如，绩效评价面谈和离职面谈。一次面试就是一个甄选程序，其设计目的是根据求职者针对口头询问作出的口头回应来预测其将来的工作绩效。[3]本章中涉及的许多技术（比如避免作出草率判断的技术）都可以应用于绩效评价面谈和离职面谈。不过，我们在之后的章节才会对这两类面谈进行充分的讨论，本章仅仅关注面试。

　　我们可以按照如下标准来对面试进行分类：

　　1. 面试的结构化程度。

2. 面试的"内容"——包含的问题类型。

3. 公司实施面试的方式。

每一种面试都有优缺点。下面让我们逐一对其进行讨论。

7.1.1 结构化面试和非结构化面试

首先，从面试官对面试过程的标准化和结构化组织程度来看，大多数面试是存在差异的。[4]在**非结构化（或非指导性）面试**（unstructured（or nondirective）interview）中，管理人员并不需要遵循一个固定的面试格式。虽然有些面试问题可能是面试官提前就准备好的，但这种情况较少，也很少有正式的面试指南或者对"正确的"或"错误的"答案赋分的标准。这种情况下的一些典型问题可能包括："请谈谈你自己。""你为什么认为你可以在这里干得很好？""你个人的主要强项和弱点是什么？"等等。这种类型的面试甚至可以被描述为一种泛泛的谈话。[5]

与此截然相反的另一种类型是**结构化（或指导性）面试**（structured（or directive）interview），在这种面试中，企业会提前列出问题清单，甚至有可能会列出恰当的答案及其对应的分数。[6]麦克马瑞（McMurray）的模式化面试便是结构化面试的一个早期例子。在这种面试中，面试官根据一张打印好的表格来提出一系列的问题，例如："此人是怎样得到他现在的工作的？"在这些问题的下面附有一些评价建议（例如"他在得到现在的这份工作的过程中表现出自立性了吗？"），这些评价建议可以指导面试官对求职者的回答打分。有些专家仍然将结构化面试严格界定为基于仔细选择的、与职位有关的问题以及标准答案实施的面试。

但是在实践中，面试的结构化实际上只是一个程度问题。有时候面试官只是想确保自己手中有一份预先设定好的可提问问题，以防漏掉某些问题。图7-1所示的是海岸警备队军官项目的结构化面试指南，这一指南用于面试海岸警备队军官候选人。它包括一个正式的求职者评分程序，允许那些在地理位置上比较分散的面试官通过互联网填写这份表格来作出评价。[7]

毫无疑问，结构化面试更具优势。[8]在结构化面试中，所有的面试官一般都会向所有求职者离开同样的问题。正是出于这种原因，结构化面试不仅信度更好，而且效度更高。此外，由于结构化面试有一张标准化的问题清单，所以它还能帮助不太擅长面试的面试官更好地完成面试。标准化的面试还增强了求职者具备的特质与职位之间的相关性（因为这些被挑选出来的问题有助于揭示求职者实际上会如何完成工作），这不仅削弱了总体上的主观性以及一些潜在的偏见，而且可能会"增强应对法律风险的能力"。[9]然而，我们也不建议企业盲目地严格采用结构化面试，因为这种做法会让面试官没有充分的机会对他们在面试过程中发现并感兴趣的一些问题进一步追问。因此，应当让面试官有机会对某个问题层层追问，或者是询问在面试过程中发现的自己感兴趣的某些问题。稍后我们会在本章中看到关于如何编写一份结构化面试的内容。

美国国土安全部 CG-5527（06-04）	海岸警备队军官项目 求职者面试表格	1. 日期

2. 求职者姓名

3. 总体印象：将求职者与你已经面试过或认识的其他人加以比较（注：得分为 4～7 分方可被推荐进入甄选范围。）

不推荐			推荐			
不令人满意 1☐	潜力有限 2☐	一般 3☐	良好 4☐	好 5☐	优秀 6☐	杰出 7☐

评语：

4. 履职能力：衡量求职者的管理能力和完成任务的能力。

不令人满意 1☐	潜力有限 2☐	一般 3☐	良好 4☐	好 5☐	优秀 6☐	杰出 7☐

评语：

5. 沟通能力：衡量求职者用一种积极、清晰、可信的方式与他人进行沟通的能力。

不令人满意 1☐	潜力有限 2☐	一般 3☐	良好 4☐	好 5☐	优秀 6☐	杰出 7☐

评语：

6. 领导能力：衡量求职者支持、开发、指导以及影响他人完成工作的能力。

不令人满意 1☐	潜力有限 2☐	一般 3☐	良好 4☐	好 5☐	优秀 6☐	杰出 7☐

评语：

7. 个人素养和专业素质：衡量能够描述求职者的若干特征。

不令人满意 1☐	潜力有限 2☐	一般 3☐	良好 4☐	好 5☐	优秀 6☐	杰出 7☐

评语：

8. 面试小组成员	9. 职衔	10. 所属单位	11. 签名	12. 职业生涯中总共 参加过的面试次数

图 7-1　海岸警备队军官项目求职者面试表

资料来源：From Officer Programs Applicant Interview Form CG _ 5527，http：//www. uscg. mil/forms/cg/CG _ 5527. pdf accessed August 29，2015.

7.1.2　面试内容（提哪些类型的问题）

我们可以根据面试的内容或所提问题的类型对面试进行分类。许多面试官都倾向于去提一些无关痛痒的问题。如"在未来的五年内你希望做点什么?"总的来说,这种问题无法为判断该求职者未来的工作绩效提供太多有价值的信息。这就是为什么情境性问题、行为性问题以及职位相关性问题是最为重要的。

在**情境面试**(situational interview)中,面试官可以询问求职者在一个给定的情境中将会作出怎样的反应。[10]例如,面试官可能会问一位应聘主管职位的求职者这样一个问题:"如果一位下属连续三天都迟到,你将会作出怎样的反应?"

情境面试要求被面试者描述在现在或未来可能出现的某个假设情境中他们将会作出怎样的反应,而**行为面试**(behavioral interview)则要求求职者描述在过去发生过的某个真实情境中,他们当时是如何作出反应的。[11]情境性问题通常以这样的语句开始:"假如你面对以下的场景……你会怎么做?"行为性问题则可能会以这样的语句开始:"你能否想起某个时候,当时……你是怎么做的?"[12]先锋集团(Vanguard)运用了一种称为"STAR"的面试技术,这是行为面试的一种变形。先锋集团的管理者对求职者提出下列几个方面的问题:在某个特定的情境(situation,S)中,你面临的任务(task,T)是什么,你当时采取了什么样的行动(action,A),以及这种行动最终产生了哪些方面的结果(result,R)。[13]

行为面试正在得到越来越多的应用。[14]位于美国密歇根州弗林特市的大众银行公司(Citizen's Banking Corporation)发现,在其呼叫中心工作的50名员工中,竟然有31名员工在一年之内都离职了。呼叫中心主任开始转变做法,对求职者进行行为面试。很多呼叫中心员工离职的原因是他们不愿意回答那些偶尔会发怒的顾客提出的问题。有鉴于此,呼叫中心主任不再通过询问求职者是否愿意和生气的顾客打交道来预测他们的实际工作表现,而是提一些行为方面的问题,例如:"请给我描述一下你曾经与一个正在生气的人谈话的情景,并说说你是如何扭转局面的。"呼叫中心主任指出,这种问题使得求职者更加难以糊弄面试官。事实上,在采取这种措施之后,在接下来的一年内,该呼叫中心只有4个人离职。[15]

贝恩公司(Bain & Company)将案例面试作为其甄选员工的一种重要工具。案例面试综合了行为面试和情境面试提问的元素,通过让求职者解释他们将如何解决客户的问题,来对候选人技能进行更现实的评估。

其他类型的问题 在**职位相关性面试**(job-related interview)中,面试官会询问求职者与他们过去的工作经历相关的问题。这些问题不是围绕一种假设的或实际的情境和场景展开的,相反,面试官会询问一些与职位相关的问题,比如"你最喜欢商学院的哪些课程?"提这种问题的目的是考察求职者是否有能力处理与企业正在招聘的职位有关的财务方面的一些问题。

还有其他几类不经常使用的问题。在**压力面试**(stress interview)中,面试官可能会偶尔向求职者提出一些比较粗鲁的问题,故意让他们感到不舒服。这样提问的目的是鉴别出那些比较敏感的求职者以及那些具有较差(或较强)的压力承受能力的求职者。当一位应聘客户关系经理职位的求职者正在讲述自己在过去的两年内从事过的四份工作时,面试官可能会突然告诉她,频繁地变换工作是一种不负责任和不成熟的行为表现。如果这位求职者能够对于变换工作的必要性作出合理的解释,面试官可能会转向其他话题。相反,如果这位刚刚表现还挺镇定的求职者对这个问题表现出很明显的愤怒和不解,则面试官可能就会推断出这位求职者的压力承受能力比较差。

压力面试有助于企业识别出过分敏感的求职者，这些人对于一些温和的批评会以愤怒或辱骂等方式作出过激反应。不过，压力面试本身具有一定的攻击性，并且在本质上会受到伦理道德方面的质疑，因此它不仅要求面试官具有运用这种面试方式的技巧，而且要求招聘的职位本身确实需要任职者有较强的压力承受能力。这种面试方法显然不适用于那些业余的面试官或者不具备控制局面能力的面试官。

目前，在面试中使用猜谜式问题的情况也非常普遍。一些面试官喜欢用这些题目来考察求职者在压力下如何思考问题。例如，微软公司的一位面试官就对一位应聘技术服务类职位的人提了这样一个问题："迈克和托德共有 21 美元。迈克比托德多 20 美元。请问迈克有多少钱？托德有多少钱？"[16]（正确答案请见页下。）

巴黎酒店的人力资源管理实践

作为一位经验丰富的人力资源管理专业人员，莉萨知道，本公司的新测试项目只能做到当前这种地步了。要了解巴黎酒店是如何设计一个新的面试过程的，请看本章末的案例。

7.1.3 应当如何进行面试

企业进行面试的方式是多种多样的：可以一对一面试，也可以由一个面试小组来进行面试；可以按照顺序多次面试，也可以一次性完成面试；可以通过计算机进行面试，也可以面对面进行面试。

大多数面试是一对一的面试以及顺序面试。在一对一的面试中，面试官和求职者单独会面，面试官通过口头提问的方式让求职者口头作答。通常情况下，企业采取的都是顺序面试的方式。在顺序（或系列）面试中，会有几位面试官按照一定的顺序，依次一对一地对求职者进行面试，然后作出是否雇用的决定。在**非结构化顺序面试**（unstructured sequential interview）中，每一位面试官通常都是想起什么就问什么。在**结构化顺序面试**（structured sequential interview）中，每一位面试官都会按照一套标准化的问题来提问，并且在一张标准评价表上给被面试者打分。然后由招聘经理对这些评价结果进行比较和审核，最终决定究竟雇用谁。[17] *

小组面试（panel interview）也称委员会面试，它是由一个由若干（通常是 2~3 名）面试官组成的面试小组对每一位求职者进行面试，然后把他们对求职者的评定结果综合起来，形成最后的面试小组打分。这种面试方式与一对一面试（一位面试官与一位求职者会面）和顺序面试（几位面试官按顺序一对一地分别对一位求职者进行面试）的做法正好相反。[18]

小组面试的形式使面试官可以追问一些问题，就像新闻发布会上的记者提问一样。与一对一面试相比，小组面试通常能够获得更有意义的答案。另外，有些求职者发现小组面试给他们带来的压力更大，会干扰他们正常回答问题。（另外一种能给求职者带来更大压

---

* 答案：迈克有 20.5 美元，托德有 0.5 美元。

力的面试方式是**集体面试**（mass interview）。它是由一组面试官共同面试几位求职者。面试小组会抛出一个问题，然后观察哪位求职者会引领大家得出解决问题的方案。）

至于小组面试的信度和效度是否比顺序面试更高，目前还不得而知，因为这取决于企业在实践中如何开展小组面试。例如，结构化小组面试的信度和效度会比非结构化小组面试更高。具体地说，在小组面试的过程中，如果面试小组成员使用的打分表带有基于样本答案的描述性打分范例，则这种小组面试又会比那种没有打分表的小组面试有更高的信度和效度。此外，对面试小组成员进行培训有助于提高面试信度。[19]

尽管存在争议，一些雇主还在使用"速配"式面试。公司给所有职位的求职者发送电子邮件，形成 400 个小组（共 800 位申请人）。在几个小时的时间里，求职者首先与公司员工彼此熟悉，然后（在所谓的速配区）与公司员工进行几分钟的一对一接触。基于此，招聘团队选择了 68 名求职者进行进一步面试。[20]

电话面试 企业有时完全通过电话来进行某些面试。与面对面的面试相比，这种面试形式实际上能更准确地判断求职者的责任感、智力以及人际关系技能。由于不必担心着装、礼仪一类的事情，因此双方更专注于实质性问题的回答。在这种情况下，求职者或许——由于招募者是在求职者没有防备的情况下打来电话的——更能比较自然地回答。[21]一项典型的研究发现，相对于面对面的面试而言，在电话面试中，面试官倾向于对求职者作出更为积极的评价，尤其是当求职者的外表缺乏吸引力时。但是，求职者更喜欢面对面的面试。[22]

计算机化面试 计算机化的甄选面试是指让一位求职者针对计算机提出的口头的、视频的或书面的提问以及（或）一些场景，作出口头回答以及（或者）在计算机上作答。大多数计算机化面试都会对求职者提出一系列诸如个人背景、工作经验、受教育情况、技能、知识以及工作态度等与求职者应聘的职位有关的问题。此外，有些（基于视频的）计算机化面试还可以让求职者看到一些真实的场景（比如发怒的顾客），然后让他们有针对性地作出反应。[23]

在线视频面试 由于智能手机和平板电脑有 Face Time™和 Skype™等这样一些视频功能，基于网络的"面对面"面试已经十分普遍了。一项研究发现，大约 18% 的候选人参加过此类面试。[24]很多大学的职业发展中心和再就业安置公司都在使用一种名为 InterviewStream 360 的视频面试系统，这种系统可以让学生或求职者将面试过程记录下来，这样可以用于未来的个人职业发展以及给其他企业看自己的面试记录。[25]InterviewStream 公司（www. InterviewStream. com）还可以为企业客户提供预录和现场视频面试管理系统，让他们对候选人进行预先筛选以及对求职者进行远程面试。客户和候选人还可以使用 InterviewStream 公司的实时视频会议平台进行现场面试。[26]包括微软在内的很多企业都使用第二人生（Second Life）这一虚拟社区进行面试。求职者可以在社区内创建一个能够代表自己的虚拟头像。[27]正如第 6 章中所述，HireVue 公司的软件也可以分析客户在过去的视频求职面试中呈现的面部表情和语音语调等迹象，确定哪些特征可以预测求职者是否适合当前的工作。

希尔顿酒店在 94 个国家招募员工，由于距离太远，实施面对面的面试往往不切实际。现在，在线视频面试已经使希尔顿酒店很容易进行初步筛选面试。[28]另一家公司的首席执行官通过纯文字聊天或发送即时消息进行初步的筛选面谈，他说这种做法可以减少由于性别、种族和肢体语言等造成的潜在干扰。[29]

在线视频面试几乎不需要企业做什么特殊准备，关于职业常见问题的网站（www. careerfaqs. com. au）上列出了参加面试者应该牢记的一些事项。这些通常都是人们容易忽视的一些事情（有关如何接受面试方面的更多信息，请参阅本章附录 2）[30]：

- 穿着体面。在家里穿西装可能很奇怪，但这会让你显得与众不同。
- 把房间打扫干净。不要让面试官看到各种杂物。
- 提前测试网络。正如职业发展常见问题网站上说的那样："不要在视频面试开始前五分钟才发现你的互联网瘫痪了……"
- 做一次预演。在面试前录制一下你自己，看看你的表现如何。
- 保持放松。参加这种面试的黄金法则就是把面试视为一次面对面的会议。面带微笑，让自己看起来自信而热情，用眼神进行交流，不要大声喊叫，但是要口齿清楚。

改进绩效：战略背景

Urban Outfitters 公司的数字化面试

依托移动设备的数字化面试可以让面试者无论在何时何地都可以参加面试，同时也让公司的管理人员可以在空闲的时候回看面试过程。[31]

例如，Urban Outfitters 公司期望自己商店里的员工共享团结、自信、富有创造性、懂得尊重他人这样一些核心价值观。[32]但问题在于：在竞争激烈的零售行业中，如何才能做到找到并吸引这样的求职者，同时还能控制雇用成本呢？由于收到了很多求职信，该公司最初采用小组面试的方式甄选销售代表。商店经理需要以集体面试的方式同时面试 6～8 位候选人。但这些经理并不认为这种面试方式符合公司的文化。

Urban Outfitters 公司后来改变做法，在其 200 家零售店中通过 HireVue 系统进行面试。HireVue 系统可以让求职者观看关于公司以及岗位工作内容的视频，然后让候选人在时间方便时随时以书面和视频的形式回答一些问题并作出说明。需要雇用员工的经理则可以在营业高峰过后回看这些面试记录。

据报道，这个新的系统使 Urban Outfitters 公司大受裨益。它减少了 80％的甄选时间，商店经理可以处理更多的求职申请，同时也受到了求职者的青睐。HireVue 系统还为 Urban Outfitters 公司的战略提供了支持。正如该公司所称：

> 通过转向数字化面试的做法，已经成功地将我们的雇用流程转变为对公司文化的一种真实反映。我们的创造性、团结以及不墨守成规等方面的价值观，从候选人参加面试的时候就已经开始形成。没有任何其他举措能像数字化招募这样影响我们的雇用团队。[33]

➡ 7.2 避免犯一些影响面试效果的错误

面试在员工雇用过程中的地位有点尴尬：一方面，几乎所有的企业都在使用面试，另一方面，总的来说，面试的作用并不大。面试有用与否的关键在于实施面试的方法是否正确。如果使用的面试方法得当，面试在预测绩效方面会比过去认为的更为有效，并且可以与之前讲过的其他很多甄选工具相媲美。[34]在进行面试时，要牢记三点：采用结构化面试、知道应当提问什么以及避免常见的面试错误。

首先，采用结构化面试。[35]与非结构化面试相比，结构化面试（特别是结构化情境面试）在预测未来工作绩效方面的效度更高。它之所以会有更高的效度，部分原因在于结构化面试有更高的信度。例如，同一位面试官在对不同的求职者进行面试时会保持更高的一致性。[36]结构化情境面试能比职位相关性面试（或行为面试）产生更高的平均效度，因而它会比"心理性"面试（更多地考察求职者的动机和兴趣）产生更高的平均效度。[37]

其次，面试在揭示求职者的某些特征方面要比揭示另一些特征方面表现更好。一项典型的研究给出了其中的缘由，面试官能够估计出求职者的外向性和宜人性程度，但他们不能准确地评价那些对于工作来说最为重要的特征，比如责任感和情绪稳定性。[38]诸如"描述你认为最高效、感觉最快乐的工作环境或组织文化"之类的问题可能会有助于发现文化契合的求职者。[39]这一研究结论带来的启示或许是，在面试中应当将大部分注意力放在情境性问题或与工作知识有关的问题上，这些问题能够帮助你预测求职者将会对工作中出现的一些典型场景作出怎样的实际反应。

最后，不管是面对面的面试还是在线面试，高效的面试官要理解和避免犯以下可能会影响面试效果的各种错误。[40]

7.2.1　第一印象（匆忙判断）

最常犯的面试错误可能是，面试官通常会在面试的最初几分钟（甚至是在面试开始之前，仅仅根据测试成绩或个人简历）马上得出结论——匆忙判断。一位研究人员估计，在85％的面试中，面试官甚至在面试开始前就已经得出了结论，其根据就是对求职者的求职申请表以及个人外表形成的第一印象。[41]在一项典型的研究中，提前将求职者的测试成绩提供给面试官的做法使面试官对求职者的最终评价产生了偏见。在另一项研究中，在面试官得知某些求职者过去患过抑郁症或存在药物滥用问题时，他们对这些求职者作出了更为负面的判断。[42]即便是结构化面试，面试之前通常也会有简短的交流，求职者此时给人留下的印象也会影响面试结果。[43]

当一位求职者的历史信息是负面的时候，第一印象会带来更大的消极影响。在一项研究中，如果面试官曾收到对求职者不利的推荐信，则在面试之后，他们会对求职者过去取得的成绩表现出更少的信任，并且认为求职者应当对他们本人在过去遭遇的失败承担更多的责任。除了求职者在面试中的实际表现之外，面试官的最终决定（即接受还是拒绝求职者）会更多地受到面试官基于推荐信对求职者产生判断的影响。[44]

此外，我们还可以提供另外两个与面试有关的事实：第一，与对求职者有利的信息相比，面试官更容易受到那些对求职者不利的信息的影响；第二，面试官对求职者的印象由好变坏容易，由坏变好却很难。实际上，许多面试官都倾向于寻求求职者的负面信息，他们本人却常常没有意识到这一点。

最根本的问题在于大多数面试官从一开始就在准备给求职者挑毛病。即使是一位在面试中表现不错的求职者，最终也有可能获得较差的评价结果，仅仅是因为负面信息在面试官的决策过程中所占的比重较大，更不用提那些在面试一开始就表现比较糟糕的求职者了，他们几乎不可能改变自己给面试官留下的比较差的第一印象。[45]伦敦的一位心理学家在对 80 家顶尖公司的首席执行官进行访谈之后得出结论："你甚至不需要开口说话。"[46]事实上，面试官关注的是求职者走路的姿势、握手的方式、微笑以及有没有能够吸引人的魅力等。无论采用哪种面试方法，都很难摆脱这种第一印象。

7.2.2　没有明确职位要求

面试官如果不能准确地把握职位的工作内容以及何种类型的求职者最适合这一职位，往往就会依据错误的印象或者是对所谓的优秀求职者的刻板印象来作出决定。然后，他们会把求职者与他们脑海中存在的那种刻板印象加以匹配。因而，在开始进行面试之前，企业应当明确自己正在为某一特定职位寻找具备哪些特征的求职者以及为什么希望求职者具备这些特征。

一项经典的研究对 30 名专业面试官做了调查。[47]其中一半的面试官只获得了针对他们所要招募的那些职位的简单的职位描述，上面仅仅写着："这里是通过求职申请表整理出来的应聘秘书职位的 8 位求职者。"另外 15 位面试官则获得了更加明确的与职位有关的信息，例如对打字速度的要求和对双语能力的要求等。

更多的与职位相关的信息有利于面试官更好地进行面试。掌握更多职位信息的 15 位面试官总体能够对每一位求职者的潜能达成一致意见，而那些没有得到较多职位信息的面试官却难以达成一致意见。同时，这些缺乏职位信息的面试官也不能差别化地把求职者区分开来——他们倾向于给所有的求职者都打高分。（他们所做的其实是另一回事。一名研究人员访谈了 120 名招聘人员，发现他们中的大多数人实际上在寻找"个人化学反应"，即挑选拥有与自己相匹配的背景和爱好的人。）[48]

7.2.3　求职者面试顺序（对比）误差和雇用压力

求职者面试顺序（对比）误差（candidate-order（or contrast）error）是指求职者参加面试的顺序会影响面试官对他们作出的评价。在一项研究中，管理人员在面试了几位"不太理想"的求职者之后，面试了一位"水平很一般"的求职者，结果，他们对这位实际水平很一般的求职者作出了比在其他情况下更高的评价。这是因为与那些不太理想的求职者相比，水平一般的求职者看上去比他们的实际水平要高得多。这种对比效应的强度可能非常大：一些早期的研究证实，在评价者对求职者的评价中，只有很小一部分是基于他们的实际潜力。[49]

雇用压力也会促使这种问题产生。研究者告诉第一组管理人员，他们的招募定额还没有完成，而告诉第二组管理人员他们已经超出了招募定额。结果发现，对于同样的求职者，第一组管理人员的评价要比第二组管理人员高得多。[50]

7.2.4　非言语行为和印象管理

求职者的非言语行为（微笑、避开面试官的注视等）也会对他们的面试成绩产生令人吃惊的影响。在一项研究中，研究者请 52 位人力资源管理专业人员观看求职者的面试录像，在其中的两套录像中，求职者说话的内容都是一样的，但是他们的非言语行为存在很明显的差异。研究人员要求第一组求职者尽量减少与面试官之间的目光接触，表现出不太旺盛的精力，同时尽量用较小的声音回答问题；要求第二组求职者表现出与第一组求职者相反的行为。有26位人力资源管理专业人员被邀请观察了第二组求职者，这些专家中有23人邀请这些求职者来参加第二轮面试。那些观察了第一组求职者的专家，则没有一个人让这些求职者来参加第二轮面试。[51]从这种情况来看，求职者让自己"看上去更有活力"显然是值得的。

求职者的非言语行为之所以如此重要，是因为面试官会根据求职者在面试中的行为方式来推断其人格特点。在一项研究中，99名即将毕业的大学生在参加面试前后分别填写了调查问卷，这些调查问卷中都包括人格测量的内容。这些大学生汇报了他们在后来接到复试通知以及得到工作机会方面取得成功的情况。结果表明，求职者的人格特点尤其是外向性程度，对于他们能否得到复试通知以及工作机会的影响很大。[52]外向型求职者似乎倾向于进行自我推销，而求职者的这种自我推销与面试官对求职者是否与职位匹配的知觉高度相关。[53]即使对面试过程进行结构化安排似乎也不能消除这种非言语行为产生的影响。[54]

一项研究这样总结道："无论面试的结构化程度如何，非言语暗示都会导致面试官对求职者进行归因。"[55]

印象管理　聪明的求职者会利用上述事实来达到自己的目的。一项研究发现，有些人通过迎合面试官来博得他们的喜欢。例如，赞扬面试官或者表现出赞同其观点，通过这种方式暗示他们之间有类似的信念。由于一些求职者意识到，自己和面试官之间的态度相似性很可能会影响面试官给自己打出的最终评分，这些求职者会刻意强调（甚至编造）这种相似性。[56]还有一些求职者则运用自我推销策略，夸大自己取得的成功。[57]自我推销是指向面试官推销自己的技能和能力，从而给面试官留下自己具备工作所需的胜任素质的印象。[58]心理学家将运用迎合和自我推销等技术的现象称为"印象管理"。大多数面试官不太可能知道自己被误导了。[59]自我推销是一种有效的策略，但是如果属于造假或撒谎则往往会适得其反。[60]

7.2.5　被面试者个人特征的影响：吸引力、性别和种族

令人遗憾的是，求职者的生理特征也会干扰面试官作出的评价。[61]例如，人们通常认为更有吸引力的人往往具有更好的个人特征，同时也能过上更为成功的生活。[62]例如，在一项研究中，当面试小组中的白人面试官和黑人面试官各占一半时，白人面试官会对白人求职者作出更高的评价，而黑人面试官则会对黑人求职者作出更高的评价。但是在任何一种情况下，与非结构化面试相比，结构化面试在少数族裔求职者和白人求职者之间产生的差异更小。[63]一项研究得出结论，"……结构化面试可以最大限度地减少或消除求职者和面试官之间人口统计学相似性方面的潜在偏见。"[64]

利用雇用歧视测试者来消除面试中的歧视问题变得非常重要。正如美国平等就业机会委员会定义的那样，雇用歧视测试者就是指"那些以揭露非法的歧视性雇用实践为唯一目的，而并非真的想接受某种工作机会的求职者"。[65]尽管他们并不是真的找工作，但是这些测试者在法庭和平等就业机会委员会面前具有合法地位。[66]

例如，一家私营的非营利组织派出了四名大学生——两名白人和两名黑人——来到一家雇用服务机构，假装应聘一个职位。这家组织为这四名"测试者"提供了相应的背景和培训经历，使他们的资格看上去并不存在差别。结果，白人测试者（求职者）得到了面试的机会并被录用，但是黑人测试者（求职者）没有得到面试机会，当然也不会被雇用。[67]下面的专栏阐述了残障求职者与雇用面试的情况。

多元化盘点

残障求职者与雇用面试

一般来说，提出各种要求或者有明显残障特征的求职者（如有儿童保育需求、HIV阳性或坐轮椅的求职者）获得积极结果的机会较小，即使他们在结构化面试中表现良好。[68]在一项研究中，研究者对求职者的外表进行了人为操纵，比如"在参加面试的某些求职者脸颊上伪装一条伤疤，而并不对其他求职者这样做"。结果显示，那些对带有这种人工印记的求职者进行面试的考官对这些求职者所做的评价较低（与那些没有这类印记的求职者相比），并且"能够回忆起来的有关面试过程的信息较少"（显然，造成这种情况的部分原因在于，面试官一开始对求职者的"伤疤"的关注让他们分心了）。[69]然而，也有一项研究发现，面试官反而对残障求职者更加宽容。[70]

一项研究对来自不同职业的 40 位残疾人进行了调查。结果表明，残疾人都觉得面试官通常都会避免直接涉及残疾问题，但是在后来作出决策时不得不考虑这方面的情况。[71]

残疾人更喜欢比较开放的讨论，因为这种讨论能够使企业表达出自己的担忧，有助于作出更明智的决定。残疾人通常希望面试官提问这样一些问题：企业可以通过提供哪些条件或特殊设施为你完成面试过程提供便利？你目前正在使用或者在过去的工作中使用过哪些有助于你完成工作的特定技术？除了技术方面之外，你在过去的工作中还获得了其他哪些支持性的措施？如果没有，你知道还有哪些措施会对你开展工作有利？你在过去的工作中遇到过哪些障碍？如果有的话，这些障碍是怎样清除的？你是否预测到与这个职位的工作日程相关的交通或工作时间安排问题？

改进绩效：全球人力资源管理实践

国外的甄选实践选编[72]

在国外确定甄选标准时，一家跨国公司分支机构的管理者实际上是在遵循母公司的甄选程序和适应当地的文化差异之间小心翼翼地"走钢丝"。一项研究对孟加拉国进行了集中考察。[73]在那里，传统的甄选实践与在美国的很不一样。例如，"年龄被认为是与智慧等同的"。因此，那些针对中高级职位的招募广告通常会将最低年龄设置为甄选标准之一，同时"对公共部门中的初级职位来说，对求职者的年龄甚至限制在 30 岁及以上"。在孟加拉国，跨国公司分支机构的管理者正在悄然实施公司总部规定的人力资源管理实践。结果，"传统"的做事方式正在发生演变，而跨国公司也正在影响当地的招募和甄选实践。这说明，管理者在进行面试之前理解该国的独特文化是非常明智的。

7.2.6　面试官的行为

最后，面试官的行为也会影响求职者的表现及评价结果。例如，有些面试官会在不经意间透露自己期望得到的答案。比如下面这样的提问就是这样："这个职位要求你能承受很大的压力。你能做到吗？"即使是一些微妙的线索（比如微笑或点头）也可能会透露面试官期望得到的答案。[74] 有些面试官的话说得太多，以至于求职者没有时间来回答问题。另一种情况恰恰相反，有些面试官反而让求职者主导了面试过程，甚至不能完成所有的提问。当面试官在面试前就对某位求职者形成了良好的印象时，他们会更加积极地对待这个人（例如，更多地对其微笑），这可能是因为他们想提高这些求职者接受这个工作机会的概率。[75] 有些面试官则可能会扮演地区检察官的角色。他们对某些存在不一致的方面保持警惕是对的，但是通过对求职者进行突然袭击来寻找快感则是不合适的。还有一些面试官可能会扮演业余心理学家的角色，他们很不专业地去探求求职者所说的每件事情背后隐藏的含义。有些面试官则提出歧视性问题。[76]

总之，在面试中需要注意避免犯的一些潜在错误包括：

- 第一印象（匆忙判断）；
- 没有明确职位要求；
- 求职者面试顺序（对比）误差和雇用压力；
- 非言语行为和印象管理；
- 被面试者个人特征的影响；
- 面试官的行为。

我们将在本章的附录2中说明求职者利用这些可以做些什么以在面试中脱颖而出。

7.3　如何设计和实施有效的面试

毫无疑问，**结构化情境面试**（structured situational interview）——由面试官向应聘同一职位的所有求职者提出一系列与本职工作相关的且预先准备好正确答案的相同问题——能够产生最好的面试效果。[77] 一种基本做法是：第一，写出一些情境性问题（询问求职者在这种情况下将怎么做）或者行为性问题（询问求职者过去是怎么做的）或者工作知识方面的问题；第二，由熟悉招募员工的特定职位的专家（例如，该职位的直接上级）列出每个问题的可能答案，同时按照从好到差的顺序对这些答案进行排序。（对于社交媒体营销工作来说，一个较好的工作知识性问题是"你如何管理自己的社交媒体？"一个较好的情境性问题是"我们的社交媒体渠道之一面临危机，你打算怎么处理？"一个较好的行为性问题是"谈谈你成功举办的一场社交活动吧。"）[78] 面试官（通常是一个由两到三个人组成的小组）则根据这份标有答案优劣示例的评分表来对求职者进行打分。

7.3.1　设计结构化情境面试

整个过程包括以下几个具体步骤[79]：

第一步：分析职位。编写一份职位描述，列出相关工作职责，要求任职者具备的知识、技能、能力和其他任职资格条件。

第二步：评价职位的主要工作职责。根据每一项工作职责对于在该职位上取得成功的重要性来对每一项工作职责作出评价，例如采用 1 到 5 分的等级标准。

第三步：设计面试问题。根据工作职责设计情境性问题、行为性问题和工作知识性问题，对于那些重要的工作职责要多设计一些问题。设计问题的人通常要以关键事件为基础来进行面试问题的开发。例如，面对一个应聘主管职位的求职者，面试官可能会提出这样一种情境性问题：

> 你的配偶和两个十几岁的孩子都因感冒卧床，并且你们没有亲戚朋友能够帮助你照顾他们，而你需要在 3 小时后去换班，这时你会怎么做？

第四步：设计基准答案。接下来，针对每一个问题都需要设计一些想象出来的（基准）答案，其中包括好的答案（5 分）、一般的答案（3 分）、较差的答案（1 分）。例如，以上面关于配偶和孩子生病的场景为例，其三个基准答案（按得分从低到高排列）分别是："我会待在家里——我的家庭最重要"（1 分）；"我会打电话给我的直接主管解释一下我现在面临的状况"（3 分）；"因为他们仅仅是感冒了，所以我还是会去工作"（5 分）。

第五步：指定面试小组成员并进行面试。企业通常会通过一个面试小组，而不是一对一面试的方式来进行结构化面试。面试小组通常由两到三人组成，最好就是那些设计面试问题及其答案的人，还可以包括职位的直接上级、当前任职者以及人力资源管理部门的代表。相同的面试小组要对应聘同一职位的所有求职者进行面试。[80]

面试小组的成员通常应在面试前审阅职位描述、面试问题及其基准答案。为确保一致性，应当始终由面试小组中的同一位成员负责介绍所有的求职者，并按照顺序向所有求职者分别提问所有的问题，而面试小组的所有成员都应当根据评价表来记录和评价求职者的回答情况。他们记录和评价求职者的方式就是将求职者的答案与评价表中每一个问题后面的基准答案进行比较，从而判断出求职者的答案是较差的、一般的还是好的。在面试快要结束时，由面试小组中的某个人来负责回答求职者可能提出的问题。[81]

基于互联网的一些程序可以帮助面试官设计和组织以行为为基础的甄选面试。例如，SelectPro 软件（www. selectpro. net）能够帮助面试官设计基于行为的甄选面试、客户面试指南和自动化的在线面试。下面的专栏总结了如何实施有效的面试。

改进绩效：直线经理和小企业家的人力资源管理工具

如何实施有效的面试

你可能既没有时间，也没有意愿去设计全套的结构化情境面试。然而，你仍可以通过做很多事情来使面试更加系统化，同时更为有效。

第一步：确保你了解职位。除非了解这个职位且明确你需要寻找具备哪些技能的人来承担这一职位，否则就不要开始面试工作。首先要研究该职位的职位描述，了解这个职位需要的理想任职者应当具备哪些特征和技能。

第二步：使面试结构化。任何结构化面试的效果都要好于非结构化面试。如果时间确实很紧迫，也可以在不开发全套的结构化面试方案的情况下，询问一些具有一致性且与职位相关的问题。[82]其中包括[83]：

● 根据实际工作职责提出问题。这会使那些不相关问题的数量减到最少。

● 采用工作知识性、情境性或行为性问题，同时尽可能多地了解职位，从而能够对求职者的答案作出评价。问一些简单的问题考察求职者的观点和态度、目标和理想以及自我描述和自我评价等，这样会使求职者以一种更有利的方式来表达自己或者避免暴露自己的弱点。[84]图7-2中列出了在一些结构化面试中可能会提出的问题。

工作知识性问题

1. 如果要给丰田公司的凯美瑞汽车更换风扇皮带，你应当遵循哪些步骤？

2. 在选择一台办公电脑时，你会考虑哪些方面的因素？

经验性问题

3. 你有哪些修理汽车引擎的实际经验？

4. 你在为产品设计营销计划方面有哪些经验？

行为性（过去的行为）问题

5. 请讲讲有关你和一个特别可恶的人打交道的经历。当时的情形是什么样的，你是如何处理的？

6. 请谈谈你处于巨大压力下的经历。当时的情形是什么样的，你是如何处理的？

情境性（你会怎么做）问题

7. 假设你的老板坚持要你在今晚之前完成演讲稿，而你的下属却说她必须早点赶回家去参加一个网络课程，因此不能协助你完成此项工作。你会怎么做？

8. 公司的首席执行官刚刚告诉你，他要炒掉你的上司并让你替代其职位，而你跟你的上司关系很好，你会怎么做？

图7-2 结构化问题样本

● 对所有的求职者提出相同的问题。对所有的求职者都提相同的问题可以提高面试的信度。同时，这样做还可以减少偏见，因为给所有的求职者提供相同的机会显然是一种非常公平的做法。

● 使用描述性的评价尺度（优秀、一般、较差）来对答案进行评价。如果可能，为每一个问题准备几个假想的答案，并为每一种答案赋予一个分数。然后，就可以根据这份评价表来对每一位求职者的答案作出评价了。

● 尽可能地使用标准化的面试表格。根据类似于图7-1或表7A-1的结构化面试指南来进行面试，常常可以获得更好的面试效果。[85]至少要在面试之前将要提出的问题列出来。

第三步：组织面试。面试应该在一个相对安静的房间中进行，这里不能接打电话，各种干扰因素也减到了最少。在面试之前，审阅一遍求职者的求职申请表和个人简历，标出其中存在问题的地方或者能够显示求职者的优势和劣势的地方。

第四步：营造和谐的氛围。面试的主要目的是了解接受面试的求职者。要做到这一点，在一开始时应当让求职者感到比较轻松自在。在面试刚开始的时候，要向求职者打招呼，从一些没有争议的问题入手，比如当天的天气或者交通状况。

第五步：提问。尽量按照事先列出的情境性、行为性、工作知识性问题来提问。（尽管如此，glassdoor.com的调查表明，"你的优点是什么"仍然位列50个最常用的面试问题清单榜首。)[86]图 7-3 列出了 glassdoor.com 总结的 50 个最常用的面试问题。请记住这一点：美国许多州现在禁止询问求职者过去的薪酬水平。[87]在实际提问中，需要遵循以下原则：

- 不要侧面透露出你想要的回答。
- 不要像提审罪犯那样审问求职者，不要表现得傲慢、冷嘲热讽或漫不经心。
- 不要让自己或求职者任何一方主导整个面试过程。
- 要提出一些开放性的问题。
- 要鼓励求职者充分表达自己的想法。
- 要通过提问题的方式来重复求职者最后说的某句话，从而总结出求职者的观点和感受。（例如，"你不喜欢你前面做的那份工作吗？"）
- 要问一些实际的例子。[88]
- 要问这样的问题："如果我准备去跟你的老板做一次访谈，你猜他会怎样评价你的优点、缺点以及总体工作绩效？"[89]

1. 你的优点是什么？
2. 你的缺点是什么？
3. 为什么你对××公司感兴趣？
4. 你能否看到自己在五年甚至十年之后的情况？
5. 为什么你想离开现在的公司？
6. 为什么在（填上时间）至（填上时间）之间出现了空白？
7. 你能为公司带来哪些其他人带不来的东西？
8. 你的上一任领导希望你改进的三个方面是什么？
9. 你愿意搬家吗？
10. 你喜欢出差吗？
11. 请谈谈让你觉得最有成就感的一件事。
12. 请谈谈你曾经犯过的某个错误。
13. 你的理想工作是什么样的？
14. 你听说这个职位是什么样的？
15. 你来到本公司的 30 天、60 天、90 天中期待达成什么样的目标？
16. 请谈谈你的简历。
17. 请谈谈你的教育背景。
18. 请描述一下你自己。
19. 请谈谈你是如何处理某一困境的。
20. 我们为什么应该雇用你？
21. 你为什么要找一份新工作？
22. 你能接受在节假日或周末加班吗？
23. 你会如何应对一个正处于愤怒状态的顾客？
24. 你的薪资要求是多少？（提示：如果你不确定什么水平才是公平的薪资范围和薪酬包，可以参考下 Glassdoor 网站上的公司以及职位名称。）
25. 请举例说明你曾经在某个项目上把工作做得超出了公司的要求。
26. 你的竞争对手是谁？
27. 到目前为止，你经历过的最大的一次失败是什么？

28. 什么因素会对你有激励作用?
29. 你的价值体现在什么方面?
30. 谁是你的导师?
31. 请谈谈当你和上级意见不一致时你是怎么做的?
32. 你是如何应对压力的?
33. 你们公司的首席执行官是谁?
34. 你的职业发展目标是什么?
35. 什么因素激励你每天早晨起床?
36. 你的直接上级会如何评价你?
37. 你上级的优点和缺点是什么?
38. 如果现在把你的上级叫过来,询问你在哪些方面可以提高,你觉得他会怎么说呢?
39. 你习惯充当一个领导者还是一个追随者?
40. 你阅读过的上一本很有趣的书是什么?
41. 你的同事讨厌什么?
42. 你的兴趣爱好是什么?
43. 你最喜欢哪些网站?
44. 什么事情会让你感到不适?
45. 你有哪些领导经验?
46. 如果你需要解雇某个人,你会怎样做?
47. 在你工作的这个行业中,你最喜欢和最不喜欢的是什么?
48. 你能在一周中工作 40 个小时以上吗?
49. 还有什么问题是我没有问到的吗?
50. 你还有什么问题要问我吗?

图 7-3 面试求职者时常用的 50 个面试问题

资料来源:www.glassdoor.com/blog/common-interview-questions.

第六步:在面试过程中做好简要的记录。这样做有助于避免在面试的前期就凭借不充分的信息仓促作出决定,也有助于在面试结束后唤起记忆。要做记录,但是无须非常详尽,只要记录下求职者回答的要点即可。[90]

第七步:结束面试。留出时间来回答求职者可能提出的任何问题。在合适的时机,可以向求职者宣传一下你们公司。

尽量以一种肯定的语气结束面试。告诉求职者你们是否对其感兴趣,如果感兴趣,告诉他们接下来的步骤是什么。在拒绝求职者时则要讲究策略,例如,可以采取以下说法:"虽然你的背景给我们留下了深刻印象,但其他求职者的工作经验更符合我们公司的要求。"请记住,正如一位招募人员曾说过的:"无论求职者最终能否得到录用并接受公司提供的工作机会,都应让求职者通过这次面试经历对本公司有一个长期的积极的印象。"[91]如果你们还在考虑该求职者的情况,当时不能作出决策,也可以这么说。

第八步:回顾面试。在求职者离开之后,应该审阅你的面试记录,给面试答案打分(如果使用结构化面试指南的话),然后作出决定。

在拒绝求职者方面,一个长期争论的话题是,究竟是否应该告诉他们被拒绝的缘由。在一项研究中,那些在被拒绝后能够得到公司提供的详细原因说明的求职者会感觉被拒的过程更为公平。然而,令人遗憾的是,这种提供详细的拒绝原因的做法可能并不现实。[92]拒绝信模板可以从人力资源管理协会和其他公司获得。[93]

7.3.2　职位特征与员工面试

我们可以看到许多公司在用胜任素质模型或职位特征实施员工招募、甄选、培训、绩效评价以及薪酬决策。管理者可以运用职位特征来拟定与职位相关的情境性、行为性以及工作知识性的面试问题。例如，表 7-1 概括了化学工程师职位的候选人应当具备的技能、知识、特征以及经验，同时附了一个面试问题的示例。

表 7-1　询问职位特征导向的面试问题

职位特征构成	举例	面试问题示例
技能	会使用电脑绘图软件	请举一个你使用计算机辅助的专业设计软件的例子。
知识	高温会对盐酸产生多大的影响	如果盐酸在 2 个标准大气压强下被加热到 400 华氏度，盐酸将会发生什么变化？
特征	愿意每年到国外机构出差至少 4 个月的时间	假如你有一个必须参加的家庭聚会，而公司却通知你必须立即动身到国外去完成一项任务，并且要在那里待 3 周的时间。你将如何处理这件事情？
经验	为酸洗设备设计过污物过滤器	请讲一下你为某个酸洗设备设计污物过滤器的经历。这种过滤器是如何发挥作用的？你遇到了什么具体问题？你是如何解决这些问题的？

🡆 7.4　写给管理者的员工敬业度指南

7.4.1　提升敬业度：全面甄选计划

很多企业都会创建全面甄选计划，旨在选择那些综合素质最符合要求的候选人。丰田公司为汽车装配团队甄选员工的计划说明了这一点。

丰田公司注重从候选人身上发现以下几个方面的特点。丰田公司希望员工有良好的人际交往能力，因为汽车装配工作强调团队合作。该公司还强调改善（kaizen）——通过员工对组织高质量的承诺改善当前的工作流程，因此，它注重员工的推理能力和解决问题的能力，希望雇用聪明的、受过良好教育的和敬业的员工。[94] 追求质量是丰田公司的核心价值观，它希望能够从雇用的员工身上看到他们达成高质量的承诺。丰田公司采取群体面试的方式，通过询问候选人最让其感到自豪的一件事，了解这个人在质量和正确做事方面的价值观。丰田公司还希望员工热爱学习，能够按照丰田公司的行为方式或者团队工作方法尝试各种事情。丰田公司的生产系统依赖于共识决策、职位轮换以及灵活的职业发展，这要求员工们思想开放、处事灵活，而不是成为教条主义者。

7.4.2　丰田之道

丰田公司的雇用流程旨在识别装配工候选人。这个过程大概需要 20 小时，一共可以分为六大步[95]：

第一步，填写详细的在线求职申请书（20～30 分钟）；

第二步，用 2～5 小时完成基于计算机的评估；

第三步，用 6～8 小时完成职位模拟评估；

第四步，进行现场面试；

第五步，进行背景调查、药物测试、体检；

第六步，发放录用通知。

例如，在第一步中，求职者需要填写求职申请表，总结自己的经验和技能，通常需要求职者观看描述丰田公司的工作环境和甄选流程的视频。这种方式可以给求职者提供关于工作以及雇用过程的一个现实性预览。很多求职者到这里就放弃了。

第二步，评估求职者的技术知识和个人潜力。在这一步，求职者需要参加识别他们的问题解决技能、学习潜力和职业偏好的各种测试。有经验的求职者如机械师也需要参加工具或磨具的维护测试或普通的维护测试。供应商会提供丰田公司的模拟测试实操。[96]

第三步，求职者需要在丰田公司的评价中心进行模拟生产活动，丰田公司的甄选专家会在现场进行观察。生产（工作样本）测试会对每位求职者在实际完成装配任务方面的表现作出评价。此外，还会通过小组讨论与练习考察求职者是如何与小组中的其他人进行互动并解决问题的。

在一次模拟测试中，求职者需要扮演一家生产电路的公司的管理人员和员工的角色。在这一工作场景中，求职者需要决定应该制造哪一条电路以及如何有效地分配人员、材料和资金。在另一次模拟测试中，求职者需要组成一个团队来确定明年为汽车赋予哪一种新功能。求职者首先根据市场吸引力对 12 种功能进行排序，然后提出一个不包含在其中的另外一种功能。求职者需要针对最佳排序达成共识，正如一位经历了这个过程的求职者描述的那样："一共需要经历三个工作站，每个工作站都需要待两个小时，你还需要再用一个小时左右的时间加入一个以解决问题为目的的工作小组，完成一个特定的项目。我是早上 5 点出门的，直到下午 6 点半才回来，对于我来说，这是非常漫长的一天。"[97]

求职者到丰田公司来求职需要花费足够多的时间和精力并非偶然。丰田公司正是在寻找那些敬业的、灵活的以及以质量为导向的人，而那些缺乏这些特质的人往往无法通过甄选过程。这个甄选过程的严格性往往会排除掉那些敬业度比较低的人。

总之，丰田公司使用了全面甄选计划来识别和选择敬业的员工。从丰田公司的生产过程中可以总结出四点。首先，基于价值观的雇用意味着在开启员工甄选计划之前就要明确自己的价值观。无论是基于追求卓越、持续改善或持续改进、诚信或者其他的一些价值观，基于价值观的雇用都必须从明确公司的价值观是什么以及想要雇用什么样的人入手。

其次，像丰田公司等这样一些高敬业度的公司都倾注了大量的时间和精力实施全面甄选计划。即使是为了甄选初级员工，用 8～10 小时进行面试也并非少见。像丰田这样的公司常常在作出雇用决定之前用大约 20 小时来对候选人进行甄选，这使许多候选人都被拒掉了。

再次，甄选过程不只是为了识别候选人的知识和技能，它要寻找的是那些价值观和技能符合公司需要的候选人。团队合作、改善、解决问题、敬业、灵活是丰田公司的基本价值观，因此，该公司在进行人员甄选时非常注重考察候选人的问题解决能力、人际交往能力以及对公司的忠诚度。

最后，自我选择也非常重要。在一些公司中，这只不过意味着现实性工作预览而已。在另一些公司中，对一些基础性的岗位也采用较长的试用期，有助于筛选掉那些与公司不匹配的候选人。在丰田公司，耗时很长的筛选过程本身就要求候选人要投入更多的时间和精力。

影响人力资源管理的趋势：人才管理科学

谷歌公司在其甄选实践中采用的科学的循证人力资源管理方法则是全面甄选计划的另外一个例子。

在雇用过程中，谷歌公司是从获得优秀的候选人开始的（正如我们在第 4 章中讨论过的）。例如，公司的内部招募小组会主动确认候选人，而不是使用求职网站去吸引那些未经筛选的候选人。

谷歌甄选过程采用的主要技术包括工作样本法、测试法和面试法。几乎所有的谷歌技术人员在被雇用之前都要经过工作样本测试，比如实际写一些算法。工作样本测试与认知能力测试（类似于智商测试）和责任心测试结合在一起使用。在早期阶段，谷歌曾经让候选人参与十几次或更多次的面试。然而，有分析数据显示，在经过最初的四次面试之后，更多的面试能够获得的有用信息数量会变少。因此，谷歌公司现在通常会在第四次面试之后就作出雇用决定。

谷歌公司的面试强调情境性和行为性的问题。针对具体的面试问题，谷歌公司为面试官提供了一个名为 QDroid 的系统，这个系统通过电子邮件给每位面试官发送针对某些特定职位需要询问候选人的一些具体问题。谷歌公司的面试官曾以提问一些技巧性的问题而闻名，但现在公司将面试的重点放在提问一些经过效度检验的面试问题（来自 QDroid 系统）上。这些问题旨在评估候选人的认知能力、领导能力（尤其是愿意领导一个项目）、有"谷歌范儿"（猎奇和严谨）以及与岗位相关的知识（例如计算机科学）。

到底由谁来进行面试呢？谷歌公司相信集体智慧，面试官队伍不仅包括候选人未来的直接上级，还包括其潜在下属以及来自其他不相关部门的代表。然后，谷歌公司会将所有面试官的打分进行平均，得到候选人的最终得分。最后，在发放录用通知之前，雇用委员会还会审查全部文件，然后交由谷歌公司的高层管理人员，最后由首席执行官亲自审查。[98]

谷歌公司正在不断分析和改进其甄选过程。例如，公司定期分析在特定职位上获得成功的谷歌员工的简历常见关键词。然后在过去一年中被拒绝的求职者的简历中搜索这些关键词，并重新进行评估。基于这些关键词，谷歌雇用了许多之前的被拒绝者。同时，面试官也会收到一份文件，表明他们作为面试官在录用候选人方面的效率。因此，这一过程具有分析性、循证性和科学性。

➡ 7.5 设计和发放录用通知

在结束了所有的面试、背景调查以及各种测试等步骤之后，企业就要决定向谁发出录用通知。判断法主要采用对与候选人有关的所有证据进行主观权衡的做法。统计法将所有的证据都加以量化处理，或许还会运用某个公式来预测候选人在未来工作中取得成功的可能性。混合法则是将统计结果与主观判断结合在一起使用。统计法和混合法更有说服力，而判断法则比什么方法都不用好一些。

雇主将基于候选人作为未来员工的外在吸引力、职位等级以及类似职位的薪酬水平等，决定是否发出录用通知。接下来，企业会将录用通知口头传达给候选人。在这一环节，企业会指定某个人（比如，这个人既可能是新员工未来的直接上级，也可能是人力资源总监等）对录用通知中的一些主要参数进行讨论。这些参数包括薪酬水平、各种福利待遇以及实际的工作职责等。在这一过程中可能还要进行一些谈判，一旦达成一致意见，企业就会向候选人发出一份书面的录用通知。

关于书面的录用通知，有几个方面的问题需要注意。其中最重要的一个注意事项可能是，理解录用通知与合同之间的区别。企业会在录用通知中列出一些关于入职的基本信息。录用通知的开头通常是一些表示欢迎的话。接着，录用通知中会包括与职位相关的一些具体信息（比如关于薪酬的一些细节信息）、福利方面的信息、带薪休假方面的信息以及受雇的基本条件等（其中包括顺利通过体检等）。在这里还应该包含一份明确的声明，即这种雇佣关系对双方都是"自由的"。最后还应该有一段结束语。这段结束语会再次对新员工表示欢迎，同时告诉他们，一旦遇到问题可以与企业指定的人员取得联系，并且指导候选人在认为录用通知可以接受的情况下在上面签字。如果采取比较谨慎的做法，则应该在发出录用通知之前先请一位律师对其进行审查。[99]

对许多职位（比如企业高管）来说，签订一份合同是最为妥当的。与录用通知（录用通知对双方永远都是"自由的"）相反，雇用合同会有一个合同期（比如三年）。因此，雇用合同可能还会描述解雇或辞职的条件以及与遣散费相关的条款。合同中还包括对保密、不对外披露以及竞业禁止协议等方面的规定（针对有些职位比如工程师的录用通知可能会包含这样一些条款）。更多的信息请见 www.shrm.org/template-tools/toolkits。

根据职位的不同，雇用合同（有时录用通知也是如此）中可能会包括搬家方面的条款。这一条款指出了企业愿意以搬家费的名义为新员工的住址变更提供一定的费用。各州的法律通常对个人雇用合同的执行具有管辖权。要想了解关于录用通知以及雇用合同的样本方面的信息，请上网搜索。[100]

本章内容概要

1. 面试是通过让求职者口头回答面试官的口头提问来预测其未来工作绩效的一种甄选程序，本章探讨了面试的基本类型，其中有结构化面试和非结构化面试。我们还根据所提问题的类型（例如是情境性问题还是行为性问题）对面试进行区分。此外，还可以根据实施面试的方式将其划分为一对一面试、顺序面试，甚至还可以通过电脑、视频或电话进行面试。无论你决定如何实施面试，或者在多大程度上进行结构化面试，都要注意你所要评价的是哪些类型的特征，同时还要注意避免书中提到的各种面试错误。

2. 面试常常不能达到理论上假设的那种效果的原因之一是，管理者犯了一些可以提前预见到的错误，从而影响了面试效果。他们可能会基于一些不完整的信息武断地下结论或仓促作出判断，他们并不清楚职位的实际要求，他们可能会因求职者面试的顺序以及雇用压力对求职者作出不客观的评价，他们会受到各种非言语行为和求职者个人特征的影响。

3. 管理者应该知道如何设计和实施一次有效的面试。所谓结构化情境面试就是，面试官向所有申请某一职位的求职者提问一系列事先确定答案且与职位相关的问题。设计结构化情境面试的步骤包括：分析职位、评价职位的主要工作职责、设计面试问题、设计基准答案、指定面试小组成员并进行面试。实施有效面试的步骤包括：确保你了解该职位、使面试结构化、组织面试、营造和谐的氛围、提问、在面试过程中做好简要的记录、结束面试、回顾面试等。

4. 像丰田公司这样高敬业度的公司会采用全面甄选计划来筛选员工。包括明确公司的价值观，让候选人投入足够的精力和时间，将求职者的价值观与公司的价值观相匹配，通过现实性预览帮助候选人进行自我选择等。

5. 在决定雇用哪位求职者之后，企业就要转入录用通知的设计和发放环节了。在这一环节中需要记住的事情包括：理解录用通知与雇用合同之间的区别，录用通知中应包括与职位相关的一些具体信息，包括薪酬方面的细节信息、福利方面的信息、遣散费方面的信息、受雇的基本条件等；录用通知中应当包含一份明确的声明，指出这种雇佣关系是"自由的"。与录用通知不同，雇用合同通常会规定一个合同期（比如三年）。

讨 论 题

1. 说明并描述可以通过哪些方式来划分面试的类型。

2. 简述以下每一种面试类型：非结构化小组面试、结构化顺序面试、职位相关性结构化面试。

3. 你认为哪些类型的职位最适合采用非结构化面试？为什么？

4. 你如何解释这样一个事实，即无论结构化面试的内容如何，它在预测工作绩效方面的效度都比非结构化面试更高？

5. 简述面试官可以怎样改进面试效果。

6. 录用通知应当包括哪些方面的内容？

7. 你认为丰田公司和谷歌公司在员工甄选过程中有哪些相似之处，又有哪些不同？

个人及小组活动

1. 以"如何做一位有效的面试官"为题写一篇文章，并就此做一个简短的演讲。

2. 通过互联网查找那些借助网络来进行初次甄选面试的企业，打印出其中的一些例子带到课堂上。你认为这些面试有用吗？为什么？

3. 分小组讨论并整理出"我经历过的最糟糕的面试"的例子。到底是什么原因导致这些面试如此糟糕？如果时间允许，在课堂上进行讨论。

4. 针对应聘人力资源管理课程授课教师职位的求职者，分小组准备一次面试（至少要按顺序提20个问题），每一组都应当在课堂上展示其面试题目。

5. 几年前，洛克希德·马丁公司起诉波音公司，控告波音公司使用自己公司的商业机密赢得了一份数十亿美元的政府采购合同。洛克希德·马丁公司指出，过去在自己公司工作但后来被挖到波音公司的一位员工向波音公司泄露了那些商业机密。[101]在描述一些公司从事商业间谍活动的方法时，一位作者指出，雇用竞争对手的员工或是雇人到竞争对手那里去做卧底，这是从事商业间谍活动的两种最典型的做法。正如此人所说："一种并不常用的伎俩——有时被称为'招募广告'——是让一个人假装成猎头公司的人，去接触目标公司中的某位员工，并且谎称会为这位员工提供一份很有吸引力的潜在工作机会。在面试的过程中，这家实施商业间谍活动的企业会询问这位员工关于其工作职责、已经取得的成就以及现在正在负责的计划等方面的信息。这样做的目的是，在这位员工尚未意识到其实根本就没有工作机会的情况下，就获取了有关竞争对手的一些重要信息。"[102]

假设你是一家小型高科技公司的所有者，你很担心自己的一位或多位员工会成为这些动机不良的"猎头"的接触对象。你会采取哪些措施（例如，通过员工培训，或者写一封亲笔信）来尽可能地减小你的员工落入这种圈套的可能性？再列出你认为这些商业间谍可能会向你的员工提问的10个问题。

体验式练习

你将雇用的最重要的人

目的：为你提供一些实际运用在本章学到的这些面试技术的机会。

必须理解的内容：你应当熟悉本章所提供的信息，然后阅读下面的内容：对于父母而言，孩子是他们的心肝宝贝，然而有趣的是，很多父母在找看护自己孩子的保姆时，却只问为数不多的几个面试问题，至多再马马虎虎地核查一下他们提供的相关材料。由于这种面试的效度经常很令人怀疑，加上这些父母在面试方面的经验又不多，父母为孩子找来的保姆后来并不令人满意就不奇怪了。从本章的内容中你可以知道，除非你非常清楚地了解你正在寻找的是具备什么条件的人，同时最好能使用结构化面试，否则你很难进行一场效度很高的面试。但是显然，绝大多数父母完全没有接受过这方面的培训。

如何进行练习/指导：组成若干练习小组，每组由5~6名学生组成。由其中的两名学生扮演被面试者，其他学生作为面试小组的面试官。扮演被面试者的学生要设计一份面试官评价表，而扮演面试官的同学则要针对前来面试的"保姆"设计一场结构化情境面试。

1. 关于被面试者的说明：被面试者应离开面试房间大约20分钟。在离开期间，被面试者应当根据本章介绍的可能会影响面试效果的因素，设计一份面试官评价表。在进行小组面试期间，被面试者应当针对面试官的表现在面试官评价表上打分。在完成面试之后，被面试者应当离开面试房间，讨论他们所做的记录。这些面试官有没有表现出可能会影响面试效果的因素？如果有，表现出来的是哪些因素？你们会向这些面试官提出哪些建议来帮助他们改进面试效果？

2. 关于面试官的说明：在被面试者离开面试房间期间，面试官将会有20分钟的时间去针对看护儿童的保姆设计一份简短的结构化情境面试表。面试小组将对应聘该职位的两名求职者进行面试。在面试官对求职者进行面试期间，每一位面试官都要在结构化情境面试表上做记录。面试结束后，面试小组成员应当讨论他们所做的记录。你们对每一位求职者的第一印象如何？你们的第一印象相同吗？你们一致决定选中了哪一位求职者，为什么？

应用案例

失控的面试

玛利亚·费尔南德斯（Maria Fernandez）是一位聪明、有人缘、见多识广的机械工程师，她在 2018 年 7 月大学毕业，获得工程学位。在毕业前的那个春季，她多次参加工作面试。她觉得这些面试大多礼貌得体，有助于让她和潜在的雇主都能清楚地认识到彼此之间是否存在大家认为很重要的某种东西。她对到自己特别向往的企业——Apex Environmental——参加面试抱着极大的期望。她对净化环境一直有浓厚的兴趣，并且坚信，在像 Apex Environmental 这样的企业工作能充分地运用自己所学过的知识以及所掌握的技能。同时，她认为在这样的企业工作不仅能使她取得职业发展方面的成功，而且能使这个世界变得更加美好。

但是，这次面试对她来说是灾难性的。当玛利亚走进面试房间时，看到那里有 5 个人——公司总裁、两位副总裁、一位市场营销总监以及另外一位工程师。他们一开始就劈头盖脸地向她发问，她觉得他们提这些问题的主要目的只不过是在给她挑毛病，而不是在考察她能够利用自己在工程技术方面的能力为公司作出什么贡献。这些提问中包括一些完全没有必要的很失礼的问题（比如，"如果你是一个如此聪明的人，你为什么在上大学的时候还会去做一份服务员的工作呢？"）、与工作不相关的问题以及一些涉及性别歧视的问题（比如，"你有没有计划安定下来，并且准备很快组建自己的家庭呢？"）。面试过后，她分别与其中的两位面试官（包括总裁）单独进行面谈，这次的讨论几乎完全集中在她的技术专长方面。她觉得后来的这两次面谈进行得非常好。由于第一轮的小组面试看上去漫无目的，甚至令她沮丧，所以当她在几天后收到该公司的录用通知时，她感到非常惊讶。

这份录用通知促使她思考了几个问题。在她看来，这份工作本身是很理想的，她喜欢自己这份工作、这个行业以及这家公司。事实上，正如与该公司管理团队中的其他成员进行交谈时一样，这家公司的总裁在后来的讨论中也表现得相当有礼貌。她想知道的是，那次小组面试的目的是不是故意营造紧张气氛，从而观察她承受压力的能力。如果事实确实如此，那么他们为什么要这样做呢？

问题

1. 你会怎样解释玛利亚所经历的这种小组面试的性质？具体而言，你认为这种面试到底是该公司的一种经过深思熟虑的面试策略，还是暴露出该公司管理层的疏忽大意？如果这是一种疏忽大意，你会做哪些事情来改进该公司的面试过程？

2. 如果你是玛利亚，你会接受这家公司所提供的工作吗？如果你拿不准，是否还有其他信息能帮你作出决定？

3. 玛利亚所应聘的应用工程师职位要求求职者：（1）具备机械工程方面的优秀技术能力；（2）愿意献身于环境污染控制领域；（3）具备妥善而自信地与有工程问题的客户打交道的能力；（4）愿意到世界各地出差；（5）非常聪明、人格健全。请列出你在面试这个职位的求职者时可能会问的 10 个问题。

连续案例

卡特洗衣公司

更好的面试

实际上，与卡特洗衣公司的其他人力资源管理方面的活动一样，公司目前在面试求职者方面也没有有组织的方法。各个门店的经理几乎完全负责所有的雇用工作，他们在面试中会问一些自己喜欢问的问题。由于缺乏来自高层管理者的指导，他们都认为自己的面试效果确实需要改进。杰克·卡特也承认，自己在处理企业中的机器、设备的细节问题时感到最舒服，而在面试管理岗位或其他岗位的求职者时则从来都没有感到舒服自在。詹妮弗确信，正是缺乏正式的面试实践、程序和培训，才导致员工离职和盗窃问题的发生。因此，她决定采取一些措施提升公司在这个很重要的方面的整体水平。下面是她面临的问题。

问题

1. 总的来说，詹妮弗能够做些什么来改善公司的员工面试实践？她是否需要设计一张面试表格，将针对应聘管理职位和非管理职位的求职者的面试问题都列出来？如果需要的话，这张面试表格应当设计成什么样子，其中应当包含哪些问题？她是否需要采用一种计算机化的面试方法？如果答案是肯定的，原因是什么？又该如何做呢？

2. 她是否应针对各个门店的经理实施一项面试培训计划？如果是的话，请具体说明这种培训项目应当包括哪些内容。换句话说，如果她决定将本公司的管理层培训成更好的面试官，她应当在培训中告诉他们什么？又该如何告诉他们呢？

将战略转化为人力资源政策及实践的案例

改进巴黎酒店的绩效

新面试项目

巴黎酒店的竞争战略是："通过卓越的顾客服务将自己与同行区别开来，吸引顾客延长入住时间，提高顾客再次入住比率，从而提高酒店的收入和利润水平。"酒店人力资源总监莉萨·克鲁兹现在必须制定和实施战略性人力资源管理政策和活动，通过帮助酒店获得战略所需的员工行为和胜任素质来支持酒店的这一竞争战略。

作为一位经验丰富的人力资源管理专业人员，莉萨知道，公司新上的测试项目只能做到这一步了。她知道，雇用测试的结果至多可以解释30%的员工绩效。因而，她和她的团队很有必要设计一套面试工具包，从而使酒店的管理人员可以利用这个工具包来对应聘各种职位的求职者进行互动式的面试。只有通过这种方法，酒店才能雇用到那些可以实现酒店战略目标——比如改进客户服务——的员工。

在设计一个新的员工面试系统方面，莉萨得到了公司的预算支持。她和她的团队从审查前台接待员、经理助理、保安、门童和客房清洁员等职位的职位描述和任职资格入手。团队重视为每一个职位开发结构化面试方案，并且着手设计面试问题。例如，对于前台接待员和经理助理，他们设计了几个行为性问题，其中包括："请告诉我你以前是否应对过发怒的人，你当时做了什么？""请告诉我你过去是否遇到必须同时处理几件彼此之间存在冲突的事情，例如，一边要工作，一边要为参加考试而复习功课，你当时是如何处理这种情况的？"他们也开发出许多情境性问题，其中包括："假设你遇到了一位坚持要马上办理入住手续的客人，与此同时，你正在为另外一位赶飞机的客人办理退房手续，你该如何处理这种情况？"他们针对职位还设计了一些与工作知识有关的问题。例如，莉萨的团队针对安保职位的求职者设计的一个问题是："如果你需要面对一个在酒店里撒野的人，你知道在使用梅斯喷雾这种产品方面有什么法律限制吗？"该团队将这些面试问题大多整合到针对每一个职位的结构化面试中，在经过测试、微调之后，最终开始采用新的面试系统。

问题

1. 针对保安或门童的职位分别设计五个情境性问题、行为性问题和工作知识性问题，并分别附上好、中、差各种描述性答案。

2. 将你编写的这些题目合并成一份完整的面试问卷，并转交给对这些职位的求职者进行面试的人。

附录 1　结构化面试指南

结构化面试指南如图 7A-1 所示。

第一步——设计结构化面试指南

说明：

第一步应当针对一个职位要求任职者具备的每一项胜任素质设计一份如下所示的结构化面试指南（其中包括胜任素质的定义、引导性问题以及评价标准等）。

胜任素质：人际关系技能
定义：

表现出通情达理、有礼貌、机敏、富有同情心、关心他人等；能够与他人建立和保持人际关系；能够与那些难相处、带有敌意和恼怒的人打交道；能够与来自不同背景和处于不同情境中的人很好地相处；对个人之间的差异很敏感。

引导性问题：

请描述你不得不与一个对某件事情感到心烦意乱的人打交道的一个情境。你当时采取了哪些具体行动？这些行动产生的后果或结果是什么？

5	与管理层、其他员工、内外部利益相关者或客户建立并维持持续性的工作关系。在讨论信息或者从不愿提供信息的人那里获取高度敏感或富有争议的信息时，保持礼貌。有效地处理高度紧张或涉及一些已经表现出高度敌意或恼怒的人的情境。	策略性地将一些有争议的结果展示给对新安装的计算机系统、软件程序以及辅助设备存在的缺点感到震怒的高层管理者。
4		协调处理有关系统设计或架构、数据管理系统的本质及能力、系统资源配置或其他具有同等争议性或敏感度的事项。
3	在一些短期任务中与管理层、其他员工或顾客等进行良好的合作。在讨论信息或者从不愿提供信息的人那里获取中度敏感或有争议的信息时，保持礼貌。有效地处理中度紧张或涉及一些已经表现出中度敌意或恼怒的人的情境。	礼貌并有策略地将有效的指导传递给恼怒的顾客。就各种类型的信息技术（如通信或安全系统、数据管理程序或数据分析）向顾客和公众提供技术层面的建议。
2		帮助新员工熟悉行政管理程序以及办公系统。

标杆行为等级	定义	示例
1	在简单的互动中，与管理层、其他员工或顾客等进行良好的合作。在讨论信息或者从不愿提供信息的人那里获取不敏感或不具争议的信息时，保持礼貌。有效地处理有少量或不存在压力、不快、敌意或恼怒等情境。	礼貌地回应顾客的一般性请求。欢迎并协助来访者参加组织内部的会议。

第二步——个人评价表

说明：

在第二步中，要为评价每位求职者在职位要求的每一个胜任素质方面的情况设计一份表格。

被评价求职者姓名：_____

面试日期：_____

胜任素质：解决问题的能力

定义：

发现问题；确定信息的准确性和相关性；运用良好的判断确定各种可能的解决方案，在加以评估之后提出建议。

面试问题：

请举一个具体的例子来说明你是如何发现问题、评估解决问题的备选方案，然后提出相关建议或作出决策的。当时你面临的主要问题是什么？这个问题影响到了哪些人？

考察问题：

你是如何得出解决问题的备选方案并对这些方案进行评估的？最终的结果如何？

请描述你所观察到的具体行为：（若此处空格不够，可以填写在本表背面）

1——低	2	3——中	4	5——高
运用逻辑确定备选方案，以解决一些日常性的问题。通过从能够提供有限数量备选方案的标准材料或来源中收集信息并加以应用来应对和解决问题。		运用逻辑确定备选方案，以解决稍微有些复杂的问题。通过从能够提供几种备选方案的多种材料或来源中收集信息并加以应用来发现和解决问题。		运用逻辑确定备选方案，以解决复杂或敏感的问题。能够预见到问题，识别各种潜在的信息来源并加以评估，从而解决那些不存在标准答案的问题。

最终评估：	姓名：	签名：

第三步——专家组评价意见表

说明：

在第三步中，设计一份如下所示的专家组评价意见表来让面试小组成员对求职者的面试表现作出评价。

求职者姓名：_____

面试日期：_____

专家组评价意见表

说明：

将每位专家对该求职者的每一项胜任素质所做的评价都反映到这张表上。如果所有的个人胜任素质评价结果均为同一个评价分值，则将平均评价分值填入标记为"小组评定"的那一列中。如果任何一位评价者与其他两位评价者的评价分值不一样，则评价分值不同的双方必须通过讨论达成一致。面试小组组长或他们指定的人应当在下面的"专家组讨论记录"的空白部分做好相关记录。评价结果若有任何变动均须经负责人签字，并且要对每一项胜任素质作出最终评价。

胜任素质项目	最终个人评价			小组评定
	(1)	(2)	(3)	
人际关系能力				
自我管理能力				
推理能力				
决策能力				
问题解决能力				
口头沟通能力				
总分				

专家组讨论记录：

专家组成员 1 签名：_____
专家组成员 2 签名：_____
专家组成员 3 签名：_____

图 7A-1　结构化面试指南

资料来源：From Conducting Effective Structured Interviews Resource Guide for Hiring Managers and Supervisors, 2005, United States Department of State Bureau of Human Resources.

附录 2　求职者面试指南

在管理者晋升到需要对别人进行面试的职位之前，他们往往已经有过一些接受别人面试的经历。因此，本章讲授的一些内容对于指导我们自己去接受面试也是十分有用的。

面试官很可能会通过各种测试以及研究你的教育背景和工作背景来评价你的各种技能和专业技术经验。他们很可能会通过面试来判断你是一个什么样的人。换言之，你是如何与他人相处的以及你的工作动机等方面的情况通常是面试中最为重要的信息。他们首先会看你的行为举止。更具体地说，他们会观察和记录你作出的反应是否大方得体，在回答问题的时候是否表现出充分的合作性，在适当的时候陈述个人的观点但不偏离主题。以上都是会影响面试官决定的几个非常重要的因素。

获得额外优势

以下六个方面的要点有助于你在面试中脱颖而出。[103]

1. 做好充分的准备工作。在面试之前，尽可能了解与企业、职位以及进行招募工作的人有关的信息。通过图书馆或网络浏览商业期刊，了解该企业所在行业领域有哪些最新进展。企业的竞争对手是谁？这些竞争对手做得怎么样？试着去发现企业存在的一些问题。准备好向面试官解释，你为什么认为自己能够解决这些问题，举出一些你过去曾经取得成功的具体事例来证明你的观点。

2. 发现面试官的真正需求。尽量在最短的时间内回答面试官提出的第一个问题，让面试官用尽可能多的时间去描述他们的需求。了解面试官希望达到什么样的效果，以及他们认为自己需要找到什么类型的人。这时可以问一些开放性的问题，比如："关于这方面的情况，你能再说点什么吗？"

3. 在你自己和面试官的需求之间建立联系。一旦你了解面试官正在寻找的人员类型以及他们希望解决什么样的问题，就可以根据面试官的需求来描述你个人过去已经取得的成就。你可以这样开头："在你刚才提到的对你们非常重要的那些问题中，我也遇到过一个类似的问题。"然后，对这个问题进行描述，解释你当时采取的解决办法以及实际达到的结果。

4. 回答问题前要有所思考。回答一个问题应该遵循三个步骤：停顿—思考—回答。停顿是为了确保你理解面试官问话的含义。思考是指组织答案，然后开口回答问题。在你回答的时候，要试图强调这样一点，即你可以帮助面试官解决他们所面临的问题。

5. 牢记仪表和热情十分重要。得体的着装、良好的修饰、坚定有力的握手以及充沛的精力等都是十分重要的。要记住，与你所说的话相比，你的非言语行为所透露的关于你的信息要多得多。保持眼神的交流十分重要。此外，在说话时要显得有热情，要适时地点头表示赞同，要记住花点时间（停顿—思考—回答）来组织自己的答案，这样你的回答听起来就会是清晰、流畅的。

6. 留下良好的第一印象。要记住，很多研究都表明，在绝大多数情况下，面试官在面试开始的几分钟里就已经对求职者下了定论。在面试过程中，虽然良好的第一印象也有可能会转变为不好的印象，但这种情况发生的可能性并不大，而较差的第一印象却几乎没有机会逆转。专家建议，求职者一定要关注以下几个关键的面试要点：

- 得体的着装；
- 良好的修饰；
- 坚定有力的握手；
- 适度的激情展现；
- 恰到好处的幽默和欣然的微笑；
- 对企业经营的真诚关注以及在面试官说话时能集中注意力倾听；
- 对过去取得的成绩表现出自豪；
- 了解企业的需求并表现出满足这种需求的愿望。

解决标准问题

在回答常见的标准问题比如"请描述一下你自己"时一定要保持警惕。[104] 你需要知道，对这个问题的回答有助于招聘人员确定你的水平、判断你的沟通技巧。关于"你的优点是什么？"，一个好的答案应该关注与你所面试职位相关的优点。关于"你的缺点是什么？"，一个好的答案需要阐述你正在做什么来提高自己。无法很好地回答"关于我们公司所在的行业，你了解多少？"会让人觉得你可能缺乏责任心。回答"在你工作的这个行业中，你最喜欢和最不喜欢的是什么"时，应该提及喜欢与所应聘工作相关的价值观、活动以及文化。当被问到"你还有什么问题要问我吗？"时，回答"没有"可能是你对这份工作考虑得太少了。

应该坦率而直接吗

想象一下这样一位求职者：拥有丰富的经验和相关教育背景，非常适合一份工作，但是缺乏一些重要特质，比如，在参加高档百货公司的面试时穿着不够时髦。如果有人问你为什么不好好打扮一下，应该坦率而直接地回答吗？

根据最近的一项研究，一流的候选人应该直言不讳。[105]这项研究发现，强烈的"自我验证"动力——"全面展示自己，让别人像你一样了解你"——可能有助于将你与其他一流候选人区分开来。研究人员用"我喜欢做自己，而不是试图表现得像一个不是我的人"这样的项目来测量自我验证。

因此，如果你喜欢做真实的自己并且全面向别人展示，那就这样做吧。只要你能胜任这份工作，并且你是个一流的候选人（这种做法对于次等候选人可能适得其反）。

注　释

第 3 篇

培训与开发

第 8 章　员工培训与开发

Training and Developing Employees

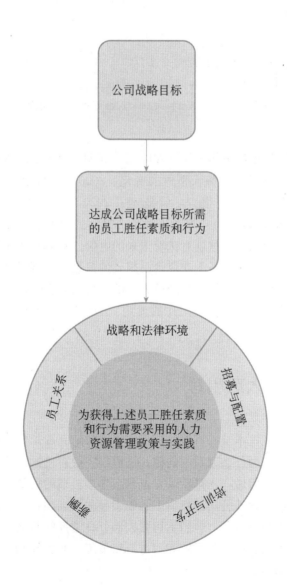

公司战略目标

达成公司战略目标所需的员工胜任素质和行为

战略和法律环境

员工关系

招募与配置

为获得上述员工胜任素质和行为需要采用的人力资源管理政策与实践

薪酬

培训与开发

➡ 我们学到哪儿了

第 6 章和第 7 章主要讨论了如何甄选和面试员工。企业一旦雇用了员工，就必须对他们进行培训。本章的目的在于帮助提升员工培训的效果。我们在本章中将要讨论的主题包括：新员工入职引导及培训、通过设计新员工入职导引提升员工敬业度、培训流程概览、实施培训方案、实施管理技能开发计划、组织变革项目的管理，以及培训效果评估。在接下来的第 9 章中，我们将转向讨论员工的绩效管理与评价。

➡ 学习目标

1. 概述新员工入职引导的目的及过程。
2. 举例说明如何通过设计新员工入职引导提升员工敬业度。
3. 列出并简要解释培训流程的每个步骤。
4. 解释如何运用五种培训技术。
5. 列出并简要讨论四种管理技能开发方法。
6. 列出并简要讨论领导组织变革各步骤的重要性。
7. 解释对于培训项目的效果评估来说，控制实验可能是最优的。

一个世纪以来，美国电话电报公司（AT&T）都只是美国的一家"电话公司"而已，但在过去的几年内，情况发生了翻天覆地的变化。2000 年，该公司的无线网络数据流量很少[1]，依赖软件开展的业务也很少，但是到了 2020 年，这种业务的比例已经上升到 75％。与康卡斯特公司（Comcast）等竞争对手一样，美国电话电报公司的战略旨在推动公司进入一个新的数字化未来，这就意味着未来的电信、媒体和娱乐要相互融合，客户可以在他们选择使用的任何电子设备上获取自己想要的信息、上网以及享受娱乐。这样的未来对于该公司的客户和股东来说无疑是激动人心的。公司应当怎样对待那些在很多年前被公司雇用来从事非数字化、非软件类工作的大约 15 万名员工呢？我们一起来看看美国电话电报公司是怎么做的。

➡ 8.1　新员工入职引导

对员工进行仔细的甄选本身并不能确保他们能有效地完成工作。即使是那些高潜质的员工，如果他们不知道该做什么以及如何做，也很难完成自己的工作。因此，确保你的员工知道应该做什么以及如何做，正是新员工入职引导和培训的目的所在。虽然通常情况下都是由人力资源部门负责设计公司的新员工入职引导和培训项目，但是接下来的培训活动则需要各部门的管理人员来完成，他们承担着大部分日常性的新员工入职引导和培训的责任。因而，每一名管理人员都需要了解如何进行新员工入职引导和培训工作。我们首先从新员工入职引导来开始本章的内容。

8.1.1　新员工入职引导的目的

新员工入职引导（employee orientation）主要是向新员工提供着手工作所需要的一些信息（比如公司计算机的密码以及各项规章制度等），更为理想的新员工入职引导还应当能够帮助新员工与公司建立情感上的联系。[2]管理者可能希望通过新员工入职引导做以下四个方面的事情：

1. 使新员工感觉到自己受欢迎，有一种回到家的感觉，成为团队中的一员。

2. 确保新员工获得有效开展工作所必需的一些基本信息。例如，电子邮箱、人事政策和相关福利以及企业期望他们表现出来的工作行为。

3. 帮助新员工在更广泛的意义上理解组织（它的过去、现在、文化、战略以及未来愿景等）。

4. 通过新员工的组织社会化使他们融入公司的文化、了解公司的做事方式。[3]例如，梅奥诊所（Mayo Clinic）的一项名为"遗产和文化"的新员工入职培训项目就强调了这家诊所的核心价值观，例如团队合作、个人责任、创新、诚实、多元化、客户服务以及相互尊重。[4]

8.1.2　新员工入职引导过程

理想情况下，新员工入职引导活动应该在新员工到公司报到之前就开始了，其内容包括欢迎辞、新员工入职引导安排、员工报到时需要提交的各种文件（例如税务文件等）。在员工报到的这一天，公司要确保新员工的同事们知道新员工即将入职，并安排一位或几位老员工带他们去吃午饭。在接下来的几天里，新员工应当与其他部门的一些同事见面交流。大约两周之后，还应当安排专人与新员工进行交流，帮助他们解决遇到的任何问题。[5]

新员工入职引导的时间长短取决于想要在其中安排的内容。有些入职引导过程只需要几个小时即可，由人力资源专业人员（在小公司里可能就是办公室主任）完成新员工入职引导的第一个部分，即介绍工作时间安排以及员工福利等这样一些基本问题。然后，由新员工的直接上级继续介绍本部门的组织架构，将新员工引荐给他们的同事，让新员工熟悉工作环境，缓解新员工初来乍到的紧张情绪。新员工入职引导至少应该包括员工福利、人事政策、安全措施和法规、工作场所参观等方面的信息。最好能让新员工感到加入公司是有特殊意义且令人自豪的一种选择。[6]应当让新员工收到（并签署）涵盖上述内容的纸质版或电子版员工手册。在网上，你能够找到多种多样的入职清单。[7]

新员工入职引导所需时间的一个极端例子是欧莱雅公司的新员工入职引导流程，大概要持续两年的时间，其中包括圆桌会议讨论、在岗学习、个人导师指导以及参观工作现场等一些体验活动。[8]

新员工的直接上级应该重视新员工入职引导工作，跟进并鼓励新员工多去参加一些有助于他们尽快"摸到门道"的各种活动。特别是对那些身体有残疾的新员工来说，同事和直接上级的行为表现对他们的融入与组织社会化影响很大。[9]

新员工也应当表现出自己是积极参与的。有两种表现可以向直接上级表明自己正在积极投入其中。第一，表明自己正在努力尝试和学会完成手头工作任务（比如，了解新岗位和公司）。第二，表明自己正在努力实现组织社会化，比如与新同事进行沟通。[10]

企业也应当对新任的高管人员进行入职引导。根据一项调查显示，69%的新任高管人员对于组织是如何运作的不够了解。针对新任高管人员的入职引导，应该包括介绍公司的运营计划、关键业务领域、重要团队及成员发展历史、关键的外部利益相关者、公司文化以及公司实际运营规则。[11]

员工手册　法院可能会认为员工手册中的内容代表一种具有法律约束力的雇用承诺。即便手册中包括的那些看起来理所应当的政策（比如"本公司不会因员工引起外界对工作场所中存在的某些重要问题的关注而对他们实施报复"），如果不增加一项恰当的免责声明的话，也可能会起到适得其反的作用。员工手册中应当包含这样一项免责声明："本手册中的任何内容均不应被视为企业与员工之间的一种约束性合同，雇佣关系完全是建立在双方自由的基础上的。"[12]并且指出，员工手册中关于公司政策、福利以及规章制度的陈述并不构成明确的或隐含的雇用合同条款和条件。此外，很多企业一般也不会在员工手册中做这样的声明："在没有正当理由的情况下，本公司不会解雇员工"，也不会作出其他类似的有可能暗示或明确承诺员工有终身任职机会的陈述。公司对于员工手册的政策可能会随着主导政治气候——例如美国平等就业机会委员会和劳资关系指南——的变化而发生变化。[13]

新员工入职引导中的科技手段　企业可以使用各种科技手段来支持自己的新员工入职引导计划。在辛辛那提大学，新员工需要花 45 分钟的时间在线学习大学的使命、组织结构以及各种政策和程序。ION Geophysical 公司使用了一个叫作 RedCarpet 的在线入职管理门户网站解决方案。该方案包括一个致欢迎辞的流媒体视频以及一些新同事的照片和介绍。[14]通过使用 Workday 公司开发的手机应用软件，企业能够向其员工提供访问公司员工目录的便捷移动方式。用户可以通过该软件在自己公司的员工目录中搜索姓名、图片以及联系方式等信息，可以直接呼叫同事或向他们发送电子邮件，还可以在谷歌地图上查看相应的地址。[15]一些企业在新员工入职引导的参观沿途张贴了可供扫描的二维码，以向新员工提供有关各部门及其主要职能方面的信息。[16]有些企业运用团队活动和游戏化的方法（例如当新员工完成程序中的部分任务时奖励积分）来使新员工入职引导计划充满活力。[17]

8.2　写给管理者的员工敬业度指南：丰田公司的新员工入职引导

今天，在很多公司中，新员工入职引导不仅要向他们提供诸如工作时间安排这样一些基本信息。[18]丰田汽车美国公司的新员工入职引导就说明了这种情况。虽然该公司的新员工入职引导涵盖了公司福利等这样一些常规信息，但其主要目标是让丰田公司的新员工从内心接受质量、团队合作、个人发展、开放沟通以及相互尊重的思想观念。[19]初始阶段只需要大概四天的时间[20]：

第一天：第一天从早上就开始，内容包括对新员工入职引导项目的整体介绍，致欢迎辞，然后由公司人力资源部副总裁对公司的组织架构和人力资源部门进行介绍。这位副总裁将会用 1.5 小时的时间向大家解读丰田公司的历史和文化，然后用大约 2 个小时的时间介绍公司的员工福利。接下来则由管理人员用几个小时的时间来向大家讲解丰田公司对于质量和团队合作的追求。

第二天：通常情况下，第二天首先会集中讨论相互尊重、团队合作和开放沟通在丰田公司的重要性。剩下的时间则会围绕安全、环境事务、丰田生产系统流程等主题进行讲解。

第三天：由于团队合作在丰田公司非常重要，因此，第三天会花费 2.5～3 小时的时间来进行沟通培训，比如应当如何提出要求以及提供反馈。其他时间则会围绕丰田公司的问题解决方法、质量保证、危害沟通以及生产安全等主题展开。

第四天：这一天的主题包括团队合作培训以及丰田公司的建言系统。还包括一个工作团队主要负责哪些方面的事情以及如何作为一个团队开展工作。下午的课程则是消防器材和灭火器使用方面的培训。到了第四天结束时，新员工应当能够充分理解丰田公司的价值观，尤其是丰田公司对质量的追求以及对团队合作、持续改进和解决问题的重视。[21]

这样的新员工入职引导项目并不仅仅是为了把员工介绍给他们的新同事。即使一家企业没有实施像丰田公司这样的项目，也可以利用新员工入职引导向他们传递公司希望他们从心底认同的公司价值观和传统。

8.3　培训流程概览

公司完成新员工入职引导之后，就要开始对他们进行培训了。**培训**（training）是指为使新员工或当前员工获得完成工作所需的各种技能而采用的一种措施，比如向新销售人员展示如何推销本公司的产品。培训可以是简单地让职位的当前任职者向新员工解释如何做某项工作，也可以是持续数周的课堂讲授或网络课程。最近一年，企业为每位员工的培训投入大约 1 300 美元。[22]

培训是非常重要的。[23]即使是拥有高潜质的员工，如果不知道做什么以及如何做，他们也只能凑合着做工作或者做不了有用的事情。此外，高成就者经常由于对自己接受的培训太少感到不满而开始寻找新的职位。[24]雇主也知道培训有助于培养员工的敬业精神。例如，可口可乐英国公司利用员工发展计划、培训、领导力开发来吸引和留住优秀的员工，并激发他们的敬业精神。[25]

企业需要了解的雇用法律

培训与法律

管理者应该理解他们作出的与培训相关的政策所具有的法律含义。从歧视的角度来看，1964 年《民权法案》第七章及其相关法律均要求企业在人力资源管理过程的各个方面都要避免产生歧视行为，这一规定同样适用于挑选哪些员工来进行培训。企业在挑选参加培训项目的候选人时，和为空缺职位挑选任职者或作出晋升等其他相关决策时一样，需要面对由于对受保护群体成员产生歧视而带来的后果。

培训不充分还有可能让企业承担**培训疏忽**（negligent training）的责任。正如一位专家所指出的："从判例法的角度来说，很清楚的一点是，如果企业对员工的培训不足，而随后员工对第三方造成了伤害，则法院会判定企业必须承担相应的法律责任。"因而，企业应当对求职者或员工宣称自己具备的技能和经验进行确认，为他们提供充分的培训（特别是当员工操作那些危险设备的时候），然后对培训的情况加以评估，以确保培训确实减少了各种风险。[26]

8.3.1　使培训与组织战略保持一致

公司的战略规划决定了其长期培训目标。[27]从本质上讲，培训的目的在于确定公司在实施战略时需要的员工行为，再由此推断出员工需要具备哪些胜任素质（比如技能和知识等）。然后，通过确定培训目标并实施培训项目来培养员工的这些胜任素质。例如，随着医疗保健市场的变迁，沃尔格林（Walgreens）不得不重新制定战略。公司扩大了产品线，成为美国第二大流感疫苗分销商；在店内开设健康诊所提供医疗服务；收购了在线药品提供商 drugstore.com。

战略的变化影响了沃尔格林员工所需的技能，因此也影响了其培训和其他员工政策。例如，沃尔格林建立了沃尔格林大学，提供超过 400 个项目，员工可以参与学习并获得相关技能（甚至获得药剂相关专业的大学学分）。一些项目帮助开发药店管理技能，沃尔格林健康诊所的护士可以参加这些课程，以丰富他们的医疗保健行业经验。沃尔格林重新制定了培训（和其他人力资源管理）政策，以培训员工获得支持公司新战略所需的技能。[28]下面的专栏提供了另一个例子。

改进绩效：战略背景

为美国电话电报公司的数字化未来战略提供支持

美国电话电报公司的战略是推动公司走向新的数字化未来（也就是从"有线"到"云"）。但是公司将如何对待很多年前被雇用来从事与现在完全不同的工作的那些员工呢？[29]

美国电话电报公司开展了一项名为"员工队伍 2020"的大规模再培训计划。该计划主要由三个部分组成：技能需要评估、培训与开发以及评估。

首先，美国电话电报公司的管理者明确了员工在新的数字化未来工作中所需的那些技能以及当前存在的技能缺口，得出了"未来角色画像"。这些个人画像指明了公司所需的技能，这也正是员工需要具备的。

其次，美国电话电报公司帮助员工识别并获得自己所需的培训。例如，它创建了一个在线的员工职业发展平台，平台提供一系列的工具帮助员工根据公司需要用人的岗位来评估自身存在的能力不足。其中还包括一些在线课程、超短型培训项目（例如编程），还可以让员工搜索到一些在线的本科或研究生课程。

最后，美国电话电报公司从活动、流动性、业务成果、情绪等方面来衡量"员工队伍 2020"再培训计划的有效性。这项活动本身意味着对像技能缺口这样的内容进行衡量。流动性意味着员工能够通过培训计划进入公司的新角色之中。业务成果意味着有形的组织改进，例如效率的提升。情绪指的则是衡量员工在多大程度上愿意跟其他人说本公司是一家好企业。

美国电话电报公司的"员工队伍 2020"再培训计划使得当前的员工开发了公司的数字化战略所要求具备的那些技能。最近，超过 14 万名员工都在努力学习，以便在未来能够承担公司的新岗位或新角色。

8.3.2 ADDIE 五步培训法

企业应该使用一种合理的培训流程。这里的黄金法则依然是包括最基本的分析（analysis）—设计（design）—开发（develop）—实施（implement）—评估（evaluate）五个步骤在内的 ADDIE 培训流程模型，这个模型已经被培训专家使用多年。[30] 例如，一家培训服务供应商是这样描述自己的培训流程的[31]：

- 分析培训需求。
- 设计培训方案。
- 开发培训方案（实际整合或创建培训材料）。
- 实施培训，也就是要运用像在岗培训或在线培训等这样一些方法对目标员工群体实施培训。
- 评估培训效果。

接下来我们对前四步进行讨论，评估培训效果放在本章的最后一节来讨论。

8.3.3 分析培训需求

分析培训需求所要明确的是企业的战略性或长期培训需求以及（或者）当前的培训需求。

战略性培训需求分析 战略目标（可能是进入新的业务领域或者是向海外扩张）通常意味着企业不得不填补一些新的职位。战略性培训需求分析确定了员工为填补这些未来的新职位需要接受哪些方面的培训。例如，位于美国威斯康星州的 Signicast 公司决定建立一家新的高科技工厂，公司的高层管理者知道，这家工厂的员工需要掌握运行计算机化的机器设备的新技能。于是他们与自己的人力资源管理团队展开紧密合作，制定了新的雇用政策和培训项目，以确保公司能够获得有能力填补新工厂中的那些职位空缺的人力资源。

现有员工的培训需求分析 大多数培训活动都是为了改进公司当前的绩效，特别是对新员工以及对那些绩效较差的员工进行培训。

企业应当如何对当前的培训需求进行分析取决于企业需要培训的是新员工还是现有员工。如果是对新员工进行培训，企业的主要任务就是确定职位的主要工作内容以及每项工作内容包括的一项项子任务，然后教会新员工如何完成其中的每一项子任务。

分析现有员工的培训需求则更为复杂一些，这是因为企业还必须确定培训能否解决这些员工的问题。例如，绩效下降的原因可能是激励（而并非培训）不足。管理者通常通过任务分析来确定新员工的培训需求，通过绩效分析来确定现有员工的培训需求。

任务分析：分析新员工的培训需求 对于那些层次较低的职位，企业通常会雇用那些没有太多经验的人，然后对他们进行培训。这时的目标是教给这些新员工完成工作所需具备的一些技能和知识。**任务分析**（task analysis）是通过对职位的详细研究来决定这一职位要求任职者具备哪些特定的技能，比如阅读电子表格。职位描述和任职资格在这里很有用。这两者列出了一个职位的具体工作职责和所需要的各种技能，从而成为决定培训需求的一个基本参照点。还可以通过审阅绩效标准、实际承担某一职位以及询问职位的当前任职者及其直接上级来进行培训需求分析。[32]

一些管理人员将任务分析记录表作为对职位描述和任职资格的一种补充。这种表格（如表 8-1 所示）强化了需要完成的工作任务和需要具备的技能方面的信息。如表 8-1 所示，任务分析记录表中一共包括六类信息，如"技能或知识要求"等。

表 8-1 任务分析记录表示例

任务列表	操作时间及操作频率	工作数量和质量	操作环境	技能或知识要求	最好的学习方式
1. 操作切纸机	每天 4 次		嘈杂的印刷室；噪声		
1.1 开机	每天 4 次				
1.2 设置裁剪边距		不超过±0.007 英寸		读标尺	在岗培训
1.3 把纸放在切纸台上		必须完全将纸张放平以防裁剪不整齐		正确放置纸张	在岗培训
1.4 把纸推进切纸机				必须平整	在岗培训
1.5 左手握紧安全释放器		为安全起见，要等到全部过程完成		保证安全	在岗培训，首次练习要在无干扰的环境中进行
1.6 右手握紧切刀释放器				一定要把双手都放在释放器上直到切刀缩回	在岗培训，首次练习要在无干扰的环境中进行
1.7 用右手拉动切刀释放器，同时用左手拉动安全释放器					

续表

任务列表	操作时间及操作频率	工作数量和质量	操作环境	技能或知识要求	最好的学习方式
1.8 等待切刀缩回		为安全起见，要等到全部过程完成		一定要把双手都放在释放器上	在岗培训，首次练习要在无干扰的环境中进行
1.9 取回纸张				等待切刀缩回	在岗培训，首次练习要在无干扰的环境中进行
1.10 关机		为安全起见，要等到全部过程完成			在岗培训，首次练习要在无干扰的环境中进行
2. 操作印刷机					
2.1 开机					

说明：任务分析记录表列出了一个印刷机操作工需要完成的一些任务及其子任务。

绩效分析：评估现有员工的培训需求　对于那些绩效较差的现有员工，你不能假设培训就能够解决问题。换言之，到底是培训不足造成低绩效的，还是其他方面的原因呢？**绩效分析**（performance analysis）是一个确认是否存在绩效缺陷并且判定这种绩效缺陷是否能通过培训或者其他手段（比如工作调动）来加以解决的过程。

绩效分析的第一步通常是把员工的实际绩效与应当达成的绩效加以对比。这样做的目的是帮助管理人员确定员工是否确实存在绩效缺陷，还能够帮助管理人员确定导致这种绩效缺陷的原因所在。绩效缺陷的一些例子如下：

我期望每一位销售员每周可以签订 10 份新订单，但是约翰平均每周签订的新订单只有 6 份。

和我们规模相近的其他工厂平均每个月发生的重大事故不到 2 起，而我们平均每个月发生 5 起重大事故。

企业可以通过如下途径来了解当前员工的绩效状况。包括审查：

● 绩效评价情况；
● 与职位相关的绩效数据（包括生产率、缺勤率和迟到情况、争议、浪费、交货延期、停工期、维修、设备利用以及客户投诉等）；
● 员工的直接上级或其他专家观察到的情况；
● 对员工本人或者其直接上级进行的访谈；
● 对工作知识、技能以及出勤状况等所做的测试或考察；
● 员工态度调查；
● 员工个人的工作日志；
● 评价中心的评估结果；
● 具体的绩效差距分析软件，比如由 Saba 软件公司提供的此类软件。

不会做还是不愿做　绩效分析的核心是要确定员工绩效不佳的原因。目的是要区分

"不会做"和"不愿做"的问题。首先，要判断是否存在不会做的问题，如果事实确实如此，则需要找到不会做的具体原因。例如，可能的原因包括：员工可能不知道自己应该做什么，或者说企业的绩效标准不明确；工作系统中存在工具或者备件缺乏等障碍；缺乏必要的工作协助（例如，那种带彩色标记的电线，可以让装配人员很容易就知道哪条线连接到哪里）；你所雇用的人缺乏完成工作的相应技能；或者员工所受培训不足。

　　另外也可能是员工不愿做才导致绩效不佳。在这种情况下，如果员工愿意做的话，他们能很好地完成工作。正如一位专家所说："培训者可能会落入的一个最大陷阱就是，他们企图通过培训来解决那些靠培训根本不能解决的难题。"[33] 有时，解决问题的办法是改变企业的奖励机制而不是实施培训。

　　培训与开发中的胜任素质特征与胜任素质模型　企业经常关注培养与工作相关的胜任特征或技能。[34]**胜任素质模型**（competency model）往往会在一张示意图上概括出胜任某一职位所需具备的各种胜任素质。第 4 章的图 4 - 10 就是胜任素质模型的一个例子。例如，美国培训与开发协会（American Society for Training and Development，ASTD）为从事培训与开发工作的专业人员建立了一套胜任素质模型。该模型包括 10 项核心的培训者胜任素质，比如达成绩效改进、完成教学设计以及实施培训等。这一胜任素质模型将"教学设计"这项胜任素质描述为"设计、创建和开发出正式的学习解决方案以满足组织的需要；分析和选择最适合的战略、方法论以及技术以确保最大限度地提升受训者的学习体验以及培训所产生的影响"。[35] 因此，在培训一名培训者的时候往往需要满足很多要求，比如需要确保培训者在接受培训之后，有能力设计、创建和开发正式的学习解决方案来满足组织的需要。[36]

　　胜任素质导向的培训与其他培训类似。受训者通常在教练的指导下，通过真实场景练习、团队合作、培训课程和在线资源的组合来学习，最终成果是展现出对特定胜任素质的掌握。[37] 通常会从一个需要学习的胜任素质列表开始，确定评估胜任素质的标准以及胜任素质的示例（例如，熟练使用电子表格）。受训者完成项目后由评估者评估胜任素质掌握情况。

8.3.4　设计培训方案

　　在得出培训需求分析的结论之后，管理者接下来就可以设计培训方案了。培训方案设计意味着要对包括培训目标、培训方法以及培训方案评估等在内的总体培训方案进行规划。其中的各个步骤包括：第一，设定绩效目标；第二，创建详细的培训脉络（即整个培训方案从头到尾涉及的所有步骤）；第三，选择一种培训方法（比如课堂讲授或在线培训）；第四，与管理层确认总体培训方案的设计。

　　在培训方案的设计中还应该概括性地描述企业准备如何塑造一种能够激励受训者学习并将所学内容转化到工作中去的学习环境。在设计培训方案阶段，管理者还会对培训方案的可能内容（包括工作手册、练习、活动等）进行审查，同时对培训方案所需的预算进行估算。[38] 如果培训方案需要运用某些技术，管理者还应该对将要在自己的培训方案中使用的技术加以审查。[39] 接下来，我们将会进一步讨论一些具体的培训方案设计问题。

　　设置学习目标[40]　一开始，培训师就应该清楚地定义项目的预期成果。[41]"客户"通常会用各种各样的措辞来表达他们的培训需求，比如"我们需要销售能力培训"。培训师的工作是挖掘这些需求背后的原因，从而形成切实的项目成果（如"提升产品知识掌握水平"）。

培训、开发、学习的目标或者（更笼统地说）教学目标，应当以可衡量的方式具体说明受训者在圆满完成培训项目之后应该会做些什么。[42] 例如：

技术服务代表应当能够在 10 分钟之内，根据设备说明书调整好惠普喷墨打印复印一体机的颜色指示。

学习目标应该重点解决通过需求分析确定的那些绩效缺陷。比如，如果销售团队完成的销售额低于目标 40%，那么学习目标应当重点放在确保他们获得提升销售额所需的那些知识、技能和态度方面。与此同时，学习目标还必须在一定的约束条件下是切实可行的。

约束条件之一是财务问题。一般来说，企业都想了解并批准一个培训项目的培训预算。典型的培训成本包括开发成本（比如一位人力资源专员在培训项目上耗费的 1~2 周的时间成本），按照培训者的时间支付的直接成本和间接成本（日常开支），支付给受训者的薪酬（根据他们实际参加培训的时间来计算），以及对培训方案进行评估的成本。[43] 当然，问题并不仅仅是"我们能否支付得起该方案所需的成本"，而是"从我们可能通过该方案获得的收益来考虑，我们是否值得在这个培训项目上花费这么大的成本——这一方案能带来绩效改进吗？如果能，到底能够带来多大的绩效改进？"因此，需要以收益-成本比为基础来论证培训方案的价值。

当然还需要考虑其他一些约束条件。例如，时间方面的制约可能会要求培训项目将理想的学习目标从 3~4 个减少到 1~2 个。

创建具有激励性的学习环境　很多城市的市政当局在针对交通违法者开发培训方案时都明白，要想引起他们对于交通违法问题的注意，没有比让他们观看一段恐怖的交通事故视频更为有效了。换言之，他们知道最好的培训不是从直接讲课开始，而是始于让培训材料变得有意义。

这一点对于工作也同样适用。学习不仅要求学习者有学习能力，还要求有学习动机，培训方案的设计应该同时考虑到这两个方面的要求。从学习能力来看，学习者或受训者至少需要具备必要的阅读、写作、数学等方面的技能以及一定的知识基础（除了其他能力要求之外）。比如，不同的受训者在智力水平方面几乎是各不相同的。在创建学习环境的时候，管理者应该注意到一些与受训者的能力有关的问题。例如，我们的培训方案能否适应不同受训者的能力差异？我们是否需要提供一些补救性的培训？

此外，学习者还必须有学习动机。任何一位管理者都不应该浪费自己的时间去教一位对学习根本不感兴趣的员工如何去做一件事（即便该员工具备必要的学习能力）。

关于如何激励员工的书籍有很多，不过这里有一些对培训比较有价值的结论。[44] 如果受训者在结束培训回到工作中之后，听到同事们的"你过的这个小长假还好吧"之类的含沙射影式的评论，那么培训项目的效果会大打折扣。因此，在激励受训者方面很容易达成的一个目标是，确保受训者的同事和直接上级支持受训者参加培训。理想情况下，尤其是对于一些规模较大的培训项目来说，组织的最高管理层都应该为培训项目提供外在支持。此外，各种激励理论也为激励员工学习提供了有用的指导。根据行为矫正理论，我们知道，培训应该为受训者提供接受正强化的机会。期望理论则告诉我们，受训者需要知道他们有能力成功地完成培训方案，并且明白完成培训方案给他们带来的价值是很大的。自我效能感非常关键——受训者必须相信他们有能力取得成功。我们将这些激励要点总结如下。

使培训变得有意义　学习者更有动力去学习一些对他们有意义的事情。要注意做到:

1. 在培训之初,在总体上向受训者介绍一下将要使用的培训材料。例如,告诉他们为什么这些培训材料非常重要,然后为他们提供一个概括性的介绍。[45]

2. 使用大家比较熟悉的例子。

3. 对信息加以组织,以有意义的单元形式将这些信息有条理地表达出来。

4. 使用受训者熟悉的术语和概念。

5. 使用一些可视的辅助材料。

6. 在受训者的头脑中创建一种他们能够感知到的培训需求。[46]在一项研究中,那些在受训之前经历过一些意外事件的飞行员,通过一项旨在减少事故的培训项目学到的东西,要比其他那些很少遇到意外事件的飞行员学到的更多。[47]类似地,“在培训之前,管理人员应当坐下来,与受训者讨论他们为什么要参加此次培训,企业希望他们通过培训学到什么,以及他们怎样才能够将培训内容转化到自己的本职工作之中”。[48]

7. 目标设定很重要。在一项研究中,有些学员从一开始就针对他们所要学习的技能设立了目标。在培训之后,他们在掌握这些技能方面得到的评价要比那些没有设定目标的人更好。[49]

使技能转化更明显和更容易　应当使受训者将在培训过程中学到的新技能和新行为转化到实际工作中变得更容易:

1. 使培训环境和实际工作环境尽可能相似。

2. 提供充分的练习机会。

3. 标识或确定机器的每一个特征或者流程中的每一个步骤。

4. 将受训者的注意力引导到工作中的一些重要方面。例如,如果正在培训一位客户服务代表如何接听电话,首先就要解释他们在实际工作中可能会接听的各种不同类型的电话。[50]

5. 提供“警示”信息。例如,直接主管人员经常要面对很多压力,可以在培训中通过让那些准备成为主管人员的受训者知道这种事情在未来发生的可能性,来减小这些事件对他们造成的负面影响。[51]

6. 受训者按照自己的进度学习时,培训效果是最好的。在可能的情况下,应当让他们自己控制学习进度。

7. 在培训过程中,给予受训者能够使用新技能和知识的机会。[52]

强化学习　应确保学习者获得充分的反馈。特别需要注意的是:

1. 如果培训者能够对受训者的正确回答立即给予积极强化——即使仅仅是马上称赞一句“回答得很好”,受训者的学习效果会是最好的。

2. 学习曲线在一天中的晚些时候会下降。全天的培训不如半天或者大半天的培训效果好。

3. 培训结束时给受训者布置后续作业,这样就可以使受训者通过将在培训中学到的内容运用到工作之中强化学习成果。[53]

4. 激励。有些公司,比如 Hudson Trail Outfitters 这家户外用品零售商就向完成全部培训项目的受训者发放奖金。[54]

确保将学习内容转化到工作中　令人遗憾的是，在接受培训一年之后，只有不到35％的受训者能将他们在培训中学到的东西应用到自己的本职工作之中。要想改善上述这种令人沮丧的统计数据，就需要在培训的每一个阶段都采取一些特殊的措施。在开始实施培训之前，应当争取让受训者及其直接上级共同参与培训项目的设计，同时制定一项培训出勤政策，鼓励员工积极参与培训。

在培训的实施过程中，为受训者提供一些与实际工作环境相似的培训体验和条件（环境、设备等）。

在培训结束之后，还应当对受训者学到的东西加以强化，例如，表扬和奖励那些在工作中使用新技能的员工。[55]

影响人力资源管理的趋势：数字化与社交媒体

当我们设计培训项目时，一个关键的问题是最终如何进行交付。现在，越来越多的培训项目是通过"云端"进行的。"云端"指的是将软件程序及其服务存储在供应商的远程服务器上，然后通过服务器无缝衔接至员工端的数字设备上。

基于云计算的培训给培训带来了革命性的变化，使企业可以将培训活动大量外包。因为供应商能够提供课程服务以及维护整个学习管理系统，所以企业不需要担心计算机设置或程序更新的问题，供应商会管理所有这些软件。此外，基于云端的学习管理系统还可以使学员在任何地方使用各种移动设备访问培训软件和培训课程。这种情况不仅使培训更加便捷，而且可以通过员工共同参与同一个培训项目促进他们之间的协作。

8.3.5　开发培训方案

开发培训方案意味着将培训方案中涉及的培训内容和材料实际加以组合。也就是说，要选择培训方案实际将呈现的培训内容，还要设计或选择将要运用的具体培训方法（课堂讲授、案例教学、网络教学等）。培训中将会使用的培训设备和材料包括（例如）：iPad、工作手册、讲稿、PPT幻灯片、基于网络和计算机的各种活动、课程中安排的活动、培训者所用的各种资源（比如手册等）。

有些企业自行创建定制化的培训内容，但其实有大量的线上和线下的培训内容可供选择。人才发展协会（Association for Talent Development）的网站（www.td.org）列举了很多现成的培训和开发产品，其中包括关于教练辅导和咨询技能、演讲技巧等方面的认证课程，还包括涉及数百个主题——比如游戏设计、调查设计和导师指导计划设计等——的在线讲座。（Trainers Warehouse 和 HRdirect 公司就是这类众多供应商中的一员。）[56]

巴黎酒店的人力资源管理实践

莉萨和公司的首席财务官对巴黎酒店当前的培训衡量指标进行审查时发现，很明显需要有所改变了。大多数其他服务企业每年都会为每名员工提供至少40小时的培训，而巴黎酒店为员工提供的培训平均每年最多不超过六个小时。要了解他们将如何解决这个问题，请看本章末的案例。

➡ 8.4　实施培训

一旦设计并制定了培训方案，管理层就可以实施并评估它了。这就意味着你将采用下面将要介绍的一种或多种培训方法来实施培训。

请注意，为了提高受训者的学习效果和参与度，在培训之前、期间和之后，可以采取以下措施：

在培训之前，提前下发通知，提供指导以及联系方式，并确保参与者事前收到培训材料。

在培训期间，确保所有受训者都有一个固定联系人，以防他们有问题或者需要指导。

在培训之后，记住培训并非在培训方案结束后就完结了，相反，要定期检查受训者是否正在将他们的学习成果转化到工作中。[57]

8.4.1　在岗培训

如今，许多培训都是在网上进行的，或者使用其他数字工具，如智能手机或者平板电脑。然而，很多培训仍然是面对面的、人际的，在岗培训就是最好的一个例证。

在岗培训（on-the-job training，OJT）是指让一个人通过实际操作来学习如何完成一项工作。无论是收发室的办事员，还是首席执行官，每一位员工从进入公司的那一刻起，都要接受在岗培训。在很多公司，在岗培训甚至是唯一的培训方式。[58]

在岗培训的类型　大家最熟悉的在岗培训是教练辅导或者岗位候补法。在这种情况下，一位经验丰富的员工或者受训者的直接上级会对其进行培训。在这一过程中，员工可能仅仅是通过观察上级的工作过程来学习技能，当然也可以让直接上级或该职位上的专家按步骤演示给员工看（这是更好的做法）。在岗培训是 Men's Wearhouse 的多层面培训的一个组成部分，这家公司将在岗培训与综合性的入职培训和继续教育研讨班很好地结合在一起。公司的每一位管理人员都要承担起对直接下属的能力进行开发的正式责任。[59]职位轮换是另一种在岗培训技术，这种培训要求员工（通常是管理职位的受训者）按照计划好的时间间隔，从一个职位转换到另一个职位。特殊任务安排也以类似的方式让那些级别稍低的高层管理人员获得解决某些实际问题的一手经验。

不要将在岗培训取得的效果视作理所当然，相反，要对准备通过在岗培训取得的经验做好计划并加以结构化处理。要对培训者（通常是员工的直接上级）进行培训，为他们提供各种培训材料。例如，培训者应当知道对学习者进行激励的一些原则。由于期望较低可能导致受训者的培训绩效较差，因此，培训者应当注意强调他们对于受训者在培训中取得成功寄予了很高的期望。有效的指导也是必不可少的。在一项针对药品销售代表的研究中，主管的指导技巧与不同区域销售目标的实现程度显著相关。[60]

很多公司还采用"同事培训"的方式进行在岗培训。[61]例如，一些公司采用同事培训协同发展的做法。企业会挑选几名员工，让他们在几个月的时间中每周安排几天时间去学习将会出现的一些新的技术和新变化，然后将这些新的技能和价值观扩散到同事中去。[62]还有一些公司利用员工团队来对职位进行分析以及准备培训材料。一些团队报告说，与培训专家相比，他们能更快、更有效地进行任务分析。图 8-1 列出了有助于确保在岗培训成功的步骤。[63]

第一步：让受训者做好准备。

1. 让受训者放松下来。

2. 解释为什么要让受训者参加培训。

3. 激发他们的兴趣，并且确认他们已经知道工作中哪些方面的内容。

4. 向受训者解释全部培训内容，并与他们已经了解的一些工作内容联系起来。

5. 尽可能地将受训者安排在接近日常工作岗位的职位上。

6. 使他们熟悉需要用到的一些设备、材料、工具以及行业术语。

第二步：演示操作过程。

1. 讲解受训者在数量和质量方面需要达到的要求。

2. 按照正常的工作速度演示全部工作内容。

3. 用较慢的速度反复演示几次，对每一个步骤都加以解释说明。在两次操作之间对工作中的难点或易出错的地方加以解释。

4. 再慢速演示几次，并解释要点。

5. 在你慢速进行演示的同时，让受训者解释每一个步骤。

第三步：尝试操作。

1. 让受训者以很慢的速度操作几次，并解释每一个操作步骤。纠正他们的错误，必要时在前几次演示中示范那些比较复杂的操作步骤。

2. 让受训者按照正常的速度进行操作。

3. 让受训者自己完成工作，逐渐掌握相关的技能和速度。

4. 一旦受训者能够自己完成，就让他们开始工作，但不要就此不管他们。

第四步：继续跟进。

1. 为受训者指定一位可以寻求帮助的对象。

2. 逐渐减少监督指导，不时地对他们的工作进行检查。

3. 及时指出他们的错误工作方式，防止他们养成不良习惯。告诉他们为什么你建议的工作方法更好。

4. 对他们的良好工作表现提出表扬。

图 8-1　在岗培训的步骤

8.4.2　学徒制培训

学徒制培训（apprenticeship training）是一个使人们成为技术工人的过程，该过程通常是在某位技能熟练的师傅的指导下，通过将正式学习与长期的在岗培训相结合来实现的。当 Dofasco 钢铁公司发现公司的许多员工都会在未来 5～10 年内退休时，公司决定重新启动其学徒制培训项目。新招募的员工将用 32 个月的时间参加企业内部的学徒制培训计划，在那些技能熟练的员工的指导下学会完成各种工作。[64]

很多学徒的薪水都很不错。例如，在田纳西河流域管理局，初学者年收入约为 40 000 美元，最高可达 65 000 美元，然后可以转作年薪 75 000 美元的一线员工。[65]美国制造业研究所可以提供创建学徒计划的分步骤手册。[66]

美国劳工部的国家学徒制系统促进了学徒制计划的开展。有超过 46 万名学徒参加了 2.8 万个学徒制项目，登记注册的学徒制项目能得到美国联邦政府和州政府提供的一些合同及其他方面的帮助。[67]特朗普政府提议增加在美国学徒制计划上的政府支出，以鼓励更多的雇主提供学徒制培训。[68]

图 8-2 列出了近期流行的一些学徒制培训。

美国劳工部登记在册的学徒制项目涉及近 1 000 种职业，其中包括以下几种排在前几位的职业：

- 熟练水手
- 木匠
- 厨师
- 儿童看护发展专家
- 熟练建筑工
- 牙医助理
- 电工
- 电梯工
- 火灾卫生员
- 法律执行代理
- 卡车司机
- 水暖工

图 8-2　近期流行的一些学徒制培训

资料来源：From Available Occupations, www. doleta. gov/OA/occupations. cfm, accessed March 4, 2018. This lists apprenticeships by city and state.

8.4.3　非正式学习

培训专家经常使用一个所谓的"721"法则，也就是说，70％的学习是在工作中或工作场所内外以非正式的形式完成的，20％的学习来源于社交活动（例如，员工在工作中与其他员工之间的互相学习），只有 10％来源于正式的培训。[69]非正式学习的例子包括参与会面、指导他人、参加大型会议、在网上搜索信息、与客户开展合作、职位轮换、阅读书籍和期刊以及玩电子游戏和看电视等。[70]

企业可以采取措施促进这种非正式学习。例如，西门子的一家工厂将各种工具放在员工的自助餐厅里，以引发员工讨论与工作相关的问题。甚至是仅仅提供白板和记号笔的做法，也能促进员工的非正式学习。[71]谷歌公司就有自己的餐厅，为员工提供免费的或者有补贴的食物。员工们在一起吃饭的时候，通过彼此之间的互动能够学习到一些新的想法，从而建立起更为牢固的关系。[72]

8.4.4 工作指导培训

许多工作（或者说一些工作中的一部分内容）都是由一系列有逻辑顺序的步骤组成的，因此最好是一步一步地教给员工。这种按照步骤培训员工的方法称为**工作指导培训**（job instruction training，JIT）。首先，按照适当的顺序列出工作中需要完成的所有步骤（此处以机械切纸工为例）；然后，在每一个步骤旁边列出相应的"关键点"（如果有的话）。工作指导培训表上的操作步骤说明了受训者应当做什么，相应的关键点则说明了如何做以及为什么要这样做，如表 8 - 2 所示。

表 8 - 2　机械切纸工的工作指导培训

操作步骤	关键点
1. 开机	无
2. 设置裁剪边距	仔细查看刻度——防止裁剪尺寸错误
3. 把纸放在切纸台上	确保纸张是平整的——以防裁剪不平
4. 把纸推进切纸机	确保纸张卡紧——以防裁剪不平
5. 左手握紧安全释放器	不要松开左手——以防手被机器夹住
6. 右手握紧切刀释放器	不要松开右手——以防手被机器夹住
7. 同时拉动切刀和安全释放器	把两只手放在相应的释放器上——不要把手放在切纸台上
8. 等待切刀缩回	保持双手放在释放器上——不要把手放在切纸台上
9. 取回纸张	确保切刀已经缩回；双手离开释放器
10. 关机	无

下面我们举个例子来说明。美国联合包裹速递服务公司（UPS）传授给新司机的工作步骤包括：挂到最低挡或者停车；熄火；拉好停车手刹；用左手打开安全带；打开车门；将钥匙套在无名指上。[73]

8.4.5 课堂讲授

课堂讲授可以用一种快速简单的方式向一大群受训者传递知识，例如，在销售人员需要了解一种新产品的特性时。[74]下面是一些关于课堂讲授的指导原则[75]：

- 不要一开场就犯错误。比如，不要用一个不相干的笑话做开场白。
- 只讲那些你十分了解的内容。
- 记住，表达清晰最重要，要确保听众能明白你讲的是什么。
- 给听众提供一些线索。例如，如果要讲一系列的问题，不妨这样开始："有四个方面的理由可以说明为什么销售报告是非常必要的……首先……"
- 不要只是一味地灌输，要运用逸闻趣事和故事来表达讲授的内容。
- 关注听众的表现。注意听众的一些消极肢体语言，比如坐立不安或者手臂交叉。
- 在讲课的过程中要与听众保持目光交流。
- 确保房间内每个人都能听见你的声音。在回答受训者提出的问题之前，首先重复一遍问题。

- 双手自然放在身体两侧。
- 根据笔记或 PPT 幻灯片来授课，而不是照着原稿读。
- 把一段长的讲话分解成若干简短的讲话。不要先提供一个概要性的简介，再用接下来 1 小时左右的时间逐个要点地解释材料中的内容。要把长的讲话分解成一系列的 10 分钟左右的一段段的讲话，并为每段讲话做一个单独的简介。制作简短的 PPT 幻灯片，在每张片子上用时 1 分钟左右。每一段简介都要突出即将讨论的问题，为什么这些问题对于听众来说很重要，以及他们为什么要听你的授课。[76]
- 练习。如果可能的话，在与实际授课的环境类似的地方事先演练一下。

8.4.6　程序化学习

无论是利用教材、平板电脑还是互联网，**程序化学习**（programmed learning）都是一种按照一定的步骤自学的培训方法，这种方法包括三个组成部分：

1. 向学习者提出问题、事实或者疑问。
2. 让学习者回答问题。
3. 对学习者提供的答案的正确性进行反馈，并向其提供关于接下来该做些什么的指导。

通常情况下，程序化学习会一个界面接着一个界面地提供一些事实，跟着提出一些问题。随后出现的下一个问题往往取决于学习者是如何回答上一个问题的。随附在答案中的反馈则为学习者提供了强化。

程序化学习节省了培训时间，它还允许受训者按照自己的进度进行学习，并且能够得到及时的反馈，减小了受训者出错的风险，从而促进了学习。但问题在于学习者通过程序化学习所学到的东西并不比其通过教材学到的东西多。然而，很多研究结果都为程序化学习的有效性提供了支持。[77]除了程序化学习的传统功能，智能导师系统还能够发现哪些问题以及哪些方法适合学习者，哪些不适合，然后针对特定学习者的需求提出调整学习顺序的建议。

8.4.7　行为塑造

行为塑造（behavior modeling）涉及三个方面的内容：第一，向受训者展示做某件事情的正确（或"样板"）方式；第二，让受训者按照这种方式进行练习；第三，为受训者的表现提供反馈。行为塑造是一种应用最为广泛，研究最为透彻，并且被认为与心理高度相关的培训干预方法。[78]其基本程序如下：

1. 样板构建。首先，通过让受训者观看现场或者视频的方式，让他们了解在一个问题情境中，那些样板人物是如何有效地采取行动的。例如，如果培训项目的目的是教会管理人员"如何进行惩戒"，那么在视频中可以展示一位主管人员是如何有效地惩戒一名下属的。

2. 角色扮演。接下来，受训者需要在一个模拟情境中扮演自己被分派的角色。在这种场景下，他们需要练习样板人物表现出来的那些有效行为。

3. 社会强化。培训者以表扬和提供建设性反馈的方式对受训者进行强化。

4. 培训转化。最后，要鼓励受训者将获得的新技能应用到实际工作中去。

8.4.8　视听培训

DVD 光盘、影片、PPT 幻灯片以及录音磁带等视听培训技术虽然在今天已经越来越多地被网络培训方式取代，但依然得到广泛的使用。[79]例如，福特汽车公司在其经销商培训中就使用了录像，模拟在现实中可能遇到的各种问题以及处理客户投诉的方式。

8.4.9　仿真培训

在仿真培训中，受训者利用实际工作中用到的真实设备或模拟设备进行学习，但培训是在工作岗位之外的地方进行的（可能是在一个独立的房间里）。当在岗培训的成本很高或者很危险时，这种仿真培训就很有必要。把新的装配工直接安排到生产线上作业可能会减缓生产速度。另外，考虑到安全问题——比如飞行员，这种模拟性质的训练可能是唯一可行的选择。例如，美国联合包裹速递服务公司就利用一个与实际大小相仿的学习实验室，为将来做司机的求职者提供长达 5 天共计 40 小时的仿真培训项目。[80]

8.4.10　电子化绩效支持系统

电子化绩效支持系统（electronic performance support system，EPSS）是一套能够自动完成培训、文档记录以及电话支持的计算机化的工具以及相关的显示设备。[81]当你打电话给戴尔公司的客户服务代表咨询关于新电脑的问题时，他可能会按照电子化绩效支持系统提示的问题来对你进行提问，然后你们两个人要一步接一步地进入一个问题分析程序。如果没有这种电子化绩效支持系统，戴尔公司就不得不培训自己的客户服务代表去记住不计其数的电脑问题解决办法。甲骨文、惠普、欧莱雅使用从 Whatfix 上获得的定制化电子化绩效支持系统解决方案。[82]

电子化绩效支持系统是现代化的工作助手。**工作助手**（job aid）是指一整套能够在工作场所指导员工完成工作的各种说明、图表或其他一些类似的方法。[83]工作助手对于那些包含多个工作步骤的复杂工作，或者遗漏一个步骤就会造成非常严重的后果的工作特别有效。例如，航空公司的飞行员就会使用工作助手（如在飞机起飞之前需要完成的所有事务的核查清单）。

8.4.11　视频会议

视频会议可以通过宽带、互联网或者人造卫星来传递培训项目。比如思科公司这样的供应商就提供各种视频会议产品，包括思科网讯（Webex）和思科网真（TelePresence）。[84]例如，思科公司的"一体化视频会议"（Unified Video Conferencing，CUVC）产品线将思科协作系统和决策制定软件与视频会议、可视电话、现实"网真"能力结合了起来。[85]

8.4.12　计算机辅助培训

计算机辅助培训（CBT）是指利用基于计算机系统的互动来增加员工的知识或提升技能的培训方式。例如，企业可以利用计算机辅助培训来向员工传授如何避免从高处跌落的安全工作方法。这种系统允许受训者重播所学的课程并回答问题。当与在培训者监督下进行的实际练习相结合时，这种方式尤其有效。[86]

计算机辅助培训现在越来越具有现实性。例如，互动多媒体培训就综合运用文本、录像、图片、照片、动画以及声音来营造出一种可以与受训者进行互动的复杂培训环境。[87] 例如，在培训一名内科医生时，互动多媒体培训系统会让一名医学院的学生得到一份虚拟患者的病历，对病人进行检查，并分析各项检验结果。接下来，学生要对检查结果作出解释，并得出诊断结论。

模拟培训与游戏　对于不同的人来说，模拟培训的含义是不同的。最近的一项调查询问了一些培训专家认为什么样的培训体验才能算得上模拟培训。得到的回答包括"虚拟仿真类游戏""分步动态指导""以动画演示方式展示的问题和决策树"以及"依托照片和视频实施的在线角色扮演"。[88]

美国空军使用模拟培训项目来训练士兵和军官。例如，空军开发了 Full-Spectrum Command 和 Full-Spectrum Warrior 的两个类似光盘游戏的培训项目。根据描述，这两个项目都具有极强的现实特征，其游戏背景强调了实时的领导力和决策能力。[89]

企业正在更多地使用计算机模拟技术（有时也称作"互动式学习"），使员工培训更加具有现实性。位于奥兰多的 Environmental Tectonics 为培训能够作出紧急医疗反应的受训者，开发了一个名为"高级灾害管理"的模拟场景。其中一个模拟场景涉及飞机失事，这个场景非常逼真，以至于令人"不安"，培训生（包括消防员和机场官员）通过指示设备和无线电对模拟的坠机情景的景象和声音作出反应。[90] 芝士蛋糕坊公司（Cheesecake Factory）也使用一种虚拟系统，向员工展示如何制作完美的汉堡包。[91]

专业的多媒体公司如 Simulation Development Group（www.simstudios.com）制作这样的程序，包括定制的项目和通用项目，例如领导力发展。

虚拟现实（VR）将受训者置于一个人工三维环境中，模拟他们在工作中遇到的事件和情境。[92] 感官设备传输受训者的反应，受训者通过特殊的 VR 眼镜和感官设备"看到，感觉到和听到"正在发生的事情。[93] 例如，几支美国国家橄榄球联盟球队使用 VR 培训四分卫进行比赛，成千上万的学生通过谷歌的 VR 先锋探险项目进行虚拟实地旅行。[94] 脸书收购了虚拟现实眼镜制造商 Oculus VR 公司。这一切都凸显了虚拟现实的巨大潜力。[95]

培训游戏并不需要很复杂。例如，韩国人参公社（Korea Ginseng Corporation，一家健康食品领先者）的培训师开发了通过应用程序接口访问的游戏。每一轮游戏由五个多项选择题组成。受训者答对的越多，答题越快，就能获得更多的分数。受训者/玩家们相互竞争，系统自动展示排名最靠前的受训者的姓名和照片。[96]

8.4.13　在线培训

大多数企业都从传统的课堂式培训转向在线培训，这是因为它能提高效率。例如，直到最近，总部位于犹他州的 Clearlink 公司的员工培训仍然是传统的课堂式教学。培训师经常在还没有测试受训者培训效果的情况下就结束培训，这导致通常培训效果不佳。Clearlink 公司由传统式教学转为在线学习，培训师从课堂培训转向创建新的在线电子学习课程并在线监控培训结果。培训师感到宽慰，因为他们可以在线测试培训效果，不会干扰他们的日常工作。该公司估计，仅在最近一年内，通过在线培训就节省了将近 80 万美元的费用。[97]

在线培训几乎可以提供所有类型的培训。例如，中国邮政创建了网络培训学院，该学院现在每年提供大约 9 000 小时的培训，提供 600 多个课程。[98]ADP 公司使用 Blackboard 学习管理系统在线培训新的销售人员，该系统类似于大学生使用的学习管理系统。[99]

学习管理系统是一些专门的软件包，能够帮助企业确定培训需求并设计、实施、评估和管理网络培训，来支持公司的网络培训活动。通用汽车公司使用学习管理系统帮助经销商提供培训。这款基于互联网的学习管理系统由三部分组成：课程目录、经直接上级批准的自行登录以及在课程开始之前和结束之后的测验。[100]学习管理系统的其他典型功能包括课程库、测验、报告和仪表板（用于监视培训表现）、游戏化元素（如积分和徽章）、消息和通知系统以及安排和提供虚拟培训和课堂培训的设施。[101]

在线培训并不必然比其他培训方式更快或更好。[102]如果组织需要对众多身在各地的员工进行培训，或者希望他们在闲暇时间学习，在线培训的效率优势就会凸显。[103]一些企业选择混合培训模式。在这种培训模式下，培训采用多种教学方法（例如手册、课堂讲授和网络研讨会）来教授课程内容。[104]例如，工具制造商 Stihl 同时提供网络学习的课程和实践技术培训课程以帮助受训者更好地学习。[105]现在我们来更详细地看一些在线培训的要素。

学习门户　学习门户是指为企业提供在线培训课程的网站。许多企业会与在线培训供应商签订合同，通过应用服务提供商（ASPs）在企业的网站上提供培训课程。当员工登录公司的学习门户时，实际上他们进入的是应用服务提供商与该公司在合同中确定的为员工提供的所有培训课程。

学习门户供应商包括 Pathgather（www. pathgather. com）、PwC 的 L&D 应用程序。[106]Skillsoft（www. skillsoft. com）提供数千个案例、课程、网络研讨会和其他教育内容。Grovo 网站（www. grovo. com/content）提供短小精悍的微型学习内容。Open Sesame 网站（www. opensesame. com）汇集了不同来源的成千上万个在线课程，其内容涵盖商业技能、安全、合规、技术、行业和特定认证等多个领域。[107]像欧莱雅、玛莎百货（Marks & Spencer）和 AT&T 这样的公司还帮助员工报名参加慕课（MOOC），这些课程通过 Coursera 和 EDX 等平台广泛提供。

虚拟课堂　虚拟课堂（virtual classroom）通过使用专门的协同软件，使众多的远程受训者可以使用自己的台式电脑或笔记本电脑参与实况视听讨论，通过在电脑上输入信息来进行交流，通过 PPT 演示文稿等进行学习。

虚拟课堂将诸如 Blackboard 等这样一些最好的网络学习系统与现场的声像相结合。[108]以 Elluminate Live! 为例，它使学习者能够通过清晰的双声道设备进行交流，通过用户头像和实况视频建立虚拟社区，通过对话商讨和共享白板展开合作，并且借助 PPT 演示文稿等共享应用软件进行学习。[109]

移动学习或微学习　越来越多的学习和开发活动都被"微化"并且能够通过移动设备

开展。[110]

移动学习（或者说"即时学习"）意味着只要学习者有学习时间和学习意愿，就可以随时随地通过智能手机、笔记本电脑、平板电脑等移动设备进行学习。[111]例如，通过多明诺公司（dominKnow）提供的苹果手机优化点击学习门户，受训者就能够登录并学习该公司提供的全部在线课程。[112]

大多数大型企业都通过移动设备进行内部沟通和培训。[113]CompuCom 系统公司的员工可以通过移动设备获得指导手册，该公司还通过资助员工购买智能手机或平板电脑的方式促进这种学习。另外，大通摩根公司鼓励员工将即时通信工具作为一种快速学习的方式，例如及时告知同事有关新产品的一些知识。诸如苹果公司的 Siri 语音识别系统大大方便了这种培训方式的实施。[114]

移动学习的一个根本要求是要将简明的、目标清晰的微课程与一些理想的结果（例如快速学会"如何达成一笔交易"）挂钩。[115]IBM 利用移动学习为其销售人员提供及时的信息（例如有关新产品性能的信息）。为了方便学习，该公司的培训部常常将时长 1 小时的学习内容分拆成若干 10 分钟的小片段。这些"微学习"要求只保留信息最核心的部分。[116]图片和视频也有助于改善学习体验。

很多企业都利用诸如领英、脸书、推特这样的社交媒体以及"第二人生"这样的虚拟网络世界传递公司的消息以及提供培训。[117]例如，英国石油公司用"第二人生"培训新的加油站工作人员，其目的是教给这些新员工如何使用汽油储存罐的安全装置。该公司在"第二人生"中创建了油罐的三维系统。受训者可以利用这些系统"看到"地表以下的事物并且观察这种安全设备的使用效果。[118]

Web 2.0 学习（Web 2.0 learning）是指利用网络技术——如社交网络、虚拟世界（如"第二人生"）以及以同步和异步混合传输方式提供博客、聊天室、书签共享、三维模拟工具等的软件系统——来进行培训。[119]同行论坛要求培训团队向高管"销售"解决方案。[120]基于场景的电子学习会将现实场景问题纳入电子化学习中。[121]

多元化盘点

在线访问

很多法律和倡议都要求残障人士也能够充分获得在线培训课程和内容。[122]例如，Web 2.0 访问指南[123]要求，教育和培训内容应当是易感知、易操作、易理解且功能强大的。例如，易感知的方法是使在线系统能够提供多媒体字幕，使受训者能够看到和听到内容；易操作意味着用户有足够的时间浏览内容；易理解意味着文本是简单易懂的；功能强大意味着该程序可以与浏览器和插件兼容。

人力资源管理与零工经济

优步公司的即时微学习[124]

如果你认为优步公司的司机没有经过正式的培训就上路了，那你可错了。对于怎样开车，优步公司的司机需要了解数以百计的事情，从如何使用优步公司的应用程序和驾驶系统，再到如何迎接客户和处理与客户相关的问题。优步公司每周需要培训 3 万多名新司机，公司是如何做的呢？

优步公司面临的培训挑战与大多数零工经济公司类似。主要的问题有两个：一是受训者并非公司的永久性员工，他们往往是相对短期的过渡性从业者，因此公司需要控制在培训方面的投资支出；二是这些劳动者都是自己安排工作时间的，因此，培训必须做到能够在他们时间方便且有需求时随时提供。

那么，优步公司是怎么做到的呢？司机培训是在线的、即时的，以微课程包的形式提供给受训者。优步公司使用了一个名为 MindFlash 的学习管理系统，该系统可以为全球客户提供数千门课程，专注于培训像优步公司的司机这样的零工从业者。[125] 除此之外，MindFlash 还提供了关于培训结果的实时报告，这样优步公司就知道司机是否做好上路的准备了。

像优步公司的此类友好型培训项目具备几个特点：首先，每位参与者（包括管理人员、人力资源管理者，特别是零工从业者）需要提交关于从业者日常活动的全面信息。然后确定工作人员（在这里指的是司机）的职责、技能和知识要求以及所需的培训。最后，将这些课程制作成容易理解的短期微课，存储在供应商的云端，这样每位员工在需要时就可以按需获取至自己的移动设备中。

8.4.14 终身学习和读写培训技术

终身学习（lifelong learning）是指企业为了使员工能够获得完成本职工作所需的技能以及进一步开发自身能力，在员工受雇于本企业的整个任职期间为其提供持续性的学习机会。从学习基本的补救性技能（例如，作为第二语言的英语学习）至取得学士学位，都可以通过终身学习来实现。例如，一个餐馆服务员可能白天工作，晚上通过雇主资助的终身学习计划获得学士学位。美国有些州通过税收抵免的方式来支持终身学习。华盛顿州的劳动力委员会为本州雇主提供终身学习账户（LiLA）计划。这种计划有点类似于 401（k）计划，企业和员工要共同为终身学习账户注入资金（不过没有 401（k）计划能得到的那种税收优惠），员工可以利用这笔钱来完善自己。[126]

读写培训 据一项研究估计，大约 1/7 的员工不能读懂企业的员工手册。[127]

企业通常会通过像 Education Management 公司这样的私营企业来提供员工所需的一些教育。[128] 另一种简单的读写能力培训方法是，通过让直接上级给员工布置一些写作和朗读练习来教给他们基本的读写技能。[129] 例如，如果一位员工需要利用员工手册来找到如何更换某个零部件的指导，那么其直接上级应当教会这位员工如何通过使用目录来找到相关内容所在的页码。还有些公司会从当地的高中聘请老师为员工补习读写知识。美国国家扫盲中心（National Center for Literacy Education）为扫盲培训提供原始材料和建议。[130]

多元化培训 多元化培训旨在提高跨文化敏感性，以促进公司员工之间更和谐的工作关系。它通常包括提高人际交往技能、理解和重视文化差异、提高技术技能、使员工融入企业文化、为新员工灌输美国的工作道德、提高英语熟练度和基本数学技能，以及提高英语为母语的员工的双语技能。[131]

　　大多数企业选择购买现成的多元化培训计划，例如 Sollah Interactive 的 Just Be F. A. I. R.，该计划包括完整的视频、可听的讲述、用户互动以及前后评估。花絮说明了诸如刻板印象等的潜在陷阱。[132]Prism（www. prismdiversity. com）提供企业多元化和包容性课程，例如"为所有员工选择尊重行为"和"高管人员的包容性和多元化培训"。[133]

8.4.15　团队培训

　　团队工作并不总是自然而然形成的。各公司在培训新员工相互倾听和合作方面投入了大量时间。例如，一家工厂的员工离职率和缺勤率很高。[134]工厂的新任经理决定通过运用团队培训来改进团队功能。团队培训关注的重点在于技术、人际关系、团队管理等方面的问题。例如在技术培训方面，管理者鼓励团队中的员工相互学习，并提倡灵活的团队任务分配。**交叉培训**（cross training）的含义是，培训员工从事不同的任务或工作，而不仅仅是做本职工作。交叉培训能促进灵活性和职位轮换，比如当你期望团队成员能偶尔相互分担工作时。一些汽车零售商交叉培训销售人员和财务人员，这样他们就可以了解关于汽车销售和融资的变化和细节。[135]

　　人际关系问题通常会削弱团队功能。在这里，团队培训就包括在倾听、解决争端、谈判等人际方面的技能培训。有效的团队还要具备团队管理技能，比如问题解决技能、会议管理技能、共同决策技能、团队领导力等，因此团队也要接受此类培训。

　　很多企业利用团队培训来建立更强的管理团队。例如，有的公司用户外"探险"培训（如户外拓展训练）来建设团队。这种培训方案通常会要求将公司的管理团队带到险峻的山岭，其目的是在受训者之间培育一种相互信任和合作的氛围。应用程序开发者 RealScout 通过加州生存学校进行培训。程序员、营销主管和其他人在山区度过了几天时间，他们自己动手建造住所，学习采集食物和无火柴生火等技能。合理的假设是，在野外生存中培养的团队合作能力将延续到日后的团队工作中。[136]

　　下面的专栏讨论了管理人员怎样创建自己的培训方案。

改进绩效：直线经理和小企业家的人力资源管理工具

创建你自己的培训方案

　　如果员工的直接上级能够利用公司现有的成套培训项目来培训新雇用的员工，无疑是再好不过了，但事实上，他们在大多数情况下做不到这一点。以下的办法可供你选择。

创建你自己的五步培训计划

　　记住 ADDIE——分析（是否需要培训）、设计（包括学习目标和激励受训者）、开发（使用哪些具体材料和方法）、实施（对受训者进行培训）、评估。对于许多类型的工作，首先要设定培训目标，明确受训者在培训后应该能够做什么。如果没有，就编写工作说明书，列出工作职责清单。其次，编写（见表 8-1）任务分析记录表，显示每个任务的步骤。再次，编写工作指导培训表，列出每个步骤（如"仔细阅读刻度"）的关键点（如"设置切割距离"）。最后，将培训目标、工作说明书、任务分析记录表和工作指导培训表编制成一本培训手册。同时，还要包括工作介绍和解释该工作与公司中其他工作的关系的内容。

使用私人供应商

小企业主可以与培训解决方案供应商合作。这些供应商可提供课程的范围从美国管理协会（www. amanet. org）和 SHRM（www. shrm. org）的自学课程到专业化课程。例如，雇主可以与 PureSafety 合作，让其员工从 PureSafety 参加职业安全课程。

SkillSoft. com 是另一个例子。[137] 其课程包括软件开发、商业战略与运营、专业效能和计算机技能。通过人才发展协会（www. td. org）的买家指南开始寻找供应商是一个不错的起点（在"资源和工具"下查看）。[138]

查看 SBA

政府的小企业管理局（www. sba. gov/training）提供了一个虚拟校园，提供在线课程、研讨会、出版物和学习工具，旨在支持小企业。[139]例如，小企业主可以在"小企业规划师"下链接到"撰写有效的工作说明书"和"面试过程：如何选择合适的人员"。请浏览 www. sba. gov/sitemap 网站地图以获取其提供的示例。

查看 NAM

全国制造商协会（National Association of Manufacturers，NAM）是美国最大的工业贸易组织。该组织代表约 14 000 个会员制造商，包括 10 000 家中小型企业。

NAM 帮助员工保持并提升他们的工作技能，持续发展职业生涯。它提供课程和技能认证流程[140]，不需要签署长期合同。雇主只需为每个员工参加的每门课程支付 10～30 美元。课程包括职业安全与健康管理、质量和技术培训以及客户服务等领域的课程。

8.5 实施管理技能开发计划

管理技能开发（management development）是指一切通过传授知识、改变态度或者增加技能的方式来改善管理绩效的努力。它包括公司内部的一些培训计划，比如课程讲授、教练辅导、岗位轮换，还有像美国人力资源管理协会这样的机构提供的一些专业课程，还有来自各种渠道的在线课程以及像工商管理硕士（MBA）项目等这种大学课程。

管理技能开发之所以很重要，主要有以下几个方面的原因：其一，内部晋升是管理人才的主要来源，几乎所有需要得到晋升的管理人员都要开发管理技能，为他们的新工作做好准备；其二，管理技能开发便于组织保持连续性，使员工和现有的管理者能够顺利地走上更高层次的岗位。

8.5.1 战略与开发

与继任规划类似，管理技能开发计划应该源于企业的战略和人事规划。例如，如果公司的战略是进入新的经营领域或者扩大海外市场，就意味着企业需要具备管理这些新业务的相关技能的管理人员。管理技能开发计划将给这些管理者传授在工作中所需的知识、态度和技能，以使其脱颖而出。[141]

有些管理技能开发计划是整个公司范围内的，它涉及所有或大多数新任（或潜在的）

管理人员。新的工商管理硕士毕业生可能参加通用电气公司的管理技能开发计划，那么他们会经历职位轮换。这样的活动具有双重目的：一是识别他们的管理潜质；二是为他们提供更广泛的工作经验（比如，财务和生产方面的经验）。然后，该公司可能会将其中的优秀候选人引入"快车道"，即一种为使他们更为快速地胜任高层管理职位而实施的开发计划。

管理技能开发计划能够对企业的继任规划提供有力支持。[142]正如第 5 章所解释的，继任规划涉及为公司高层职位制订劳动力计划，它是系统地识别、评估和发展组织领导力以改进绩效的持续过程。

8.5.2　候选人评估和九宫格

有些具备高潜质的管理者在工作中会遭遇失败，而有些（表面上看）潜质较差的管理者却表现出色。那么，企业应当如何确定让谁去参加某个成本很高的管理技能开发计划呢？

企业可以使用九宫格这样一种管理工具。它的纵轴表示从低等到中等再到高等的各种不同潜质水平，横轴表示从低等到中等再到高等的各种不同绩效水平——总共形成 9 个方格。

这种网格能在某种程度上简化选择管理技能开发计划候选人的任务。例如，在极端情况下，低潜质且低绩效的管理者不会再得到晋升，而那些潜质高、绩效水平也高的明星员工无疑能取得更大的进步。大多数企业都将它们的管理技能开发资源集中在高潜质、高绩效的明星员工身上，其次集中在那些被认为具有高潜质和中等绩效水平的员工或者是绩效水平高但潜质中等的员工身上。[143]其他企业则将管理技能开发资源集中投入到公司中的使命关键型员工身上——那些对公司的成功和生存至关重要的员工。我们将在本节后面的内容中看到它们是如何做的。

在任何情况下，个人评估通常都是管理技能开发项目的一个组成部分。在速冻食品制造商 Schawn 公司，一个由高层管理人员组成的委员会首先从 40 余名候选人中筛选出 10人左右。然后正式实施针对这些人的管理技能开发项目，由从外部聘请的咨询顾问对每位管理人员的领导优势和劣势进行为期一天的评估。评估结果将成为制定每位管理人员的个人开发计划的依据。接下来实施的行动学习（实践）计划会增加一些个人或团队的培训活动。[144]

接下来，我们将讨论其中的一些活动。

8.5.3　管理人员在岗培训

管理人员的在岗培训方法包括职位轮换、教练辅导法或岗位候补法以及行动学习。**职位轮换**（job rotation）是指将接受培训的管理人员在不同部门之间调动，以增进他们对企业各方面情况的了解以及对他们的能力进行测试。受训者可能是刚毕业的大学生，也有可能是正在为进一步晋升做准备的高级管理人员。除了提供更全面的工作经验，职位轮换通过不断引入每个部门的新观点有助于避免停滞不前。它有助于识别每个受训者的优缺点。定期进行职位轮换可以改善部门间的合作：让管理者更加了解彼此的问题；扩大管理者之间的共识。在拥有路易威登（Louis Vuitton）品牌的法国 LVMH 集团，员工可以在奢侈品品牌之间进行职位轮换，给员工提供了"非常丰富的学习机会"。[145]

接下来的专栏解释了这一点。

全球职位轮换

随着很多公司在全球的扩张，职位轮换有了新的意义。在壳牌和英国石油等公司，让管理人员在全球范围内进行职位轮换是确保公司规模虽然十分庞大，但仍能保持灵活性和响应能力的一种重要手段。

全球职位轮换（比如让管理人员从瑞典轮换到纽约）的一个优点是，通过建立一个非正式的关系网络，确保顺畅的跨国沟通和相互理解，同时确保单位之间更为紧密地协调和控制。

组织内部的沟通和理解也会因为这些管理人员在不同地点工作时建立起来的人际联系而得到加强。这些活动也有助于加强组织管控。当来自全球各地的员工参与职位轮换时，或者是被集中到哈佛商学院或欧洲工商管理学院参加管理培训项目时，公司所要实现的目标就不仅仅是传授基本职业技能，而是培养大家对公司文化和价值观的认同。通过创造共享的文化和价值观以及对公司及其目标形成一致的看法，职位轮换有效促进了沟通。类似地，有共同的价值观（如"顾客总是正确的"）会使管理者的行为更加符合公司的政策和制度规定，从而有助于进行自我控制。最后，提供跨国职位轮换也有助于企业吸引和留住最优秀的管理人才。[146]

教练辅导法或岗位候补法 在采用这种方法时，受训者直接与一位高级管理人员或者他们将要替代的人在一起工作，由这个人负责为受训者提供教练辅导。一般在岗位候补的情况下，辅导受训者的高层管理人员会将自己的一些特定工作职责转交给受训者，让这些受训者有机会学习如何担任这一职位。

行动学习 行动学习（action learning）计划使管理人员和其他人可以把自己的时间空出来，转而去分析和解决其他部门存在的问题。这是发展最快的领导力开发技术之一，从富国银行到波音公司都在使用这种技术。[147]行动学习的基本要求是：精心选择一个由 5～25 人组成的团队；给这些团队分配一个超出他们通常的专业经验范围的实际经营难题；通过教练辅导和反馈实现学习的结构化。通常情况下，企业的高层管理人员会负责选择研究哪些项目，然后决定是否采纳这些团队最终提出的建议。[148]

例如，太平洋燃气电力公司（PG&E）的计划包括以下三个阶段：

1. 为期 6～8 周的"框架构建"阶段——这基本上是一个集中的规划阶段，行动学习团队在这个阶段需要确定研究问题并收集相关信息。

2. 行动计划阶段——在太平洋燃气电力公司的培训中心度过 2～3 天的时间，讨论问题并提出关于行动计划的建议。

3. 问责会议阶段——团队与管理层共同审查行动计划的进展。[149]

弹性任务 弹性任务旨在"让员工走出舒适区"，即把他们放在与平时习惯的工作和任务不同且要求更高的职位上。[150]这里的关键问题是了解员工的能力：任务应该是具有挑战性的，但不是无法完成的。

8.5.4　脱岗管理培训和开发技术

还有许多对管理人员进行脱岗培训和开发的方法。

众所周知，**案例研究法**（case study method）就是为一位受训者提供一份关于组织中存在问题的书面描述，然后让这位受训者分析案例、诊断问题，再与其他受训者一起讨论自己得出的研究结果以及解决问题的方案。综合性案例情节则创建了一个长期的、综合的案例情节。例如，最近，美国联邦调查局的研究院就创作了一个综合性案例情节。这个案例以一位担心的市民打来的电话开始，案例的结尾则是发生在 14 周以后的一次模拟审讯。案例的中间则是在一次真实的调查中得到的许多材料。脚本包括背景故事、详细的人物历史以及角色扮演说明。美国联邦调查局创作这一综合性案例情节的主要目的是开发特定的培训技能，比如如何对目击证人进行询问。[151]

计算机化的**管理游戏**（management game）能够让受训者通过在模拟情境中作出现实的决策来进行学习。例如，"阐释"就是这样一个团队练习。该练习"探究的是团队沟通、信息管理、战略的规划和执行等内容。通过练习，培养受训管理者的沟通技能，帮助他们更好地管理在个人与团队之间流动的信息，并提升他们的规划能力和问题解决技能"。[152]每个团队都必须决定在广告上支出多少、生产多少产品、保有多大的库存量等。

受训者在积极参与的情况下学习效果往往最好，而管理游戏正是那种可以让人积极参与的游戏。它能帮助受训者开发解决问题的技能，关注制定规划。管理游戏也可以开发领导能力，培育团队合作能力。

管理培训的游戏化还能够起到促进学习、提升员工敬业度和士气的作用，而且很容易实现。例如，在培训中使用积分系统、颁发徽章以及建立排行榜等。[153]

外部研讨会　许多公司和大学提供在线的和传统的课堂讲授式的管理技能开发研讨班和讨论会。美国管理协会提供的 1～3 天的培训项目就向企业说明了可以获得哪些课程。例如，美国管理协会最近提供的课程涵盖了从"开发你的情绪智力""自信心培训""管理者自信培训""商业女性自信培训""实现成功沟通的动态倾听技能"到"成本核算基础"等内容。[154]一些专业协会，如美国人力资源管理协会，还会为其会员提供更为专业的研讨会。[155]

大学提供的各种项目　许多大学都提供领导力、管理等方面的高层管理人员教育与继续教育计划。这些高层管理人员开发计划既有 1～4 天的项目，也有 1～4 个月的项目。哈佛商学院的高级管理课程是这种项目的一个典型范例。[156]

当孩之宝公司（Hasbro）想要改善其高层管理人员的创新技能时，公司找到了达特茅斯大学塔克商学院，请该学院为其量身定制了一套培训计划。[157]科技巨头飞利浦一直致力于加速创新和卓越领导力培养，它与宾夕法尼亚大学沃顿商学院和创造性领导力中心开展了为期 6 年的合作。公司定制的"八边形"领导者发展计划既强调商业战略技能，又强调行为领导技能。[158]

角色扮演　**角色扮演**（role-playing）的目的是创建一种真实的情境，让受训者扮演其中的某些角色。每位受训者都会获得一个角色，比如：

你是一组电话维修工的班长，每名电话维修工都驾驶着小型服务车往返于各个不同的工作地点。有时你会获得一辆新车来替换某辆旧车，于是你面临决定将新车分给哪一位维修工的问题。无论怎样，怨气总是在所难免，你很难做到完全公平。[159]

当与总体指导和其他角色结合在一起时，角色扮演活动可以引发角色扮演者或受训者之间的激烈讨论。这种活动的目的在于开发受训者在领导和授权等方面的技能。例如，一位主管人员可以通过角色扮演体会不同类型的领导风格，而在现实世界中，他们无法像在角色扮演中那样去尝试。此外，这种方法还可以用来训练受训者对他人感受的敏感性。

企业大学　许多企业，尤其是大型企业，都建立了自己的**企业内开发中心**（in-house development center）（通常称为企业大学），通用电气位于纽约克罗顿维尔的管理培训中心是第一个企业内开发中心。它为通用电气的管理人员提供了涵盖范围广泛的课程和研讨会，例如为选定的中层管理人员提供为期两周的课程，在那里，他们接受从金融到演讲技巧等各种辅导。[160]与管理技能开发的总体情况一样，最好的企业大学通常能够做到：第一，积极地将所提供的培训与公司的目标结合在一起；第二，集中开发那些能够支持业务需求的技能；第三，对受训者接受培训的情况以及他们的绩效进行评估；第四，利用技术为培训提供支持；第五，与学术界建立合作伙伴关系。[161]

很多企业提供虚拟的——而不是实体的——企业大学服务。例如，Cerner Health 公司为员工设立的"知识工厂"能够提供三类知识：（1）动态知识是指"电子邮件、即时消息、电话会议等实时信息"；（2）编辑后信息包含"一些最佳实践，比如案例研究或能够说明我们在哪些方面做得好以及我们是如何做好的等方面信息的'维基百科'"；（3）显性知识是指"与公司各项实践有关的更为正式的文档，其中包括安装指南、帮助文件、正规培训或课程等内容"。[162]

高管教练　很多公司都利用高管教练计划来提升其高层管理人员的有效性。**高管教练**（executive coach）是指由一位外部的咨询师来对高层管理人员的上级、同级、下级，有时甚至包括他们的家人提出各种问题，从而识别出高层管理人员的优势和劣势，通过为他们提供专业建议来帮助他们充分利用自己的优势，同时克服劣势。[163]针对每一位高层管理人员的这种教练计划大约需要花费 5 万美元。因此，在培训一名高管之前需要进行细致的评估。要特别关注这些问题：高管对公司有多大价值？他有多大意愿参与其中？他面临的挑战是什么？是不是有其他能代替高管教练的方法？很多专家建议在进行教练辅导之前，应当首先进行正规的评价，以发现高层管理人员的优势和劣势，提供更具针对性的辅导。[164]

目前，高管教练服务提供领域尚不规范，因此，管理人员应当在购买这种服务之前进行尽职调查，要核查相关证书，并向国际教练联合会（International Coach Federation）——一个行业组织——进行咨询。[165]

美国人力资源管理协会学习系统　美国人力资源管理协会鼓励人力资源管理专业人员通过考试来获得资格认证。该协会提供了众多的考前培训项目。[166]这些培训项目包括自学项目和学院或大学培训项目，后者包括能够与授课教师以及其他学员进行互动的课堂讲授。[167]

8.5.5　信诺公司的领导力开发计划

作为领导力开发的一个典型例子，信诺公司（Cigna）提供各种基于专业的领导力开发培训项目。例如，精算高管发展计划、财务发展计划和健康服务领导力计划。[168]据信诺公司介绍，其医疗服务领导力项目（HLP）聚焦于通过高管培训、动态职位轮换以及个性化的开发培养通用领导人才，为信诺公司未来高管的诞生创建一个渠道。该项目包括为期12～24 个月的职位轮换。在此期间，受训者能够提升自己的通用管理能力和领导技能。学习项目包括领导力评估、导师指导、体验式学习等。受训者可以学习包括市场营销、产品、财务、服务运营、战略以及业务开发等方面的知识。

影响人力资源管理的趋势：人才管理科学

在今天的竞争环境下，那种将培训开发机会和其他稀有资源在整个公司内全面分配，或者仅仅依靠绩效来进行分配的常见人力资源管理实践已不再适用。更合理的做法是，通过将企业的资源更多地集中于那些被高层管理者认为对企业未来发展至关重要的使命关键型员工，来实现"积极地管理"资源分配过程的目的。这种做法是以人才管理为导向的公司的一种别具特色的最佳实践。

我们将在后面的章节进一步了解企业是如何做到这一点的，下面给出了一些相关例子：

● 强生公司实施了一项专门的"LeAD"领导力开发项目，旨在帮助那些具有高潜质的受训者从来自公司外部的教练那里得到建议以及定期的评估。[169]

● 有的公司会优先与那些正在成长的领导者分享将来的战略。例如，公司每季度会邀请他们与高层管理者见面，允许他们进入某个在线门户网站，在那里可以浏览公司的战略和关键指标。[170]

8.5.6　有效领导力开发计划的特点

有效领导力开发计划具备哪些特点呢？[171]一项研究结果表明，最好的此类培训项目要从全面的需求分析入手，以确定培训项目的具体目标；无论是强制参与还是自愿参与，都会同样有效；由老师提供指导的培训项目要比那些自我管理的培训项目更有效一些；实践型的培训项目要比信息型的培训项目更为有效；向受训者提供反馈能够提升培训效果；在办公场所实施的培训（在公司的相关设施中）通常要比在工作场所之外实施的培训更为有效；面对面的领导力培训项目比虚拟的培训项目更为有效；领导力培训对高层领导者和基层领导者同样有效。

➡ 8.6　组织变革项目的管理

随着从美国电话电报公司、康卡斯特到巴诺书店（Barnes & Noble）和梅西百货（Macy's）等公司被数字化的竞争对手超越，企业重组变得越来越常见，但这些重组往往以失败告终。麦肯锡公司通过对1 800名企业高管进行调查，试图发现企业重组失败的原因。其中最主要的原因包括员工抵制变革、投入资源不足、员工个人的生产率随着员工分心而出现下降、领导抵制变革、组织结构发生变化但人们仍然按照惯性在工作。[172]

此外，明确目标至关重要。例如，两位变革管理专家表示，大多数重大变革（或"转型"）计划都旨在达成五大基本目的或目标之一：以客户为中心、灵活性、创新、可持续性或推动全球业务发展。[173]他们发现，企业转型失败通常都是因为推动变革的人要么忽视了事先澄清转型计划的目的或目标，要么是因为追求了错误的目标，或同时关注多个目标。

无论如何，很多公司实际上通常在别无选择的情况下才改变它们的经营方式。例如，微软公司在几年前更换了自己的首席执行官，然后进行了重组，改变了包括供应硬件（平板电脑等）在内的公司战略，同时进行了其他人事变动。正如这里所说，组织变革可能会影响一家公司的战略、文化、结构、技术或员工的态度和技能。

再次指出，变革最困难的部分往往是克服员工的抵制。个人、团体甚至整个组织都倾向于抵制变革。例如，他们这样做是因为他们习惯了通常的做事方式，或者因为他们的影响力受到了威胁。[174]

8.6.1 勒温的变革过程理论

心理学家库尔特·勒温（Kurt Lewin）提出了一个变革模型，该模型总结了他认为可以在最小的阻力下实施组织变革的一些基本步骤。按照他的观点，组织中的一切行为都是两种力量的产物：一种力量是努力保持现状；另一种力量是全力推动变革。因此，要想实施变革，就意味着要么去削弱保持现状的力量，要么去培养改革的推动力量。勒温的变革过程主要包括以下三个步骤：

1. 解冻。解冻是指削弱那些极力维持现状的力量，解冻的常用手段是提出一个具有刺激性的问题或事件，从而使人们认识到变革的必要性，并努力寻求新的解决方案。

2. 改变。改变意味着开发新的行为、价值观以及态度。管理人员通过调整组织结构或者通过后面将要讲述的其他组织发展技术（如团队建设）来达到这一目的。

3. 再冻结。即通过采取强化措施确保组织不会再恢复到原来的做事方式。例如，改革奖励机制。

在实践中，为了应对员工的抵制态度，一些专家建议管理者使用下面的八步法实施组织变革。[175]为了带来期望的组织变革，你需要：

1. 营造紧迫感。大多数管理人员首先通过营造一种紧迫感来开始组织变革。例如，首席执行官可能会向企业的高层管理人员展示某位分析师的一份分析报告（可能是虚构的），这份报告指出了公司处于倒闭的边缘。

2. 通过共同诊断问题形成共同承诺。在营造了一种紧迫感之后，领导者接下来要组建一个或多个任务小组来诊断公司面临的各种问题。这些任务小组会就公司能够而且必须在哪些方面有所改进达成共识，从而形成一种共同的承诺。

3. 建立变革领导同盟。没有人可以单打独斗地实施一场重大的组织变革。绝大多数公司的首席执行官都会建立能够把那些有影响力的人纳入其中的领导同盟。他们作为一个团队共同承担变革宣传者和实施者的角色。

4. 设定并传播你从变革中看到的共同愿景。有关愿景的指导原则是：愿景陈述应尽可能简单。（例如，"我们要成为本行业中能够以最快的速度满足顾客需求的公司"。）[176]

5. 帮助员工改变自己。消除变革的阻碍因素。是公司的政策、程序、组织结构使员工的行为难以改变，还是顽固的管理人员阻碍了员工的改变？

6. 巩固阶段性成果。通过这些成果带来的信心实施进一步变革。[177]

7. 通过改变公司的系统和流程来强化新的行为方式。例如，使用新的评价体系和激励政策来强化理想的行为。

8. 监控和评估变革所取得的进展。这涉及将公司实际取得的进展与预期取得的进展进行比较。

8.6.2　运用组织发展

有许多方法可以减少组织变革过程中的阻力。对此的一些建议包括：管理人员可以采取对员工实施奖励或惩罚的措施来引导员工的行为；向员工解释为什么需要进行变革；与员工进行商讨；发表鼓舞人心的演讲；让员工参与到变革设计过程中。[178]

组织发展（organizational development，OD）正是要利用这些方式来实施变革。组织发展是一个变革过程，在这个过程中，员工常常在一些受过专门培训的顾问的帮助下，制定他们认为需要实施的变革方案，并且付诸实施。作为组织变革的一种方法，组织发展具有几个方面的显著特点：

1. 组织发展通常包括行动调查，即收集关于一个团队、部门或者组织的各种信息，并且将这些信息反馈给员工，从而使他们能够对这些信息进行分析，以确定整个组织中可能存在的问题。

2. 运用行为科学的知识来改善组织的有效性。

3. 朝着一个特定的方向来改变组织——朝着强调授权、改善问题的解决、快速反应、工作质量以及有效性等方向来实施变革。

正如相关方面的专家弗伦奇（French）和贝尔（Bell）所说，典型的团队建设会议通常是从咨询顾问与团队中的每一位成员及其领导者进行面谈开始的。[179] 在这种面谈中，咨询顾问通常会问他们有什么问题，他们如何看待本团队的职能发挥情况，以及哪些障碍使本团队一直不能做得更好。然后，咨询顾问会对通过访谈得到的信息按主题进行分类（比如"沟通不够"），并在团队建设会议开始时展示这些主题。接下来，团队成员会根据这些主题的重要性对其进行排序，那些最重要的主题便成为这次会议的议题。于是这个团队开始研究和讨论这些问题，探究这些问题背后的原因，并着手设计解决方案。

另一种组织发展技术是调查研究（见表 8-3）。这种技术要求组织的全体员工填写态度调查问卷。然后，辅导者利用这些信息作为分析问题以及制定行动规划的依据。这种调查是将一个公司的管理人员与员工加以解冻的一条便利途径。它对于企业中确实存在很多亟待解决的问题这一事实，提供了一个可以比较且可用图形表示的描述。

表 8-3　组织发展技术示例

人际过程型	技术结构型	人力资源管理型	战略型
敏感性训练	正式结构变革	目标设定	一体化战略管理
过程咨询	区别与整合	绩效评价	文化变革
第三方干预	工会与资方合作项目	报酬系统	战略变革
团队建设	质量圈	职业规划与发展	自我设计组织
组织质询会议	全面质量管理	员工队伍多元化管理	
调查研究	工作设计	员工身心健康修炼	

8.7　评估培训效果

最近一年花费了巨资进行培训之后，雇主的投资回报率却很低，并没有带来更好的组织绩效……[180]由于对结果的衡量在今天越来越受重视，因此管理人员对培训计划的实施效果进行评估就十分重要。

可以衡量这几个方面的内容：参与者对培训项目的反应；受训者通过培训学到了什么（如果确实学到东西的话）；在培训后，他们的工作行为和结果出现了何种变化。一项研究对美国 500 家公司进行了调查，其中 77% 的公司都通过受训者的反应来对培训项目进行评估，36% 的公司评价受训者学到的知识，只有 10%～15% 的公司评估培训项目带来的员工工作行为和结果的改变。[181]最近的证据表明，这些数字可能没有太大变化。

在对培训项目进行评估时，有两个基本问题需要解决：一是评估方案的设计，特别是要不要实施控制实验；二是应当评估什么。

8.7.1　评估方案设计

在对培训项目进行评估时，面临的首要问题是如何设计评估方案。在这里需要关注的是：如何才能确定我们看到的这些结果确实是培训产生的？时间序列模型是一种可行的选择。如图 8-3 所示，可以分别在培训前后进行一系列的衡量。这至少可以让我们对培训项目所产生的效果有初步的认识。[182]然而，仅凭这一点还不能确切地知道到底是不是培训（而非新的薪酬计划等）带来了某种改变。

控制实验（controlled experimentation）是可以选择的一种评价过程。控制实验需要设置一个受训组和一个不接受培训的控制组。分别收集受训组在参加培训之前和参加培训之后的一些数据（比如销售量或服务质量等），同时收集控制组在与此相对应的某一工作时期前后的同类数据。通过这种方法就可以确定，受训组中员工的工作绩效变化到底有多少是由接受培训引起的，而不是因为整个组织的某些变化——比如加薪——引起的（因为加薪对于受训组和控制组中的员工会产生相同的影响）。[183]

8.7.2　培训效果的衡量

广泛使用的柯克帕特里克培训效果评估模型列出了企业可以衡量的四种效果[184]：

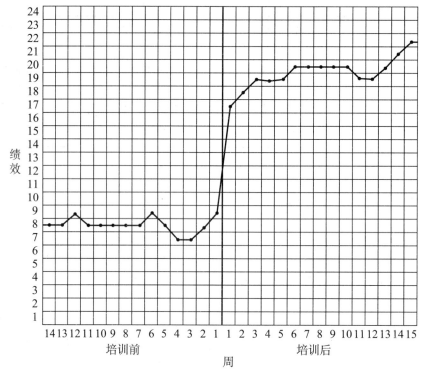

图 8-3 使用时间序列图评估培训项目的效果

1. 反应。即评价受训者对培训项目的反应。他们是否喜欢这个培训项目？他们是否认为这个培训项目是有价值的？

2. 学习。对受训者进行测试，以确定他们是否学会了要求他们掌握的原理、技能和事实。

3. 行为。问这样一个问题，受训者的工作行为是否因为参加培训项目而发生了变化？例如，百货商店投诉部的员工对待前来投诉的顾客是否比过去更加友善？

4. 结果。需要问的最重要的一个问题可能是："根据预先设定的培训目标来衡量培训项目取得了哪些最终成果？"例如，顾客的投诉数量是否减少了？反应、学习以及行为都很重要，但是如果培训项目没有产生一些可衡量的结果，它可能就没有达到其目标。[185]

对于以上四个方面的内容进行评估都很简单。例如，图 8-4 是对受训者的反应进行评估的问卷样本中的一页。也可以通过测试受训者学到的新知识来评估其培训效果。关于对行为改变的衡量，可以通过简单地问一位管理人员的下属员工这样一个问题，来间接地评估一项面向主管人员的绩效评估培训项目取得的效果："你的主管最近在对你进行绩效评估时是否举例说明了你有哪些好的绩效表现或者差的绩效表现？"最后，也可以直接评价一个培训项目的效果，例如可以直接衡量员工正确接听电话的比例。同样，对培训项目的成本和收益进行仔细的比较，可以使人力资源团队计算出该项目的投资回报率。网上的计算器可以很方便地进行这类分析。[186]

我们可以用米高梅集团（MGM Resorts）的一个培训项目为例进行说明。[187]在酒店行业，顾客回头率是一个关键指标，米高梅集团通过净推荐值（Net Promoter Scores，NPS）来衡量顾客回头率。由于净推荐值未达标，米高梅集团的培训团队得出结论：直接"面对顾客"的员工没有充分投入。培训团队为前台人员和经理助理设计了酒店管理精要培训，该项目强调协作和沟通等技能。大约一年后项目结束时，米高梅集团的净推荐值提高了约 2%（这被认为是一个显著的成绩）。[188]

培训评价表

美国联邦政府人事管理署

课程名称："工作与家庭问题——主管人员与管理人员模块"　培训日期：＿＿＿＿＿开始

培训师姓名：　　　　　　　　　　　　　　　　　　　　　　　　　　＿＿＿＿＿结束

评估者姓名：（可选）		职位名称/等级：	
所属机构：	办公电话：（可选）	办公地址：（可选）	

评价你的知识和技能等级（在相应等级上画圈）	你对该课程的总体评价
学习本课程前　　低 ············· 高 　　　　　　　　1　2　3　4　5 学习本课程后　　低 ············· 高 　　　　　　　　1　2　3　4　5	＿＿＿非常好　　＿＿＿很好 ＿＿＿好　　　　＿＿＿一般 ＿＿＿差

课程评价
（选择合适的一栏）

评价项目 （该课程使你在以下方面的知识和技能提高程度如何）	非常好	很好	好	一般	差	不适用
1. 什么是工作与家庭计划						
2. 谁使用工作与家庭计划						
3. 如何认识和解决工作与家庭问题						
4. 有助于在工作中采取的实用措施						
培训师评价						
1. 讲解、组织、传授						
2. 知识水平和对主题的把握						
3. 视听教具或其他培训工具的使用						
4. 鼓励开诚布公地交流思想、参与以及群体互动						

该课程的优点：

该课程的缺点：

你希望在课程中增加哪些内容：

其他意见或建议：

图 8-4　培训评价表样本

资料来源：From Instructor Handouts；Training Evaluation Form，United States Office of Personnel Management.

本章内容概要

1. 新员工入职引导是使新员工进入组织并提高工作效率的第一步。新员工入职引导是指为新员工提供履行职能所需的一些信息，并且帮助他们与企业建立一种情感上的联系。新员工入职引导可能只是为新员工提供一些简要的书面介绍材料和一本员工手册，也可能是一整套旨在向新员工灌输组织的核心价值观的正式流程。培训流程的步骤分别是：分析培训需求、设计培训方案、开发培训方案、实施培训以及评估培训效果。此外，还需要调动受训者的学习积极性。通过使学习更有意义、技能更容易转化到工作中以及强化学习等手段，可以激发员工的学习兴趣。

2. 新员工入职引导不仅仅是要把新员工介绍给同事，即使没有像丰田公司组织的这种全公司范围内的新员工入职引导项目，也可以利用这一过程向新员工灌输期望他们从心底认同的公司的价值观和传统。

3. 我们可以用首字母缩写"ADDIE"来概括培训流程：分析（analyze）、设计（design）、开发（develop）、实施（implement）、评估（evaluate）。在对员工进行培训之前，有必要首先分析他们的培训需求并设计好培训计划。在进行新员工培训时，企业可以使用任务分析——本质上是对工作的详细研究——来确定这些工作需要任职者具备哪些特定的技能。对于现有的员工来说，则需要进行绩效分析，特别是要确定是否确实存在绩效不佳，并且这种绩效不佳是可以通过培训加以解决的。在这里，关键是确定绩效不佳的原因到底是员工不会做还是不愿做。一旦理解了这一问题，就可以转向设计一项培训计划了，这意味着需要确定具体的培训目标、明确培训预算以及根据培训内容来实际设计具体的培训方案。

4. 接下来，就可以实施培训项目了。具体的培训方法包括：在岗培训、学徒制培训、非正式学习、工作指导培训、课堂讲授、程序化学习、行为塑造、视听培训、仿真培训、电子化绩效支持系统、视频会议以及计算机辅助培训。如今，在线培训日益盛行，员工可以通过公司学习门户，在学习管理系统的支持下，直接访问大量的网络培训课程。此外，企业还越来越多地采用移动学习，例如，将一些短期课程及其相关说明载入员工的智能手机。由于对高科技类的知识型员工的需求越来越大，终身学习将有助于员工获得胜任工作所需的基本教育背景。多元化培训的宗旨在于提高员工的跨文化敏感度，进而营造更为和谐的工作关系。

5. 虽然绝大多数的培训方法对于所有的员工都是有效的，但是有些培训方法特别适用于进行管理技能开发。与所有的员工一样，新上任的管理人员往往需要接受诸如职位轮换和教练辅导这样的在岗培训。此外，企业通常还会为管理人员提供更多的接受多种脱岗培训以及开发活动的机会——例如案例研究法、管理游戏、外部研讨会、大学提供的各种项目、角色扮演、高管教练以及（针对人力资源管理人员的）美国人力资源管理协会学习系统等。

6. 在面临经济、竞争等挑战时，管理人员不得不实施组织变革。这种变革旨在改变组织的战略、文化、结构、技术或者员工的态度和技能。通常情况下，组织变革中最需要技巧的部分是如何克服员工的抵制。在记住这种情况的前提下，有效的组织变革遵循这样一些步骤：营造紧迫感、形成共同承诺、建立变革领导同盟、设定并传播共同愿景、帮助员工改变自己、巩固阶段性成果、强化新的行为方式以及监控和评估变革所取得的进展等。组织发展是组织变革的一种特殊方法，它包括行动调查，即收集关于一个员工群体的各种信息并反馈给员工，以使员工能够分析问题所在，进而发现组织中可能存在哪些方面的问题。

7. 无论采用何种培训方法，对培训效果进行评估都是十分重要的。理想情况下，可以通过将没有接受培训的控制组和受训组进行平行比较，对受训者在反应、学习、行为以及结果方面的变化进行衡量。

讨 论 题

1. "一个设计精良的新员工入职引导计划对于所有的新员工（无论其有工作经验还是没有工作经验）都是非常重要的。"你同意或不同意这种说法并解释原因。

2. 说明你将会如何应用我们在本章讲到的那些"激励点"来设计一节课，比如新员工入职引导和培训方面的讲座。

3. 典型的在岗培训有哪些种类？你认为依靠非正式在岗培训来帮助新员工适应本职工作的做法有哪些主要缺点？基于云端的在线培训方式有哪些优势？

4. 请描述五种管理技能开发方法的利弊。

5. 你认为职位轮换是对管理培训生进行开发的一种好方法吗？为什么？

6. 什么是组织发展？它与进行组织变革的传统方法有何不同？

7. 列出并简要说明培训流程的各个步骤。

个人及小组活动

1. 你是一个员工班组的主管人员，这个班组的任务是装配计算机硬盘。你发现本班组员工的工作质量不能达到标准要求，许多产品都必须拿回来返工；你的直接上司告诉你："你最好从改善对下属员工的培训入手来改进你们班组的工作。"

a. 有哪些人员方面的因素可能会导致上述问题的出现？

b. 说明你将如何评估这种问题能否通过培训得到解决。

2. 选择一些你熟悉的工作任务，比如剪草坪、做沙拉或者为参加测验做准备，为这项任务开发一份工作指导清单。

3. 以个人或小组为单位，以"有效课程讲授指南"为题设计一个程序化的学习项目。

4. 找出三四个企业将社交媒体用于培训的实例。这些社交媒体提供的内容针对的是什么层次的管理人员？哪种开发计划看起来最受欢迎？你为什么这样认为？

5. 以个人或小组为单位，编写几个具体的案例来说明，一位讲授人力资源管理课程的教授如何能够在其教学中使用至少四种本章介绍的培训与开发方法。

6. 以个人或小组为单位，为那些即将进入你们大学学习的高中毕业生设计一个新生入学引导计划。

体验式练习

飞过友好者的天空

目的：这个练习的目的是，让你为一家大型航空公司的机票预订员职位制订一项培训计划。

必须理解的内容：你应当非常熟悉本章中讲授的内容，然后阅读以下关于一位机票预订员的工作职责描述：

　　客户与我们的机票预订员联系来获得关于航班时刻、机票价格以及飞行路线等方面的信息。机票预订员应当在我们航空公司的在线飞行时刻表系统上查找到客户要求提供的信息，这个飞行时刻表系统是随时更新的。机票预订员应表达清晰、彬彬有礼且迅速地回应客户的要求，能够迅速找到可替代的航班，从而提供与客户的需要相吻合的航班。机票预订员应当能够迅速找到备选的航班及相应的票价，不至于让客户久等，也只有这样，机票预订小组才能保持自己的效率标准。通常必须在各种不同的路线中进行查找，因为在客户的出发地和目的地之间可能会有十几条路线可供选择。

你可以假设我们刚雇用了 30 名新员工，你必须为我们制订一个为期 3 天的培训计划。

如何进行练习/指导：将整个班级划分为几个练习小组，每组由 5～6 人组成。

显然，机票预订员必须掌握多种技能和能力才能完成这项工作。航空公司要求你迅速为它新雇用的机票预订员制订一份培训计划大纲。

1. 你可能想要通过列出职位的主要职责以及审查你为第 6 章末的练习所做的所有工作开始本次练习。

2. 无论如何，请制定出企业要求的大纲，确保非常具体地说明你想要教给这些新机票预订员的内容、你建议用来培训他们的方法和辅助工具等。

应用案例

再造阿派克斯门业公司

阿派克斯门业公司（Apex Door）总裁吉姆·德莱尼（Jim Delaney）遇到了一个难题。按他的说法，这个难题就是，无论他用何方法告诉公司员工应当怎样完成工作，他们都依然"我行我素"，这导致在吉姆、员工以及员工的直接上级之间发生了多次争论。公司的设计部门就是这方面的一个例子。公司期望该部门的设计师能够与建筑师共同完成各种房门的设计工作，以使这些房门能符合某些具体的规格要求。然而，正如吉姆所说，这种工作虽然并不需要高深的学问，但这些设计师总是不可避免地犯错误，比如在设计中使用了过多的钢材。试想一下，如果这是为一栋高 30 层的写字楼设计房门，这种问题可能要使公司多支出数万美元的成本。

订单处理部门则是另外一个例子。吉姆希望订单处理部门用一种非常明确具体的方式填写订单，但是大多数订单处理员并不知道应当如何填写这种长达好几页的订单表格。只有在遇到一些非常具体的问题——比如应当将客户划分为工业客户还是商业客户时——他们才能够临时应付一下。

该公司目前的培训过程如下：有些职位编写了已经有些过时的职位描述，但没有任何一个职位有自己的培训手册。对新员工的所有培训都是通过在岗培训方式进行的。通常情况下，都是由将要离开公司的人在临走前的一两周对新员工进行培训。如果准备离职的员工和新员工之间没有时间上的重叠，就会派一位过去在这一职位上工作过一段时间的其他员工来对新员工进行培训。整个公司的培训——例如，无论是对机械工、秘书、装配工、工程师还是会计员等——基本上都是一样的。

问题

1. 你认为阿派克斯门业公司的培训过程如何？这种过程能否有助于解释为什么该公司的员工总是"我行我素"？如果能说明，怎样解释？

2. 职位描述在该公司的培训中能够起到的作用是什么？

3. 请详细说明你将采取哪些措施来改进该公司的培训过程。请提供具体的建议。

连续案例

卡特洗衣公司

新的培训计划

目前，卡特洗衣公司并没有正式的新员工入职引导或培训方面的政策或程序。詹妮弗认为，这正是公司员工通常并没有遵守她和她父亲杰克制定的那些标准的主要原因之一。

卡特洗衣公司希望通过一些特定的管理实践和程序来解决前台服务人员在与顾客打交道时存在的一些问题。例如，前台服务人员应当像杰克要求的那样，热情地欢迎每一位来店的顾客。然后，前台服务人员应立即检查顾客拿来清洗的衣物，看看衣物上是否有损坏或者不易去除的污渍，并当场告知顾客，以免顾客取回衣物时再误将这些问题怪罪给洗衣店。此后，前台服务人员应当立即将顾客送来的衣物放入一个尼龙袋里，以便与其他顾客拿来的衣物区分开来。此外，前台服务人员还应当仔细填写相关的票据凭证，准确清晰地注明顾客的名字、电话号码以及送洗日期。前台服务人员还应该抓住机会向顾客推销其他服务，或者是提醒顾客"由于现在都在清洗春装，所以我们对顾客在这个月洗涤的棉布衣物有一定的折扣"。最后，当顾客离店时，前台服务人员应当很有礼貌地道一声"祝您愉快"或者"请小心开车"等。对洗衣店内的其他一些工作岗位——熨烫衣服、清洗污渍、定期保养投币式洗衣设备等——同样有希望员工遵循的一些工作步骤、程序以及重要的相应标准。

詹妮弗认为，洗衣店之所以存在这么多的问题，主要是因为缺少足够的培训和新员工入职引导工作。例如，上个月就有两名新员工由于没有在周末（即周五）拿到工资，而是（像公司所有员工一样）等到下周二才拿到工资而感到非常惶恐。他们并不知道卡特洗衣公司一般需要额外两天的时间来统计员工的工作小时数，然后计算出员工应得的工资。杰克还道出了公司这样做的另外一个原因："说实话，这样一种晚几天支付工资的做法可以确保员工如果辞职的话至少会提前几天通知我们。虽然我们绝对有义务支付他们应得的所有劳动报酬，但是我们发现，从心理学的角度来说，如果员工还没有拿到上周的工资，他们就不会在周五晚上离开公司后在下周一早上不回来了。这样就可以确保离职员工至少会提前几天通知我们，以便我们有几天的时间去找接替的人。"

詹妮弗认为，新员工入职引导和培训计划还应当包括其他一些内容。例如，公司针对下列问题所做的政策规定：带薪休假、迟到和缺勤、健康福利（除工伤保险外没有其他内容）、药物滥用、在岗位上吃零食和抽烟（这两项都是严格禁止的），以及工作场所清洁和安全、个人仪表和卫生、工作时间表、私人电话和私人电子邮件等一般性的规定。

詹妮弗认为，实施新员工入职引导和培训计划有助于确保员工知道应当怎样采用正确的方式来完成本职工作。她和她的父亲都深信，只有员工了解了完成本职工作的正确方式，这些员工才有可能实际按照企业期望他们完成工作的那种方式去做事。

问题

1. 具体地讲，卡特洗衣公司的新员工入职引导计划应当包括哪些内容以及应当如何传达这些信息？

2. 在詹妮弗学习的人力资源课程中，教材上建议采用工作指导单来确定员工需要完成的各项工作任务。卡特洗衣公司应当针对前台服务人员职位采用这样的一张表单吗？如果是，那么针对前台服务人员的这种表单在填完之后大致上会是什么样子呢？

3. 詹妮弗应当采用哪些具体的培训方法来对衣物熨烫工、污渍清洗工、门店经理以及前台服务人员进行培训？为什么应当运用这些培训方法？

将战略转化为人力资源政策及实践的案例

改进巴黎酒店的绩效

新型培训项目

巴黎酒店的竞争战略是："通过卓越的顾客服务将自己与同行区别开来，吸引顾客延长入住时间，提高顾客再次入住比率，从而提高酒店的收入和利润水平。"酒店人力资源总监莉萨·克鲁兹现在必须制定和实施战略性人力资源管理政策和活动，通过帮助酒店获得战略所需的员工行为和胜任素质来支持酒店的这一竞争战略。

当莉萨回顾公司的培训流程时，她有理由感到担忧。一方面，巴黎酒店几乎完全依赖非正规的在岗培训。新来的安保人员需要参加由一个执法部门开设的为期一周的培训课，而其他所有新员工，从经理助理到客房清洁员，都是在工作中跟着同事或者上级学习工作中的入门知识。当莉萨将巴黎酒店的各种培训衡量指标与其他酒店或服务行业进行比较之后，她发现了这种非正规培训存在明显的不足。例如，在每位员工的年培训小时数、新员工的年培训小时数、每位受训者每小时支出的成本以及培训经费在薪酬总额中所占的百分比等方面，巴黎酒店远远落后于同行业的标准。

莉萨和公司首席财务官对巴黎酒店的现行培训活动进行审查时发现，（与其他类似企业相比）巴黎酒店很明显需要在一些方面作出改变。大多数服务型企业每年为每位员工提供的培训时间至少达到 40 小时，而巴黎酒店平均每年为每位员工提供的培训时间不超过 6 小时。类似的公司至少会为新员工提供 40 小时的培训，而巴黎酒店至多为每位新员工提供 10 小时的培训。甚至一些表面上看起来"良好的"衡量指标，实际上也隐藏着非常糟糕的结果。例如，大多数服务型企业都将薪酬总额的 8% 用于培训，而巴黎酒店的培训支出不到薪酬总额的 1%。显然，问题在于巴黎酒店的培训并不是更加有效，而是根本就不存在。

基于这些情况以及员工培训和绩效之间存在的常识性联系，首席财务官鼓励莉萨和她的团队为巴黎酒店的所有员工设计一个综合性的一揽子培训方案。他们保留了一个培训提供商，让其设计了一项为期一天的培训项目，该项目包括课堂讲授和面向所有新员工的视听材料。这个培训项目涵盖以下内容：巴黎酒店的历史、竞争战略以及关键的员工能力和行为，包括必须以顾客为导向。该项目在"行为塑造"部分将课堂讲授与展示正确和不正确的行为的视频案例相结合，目的是培育新员工掌握公司的基本价值观，包括"我们要尽一切努力来确保顾客 100% 满意"。

该团队为酒店中的每一个职位族分别开发了培训项目。例如，酒店保留了一个特定的供应商来创建一套针对前台文员和话务员的培训方案，该培训方案以计算机为基础且包括一些互动的情境。对于所有这些新的培训项目，他们都将其翻译成了巴黎酒店各经营机构所在国的语言。对客房清洁员以及停车门童或门卫等职位，该团队选择继续采用在岗培训的方式，而且向直接主管人员提供了有助于使这种培训方式正规化的培训手册。该团队为经理助理们设计了一套新的基于视频会议的在线培训和开发方案。通过这种方式，这些新的管理者可以与其他经理助理围绕酒店的相关问题进行互动，即便是他们还在进行有关新工作的基础学习的时候。在实施这种新型培训项目的一年时间里，很多员工的能力及行为指标（包括入住或退房登记的速度，在巴黎酒店的价值观测试中答题正确率在90%以上的员工所占的百分比，以及房间清洁达标的情况所占百分比）的分数都大幅提高，莉萨和首席财务官看到这一点后并不感到惊讶。他们从此前的分析中就知道，酒店取得的这些成绩反过来会带来顾客结果和组织结果以及战略绩效的改进。

问题

1. 请根据本章所学内容指出，你将建议莉萨和她的团队在培训方面从哪里着手？为什么？

2. 莉萨和首席财务官是否充分调查了培训确实很有必要？为什么？你会为他们提出哪些建议？

3. 请根据本章所学内容以及你通过网络了解到的一些信息，为巴黎酒店以下职位制订一个详细的培训计划：安保人员、客房清洁员或门童。

注　释

第 **9** 章 绩效管理与评价

Performance Management and Appraisal

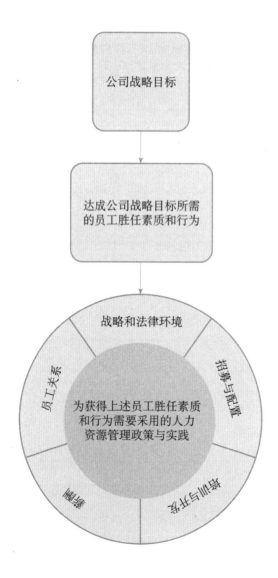

➡ 我们学到哪儿了

第6~8章讲述的是关于员工测试与甄选、求职者面试、员工培训和开发的问题。员工在岗位上工作一段时间之后，管理者就要评价他们的绩效了。本章的目的是讲述应当如何对员工的工作绩效进行评价。本章所要讨论的主题包括：绩效评价的基础；传统绩效评价方法；评价者误差问题的处理；绩效评价面谈的管理；写给管理者的员工敬业度指南与绩效管理。员工职业生涯规划是绩效评价的逻辑结果，我们将在下一章中再对这些主题进行讨论。

➡ 学习目标

1. 描述绩效评价过程。
2. 阐述至少八种传统绩效评价方法的优缺点。
3. 举例说明如何处理潜在的评价者误差问题。
4. 列举在绩效评价面谈中需要采取的步骤。
5. 说明应当如何利用绩效评价面谈提升员工敬业度。
6. 说明如何运用绩效管理做好绩效评价。

德勤这家公司由位于世界各地的数千家独立公司组成，该公司主要为客户提供审计、咨询、税务及相关服务。[1]这些分散在世界各地的德勤公司尽管都属于德勤旗下，但它们是各自独立的公司，彼此之间没任何关联。在美国，德勤美国会计师事务所致力于为众多客户提供量化且持久的成果。作为一家为美国顶级公司提供复杂的审计和咨询服务的公司，持续提供这样的服务有赖于能够最大限度地发挥员工作用的人力资源战略，尤其是当需要面对的是千禧一代的员工时，这种战略就需要一个有效的绩效管理系统。让我们看看他们在这方面做了些什么。

➡ 9.1 绩效评价的基础

在各级主管人员所做的事情中，对下属员工的绩效进行评价最麻烦。员工总是倾向于对自己将会获得的绩效评价结果过于乐观。他们知道，自己的加薪、职业发展等很可能取决于主管人员如何对自己作出评价。麻烦还不止这些，几乎每一种绩效评价过程都没有企业认为的那样公平。很多明显以及不明显的问题（比如将所有的人都评价为"一般"的倾向）都会对绩效评价造成扭曲。[2]尽管存在这样或那样的麻烦，但是绩效评价无疑在人力资源管理中发挥着关键作用。

9.1.1 绩效评价过程

绩效评价（performance appraisal）是指根据员工个人需要达成的绩效标准对其在当

前以及（或）过去的绩效进行评价。你可能会将绩效评价等同于如图 9 - 1 所示的那种评价表格，但绩效评价涉及的远不止这些表格，它还要求确定绩效标准，同时假设员工已经得到了弥补绩效缺陷所需的培训、反馈以及激励。究其本质，**绩效评价过程**（performance appraisal process）通常包括以下三个方面的内容：一是确定绩效标准；二是根据这些标准对员工的实际工作绩效进行评价；三是为激励员工弥补绩效缺陷或者继续保持优良的绩效水平而向员工提供反馈。

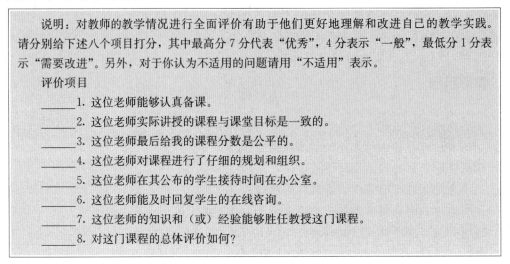

图 9 - 1　教师评价调查表

资料来源：Copyright Gary Dessler，phD.

有效的评价实际上始于管理者界定员工的目标和绩效标准，而这发生在真正的评价进行之前。界定目标的意思是，确保你和你的下属在其职责、绩效标准、你将使用的评价方法等方面达成一致。

9.1.2　为什么要进行绩效评价

之所以要对下属的工作绩效进行评价，主要有以下五个方面的原因：

第一，尽管许多企业正在用管理者和员工之间频繁的非正式讨论取代或补充年度绩效评价[3]，但是大多数企业仍然把员工的绩效评价结果作为确定基本薪酬以及作出晋升决策的依据。

第二，绩效评价在企业的绩效管理过程中扮演着核心角色。绩效管理是使每位员工的绩效与公司总体目标保持一致的一个持续过程。

第三，绩效评价可以使上级和下属员工共同制订一项计划，以弥补已经发现的绩效缺陷，同时巩固员工已经做好的那些工作。

第四，绩效评价提供了一个根据员工表现出的优势和劣势来对他们的职业生涯进行审查的机会。我们将在第 10 章中对职业生涯问题进行讨论。

第五，绩效评价使各级主管人员能够确定是否存在培训需求以及需要采取哪些方面的补救措施。

9.1.3　界定员工的目标和绩效标准

无论是绩效评价还是绩效管理，这二者都是通过对"应该是什么"和"实际是什么"进行比较来发挥作用的。管理者运用三大依据——目标、工作维度或特征、行为或胜任素质——中的一个或多个来提前制定出被评价者"应该"获得的终极结果。

首先，管理者可以评价员工在多大程度上实现了他们的那些量化目标。这类目标应该是从公司的总体目标中衍生而来的。例如，"将成本降低 10％"这样一个公司总目标应该转化成员工个人或各个团队如何降低成本的分目标。下面的"改进绩效：作为利润中心的人力资源管理"专栏列举了这方面的一个例子。

> **改进绩效**：作为利润中心的人力资源管理
>
> ### 为波尔公司设置绩效目标
>
> 鲍尔公司是一家专门向其位于世界各地的客户，比如食品商和油漆商等，提供金属包装产品的企业。[4] 该公司一家工厂的管理团队发现，通过对工厂的目标设置过程加以改善以及确保员工的行为与这些目标保持一致，工厂的绩效可以得到改善。[5] 新的方案是从对工厂的领导者进行关于如何改进绩效的培训开始的，同时包括设置日常绩效目标并就其进行沟通。然后，这些负责人又通过向工厂中的各个工作团队发布团队计分卡来对日常目标的实现情况进行交流和跟踪。工厂的员工也得到了专门的教练指导和培训，以确保他们具备达成各项目标的必要技能。根据该工厂管理层提供的信息，这家工厂在 12 个月内的产量增加了 8 400 万罐，顾客投诉量下降了 50％，并且获得了超过 300 万美元的投资回报。[6]

管理者经常说，有效的目标应该符合"SMART"原则。也就是说，这些目标应该是：第一，具体的（specific），即能够清晰地描述想要达到的结果是什么。第二，可衡量的（measurable），即回答"这些结果应当达到何种程度"。第三，可达成的（attainable）。第四，相关的（relevant），即是从管理者和公司想要达到的结果中衍生出来的。第五，有时限的（timely），即规定了达到结果的最后期限以及一些重要的里程碑。[7] 很多研究为设置具有激励性的绩效目标提供了一些深入的见解。下面的专栏对这些研究结果做了总结。

> **改进绩效**：直线经理和小企业家的人力资源管理工具
>
> ### 如何设置有效的绩效目标
>
> 行为科学的相关研究为设置绩效目标提供了四条指导原则：
>
> 1. 设置明确具体的目标。有明确具体的工作目标的员工往往会比那些没有这种目标的员工的绩效水平更高。不要停留在口头上，"尽你最大的努力"。
>
> 2. 设置可衡量的目标。尽量将目标加以量化，并且说明需要达成目标的最后日期或期限。如果难以对结果加以量化处理，则次优选择是设定"令人满意的结果"，比如"工作坊圆满举办"等。

3. 设置具有挑战性且可行的目标。目标应当具有挑战性，但是不能太难，以至于看起来根本就不现实。

4. 鼓励参与。管理者通常会面临这样一个问题：我是应该直接告诉员工希望他们达成什么样的目标，还是让他们与我一起设置这些目标？有证据表明，在员工参与的情况下设置的目标并不一定比由管理者直接给员工分配目标的做法带来更高的绩效。只有当员工参与设置的目标比由管理者直接确定的目标更高时，才会带来更好的绩效。这是因为当员工参与到目标设置的过程之中时，一般会更容易设置水平更高的绩效标准。因此，才会出现员工参与目标设置有利于绩效改进的情况。[8]

其次，在对员工进行绩效评价时，我们可以依据一张包含基本工作维度（比如"沟通"和"团队合作"等）的表格。这里的假设是，"良好的团队合作"是对"应该是什么"的一项有用的指导标准。

最后，根据员工掌握的达到工作要求所需的胜任素质（总的来说包括技能、知识以及/或者个人行为等）的程度来对他们进行绩效评价。本书第 4 章提到，英国石油公司勘探事业部使用一个技能矩阵（见图 4-11）来对员工的技能进行评价。这一矩阵显示了需要对员工进行评价的一些基本技能（比如"专业技术经验/技能"），还包括职位要求员工在每种技能上应当达到的最低水平。如果被评价的员工在每种技能上都达到了职位要求的最低水平，则员工就有资格填补这个职位。

9.1.4　应当由谁来进行绩效评价

由直接上级来对他们的下属进行绩效评价依然是大多数绩效评价的核心内容。让直接上级进行绩效评价的做法相对来说比较简单，也是有道理的。直接上级往往处于对下属人员的绩效进行观察和评价的最佳位置，而且他们对下属员工的绩效负责。

在绩效评价方面，人力资源管理部门扮演着顾问的角色。一般来说，他们会在绩效评价工具的选择上提供相关建议，但将最终的绩效评价决策权留给运营经理。人力资源管理团队还应该通过对各级主管人员进行培训来提高他们的绩效评价技能，监控绩效评价系统的有效性，同时确保绩效评价系统能够遵循平等就业机会方面的相关法律规定。

但是，完全依赖直接上级进行绩效评价并不可取。例如，一位员工的直接上级可能并不重视顾客和同事对于该员工的绩效有何看法。同时，直接上级还可能会存在一些对该员工有利或不利的评价偏差。如果确实如此，这些管理者可以有以下一些选择。

同事评价　随着越来越多的企业开始采用自我管理团队的工作方式，让员工的同事来对其进行评价的做法——同事评价——变得非常普遍。[9]脸书每隔六个月时间做一次同事评价。[10]谷歌公司的员工每年都会收到来自上级主管和同事的反馈。[11]在另外一家软件公司中，员工会在每个月的视频会议中通过用"成功"和"项目完成"来对其他同事给予认可。[12]

通常情况下，一位需要接受年度绩效评价的员工自己来挑选一位绩效评价主席，再由这位主席选择员工的直接上级以及这位员工的另外三名同事对这位员工进行绩效评价。

同事评价可以很有效。同事会注意到管理者可能从未留意的方面，因此其意见是十分有用的。知道同事会评价你也会改变你的行为。一项研究结果发现，要求同事之间进行相互评价的做法对于"（改善）这些小组成员对于公开沟通、完成工作任务的动机、社会惰化、群体生存能力、凝聚力以及满意度等的感知，都产生了直接而积极的影响"。[13]

众人评价　各种社交媒体工具使公司中的几乎每个人（即众人）都能持续地对同事的工作作出评价。Rypple 公司（salesforce. com 的下属公司）就搭建了一个"社会绩效管理平台"。[14]员工和管理人员可以运用这一平台给其他员工提供反馈和认可。[15]例如，总部位于华盛顿的 LivingSocial 公司的员工就利用 Rypple 公司开发的平台对彼此的工作进行互相评价。这家公司会将这些评价内容运用到正式员工评价之中。[16]还有很多企业经常会将员工的这些评价与 Globoforce（www. globoforce. com）——一类奖励网站结合使用，以自动奖励和表彰同事。[17]

虚拟游戏　许多公司还通过虚拟游戏进行同事评价。例如，一家公司开发了一款虚拟游戏帮助员工对其他人进行评价和提供奖励。每位员工都有自己的一个虚拟头像。他们运用这个游戏互相提供实时反馈，同时还有虚拟礼物和积分。[18]

绩效评价委员会　一个绩效评价委员会通常包括员工的直接上级以及其他 3～4 位主管人员。[19]

安排多位评价者共同完成绩效评价的做法有许多优点。这种做法有助于避免单个评价者存在偏见等问题的出现。[20]此外，这种评价方式还能将不同评价者观察到的员工工作绩效的各个不同侧面都纳入评价过程之中。因此比较好的做法是，让员工的直接上级、直接上级的上级以及至少一位熟悉该员工工作情况的其他管理者共同作出评价。[21]一个最基本的要求是，企业至少应当要求员工的直接上级的上级在这位直接上级对员工所做的评价上签字。

自我评价　有些企业会要求员工进行自我评价，并且将这种自我评价结果与被评价员工的直接上级作出的评价结合在一起。然而，这里存在的一个基本问题是：员工对自己的绩效作出的评价通常都要高于主管人员或同事对他们作出的评价。[22]例如，在一项研究中，当研究者要求员工对自己的工作绩效进行评价时，在从事各种工作的员工中，40％的人把自己归入了绩效水平最高的前 10％（"最优秀者"）之列，而剩下的那些人则至少将自己归入绩效水平较好的前 50％之列。有些人认为，不称职的员工没有能力客观地评价自己。[23]在管理者进行评价之前，最好让下属列出他们在这段时间内的成绩。[24]

下级评价　很多企业让下属对他们的直接上级的工作绩效进行评价，但这样做通常是出于开发的目的，而非薪酬方面的目的。例如，在谷歌，下属每年对他们的经理进行两次评估，内容包括"经理对我很体贴"等方面。[25]这种评价的匿名性会对反馈效果产生影响。那些知道哪些下属对自己作出评价的管理者会更加积极地看待这种自下而上的反馈过程。然而，那些下级一旦暴露了身份，就倾向于人为抬高给直接上级所做的绩效评价。[26]

有证据表明，自下而上的反馈有助于改进管理人员的绩效。一项研究考察了 252 名管理者在一个自下而上的反馈项目中得到的 5 次年度绩效评价情况。结果发现，那些最初得到的评价等级是"差"或"一般"的管理人员"在这个持续 5 年的自下而上的反馈项目中取得了显著的进步"。[27]

当然，现在员工对自己的老板进行评价已经不再需要老板提供方便了，像 Glassdoor 这样的网站以及像 Memo 这样的手机应用软件都能够为员工发布匿名评论提供平台。[28]

360 度反馈　在采用 360 度反馈时，企业会从员工周围的各种人——他们的直接上级、下级、同级以及内部和外部的客户——那里收集某位员工的绩效方面的信息，但这样做的目的通常也是用于开发而非薪酬方面。[29]这一过程通常是让评价者完成一份针对被评价者的在线调查。计算机系统会将这些反馈信息整理成一份提供给被评价者的个性化报告。

360 度反馈所产生的结果喜忧参半。参加这种反馈的人似乎比较喜欢这种方法，但一项研究指出，通过随后由被评价者的直接上级、同级和下级所作出的评价发现，这种有多种信息来源的反馈对被评价者的绩效改进发挥的作用"总体而言较小"。[30]不过，这样的反馈也可以对部分人起到警醒的作用。一位经理在得知自己的同事和其他人将自己称为"匈奴王阿提拉"时感到非常惊讶，于是，他注意克制自己不要作出让人感到不愉快的行为。[31]无论如何，应当尽力确保反馈是有效的、不存在偏见的以及以发展为导向的。[32]另外，还可以通过在线系统如 Sumtotal 公司开发的在线 360 度反馈系统从多个来源收集信息。[33]

9.2　传统绩效评价方法

一些企业使用在线工具（比如甲骨文公司的 TBE Performance Management Cloud Service）来实现绩效评价/管理的自动化。这些工具用其自带的电子仪表盘对绩效进行实时的监控、报告以及纠偏。但是，很多企业仍在使用（下面即将讨论的）传统绩效评价方法，不过经常通过移动平台进行频繁的指导或持续的反馈来进行补充。[34]

9.2.1　图尺度评价法

图尺度评价法（graphic rating scale）是一种最简单和运用最普遍的绩效评价方法。图尺度评价法（见图 9-2）会列举出一些工作相关维度或特征（比如"沟通"和"团队合作"等），然后分别针对每一个特征要素列举出绩效的取值范围（从"不令人满意"到"优异"，或从"低于期望"到"杰出榜样"）。主管人员需要确定其中的哪一个分数最能反映下属员工在某个特征要素上的实际表现，然后在这个分数上画圈或者打钩，最后将员工在所有要素上的得分进行加总即可。企业可以通过设计图尺度评价量表来对工作相关维度、胜任素质或目标等进行评价。

以胜任素质为基础的图尺度评价量表是另一种选择。[35]例如，图 9-3 展示了用于对一位比萨饼厨师长进行绩效评价的表格的一部分。这张表格关注的是要求任职者具备的与职位相关的能力，其中的一项能力是"能够保持充足的比萨饼面团库存"。在这种情况下，你可以评价一位员工在每一项能力上的开发和使用情况。与此类似，你还可以评价员工在多大程度上展示出了履行本职工作所需的那些胜任素质。图 9-4 的第一部分对此进行了描述。其中，"有效地领导和激励护士"就是对一位护士长的行为素质提出的要求。一些企业使用基于能力的自我评价，即员工自我评价后与主管进行讨论。[36]

绩效评价样表

员工姓名 _____ 层级：入门级员工
直接主管姓名 _____
关键工作职责 需要达成的结果或目标
1. _____ 1. _____
2. _____ 2. _____
3. _____ 3. _____
4. _____ 4. _____

沟通

1	2	3	4	5

低于期望	达到期望	杰出榜样
即使在得到指导的情况下，也不能及时、准确地准备好一些简单的沟通材料，其中包括各种表格、文书和记录；所完成的工作需要得到较大程度的修正。 即使在得到指导的情况下，也不能通过灵活调整沟通风格和沟通材料来沟通一些简单的信息。	在得到指导的情况下，能够及时、准确地准备好各种简单的沟通材料，其中包括各种表格、文书以及记录；所完成的工作需要得到最低程度的修正。 在得到指导的情况下，能够通过灵活调整沟通风格和沟通材料来沟通一些简单的信息。	能够及时、清晰、准确地独立准备好各种沟通材料，其中包括各种表格、文书和记录；所完成的工作只需要极少的修正（如果需要的话）。可以独立通过灵活调整沟通风格和沟通材料来沟通一些简单的信息。

组织知识

1	2	3	4	5

低于期望	达到期望	杰出榜样
<在这里描述绩效标准>	<在这里描述绩效标准>	<在这里描述绩效标准>

个人效能

1	2	3	4	5

低于期望	达到期望	杰出榜样
<在这里描述绩效标准>	<在这里描述绩效标准>	<在这里描述绩效标准>

团队合作

1	2	3	4	5

低于期望	达到期望	杰出榜样
<在这里描述绩效标准>	<在这里描述绩效标准>	<在这里描述绩效标准>

达成经营目标

1	2	3	4	5

低于期望	达到期望	杰出榜样
<在这里描述绩效标准>	<在这里描述绩效标准>	<在这里描述绩效标准>

图9-2　带有行为事例的图尺度评价量表示例

资料来源：Reproduced with permission of the SHRM Foundation.

职位：比萨饼厨师长			
技能一：能够保持充足的比萨饼面团库存		评价等级	
每个比萨饼面团的重量必须在 12～14 盎司之间；在放入能够控制温度和湿度的冰箱之前至少应揉 2 分钟，在使用之前要在冰箱中静置 5 小时以上。库存量必须充足，但是不能超过每天的需求量。	需要改进	令人满意	优秀

图 9-3 基于与工作相关的具体技能对员工进行绩效评价的表格（部分）

第一部分：胜任素质：这位员工是否展示出了该职位所要求的核心胜任素质？

展示领导能力

有效地领导和激励护士：通过培育一种开放和包容的文化提高门诊护理水平；为护士设置清晰的目标；为护士提供支持；激励护士达到他们的目标。

总体上超出期望水平	总体上达到期望水平	总体上达不到期望水平
———	———	———

展示技术监管能力

有效地监管护士的技术活动：能就工作所需的技术性护理知识和技能发出指令，以有效监管护士的技术性活动，比如确保护士准确地实施药物治疗、照顾病人、对病人的症状予以有效干预、准确执行医师的各项指示等。

总体上超出期望水平	总体上达到期望水平	总体上达不到期望水平
———	———	———

展示管理监督能力

有效地管理护理室：根据医院的规划，制订年度计划、月度计划、周计划以及日常计划；有效地组织和分配护士的工作；保持必需的护理人员数量并对护士进行培训；运用医院批准的各项指标对护理部的绩效进行有效监督和控制。

总体上超出期望水平	总体上达到期望水平	总体上达不到期望水平
———	———	———

展示沟通能力

有效沟通：积极倾听和理解他人的讲话；通过口头和书面形式有效地传达事实及想法。

总体上超出期望水平	总体上达到期望水平	总体上达不到期望水平
———	———	———

展示决策能力

有效地识别和解决问题，并作出决策；运用相关信息分析备选方案以及支持自己的结论；能够解决中等到高度复杂的问题。

总体上超出期望水平	总体上达到期望水平	总体上达不到期望水平

第二部分：目标：这位员工在绩效评价期内是否实现了自己的目标？

员工在绩效评价期内需要达到的主要目标（注：请列出具体目标）	评价等级 5 超过目标 3 达到目标 1 未达到目标	解释/ 举例说明
目标1　零患者用药错误	5　4　③　2　1	护理部在病人用药方面没有出现任何错误
目标2	5　4　3　2　1	
目标3	5　4　3　2　1	
目标4	5　4　3　2　1	
目标5	5　4　3　2　1	
员工姓名及签字	评价者姓名	评价日期

图 9-4　宾夕法尼亚州皮尔森医院针对护士长设计的基于胜任素质和目标的评价表

资料来源：Copyright Gary Dessler, PhD.

管理人员还可以使用图尺度评价量表对员工在实现具体目标方面取得的成绩进行绩效评价（如图 9-4 中的第二部分），比如"在一定时期内，护理部在病人用药方面没有出现任何错误"。

9.2.2　交替排序法

绩效评价的另一种方法是，根据一种或多种特征要素按照从绩效最好到绩效最差的顺序来对员工进行排序。一般来说，要从员工中挑出绩效最好和绩效最差的比较容易，因此**交替排序法**（alternation ranking method）是运用最为普遍的绩效评价方法之一。其操作方法是：首先，列出所有需要接受评价的下属人员名单，将其中一些自己不太熟悉因而无法作出评价的人的名字划去。然后，在如图 9-5 所示的表格中标注出在需要接受评价的某一特征上，表现最好的员工是哪一位，表现最差的是哪一位。接着在剩下的员工中挑出表现次最好的和次最差的，以此类推，直至所有需要接受评价的员工都排列完毕。

交替排序评价量表

评价特征：＿＿＿＿＿＿＿＿＿＿

针对你需要评价的特征，列出需要加以排序的所有员工的姓名。将排名最靠前的员工列在第 1 行，将排名最靠后的员工列在第 20 行。然后，将排名第二的员工列在第 2 行，将排名倒数第二的员工列在第 19 行，以此类推，直到所有员工的姓名都出现在这张量表上。

排名最靠前的员工

1.＿＿＿＿＿＿	11.＿＿＿＿＿＿
2.＿＿＿＿＿＿	12.＿＿＿＿＿＿
3.＿＿＿＿＿＿	13.＿＿＿＿＿＿
4.＿＿＿＿＿＿	14.＿＿＿＿＿＿
5.＿＿＿＿＿＿	15.＿＿＿＿＿＿
6.＿＿＿＿＿＿	16.＿＿＿＿＿＿
7.＿＿＿＿＿＿	17.＿＿＿＿＿＿
8.＿＿＿＿＿＿	18.＿＿＿＿＿＿
9.＿＿＿＿＿＿	19.＿＿＿＿＿＿
10.＿＿＿＿＿＿	20.＿＿＿＿＿＿

排名最靠后的员工

图 9-5　交替排序法

9.2.3　配对比较法

配对比较法（paired comparison method）使排序法变得更为精确。这种方法要求根据每一种特征要素（例如"工作数量""工作质量"等），将每一位员工与其他的所有员工进行配对比较。假定需要对 5 位员工进行绩效评价，那么在运用配对比较法时，首先应当画出如图 9-6 所示的一张图表，这张图表包括了员工在每种特征上需要对比的所有对象。接下来针对每一种特征要素，将一个配对中表现更好的那位员工选出来。在图 9-6 中，员工玛丽亚在"工作质量"方面的表现排在最前面（她在这一要素上得到的"＋"是最多的），而员工阿特在"创造性"方面则排在最前面。

"工作质量"特征

被评价员工：

比较对象	A 阿特	B 玛丽亚	C 曲克	D 蒂恩	E 琼斯
A 阿特		＋	＋	－	－
B 玛丽亚	－		－	－	－
C 曲克	－	＋		＋	－
D 蒂恩	＋	＋	－		＋
E 琼斯	＋	＋	＋	－	

在这里玛丽亚排在最前面

"创造性"特征

被评价员工：

比较对象	A 阿特	B 玛丽亚	C 曲克	D 蒂恩	E 琼斯
A 阿特		－	－	－	－
B 玛丽亚	＋		－	＋	＋
C 曲克	＋	＋		－	＋
D 蒂恩	＋	－	＋		－
E 琼斯	＋	－	－	＋	

在这里阿特排在最前面

图 9-6　配对比较法

说明："＋"意味着"优于"；"－"意味着"次于"。在每一张图表中将每一列的"＋"的数量相加就能找到排名最靠前的员工。

9.2.4　强制分布法

　　强制分布法（forced distribution method）类似于在一条曲线上进行等级划分。在使用这种方法时，需要按照预定的比例将被评价者划分到几个不同的绩效等级之中。在 Lending Tree 公司，排名在前 15％的被评价者会被归入"1 级"，排在中间 75％的被评价者被归入"2 级"，而排名在后 10％的被评价者则会被归入"3 级"（这些员工也是公司最先考虑予以辞退的人）。通用电气公司对管理人员采用的绩效等级分布比例是：绩效水平最高的占 20％，绩效水平一般的占 70％，绩效水平较低的占 10％，并且大多数垫底的 10％的员工都会被公司解雇。[37]（不过，现在通用电气公司已经不再严格坚持它的这种 20：70：10 的划分规则。据说它们现在的系统更正式，且压力更小。）[38]

　　强制分布法有一个很大的优点就是防止主管人员对所有或大多数员工都作出"令人满意"或"绩效水平较高"的评价。正如大多数学生知道的，强制分布法是不通人情的。在强制分布法中，你要么是在成绩最好的 5％或 10％的那一组中（即能拿到 A 的人），要么就不是。[39]一项调查发现，77％的采用强制分布法的被调查企业都对这种方法至少存在"一些不满意"，其余的 23％的企业则对这种方法不太满意。[40]最大的抱怨在于：有 44％的企业说它影响了员工的士气。强制分配法会激励员工更加努力，也许还会激励员工有更好的表现，但是它会让很多员工感到自我评价失灵了。[41]一些人很不客气地把强制分配法形容为"排好队往下踢"（Rank and Yank）。[42]另外要记住一点，排名最靠前与排名最靠后的员工之间的差异通常并不是问题所在："企业面临的挑战是如何对其他 80％的员工作出有意义的区分。"[43]因此，最好成立一个委员会来审查排名最靠后员工的表现。

　　微软公司曾经很多年都采用把员工划分到不同绩效评价等级之中的做法[44]，而现在则更多地采用定性的绩效评价方法。

9.2.5　关键事件法

　　在采用**关键事件法**（critical incident method）时，主管人员需要从一位下属员工的工作相关行为中找出那些能够代表非常好的绩效或者非常差的绩效的事件（关键事件），然后记录下来。此后每隔 6 个月左右，主管人员和下属员工需要在记录下来的事件的基础上共同对员工的工作绩效进行讨论。一项以 112 名一线主管人员为对象的研究得出的结论是，在关键事件出现时将这些事件记录下来，然后在将来的绩效评价中将这些事件作为行为锚定的做法，能够改善绩效评价结果。[45]

　　收集关键事件是非常有用的。[46]它为管理人员提供了一些关于员工绩效的实例，便于管理者向下属员工解释自己对他们所做绩效评价的结果。它使主管人员在一整年中都会思考下属员工的绩效（因而这种绩效评价反映的就不仅仅是员工在最近一段时间的表现）。它的不足之处在于：这种评价方法不能提供可用于加薪的相对绩效评价结果。

　　在表 9-1 中，厂长助理的日常职责之一就是监督原材料的采购和库存控制。关键事件记录表明，这位厂长助理导致库存成本上升了 15％。这就提供了一个事例来说明此人在未来必须改进哪些方面的绩效。

表 9 - 1　厂长助理的关键事件举例

日常职责	工作目标	关键事件
安排工厂的生产时间表	工厂中的人员和机器设备利用率达到 90%；及时完成订单生产	采用了新的生产计划安排系统；上个月将订单的延误率降低了 10%；上个月将机器设备的利用率提高了 20%
监督原材料的采购和库存控制	在保证充足的原材料供应的前提下，使库存成本降到最低	上个月导致库存成本上升了 15%；"A" 类和 "B" 类零部件的采购过剩 20%；"C" 类零部件的采购则短缺 30%
监督机器设备的维修保养	不出现因机器设备发生故障而造成的停产	在工厂中建立了一套新的预防性机器设备养护系统；由于及时发现机器部件的故障而防止了一次机器停工事件的发生

9.2.6　陈述性表格评价法

在绩效评价中，全部或部分的书面评价可能会以陈述性表格的形式呈现。图 9 - 7 就是这样的一个例子。在这里，员工的直接上级负责对员工过去的绩效进行评价，并指出他们需要在哪些方面有所提高。直接上级作出的陈述性评价有助于员工理解自己哪些方面的绩效是好的，哪些方面的绩效是差的，以及如何提高自己的绩效。

直接上级对员工的评价：陈述性表格		
员工姓名：	所属部门：	当前职位：
评价日期：	主管人员姓名/职务：	绩效周期：

直接上级担任评价者。首先，简要描述这位员工今年每一项目标的完成情况。然后，最好使用一些具体的事例来描述这位员工在工作知识、技能和能力等方面达到的水平。接下来，与员工一起设置下一个绩效周期的工作目标，并且说明这位员工需要在每个领域接受的培训和开发。最后，描述你对这位员工在过去的整个绩效周期内所做工作的总体评价。

评价标准	陈述性评价	具体目标以及培训与开发需要
与工作相关的目标 1. 2. 3.		
员工的工作知识		
员工的工作技能		
员工的工作能力		
总体评价		

图 9 - 7　陈述性评价样表

资料来源：Copyright Gary Dessler，PhD.

9.2.7 行为锚定等级评价法

行为锚定等级评价法（behaviorally anchored rating scale，BARS）使用一些特定的代表优良绩效和不良绩效的关键事件来对量化等级加以解释或锚定。行为锚定等级评价法通常按照以下五个步骤来操作：

1. 编写关键事件。首先要求对某一职位比较了解的人（通常是任职者及其上级）对能够代表这一职位的优良绩效和不良绩效的一些关键事件进行描述。

2. 开发绩效维度。让上述提供关键事件的人将这些关键事件归纳为 5～10 个绩效维度，并对其中的每一个绩效维度——例如"销售技能"——加以界定。

3. 重新分配关键事件。为验证对关键事件所做的分组，再让另外一组同样对职位比较了解的人将原始的关键事件重新分配到他们认为最适合的组别中。就某一关键事件而言，如果第二组中的大部分人将其归入的某个绩效维度与第一组人归入的绩效维度相同，就可以确定这一关键事件属于这一绩效维度。

4. 对关键事件进行等级评价。第二组人要再对这些借助关键事件描述的行为进行评价，即判断这些行为在多大程度上代表了员工在某一绩效维度上的有效或无效表现。

5. 确定最终的绩效评价工具。针对每一个绩效维度选择 6～7 个关键事件作为其"行为锚"。[47]图9-8展示了一张针对汽车销售员的某一绩效维度设计的行为锚定等级评价量表。

三位研究人员曾经为杂货店的收银员设计了一种行为锚定等级评价量表。[48]他们收集了很多关键事件，并将这些关键事件划分为如下 8 个绩效维度：

1. 知识和判断力；

2. 责任感；

3. 人际关系技能；

4. 结账操作技能；

5. 包装技能；

6. 收银台工作组织能力；

7. 现金交易能力；

8. 观察能力。

然后，他们针对其中的每一个绩效维度分别开发出了一种行为锚定量化等级。每一种行为锚定等级评价量表中都包括1～9级的评价等级，分别代表从工作绩效"非常差"到工作绩效"非常好"的不同等级。接着，他们用一些具体的关键事件（如"如果收银员了解商品的价格，那么他将能够发现商品标签上的错误，并且知道未贴标签商品的价格"）来明确界定或说明"非常好"（9级）的绩效到底是什么样的。

行为锚定等级评价法有许多优点。行为锚定等级评价量表中列出的关键事件描述了如何定义卓越绩效、普通绩效与较差绩效。这些关键事件使向被评价者解释评价结果变得更为容易。将这些关键事件分别归入几个绩效维度（比如"推销技能"）之中，有助于使各个绩效维度更加独立。（例如，评价者不太可能仅仅因为某位员工在"推销技能"这一个绩效维度上的评分很高，就对其在每一个绩效维度上都给予高度评价。）最后，行为锚定等级评价法似乎更为可靠，即不同的评价者对同一个人得出的评价结果趋于一致。[49]

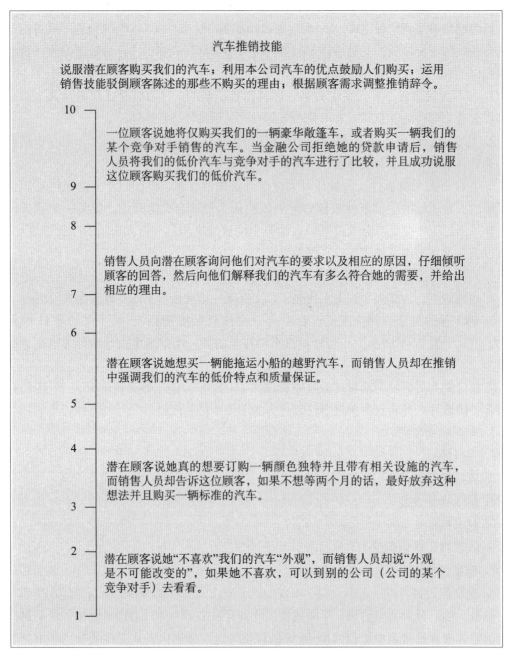

图 9-8　行为锚定等级评价量表

9.2.8　目标管理法

目标管理这一术语通常是指一种在整个公司范围内实施的多步骤的目标设置和评价方案。目标管理要求管理者与公司的每一位员工共同设置具体的、可衡量的、与组织相关的目标，然后就达成目标的进展情况进行定期的讨论。这些步骤如下：

1. 设置组织的目标。为整个公司制订下一年的计划并设置目标。

2. 设置部门目标。各部门负责人与他们的上级主管共同制定本部门的目标。

3. 讨论部门目标。各部门负责人与下属员工讨论本部门的目标，并且要求员工制定个人目标。员工应该问这样一个问题："部门中的每一位员工应当如何帮助本部门达成目标?"

4. 界定期望的结果（设置个人目标）。部门负责人及其下属员工共同制定每一位员工的短期绩效目标。

5. 进行绩效审核。一段时间过后，各部门负责人对每一位员工的实际绩效结果与组织期望的绩效结果加以对比。

6. 提供反馈。各部门负责人定期与下属员工举行绩效审核会议。他们在会议上会就下属的绩效展开讨论，并且为改进或保持员工的绩效制订相应的计划。

正式的目标管理项目需要召开大量很耗时的会议，因此这种方法的使用已经有所减少。[50]不过，有些公司还是采用了比较精简的版本。例如，谷歌公司首席执行官每个季度都会设置全公司的目标与关键成果（OKR）。然后，公司的所有员工都要确保使自己的目标与首席执行官的目标保持同步。在谷歌公司的内部网站上，所有员工的目标都会出现在他们名字的边上。[51]

9.2.9　实践中的绩效评价：使用各种绩效评价表单、软件包或者云系统

企业可以通过使用各种纸质的绩效评价表单、安装绩效评价软件包或云端绩效评价系统实际完成绩效评价。许多规模较小的企业会从这类产品供应商，如史泰博（Staples）和HR Direct 公司获得这些产品。[52]这些绩效评价表单虽然简单易行，但是随着需要评价的人数的增加会耗费大量的时间。

计算机化加速了绩效评价的实施。在一个早期的名为"员工绩效评价大师"的软件包中，管理人员可以看到一个带有行为锚定示例（例如"清晰地表达自己的想法"以及"表达缺乏结构性"等）的图尺度评价量表。管理人员只要选择与员工的表现最为接近的短语表述，这个软件包就能自动生成一份带有示例文本的绩效评价结果。[53]

今天的大多数计算机化的绩效评价软件包（无论是在本地安装的还是基于云端的）都是模块化的，它们都属于人才管理系统的组成部分。该系统中还有与绩效评价模块类似的其他一些模块，比如求职者跟踪系统。举例来说，企业既可以运用 Bamboo HR 公司开发的全套人力资源管理系统，也可以单独使用其中的绩效评价模块。这个模块既可以以云服务的方式使用，也可以安装在 Mac 或者 Windows 操作系统中。[54]

9.2.10　电子化绩效监控

电子化绩效监控（electronic performance monitoring，EPM）能使管理人员监控员工从事在线工作的频率、准确性以及花费的时间。[55]

电子化绩效监控系统能够起到提高生产率的作用，但似乎也会增加员工的压力。一位

研究者推断："电子化绩效监控系统代表了绩效反馈的未来发展趋势：上级主管人员可以对员工完成的工作数量和质量进行电子化监控，使工的客观绩效指标可以实时获得并且是可视化的。"[56]

类似地，有些企业还会通过可穿戴设备追踪员工的绩效。例如，英国零售商 Tesco 就让仓库中的员工佩戴电子臂章，以此跟踪每一位员工搬运货物所花费的时间，并且对每位员工完成每个订单需要花费的时间进行计算和报告。[57]

9.2.11　谈话日

当 Juniper Networks 公司的员工表达了对年度绩效评价以及得不到积极反馈的不满之后，公司就改变了整个流程。该公司不再实行一年一度的绩效评价，取而代之的是每半年一次的"谈话日"。直接上级和员工之间谈话的重点是那些需要改进和进一步发展的领域，同时设置与员工的职业发展兴趣相结合的延展性目标，而不再做明确的绩效评级。同样，通用电气公司正在尝试用定期谈话代替传统的绩效评价。

9.2.12　采用多种绩效评价方法

企业实际使用的绩效评价表格常常将几种绩效评价方法结合在一起使用。例如，图9-2中展示的就是一张用行为事例（如"即使在得到指导的情况下，也不能……"）做了锚定的图尺度评价量表。下面的专栏描述了怎样为在海外工作的员工建立一套绩效评价系统。

影响人力资源管理的趋势：人才管理科学

还存在一些定制化的绩效评价方法。例如，根据销售人员预期达到的销售目标来对他们进行绩效等级的划分。

当今的一些企业正在通过其他方式实现绩效评价的定制化。例如，有些公司根据员工对于公司战略取得成功的重要性——"公司使命关键型员工"——来设计他们的绩效评价和薪酬方案。通用电气公司就优先关注那些"游戏规则改变者"。[58]联合利华公司每年都会在各个管理层中评出 15％的高潜力员工。[59]壳牌中国公司也定期组织"职业发展管家"与"新兴领导人"进行面谈。[60]麦肯锡咨询公司建议"将公司准备重点投资的高潜力员工的人数限制在管理人员和专业人员总数的 10％～20％"。[61]

图 9-9 说明了定制化绩效评价的方法之一。一家公司可以按照绩效（高、中、低）和对企业的价值（关键、重要、非关键）两个维度，用 3×3 矩阵对员工进行划分。试想一下，在一家化学工程公司，工作经验丰富的工程师可能是关键的，见习工程师、销售人员、会计和人力资源管理者是重要的，而外包人员如维修工等则是非关键的。

这家公司会将每位员工的薪酬、发展和其他人事决定与每位员工在矩阵中所处的位置联系起来。换言之，将员工在公司中的绩效评级和他们对于公司的重要性联系起来（一些具有重要技能的员工将会比那些非关键岗位上的员工得到更好的发展）。这家企业还可以通过设计奖励、晋升和加薪等计划支持而不是忽视对于完成公司使命具有关键作用的工程师的发展。[62]

员工承担的职位对组织的重要性	员工绩效		
	高	中	低
职位对公司的生存和发展至关重要	提供更多的开发机会和更高的报酬	提供更多的开发机会和更高的报酬	提供更多的培训以改善绩效
职位重要，但对公司的生存和发展并不关键	提供更多的开发机会以提升到更重要的岗位上去	考虑提供更多的培训	考虑提供更多的培训或换人
职位非关键甚至可以外包	考虑提供更多的培训以提升到更重要的岗位上去	考虑提供更多的培训	考虑解雇或者实施外包

图 9 - 9　定制化绩效评价的方法之一

下面的专栏向我们说明了优步公司是如何对司机进行绩效评价的。

人力资源管理与零工经济

优步司机的绩效评级[63]

优步公司的司机评价系统基于三个衡量指标：乘客对司机的评价、司机接单率以及乘客取消行程次数。据报道，优步公司希望司机能够保持 80%～90% 的接单率以及低于 5% 的行程取消率。

大部分优步用户都知道，在每次乘车之后，优步都会提示乘客根据 1～5 星的标准给司机进行评分。新司机会从一个 5 星评级起步，然后，随着越来越多的乘客给司机打分，司机得到的平均分往往会发生变化。司机的评分通常是其最近 500 次行程的平均值。据报道，低于 4.6 分的司机将处于"危险地带"，他们有可能会被停止接单。只有 2%～3% 的司机的分数会处在这个区间。司机得到 1 星或 2 星的评分通常是因为被投诉或存在骚扰行为。司机每周都会收到电子邮件，提示他们的接单权是否处于危险地带。

优步公司的评级系统存在的潜在问题

与大多数评级系统一样，司机得到的评级可能更多地反映了乘客的意见而不是司机的意见。例如，人们可能会把 4 星评级视为"B"，但实际上，在优步公司，这是一个代表失败的等级。此外，大多数企业试图尽量减少上级主管人员作出的带有偏见的评价，但是当打分者不是公司员工时（很可能是一位陌生人），要做到避免偏见就更难了。此外，一些外在因素（比如价格飙升）也可能会导致司机得到较低评级。

如何获得更好的司机评级

优步公司和优步司机都列举出了一些有助于司机获得更高评级的做法。需要注意避免的事情包括服务态度不佳、不熟悉路况、鲁莽驾驶、在开车过程中发短信。司机可以做的一些事情包括给乘客提供瓶装水、为乘客开门或提包以及保持车内整洁等。另外不要刻意要求顾客给予 5 星好评。

➡ 9.3 评价者误差问题的处理

在理想的情况下，所有的企业都会使用具有清晰的目标、公正的评价、及时的反馈以及有用的教练辅导的绩效管理系统。然而，这样的情形在现实中很少见。[64] 图尺度评价表尤其容易被怀疑存在评价者误差问题。换句话说，人们在进行相互评价时会在判断方面产生系统误差：绩效标准模糊不清、晕轮效应、居中趋势、宽大倾向或严格倾向、近因效应、个人偏见等等。

9.3.1 各种潜在的绩效评价问题

绩效标准模糊不清 表 9-2 描述了绩效评价标准模糊不清（unclear standard）的问题。尽管这个图尺度评价表看上去很客观，但它很可能会导致不公正的评价结果。原因是这张表对绩效特征及其好坏程度所做的说明都非常模糊。比如，不同的主管人员可能会对何谓"良好"绩效和"一般"绩效等作出非常不同的解释。同样的情况也会发生在对"工作质量"等绩效特征进行评价上。[65]

表 9-2 绩效标准模糊不清的图尺度评价表

	优秀	良好	一般	较差
工作质量				
工作数量				
创造性				
诚实性				

说明：例如，"良好""工作质量"等的确切含义是什么？

解决这个问题的最好办法就是像图 9-2 那样，用一些陈述性语句来界定或描述所使用的绩效特征。在图 9-2 中，对于"杰出榜样"以及"低于预期"等的含义都做了较为清晰的界定，这样就会得到更具一致性和更容易解释的评价结果。

晕轮效应 专家通常会对**晕轮效应**（halo effect）这样定义："被评价者给评价者留下的总体印象对于被评价者在某个具体特征上得到的评价结果所产生的影响。"[66] 比如，在对那些不能友好对待他人的员工进行绩效评价时，主管人员往往会对这些人在其他方面的绩效都给出较低的评价，而不仅仅是对其在"与其他人友好相处"这一绩效特征上作出较低的评价。评价者本人要想避免这一问题，首先要认识到这一问题。此外，加强对主管人员的绩效评价培训——比如使用行为锚定等级评价法（回顾一下，在行为锚定等级评价法中，各个绩效维度之间通常是相互独立的）——也有助于避免这一问题的发生。

居中趋势 居中趋势（central tendency）指管理人员在绩效评价尺度上给员工打分的时候，将评价结果确定在处于中间的位置。比如，如果评价尺度的等级范围是 1～7 级，那么他们倾向于避开那些较高的等级（6 级和 7 级），同时也避开那些较低的等级（1 级和 2 级），而是把他们的大多数员工都评定在 3～5 级的水平上。这样做的结果是扭曲了绩效评价结果，这种评价结果对于企业作出晋升和薪酬方面的决策或者向员工提供咨询等目的来说就没有什么用处。如果对员工进行排序，而不是采用图尺度评价法来进行评价，则能够在一定程度上避免这种居中趋势的出现，因为排序本身就意味着不能把他们全部排在中间位置上。

宽大或严格倾向 还有一些主管人员则存在从来都对下属员工的工作绩效作出较高或较低评价的倾向，就像有些老师向来喜欢给学生高分，而有些老师却总是给学生低分一样。一方面，在使用图尺度评价法时，这种**宽大**或**严格倾向**（strictness/leniency）问题表现得尤为突出；另一方面，如果要求主管人员必须对员工加以排序，他们就不得不在员工中区分出绩效优异者和绩效较差者。

此外，还有其他一些解决问题的办法。第一种办法是企业建议所有的主管人员都应当避免把所有下属员工的绩效都评价得很高或很低。第二种办法是从根本上实施强制分布法，例如，只能有大约 10％的员工被评为"优秀"，20％的员工被评为"良好"，如此等等。（但是要记住：有些东西表面上看起来是错的，但事实上未必真的就是错的，例如，有种情况并不属于宽大倾向，比如当一位主管人员下属的所有员工确实都很优秀时。）[67]

近因效应 近因效应是指评价者由于受到员工在近期表现的影响，忽略了其在过去的整个一年中的绩效表现。解决这种问题的主要办法就是在整个一年中注意收集各种关键事件。

多元化盘点

个人偏见问题

带有个人偏见（**偏见**（bias）是指允许个体差异，如年龄、族裔和性别等影响员工的评价得分）的绩效评价是由各种原因造成的。一项研究专门考察了评价者的人格特征。在"责任心"这一人格特征上得分较高的评价者，往往倾向于对他们的同事作出等级较低的评价，换言之，他们是要求很严格的人，而那些在"宜人性"特征上得分较高的评价者，则倾向于作出等级较高的评价，换言之，他们对人更加宽容。[68]另外，"绩效评价放大了上级和员工之间的人际关系特征，双方之间的良好关系趋向于创造良好的绩效评价体验，而不良的关系则会带来糟糕的绩效评价体验"。[69]

令人遗憾的是，被评价者的人口统计特征（例如年龄、族裔和性别等）同样有可能会影响他们得到的评价结果。例如，人们常说的"玻璃天花板"现象在很大程度上解释了为什么很少有女性担任高层管理职位。一项研究表明还有更麻烦的事情。

这项研究得出结论："在其他条件相同的情况下，评价者会对能力信号较强的女性下属给出较低的评价，而对能力信号较弱的女性下属给出较高的评价。"[70]换句话说，无论受教育水平和工作经验有多大差异，一个女性员工的实际表现越好，她得到的评价就越低。

　　这是真的吗？令人遗憾的是，这项研究表明确实如此。但并非所有评价者都受这种偏见的影响。只有"男性评价者（那些在社会上占主导地位的人）在评估高绩效的女性下属时倾向于这样做"。[71]除非企业提前预防这些偏见，否则就可能纵容有偏见的晋升，并对一些表现最好、潜力最大的员工作出错误的薪酬决定。

　　正是由于存在一些潜在偏见，很多企业采取了以下这样一些做法：让多名评价者对同一位被评价者进行评价；让员工的主管人员的直接上级对评价结果进行审查；召开"绩效校准"会议，各位主管人员讨论他们为什么要对自己的每一位下属给出那样的评价。[72]

9.3.2　公平需要

　　由于管理者能力不足或者绩效评价方法本身存在某些不公平的要素，许多绩效评价都是不公平的。绩效评价的标准应该是明确的，员工应该理解对他们进行绩效评价的依据是什么，同时，绩效评价还应该是客观的。[73]此外，还应当给员工提供一个表达自己看法的机会。

　　在实践中，直接上级和员工个人之间的人际关系质量也会对绩效评价产生影响。企业应当为各级主管人员提供与评价员工以及提供反馈有关的技术以及人际方面的培训。[74]他们应当了解如何建立信任关系、持续提供绩效反馈、诊断并有效地解决绩效问题。[75]为此，企业应当对各级主管人员的绩效管理的有效性进行评估。[76]

　　图 9-10 列出了确保绩效评价公平的一些最佳实践。表 9-3 总结了各种绩效评价方法的主要优缺点。

- 根据通过职位分析得到的职责和绩效标准来进行绩效审查。
- 尽可能将绩效审查建立在可观察的工作行为或客观的绩效数据基础之上。
- 提前清楚地阐明你的绩效期望是什么。
- 对所有的员工都采用一种标准化的绩效审查程序。
- 确保实施绩效审查的人有大量的机会观察员工的工作绩效。
- 要么由多位评价者对一位员工进行绩效评价，要么让评价者的直接上级对绩效评价结果加以审核。
- 建立一套绩效评价结果的申诉机制。
- 将绩效审查的程序及结果记录下来。
- 与员工共同讨论绩效审查的结果。
- 让员工提前知道你将如何进行绩效审查。
- 在对员工进行绩效审查时，允许员工发表自己的意见和看法。
- 指出员工在哪些方面需要改进。
- 对将要开展绩效评价的主管人员进行培训。确保他们了解绩效评价的程序、绩效评价中的各种问题（例如宽大或严格倾向等）是如何产生的以及应当如何解决这些问题。

图 9-10　有助于实施公正的绩效评价的最佳实践清单精选

表 9-3　各种绩效评价方法的主要优缺点

绩效评价方法	优点	缺点
图尺度评价法	使用简便；能为每一位员工提供一种量化的评价结果	评价标准可能会比较模糊；晕轮效应、居中趋势、宽大或严格倾向、个人偏见等都可能会成为问题
行为锚定等级评价法	能够为评价者提供一种"行为锚"；这种方法可能非常精确	开发设计难度较大
交替排序法	使用简便（但不如图尺度评价法简便）；能够避免居中趋势和图尺度评价法的其他一些问题	可能会引起员工的不同意见，并且如果所有员工的绩效事实上都很优秀，这种做法也可能是不公平的
强制分布法	按照事先确定的数量或百分比将被评价者放入每一个绩效等级之中	员工最终得到的评价结果取决于评价者将临界点选择在哪里
关键事件法	可以帮助评价者确认关于员工的绩效什么是"正确的"，什么是"错误的"；它能迫使主管人员对下属员工的绩效进行持续评价	很难对员工作出评价或者是难以对员工的绩效进行排序
目标管理法	使评价者和被评价者的注意力牢牢地放在双方都认可的绩效目标上	比较费时

企业需要了解的雇用法律

绩效评价

　　绩效评价在与雇用相关的法律诉讼中常常起着重要作用，例如当员工声称自己因绩效不佳而被解雇属于企业违反隐性合同，或者声称自己在绩效评价过程中受到了诽谤时。[77] 同样，法院经常认为理由不充分的绩效评价成为非法歧视行为的基础，这种情况经常发生在与裁员、解雇或绩效加薪等有关的案件中。[78] 例如，一家法院认定，涉案的一家企业基于有缺陷的绩效评价结果解雇了几位西班牙裔员工的做法违反了美国《民权法案》第七章中的相关规定。法院认为这种做法是非法的，企业的绩效评价结果仅仅以主管人员的主观判断作为依据，并不是以一种标准化的方式实施绩效评价并得出绩效评价分数；在对员工进行绩效评价的三位主管人员中，有两位主管与被评价员工之间并无日常接触。存在个人偏见、不合理地给出过高或过低的评级以及仅仅根据最近发生的事件作出评价等其他一些原因，也是法院宣布企业的绩效评价过程不公平的原因。[79]

　　有助于企业确保自己的绩效评价在法律上具有自我辩护性的步骤包括以下几点：

● 将通过职位分析确定的职责及绩效标准作为绩效评价的基础。

● 将绩效评价标准书面提供给员工。

● 不要只给出一个总体性的绩效评价等级，要对多个维度（质量、数量等）进行评价并且有一个将这些维度组合起来的系统。

- 永远不要让一位绩效评价者拥有决定人事行动的绝对权力。
- 做好所有记录。[80]
- 对主管人员进行培训，至少应当就如何运用这些评价标准提供书面说明。
- 在美国法院裁决时，那些能够反映公平和正当程序的行动最为重要。[81]
- 最后，为了使绩效评价的歧视最小化，"应以完全相同的方式对待每个人"。[82]

9.4　绩效评价面谈的管理

传统的阶段性绩效评价最终通常都会是一次**绩效评价面谈**（appraisal interview）。在这种面谈过程中，主管人员及其下属对绩效评价的结果共同进行审查，然后共同制订计划来弥补一些绩效缺陷，同时强化员工的绩效优势。这类面谈常常让人觉得不舒服，因为很少有人会喜欢得到或者为别人提供负面的反馈。因此，充分的准备和有效的执行是非常必要的。作为一位主管人员，你会面临四种类型的绩效评价面谈情况，每一种情况都有自己的独特目的[83]：

- 绩效令人满意且可晋升的情况是最容易进行的一种绩效评价面谈。被评价者的工作绩效是令人满意的，而且接下来有机会得到晋升。在进行这种绩效评价面谈的时候，主要目的在于与这位员工讨论其职业发展规划，并且制订具体的开发计划。
- 在绩效令人满意但不可晋升的情况下，主管人员需要面对的是那些虽然工作绩效令人满意，但是不能很快得到晋升的员工。在这种情况下，进行面谈的目的就是促使员工保持现有的绩效水平。最佳选择是找到对这类员工非常重要的激励方式，从而促使他们保持当前绩效水平。这些激励措施可能包括：更多的休假时间、一小笔奖金或者是领导对其工作表示认可。
- 当员工的工作绩效虽不令人满意但是存在改善的可能时，绩效评价面谈的目的就是通过制订一份员工开发计划来改善员工当前这种不令人满意的工作绩效。
- 最后，如果员工的工作绩效不令人满意，同时又是无法改善的，这时的绩效评价面谈可能会特别紧张。通常情况下，解雇这类员工是最好的选择。

9.4.1　如何进行绩效评价面谈

有效的绩效评价面谈是在实际面谈之前就开始的。在进行绩效评价面谈之前，要先审阅被评价者的职位描述，接着将被评价者的实际工作绩效与绩效标准加以对照，然后审阅被评价者过去的绩效评价档案，同时通知员工提前一周回顾自己的工作情况。此外，还要为绩效评价面谈选择一个合适的时间段。与像办公室文员等这样一些低级别的员工进行绩效评价面谈的时间应该控制在 1 小时以内。在与从事管理类工作的员工进行绩效评价面谈时，则通常要花 1～2 小时的时间。要确保在一个不被打扰的较为私密的环境中进行绩效评价面谈。

有效的绩效评价面谈要求管理者具备有效的绩效辅导技能。绩效辅导并不是说要告诉员工应该去做些什么，相反，它是一个过程。[84]绩效评价面谈准备意味着要了解存在的问题以及员工的情况。在这个过程中，管理者要对员工进行观察，了解他们正在做些什么，查阅与他们的生产率相关的信息，还要对工作流进行观察。

接下来要做的是就解决方案做好规划。这一过程要求上下级就存在的问题达成一致意见，然后制订一项变革计划，内容包括将要采取的措施、对计划是否成功进行衡量的指标以及达成目标的日期等。

当双方就规划达成一致意见后，管理者就可以开始实施实际的绩效辅导。正如一位作者所说的那样："有效的辅导通常都是以这样一种方式来给员工出主意和提建议的：下属能听得进去、愿意作出回应，同时认为这些办法和建议是有价值的。"[85]一些有用的绩效辅导原则包括：

1. 基于客观的工作数据进行面谈。使用缺勤、迟到以及生产率等方面的例子来进行面谈。

2. 不要责怪员工。例如，不要对员工说："你提交报告的速度简直太慢了。"相反，应当尽可能地将员工的实际工作绩效与绩效标准进行对比（比如，"这些报告通常应当在 10 天之内完成并提交"）。类似地，也不要将一位员工的工作绩效与其他员工的工作绩效进行比较（比如，"××提交报告的速度比你快多了"）。

3. 要鼓励员工多说话。应当注意适当停顿，听听员工在说什么；多提开放性问题，比如，"你觉得我们应当做些什么才能改善当前的这种状况"；还可以说富有鼓励性的话，比如"请继续说下去"；最后，还可以将员工表述的最后一点作为一个问题提出来，比如"你认为自己实在无法完成这项工作，是吗？"

4. 达成一致。确保员工在面谈结束离开的时候能够明白，在他所做的事情中，哪些是对的，哪些是错的，并就如何改进工作以及何时实现改进达成共识。最后，制订一份包含目标和目标达成日期的行动计划。

绩效对话 员工对绩效评价面谈是否感到满意取决于他们是否觉得自己受到了威胁、是否有机会表达自己的感受以及能否影响面谈的进程。

例如，一些研究人员将 48 次实际发生的年度绩效评价面谈录制了下来。[86]他们根据主管人员和员工之间的沟通情况进行分析。有些主管人员在绩效评价面谈中采用了更多关系导向型的行为，经常说"我同意这一点""这是个好主意"之类的话，另外一些主管人员则没有这种行为。研究人员发现，这种关系导向型的绩效评价面谈会使员工作出积极的反馈，比如"我明白您的意思了，我们可不可以这样做"。

调查结果显示，最好的绩效评价面谈不是主管人员自顾自地评论员工哪里做得对，哪里做得不对，相反，最好的绩效评价面谈应当是平等伙伴之间的对话过程。[87]

9.4.2 如何对待具有防御心理的下属

当一位主管人员告诉一位员工他的工作绩效不佳时，这位员工的第一反应常常是矢口否认。否认就是一种防御行为。通过否认自己的过错，员工就不必再去质疑自己的胜任素质了。

　　因此，理解和处理防御心理都是一种非常重要的绩效评价面谈技巧。关于这方面的问题，心理学家莫蒂默·范伯格（Mortimer Feinberg）在其《有效管理者心理学》（*Effective Psychology for Managers*）一书中提出了这样一些建议：

　　1. 认识到防御行为是相当正常的。

　　2. 千万不要攻击一个人的自我防御性。不要试图"告诉别人他们是什么样的人"，比如，不应该说这种话："你自己很清楚，你找这种借口的真正原因是你无法忍受别人对你的指责"；相反，应当尽量将面谈内容集中在事实上（比如"你的销售额正在下滑"）。

　　3. 推迟行动。有时，最好的做法其实就是什么也不做。人们在面对突然出现的威胁时，一种本能的反应往往是将他们自己隐藏起来。然而，只要有充足的时间，他们最终还是会采取更为理智的行动。

　　4. 认识到自己的局限性。主管人员千万不要把自己当成心理学家。让下属意识到他们存在问题是一回事，但解决深层次的心理问题是另外一回事。

9.4.3　如何批评一位下属

　　当有必要对下属提出批评时，要确保批评方式能够让下属人员维护自己的尊严，也就是说，批评不仅要在私底下进行，并且应当具有建设性。可以向下属指出一些关键事件，并且向他们提供一些具体的建议，告诉他们应当如何去做以及为什么要这样做。还应当注意通过定期提供反馈，避免对员工形成每年一次的"重大打击"，从而使员工在正式的绩效评价过程中不会对有些事情感到吃惊。此外，千万不要说一个人"总是"错的。批评还必须尽量客观，不带个人偏见。

　　当员工的业绩不佳时，管理者不得不决定自己需要在多大程度上坦诚相告。通用电气公司的前首席执行官杰克·韦尔奇说过，告诉某个表现平庸的人他的工作业绩让人满意反而是一种很残酷的做法。[88]因为这个人本来可以有所改变，但是因为你的这种夸奖而让他把时间浪费在一份根本没有前途的工作上，当下一位要求更加严格的领导者上任之后，这个人就不得不面临被解雇的命运。

　　有些管理者立场强硬，并不是所有的员工都可以挽救，也不是所有的管理者都愿意花费时间去更正员工的缺点。例如，网飞公司（Netflix）的一位经理要求为员工制订绩效改进计划，而通常人力资源主管基本上会说"不要浪费时间"。管理者认为，如果他永远都做不好工作，为什么要浪费时间指导这个人呢?[89]

　　另外，许多雇主都强调称赞员工而不是一味地批评。管理者不要触及超过两个需要改进的地方，而是强调下属的优势。大多数《财富》500 强公司都在采用盖洛普优势识别工具（www.gallupstrengthscenter.com）来帮助员工识别并发现自身优势。脸书利用该工具帮助管理者发现更适合千禧一代员工的培训方式。为了吸引、激励和保留新员工，采用不那么严苛的评估方式可能是明智的。[90]

　　达成一致的绩效改进计划　评估的目的应该是改善不满意的绩效表现或者是强化绩效模范。评估应当产生一份绩效改进计划（见图 9-11）以帮助员工明确做哪些事情可以改进绩效。

员工开发计划示例：姓名			
这一时期员工的主要工作目标	员工是否完全达成目标？（包括从绩效评价表中提取的绩效评价等级，从差至优秀）	为让员工实现这一目标，需要对员工进行哪些培训或采取哪些行动？	完成时间
1.			
2.			
3.			
4.			
5.			
员工签名		经理签名	

图9-11　员工开发计划示例

9.4.4　如何写一份正式的书面警告

如果某位下属的工作绩效实在是太糟糕了，你可能不得不写一份书面警告。这种书面警告的作用主要在于以下两个方面：一是它可能会对员工产生一定的震动，从而促使他们改掉原有的不良习惯；二是无论是在向你的上级解释你给出的绩效评价结果时，还是（必要时）需要在法庭上为自己给出的绩效评价结果进行自我辩护时，这些书面警告都可以为你提供一些帮助。

这份书面警告应当明确指出员工应当达到何种绩效标准，清楚地指出员工明白他们需要达到的这种绩效标准，同时具体说明相对于绩效标准的要求，员工在哪些方面存在绩效缺陷，最后还要向员工表明自己给他们提供了改进绩效的机会。

图9-12提供了一份绩效评价面谈的核查清单。

绩效评价面谈项目：你是否做到了	是	否
1. 在进行实际面谈之前审阅了员工的职位描述、过去的绩效评价结果、需要达成的目标以及当前的工作标准要求？		
2. 为面谈提供充足的时间以及一个私密、亲切、无威胁的环境？		
3. 将你的讨论和评论集中于客观的工作信息？		
4. 鼓励被评价者讲话（比如用提问的方式重新陈述上一条评论），并且表明你在认真倾听他的讲话（比如点头等）？		
5. 给被评价者充分表达自己想法和感受的机会？		

6. 有意识地避免攻击被评价者所做的自我辩护？		
7. 以一种不伤及被评价者尊严的方式对其提出批评？		
8. 讨论你对被评价者的每一项工作职责的履行或目标达成情况给出的评价结果？		
9. 就改进被评价者的绩效所需的培训和开发达成一致？		
10. 根据情况讨论在未达到改进目标的情况下，员工可以采取哪些措施？		
11. 根据被评价者的职业发展愿望讨论其绩效？		

图 9-12 绩效评价面谈的核查清单

资料来源：Copyright Gary Dessler，PhD.

9.5 写给管理者的员工敬业度指南

9.5.1 通过绩效评价面谈提升员工敬业度

管理者可以通过绩效评价面谈提升员工敬业度，下面是一些相关的发现和具体含义：

1. 那些能够理解本人和所在部门如何为公司成功作出贡献的员工会有更高的敬业度。[91]因此，要利用机会向员工展示他或她的努力是如何为"大局"——团队和公司的成功——作出贡献的。

2. 另一项研究发现，当员工能够体会到研究人员所说的那种"心理意义"（能够感知到自己在组织中所做的工作是值得的和有价值的）时，他们的敬业度也会更高。[92]企业可以利用绩效评价面谈强化员工所做的工作对于组织的意义。

3. 更具"心理安全"（认为自己进入的工作角色是安全的，不用担心损害自我形象、地位或职业）的员工更加投入。[93]因此，要更加客观及坦诚地对待员工，不去不必要地破坏员工的自我形象。[94]

4. 效能感能够驱动员工敬业度，因此应通过绩效评价面谈确保员工具备做好工作所需的知识和技能。[95]

5. 管理者应当保持坦诚和诚实，但并不刻意强调员工的不足，因为这样的做法会有损员工的敬业度。在盖洛普公司的一项调查中，询问大约 1 000 名美国员工对于"我的上级关注我的优点或者积极特征"和"我的上级关注我的缺点或者消极特征"这两个陈述的看法。结果发现，关注员工优点的管理者的下属敬业度是那些关注缺点的管理者的下属的四倍。[96]

6. 让员工参与决策并让他们表达自己意见的做法可以提升员工敬业度。[97]把绩效评价面谈作为一个向员工表明你会倾听他们的意见以及重视他们所做贡献的机会。

7. 当员工有机会取得职业进步时，员工的敬业度就会提高。[98]在绩效评价面谈过程中，要根据员工对自己未来职业发展的看法讨论对他们的评价。[99]

8. 研究表明，"公平分配（员工能够得到多少报酬）和信息公平（员工能够得到什么信息）两个维度与员工敬业度之间存在显著正相关关系"。[100] 最为重要的是，要确保接受面谈的员工认为绩效评价结果、报酬和各种补救行动都是公平的。

9.6 绩效管理

绩效评价虽然在理论上是好的，但在实践中，绩效评价并不总是能够一帆风顺。没有设定目标，"绩效评价"只不过是从办公用品商店买来的一张表格，如果说有什么影响的话，就是在任何绩效辅导都没有发生的情况下，绩效评价参与双方都感到痛苦。这种情况与常识是相违背的。员工应该知道自己的目标是什么，绩效反馈也应该是有用的，如果员工确实存在绩效问题，那么当时就应该采取行动，而不是等到6个月之后。

9.6.1 全面质量管理和绩效评价

长期以来，管理专家一直认为大多数绩效评价既不能激励员工，也不能指导他们发展。[101] 全面质量管理的一些支持者甚至主张取消绩效评价。[102] 全面质量管理（TQM）计划是在整个组织范围内将所有的经营职能和流程——包括设计、计划、生产、分销以及现场服务等经营的各个方面——整合在一起形成的综合方案，其目的是通过持续改进实现客户满意度最大化。[103] 全面质量管理方案是建立在包含以下一些专业化原则的理念基础上的，例如，不再依靠检查达成质量；以持续改进为目标；实施广泛的培训；消除恐惧从而使每个人都能有效地完成工作；扫除那些会剥夺员工的劳动者自豪感的障碍（特别是年度绩效评价等级划分）；设计积极的自我改进方案。[104] 总的来说，全面质量管理的倡导者认为，组织是一个由相互关联的各个部分组成的系统，员工的绩效更多的是培训、沟通、工具和监督的一个函数，而不单单取决于他们的工作动机。

在这样的公司里，绩效评价看上去应该是什么样的呢？到位于美国肯塔基州列克星敦市的丰田汽车公司凯美瑞工厂参观的人就能够看到这样一个系统。团队中的员工监督自己的工作结果，通常并不需要管理者的干预。在频繁召开的会议中，团队成员不断地将自己的工作结果与团队的工作标准以及工厂的整体质量和生产率目标对齐。那些需要得到指导和培训的团队成员也会得到自己需要的这些东西。那些需要改变的工作程序也都被改变了。

9.6.2 什么是绩效管理

上面这种情况就是实践中的绩效管理。绩效管理与绩效评价的区别在于：绩效评价是一个在年终时发生的事件（填写绩效评价表格），而绩效管理则是从年初的绩效规划开始贯穿全年的整体性员工管理方式。[105] **绩效管理**（performance management）是一个确认、衡量、开发个人和团队绩效，并且使它们与组织目标保持一致的持续性过程。[106] 我们可以将绩效管理总结为如下所示的6大基本要素[107]：

● 共同方向。这意味着将公司的目标传达给所有的员工，将公司的目标转化为部门的、团队的以及员工个人的绩效目标。

● 目标一致。这意味着用一种方法让各级管理者和员工都能看到员工的目标和他们所在部门的目标以及公司目标之间的联系。

● 持续绩效监控。这意味着利用计算机化的系统持续衡量团队以及（或）员工个人在达成绩效目标方面取得的进展。

● 持续反馈。这意味着对于在实现目标方面取得的进展进行面对面的或者基于计算机的反馈。

● 绩效辅导和发展支持。这应当是反馈过程的一个必要组成部分。

● 认可和报酬。这意味着应当通过提供奖励确保员工走在以目标为导向的绩效轨道上。

影响人力资源管理的趋势：数字化与社交媒体

很多企业经常使用技术手段为绩效管理提供支持。例如，甲骨文公司的 TBE 绩效管理云服务系统所具有的主要绩效管理功能就包括：

● 确定财务目标和非财务目标（这些目标都要支持公司的总体战略目标）。例如，一家航空公司可能会根据"今年争取将每架飞机的地面周转时间缩短至 26 分钟"这一目标来衡量地勤工作人员的绩效。

● 告知所有的团队和员工应当达成的绩效目标。

● 使用技术手段（基于云端的绩效管理软件、人力资源管理计分卡以及数字仪表盘等）持续显示、监控和评价每个团队和员工的绩效（见图 9 - 13）。甲骨文公司的 TBE 绩效管理云服务系统对此有清晰的描述。[108] 因为绩效目标是存储在云端的，而不是体现在打印出来的文件中，因此，管理者不必等到年度或半年绩效审查时再来修订目标。这套绩效管理系统提供的便携仪表盘能够帮助管理人员持续监控每个团队和员工的绩效表现，让员工更新自己在实现目标方面取得的进展，并且让员工和管理者在其中写下自己的评语，从而使绩效管理过程是实时的和交互的。如果想要了解更多的信息，请访问 www.oracle.com/taleo-tbe。

● 如果发现了一些不正常的情况，那么应当在事情变得失控之前就采取纠正措施。

🖹 报告	✏ 联系	✎ 编辑	🖳 选项	🖻 复制

2018 绩效目标计分卡			期间（01/01/2018—12/31/2018）	
目标承担人：	丽萨·布朗			分数 4.5
员工个人绩效目标				
目标	**目标值**	**权重**	**分数**	**日期**
销售额增长 10%	8	45	7.0	2018 年 6 月
客户满意度评级上升	4.2	25	4.0	2018 年 6 月
不超出预算	5	15	2.5	2018 年 6 月
领导力评级上升	4.8	15	4.5	2018 年 6 月

部门绩效目标				
目标	目标值	权重	分数	日期
销售额增长 15%	5	50	3.5	2018 年 6 月
线上销售额增长 10%	3.5	25	2.8	2018 年 6 月
不超出预算	5	10	4.2	2018 年 6 月
全员全产品培训	4.5	15	3.5	2018 年 6 月

图 9-13 绩效管理报告汇总

资料来源：Based on "Personal Goal Management" from the Active Strategy Website. Copyright © 2012 by Active-Strategy，Inc.

9.6.3 实践中的绩效管理

当前的绩效管理发展趋势是提供实时的绩效反馈。[109]例如，通用电气公司开始使用一个名为 PD@GE 的智能手机应用程序，让各级管理者能够持续地对员工进行评价，而不是每年只评价一次。[110]IBM 也推出了一种新的基于应用程序的绩效审查系统 Checkpoint。[111]它使管理人员能够对员工的绩效进行持续的监控并作出及时反馈。

高盛集团（Goldman Sachs）仍然采用年度绩效评价的做法，但同时新增了一个可以让员工得到持续反馈的系统。高盛集团还整理出了对员工所做的 360 度反馈结果。摩根士丹利公司不再使用量化的绩效评价等级，而是更加强调定性的反馈。[112]

绩效管理并不意味着一家公司不能做到严格要求。多年以来，金佰利公司以终身雇用以及甚至留住那些绩效不佳的员工而闻名。现在该公司建立了一个新的绩效管理系统，其中包括通过持续的在线绩效审查跟踪员工在达成目标方面的绩效进展情况。结果，该公司的员工流动率迅速上升。[113]

下面的战略背景专栏显示了一家公司如何通过设计自己的绩效管理系统来支持其战略。

改进绩效：战略背景

德勤公司的新绩效管理流程[114]

德勤公司和德勤美国公司的使命是为客户提供可量化的和持久的成果。对于一家为美国许多大型公司提供复杂的审计和咨询服务的公司来说，提供"持久的成果"就需要一个有效的绩效管理系统。

尽管大家都在说持续和客观的反馈是绩效管理的关键，但许多绩效管理系统都存在一个致命的弱点，这就是在绩效评价结束时，企业需要找到一种方法对员工进行等级划分，以此作为加薪和晋升等困难决策的依据。任何一种无法做到这一点的绩效管理过程都是不实用的。

　　难题　德勤公司的管理者知道可以改进本公司的绩效管理体系。许多人都质疑该体系是否改善了绩效。他们知道，传统的绩效评价通常更多地反映出了管理人员的个性，而并非员工的绩效表现。德勤公司一共拥有 6.5 万名员工，每年需要投入 200 万小时的时间完成绩效评价，这些评价更多地关注员工过去的表现，而不是专注于如何在未来提高员工的绩效水平。德勤公司的管理层决定改变这个流程。

　　新目标　创建新绩效管理流程的团队设定了三个目标：第一，它应该认可员工的绩效，特别是在奖金方面；第二，新的绩效管理流程应该清楚地反映员工的绩效；第三，新的绩效管理流程应该通过日常的监控为员工赋能，从而帮助员工改善他们在完成工作任务方面的绩效。（每年，德勤公司的员工都可能被分配到一个或多个团队中去为某个特定的客户项目执行任务（如审计）。）

　　新绩效管理流程　德勤公司的新绩效管理流程有以下几个特点：首先，每位团队成员在承担工作任务期间都要与其团队领导互动，从而获得关于自己的工作做得如何以及怎样才能继续改进方面的经常性反馈。

　　其次，在每一个任务结束时，并非仅仅让团队领导对于员工的绩效表现发表意见，相反，要求团队领导准备一份"员工绩效快照"，向公司报告自己计划采取哪些措施对员工采取行动。具体来说，就是要回答以下几个问题：第一，从你对这位员工的绩效表现的了解来看，如果花的钱是你的，你会如何向这名员工支付薪酬；第二，根据你对这位员工的绩效表现的了解，你是否还希望此人再次加入你的团队；第三，你认为这个人的绩效表现太差，以至于可能会损害客户或团队的利益吗？第四，你认为此人做好了得到晋升的准备了吗？

　　最后，每年年底，德勤公司会将员工的所有任务"快照"汇编为年终绩效评价结果，这些评价再加上对于员工个人绩效非常了解的一位团队领导的意见，最终决定了员工的薪酬。

9.6.4　管理者在绩效管理中的角色

　　对于想要实施绩效管理的管理者来说，技术并非必需，真正必需的是正确的管理理念和工作行为。作为一种理念，绩效管理反映的是不具备威胁性的全面质量管理原则，比如不再依赖检查提高质量、锁定持续改进目标、实施广泛的培训、通过消除员工的恐惧感使每一个人都能高效地工作。因此，管理者应当做到以下几点：将员工的目标与公司的目标结合在一起、向员工提供持续的反馈、为员工提供所需的资源和辅导，为良好的绩效提供报酬。需要记住的是，员工的绩效表现所反映出来的并不仅仅是他们所受到的激励。[115]

巴黎酒店的人力资源管理实践

　　让莉萨和公司首席财务官感到担忧的是，巴黎酒店目前的绩效评价流程所关注的重点与公司想要达成的战略目标之间的联系不紧密。他们希望公司的新绩效管理系统能够帮助公司实现战略性绩效目标。要想了解他们的具体做法，请参阅本章末的案例。

本章内容概要

1. 绩效评价是指根据员工个人需要达成的绩效标准对其在当前以及（或）过去的绩效进行评价。管理者负责评估下属的绩效，基于评价结果作出晋升和加薪决策，制订绩效提升计划，协助下属进行职业生涯规划。管理者评估仍然是大多数绩效评价过程的核心。

2. 绩效评价通常基于一种或多种流行的方法或工具进行，包括图尺度评价法、交替排序法、配对比较法、强制分布法、关键事件法、陈述性表格评价法、行为锚定等级评价法、目标管理法、计算机化的绩效评价软件包、电子化绩效监控等。

3. 可以通过解决影响绩效评价尤其是图尺度评价法的长期问题来改进评价过程，这些问题包括绩效标准模糊不清、晕轮效应、居中趋势、宽大倾向或严格倾向、近因效应、个人偏见等。

4. 阶段性绩效评价最终通常都会是一次绩效评价面谈。充分的准备（包括提前通知、审阅被评价者的职位描述和绩效评价档案、选择合适的地点、留出足够的时间等）是非常必要的。

5. 管理者可以通过绩效评价面谈提升员工敬业度。例如，向员工展示他的努力是如何为团队和公司的成功作出贡献的，利用面谈强化员工所做的工作对于组织的意义，强调给予支持而不是威胁。

6. 绩效管理是确认、衡量、开发个人和团队绩效，并且使它们与组织目标保持一致的持续性过程。它意味着持续的互动和反馈，以确保员工和团队的能力与绩效持续提升。最重要的是，你需要记住，员工的绩效表现所反映出来的并不仅仅是他们所受到的激励。

讨 论 题

1. 绩效评价的目的是什么？
2. 请回答这样一个问题："应该由谁来实施绩效评价？"
3. 讨论四种绩效评价方法的优缺点。
4. 请说明你将如何使用交替排序法、配对比较法以及强制分布法来进行绩效评价。
5. 请用自己的语言来说明你将如何开发一种行为锚定等级评价法。
6. 请说明绩效评价过程中应当注意避免的各种问题。
7. 请对绩效管理和绩效评价加以比较。

个人及小组活动

1. 以个人或小组为单位，为以下几种职位开发图尺度评价法：秘书、教授、助理目录检索员。

2. 以个人或小组为单位，描述采用强制分布法对大学教授进行绩效评价的优点和缺点。

3. 以个人或小组为单位，用一周的时间，以你们班的一位教师为对象，编制反映其在课堂上的工作绩效的一系列关键事件。

体验式练习

对教师评定等级

目的：本练习的目的在于使你获得一次设计和使用绩效评价表格的经验。

必须理解的内容：你将为一位教师设计一份绩效评价表格，因此你应当非常熟悉本章中讨论的绩效评价的内容。

如何进行练习/指导：将全班分为若干小组，每组由 4～5 人组成。

1. 首先，根据目前对绩效评价的了解，你认为图 9-1 中的评价项目是对教师的工作绩效进行评价的有效工具吗？如果是，为什么？如果不是，也请说明为什么。

2. 其次，你们小组应当自己设计一种对教师的绩效进行评价的方法。你们要决定将使用哪一种评价方法（图尺度评价法、交替排序法等），然后自行设计出这种评价方法。

3. 然后，每个小组推举出一名发言人，将本小组设计的评价方法张贴到黑板上。不同小组设计出来的绩效评价方法相似吗？它们所测量的是相同的绩效要素吗？哪些绩效要素是大家都用到的？你们认为在所有这些评价方法中，哪一种是最有效的？

4. 最后，全班同学要从大家设计的所有这些绩效评价方法中挑选出使用频率最高的 10 种要素，然后形成一种全班同学认为最适合对教师进行绩效评价的方法。

应用案例

斯威特沃特大学秘书的绩效评价

罗伯·温彻斯特（Rob Winchester）最近被任命为斯威特沃特大学负责行政事务的副校长。在刚到大学来工作的时候，他就面临一个严峻的问题。9 月份，也就是在他刚刚上任 3 周的时候，他的老板即斯威特沃特大学的校长就告诉他，他的首要任务之一就是要改进对斯威特沃特大学的秘书和行政人员进行绩效评价的系统。这件事可能遇到的最主要问题是，绩效评价在传统上往往都是与年底加薪直接联系在一起的。由于斯威特沃特大学原来在对秘书和行政人员的工作绩效进行评价时使用的评价方法是图尺度评价法，因此大多数管理人员的评价往往不够精确。事实上，经常出现的情况是，每一位管理人员都索性简单地将其秘书或行政人员的绩效等级评为"优秀"。这样做的结果就是学校所有支持类员工每年都能得到最高等级的加薪。

但是，学校当前的预算已经不可能确保在下一年度中再为每一位事务类职员提供"最高"等级的加薪了。此外，校长也感觉到，这种对秘书和行政人员提供无效反馈的惯常做法对于学校的生产率提高并没有好处，因此，他希望这位新到任的副校长能够再造这套绩效评价系统。10 月，罗伯给大学的每一位行政主管发了一份备忘录，告诉大家，在接下来的绩效评价中，任何一位行政主管所属的秘书及行政人员中，只能有一半的人被评为"优秀"。这种做法实际上强制要求每一位行政主管都对其所属秘书的工作质量进行等级排序。罗伯的备忘录立即遭到来自各方的抵制——行政主管害怕他们的秘书和行政人员会离开学校，到待遇更高的地方找工作，而秘书则认为新的绩效评价系统是不公平的，它使得每一位秘书都能得到最高等级加薪的机会减少了。许多秘书甚至开始在校长住所外静坐示威。面对出现的示威、感到不满的行政主管发表的刻薄言论以及正在蔓延的关于秘书（斯威特沃特大学一共有 250 名秘书和行政人员）准备消极怠工的传言，罗伯·温彻斯特开始怀疑自己要求行政主管对下属的工作绩效进行强制排序的做法是否妥当。不过，他知道本校的商学院中有几位绩效评价方面的专家，因此，他决定约见这几位专家来讨论一下这一问题。

第二天上午，他见到了这些专家。他首先说明了自己发现的各种问题：现有的绩效评价系统是在 10 年前——斯威特沃特大学刚刚成立时——建立的。这些绩效评价表格是由当时的秘书委员会制定的。根据这一绩效评价系统的要求，斯威特沃特大学的行政主管人员只需在一张类似于表 9-2 的表格中填写一些内容就可以了。这种每年一次的绩效评价制度（在 3 月份完成）几乎在一开始启动时就陷入了困境。这是因为从一开始，各级行政主管对于工作标准的解释差别很大，而他们在填写评价表格时的认真程度以及对下属人员进行监督的程度也各不相同。问题还不仅仅如此，到第一年年底时，所有人都清楚地看到，每一位秘书的年度加薪实际上都是直接与 3 月份的绩效评价结果联系在一起的。比如，那些被评为"优秀"的秘书得到了最大幅度的加薪，那些被评为"良好"的秘书则得到较小幅度的加薪，那些没有得到上述两种评价结果的秘书只得到了标准化的生活成本加薪。由于大学——尤其是斯威特沃特大学——支付给秘书的薪酬通常比私营部门支付的通行薪酬水平稍低，因此，在第一年年底，有些秘书就在一怒之下离职而去。从那时起，大多数行政主管为了降低下属人员的流失率，就开始将所有秘书的工作绩效一律评为"优秀"，因为这样可以确保每一位秘书都能得到最高等级的加薪。在这一过程中，他们也避免了因为将下属的工作绩效等级区分过大而导致下属产生不良的感受。

斯威特沃特大学的两位专家答应帮忙考虑这个问题。两周后，他们向副校长提出了以下几点建议：首先，对秘书的工作绩效进行评价的表格总的来说是无效的。比如，"优秀"和"工作质量"的含义到底是什么并不清楚。因此，他们建议使用图 9-2 中的表格来代替现有的绩效评价表格。此外，他们还建议副校长撤销他先前发出的那份备忘录，即不再强制要求行政主管武断地将他们所属秘书中的一半人评价为绩效不够"优秀"。这两位专家指出，这种做法实际上是不公平的，这是因为在一位行政主管手下工作的每一位秘书很可能确实都是十分优秀的——或者出现另外一种不太可能发生的情况，即一位行政主管的所有秘书的工作绩效都达不到正常绩效标准。这两位专家还指出，要想使所有的行政主管都能严肃认真地对待绩效评价，就必须停止将绩效评价结果与加薪挂钩的做法。换言之，他们建议，每一位行政主管至少应当在每一年中，针对每一位秘书填写一份类似于图 9-2 中的表格，然后将这些表格作为咨询面谈的基础。至于加薪决策，则应当以绩效评价结果之外的其他因素为基础，这样，行政主管在对秘书的工作绩效进行评价时，就不会再犹豫是否要诚实地对下属的实际工作绩效作出评价。

罗伯向两位专家道谢之后回到自己的办公室，开始对他们提出的建议进行推敲。他感到在这些建议中，有些建议（比如用新的绩效评价表格取代原有的评价表格）似乎是有道理的，但是他对图尺度评价法的有效性仍然持怀疑态度，尤其是考虑到这种方法与自己当初提出的强制排序法之间的对比时。这两位专家的第二项建议——停止将绩效评价结果与加薪自动挂钩——听起来还是很不错的，但这又带来另外一个非常现实的问题：如果加薪不是建立在绩效评价的基础之上，那么应当建立在什么基础上呢？他开始怀疑，这两位专家的建议是不是仅从他们的象牙塔理论中得出？

问题

1. 你认为两位专家的建议能否确保这家大学的大多数行政主管都能够准确填写绩效

评价表格呢？为什么？你认为还应当采取哪些必要的附加措施（如果有的话）？

2. 你认为副校长温彻斯特如果放弃使用图尺度评价法的表格，而代之以我们曾经讨论过的其他绩效评价方法（比如排序法），结果是否会更好呢？为什么？

3. 如果你是罗伯·温彻斯特，你准备为秘书建立一种什么样的绩效评价系统呢？请解释一下你的想法。

连续案例

卡特洗衣公司

绩效评价

到任几个星期之后，詹妮弗非常吃惊地发现，她的父亲在经营公司的这些年一直都没有正式地评价过员工的绩效。杰克的说法是，他还有"100 件更重要的事情需要处理"，比如增加销售额、降低成本等。另外，很多员工也不会在公司工作到足以等到绩效评价的时候还不走。此外，杰克说，像熨烫工和洗衣工这样的体力劳动者，可以通过在干得好的时候得到他的赞赏得到积极的反馈。当然，如果杰克在巡视店铺时发现他们有做得不好的地方，他们也会受到杰克的批评，从而得到消极的反馈。同样，杰克从来都是很坦率地告诉他的这些洗衣店管理者在他们管辖的门店中存在哪些问题，因此他们能够获得关于洗衣店情况的反馈。

虽然这种非正规的信息反馈已经存在，但是詹妮弗认为，公司仍然需要更为正式的绩效评价方法。她认为应当定期根据工作质量、工作数量、考勤和准点等标准对员工进行评价，即使是那些领取计件工资的员工也不例外。此外，她非常强烈地感到，需要给管理者提供一份涉及店面清洁度、效率、安全和遵守预算等内容的质量标准清单，同时让他们知道，公司将会根据这些标准对他们进行正式的绩效评价。

问题

1. 詹妮弗认为应当对员工进行正式的绩效评价，你认为她的这种观点正确吗？为什么？

2. 针对每一家洗衣店中的员工和经理设计一种绩效评价方法。

将战略转化为人力资源政策及实践的案例

改进巴黎酒店的绩效

新型绩效管理系统

巴黎酒店的竞争战略是："通过卓越的顾客服务将自己与同行区别开来，吸引顾客延长入住时间，提高顾客再次入住比率，从而提高酒店的收入和利润水平。"酒店人力资源总监莉萨·克鲁兹现在必须制定和实施战略性人力资源管理政策和活动，通过帮助酒店获得战略所需的员工行为和胜任素质来支持酒店的这一竞争战略。

莉萨知道，巴黎酒店的绩效评价体系已经过时了。当这家酒店的创始人创办第一家酒店的时候，他们到办公用品商店购买了一打绩效评价表格。直到今天，酒店还一直在使用这些表格。每张表格都是双面的。主管人员需要根据工作数量、工作质量和可靠性等绩效特征，评价员工的绩效到底是优秀、良好、一般还是较差。莉萨认为，这种绩效评价方法的缺点之一是，它既不能使员工也不能使主管人员从帮助巴黎酒店实现战略目标的角度来关注绩效评价。她希望绩效评价体系能够把员工的关注点集中在采取那些有助于企业达成战略目标的行为上，例如，提高顾客服务水平。

莉萨和公司的首席财务官都为公司当前的绩效评价体系的关注点与公司想在战略方面实现的目标之间的脱节程度感到担忧。他们想让这套新型的绩效管理系统通过将员工的行为聚焦于帮助酒店实现战略目标，为公司的战略性绩效注入生机。

莉萨和她的团队所建立的绩效管理系统能够同时关注胜任素质和工作目标。在设计这套新型系统时，他们的起点是已经为酒店全体员工创建的职位描述，这些职位描述中包括胜任素质方面的要求。通过采用一张类似于图9-3的表格，现在对酒店前台接待员的绩效评价关注的是像"在5分钟或5分钟以内完成顾客入住或退房手续"这样的胜任素质。在对大多数服务员的绩效评价中都包括这样一种能力，即"即使正在忙于其他事务，也能表现出对顾客的耐心以及支持"。当然，还有其他一些胜任素质要求，比如，巴黎酒店希望自己的所有服务人员在帮助顾客时都能表现出主动性，能够以顾客为导向，同时能够成为一名好的团队成员（从共享信息和最佳实践的角度来说）。绩效评价中包括的每一项胜任素质都是从巴黎酒店制定的更加以顾客为导向的这样一种战略目标中衍生出来的。现在，每位员工还会收到来年的一个或多个具有战略相关性的目标。（例如，其中一项针对客房清洁人员的目标是这样表述的："玛莎在下一年中不会再出现三次以上的违规清洁情况。"）

除了基于目标和胜任素质的绩效评价，巴黎酒店的其他一些绩效管理表格还列出了员工将在次年参加的各项开发活动。各位主管人员还收到指示：除了每年和每半年对员工实施的绩效评价之外，还要与员工持续互动，并向他们提供最新的信息。最终，巴黎酒店将建立起一个综合性的绩效管理系统：主管人员依据受公司战略需要驱动的相关目标和胜任素质来对员工进行评价。同时，实际的绩效评价还会确定来年的新目标以及根据公司和员工的需求和偏好制订出具体的开发计划。

问题

1. 请选定一个职位，如前台接待员，根据你现在已经得到的所有信息（其中包括你在其他章中已经编写好的职位描述）列出这一职位的工作职责、胜任素质以及绩效标准。

2. 在上述工作的基础上，设计一份能够用来评价这个职位的任职者的绩效评价表格。

注 释

第 **10** 章 员工职业生涯和保留管理

Managing Careers and Retention

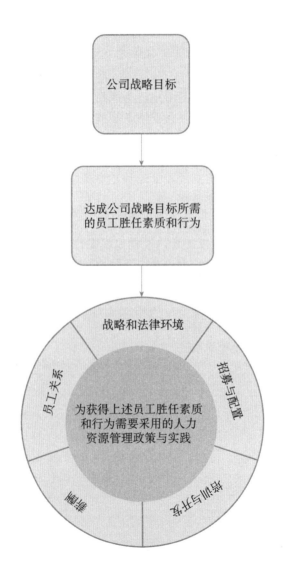

➡ 我们学到哪儿了

在甄选、培训以及评价员工方面投入了大量的时间和资源之后，企业当然希望员工能够留在本公司。本章的目的是讲述如何支持员工的职业生涯发展需求并提高员工保留率。本章所要讨论的主题包括职业生涯管理、通过职业生涯管理提高员工忠诚度、员工离职与保留管理、员工生命周期中的职业生涯管理与解雇管理。

➡ 学习目标

1. 讨论企业和管理人员可以做哪些事情支持员工的职业发展需要。
2. 解释为什么员工敬业度很重要，说明企业应当如何提升员工敬业度。
3. 描述用来留住员工的综合性方法。
4. 列出并简要解释企业在晋升方面需要作出的主要决策以及其他一些与员工在生命周期中的职业发展相关的决策。
5. 解释解雇员工的各种主要理由。

对于像克罗格（Kroger）这样的全国性连锁杂货店、像 Publix 这样的本地连锁店以及像沃尔玛和亚马逊等这样的零售商和电商巨头来说，都很难找到一个新的零售市场，但是新鲜百里香农贸市场公司（Fresh Thyme Farmers Market）做到了。[1]该公司自 2014 年开始营业，已经在美国的 10 个州开设了 50 多家门店，并计划再增开 20 家门店，它的经营战略是提供当地的新鲜有机食品，每家商店大约有一半的面积是专门销售生鲜产品的。每家门店都配有专业的营养师，员工因自己能够为顾客提供健康的食品而感到自豪。这里的关键问题是，新鲜百里香农贸市场公司是如何吸引和保留这些员工的？让我们来看它都做了什么。

➡ 10.1 职业生涯管理

在绩效评价结束之后，管理人员通常有必要向下属强调需要解决的一些与职业发展有关的问题，并且就这些问题展开讨论。

像甄选、培训和绩效评价等这样一些传统的人事管理活动的主要目的都是给公司配备具有必要兴趣、能力和技能的员工。通常情况下，许多企业也会利用人力资源管理活动帮助员工充分发挥自己的职业潜力。[2]它们之所以这样做，并不仅仅是因为它们认为这是正确的事情，也是因为希望企业和员工双方都能从中受益——员工能够充分实现自己的职业目标，而企业则从员工关系、员工的敬业度和留任等方面获益。我们将在本章中介绍职业生涯管理及相关的主题。

在开始本章的讲解之前，我们首先定义本章中使用的一些专业术语。我们可以把**职业生涯**（career）定义为一个人在多年中担任过的各种岗位的集合。**职业生涯管理**（career management）则是指为了让员工更好地了解和开发自己的职业技能和兴趣，无论是在公司内还是在离开公司之后都能够非常有效地运用这些技能和兴趣而展开的一个过程。**职业开发**（career development）是指有助于一个人的职业探索、职业确立、职业成功以及职业满足而开展的终身系列活动（比如职业发展研讨会）。**职业生涯规划**（career planning）是指为了帮助一个人认识到自己的技能、兴趣、知识、动机和其他特征，获得关于职业发展机会和选择的相关信息，确定与职业发展相关的目标以及制订行动计划达成特定目标展开的一个有目的的过程。

巴黎酒店的人力资源管理实践

如果巴黎酒店想要得到更为满意的顾客，它就必须拥有一支敬业的员工队伍，这些员工在工作时会像酒店的所有者那样去采取行动，即使在主管人员不在场的情况下也会如此。然而，莉萨知道，为了使员工变得敬业，巴黎酒店必须明确表示公司也会对员工作出承诺。要想了解这家企业是怎样做的，请看本章末的案例。

10.1.1　当今的职业生涯

过去，人们往往将职业生涯视为在一家公司或者顶多几家公司中的不同职位间垂直向上晋升的过程。在今天，虽然许多人确实仍然是在各种不同职位之间实现垂直晋升的，但更为常见的情况是，员工发现不得不重新塑造自己。例如，一位就职于一家出版公司的销售代表在该公司被并购之后遭到了解雇，于是他不得不重新开始自己的职业生涯——到一家专门为媒体服务的会计师事务所担任客户经理。[3]

与几年前相比，当今的职业生涯主要存在几个方面的不同。随着越来越多的女性开始追求在专业类和管理类职业中发展，很多家庭都必须应对因夫妻双方都从事全职工作而面临的多种挑战。同时，人们希望从职业中得到的东西似乎也在发生改变。"婴儿潮"一代——他们将在未来的几年退休——往往以工作和组织为中心，而那些正在进入劳动力市场的年轻人则更看重能够平衡好生活和工作。

10.1.2　心理契约

一个实际情况是，企业与员工期望从对方得到的东西正在发生改变。企业与员工期望从对方获得的东西正是心理学家所说的心理契约的一个组成部分。心理契约是"一种存在于企业和员工之间的非书面协议"。[4]心理契约定义了企业和员工双方对彼此的期望。例如，这种非明文协议的内容可能是：在一段预期的长期雇佣关系中，企业会公平地对待员工，为员工提供令人满意的工作条件；员工则被期望通过"表现出良好的工作态度、服从指挥以及表现出对组织的忠诚"来作出回应。[5]

在今天快速变化的劳动力市场条件下，无论是员工还是企业都不可能指望从对方那里得到长期承诺。这一事实改变了心理契约的内容，同时使职业生涯管理对员工而言变得更加重要。

10.1.3 员工在职业生涯管理中承担的责任

员工、管理者和企业都在员工的职业生涯管理中扮演着重要角色。例如，管理者应该提供及时、客观的绩效反馈，提供发展任务和支持，并与员工进行职业生涯探讨。管理者应该扮演教练、评价者、顾问和导师的角色，倾听并理清员工的职业规划，提供反馈，把关职业选择，并将员工与组织资源、职业选择联系起来。企业应提供职业发展导向的培训、开发和晋升机会，提供职业信息和职业生涯规划，并给予员工各种职业选择。

然而，最终员工要对自己的职业生涯负责。员工必须评估自身的兴趣、技能和价值观，寻找职业信息，并采取措施确保度过一个幸福和充实的职业生涯。对于员工来说，职业生涯规划意味着将职业发展的机会和威胁与个人的优势和劣势加以匹配。换言之，人们想追求的是能够充分发挥他们的兴趣、才干、价值观和技能优势的职业、职位和职业生涯。他们还希望自己能够在预测市场对各种职业的未来需求的基础上，选择一种有意义的职业。理想情况下，他们应该确立未来理想的自我并持续努力。[6]

作为职业生涯规划的指导者之一，职业发展咨询专家约翰·霍兰德（John Holland）指出，人格特点（其中包括价值观、动机和需要等）是职业选择的决定性因素之一。例如，一个具有较强的社会倾向的人可能会被那些包含很多人际活动的职业吸引，而不是被那些包含很多智力或体力活动的职业吸引，他们很可能会被社会工作这样的职业吸引。霍兰德发现一共有六种基本的人格类型或倾向。个人可以通过运用霍兰德研发的"自我指导职业探索"（Self-Directed Search，SDS）测试（可访问 www. self-directed-search. com 网站获取）来评估自己的职业倾向以及偏好的职业。自我指导职业探索有非常好的声誉，同时，还有其他一些在线的职业评价网站。一项研究对 24 个免费的在线职业评价网站进行了评估，结果发现这些网站尽管使用起来很容易，但是在效度以及保密性方面都存在不足。有的报告指出，有些在线职业评价工具，比如 Career Key（www. careerkey. org）确实能够提供有效且有用的信息。[7]（美国劳工部的）O* NET 网站上有一套免费的综合性在线职业及职业发展评价系统，即"我的下一步走向"（见 www. onetcenter. org/mynext-move. html）。你可以在接下来的两个练习以及本章附录中找到其他一些有用的职业生涯规划工具。

练习一 可以帮助自己确定职业技能的一项有用练习是，首先在一张纸上写下"我在工作中最喜欢完成的任务"作为标题，然后写一篇小短文对这些任务加以描述。请尽可能详细地描写在你的职责、责任以及每项任务能够吸引你的地方。（这些工作并不一定是你从事过的最喜欢的工作，但应是你在这些工作中最喜欢完成的任务。）接下来，在另一张纸上按同样的步骤对另外两项你喜欢完成的任务加以描述。现在请仔细检查你完成的这三段文字。在你提到次数最多的那些技能下面画线。例如，在暑期担任实习生期间，你是否特别喜欢按照老板的要求做研究的那段时光？[8]

练习二 另一项练习也有助于你理解自己喜欢的职业。请在一张纸上回答这样一个问题："如果你可以选择从事任何一种工作，那么你会选择做哪一种工作？"如果有必要，你甚至可以自己发明一种工作，不要担心你能否做——只考虑你想做什么。[9]

人力资源管理与零工经济

组合式职业

如今，越来越多的人尤其是千禧一代开始接受**组合式职业**（portfolio careers），即利用自己的技能依靠多种收入来源谋生的职业，他们通常从几种不同工作中拿到不同薪酬。[10]例如，有人可能会用自己的营销技巧承担临时营销的工作，同时利用自己的写作和营销技巧写专栏文章和博客，还能利用自己的教练辅导技巧在线教授课程。

组合式职业适合你吗？　如今，数以百万计的人都在以组合式职业维持生计，每个人这样做可能都有自己的原因，比如仅仅是想保持经济独立，不想找一份全职工作，或者是家庭的原因而需要保持一定的灵活性。

你有能力去做这样的工作吗？　你需要问自己一些问题。例如，你对于自己每天都要做不同的工作会感到舒适吗？你擅长处理几种差异很大且分量较重的工作任务吗？你拥有足够的社交和销售技巧去应对需求不断变化的大量客户吗？你有哪些拿得出手的技能值得别人雇用你？

这种职业可行吗？　先从头考虑一下。问问你自己，谁是你的潜在客户？你大概能赚多少钱？你同时做好这些事情的概率有多大？把你的想法分享给你的朋友，和他们谈一谈哪些想法更有可能取得成功。（另外，没有冒险就不会有收获，所以也不必太过于实际。组合式职业的好处之一就是你可以一边学习一边作出调整。）

10.1.4　企业在职业生涯管理中承担的责任

企业在员工的职业生涯发展中到底应当承担什么样的责任，主要取决于员工在公司中工作的时间长短。

例如，在实际雇用员工之前，现实性工作预览可以帮助未来的员工更准确地衡量一份工作是否适合他们。尤其是对于刚刚毕业的大学生来说，他们所从事的第一份工作在建立自信以及更加清楚地了解自己能做什么和不能做什么方面具有十分关键的作用。因此，为员工提供富有挑战性的第一份工作，并且为他们配备一位经验丰富的导师来帮助他们适应组织显得十分重要。有些人认为这种做法可以帮助员工避免遭遇**现实震荡**（reality shock）——这种现象往往发生在这样一种情况下：满怀期望以及满腔工作热情的新员工实际面对的却是枯燥无味和缺乏挑战性的工作。当员工在岗位上工作一段时间以后，定期的职位轮换能够帮助他们更加清楚地知道自己擅长（或不擅长）做什么。Intuit 公司为应届毕业生提供轮换发展计划。[11]这些计划为期两年，员工首先要了解公司的产品、客户、战略和价值观。接下来，员工要完成四次为期 6 个月的轮换，获得在公司一系列业务部门和各种职能例如产品管理、营销和人力资源管理的经验。所有轮换发展计划的参与者都要与一名作为顾问的高管人员配对，由后者为他们提供职业发展方面的指导。

最后，我们将看到，一个人工作了一段时间，以职业为导向的绩效评价就很重要。管理人员不仅要对员工作出评价，而且要利用评价结果帮助员工将他们的优势和劣势与可行的职业发展道路相匹配。

10.1.5 企业的职业生涯管理方法

包括美国劳工联合会（AFLAC）、美国运通（American Express）和埃森哲公司等在内的组织都认识到，帮助员工改善职业生涯是值得的。例如，美国运通公司为其呼叫中心的员工开设了职业生涯咨询中心，基因泰克公司（Genentech）和美国劳工联合会也都聘请了职业生涯顾问，通过提供职业生涯建议为直线经理的职业发展做好准备。[12] 谷歌公司有员工自愿担任其他员工的职业生涯教练和导师，谷歌正式指定他们为"职业生涯大师"。在一年当中，有 1 000 多名谷歌员工使用了"职业生涯大师"提供的服务。[13]

自助电子学习工具似乎是企业提供的最受欢迎的职业生涯服务，其次是职业评价和反馈以及工作现场培训。[14] 当这些工具的用户想要改善自己的职业生涯时，以及当出现问题需要提供职业生涯指导咨询时，这些能够帮助用户自行运用职业生涯信息和教学资源的工具就显得尤其有用。[15]

职业生涯规划研讨会是"一种要求参加者积极参与，完成职业生涯发展规划练习以及各种技能测试，同时还要参加职业技能实战训练环节的有计划的学习活动"。[16] 一次典型的这种研讨会通常包括自我评价练习（技能、兴趣、价值观等）、职业发展倾向评价、目标设定以及行动计划制订等几个组成部分。

职业生涯教练一般会帮助员工制定一个他们在公司中未来 1~5 年的发展情况的规划。然后，组织和员工再基于员工的这个发展规划来确定需要做些什么。[17] 职业生涯教练会帮助员工确定他们个人的开发需要，同时帮助他们获得满足这些需要应当得到的培训、专业成长以及人际网络构建机会等。

职业生涯系统并不需要很复杂。对于很多员工而言，仅仅是从上级主管那里得到绩效反馈、有一份个人发展规划、能够获得培训的机会等就足够了。此外，职位空缺公告、以职业生涯为导向的正式的绩效评价、上级主管提供的正规咨询和导师指导、针对高潜质员工制定的个人继任规划等也都是很有价值的。[18] 图 10-1 展示了一个比较简单的员工职业生涯发展规划。

员工姓名：_____ 员工当前职位：_____ 日期：_____

　　1. 绩效总结：简要讨论一下这位员工在过去一年（或其他周期内）的绩效情况，依据是他达成分配的工作目标的情况，与同事有效互动的情况以及你认为与现在的目的相关的其他绩效标准。_____

　　2. 优点：根据你对这位员工所做的评价以及与其进行讨论的情况来看，你认为此人的主要优点有哪些？_____

3. 职业发展愿望与目标：根据你对这位员工的了解以及与其对话的情况来看，你和这位员工对于其在未来1~3年甚至更长时间内的个人职业生涯目标达成了哪些共识？

4. 改进领域：基于你对这位员工的了解，你和这位员工对于其在今后一到两年时间内需要开发的主要领域达成了哪些共识？

开发目标和开发活动：为达成此人的职业生涯目标所做的规划：

开发活动	具体行动计划	里程碑及日期
①		
②		
③		
④		
⑤		

签字：上级 _____ 员工 _____

图 10-1 员工职业生涯发展规划

改进绩效：利用人力资源管理信息系统

整合人才管理、职业生涯规划和继任规划

管理者应当努力将职业生涯规划与其他人力资源管理活动结合起来。例如，一位员工的职业生涯规划和开发计划应该能够反映出他的绩效评价等级以及培训计划。正如在第5章中解释过的那样，继任规划应当反映员工的职业发展兴趣。

人才管理集成软件有助于实现它们之间的协调。例如，Halogen继任规划软件能够使管理者确定为支持一家公司的3~5年战略规划所需的技能和能力，同时通过设计公司的职业生涯规划与开发计划来培养高潜质员工的这些技能。[19]

多元化盘点

走向职业成功

与健全人相比，残疾人往往更难在事业上取得成功。[20]其中阻碍成功的一些因素可能是由残障人士自身引起的。例如，一些残疾人可能有较低的职业发展期望，或者不主动寻求企业为他们提供的平等就业机会法规定的那些适当的便利。

然而，造成残疾人难以取得事业成功的因素在更大程度上源于他们的管理者和同事抱有的悲观假设和行动。即使这些人的本意是善良的，但他们可能会认为那些残疾人不能满足各项工作所需的胜任条件，消极地认为他们不适合工作，并认为那些为体格健全的人设计的工作并不适合残疾人。图10-2给出了针对残疾人的一些积极策略。

战略	战略关键点
培养积极心态，展现惊人毅力	克服焦虑，专注于手头的任务
让他人认识到自己尽管残疾但有能力 ● 通过学习新技能展现个人能力 ● 通过获得新技能帮助同事展现个人能力 ● 通过寻求反馈改进绩效并展现个人能力	打破关于残疾人缺乏工作能力的刻板印象
积极为残疾人发声 ● 培养意识 ● 影响组织的政策制定者为残疾员工提供适当的便利	倡导他人帮助残疾人挖掘绩效潜力，帮助残疾人完成任务
建立、利用和促进相关网络 ● 构建残疾人关系网络 ● 寻找残疾人导师 ● 成为其他残疾人的榜样或导师	帮助自己和其他残疾人做好职业生涯规划

图 10 - 2　针对残疾人的职业生涯发展指南和建议

10.1.6　作为导师和教练的管理者

无论怎样高估一位主管人员对其下属员工的职业生涯发展所能产生的影响都不为过。一位有能力的直接上级即使仅仅提供一些现实的绩效评价以及坦诚的职业发展建议，很少或根本不需要做其他任何方面的努力，也可以帮助员工走上正确的职业发展轨道，并且保持走在这个正确的轨道上。在另一种极端情况下，一位对员工漠不关心、不提供任何支持的直接上级，在多年以后回过头来看时会发现，自己这么多年来实际上是在阻碍员工的职业发展。在一项针对世界级领导者的研究中，一位研究人员表示，他最大的惊讶是他们对下属进行"持续、密集、一对一辅导"的程度。[21]

管理人员可以通过做一些事情来支持和满足下属人员的职业发展需要。例如，当一位员工刚刚开始从事一项工作时，管理人员要确保这位下属人员能够掌握工作必备的各种技能，从而使其能有一个良好的开端。从这方面来看，管理人员应当定期进行正式的绩效评价，并且集中考察员工当前的技能、绩效与其个人职业发展目标之间的一致程度。可以询问一些问题，比如"就职业而言，你对做什么感兴趣，包括短期内和长期内？"[22]此外，还可以为员工提供如图 10 - 1 所示的非正式的职业生涯发展规划。管理者还要让下属知道应当如何利用公司已有的与职业发展有关的各种政策，并且鼓励他们去利用这些政策。[23]

管理人员可以担任导师。**导师指导**（mentoring）是指让经验丰富的资深员工来为其他员工提供建议、咨询以及指导员工的长期职业发展。一位正在为应当从事哪一种工作或者如何适应办公室政治而感到头疼的员工，可能就需要得到这样的导师指导。

导师指导关系既可以是正式的，也可以是非正式的。从非正式的情况来看，中层和高层管理人员可能会自愿帮助那些缺乏经验的员工，比如，为他们提供一些职业发展建议以及帮助他们适应办公室政治。许多组织还有正式的导师指导方案。例如，组织可以将员工和潜在的导师匹配成对，并通过提供培训来帮助导师和员工更好地理解他们各自需要承担的职责。研究表明，无论是正式的还是非正式的导师指导计划，如果有一位导师为员工提供与职业发展有关的指导，并且担任员工的参谋，则可以大大提高员工对个人职业发展的满意度及成功概率。[24]

对于员工的直接上级而言，导师指导关系既可能是很有价值的，也有可能是比较危险的。这种关系之所以很有价值，是因为它能够使主管人员以一种积极主动的方式对那些缺乏经验的下属和同事的职业发展和生活产生影响，其危险之处则在于引火烧身。**教练辅导**（coaching）关注的重点是一些很容易重新学习的日常性工作任务，因此，教练辅导所产生的负面影响往往是非常有限的。导师指导所关注的却是一些相对来说难以改变的长期问题，并且经常会触及一个人的心理方面（例如，动机、需要、能力倾向以及如何与他人相处等）。由于各级主管人员通常不是心理学家或者训练有素的职业发展顾问，所以他们就必须格外谨慎地对待自己向员工提出的指导性建议。

有研究试图考察管理者需要做哪些事情才能成为优秀的导师，研究结果几乎没有什么惊人的发现。有效的导师通常设定较高水平的绩效标准，愿意花时间和精力投入导师指导关系，并且积极地引导自己的指导对象参与一些重要的项目、团队和工作。他们展示正确的行为，激励他们正在指导的对象。[25]有效的导师指导关系需要信任，双方之间的信任程度则反映了导师自身的专业能力、一贯性、沟通能力以及分享控制权的意愿。[26]

然而，一些研究表明，传统的导师指导方式对女性不如对男性有效。例如，一项针对在最近的某一年中拥有"积极的导师指导关系"的员工所做的调查发现，72%的男性在接下来的两年中获得了一次或多次晋升，而女性仅有 65%。在该项调查中，首席执行官或其他高层管理人员指导过男性员工中 78%的人，相比之下，他们指导过女性员工中 69%的人。[27]

有些企业将女性员工安排给那些拥有更大组织影响力的"导师或帮助者"。例如，当德意志银行（Deutsche Bank）发现有几位女总监离开公司到竞争对手那里找到了更好的工作时，便开始从银行的执行委员会中为这些女总监选配导师或帮助者。这些执行委员会成员有能力为这些女性得到晋升提供帮助。

10.2 写给管理者的员工敬业度指南

10.2.1 职业管理

正如本章前面提到的，劳动力市场的快速变化促使许多人思考为什么自己应该忠于企业。"当公司因为要削减开支而准备裁掉我时，我还应当对公司保持忠诚吗？"因此，现在的企业必须考虑如何保持员工的敬业度，从而尽可能地减少员工的自愿离职，并使得员工对组织的贡献最大化。

10.2.2 以承诺为导向的职业生涯发展规划

对大多数人来说，一个令人满意和成功的职业生涯是非常重要的，职业生涯规划和发展在提升员工敬业度方面扮演着重要的角色。有效的职业生涯发展规划能够让员工深切地感受到企业非常关心自己的职业成功。正如前面提到的，这并不一定很复杂。例如，绩效评价就提供了一个非常便利的机会，使企业可以将员工的绩效、职业发展兴趣和开发需要联系起来，变成一个连贯的职业发展规划。通过以职业发展为导向的绩效评价，主管人员和员工可以共同将员工过去的绩效、职业发展兴趣以及开发需要结合起来，编制成一份正式的职业生涯发展计划。

这样的评价方式往往可以借助在线系统实现。例如，Halogen eAppraisal™ 系统可以帮助管理人员根据员工的开发需要和职业发展兴趣确定合适的员工开发活动。然后，企业可以围绕员工的需要组织各种开发活动。

JCPenney 公司的管理人员职业发展网格法提供了另外一个很好的范例（尽管几年前发生的管理层变革使得在这方面作出的大部分努力都被边缘化了）。在年度绩效评价之前，售货员和自己的上级管理者共同回顾公司的职业发展网格。职业发展网格中列出了公司中的所有管理职位（按运营类职位、采购类职位、人事管理类职位和一般管理类职位分组），其中还包括特定的职位名称，如"区域销售经理"等，该公司还提供了这个网格中出现的所有职位的简要职位描述。

该职业发展网格确定了典型的晋升路线，例如，在考虑一位经理助理的下一个职务时，主管人员不仅可以考虑采购类职位，还可以考虑运营类和人事管理类职位。晋升计划可以从所有四类职位中的一到两个级别中作出选择。例如，资深采购经理职位既可以从采购助理提拔上来，也可以从一般采购经理提拔上来。总之，JCPenney 公司的职业发展网格法展示了企业是如何利用以职业发展为导向的评价过程指导员工和其上级管理者关注员工的优势、劣势、职业发展前景和开发计划的。[28]

其他一些企业则使用特定的培训和开发计划为员工的职业发展提供便利。下面的"改进绩效：全球人力资源管理实践"专栏提供了一个这类的例子。

改进绩效：全球人力资源管理实践

美敦力公司的职业生涯发展[29]

美敦力公司（Medtronic）是一家全球性的医疗技术企业，在全球拥有 8.5 万多名员工。该公司为员工提供了广泛的职业发展规划和开发支持工具，旨在帮助他们了解自己的职业发展优势和劣势，以充分发挥自己的潜力。该公司提供的这些工具包括定制的开发计划、自我评价和反馈工具、导师指导计划以及涵盖商业、工程和科学等主题的综合性工作现场课程，还有学费报销奖学金计划以及方便员工在公司内寻找新职业发展机会的在线职位名单。

此外，刚拿到工商管理硕士学位的员工可以参加美敦力公司的企业领导力开发轮换项目。这是一个为期 2~3 年的项目，包括在两个不同地理位置完成的 12~18 个月的轮换任务，这一项目为参与者提供了广泛理解美敦力公司以及深入各个职能领域体验的机会。例如，这些职能领域包括临床、企业发展、财务以及人力资源管理等。

除了需要完成的工作任务之外，参与者还需要参加其他一些开发项目，其中包括同伴指导项目、职能培训以及领导力研讨会等。除此之外，这一项目的候选人必须有 3~5 年的专业经验和相关工作经验以及工商管理硕士学位（或其他合适的硕士学位），具有一定的流动性，愿意接受到国外工作的机会。

10.3　员工离职与保留管理

然而，并非所有员工的职业生涯规划都与公司的需要一致。离职率——离开公司的员工所占的百分比——在不同行业中差异很大。例如，住宿和餐饮服务行业的离职率很高，每年有超过半数的员工会主动离职，与之相反，教育服务业的自愿离职率仅有大约 12%。[30]

另外，离职率数据仅仅反映了那些自愿要求离开公司的员工，这些数据并不包含那些由于糟糕的绩效等原因而非自愿离职的员工。[31]将自愿离职率和非自愿离职率结合起来看，会得出令人震惊的统计结果。例如，许多餐饮服务企业的员工离职率每年都在 100% 左右。换言之，很多餐馆每年都需要把所有员工都替换一遍！正如下面的"改进绩效：作为利润中心的人力资源管理"专栏所展现的，员工离职会给企业带来高昂的成本。

改进绩效：作为利润中心的人力资源管理

离职率与绩效

离职率与组织绩效之间到底存在什么样的联系呢？有学者以一家拥有 31 名客服人员和 4 名主管人员的呼叫中心为对象，就员工离职对该呼叫中心产生的有形成本和无形成本进行了一项研究。[32]与一名客服人员离职相联系的有形成本包括招募、甄选、面试以及测试候选人等产生的成本，还有对新员工进行上岗指导以及提供培训时的工资成本。无形成本则包括新的客服人员（他们刚上岗时的生产率较低）带来的生产率损失、与纠正新的客服人员的错误相伴随的成本，以及对新的客服人员提供辅导所产生的监督成本。这些研究者通过计算估计出，一名客服人员离职所带来的成本大约为 21 551 美元。该呼叫中心平均每年大约会出现 18.6 个职位空缺（离职率大约为 60%）。因此，这些研究者估计，每年因为客服人员离职而给该呼叫中心带来的成本约为 40 万美元。如果能够采取一定的措施将离职率降低一半，每年能为该公司节省大约 20 万美元。从根本上说，人力资源管理实践对员工离职具有很大的影响，会影响到公司的盈利能力。

要想降低员工的离职率，需要对造成自愿离职和非自愿离职的各种原因进行识别和管理。[33]我们将在本章前半部分探讨自愿离职的管理问题，在本章后半部分讨论非自愿离职的管理问题。

10.3.1　自愿离职管理

要想减少自愿离职，从逻辑上讲，首先要对从公司离职的员工（尤其是那些高绩效的员工和具有高潜力的员工）的人数加以衡量。[34]美国人力资源管理协会（SHRM）建议企业采用如下步骤来计算员工的离职率："首先计算出每个月的离职率，方法是用某个月的（自愿）离职人数除以该月的平均员工人数，再将结果乘以 100%。然后，通过将 12 个月的离职率进行加总平均计算出年度离职率。"[35]

但是，要想确定员工自愿离职的原因并不是一件很容易的事情。虽然那些对自己的工作感到不满的人更容易离开，但导致他们不满的原因是多种多样的。在一项调查中，那些具有高承诺度或高绩效的员工指出导致员工离职的五大最重要原因，（从高到低排序）分别是：薪酬、晋升机会、工作和生活平衡、职业发展以及医疗保健福利。[36]另一项基于离职面谈的调查发现，员工离职的五大原因是职业发展（22%）、工作与生活平衡（12%）、管理者的行为（11%）、薪酬福利（9%）和幸福感（9%）。[37]在那些因"职业发展"而离职的员工中，大多数员工表示他们不喜欢自己正在做的工作，其他人则归咎于缺乏成长和发展机会。[38]在另一项研究中，工作动机、社会支持和职业倦怠与离职意图相关。[39]员工主动离开公司的原因还包括不公平、自己的意见不受重视、没有得到认可。[40]

人们对很多现实问题的考虑也会影响到他们的离职行为。例如，失业率较高会导致自愿离职行为减少，有些地方的工作机会比其他地方更少一些（因此离职率也更低一些）。当然，与失去高绩效的员工相比，失去低绩效的员工对组织而言并不是什么大问题。苹果蜂连锁餐厅（Applebee）使用了与众不同的方式来激励自己的管理人员，并且用更高水平的激励来降低高绩效员工的离职率。[41]

由于导致员工自愿离开企业的因素是各种各样的，企业应当如何对自愿离职进行管理呢？我们接下来将会列出一些应对策略，但是并没有万全之策。管理者应该明白一点，留住员工是一个人才管理问题，而留住人才的最佳战略应当具有多功能。例如，那些对自己的工作不感兴趣的员工、感到自己不适合当前工作的员工或者觉得薪酬偏低的员工都更容易离职。企业只能通过制定有效且相互协调的人才管理（招募、甄选、培训、绩效评价以及薪酬管理）措施来解决这些问题。换句话说，员工离职（无论是自愿离职，还是非自愿离职）的源头通常都是当初作出的糟糕甄选决策，再加上后来的培训不充分、绩效评价不合理以及薪酬不公平等。因此，在没有对公司的人力资源管理实践进行全面考虑的情况下就试图制定"留才战略"是徒劳无益的。

10.3.2 留住员工的一种综合性方法

无论如何，识别问题是非常重要的第一步。有效地实施离职面谈对于企业识别与员工离职相关的问题是有益的。很多企业通过定期实施员工态度调查来监控员工对于直接上级和薪酬等各个方面的感受。有时候仅仅是问这样一个问题"综合考虑下来，你对工作的满意度如何？"就可以有效地了解员工对于与工作有关的多个方面（如直接上级和薪酬）的态度。[42]开门政策以及匿名热线可以帮助管理者确认员工的士气问题并采取相应的补救措施。留才谈话通常由准备离职的员工的直接上级进行，其目的是通过搞清楚"员工目前过得怎么样"来扭转员工离职的意向。这种谈话提出的一些典型问题包括："你每天在上班的路上期待的是什么？"以及"我该怎样做才能最大限度地为你提供支持？"与匿名进行的针对员工群体的敬业度调查不同，留才谈话是一对一进行的，有研究指出，这种谈话为降低离职率和提高员工的敬业度提供了十分有用的信息。[43]有时，通过对具体情况进行分析，就会发现解决问题的办法其实很简单。比如，沃尔玛公司发现，通过提供关于职位的工作要求和工作时间方面的现实性工作预览就能够显著减少员工的自愿离职。[44]在识别出潜在的问题之后，企业就可以采取如下步骤来促进员工保留。

加薪　对于员工为何离开一个组织所做的最显而易见的解释通常也是正确的原因，即薪酬太低。尤其是对于那些高绩效的员工和关键员工，很多企业最近都选择将提高报酬作为留住这些员工的手段。[45]

雇用聪明人　"保留员工是从甄选和雇用正确的员工这样一个最初的环节开始的。"[46]甄选并非仅仅针对员工而言，还包括选择正确的主管人员。例如，联邦快递公司（FedEx）定期进行员工态度调查，主管人员会与下属员工谈话，共同审查调查结果，同时对在调查中发现的领导力问题加以处理。

讨论职业发展　一位专家说过："那些觉得公司关心自己的发展和进步的专业人员更有可能留在一家公司。"[47]因此，企业要定期与员工讨论他们的职业发展偏好和期望，并帮助他们制定好职业生涯规划。[48]

提供指导　如果人们不知道自己需要做什么以及目标是什么，则无法完成工作。因此，要想留住员工，就要让员工清楚地知道组织对他们的绩效期望以及他们承担的责任。

提供灵活性　在一项调查中，员工将"灵活的工作安排"和"远程办公"确定为鼓励他们选择某份工作的最重要的两项福利。

运用高绩效工作系统的相关实践　高绩效人力资源管理实践有助于降低员工的离职率。在一项研究中，那些大量采用高参与性工作实践（比如向员工授权、建立问题解决小组和自我指导团队等）的呼叫中心的员工离职率、解雇率以及总体离职率更低。那些在员工身上"投资"（比如提供更多的晋升机会、相对较高的薪酬水平、退休金以及全日制职位等）更多的企业往往也是如此。[49]

反叫价　如果一位很有价值的员工说他将另谋高就，企业是否应当对这位员工进行反叫价（即加薪）呢？很多人认为此举不可取，称这种做法属于"治标不治本"。[50]即使是那些允许实施反叫价的企业，也需要制定一项政策，以详细说明哪些人和哪些职位有资格享受这种待遇、允许的加薪范围以及如何决定报价。[51]

影响人力资源管理的趋势：数字化与社交媒体

数字化和社交媒体工具改变了保留员工的过程。赛仕软件公司（SAS）的员工保留计划基于技能、任期、绩效表现、教育背景和社交网络等个人特征进行。它可以预测哪些高价值员工在不久的将来更有可能辞职（这样 SAS 就可以提前采取措施阻止这种情况发生）。[52]阿连特技术系统公司（Alliant Techsystems）创建了一个"离职风险模型"来计算员工离职的可能性并采取纠正措施。[53]基于对之前调查结果的分析，谷歌公司的"谷歌精神"调查包含五个问题，旨在识别更有可能离职的员工。如果一个团队的调查结果低于 70% 的匹配度，谷歌就知道应该采取纠正措施了。[54]诸如 Globoforce（www.globoforce.com）等网站可以使每一位员工的同事都能对该员工作出的贡献予以评价，并且提供认可和报酬。此类网站断言，这将使"员工的敬业度、保留率以及对公司文化的接受度显著提升"。[55]

改进绩效：战略背景

新鲜百里香农贸市场公司

战略性人力资源管理是指通过制定人力资源管理政策和实践来培育实现公司战略目标所需的那些员工技能和行为。新鲜百里香农贸市场公司的战略就是为客户提供来自本地的新鲜有机食品，该公司的每家连锁店中大约有一半的空间专门用来出售新鲜农产品。[56] 其员工致力于引导顾客健康饮食。新鲜百里香农贸市场公司究竟想要招募和雇用什么样的员工并通过什么方式留住他们呢？

这家公司销售的是"健康与意识"的理念，公司需要那些乐于与顾客进行交流和互动的员工，尤其是在关于新鲜和健康的食品这一话题上。这家公司的快速成长意味着员工有巨大的发展机会。公司也很注重员工的职业生涯发展。例如，它提供了广泛的培训，从"打包101"到为管理人员提供的财务管理课程。最为关键的是，新鲜百里香农贸市场公司有一套完整的招募、甄选、培训和职业开发实践来支持公司的"新鲜和健康"战略，同时激励员工留在公司。

10.3.3　工作退出

自愿离职仅仅是员工退出的方式之一。退出一词的通常含义是指一个人将自己与当前所处的情境分离开来——对一个感到不满或害怕的人来说，这是一种逃跑的方式。在工作场合，工作退出被定义为"员工试图在自己与工作环境之间形成一段物理或心理距离的行动"。[57]

缺勤与自愿离职是两种显而易见的工作退出形式。其他类型的工作退出形式同样具有危害性，但表现更不明显。这方面的例子包括"享受一些不必要的工休，把时间浪费在闲聊上，避开自己应该履行的工作职责的相关话题"。[58] 还有一些员工则表现得心不在焉（"心理退出"），或许是人在办公室坐着，却在做白日梦，导致生产率受损。[59] 这些时候，员工虽然身体还在公司，但他们的心早已飞走了。事实上，工作退出过程是呈现不断累积趋势的，常常会从做白日梦发展为缺勤，最后演变为离职。"当一位员工发现暂时性的退出并不能解决他所面临的问题时，他就很容易选择一种更具永久性的退出方式（比如，在有其他可选择的工作机会时，他就会从现在的公司离职）。"[60]

很多研究证实，员工的工作退出行为会给企业带来高昂的成本，因此理解导致工作退出行为发生的原因显得十分重要。[61] 由于很多人都有过退出的想法——"逃离"某种情境，他们可能不难体会那些觉得自己必须逃走的人到底是什么样的感受。有人从痛苦和快乐的关系的角度来分析这个问题。人们总是倾向于靠近那些能带来良好感觉的情境，而远离那些让他们感觉糟糕的情境。[62] 人们排斥那些会带来不愉快、不舒服等情绪的情境，同时会被那些能够带来快乐、舒适等情绪的情境吸引。[63]

管理者可以从减少工作的负面效应或者（以及）提升工作的正面效应两个方面来思考减少员工退出战略。要想应对各种工作退出问题，需要一种综合性的人力资源管理方法。[64] 比较明显的工作的潜在负面效应包括枯燥的工作、糟糕的直接上级、较低的薪酬、他人的欺凌、黯淡的职业发展前景以及恶劣的工作条件等。工作的潜在正面效应则包括工作丰富化、支持性的直接上级、职业发展机会、安全且健康的工作条件以及士气高昂的同事等。[65]访谈、调查和观察等方法都有助于企业识别自己需要应对的各种与工作退出相关的问题。

随着越来越多的员工通过智能手机和平板电脑来完成工作，员工与工作的隔离（而不是退出）并不总是一件坏事。两位研究人员发现，将自己与工作隔离开来有助于改善自己的家庭生活。他们建议企业设计出一套系统来确保员工拥有一些高质量的家庭时间。例如，员工和他的工作伙伴可能会"遵守一些特定的规则，比如周末不工作，或者晚餐后关掉手机等"。[66]

➡ 10.4　员工生命周期中的职业生涯管理

员工在一家公司中工作的年限通常会遵循这样一个生命周期：从求职面试到得到第一份工作，再到晋升、调动，或许再到退休。接下来将对后三种情况进行探讨。

10.4.1　晋升决策

传统意义上的**晋升**（promotion）是指被提升到承担更大责任的职位上。

晋升非常重要，是奖励良好表现的好方法。此外，雇用外来人员正变得越来越昂贵。据估计，现在雇用新员工的成本比几年前高出约 36%（部分原因是有更多的职位空缺，另一部分原因是零工经济的崛起吸引了很多潜在的员工）。企业需要经过良好设计的晋升实践和政策。例如，不公平、武断或者暗箱操作等都有可能会削弱晋升过程的有效性。因此，有效的晋升策略包括从内部基于工作表现进行有效的晋升，提供更多的晋升机会，确保员工了解公司的职位空缺，就像他们了解其他公司的职位空缺一样。[67]

还要妥善处理那些没能获得晋升的人。[68]在一项研究中，没有得到晋升的军官比那些得到晋升的军官更有可能作出适得其反的工作行为（如言语和身体攻击、财产盗窃和值班时睡觉）。

企业需要了解的雇用法律

为晋升管理确立清晰的指导原则

一般来说，企业的晋升程序需要遵守很多反歧视方面的法律，这些法律与组织在从事招募、甄选或其他人力资源活动时需要遵守的那些反歧视法律是一样的。例如，《民权法案》第七章包含了任何有关雇用的条款、条件或优先权。1967 年《反雇用年龄歧视法》规定，在雇用过程中对年龄较大的员工或求职者实施任何形式的歧视（包括晋升）都属于违法行为。[69]

企业应该建立相应的防护措施以确保自己作出的晋升决策不会引发歧视指控或报复指控。例如，美国第五巡回法院受理了由一位女性员工以自己遭到报复为由提起的诉讼：她拿出证据证明自己所在的组织之所以阻止她得到晋升，主要是因为她曾经指控过一位直接上级对自己实施性骚扰，而这位上级说服了她的现任主管阻止她得到晋升。[70]

企业针对此类起诉可以实施的自我辩护方式之一是，确保自己的晋升程序是清晰且客观的。例如，美国第八巡回法院在认定一家公司没有为现有员工的晋升设置客观的指导原则和程序后，可能会对其作出"雇用歧视"的裁决。[71]（在这个案件中，法院发现该组织——一所社区大学——没有在雇用和晋升中使用相同的程序，没有阐明在何时以及何种条件下会宣布职位空缺，或者是否设定申请截止日期。）在另一起案件中，一家公司拒绝了一位 61 岁员工提出的晋升申请，理由是他在面谈中表现不佳；对这位申请者进行当面考察的人指出，他并没有从这位候选人身上感觉到有一种"真正的自信感"。[72]在这起案件中，"法院明确指出，虽然一些主观原因能够指导企业作出对劳动者不利的雇用决策，但是组织必须明确指出自己的决策所依据的明确、具体以及合情合理的现实基础是什么"。换言之，你应该能够提供客观的证据来支持你在晋升决策方面作出的主观判断。

与晋升相关的重要决策如下所示。

决策之一：晋升的依据是资历还是胜任素质？ 在作出晋升决策时,其中一项决策是:晋升的依据到底应该是资历，还是胜任素质，或者是两者某种形式的组合。

当今社会对于竞争的关注更有利于以胜任素质为基础的晋升。然而，这一点还取决于多种因素。工会合同中有时会包含一些强调资历的条款。强调资历而不是胜任素质的公务员管理方面的规章制度常常决定着许多公共组织的晋升决策。

决策之二：应该如何对胜任素质进行衡量？ 如果企业选择将胜任素质作为晋升的依据,那么企业必须对胜任素质进行界定和衡量。界定和衡量员工过去的工作绩效相对简单，但是晋升决策所依靠的应该是那些能够预测候选人在未来的工作绩效的程序。

不管对与错，许多企业在实践中都将员工过去的工作绩效作为预测他们的未来绩效的一种依据，（在员工以往达成杰出工作绩效的基础上）假定此人在新的工作岗位上也会有优异的表现。许多企业还采用各种测试或评价中心，或者是像九宫格等这样一些工具（第 8 章中谈到过），对具备晋升条件的员工进行评价，并且确定哪些人具有成为高层管理人员的潜能。

例如，由于涉及公共安全问题，警方和军方在决定将谁晋升到指挥岗位上时，通常会采用相对系统的方法来对候选人进行评价。对警察来说，传统的晋升审查内容包括书面知识测试、评价中心、资历条件（例如，阿肯色州小石城的警察队长候选人在申请晋升为队长之前，需要拥有至少 5 年的警官经历、2 年的警长经历、2 年的中尉经历）[73]、基于最近的绩效评价等级得到的一个分数以及人事记录。后者包括与主管级职位有关的教育和经验、从多种来源得到的评价以及对一些行为证据所做的系统评价。[74]

决策之三：晋升过程是正式的还是非正式的？ 许多企业都有非正式的晋升程序。它们可能会公布也可能不公布职位空缺情况，一些关键的管理人员可能会使用自己的"不公开"的标准来作出晋升决策。在这种情况下，员工很可能会（顺理成章地）推断出这样的结论："你跟谁关系好"等诸如此类的因素远比绩效对晋升的影响大，想通过努力工作得到晋升实际上是徒劳的——至少在这家公司是这样。

还有一些企业制定了正式、公开的晋升政策和程序。员工可以从公司得知正式的晋升政策，这种政策详细描述了企业晋升员工的标准。一项空缺职位公告政策则声明，在出现职位空缺时，企业会将职位空缺的情况以及职位的要求公之于众，传达给所有的员工。正如本书第 5 章讲过的，许多企业还会维护员工任职资格数据库，并且采用人员替换图以及计算机化的员工信息系统来为此类规划提供支持。

决策之四：垂直晋升、水平晋升还是其他选择？ 晋升并不必然就是提拔到更高级别的职位上。举例来说，有些员工，比如工程师，可能就对晋升到管理类职位并不是很感兴趣或者根本不感兴趣。

在这方面有几种可能的选择。有些企业，比如英国石油公司的勘探事业部创建了两条平行的职业发展通道，一条是提供给管理人员的，另一条则是提供给"有贡献者"——比如高绩效工程师的。在英国石油公司，那些有贡献的员工可以被晋升到一些非管理类的高级职位上，比如"高级工程师"。这些职位可以享受同级别管理类职位获得的经济报酬。

另一种选择是对员工进行水平晋升。例如，将生产部门的一位员工调动到人力资源部门，以考察和提升其相关能力。因此，从某种意义上说，"晋升"甚至可能发生在员工仍然待在与过去相同的职位这样一种情况下。比如，可以使员工从事的工作变得更加丰富，通过提供培训使员工有机会承担更为重要的职责。

无论在何种情况下，企业在制定晋升决策时都有一些比较切实可行的步骤可以遵循。[75]比如，根据候选人需要达到的最短任职年限和最低绩效评价等级来设置任职资格要求。要求雇用经理对职位描述进行审查，并在必要时对职位描述予以修订。严格审查所有候选人的绩效和过往历史。最好只雇用那些符合职位的任职资格要求的候选人。要注意与那些渴望得到升职但实际上尚未做好升职准备的员工做好沟通。借用谷歌首席人力资源官的话来说，这样做要比让他们离职或退出好得多。[76]

多元化盘点

性别差异

女性占美国劳动力队伍的 45%，却只占据不到 2% 的高层管理职位。各种显性的或者隐性的歧视是造成这种现象的主要原因。一项研究显示，获得晋升的女性需要比同样获得晋升的男性达到更高的绩效评价等级，"这说明针对女性的晋升标准更加严格"。[77]女性员工指出，她们需要比男性跨越更大的障碍（比如被排斥在非正式社交网络之外），更难得到一些开发性的工作任务。女性要想得到此类开发性工作任务，就必须比男性更加积极。许多企业一开始就阻碍了女性的晋升前景。例如，女性几乎在入门级员工中占到一半的比例，但被晋升为经理的可能性比男性小 18%。[78]

尽管有些公司中存在特别明显的例外（比如厄休拉·伯恩斯（Ursula M. Burns）担任施乐公司的首席执行官，英德拉·努伊（Indra Nooyi）担任百事公司的首席执行官），但少数族裔的女性总是处于更为不利的地位。一项调查询问一些少数族裔的女性，妨碍她们取得职业成功的主要障碍是什么？这些少数族裔的女性回答说，阻碍她们取得职业进步的主要障碍包括：缺少一位具有影响力的导师引导（47%）；与具有影响力的同事之间没有非正式的社交（40%）；在公司中没有与自己来自同一个种族或民族的角色模范（29%）；缺少获得容易引人注意的工作任务的机会（28%）。[79]麦肯锡咨询公司和 Lean-

In. org 公司最近所做的一项调查得出了大致相同的结论：管理人员并不为她们提供支持，不帮助她们管理公司政治，不提供建议，也不给她们提供一些延展性工作任务。[80]

那么，到底应该怎么办呢？针对在麦肯锡咨询公司和 LeanIn. org 公司所做的 2017 年女性职场调查中发现的问题，下面是一些建议。[81]

"女性更早遭遇玻璃天花板。"女性比男性被晋升到管理层的概率小 18%。认识到这种潜在问题之后，就要确保公司的培训和绩效评价过程不存在歧视。

"男性更有可能不用开口便能得到想要的东西。"男性更有可能得到晋升和加薪，因而在不开口提要求的情况下便已经感到满意。确保公司公平地执行晋升和薪酬决策。

"女性在职业发展方面获得的支持更少。"女性不太可能从管理者那里得到关于如何进步的建议。改进导师指导和人际网络搭建实践。例如，万豪酒店为女性员工举办了领导力会议。演讲者提供了关于职业发展的一些实用技巧并分享了自己的经验。这种会议还为万豪酒店的女员工提供了一个彼此会面和建立商业关系的非正式机会。

"女性对自己能进入高层不那么乐观。"与男性相比，女性更不可能渴望成为高层管理人员。让她们的导师适当地鼓励女员工主动要求承担延展性工作任务，同时鼓励她们在适当的时候提出晋升申请，并让女性高层管理者树立榜样。此外，还要注意消除一些障碍。例如，公司的一些做法（如要求在深夜参加会议）可能看起来对男性和女性不存在差别，但实际上对女性造成的影响会更大。

"男性不太愿意在性别多样化方面付出努力。"男性不太可能将性别多样化视为优先事项，有些人甚至认为这会阻碍他们进步。公司的高层管理者应该明确表示自己是完全支持性别多样化的。

"许多女性仍然从事两班倒的工作。"大约 54% 的女性承担着全部或大部分的家务，而承担家务的男性比例为 22%。当德勤会计师事务所看到自己正在失去女性审计师时，它制订了一个新的、灵活的且工作时间更少的计划。这种做法使许多职场妈妈能够留在公司中。[82]

10. 4. 2 调动管理

调动（transfer）是指将员工从一个职位调整到另一个职位，而他们的薪酬水平或者薪酬等级没有发生变化。企业可以将员工从一个已经不再需要他的职位调动到另一个需要他的职位上，或者是在组织内部为员工找到了一个更合适的职位。现在，许多公司都在通过整合职位来提高生产率。调动还可以为从某个职位替换下来的员工提供一个寻找新的工作任务或者谋求个人发展的机会。员工希望得到调动的原因是多方面的，其中包括丰富个人的工作经历、寻求更有意义的工作、获得更大的便利——更好的工作时间和工作地点等——或者从事可以带来更多晋升机会的工作。

10. 4. 3 退休管理

对于很多企业来说，退休计划是一个不可忽视的长期性问题。[83]在美国，25～34 岁的人口数量增长相对缓慢，而 35～44 岁的人口数量正在减少。随着一些企业中年满 60 岁的人逐渐到了退休年龄，这些企业会面临一个问题：要么保留或吸引潜在退休员工，要么面临无法填满空缺岗位的问题。

许多公司已经很明智地开始选用刚刚退休或即将退休的人来填补公司中出现的人员缺口。值得庆幸的是，在一项调查中，78％的员工说他们希望在到了退休年龄之后还能够继续做些事情（64％的人表示他们想从事一些非全日制性质的工作）。只有大约 1/3 的人说他们主要是出于经济方面的原因愿意继续工作；大约 43％的人表示，他们之所以愿意继续工作，只是为了保持活力。[84]

问题的关键在于："退休规划"已不再只是一种帮助现在的员工逐渐进入退休状态的计划。[85]它还应该帮助企业保留那些本该正常退休然后离开公司的员工所掌握的技能和知识。人力资源管理人员、员工和主管人员都应该投入企业的退休过程。[86]

退休规划步骤　比较符合逻辑的第一个行动步骤应该是对即将出现的退休情况进行数量分析，这种分析应该包括人口结构特征统计分析（其中包括对公司实施的全员调查），确定公司员工的平均退休年龄，评估员工退休将会对企业的医疗保健和养老金福利产生何种影响，等等。然后，企业就能够确定"退休问题"的严重程度如何，再采取以事实为基础的相关步骤来解决这些问题。[87]

想要招募或留住退休人员的企业通常需要采取一些措施。总的思想是，要制定能够鼓励和支持年龄较大的员工继续工作的人力资源管理政策。毫不奇怪的是，研究表明，对企业越忠诚的员工，越有可能到了正常退休年龄之后继续留下来为企业工作。[88]这有助于在企业中建立一种尊重经验的文化。例如，美国的连锁药店 CVS 知道，传统的招募媒介不太可能会吸引来年纪较大的员工。因此，CVS 通过全国老龄化理事会（National Council on Aging）、市政府的一些机构以及社区组织来寻找新员工。它还向退休人员明确表示，公司欢迎年龄较大的员工："我还年轻着呢，干吗这么早就退休啊？CVS 愿意雇用年纪大的员工。我们不看你的年龄，只看你的经验。"[89]其他一些企业则对甄选程序进行了调整。例如，一家英国银行就停止使用心理测试的方法，而是改用角色扮演练习来考察求职者是如何接待顾客的。

企业用来留住年老员工的其他一些措施包括：为他们提供非全日制的工作；雇用他们担任顾问或临时工作者；为他们提供灵活的工作时间安排；鼓励他们在达到传统退休年龄后继续工作；为他们提供培训以提升技能；制定阶段性退休方案；等等。阶段性退休方案使得很多资深员工可以通过逐渐减少工作时间的方式，渐进地进入退休状态。[90]

10.5　解雇管理

并非所有的员工离职都是出于自愿。有时，在企业做完职业发展规划和绩效评价之后，员工得到的并不是晋升或光荣退休，而是遭到**解雇**（dismissal），即员工在非自愿的情况下被迫与企业终止雇佣关系。很多解雇本来是可以避免的。例如，不少解雇的根源在于企业当初的雇用决策非常糟糕。企业可以运用各种评价性测试、背景调查、药物测试以及清晰定义的职位等减少此类解雇的发生。[91]

10.5.1 解雇员工的理由

解雇员工的理由有四类：绩效令人不满意、行为不端、达不到任职资格要求以及职位的任职资格要求发生改变（或职位被撤销）。

绩效令人不满意是指员工总是不能完成被指派的工作或者达不到职位预定的工作标准。[92]具体的理由包括：缺勤次数太多、频繁迟到、长期不能达到正常的工作要求或者态度太差。

行为不端是指员工故意和蓄意违反企业的规定，可能包括偷窃企业财物以及行为粗暴等。

达不到任职资格要求是指尽管员工很努力工作但仍无法完成被指派的工作任务。由于这类员工可能还在很努力地尝试完成工作，所以应当给他们提供一定的帮助，比如给这些员工分配其他工作。

职位的任职资格要求发生改变是指当职位本身的性质发生改变，员工不具备完成工作的能力。类似地，你有可能会在员工原来承担的职位被裁减之后不得不解雇他们。由于这些员工可能是很敬业的，如果可能的话，合理的做法是留住他们或者把他们安排到其他职位上。

不服从上级（insubordination）是行为不端的一种表现形式，有时也成为解雇员工的理由。不服从上级的两种基本表现是不愿意执行管理者的命令以及对管理者表现出不尊重行为。（这里的假设是：上级下达的命令是合理的，并且员工的这种不服从上级的反应不是管理者本人先实施了极端行为引发的。）不服从上级的例子包括[93]：

1. 直接忽视上级的权威。
2. 直接违抗或拒绝服从上级的命令，尤其是在有他人在场的情况下。
3. 故意藐视明文规定的公司政策、规则、规定和程序。
4. 公开批评上级。
5. 公然漠视合理的指令。
6. 轻蔑地表现出失礼行为。
7. 忽视组织中的指挥链。
8. 参与（或领导）削弱以及解除上级权力的活动。

公平的自我防护措施 解雇员工从来都不是一件容易的事。但是，管理者可以通过采取一些措施来使解雇变得更加公平。[94]第一，应当允许员工对自己的行为作出解释。比如，在员工作出解释之后可能会发现，他"违抗"命令的原因可能是他并没有理解这一命令。

第二，当企业向员工充分解释了为什么会解雇他以及企业是如何作出解雇决策的，员工"更有可能认为他被解雇是公平的……并且表明他不想将曾经的雇主告上法庭"。

第三，制定正式的包括多个步骤的解雇程序（其中包括警告）以及申诉程序。

第四，实际执行解雇决策的人十分重要。一项研究发现，与从人力资源管理者等其他人员那里得到解雇通知的员工相比，那些从直接上级那里提前得知自己将会被解雇的员工更有可能认为解雇是公平的。有些企业则采取更加直接的做法。在一项调查中，大约10％的受访者说他们使用电子邮件来解雇员工。[95]2012 年，JCPenney 解雇了数千名员工，其中有很多员工在一个大礼堂中被分成十几个人到 100 多人的一组被解雇。[96]企业应该让正确的人用一种人道主义的方式来实施解雇。

第五，那些感觉自己在财务方面受到不公平对待的被解雇员工更容易向法院提起诉讼。很多企业用支付遣散费的方式来减缓解雇带来的冲击（见图 10-3）。大多数企业根据职位等级、薪水和任期提供遣散费，但只有不到一半的企业有正式的遣散政策。[97]

计算不同职位等级遣散费的最短和最长平均周数		
职位等级（员工群体）	平均最短周数	平均最长周数
最高管理层	22.9	44.7
高层管理者	16.1	39.0
总监	8.9	32.2
经理	6.0	29.3
主管人员	5.2	27.4
专业/技术人员	4.9	27.3
豁免性员工（无加班工资）	5.0	27.1
非豁免性员工（有加班工资）	4.2	25.3

图 10-3　对不同职位等级发放的遣散费的最短和最长平均周数

资料来源："Severance & Separation Benefits"，2017—2018 Seventh Edition，Lee Hecht Harrison，https：//www. lhh. com/us/en/our-knowledge/2018/severance and-separation-benefits，accessed March 17，2018. Copyright 2018 by Lee Hecht Harrison. Reprinted with permission.

企业需要了解的雇用法律

自由解雇

一百多年来，美国的一个通行规则是，在没有签订雇用合同的情况下，企业和员工双方都可以实施**自由解雇**（terminate at will）。换言之，员工可以出于任何原因根据自己的意愿辞职，而企业同样可以出于任何一种原因按照自己的意愿解雇员工。但是在今天，越来越多被解雇的员工将原先的雇主告上了法庭，企业发现，自己已经不再有完全正确的理由可以解雇员工。

有三种保护措施可以用来抵制借用自由解雇原则实施的不当解雇：法定例外、普通法例外以及公共政策例外。

首先，法定例外包括联邦政府及州政府制定的公平就业和工作场所的相关法律所禁止的某些解雇行为。例如，1964 年《民权法案》第七章规定，禁止根据种族、肤色、宗教、性别或国籍等解雇员工。[98]

美国 18 个州和华盛顿哥伦比亚特区制定了保护 LGBT 工人免遭性取向解雇的法律。然而，在 29 个州，工人仍然可能会因性取向被解雇。[99] 对于联邦政府的雇员来说，平等就业机会委员会称，1964 年《民权法案》第七章适用于 LGBT 员工。[100]

其次，还存在一些普通法例外。一些法院根据过去的判决设置了这些例外。例如，法院认定，一旦企业在员工手册中承诺只会在有"正当理由"的情况下解雇员工，便可以视为属于自由解雇的一种例外。[101]

最后，根据公共政策例外，一些法院认定，如果某项解雇决定违背了某一项已制定的公共政策，则可被视为不当解雇。例如，一项公共政策例外可能会禁止雇主因某位员工拒绝执行违反法律的命令而将其开除。

10.5.2 避免不当解雇的指控

当员工被解雇的情形不符合法律规定或者与雇主通过书面表述或暗示方式承诺的契约安排不吻合时，不当解雇（或不当终止）就发生了。（在涉及变相解雇的起诉中，一位原告声称自己不得不从公司离职，因为雇主方使得工作状况让他无法忍受。[102]

要想避免受到不当解雇的指控，需要满足一些基本要求。[103] 首先，制定的雇用政策中应当包含一个申诉程序，这有助于表明企业是公平对待员工的。在这里，企业还可以用支付遣散费的方式来减缓解雇带来的冲击。[104] 解除雇佣关系总是令人不愉快的，而企业的第一道防线就是对其作出恰当的处理。[105]

其次，审查和完善所有与雇用员工相关的政策、程序和文件，以减小受到指控的概率。相关的操作步骤包括[106]：

● 让求职者在雇用申请书上签字。确保在雇用申请书上注明这样一条陈述："雇主可以随时终止雇佣关系。"

● 审查企业员工手册，删除那些可能会使自己在不当解雇诉讼中处于不利地位的陈述。例如，删掉这样一种陈述："公司只能在有正当理由的情况下解雇员工。"

● 在制定的书面规则中明确列出员工的哪些行为会导致企业的惩戒和解雇。

● 如果员工违反了某项规定，要在有证人在场的情况下让员工陈述整个事件的前后过程，最好是让其签字。然后对整个事件的实际情况进行核查。

● 确保每年至少对员工进行一次书面绩效评价。如果有证据显示一名员工不胜任本职工作，就向该员工提出一次警告，并且为其提供改进绩效的机会。

● 小心保管包括员工的绩效评价结果、受到的警告或发出的通知等在内的所有行动记录。

● 最后，问问自己图 10-4 中列出的那些问题。

> **避免遭遇不当解雇指控：在作出最终解雇决定之前需要问自己的几个问题：**
>
> 　　避免遭遇不当解雇诉讼是一个非常复杂的问题，例如，需要确保解雇是公平的，不涉及歧视、性骚扰、报复或违反合同等方面的问题。需要问的一些问题包括：
> - 员工是否有任何类型的书面协议，包括集体谈判协议？
> - 是否涉及工伤保险问题？
> - 是否传达并执行了合理的规章制度？
> - 员工是否有机会对任何违规行为或改善不良绩效的情况作出解释？
> - 是否有任何直接或间接证据（如声明）表明该员工是因歧视被解雇的？
> - 类似的员工是否因年龄、性别、种族或属于其他受保护群体而受到差别对待？
> - 企业方是否实施了不受欢迎的性挑逗、要求性帮助或试图建立浪漫关系或性关系？
> - 在被解雇之前，该员工是否向其主管人员、同事、人力资源部门或职业安全与健康管理局（OSHA）等执法机构报告过公司的潜在违规行为？
> - 员工是不是依据书面合同工作的？如果是，是否确定了允许的解雇条件以及解雇程序？
> - 企业、主管人员或上级是否作出过任何口头承诺，例如说此人的工作是"得到保障的"或确保其工作"任期"？
> - 员工在这里工作了多久？这是他第一次受到惩戒吗？
> - 你确定过去曾经向员工提出过警告吗？
> - 是否有其他犯下同样错误的员工受到了不同对待？

图 10-4　避免遭遇不当解雇指控应注意的几个问题

资料来源：Sovereign，K. L.（1999）. *Personal law*（4th ed.）. Copyright © 1999 Pearson Education, Inc. Reprinted by permission of Pearson Education, Inc.，Upper Saddle River，NJ；Pack，A.，& Capito，K.（2012，September 11）. 8 questions an employer should ask before taking an adverse employment action. www. dinsmore. com/adverse _ employment_action_steps，accessed May 31，2017；Wrongful termination checklist. http：//employment. findlaw. com/losing-a-job/wrongful-termination-checklist. html，accessed May 1，2017.

10.5.3　主管人员的责任

　　有时法院会判决管理者需要对他们个人的管理行动承担责任。[107]例如，《公平劳动标准法》对雇主的定义为"在与任何一位员工打交道时直接或间接代表雇主利益采取行动的任何人"。[108]这个人可能就是员工的主管人员。

　　有几个方面的做法可以避免个人责任成为一个问题。
- 遵循公司的各项政策和程序。员工可能会对他认为没有遵循公司的相关政策和程序的某位主管人员提出指控。
- 仔细考虑并全面记录任何终止决定的依据。
- 以一种不会加剧员工的情感伤害的方式（比如不要让员工当众收拾东西离开办公室）来实施解雇。
- 不要在愤怒时采取行动，因为这样会使你的解雇决策看起来不够客观。
- 征求人力资源部门的意见，了解应当如何应对一些比较麻烦的解雇情形。

10.5.4　安全保卫措施

　　公司应当用一份清单来确保被解雇的员工归还了所有的钥匙和公司财物，（通常）还要陪伴该员工离开公司办公场所。[109]例如，公司应该注销已被解雇员工在互联网上使用的相关系统的账号和密码，从而堵住可能允许前员工进行非法在线访问的所有安全漏洞，并且制定要求员工归还公司的笔记本电脑和掌上电脑的制度。作为一项规定，公司还应当在员工即将离职时通知信息技术部门采取一些必要的行动。比如，这些行动应该包括停止这些员工的访问权限、禁用密码以及修改 IP 地址等。[110]

10.5.5　离职过程以及解雇面谈

解雇一名员工是你在工作中可能会遇到的最为困难的任务之一。即使在解雇之前已经对员工提出过很多次警告，被解雇的员工也依然可能会对解雇决定有所质疑甚至实施暴力行为。（如果你认为性别或年龄等受保护的特征可能在面谈过程之中或之后成为问题，去咨询你的律师吧。）[111]以下是针对**解雇面谈**（termination interview）提供的一些指导原则[112]：

1. 仔细规划解雇面谈。
- 确保员工能够在约定的面谈时间准时到达。
- 提前准备好员工协议、人力资源方面的各种文件以及解雇声明等。
- 准备好医疗或安保方面的紧急电话号码。

2. 直奔主题。当员工进入办公室之后，给他一点时间适应环境，然后告诉他此次面谈的目的以及公司的决定。

3. 描述情况。用三四句话简单地解释为什么要解雇这位员工。例如，"你所负责的领域产量下降了 4%，同时我们还持续地遇到质量问题。在过去的 3 个月中，我们已经就这些问题讨论过多次，而你并没有坚持按照我们商定的解决方案去执行。我们必须作出改变。"不要将情况变得个人化，比如"你的产量刚好不达标"。同时要强调解雇决定是不可改变的。这里应注意，维护被解雇员工的尊严至关重要。需要指出情况已经过仔细核查，但是并不提供支持解雇决定的详细档案。[113]

4. 倾听。持续进行面谈，直到被解雇员工看起来能够理智、平静地畅所欲言为止。

5. 审查遣散费条款。就遣散费、各种福利、得到办公室支持人员的帮助以及求职推荐信将会被公司处理的方式等作出说明。但是，任何情况下都不要对公司能够提供的解雇支持之外的任何福利作出承诺。

6. 确定下一步措施。被解雇的员工可能会感到非常茫然，不知道接下来应该做些什么。因此，在结束解雇面谈的时候，要向员工说明他接下来应该去哪个地方。

重新谋职咨询　很多企业都会安排一家外部公司为被解雇员工提供**重新谋职咨询**（outplacement counseling），即为他们提供职业生涯规划以及求职技能培训等方面的服务。许多重新谋职咨询公司通常都会提供此类服务。重新谋职咨询是被解雇的员工从原公司获得的援助或遣散费条款的一个组成部分。为什么不把重新谋职咨询的费用作为遣散费的一部分发放呢？一般来说，提供重新谋职咨询对企业和被解雇员工都有积极的影响。[114]

离职面谈　很多企业都会与即将离开公司的员工进行**离职面谈**（exit interview）。这种面谈旨在让企业深入了解自身的优势和不足，从而提高员工保留率。[115]离职面谈中经常提出的一些问题包括：你是如何被招募进来的？公司当时准确、诚实地向你说明了需要你承担的职位是什么情况吗？你的直接上级的管理风格是什么样的？你与自己的团队成员相处得怎么样？[116]其他问题涉及人力资源管理（如晋升过程）、工作本身（包括工作条件）和竞争标杆（如与竞争对手相比薪酬如何）。尽量确保离职的员工作为企业的支持者而离开。[117]

离职面谈的一个基本假设是即将离职的员工会直言不讳，但对这种假设是存在争议的。[118]一些研究者发现，在即将离开企业时，38％的人都会将离职原因归咎于薪酬和福利，4％的人会归咎于直接上级，但是在离职 18 个月之后，24％的人将离职原因归咎于管理人员，只有 12％的人归咎于薪酬和福利。情况至今并没有发生改变。套用一位高管的话，如果还想得到他的推荐，一个人并不会去责怪他的上级。[119]因此，问题应该是比较尖锐的。

离职过程　离职面谈只不过是合理的离职过程的一个组成部分。企业应该按照一张行动清单来完成整个过程。[120]正如之前提到的，确保员工归还了公司的所有钥匙和设备，终止他们对所有电脑和数据库的访问权限，向公司内部（比如在适当的情况下向其他员工以及薪酬支付部门等）和外部都发出适当的通知，员工及时离开公司办公场所，采取必要的防范措施以确保公司安全，等等。

目前，很多人会在不提前通知公司的情况下突然辞职。有些情况下，这是正常的。例如，那些已经在竞争对手那里上班的人不用也不应该再获得企业的任何信息。但更常见的情况是，不提前通知就辞职反映了对提前两周通知的惯例并不熟悉，或者曾看到自己的同事被草率地解雇了。[121]一项研究发现，约 40％的离职员工在社交媒体上对前雇主发表了负面评价。因此，问题的关键是尽可能使彼此更体面。[122]

对于员工如果被解雇或者没能竞聘得到某个职位，他会怎么办？[123]大多数人的反应是震惊、不接受现实甚至非常愤怒。然而，更好的应对方式则是弄清楚为什么会这样。这很难做到。要认真分析你到底做了什么（如果有的话）才导致目前这个局面，然后客观考虑将来应如何改进。记住，你应该把这次的失败看作一个机会（尽管这可能很难），然后作出新选择，做好准备抓住新机会。

10.5.6　临时解雇和工厂关闭法

所谓**临时解雇**（layoff），是指企业由于无工作可干而让员工暂时停工回家一段时间，这种解雇通常不是永久性的（虽然也有可能会成为永久性结果），这是一种暂时性的解雇，企业也希望这种解雇仅仅是短期的。然而，有些企业也将临时解雇这个术语作为解雇或终止雇佣关系的一种委婉说法来加以使用。2008—2009 年经济衰退时期，企业总共实施了大约 5.1 万次临时解雇，这导致超过 500 万劳动者失去了工作。[124]

一项研究描述了一家公司的临时解雇过程。首先，高层管理人员开会，就需要临时解雇的人员规模和时间长度等作出决策。他们还讨论了员工的各种技能在公司未来发展过程中的相对重要性。接着，各级主管人员对他们的下属人员进行评价，将未加入工会的员工评为 A、B、C 等不同的等级（对于受到工会集体协议约束的员工的临时解雇决定则依据员工的资历作出）。然后，各级主管人员会将自己的评价结果通知给每一位下属，并告诉那些得到 C 级评价的员工，他们是最有可能被临时解雇的。[125]

临时解雇的效果　毫不令人感到惊讶的是，临时解雇无论是对于那些丢掉工作的员工，还是对于那些免于被解雇的员工来说，通常都会导致"有害心理和身体健康两个方面的结果"。[126]

但是，受到伤害的还不仅仅是那些"受害者"和"幸存者"。在一项研究中，研究者发现，"管理者在向员工发出临时解雇警告通知方面需要承担的个人责任越多，就越有可能会报告说自己患有身体问题，并且为解决这些问题寻求治疗，越有可能抱怨自己的睡眠发生紊乱"。[127]

鉴于这些情况，很多企业在经济下滑时期都尽量减少临时解雇和裁员的做法。在这方面，减少全体员工的工作小时数以及让员工强制休假就成为两个可用的选择。其他一些公司则会通过针对生产率的提升提供财务上的奖励来减少临时解雇。[128]

具有讽刺意味的是，当有些员工最需要得到员工援助项目（比如咨询）的帮助时，他们却因为被解雇失去了这样的机会。正因为如此，更多公司将前员工享受员工援助项目的时间延长了1~2个月。例如，美国佛罗里达州萨拉索塔县就将员工援助项目的享受时间延长到员工被解雇之后的两个月。[129]

美国《工人调整与再培训通知法案》（Worker Adjustment and Retraining Notification Act，WARN Act）规定，雇用人数在100人及以上的企业如果需要关闭一家工厂或者解雇50名及以上的员工，则需要提前60天发出通知。[130]

10.5.7　针对裁员与合并的调整

裁员（downsizing）是指削减（通常是显著削减）一家公司雇用的员工人数。其基本目的是借此削减成本和提高利润水平。裁员（有时也称作"生产率转型方案"）[131]要求企业认真思考下面这些问题。

第一，确保准备裁掉的人确实是应该裁减的人。这要求企业有一个有效的绩效评价系统。

第二，确保裁员遵守所有适用法律，其中包括《工人调整与再培训通知法案》的规定。

第三，以公正、公平的方式实施裁员。

第四，注意安全问题。例如，要确保从被解雇的员工那里收回公司的各种钥匙，并且这些员工没有带走任何禁止从公司带走的东西。

第五，减少未被裁减员工的不确定感，同时消除他们的一些担忧。这通常涉及在裁员之后发布通知，并实施一些项目，包括举行会议，请公司的高层管理人员回答留在公司的员工提出的各种问题。

提前向员工发出有关裁员的通知有助于缓冲裁员带来的负面效果。人际敏感性（从管理者在裁员中的行为举止表现出来）同样有助于削弱裁员的负面效果。[132]在国外进行裁员可能会更具挑战性，这是因为那些国家可能会要求企业承担一些特殊的法律义务，比如有些国家要求提前一年发出裁员通知。

在那些极度依赖员工敬业度和团队合作的公司中，支持和创新显得尤其重要。[133]在这些公司中，员工流动具有很大破坏性，因此尽可能避免裁员就显得非常重要。为此，可以作出的一些选择包括：实施薪酬冻结或降薪计划；在裁减员工之前先停止雇用新人；就公司裁员的必要性与员工进行坦诚的沟通；为员工提供表达他们对于裁员的意见的机会；在实施裁员时做到公平且富有同情心。[134]

本章内容概要

1. 员工最终必须对自己的职业生涯负责，但是组织和管理者在职业生涯管理中也可以发挥重要作用。具体措施包括建立整个公司的职业发展中心、举办职业生涯规划研讨会、为员工开发提供预算、提供在线的职业生涯开发项目。或许最简单、最直接的方法就是使绩效评价本身以职业生涯为导向，因为绩效反馈是将员工的期望与职业生涯规划联系起来的纽带。

2. 企业为员工制定的职业生涯发展规划（包括以职业生涯为导向的绩效评价）有助于提升员工敬业度。有效的职业发展过程应该传递出这样的信号：企业非常关心员工的职业成功。

3. 管理自愿离职要求确认其发生的原因，再来解决这些问题。留住员工的方法应该是多层面的，其中包括更完善的甄选，经过深思熟虑的培训和职业发展方案，为员工制定职业发展规划，给员工提供有意义的工作、认可及报酬，促进员工的生活与工作之间平衡，认可员工取得的成就，以及创建一种支持性的公司文化。

4. 企业需要处理员工生命周期中的职业生涯管理方面的问题。其中最主要的是，晋升可以向企业提供一个奖励杰出绩效的机会，还提供了用经过考验的忠诚员工填补空缺职位的机会。任何一家企业在晋升过程中都需要作出一些决策：晋升的依据是资历还是胜任素质？如何对胜任素质进行衡量？晋升过程是正式的还是非正式的？晋升是垂直晋升、水平晋升的，还是其他选择？女性和少数族裔在职业生涯中取得的进步往往相对较小，偏见以及一些更加微妙的障碍通常是导致这种情况的原因。总的来说，企业的晋升过程必须与招募、甄选以及其他人力资源管理行动一样遵守反歧视法律。调动和退休管理是另外两个重要的职业生涯管理方面的问题。

5. 对任何一名主管人员来说，解雇管理都是其工作的重要内容之一。解雇的理由包括：绩效不令人满意、行为不端、达不到任职资格要求、职位的任职资格要求发生改变等。在解雇一名或多名员工时要记住，在美国的很多州，自由解雇这一政策已经被一些法定的例外情形削弱了。另外，企业应该对避免受到不当解雇指控给予更多的关注。

讨 论 题

1. 为什么在留住员工方面，更建议采用综合性保留方案？你认为这种方案应该包含哪些方面的活动？

2. 员工在职业生涯管理中起到何种作用？管理者呢？企业呢？

3. 企业在作出晋升决策之前应当重点做好哪些方面的决定？

4. 为了保证解雇的有效性，请提供至少 4 条程序方面的建议。

5. 作为一名主管人员，你会做些什么来避免公司受到不当解雇方面的指控？

个人及小组活动

1. 很多人都将 IBM 看作在改进员工保留和提高员工敬业度方面付出巨大努力的榜样。请浏览 IBM 网站上的雇用主页（http：//www-03. ibm. com/employment/index. html）。在本章中，我们讨论了企业在改进员工保留和提高员工敬业度方面所能够采取的各种措施。请根据 IBM 的网站主页上提供的信息，说明该公司做了哪些事情来支持员工保留和敬业度管理。

2. 以 4～5 名学生为一组，访问你们大学中的几位管理人员和教师，在此基础上写一篇两页纸的文章，文章题目是"我们大学的教师晋升程序"。你们觉得这个晋升程序如何？根据我们在本章中的讨论，你们能够对这一程序提出什么改进意见？

3. 以个人或小组的形式，挑选两种职业（比如管理咨询师、人力资源经理或销售员），运用 O*NET 网站等资料来源，对这些职业在未来 10 年内的需求情况作出评价。这些职业是值得从事的好职业吗？为什么？

4. 以 4～5 名学生为一组，访问一位小型企业主或一位人力资源管理者，写一篇题为《我们公司为减少员工自愿离职所采取的措施》的两页论文。该企业目前的离职率是多少？你将对其提出什么建议来降低离职率？

5. 几年前，一项对英国新近毕业的大学生所做的调查发现，虽然许多人还没有找到自己的第一份工作，但是大部分人都已经为保持自己在工作之外的爱好和兴趣规划好了"职业间歇期"。正如基于这项调查结果撰写的一份报告所说，"下一代员工已经下定决心不会只知道拼命地工作而不去娱乐"。[135]造成这种现象的部分原因可能是，许多人看到了他们的朋友每周都在工作上投入 48 小时以上的时间。职业专家在对这些调查结果进行审查之后得出这样的结论：最近许多刚毕业的大学生"已经不再去寻找那些高薪且引人注目的工作了"。[136]相反，他们似乎希望把自己的生活明确"隔离开来"，减少花在工作上的时间，这样他们就可以保持自己的兴趣和业余爱好。如果你正在以导师的身份指导他们中的一位，你会给他提出哪三条具体的职业发展建议？为什么会提出这些建议？你将建议（如果有的话）他们的雇主做些什么来适应这些毕业生的职业发展愿望？

6.《体育新闻》（*Sporting News*）刊载了一篇报道，列出了最佳教练员名单。[137]请浏览这份名单并从中挑出两个人，然后在网上搜索这两个人的信息，对他们进行研究，以确定他们展示出了什么样的行为使得他们被誉为"最佳教练"。将这些行为与本章中提出的有效导师指导与教练辅导必须展现出的行为加以对比，你们能够得出何种结论？

体验式练习

我要到哪里去？我为什么要去？

目的：为你提供一个分析自己的职业爱好的机会。

必须理解的内容：学生应当充分熟悉本章中"员工在职业生涯管理中承担的责任"部分，并熟练使用 O*NET 网站（我们在第 4 章中对此进行过讨论）。

如何进行练习/指导：运用 O*NET 网站以及本章中"员工在职业生涯管理中承担的责任"部分来分析你的职业发展倾向（你可以花 10 美元在 www.self-directed-search.com 网站上做一下自我指导性质的探索）。在这些分析的基础上，回答以下问题（如果你们愿意的话，也可以以 3～4 名学生为一组来完成这种分析）。

1. 你的研究表明你最适合的职业是什么？

2. 这些职业的发展前景如何？

3. 结合这些职业的发展前景以及你的职业倾向，为自己制定一份一页纸的简要职业生涯发展规划，其中包括现在的职业倾向、职业目标以及行动计划。然后，根据你的职业生涯发展目标，列出 4～5 项开发措施，以保证你能从现在的位置到达未来希望到达的位置。

应用案例

优步公司

2017 年对优步公司来说是非常艰难的一年。[138] 一位优步工程师发表了一篇题为《回首在优步非常非常奇怪的一年》的博文，详细描述了自己在优步公司所遭遇的性骚扰以及后续一系列事件。文章一发布就掀起轩然大波，优步公司"不惜一切代价取胜"（win at any cost）的行事风格（比如"永远要努力""让建设者建设""精英主义和挑战权威"等价值观）也遭到了质疑。2017 年，不仅优步公司的核心员工流动率很高，先后还有 6 位高管辞职，包括总裁、财务主管、高级业务副总裁和首席执行官特拉维斯·卡兰尼克（Travis Kalanick）等。

优步公司董事会邀请美国前司法部长埃里克·霍尔德（Eric Holder）对企业文化进行分析。霍尔德的建议让我们有机会深入了解优步公司需要解决的问题。例如，律师建议优步公司：禁止上下级员工之间谈恋爱；制定关于在工作中合理使用酒精和管制药物的指导方针；对性骚扰、歧视和报复行为采取零容忍政策；扩大招聘范围，将少数族裔求职者纳入其中；在董事会层面创建道德和文化委员会。

问题

1. 借助在本章中所学的内容，在不做任何进一步研究的情况下，你还建议优步公司采取哪些措施来改善员工保留水平？

2. 在本书前面的各章中还有哪些信息有助于优步公司为改善员工保留而采取其他措施？

3. 请利用包括 Uber.com 在内的其他网络资源给出该问题的确切答案：优步公司还应该采取哪些措施来改善员工保留水平？

连续案例

卡特洗衣公司

职业生涯规划方案

对于卡特洗衣公司来说，职业生涯规划总是一件不怎么重要的事情，正如杰克经常喜欢说的："仅仅让员工来上班并且让他们保持诚实就已经是一件很麻烦的事情了。"然而，詹妮弗认为，思考一下一项职业生涯规划方案能够给卡特洗衣公司带来什么或许并不是个坏主意。他们的许多员工在这些没有什么发展前途的岗位上干了很多年。她已经很明显地感觉到有点对不住他们，她想："或许我们可以帮助他们更为清楚地认识到自己到底想要做什么。"她确信，为员工提供职业发展支持将有助于改善卡特洗衣公司留住员工的努力。

问题

1. 制定一项职业生涯规划方案对于卡特洗衣公司有什么好处？

2. 哪些人应当参与到这个职业生涯发展规划中？是全体员工，还是选择一部分员工？

3. 概括并描述你会为卡特洗衣公司中的洗衣工、熨衣工、柜台人员以及门店经理提出什么样的职业开发方案。

将战略转化为人力资源政策及实践的案例

改进巴黎酒店的绩效

新的职业生涯管理系统

巴黎酒店的竞争战略是:"通过卓越的顾客服务将自己与同行区别开来,吸引顾客延长入住时间,提高顾客再次入住比率,从而提高酒店的收入和利润水平。"酒店人力资源总监莉萨·克鲁兹现在必须制定和实施战略性人力资源管理政策和活动,通过帮助酒店获得战略所需的员工行为和胜任素质来支持酒店的这一竞争战略。

莉萨·克鲁兹知道,作为一家提供热情服务的企业,巴黎酒店特别需要对企业忠诚且士气高昂的员工队伍。在一家工厂或一个小型零售商店中,组织或许可以依靠直接的监督来确保员工确实把该做的工作做了,但是在一家酒店中,几乎每一位员工都处在"第一线"。当开豪华巴士的司机在机场接一位顾客时,当一位服务生为顾客泊车时,当前台人员为顾客办理登记入住手续时,当一位客房服务人员需要处理一位顾客的特殊要求时,通常都没有人监督他们。如果酒店想让顾客满意,就必须拥有一批忠诚的员工,他们在工作的时候把酒店当成自己的家,即使主管人员不在旁边,他们同样会做好自己的工作。但是莉萨知道,要想让员工对酒店忠诚,酒店就必须首先明确表示自己对员工也是忠诚的。

根据她的经验,表示对员工忠诚的方法之一就是帮助员工获得成功的和令人满意的职业发展,而她很担忧地发现,巴黎酒店根本就没有职业生涯管理程序。各级主管人员没有受过相关的培训,不知道如何在绩效评价面谈过程中与员工讨论他们的发展需要或晋升选择。酒店的晋升程序是非正式的,而且酒店没有提供任何职业开发服务,因而无法帮助员工更好地理解他们有哪些职业选择,或者他们的职业选择应该是什么。莉萨确信,忠诚的员工是改善顾客体验的关键所在,如果她不去做些事情来满足员工的职业发展需要,就很难提高员工的组织承诺度。在两家酒店,她开始鼓励主管至少在试点项目上对下属进行以职业生涯为导向的绩效评价。

经过初步研究,莉萨·克鲁兹和公司的财务总监对于在巴黎酒店实施一套新的职业生涯管理系统的可行性几乎没有提出疑问。试点项目的结果表明,那些在新的职业生涯管理系统下工作的员工比其他员工更加投入,收到更多来自客人的表扬信,得到更高的绩效考核评分。于是,财务总监同意设计和实施一套新的巴黎酒店职业生涯管理系统。

莉萨和她的团队知道,多亏他们在几周前就建立了新型的绩效管理系统(正如前面各章讲授的内容),他们已经有了一些基本的模块。例如,新型的绩效管理系统要求各级主管人员根据目标以及公司战略所需要的胜任素质对员工进行评价,这种绩效评价本身会产生下一年需要达成的新目标以及员工的具体开发计划。

除了建立新型的绩效管理系统,莉萨和她的团队还开设了"巴黎酒店职业发展中心"网站。该网站提供使用多种职业评估工具的链接,比如自我职业指导问卷(www. self-directed-search.com)和制定职业生涯规划的模板等。网站可以随时向巴黎酒店的员工提供所需的职业帮助。在这个网站上,"国际职位空缺"栏目使员工更容易找到他们可能胜任的职位。结果超出了莉萨和财务总监的预期:每个员工都在 6 个月内制定了自己的职业生涯规划;绩效评价面谈经常变成生动的、以职业为导向的培训与开发面谈;员工承诺和客户服务的各种衡量标准很快制定了出来。

问题

1. "很多酒店的职位从本质上说都是没有发展的，例如洗衣工和服务生等。他们要么没有继续发展的远大志向，要么只是暂时在这里工作，挣点钱补贴家用。"首先，你同意这种说法吗？为什么？其次，请列出你建议莉萨采取的针对这些员工的三项具体职业开发活动。

2. 为酒店提出可以实施的建立在公司现有的绩效管理系统之上的另外两项具体的职业开发活动。

3. 鉴于巴黎酒店和它的员工遍布世界各地这样一个事实，你会建议巴黎酒店实施哪些具体的职业开发活动？

附录

管理你的职业生涯和找到一份工作

个人必须负责规划和管理自己的职业生涯。在当今的就业市场上，另一个至关重要的方面是，你还需要知道怎样才能找到或得到一份工作。

作出职业选择

一个令人遗憾却是事实的情况是，许多人对自己的职业生涯并没有花费太多的心思。有些人在选择专业的时候是看专业偏好，有没有自己喜欢的教授，或者是出于一些没有明确表达的心理动机。还有些人之所以从事某种工作，只是因为"这是仅有的选择"。如果还有什么事情确实需要根据事实来做决策的话，那就是你的职业生涯选择。

在这方面，第一步，也是非常重要的一步，就是要尽可能多地了解自己的兴趣、能力和技能。最直接的方法是不断积累经验，最好是工作和实习经验。它们将帮你明确自己喜欢做什么、擅长做什么。积累经验并不是只对职业生涯规划有帮助，在一项研究中，研究人员为"申请者"编制了 9 400 份虚构的简历，这些简历在所学专业和就读大学等方面大同小异，工作方面的经验——例如，通过实习——似乎是获得面试机会唯一重要的因素。[139]除此之外，你还可以进行职业测试和练习。

确定你的职业倾向　职业咨询辅导专家约翰·霍兰德认为，人格（包括价值观、动机和需要）是职业选择的一个决定因素。例如，一个具有强烈社会倾向的人很可能会被需要大量人际关系的职业而不是需要大量脑力或体力活动的职业吸引，愿意从事诸如社会工作之类的职业。根据利用职业偏好测试（VPT）所进行的研究，霍兰德发现，有六种基本的人格类型或职业倾向（请参见 www.self-directed-search.com）。[140]

1. 现实倾向型。这类人对需要在工作中运用一定的技能、力量和协调性来从事体力活动的一些职业感兴趣。这方面的例子包括林业、种植业和农业。

2. 研究倾向型。这类人喜欢调查研究，对于涉及认知活动（思考、组织、理解）而不是情感活动（感觉、行动或人际关系）的职业比较感兴趣。这方面的例子包括生物学家、化学家和大学教授。

3. 艺术倾向型。这类人对涉及自我表现、艺术创作、情感表达职位等方面活动的职业感兴趣。这方面的例子包括艺术家、负责广告业务的高层管理人员以及音乐家。

4. 社会倾向型。这类人对涉及人际关系的职业更感兴趣，对涉及脑力或体力活动的职业不感兴趣。这方面的例子包括临床心理学、外事工作和社会工作。

5. 企业倾向型。这类人的一个重要特点是希望通过言语来影响别人。这方面的例子包括管理人员、律师以及负责公共关系的高层管理人员。

6. 传统倾向型。这类人喜欢涉及一些结构化的、有相关规则约束的活动的职业，以及期望员工能够使个人需要服从组织需要的职业。这方面的例子包括会计师和银行家。

大多数人都会有一种以上的职业倾向（例如，他们可能是社会倾向型、现实倾向型和研究倾向型）。霍兰德认为，一个人的这些倾向越类似、越相容，在面临职业选择时，其内心的冲突和犹豫就会越少。你可以花一点钱去做一份在线的霍兰德职业倾向测试（见 www. self-directed-search. com）。当然，正如某些人得出的经验，一个人在上述六种职业倾向上的得分可能会随着时间的推移而改变。[141]

确定你的技能　你可能具有传统倾向型的职业倾向，但你是否具有成为一名会计师、银行家或信贷经理的能力，则在很大程度上决定了你最终会选择哪一种职业。因此，你必须确定自己具有哪些方面的技能。

能力和特殊才干　为了进行职业生涯规划，通常会用一个能力测试组——如通用能力测试组——来衡量一个人的各种能力，这种测试在美国大多数州的一站式职业发展中心都能做。这种工具可以衡量各种能力，其中包括智力和数学能力。你还可以使用各种专业测试，比如机械理解能力测试。与 O* NET 网站一样，霍兰德职业倾向测试也能够为你理解自己的才能提供一些信息。[142]

O* NET　O* NET 网站为用户免费提供了一个在线的职业评估系统，即"我的下一步行动"（https：//www. onetonline. org/help/onet/mynextmove）。[143]该系统包含一个兴趣分析器，它能够根据一个人的兴趣、受教育水平以及工作经验等为用户提供有关 900 种以上不同职业的个性化的职业发展建议。用户可以获得包括与职业有关的技能、工作任务、薪资水平以及就业前景等在内的重要信息。[144]

确定你的职业锚　埃德加·沙因（Edgar Schein）说，职业生涯规划是一个持续不断的发现过程，在这个过程中，一个人会根据自己的才干、能力、动机、需要、态度和价值观等逐渐形成一种清晰的自我职业概念。沙因还指出，一个人越了解自己，越能发现一个占主导地位的职业锚（career anchor），这种职业锚就是你在作出职业选择的时候，永远都不会放弃的一种关注或价值观。

职业锚，顾名思义，就是一个人的职业变动所围绕的支点；一个人可以通过学习，通过对自己的才干、能力、动机、需要、态度和价值观的了解，逐渐清晰地意识到自己的职业锚。根据美国麻省理工学院所做的研究，沙因认为，职业锚是很难预测的，因为它是在不断发展变化的，是一个不断发现的结果。有些人可能永远不会了解自己的职业锚，直到他们不得不作出重大抉择时，比如是接受晋升，到总部任职，还是辞职去自主创业。正是在这一点上，这个人过去的所有工作经验、兴趣、能力和职业倾向等汇聚成一种有意义的模式，从而揭示出到底什么（职业锚）是驱动一个人进行职业选择的最重要因素。根据对麻省理工学院毕业生所做的研究，沙因确定了以下五种类型的职业锚。[145]

技术或职能型　有很强的技术或职能职业锚的人往往会避免作出那些让他们从事一般性管理工作的决策，相反，他们会作出那种能让他们在自己选定的技术或职能领域继续发展的决策。

管理型　有些人有一种成为管理者的强烈动机，他们的职业经验使他们相信自己具备成为管理者所需的技能和价值观。从事需要承担较大责任的管理类职位是他们的终极目标。当要求他们解释为什么他们认为自己具有获得这些职位的必要技能时，参加沙因的这项研究的受访对象回答说，因为他们看到了自己具有以下三个方面的能力，这些能力分别是：（1）分析能力（在信息不完善和不确定的条件下识别、分析以及解决问题的能力）；（2）人际关系能力（对各种不同层次上的人施加影响、监督、领导、操纵和控制的能力）；（3）情感能力（被情感和人际危机激励而不是被弄得筋疲力尽的能力，承担较大的责任而不会崩溃的能力）。

创造型　一些大学毕业生已经成为成功的企业家。在沙因看来，这些人似乎有这样一种需要："培育或创造某种完全属于他们自己的东西，如以他们的名字命名的产品或流程、一家自己的公司或者一笔能够反映他们个人成就的财富。"例如，一位毕业生已经成为一位企业家，在一个大城市中成功地经营联排别墅的购买、修建和承租服务；另一位毕业生则成功地经营着一家咨询公司。

自主和独立型　一些人的职业选择驱动力似乎源于摆脱对他人的依赖以及独立自主这样一种需要。这种需要之所以会产生，是因为当大家选择在一家大型组织中工作时，晋升、调动以及薪酬决策等往往使他们处于必须服从他人的境地。这类毕业生中的许多人都有较强的技术或职能倾向。他们不会追求在一个组织中工作，他们已经决定要么单独工作，要么在一家规模相对较小的咨询公司中做咨询顾问工作。其他一些人则成为企业管理方面的教授、自由作家以及小型零售企业的经营者。

安全型　少数毕业生很关注自己的长期职业生涯的稳定性和职业保障性。他们似乎很愿意去做这样一些工作：工作有保障、体面的收入以及良好的退休计划和福利。对于那些对地理安全感兴趣的人而言，在自己熟悉的环境中维持稳定的、安全的职业要比追求卓越的职业更为重要，因为如果选择后者就意味着他们将不得不离开本地，迁移到另外一个城市，从而在他们的生活中引入不稳定性或不安全感。对于另外一些人来说，安全就意味着组织的保障性。他们或许会选择到政府部门工作，因为在这种部门中，终身有保障的职位是一种常规。他们更愿意让组织决定自己的职业应该是什么样的。

评估职业锚　为了帮助你确定自己的职业锚，请拿出纸，写下你对下列问题的答案[146]：

1. 你在高中时主要关注的领域是什么（如果有的话）？你为什么会选择这个领域？你对这个领域感觉如何？

2. 你在大学时主要关注的领域是什么？你为什么会选择这个领域？你对这个领域感觉如何？

3. 你毕业后的第一份工作是什么？（包括参军，如果相关的话。）你希望从自己的第一份工作中得到什么？

4. 当你开始自己的职业生涯时，你的抱负或长期目标是什么？它改变过吗？什么时候改变过？为什么会改变？

5. 你的工作出现的第一次重大变化是什么？你希望从自己的下一份工作中得到什么？

6. 你的职业生涯接下来将会出现的重大变化是什么？你为什么要开始或接受这种变化？你希望得到什么？

7. 当你回顾你的职业生涯时，找出一段你特别喜欢的时光。你当时真正喜欢的是哪些方面？

8. 当你回顾你的职业生涯时，找出一段你特别不喜欢的时光。你当时真正不喜欢的是哪些方面？

9. 你曾拒绝接受调动或晋升吗？为什么？

10. 现在请认真核对一下你的所有答案以及我们对五种职业锚所做的描述（管理型、技术或职能型、安全型、创造型、自主和独立型）。请根据你对这些问题的回答，根据 1～5 分的标准对每一种职业锚作出评价（其中 1 代表重要性很低，5 代表重要性很高）。

技术或职能型＿＿＿＿＿＿＿＿＿＿＿＿

管理型＿＿＿＿＿＿＿＿＿＿＿＿

创造型＿＿＿＿＿＿＿＿＿＿＿＿

自主和独立型＿＿＿＿＿＿＿＿＿＿＿＿

安全型＿＿＿＿＿＿＿＿＿＿＿＿

你想做什么？

确认高潜质职业 了解你的技能和兴趣只是完成了选择职业这一任务的一半，你还必须识别哪些职业适合你（根据你的职业倾向、技能、职业锚和职业偏好），以及在接下来的几年里哪些职业的需求比较旺盛。

毫不奇怪，了解和比较职业的最有效方式就是通过互联网。美国劳工部的在线职业展望手册（https：//www.bls.gov/ooh）每年都会更新，提供数百种职业的详细描述和信息。[147] O* NET 网站也会提供劳动力需求更新信息。另一个网站是 https：//www.ncda. org/aws/NCDA/pt/sp/resources。

找到合适的工作

你已经确定了自己的职业倾向、技能和职业锚，并且选择了你想要从事的职业。下一步就是在一家公司中找到一份你想要的工作，然后努力为自己在公司中争得一席之地。

在决定离开当前这份工作之前，你一定要确定你确实想放弃当前的这份工作。在本来做一个较小的改变就足以解决问题时，很多人却犯了改变自己的工作或职业的错误。对工作不满意时，他们往往认为这一定是工作或职业的错。但是，如果出问题的是你现在就职的这家律师事务每周工作 80 小时的制度，而并非律师这个职业本身，你为什么还非要把自己的职业从律师换成教师呢？

在任何情况下，解决问题的方案需要与问题的起因相符合。例如，如果在经过仔细考虑之后，你对自己的职业以及工作的地方感到满意，但是对现有的工作组织方式感到不满意，请尝试改变它。例如，委派别人来做或者直接去除你最不喜欢的工作内容；自愿承担新的职责；寻找一项具有挑战性的"延展性工作任务"；整理你的办公室也可能有所帮助。[148] 如果是特定行业的组织，再了解其他方面的情况。

如果你已经好几年不上班了，请格外小心。一项研究跟踪调查了一组员工，他们中的一些人长期失业并且一直不找工作。这些失业员工的性格已经发生变化。在前后对照实验中，长期失业者的宜人性、责任心和开放性都有所下降。如果觉得自己需要一些支持性的咨询，不要犹豫去寻求帮助。[149]

求职技巧 求职时许多人发出了数百份简历，却只得到较少回复。正如我们在第 4 章和第 5 章中看到的那样，现代的数字工具收集了大量简历，并且使用软件筛选出了符合条件的几乎所有申请者。

大多数人找工作的方式几乎与专家认为最好的方式完全背道而驰。例如，在对人力资源管理专业人员的调查中，大约 70% 的人认为找工作的最佳途径是他人推荐，但只有不到

10％的求职者认为他人推荐是他们的最佳选择，相反，他们依赖招聘网站，不过这种方式在人力资源管理专业人员那里的排名要靠后得多。可以通过领英、脸书这些网站帮你建立人际关系网络，并向潜在的推荐者宣传你的"可用性"。[150]

个人关系　一般来说，得到工作线索和面试机会的最常用方式就是依靠朋友和亲属等个人关系。[151]因此，要尽可能让更多值得你信赖的人知道你正在找工作以及你想要找什么样的工作。（但要当心一点，即如果你现在在职，而且不想让你的求职信息回到你的现任老板这里，你不如挑选两三个非常亲密的朋友，然后叮嘱他们在为你找工作的时候一定要非常小心谨慎。）

顺便说一句，无论你与朋友或亲戚的关系有多亲密，都不要对他们要求太高。通常情况下，你最好只是问问他们，在你喜欢去工作的这家公司中，他们认为你应该与哪些人进行交谈，然后自己再去做更深入的信息挖掘。

社交媒体　在一项调查中，约90％的人力资源管理专业人员表示，求职者使用领英"非常重要"或"有点重要"，约83％的人表示专业招聘网站或者协会网站"非常重要"或"有点重要"，约60％的人表示使用脸书"非常重要"或"有点重要"。[152]

企业也会通过搜索社交媒体来招募员工，求职者应该确保自己的名字能引人注意。例如，求职者可以通过创建一个推特账号来提升自己的职业声誉。那些在脸书上"关注"了某家公司的求职者会较早收到该公司关于出现空缺职位的通知。每天花一点时间在领英网站上建立一些新的关系，并与你在领英上的朋友分享一些链接和建议。[153]加入领英的行业群组，让自己被他人熟知。要确保你的简历是 PDF 格式的，并且可以在智能手机上阅读。为了吸引招募人员注意，你应该遵循他们在博客或行业网站上发布的建议。使用纸质简历的求职者越来越少，更多的人使用的是社交简历。社交简历通过将文本材料、照片以及求职者的工作样本等合成为发布在社交媒体（如推特、领英、博客等）上的信息图文简历，为求职者提供了一张进行自我介绍的"快照"。[154]

最后，要记住，你未来的雇主可能会在发出正式录用通知前到谷歌网站上搜索有关你的信息，还极有可能会要求进入你的脸书和领英主页查看。

在线职位公告栏与企业网站　大多数像 Monster.com 这样的大型在线求职网站都具有本地搜索的能力。有用的开放式工作职位发布网站包括 Inded.com 和 SimplyHired.com，USAJobs 则适用于寻找联邦政府中的工作。[155]你也可以使用《华尔街日报》的求职网站（www.careerjournal.com），根据职业和工作地点两个选项来搜索工作机会。大多数大城市的报纸都有自己的（或者能链接到）在线本地工作机会列表。除了职位公告栏（比如 Monster）以及一些专业的网站（如 https：//www.efinancialcareers.com），大多数大公司、行业等都有自己的专门网站，例如，美国市场营销协会和国际财务执行官网（www.fei.org）。

回应招募广告　回应招募广告是一种使用概率极低的求职方法。随着职位等级的提升，你以这种方式找到工作的可能性也不断减小。不过，针对专业人员和管理人员的一些分类广告——如《纽约时报》《华尔街日报》等——以及在你从事工作的领域中的那些刊登职位空缺信息的专业期刊，也是不错的信息来源。当然，所有这些信息来源也都会在网上发布职位信息。

对于那些依然接受求职信的企业，一定要通过提交正确的材料给对方留下良好的印象。要检查这些材料的打印、写作风格、语法和整洁程度等，同时还要检查你的简历，以确保它是针对你将要申请的那个职位的。你的自荐信中一定要有一个段落特别说明为什么你的背景和已经取得的成就表明你确实适合招募广告中的那个职位。

一定要对那些来历不明的广告（比如只有邮政信箱的广告）多加小心。一些猎头公司和企业甚至会在并没有职位空缺的情况下投放广告，它们这样做只是为了试探市场，并且你极有可能会错误地把求职信投给自己目前所在的公司。

职业介绍机构 这些机构尤其善于把劳动者安排到那些年薪达 8 万美元的职位上，但它们对于寻找更高收入的职位也是有用的。企业通常要为招募专业职位和管理职位的候选人向职业介绍机构付费。假如你知道自己想从事什么样的工作，你可以翻看过往几期的报纸，看看刊登你感兴趣的那些职位的周末分类广告，确定哪些机构在帮助企业招募你想要得到的那种职位。你最好根据具体的招募广告，与 3～4 家职业介绍机构进行接触，并且不要签署任何合同，以避免授权任何职业介绍机构排他性地负责你的求职事务。

美国各州的一站式就业服务中心可能对你会有所帮助。在这里，求职者不仅可以申领失业救济金，而且可以在公共雇用服务机构登记、向职业生涯顾问咨询、使用电脑撰写简历和上网、参加各种考试、阅读或观看各种就业主题的书籍和视频。一些就业服务中心提供免费的电脑和复印机，方便求职者求职。

猎头公司 我们已经看到，很多组织都使用猎头公司来帮助自己寻找顶尖人才，通常都是由企业来支付所有的费用。猎头公司不做职业咨询辅导，如果你知道自己想得到的职位，就值得去接触一些猎头公司。把你的简历和自荐信发给它们，自荐信中要以准确的条件来描述自己正在寻找的职位，其中包括职位名称、理想的公司规模、与工作有关的成就、目前的薪酬水平以及希望得到的薪酬水平。要小心，现在有些公司自称是猎头公司或职业顾问，实际上并不做任何猎头工作，只是通过收取（通常是高额的）费用来帮助你管理自己的求职过程。请记住，在跟猎头公司打交道的时候，你不需要支付任何费用。

职业咨询顾问公司 职业咨询顾问公司不会帮你找到一份工作，它们是专门从事各种能力测试和职业辅导咨询的。它们的服务成本通常在 500 美元左右，其中包括一些心理测试以及与一些有经验的职业顾问进行的面谈。要注意核查这类公司的服务、价格、历史和与你打交道的人的资质。

猎头营销顾问公司 猎头营销顾问公司会管理你的整个求职过程。它们通常不是招募人的机构，也没有需要填补的空缺职位。使用它们的服务通常会支付 600～5 000 美元甚至更多的费用，具体的费用取决于你选择获得何种服务。这个过程可能会涉及持续数月的每周例会。它们所提供的服务包括：撰写简历和自荐信、培训面试技巧以及设计一整套的求职活动。在接触这类顾问公司之前，你要做一些深入的自我评估（正如我们在本章所讲的），同时还要阅读一些书籍，比如理查德·博尔斯（Richard Bolles）的《你的降落伞是什么颜色？》（*What Color Is Your Parachute?*）。

要做尽职调查，这些营销顾问公司并不是招募人员，它们也不会给你提供一份工作——你必须自己去收集信息。你可以到优良商业局（Better Business Bureau）去查询一下，再确定哪些企业（如果有的话）适合你。

撰写简历 你的简历可能是你最重要的推销文件，这份文件将决定你能否得到一个面试的机会。当然，你制作的简历不应该是潦草的：要避免页面过于拥挤，不要使用难以辨认的复印件，避免印刷错误及其他问题。另外，不要使用临时性的模板简历。你应该为自己申请的每一份工作分别制作一份简历，并在简历中说明你的工作目标和你想获得的成就。下面是由就业咨询专家理查德·佩恩（Richard Payne）和其他一些专家提供的简历撰写指南。[156]

在简历的开头要写上你的姓名、家庭住址、电子邮箱以及家里的电话或手机号码。下一步，陈述你的职位目标。你应该用一句话概括你想要申请的具体职位、期望的工作地点（公司的类型和规模）以及组织可能希望让你来填补这一职位的某种特殊原因。例如，期望"在一个非常看重创新能力的中型商业公司中担任营销经理"。

针对你过去从事的每一个职位，写一段话来说明其职位名称、你的直接和间接工作报告对象、向你报告工作的下级是谁、有多少人向你报告工作，以及你所能控制的运营预算和人力资源预算，还包括（用一句话描述）你所承担的工作内容是什么。

你取得的成就是简历的核心。这种内容将会显示你在此前职位上的以下信息：第一，你所采取的具体行动以及采取这些行动的原因；第二，你的行动所产生的具体结果——"回报"。例如，"作为生产主管，我引入了一种新的工艺流程来取代昂贵的手工方式去焊接组件。这种新工艺把每单位产品的装配时间从原来的 30 分钟减少到 10 分钟，使劳动力成本削减了 60% 以上"。对于你过去承担的每一个职位都使用几句类似这样的描述。

让你的简历保持在两页以内，并且将你的受教育程度、服兵役情况（如果有的话）以及个人背景（个人爱好、兴趣和人际关系等）列在最后一页。对于很多求职信来说，很重要的一点就是要撰写一份可供扫描的简历。求职者跟踪系统可以审查求职者的简历，筛选掉那些似乎并不匹配的简历（筛选的依据通常是看简历中是否缺乏某些关键词）。一定要运用与你正在申请的职位匹配的强有力的关键词来展示你的资格条件，例如计算机培训、交互式视频和小组协调人。

如果你将简历发布在网上，专家建议要采取一些预防措施。至少要更新你的简历（以防止它两年后才出现在你老板的办公桌上这样的事情发生）。还要插入一段禁止未经授权的猎头公司转载的声明，要在发布之前进行核查，弄清谁有权进入你发布简历的那个网站的数据库，同时要尽量隐藏你的身份，比如在简历中列出你具备的能力但不要透露你的姓名或现任雇主——用一个匿名的电子邮件地址来接收感兴趣的企业对你的询问。[157]

在线简历 今天，很多组织常常鼓励或要求其专业人员或管理人员把自己的简历张贴在公司的内网或门户网站上。这些简历可以让其他员工了解自己的同事所掌握的专业知识或技能。在撰写这样的一类简历时需要注意的技巧包括[158]：

● 填写详细信息。"你输入的信息越多，别人在寻找拥有你这种背景的人时，就越有可能找到你……"

● 避免敏感话题。例如，避免谈论宗教和政治。

● 要看上去很正式。你的个人资料上可能需要贴照片。如果是这样，要穿职业装。

● 让它容易被搜索到。确保你的个人信息中包含一些关键词，这些关键词是别人在搜索拥有你这种背景的人时会使用的，比如"经理""主管"或"工程师"。

● 使用缩略语。缩略语很重要。例如，有人在搜索时可能更习惯输入"MBA"而不是"工商管理硕士"。

● 用数字表达。要具体描述你当前的工作对于现在就职的公司以及过去的公司所作出的贡献。

● 校对。仔细校对你的网上个人资料，就像校对你的个人简历一样。

应对面试

你已经完成了所有的准备工作，现在，约定好的面试就要临近了。你必须做些什么才能让自己在这次面试中脱颖而出呢？这里有一些建议。

做好准备 首先要记住，准备是必不可少的。在面试之前，要尽你所能地了解准备去的这个组织、职位以及负责招聘的那个人。通过互联网搜索来搞清楚这个组织所在的领域正在发生什么。很多工作都会约定一个试用期。试用期间，你必须展示你在这份工作的各个方面做得有多好。[159]许多地方禁止企业询问求职者之前的工资水平，但是面试官也有可能询问你的工资要求，对此要做好充分准备。

第一印象 面试官通常在面试开始的前几分钟就对求职者形成了一个整体印象。因此，你只有一次机会，必须给别人留下良好的第一印象。适当的着装、良好的仪容仪表、保持眼神交流、有力的握手和充沛的精力都很重要。

发现面试官的需求 花尽可能少的时间来回答面试官提出的第一个问题，花尽可能多的时间让面试官描述他的需要——他希望雇用人来完成的工作是什么以及他们到底需要什么样的人。使用开放式的问题，例如："关于这个问题，你能再告诉我更多的信息吗？"

把自己和面试官的需求联系起来 一旦你了解了面试官要找的人的类型以及他想要解决的问题的类型，你就处在一种非常有利的位置——可以根据面试官的需要来描述自己已经取得的成就。[160]首先，你可以这样开始："你刚才指出的对于你们来说很重要的一个问题，与我遇到过的一个问题是类似的。"然后开始陈述这个问题是什么，描述你当时的解决方案，最后阐明你的方案产生的结果。

注意仪容仪表并展示出热情 得体的着装、良好的修饰、有力的握手以及有活力且稳重的外表都很重要。请记住，对面试所做的一些研究表明，在几乎80%的情况下，面试官在面试的前几分钟就已经对求职者形成了自己的看法。在面试中，良好的第一印象也许会变坏，但是这种可能性比较小。不好的第一印象要想变好，却几乎是不可能的。

非言语行为和印象管理 记住，你的非言语行为会对面试评分产生很大的影响（见第7章）。在一项研究中，26位人力资源管理专业人员中的23位注意到与面试官目光接触多、精力表现更加旺盛的求职者，被邀请参加第二轮面试；与面试官目光接触少、精力表现不足者则没有一个人获得这样的机会。

同样，自我推销（向面试官推销自己的技能和能力）与面试官对求职者与工作的适配度感知密切相关。有些人通过逢迎面试官来博得他们的喜欢。例如，赞扬面试官或者表现出赞同其观点，通过这种方式暗示他们之间有类似的信念。

有些求职者会直接向招聘人员询问他们对自己的印象，结果可能会让人扫兴。采用更加委婉的方式，比如发送一个关于你和招聘人员所讨论内容的链接，效果通常会更好。[161]

注　释

4

第 篇

薪酬管理

第11章 制订战略性薪酬计划

Establishing Strategic Pay Plans

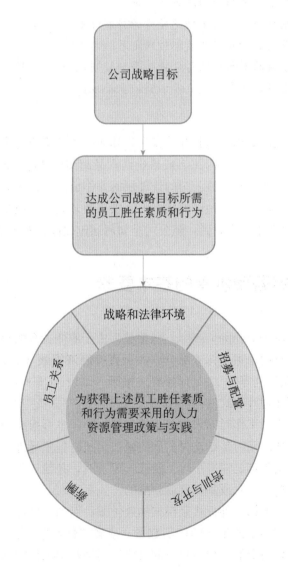

➡ 我们学到哪儿了

　　一旦对员工进行了绩效评价并提供了教练辅导，他们自然而然就会希望能够领取薪酬。谨慎的企业绝不会很随意地向员工支付薪酬。要想使每一位员工得到的薪酬与其他员工相比是合理的，就要求企业制订一项薪酬计划。本章的主要目的就是向读者说明如何制订一项薪酬计划。我们在本章中讨论的主题包括：确定薪酬水平的基本要素；职位评价的几种方法；如何创建具有市场竞争力的薪酬计划；为管理类职位和专业类职位定价；当前薪酬管理主题；员工敬业度与总报酬。在下一章中，我们将专门讲述绩效薪酬和各种奖励计划。

➡ 学习目标

1. 指出确定薪酬水平的基本要素有哪些。
2. 定义职位评价并举例说明如何进行职位评价。
3. 详细说明如何制订一项具有市场竞争力的薪酬计划。
4. 描述如何为管理类职位和专业类职位确定薪酬水平。
5. 阐明基于胜任素质的薪酬计划与传统的薪酬计划之间的区别。
6. 描述总报酬模型在提升员工敬业度方面的重要性。

　　在零售业中，每当沃尔玛公司新开一家店，其他商店的反应通常都是降低成本，尤其是降低员工的工资和福利水平。因此当威格曼斯食品超市（Wegmans）的分店越开越多，并且开始与沃尔玛展开竞争时，该公司的管理层需要作出以下几个方面的决策：我们到底是应该通过降低员工的薪酬更好地以低成本为手段来展开竞争，还是应当采用一种不同的薪酬政策？[1]我们将会在本章中看到，该公司是如何通过提高薪酬水平来获得利润增长的。

➡ 11.1 确定薪酬水平的基本要素

　　员工薪酬（employee compensation）包括员工由于雇佣关系的存在而获得的所有形式的经济性报酬。薪酬有两个主要构成部分：一是**直接经济报酬**（direct financial payment）（工资、奖金、佣金及红利等）；二是**间接经济报酬**（indirect financial payment）（如企业支付的保险以及带薪休假等形式的经济福利）。

　　企业既可根据员工的工作时间来支付直接经济报酬，也可根据绩效向员工支付直接经济报酬。不过，以工作时间为基础支付薪酬的做法仍然占据主导地位。比如，蓝领工人以及承担事务类工作的员工都是领取小时工资或日工资的，其他一些人，比如管理人员或网页设计人员，通常是按周、月或年来领取薪酬的。

　　支付直接经济报酬的第二种方式是根据绩效付酬。例如，计件工资就是这样一种确定基本薪酬的方法，它根据工人生产的产品数量（或者"件数"）支付薪酬。销售佣金则是根据销售额向员工支付薪酬的。很多企业的薪酬计划将基于工作时间的付酬方式与绩效奖励结合在一起使用。

在本章中，我们将说明如何制订一项根据员工的工作时间来支付工资或薪资的计划。在下两章中，我们分别讲述以绩效为基础的经济性奖励计划（第 12 章）以及员工福利（第 13 章）。

任何一种薪酬计划都会受到几个因素的影响。这些因素包括企业对战略性政策的考虑以及对公平性、法律以及工会等方面因素的考虑。

11.1.1 将总报酬与战略相结合

薪酬计划首先应该促进公司战略目标的实现——管理层应当制订一种引导性薪酬战略。这就意味着企业应当创建一个有助于获得实现竞争战略所必需的员工行为的薪酬包（其中包括工资、奖金和福利）。[2] 换言之，每一种报酬和具体的经营目标之间应该有一条清晰的"连线"。

我们将看到，很多企业都制订了一种总报酬战略来支持自己的战略目标。总报酬不仅包括传统的工资、奖金和福利，而且包括更具有挑战性的工作（工作设计）、职业发展以及各种认可方案等。

表 11-1 列出了企业在制订以战略为导向的薪酬政策时需要搞清楚的几个问题。

表 11-1 我们的薪酬政策支持我们的战略目标吗

- 我们的战略目标是什么？
- 我们需要什么样的员工行为和技能来实现我们的战略目标？
- 什么样的薪酬政策和实践——工资、奖励计划以及福利——有助于我们获得实现战略目标所需的员工行为？

巴黎酒店的人力资源管理实践

莉萨和首席财务官仅仅随意审查了一下就发现，巴黎酒店的薪酬计划根本就不是围绕支持公司的新战略目标设计的。想要了解他们是如何处理这个问题的，请看本章末的案例。

11.1.2 公平性及其对薪酬水平的影响

在埃默里大学所做的一项研究中，一些研究者考察了卷尾猴对于不公平的报酬会作出何种反应。一些猴子用鹅卵石交换到了甜葡萄，而其他猴子则只能交换到黄瓜片。如果一只猴子用鹅卵石换到的是黄瓜片，那么当它看到自己旁边的猴子用鹅卵石换来的却是甜葡萄时，它就会扔掉鹅卵石，或者拒绝吃黄瓜片。[3] 因此，从道德的意义上说，即使是较低级的灵长类动物也会要求在薪酬方面得到公平对待。

对薪酬公平性的要求在人类当中也是如此。关于激励的公平理论假定，人们存在一种在自己感知到的贡献与得到的报酬之间保持平衡的动机。公平理论表明，如果一个人感知到存在不公平的情况，则一种紧张或内驱力就会激励他减少这种紧张以及感知到的不公平。相关研究倾向于对公平理论表示支持，尤其是当它应用于那些报酬过低的人时。[4]例如，在一项研究中，当零售采购员感觉在报酬水平方面以及企业分配报酬的方式方面都得到了公平对待时，他们的离职率明显下降。[5]不过，支付的薪酬水平过高有时也会适得其反，这可能是由于它会导致当事人产生一种"愧疚感或不舒服感"。[6]

薪酬方面需要关注的公平包括外部公平、内部公平、个人公平以及程序公平四个方面。[7]

1. 外部公平是指一家公司对某个职位支付的薪酬水平与其他公司该职位的薪酬水平相比的结果如何。

2. 内部公平是指一个职位得到的薪酬水平与公司内其他职位相比的公平性如何。（比如，与产品经理的薪酬水平相比，销售经理的薪酬水平是公平的吗？）

3. 个人公平是指从个人的工作绩效水平来看，一位员工得到的薪酬与公司内从事相同或十分类似的其他职位的同事相比的公平性如何。

4. 程序公平是指"员工感知到的企业作出薪酬分配决策的过程和程序的公平性"。[8]

管理者可以用不同的方法来处理此类公平问题。例如，他们会利用薪酬调查（即针对其他企业支付的薪酬水平所做的调查）来监控和维持本公司薪酬的外部公平。他们还会利用职位分析，并且对每一个职位进行比较（"职位评价"）来维持薪酬的内部公平。此外，管理者还可以运用绩效评价和奖励性薪酬来维持薪酬的个人公平。他们还会运用沟通交流、争议处理机制以及员工参与等方式来确保员工认为薪酬决策程序是公平的。有些企业还会通过实施相关的调查来监控员工对薪酬的满意度。在此类调查中提出的典型问题包括："你对自己的薪酬满意度如何？""你认为企业在确定你的薪酬水平的过程中考虑了哪些因素？"[9]

薪酬公开政策——列出每个人的收入——有助于减少不平等（比如性别薪酬差距），但显然会导致其他分歧。[10]有些企业对企业内的薪酬水平实行了严格的保密措施。[11]关于薪酬保密的研究并没有定论，但是大多数企业都不公开薪酬。[12]然而，联邦政府要求所有与之签订合同的企业都采取薪酬公开的政策。[13]至于外部公平性，像 Salary.com 这样的在线薪酬网站使得员工很容易了解自己可以在其他公司获得多高水平的报酬。除了薪酬公开，一些专家建议企业至少应对如何计算薪酬进行解释。[14]

11.1.3　薪酬管理中应考虑的法律问题

企业在设计薪酬计划时并没有完全的自由。很多法律都会对最低工资、加班工资以及福利等作出具体规定。[15]比如，1931 年颁布的《戴维斯-贝肯法案》（Davis-Bacon Act）规定，美国劳工部长可以针对美国联邦政府项目承包商雇用的体力劳动者和技师的薪酬水平作出规定。该法案的修正案还规定了这些承包商应当向员工支付的福利。1936 年通过的《沃尔什-希利法案》（Walsh-Healey Public Contract Act）规定了承包政府项目合同的金额达到或超过 1 万美元的承包商必须达到的基本劳工标准，其中包括最低工资、最长工时、安全和健康条件，并且要求承包商向每周工作超过 40 小时的员工支付相当于正常水平 1.5 倍的工资。1964 年《民权法案》第七章规定，在雇用、薪酬、工作待遇、工作条件以及就业特权等方面，禁止企业因为员工的种族、肤色、宗教信仰、性别或者国籍实施歧视。[16]接下来我们还要考察与薪酬相关的其他一些重要法律。

1938 年《公平劳动标准法》 《公平劳动标准法》（Fair Labor Standards Act，FLSA）最初是在 1938 年通过的，此后经过了多次修正，其内容包括最低工资、最长工时、加班工资、公平工资、工资记录以及与童工有关的条款，这些都是大多数劳动者很熟悉的内容。[17]这部法律覆盖了美国大多数的劳动者，实际上，它涵盖了所有生产和（或）销售那些用于州与州之间贸易和国际贸易的产品的员工。此外，农业工人以及那些被一些大型的零售和服务类公司雇用的劳动者也涵盖其中。美国各州的公平劳动标准法则覆盖了大多数《公平劳动标准法》没有覆盖的员工。[18]

一个比较常见的条款是关于加班工资的规定。这部法律指出，对于在一周之内工作超过 40 小时的那部分工作时间，企业必须至少向员工支付相当于正常水平 1.5 倍的工资。因此，如果一位受到这部法律管辖的工人在某一周中的工作时间达到 44 小时，那么他在超过 40 小时的这 4 小时的时间，所应当获得的小时工资就相当于他在前 40 小时应当得到的小时工资的 1.5 倍。[19]比如，如果这位工人的小时工资是 12 美元（或者一周工作 40 小时应当获得 480 美元），那么对于他在一周中多工作的这 4 小时，每小时的工资就应当是 18 美元（12 美元×1.5），或者说此人在一周中多工作的这 4 小时能帮他多挣 72 美元（18 美元×4）。如果企业为员工的加班工时提供其他休息时间作为补偿，那么这种休息时间也应当按照 1.5 倍来加以延长（一周中多工作的这 4 小时能够使其获得的补休时间是 6 小时）。《公平劳动标准法》规定，如果企业强迫员工无偿加班，员工将得到特别赔偿。[20]

企业需要了解的雇用法律

日工作时间

企业需要对那些早来或晚走的员工保持警惕，以免不得不为员工在工作场所额外耗费的时间支付薪酬。例如，一位勤勉的员工可能早早就来上班，并且在一天的工作正式开始之前就花上比如 20 分钟来做一些与工作相关的事情（比如整理出一份当天要通过电话联系的客户名单）。泰森食品公司（Tyson Foods）最近为工人诉讼支付了 1 200 多万美元，这些工人表示，他们在穿戴和拆卸防护工作装备上所花费的时间也应获得报酬。[21]尽管并不存在精确和固定的规则来确定实际的工作时间，但有些法院会采纳这样一种规则，即认定那些比上班时间提前 15 分钟或更长时间到达上班地点的员工已经提前开始工作，除非企业能够拿出证据证明情况并非如此。[22]如果企业使用的是考勤机，企业就应该明确规定，员工打卡上班的时间不要比正式上班时间提前 5 分钟以上（或比正式下班时间晚 5 分钟以上）。

智能手机为企业提供了更为充分的理由来仔细地记录员工的上班时间。一款来自美国劳工部的应用程序使员工能够记录自己的工作时间。[23]芝加哥警察局向其在外执勤的警官发放了智能手机。一位警官随后提出诉讼，声称他在下班时间有时也在使用这种智能手机，但是并没有得到加班费。Pacific Timesheet（www.pacifictimesheet.com）为企业提供弹性工资考勤表。[24]员工在办公室外可以通过智能手机或类似设备填写考勤信息。[25]新的打卡设备通过即时照片和生物传感器，减小了其他人替代打卡的可能性。[26]

《公平劳动标准法》还确定了最低工资，它为被该法律覆盖的全体员工确定了一个工

资底线（当国会提高最低工资水平的时候，它通常会提高所有劳动者的薪酬水平）。该法律确定的 2018 年的最低工资水平为每小时 7.25 美元。美国的很多州还制定了本州的最低工资标准。例如，2018 年马萨诸塞州和加利福尼亚州的最低工资水平分别为每小时 11 美元和 10.5 美元。[27]纽约州正在讨论将最低工资提高到每小时 15 美元。各个城市都制定了自己的（更高的）最低工资标准。[28]根据新的联邦法规，签订联邦合同的工人每小时的最低工资为 10.10 美元。[29]

《公平劳动标准法》中包含的"童工条款"禁止企业雇用 16～18 岁的青少年从事有毒有害类的工作，并且严令禁止企业雇用 16 岁以下的童工。

今天很大一部分企业都在将一些人作为"独立承包商"而非员工来支付薪酬。严格来说，这些人类似于咨询顾问，因此不受《公平劳动标准法》的管辖。后面的"企业需要了解的雇用法律"专栏说明了向这种类型的工作者付酬的相关问题。

豁免性员工和非豁免性员工　某些特定类型的员工可以不受《公平劳动标准法》的管辖，或者不受其中某些条款的管辖，尤其是不受其中加班工资规定的约束——这些员工就是所谓的"豁免性员工"。一位员工是否属于豁免性员工，主要取决于他所承担的工作职责、任务以及薪酬水平。高层管理人员、行政经理人员（比如办公室主任等）以及专业类员工（比如建筑设计师）等，通常都不受该法中关于加班工资和最低工资规定的约束。[30]年薪在 10 万美元以上，并且仅仅承担豁免性的行政管理、经营或专业类工作职责的白领员工自动不受该法中关于加班工资规定的管辖。其他那些年薪在 23 660 美元以下的员工自动受加班工资规定的保护（每周的工资收入在 455 美元以下的员工都属于非豁免性员工，是能够得到加班工资的）。[31]图 11-1 列出了一些典型的豁免性职位和非豁免性职位。

豁免性职位	非豁免性职位
律师	律师助理
医生	会计
牙医	出纳
工程师（有学位者）	执业护士
教师	办事员
科学家	大多数秘书（但像首席执行官秘书这样的职位可能是豁免性的）
注册护士	实验室技术员
总经理	
药剂师	
行政管理类职员*	

* 行政管理类豁免性职位是专为那些级别较高且主要工作内容是"保持业务运转"的员工设计的。行政管理类的级别较高的员工可能属于豁免性员工，这方面的例子包括：劳资关系与人事管理（人力资源管理类员工）、薪酬发放与财务（比如预算控制与福利管理）、记录维护、会计与税务、市场营销与广告（区别于直接销售）、质量控制、公共关系（其中包括股东或投资者关系、政府关系等）、法律和规章制度以及一些与计算机相关的工作（比如网络、互联网以及数据库管理等）。

图 11-1　一些典型的豁免性职位和非豁免性职位

2016 年，奥巴马政府颁布了新的加班豁免规定。[32]不同于原来设定的年薪 23 660 美元这个门槛（年薪低于这一数额的所有员工基本都有资格获得加班工资），新的门槛提高到年薪 47 476 美元，即所有年薪低于 47 476 美元的人都必须获得加班工资。

由于一名联邦法官否决了新的加班工资规定，目前这一变革被搁置了。美国现任劳工部长也觉得虽然年薪 23 660 美元的门槛确实太低了，但年薪 47 476 美元这个门槛又显然过高了，因此，即使年薪门槛会调高，幅度也不会太大。[33]从某种程度上来说，这些争论都没什么意义。包括沃尔玛公司在内的许多企业都已经接受了这一新的规定。例如，沃尔玛已经将管理人员的年薪提高到 47 476 美元这一门槛以上。[34]

如果一位员工不受《公平劳动标准法》中的最低工资条款的管辖，那么他也不受加班工资条款的约束。然而，还有一些员工是永久性地不受加班工资条款管辖的人，包括农业工人、住在雇主家里工作的员工、出租车司机以及电影院职员等。[35]

确认哪些职位属于豁免性的仍然是一件比较棘手的事情。正如前面提及的，一些职位——如高层管理人员和律师等——显然是豁免性的职位，而其他一些职位，比如年薪在 23 660 美元以下的办公室职员职位，很明显属于非豁免性职位。除此之外，在对其他职位进行归类前，企业还应该对职位进行一番审视。图 11 - 2 提供了作出这类决策时可以遵循的程序。除了那些显而易见的情况，都要认真地审视职位描述。例如，要确保这个职位确实需要任职者执行某种豁免性的监督职责。[36]

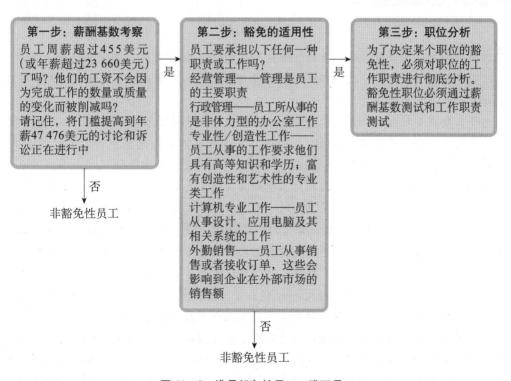

图 11 - 2 谁是豁免性员工？谁不是？

资料来源：Based on www.flsa. com/coverage. html, accessed August 5, 2011; https：// webapps. dol. gov/elaws/ whd/flsa/screen75. asp; www. dol. gov/whd/overtime/fs17a_overview. pdf, both accessed August 9, 2018.

与《公平劳动标准法》中的豁免性规定有关的诉讼案件正在持续增加。一些"主管人员"宣称，他们实际上并没有监督两名或两名以上的员工。[37]另外，美国联邦最高法院认定，那些需要拜访医生的制药公司的销售代表属于销售人员之外的符合《公平劳动标准法》规定的豁免性员工。[38]

不平等与最低工资[39] 摩根大通公司（JP Morgan Chase & Company）董事长兼首席执行官杰米·戴蒙（Jamie Dimon）为《纽约时报》写了一篇文章。他在文中指出，多年的工资停滞导致了收入的不平等，一些人的收入远远高于其他人。2016 年的几位总统候选人也提出了类似的观点。[40]

许多地方政府和企业都在采取行动提高当地的最低工资。加利福尼亚州圣何塞市的议会投票将当地的最低工资标准提高到每小时 15 美元。沃尔玛表示，它将向所有在美国工作的小时工支付每小时至少 10 美元的工资。麦当劳表示，公司所有门店的最低工资水平要比当地最低工资高出至少 1 美元。大都会人寿保险公司（MetLife）最近也将员工的最低工资水平设定为每小时 15 美元。[41]

一些经济学家认为，提高最低工资标准会降低传统的低工资劳动者（比如年轻人）被雇用的概率，但越来越多的企业——包括沃尔玛公司在内——都认为收入不平等问题确实需要得到解决。

企业需要了解的雇用法律

独立承包商

这个人到底应该算员工，还是独立承包商？对很多企业来说，这依然是一个问题。[42]例如，一家联邦法院裁定，在联邦快递公司雇用的大约 1.5 万名货车司机中，大多数人都属于独立承包商而非普通员工。[43]

为什么要将某人视为独立承包商呢？这是因为《公平劳动标准法》关于加班工作的要求以及其他方面的一些要求对这些人不适用，而企业也不必为这些劳动者支付失业保险、工薪税、社会保障税以及市、州和联邦的所得税和强制性的工伤保险。

这里的问题在于：很多所谓的独立承包商其实都不是真的。一般来说，如果付款人仅仅有权控制或规定一个人的工作结果，对于需要做些什么以及怎样做无权干涉，这个人就是独立承包商。[44]美国现在还没有一部专门的法律或一种检验的方法能够确定谁是独立承包商。法院主要考虑的因素是：企业对劳动者的工作内容和方式控制得越多，法院越倾向于认定他就是一名员工。图 11-3 列出了法院在这方面将会考虑的一些影响因素。美国国税局（Internal Revenue Service，IRS）也列出了一些相关的规则。[45]优步公司现在就面临这样一种指控，即它的司机实际上都应该是员工而并非独立承包商。

为了将错误地对独立承包商进行归类的风险降至最小，企业应该与所有的承包商签订书面协议，你可以在网上寻找相关协议的样本。[46]另外，企业不应该对独立承包商强加工作规则或试图禁止他们为别的公司工作。同时，企业还应该要求独立承包商自带工作工具，并且是一家单独成立的业务实体。[47]

因为《平价医疗法案》（Affordable Care Act）覆盖员工数量超过 50 人的所有公司，所以政府机构一直密切地关注为企业提供服务的独立承包商。为了将可能出现的问题减到最少，一些企业通过外包公司获得更多的劳动力，从而将员工的人数控制在 50 人以内。[48]

	独立承包商	员工
主要的问题是，企业对工作中的人能施加多大程度的控制？能够用于确定企业施加控制或工作者独立程度的证据主要可以分为三类：行为控制、财务控制和当事人双方之间的关系。如果下列问题的答案大部分都属于"独立承包商"栏，则劳动者很可能是独立承包商。		
行为控制：公司是否控制员工如何完成任务，例如		
1. 工作的时间和地点		
2. 使用哪些工具或设备		
3. 需要雇用哪些员工或需要哪些员工协助完成工作		
4. 到哪里采购用品和服务		
5. 企业是保留控制员工的工作细节的权利，还是放弃了这种权利		
财务控制：公司是否控制员工所做工作的业务或财务方面，例如		
6. 劳动者在工作中产生不能报销的业务费用的程度		
7. 劳动者作出投资的程度		
8. 劳动者在相关市场上向其他企业提供服务的程度		
9. 劳动者是否不能得到有保障的小时、周或其他时间段的固定工资		
10. 劳动者在多大程度上能够取得利润或遭受损失		
关于当事人双方之间的关系问题，包括		
11. 企业是否不给劳动者提供类似员工福利的待遇，比如保险、养老金计划、带薪休假或病假工资等		
12. 双方之间的关系是否有望无限期持续下去，而不是以具体的项目或一定的时期为期限		

图 11-3　关于属于独立承包商还是员工的核查清单

资料来源：Adapted from information in IRS, Employer's Supplemental Tax Guide, https：//www.irs.gov/pub/ir-spdf/p15a.pdf accessed June 6，2017.

人力资源管理与零工经济

从事零工工作的劳动者是员工还是独立承包商

几年前，优步公司和 Lyft 公司的司机在加利福尼亚州提起诉讼，要求公司将自己视为员工而不是独立承包商对待。这两家公司辩称，这些人就是独立承包商，理由是，他们可以随心所欲地决定是出来工作还是不出来工作，而且工作的起止时间是他们自己决定的，此外，他们都开自己的汽车。

到目前为止答案并不明确。虽然这些司机所从事的工作确实有很强的独立性，但这些司机的律师表示，Lyft 公司和优步公司实际上控制着司机的工作。例如，算法和系统控制着他们可以接受或拒绝什么样的乘客、行驶哪条路线、能赚多少钱，还要接受评价（一旦得到的评价低于 4.5 星，司机就会有麻烦甚至可能会被停用）。当然，最终这些案件都在庭外和解了。优步公司同意向某些州的司机支付大约 1 亿美元，同时允许他们收小费。然而，和解协议使得司机们最终成为独立承包商。

类似的诉讼仍在继续。[49] 两个联邦上诉法院最近裁定，联邦快递公司的一些司机是员工而不是独立承包商。在另一起案件中，一名仲裁员裁定优步公司的司机是独立承包商。加利福尼亚州最近的一项裁定可能会更有利于让这些司机获得员工身份。[50]

即使在传统的工作场所中，如何区分独立承包商和员工也存在一些模糊地带。如今，从事零工工作的劳动者通常可以自由来去，也可以随时辞职，但在工作中，计算机算法实际上严格控制着他们的行为。因此，要想区分员工和独立承包商变得更加困难了。美国国会似乎不太倾向于限制独立承包商的使用[51]，因为它正在考虑新的适用于零工经济的法律，只是最近尚未采取行动，这预计会带来更多的诉讼。[52]

1963 年《公平薪酬法》 《公平薪酬法》（Equal Pay Act）是对《公平劳动标准法》的修正，它规定在两种不同性别的员工所从事的工作大体对等的情况下，企业支付给其中一种性别员工的薪酬水平不能低于另一种性别员工所获得的薪酬水平。具体来说，如果工作本身所要求的技能水平、努力程度、需要承担的责任以及涉及的工作条件都相同，两种性别的员工就必须获得同样的薪酬，如果两种性别的员工之间存在薪酬差异，那么这种差异必须是由工作资历、绩效加薪以及员工生产的产品数量和质量或者其他非性别要素引起的。

1974 年《员工退休收入保障法》 《员工退休收入保障法》（Employee Retirement Income Security Act，ERISA）旨在保护员工的退休金，它使得一个由政府运营、由企业出资的法人组织诞生了，这个组织在企业建立的养老金计划出现问题时，给员工提供必要的保护。此外，它还制定了关于退休金保留权的规定（所谓退休金保留，是指如果员工在退休之前被解雇，他们仍然有权获得企业的养老金计划中积累的资金）。它还规定了转移权（一位员工的退休金保留权从一个组织转移到另一个组织的权利）。此外，该法还为阻止在养老金计划资金筹集过程中出现的不诚实行为制定了养老基金的监管标准。

影响薪酬的其他法律规定 还有其他各种法律也会对薪酬决策产生影响。比如，《反雇用年龄歧视法》（Age Discrimination Employment）就禁止企业在就业的各个方面，对年龄达到或超过 40 岁的员工歧视，其中包括薪酬方面的歧视。[53]《美国残疾人法》（Americans with Disabilities Act）禁止企业在就业的各个方面对合格的残疾人歧视。《家庭和医疗休假法》（Family and Medical Leave Act）为员工提供了一种工作保障性休假，它规定当达到一定要求的员工在自己或其配偶生孩子时，或者自己需要照顾孩子、配偶或者父母时，有权获得最长达 12 周的停薪留职休假。政府的各种政令还要求联邦政府的承包商和二级承包商不得有歧视行为，并且在各个就业领域，其中包括薪酬领域，采取积极的反歧视行动。

美国每个州都有自己的工伤保险法律，其主要目的是使在工伤事故中受伤的员工能够得到及时、确定及合理的收入。1935 年《社会保障法》（Social Security Act of 1935）（已修正）为那些不是因为个人过错而失去工作的员工提供失业保险——失去工作时享受的一种福利，失业者享受失业保险的时间最长可达 26 周，并享受退休福利（我们将在后面的章节讨论社会保障福利）。美国联邦政府的工资扣发法律还限制企业每周可以扣发或留存的员工工资的上限。

11.1.4　工会对薪酬决策的影响

工会及劳资关系方面的法律也会对企业的薪酬计划产生影响。《1935 年国家劳资关系法》（National Labor Relations Act of 1935）（又称《瓦格纳法》（Wagner Act））赋予了员工组建工会以及参加集体谈判的权利。从历史上看，薪酬水平一直是集体谈判的一个重要主题。不过，工会也会就其他一些与工资有关的问题与资方展开谈判和协商，其中包括带薪休假时间、收入保障条款（针对那些在经常临时解雇员工的行业中工作的劳动者）、根据生活成本调整工资以及诸如医疗保健之类的福利。

《瓦格纳法》还建立了一个国家劳资关系委员会（National Labor Relations Board），对企业的管理实践加以监督，以确保员工能够行使自己的权利。为此，企业必须向工会提供与工会履行职责"相关的必要信息"。[54]该法的规定实际上强调一个组织应该在制订薪酬计划的过程中吸收工会官员参与。比如，该法规定，企业必须向工会提供书面解释来说明本组织的"薪酬政策线"——一种用来描述职位和薪酬水平之间关系的图。此外，工会还有权了解它所代表的每一位员工的薪酬状况。

11.1.5　薪酬政策

企业的薪酬战略会体现在其薪酬政策之中。例如，像约翰·霍普金斯（John Hopkins）这样的高级医院可能会制定这样一项政策，即向护士支付的薪酬超过现行市场薪酬水平的 20％。

企业需要制定与各种薪酬问题相关的政策。例如，这些问题包括：如何设置基本薪资（低于、等于或高于市场薪资水平）；哪些员工（如果有的话）可以获得股票期权；如何决定绩效加薪；如何确定员工在服兵役、履行陪审员义务以及节假日期间的薪酬；在年度加薪时到底是应当以资历为基础，还是以绩效为基础（例如，美国联邦政府员工要想从联邦政府的薪酬等级表同一个等级中的第一档加薪到第九档，一共需要 18 年的时间）。下面的专栏展示了薪酬政策是如何对一家公司的业绩产生影响的。

改进绩效：战略背景

威格曼斯食品公司

战略性薪酬管理是指制定一套能够帮助企业获得实现战略目标所需的员工技能和行为的总报酬包。

威格曼斯食品公司（Wegmans Food Markets，简称威格曼斯）很好地诠释了这一点。该公司需要在利润空间狭小的零售食品行业开展竞争，这一领域中的一些在线销售商以及像沃尔玛这样的零售巨头已经将整体的成本和价格压得很低了。面对这种情况，其他公司的通常反应是削减员工的各种福利和成本。[55]威格曼斯则另辟蹊径。作为《财富》杂志评选的最适合工作的 100 家公司中排名第二的公司[56]，它将自己的员工队伍视为实现公司战略目标必不可少的一个组成部分，其战略目标是通过改善系统和提高生产率，在控制成本的同时实现服务的最优化。例如，乳制品部门的一位员工设计了一种组装冷却器的新方法，由此改善了订购与库存控制。[57]该公司提供高于市场水平的薪酬、可承受的健康保险以及全方位的员工福利。[58]威格曼斯的薪酬政策旨在获取实现公司的战略目标所需的员工行为。

该公司之所以具备杰出的盈利能力，其中大部分原因在于其实施的薪酬政策。例如，威格曼斯的员工离职率（全职员工为 6%）远低于行业平均水平（约为 47%）。[59]该公司的每一家商店（占地面积大约为 12 万平方英尺，远超过其竞争对手）每周的销售额大约为95 万美元（与之形成对比的是，全美国的平均水平为 361 564 美元），或者年平均销售额大约为 4 900 万美元。相比之下，一家典型的沃尔玛商店的销售额为每年 2 350 万美元。[60]正如威格曼斯的人力资源总监所说，优秀的员工能够确保公司达到高生产率，而高生产率又会转化为更高的公司利润。[61]

地理区域　如何处理不同地理区域之间的生活成本差异是薪酬政策中需要考虑的另一个重要问题。比如，办公室主任的年平均基本薪酬在不同地区的差别就很大，佛罗里达州为 49 980 美元，纽约州则为 60 980 美元。[62]

企业通常采取以下几种方式来处理不同地区之间的生活成本差异问题。有些企业向那些在不同地区之间调职的人支付一笔一次性的安家费用。比如，一家企业的政策是这样规定的：如果一位年薪在 35 000～45 000 美元的员工被公司从亚特兰大市调动到明尼阿波利斯市，那么公司每年向此人支付 6 000 美元的地区生活成本差异补贴。还有一些企业仅仅增加员工的基本薪酬。接下来的专栏将会进一步探讨这方面的问题。

改进绩效：全球人力资源管理实践

外派员工的薪酬管理

不同地区的生活成本差异问题对于跨国公司来说具有特别重要的意义，因为跨国公司的薪酬水平需要覆盖的地理范围很广，比如很可能从法国到赞比亚。跨国公司面临的挑战是如何维持外派员工在国外的生活水平。[63]

跨国公司应该如何确定外派员工——那些被派往国外工作的员工——的薪酬呢？在这方面，有两种得到广泛运用的国际薪酬政策，即以母国为基础的薪酬计划以及以东道国为基础的薪酬计划。[64]

在以母国为基础的薪酬计划下，一位被调到国外工作的员工的基本薪酬反映的是其在本国时的薪酬水平。在此基础上，企业会对生活成本差异进行补贴，比如住房补贴和子女教育补贴。对于短期外派员工来说，这是一种比较合理的薪酬支付方式，可以避免员工工作每调动一次就不得不改变其基本薪酬的问题。

在以东道国为基础的薪酬计划下，企业按照东道国的薪酬结构来确定外派员工的基本薪酬。换言之，如果一位管理人员从纽约被派往法国工作，则其基本薪酬将会随该职位在法国的通行基本薪酬水平确定，而不再保持其在纽约时的基本薪酬。不过，在这种情况下公司通常仍然会提供与生活成本、住房、教育以及其他方面因素有关的补贴。

大多数跨国企业都根据以母国为基础的薪酬计划来确定外派员工的薪酬。（比如，一位法国籍的管理人员被一家美国跨国企业派往基辅去工作，那么公司给他支付的基本薪酬通常会反映其母国——在本案例中就是法国——的薪酬结构。）另外，这位管理人员通常会得到包括生活成本补贴、安置补贴、住房补贴、教育补贴以及艰苦补贴（提供给那些被派往条件较为艰苦国家的员工）等各种补贴。企业一般还会为这位管理人员支付相对于在母国工作时的税负额外多出来的那一部分税款。

➡ 11.2 职位评价的几种方法

企业在确定薪酬水平时会用到两种基本方法：以市场为基础的方法和职位评价法。很多公司，尤其是那些小型企业，往往简单地使用以市场为基础的定薪方法。这种以市场为基础的定薪方法要求企业实施正规或非正规的薪酬调查，以确定在相关劳动力市场上的其他企业为某些特定的职位支付的薪酬是多少。然后，它们利用这些数据为自己的职位定价。职位评价法涉及为公司中的每一个职位确定价值。这种方法有助于公司制定出这样一种薪酬计划：每个职位的薪酬都是公平地基于它们对公司的价值决定的。[65]

职位评价（job evaluation）是指为了确定各个职位的相对价值而对这些职位进行的正式和系统的比较。职位分析的目的就是确定一个职位的相对价值。职位评价的最终结果是薪酬结构或层级（它反映了各个不同的职位或职位族的薪酬水平）。职位评价的基本原则是：那些要求任职者具备更高的任职资格条件、承担更多的责任以及履行更为复杂的工作职责的职位，应当比那些对这些方面的要求低的职位价值高。[66]职位评价的基本程序是将一个职位与其他职位进行比较，比如，根据职位要求任职者付出的努力程度、所承担的工作责任以及需要具备的技能要求等进行比较。设想你现在已经知道了（根据职位评价结果）公司中的那些关键职位的相对价值，接着你就要进行薪酬调查来了解其他公司向类似的职位支付多少薪酬。结合从职位评价和薪酬调查中获得的信息，你就能够创建一个**具有市场竞争力的薪酬计划**（market-competitive pay plan）——员工的薪酬水平无论是在组织内部（基于每一个职位的相对价值）还是在组织外部（换言之，在与其他雇主支付的薪酬进行比较时）都是公平的。

11.2.1 报酬要素

可以运用两种基本方法来对几种职位进行对比。一种方法是，可以仅仅确定一种职位比另一种职位更为重要，但是并不深究为什么这种职位比另一种职位更重要。另一种方法是，可以根据所有这些职位都包含的一系列特定的基本要素来对它们进行比较。薪酬管理专家将这些特定的基本要素称为**报酬要素**（compensable factor）。报酬要素决定了一种职位如何与其他的职位进行比较，从而决定每一种职位的薪酬。

有些企业会自行开发报酬要素。然而，大多数企业都会使用一些比较通用的报酬要素，这些报酬要素要么是成套的职位评价系统所包括的报酬要素，要么是美国联邦政府的立法中所包括的报酬要素。比如，《公平薪酬法》所强调的就是四个报酬要素，即技能、努力程度、工作责任以及工作条件。著名咨询公司合益集团（Hay Group）的职位评价体系则只有三个报酬要素：知识、解决问题的能力以及责任。沃尔玛的薪酬结构就是建立在知识、解决问题的能力以及责任三大要素的基础之上的。

报酬要素的确定在职位评价中具有核心的地位，因为通常要运用相同的报酬要素对每一个职位在各个报酬要素方面的情况加以对比。然而，使用何种报酬要素取决于所要评价的职位以及准备采用的职位评价方法。比如，如果要评价的是一种管理类的职位，就会将"决策责任"作为评价要素之一，这一报酬要素对于清洁工这一职位可能并不适用。[67]

11.2.2 为职位评价做好准备

职位评价是一个判断的过程，它需要直线管理人员、人力资源专业人员、员工以及工会代表之间紧密合作。职位评价的主要步骤包括明确职位评价需要、争取各方合作以及选择一个职位评价委员会，然后由这个评价委员会来完成实际的职位评价工作。

明确职位评价需要应当不是一件难事。比如，以高流动率、停工以及争议等方式反映出来的员工不满，很可能是由向承担类似职位的员工支付了不同水平的薪酬引发的。通过非正式方式为各种不同的职位确定薪酬水平可能也会使管理者感到不踏实。

由于员工会担心对他们所承担的职位进行一种系统的评价有可能导致他们的薪酬水平下降，因此在评价的过程中争取获得员工的支持也是非常重要的。可以告诉员工，正是由于即将进行的职位评价计划，有关员工薪酬水平的决策才不再取决于管理层一时的兴致，并且没有哪一位员工的现有薪酬水平会因为职位评价而受到不利影响。

最后，选择一个职位评价委员会。职位评价委员会通常由五个人组成，其中多数人应当是员工。管理层有权加入这个委员会，但是这种做法会引起员工的猜疑。不过，一位人力资源专业人员通常有充分的理由加入这一评价委员会。工会代表也可以加入职位评价委员会。在大多数情况下，工会的立场是这样的：它接受职位评价结果，但只是将其作为薪酬水平的一个初步决策依据，它仍然保留通过争议处理和谈判渠道对实际的职位定酬施加影响的权利。[68]一旦职位评价委员会的人选确定，每一位成员都应当得到一本手册，这本手册会向他们描述职位评价的过程以及关于如何进行职位评价的各种建议。

职位评价委员会主要履行三项重要的职能。首先，它通常需要先确定 10～15 个关键的**标杆职位**（benchmark job）。这些职位是职位评价委员会首先要评价的第一批职位，它们就是确定其他职位的相对重要性或相对价值所使用的对照锚或者标杆。其次，职位评价委员会可能还要选择报酬要素（人力资源部门通常都会选好这些报酬要素）。最后，职位评价委员会还要履行其最为重要的职能，即对每一种职位的价值进行实际评价。在进行实际评价时，职位评价委员会可能会用到下面的职位评价方法之一——排序法、职位分类法、计点法。

11.2.3 职位评价方法之一: 排序法

这是一种最为简单的职位评价方法, 它通常依据某些总体性的要素——比如"工作难度"等——对每一种职位相对于其他职位的价值进行比较。在采取**排序法**(ranking method)时, 通常需要遵循以下几个步骤。

1. 获取职位信息。职位分析是第一步。进行职位排序的基础通常是, 准备好每一种职位的职位描述以及职位描述中包含的关于工作职责等的信息。(有时, 也需要准备好任职资格。不过, 由于排序法通常都是根据职位整体而不是一系列的报酬要素来对职位进行排序, 因此, 相对于其他职位评价方法而言, 任职资格(通常是以报酬要素的形式列举的职位要求, 其中包括解决问题的能力、决策能力以及其他方面的技能要求)对于排序法的重要性不是那么显著。)

2. 选取职位并加以分组。对一个组织中的所有职位都进行排序通常是不现实的。通常的做法是根据部门或者职位族(比如工厂中的生产类员工或者行政事务类员工)对职位进行排序。这样就避免了需要对生产类职位和行政事务类职位等这样的两类职位进行直接比较的麻烦。

3. 选择报酬要素。在排序法中, 比较常见的做法是根据某种报酬要素(比如工作难度)对作为一个整体的职位进行排序。然而, 无论所选择的报酬要素有多少, 最好是向职位评价者仔细解释这些报酬要素的定义, 以使他们能够对这些职位作出具有一致性的评价。

4. 对职位进行排序。比如, 给每一位评价者提供一套职位索引卡片, 在每张卡片上写下对于某一职位的简要描述。然后, 让这些评价者将这些卡片按照从得分最低到得分最高的顺序加以排列。为了使这一排序过程更加精确, 有些管理者还采用"交替排序法"。在这种情况下, 职位评价者在拿到所有的卡片以后, 首先从中挑出得分最高和得分最低的卡片, 再从剩下的卡片中挑出得分次高和次低的卡片, 如此反复下去, 直到所有的职位都排列完毕为止。表11-2描述了职位排序的一种情形。在这张表中, 这家小型医院中的所有职位都按顺序从高到低排列好了, 最上面的是经理。每一种职位的相应薪酬水平列在右栏中。排序完成之后, 可以将其他职位插入这些已经排好序的职位之间, 再给它们确定一个合适的薪酬水平。在线项目(例如, 访问 www.hr-guide.com 网站, 点击"职位评价, 排序", 再点击"交互式排序计划")能帮助你对你们公司的职位进行排序(同时还能对排序进行检验)。[69]

5. 将职位评价结果加以合并。通常情况下, 几位评价者需要独立完成对职位的排序。因此, 职位评价委员会(或者企业)最后只需简单地将排序结果加以平均就可以了。

6. 基于薪酬调查信息将当前的薪酬与其他公司的薪酬进行比较。接下来, 我们在同一表格中(中间一列)展示了其他企业为类似职位支付的薪酬。这有助于我们确保自己的薪酬与外部市场相比是公平合理的。

7. 设定新的薪酬等级表。我们把目前为每个职位支付的薪酬水平与市场薪酬水平进行对比, 决定如何通过对每个职位进行加薪来调整我们的薪酬水平(基于本案例)。因此, 最后一栏显示的是最终薪酬等级表。

表 11 - 2 杰克逊医院的职位等级排序

单位：美元

职位排序	当前的年薪水平	其他医院支付的薪酬水平 （通过薪酬调查获得）	最终设定 的薪酬水平
1. 经理	43 000	45 000	44 000
2. 首席护士	42 500	43 000	42 750
3. 会计	34 000	36 000	35 000
4. 护士	32 500	33 000	32 750
5. 厨师	31 000	32 000	31 500
6. 护士助理	28 500	30 500	29 500
7. 清洁工	25 500	27 000	27 000

说明：在对表中的职位进行排序之后，就可以将其他职位安插在那些已经排好序的职位之间（比如根据总体工作难度），并为每一个职位确定一个合适的薪酬水平。

排序法是一种最简单的，同时也是最容易解释的职位评价方法。与其他职位评价方法相比，它所耗费的时间通常也更少。

排序法的缺点更多地源于它的使用方式而不是这种方法本身。比如，因为排序法通常都没有使用明确的报酬要素，所以有些企业中存在一种过于依赖"瞎猜"（比如对总体工作难度这样的事情胡乱猜测）的取向。类似地，排序法也没有对于一种职位相对于其他职位的价值提供一种量化的衡量尺度。例如，排在第四位的职位可能比排在第五位的职位的"价值高出"五倍，但是在采用排序法的情况下，所知道的仅仅是一种职位的排序比其他职位靠前而已。因此，排序法往往适用于那些没有太多的时间和费用来开发更为精细的职位评价系统的小企业。

要素比较法是一种特殊的排序法。这种方法要求按照职位的每一种要素（比如受教育程度、工作经验以及工作复杂性）进行多次排序，然后将代表每个职位在每一种要素上的程度高低的"点数"进行加总。不过，当今的企业已经很少使用这种职位评价方法。

11. 2. 4 职位评价方法之二：职位分类法

职位分类法（或**职位分等法**）（job classification or job grading）是一种比较简单也被广泛运用的职位评价方法。在采用这种方法时，评价者需要将职位划分为多个职位群，每个职位群中的所有职位在薪酬方面具有大体一致的价值。如果这些职位群中包括的职位是类似的，则这些职位群就称为**职级**（class）；如果职位群中包括的职位在完成工作的难度上是一样的，但在其他方面不同，则将这些职位群称为**职等**（grade）。在美国联邦政府的薪酬等级体系中，一位"新闻秘书"和一位"消防队长"可能都会被划到"GS-10"这一等级之中（GS 是"通用薪酬表"的英文首字母缩写）。佛罗里达州政府在其职位分类系统中，则可能会把所有的"二等秘书"归入同一个职级之中，而把所有的"维护工程师"归入另一个职级之中，如此等等。

在实践中，可以采用几种不同的方法对职位进行分类。方法之一是首先编写对职级和职等的文字描述（与职位描述类似），然后根据每个职位与这些职级或职等描述相匹配的程度，将每一个职位归入适当的职级或职等中。另一种做法是，为每一个职级都编写包括一整套报酬要素在内的规则（比如某一职级的职位要求任职者具备怎样的独立判断能力、技能、体力等），再根据这些规则的描述将职位划分到不同的职位等级中。

职位分类的常见程序是：首先选择报酬要素，再根据这些职位所包含的报酬要素的数量或者等级水平来编制职级或职等描述。比如，美国联邦政府的职位分类系统就采用以下报酬要素：（1）工作任务的难度及多样性；（2）所受到的及所实施的监督；（3）需要运用的判断力；（4）创造性要求；（5）工作中人际交往的性质和目的；（6）责任；（7）经验要求；（8）工作知识要求。职位评价者再根据这些报酬要素来编写如图 11-4 所示的**职位等级定义**（grade definition）。这张图中显示的是美国联邦政府薪酬等级系统中第 7 级（GS-7）的等级描述。职位评价委员会对所有的职位描述进行审查，通过比较职位描述与每一个职位等级描述中的规则，将这些职位插入适当的职位等级之中。比如，在美国联邦政府的职位分类系统中，汽车维修技工、焊接工、电工以及机械师等职位都被划分到第 10 级中。

职位等级	工作任务的性质	承担责任的水平
GS-7	在一个涉及多种问题或解决方案的既定职能领域或项目中履行特定的职责；开发信息、明确内部关系，采取与所在职能领域或者项目所要达到的目的相一致的行动。	工作任务是根据目标、优先顺序、截止时限来分派的；员工在工作中要独立解决大多数冲突；对已经完成的工作进行评价时要考察它们是否符合政策规定；在工作时所遵循的指导方针，比如各项规章制度、过去的案例以及政策说明等，都要求作出大量的解释，同时还需要根据具体情况灵活调整。

图 11-4　职位等级定义示例

资料来源：From "Grade Level Guide for Clerical and Assistance Work" from www. opm. gov/policy-data-oversight/classification-qualifications/classifying-general-schedule-positions/functional-guides/gscler. pdf, accessed September 12, 2018.

职位分类法有几个方面的优点，其中的一个主要优点就是，无论一个组织采用何种职位评价方法，最终都要将职位划分到不同的等级之中。它们之所以这样做，一个主要的原因就是为了避免这样一个麻烦，即必须同时对成百上千种职位进行评价和分别定酬。职位分类法恰恰是将企业中的各组职位直接划分到不同的职位类别之中。这种职位评价法的缺点是，职等或职级的等级描述编写起来非常困难，而且在运用这些职位等级描述的时候往往需要作出大量的判断。尽管如此，仍然有大量的企业成功地运用了这种职位评价方法。

11.2.5　职位评价方法之三：计点法

计点法（point method）的总体目的是确定你要评价的职位包含被选择的报酬要素的程度如何。它要求确定每个职位包含的报酬要素以及这些报酬要素在每一个职位上表现出来的程度。例如，假定一个职位可能包括的"责任"有五个等级，再进一步假定为"责任"这个报酬要素的五个等级分别设定了不同的分数。职位评价委员会确定了每一种报酬要素（例如"责任"和"努力程度"）在某个职位上表现出来的程度后，就可以将这一职位的所有报酬要素得到的点数相加，从而得到某一职位的总点数。计点法的最终评价结果是为每一种职位都提供一个量化的评价点数。今天，计点法是一种得到普遍运用的职位评价方法。[70]

"打包的"计点法评价方案　有很多组织（比如合益集团、美国电气制造商协会（National Electrical Manufacturer's Association ）以及全美贸易协会（National Trade Association）等）都已经开发出标准化的计点法职位评价方案。数以千计的企业都在使用这些职位评价系统。这些方案包含现成的报酬要素以及关于这些报酬要素的不同等级的定义，其中还包括针对大量职位所做的点数评价。企业通常只需对这些系统进行很小的改动（或不做任何改动）就可以使用了。

11.2.6　计算机化的职位评价

采用计点法这样的量化职位评价方法可能会耗费大量的时间。要将每一个职位包括的每一种报酬要素表现出来的程度加以汇总，往往会涉及非常烦琐的程序，而且职位评价委员会必须对每一职位包括某一报酬要素的程度进行辩论，再将达成共识的东西写下来，最后计算每一个职位最终得到的总点数或排序情况。因此，许多企业转向计算机辅助的职位评价系统。

这种计算机化的职位评价系统大多包括两个组成部分。[71]一是所有这种系统都包括一份结构化的问卷。问卷中包括"输入向当前职位汇报工作的员工的总人数"等问项。二是所有这种系统都运用某些统计模型。这些统计模型通过分配点数，使计算机程序能够在不同程度上对职位进行自动定酬。

⇨　11.3　如何创建具有市场竞争性的薪酬计划

正如我们前面说过的，很多企业都是简单地根据其他公司支付的薪酬水平来为自己的职位定酬——它们使用的是一种以市场为基础的定价法。不过，大多数企业还是会将自己的薪酬计划建立在职位评价的基础之上。职位评价过程将会确定每一个职位的价值（比如点数）。这种方法有助于企业基于每个职位对于企业的价值（比如通过其获得的点数来衡量）制定一套使各个职位的薪酬都能满足内部公平要求的薪酬计划。然而，即便使用了职位评价的方法，管理者也必须根据市场情况来对自己的薪酬水平进行调整。[72]无论如何，你不仅希望本企业员工的薪酬具有内部公平性——相对于公司内的其他同事而言，而且希望在与其他企业的薪酬水平相比时具有外部竞争性。在一个具有市场竞争性的薪酬计划中，一个职位的薪酬水平不仅要反映出该职位在公司内部的价值，而且要反映出市场上其他企业向类似职位支付的薪酬水平。由于计点法（或"要素计点法"）得到了非常普遍的应用，因此，我们将以它为中心，一步一步地通过举例的方式说明如何建立具有市场竞争性的薪酬计划。[73]建立具有市场竞争性的薪酬计划的过程一共包括 16 个步骤，其中第一步是选择标杆职位。

11.3.1　选择标杆职位

对于那些有几十个甚至上百个职位的企业来说，对每一个职位都进行评价是不现实的，也是不必要的。因此，实施计点法的第一步就是选择标杆职位。标杆职位代表了企业需要评价的全部职位的范围。比如"会计"这样的职位在企业中是普遍存在的（所以比较容易调查公司的竞争对手为类似职位支付的薪酬水平）。[74]

11.3.2 选择报酬要素

报酬要素的选择取决于传统因素（正如前面提及的，1963 年《公平薪酬法》使用了四种报酬要素：技能、努力程度、工作责任以及工作条件）以及战略和实际需要等方面的因素。例如，如果你们公司的竞争优势是质量，就可以用"对质量的责任"取代工作条件要素，或者直接将"对质量的责任"作为第五种报酬要素纳入评价方案之中。[75]类似地，在对管理类职位进行评价的时候，"工作条件"这种报酬要素没有太大的实际意义。

企业应该仔细定义每一种报酬要素，这是为了确保职位评价委员会的成员能够始终如一地应用每一种报酬要素。图 11-5（在图的顶端）展示了这样一个对报酬要素——工作复杂性——所做的定义。报酬要素的定义通常由人力资源专业人员来拟定。

报酬要素的定义：什么是工作复杂性？工作复杂性通常是指完成工作所必须具备的判断力、主动性、独创性以及复杂数据分析等方面的要求。任职者在多大程度上会遇到不熟悉的难题、需要处理复杂的决策问题以及必须自行决定采取何种行动？

等级	点数	工作复杂性的等级定义： 应注意考察职位中包含哪些方面的内容
一级	120	工作是常规性的，并且由一些重复性的操作组成，这些操作并不要求或只要求很少的行为选择，要求任职者能自行应用一些比较容易理解的规则和程序。例如，档案管理员。
二级	240	员工需要遵从详细的指令，但可能也需要根据以前规定的指令作出一些有限的决策，过去的指令已经列出了规定的可选方案。例如，票据员或前台接待员。
三级	360	员工仍然需要遵从详细的指令，但由于在不同情况下需要考虑的因素不同，因此员工需要在直接的监督指导之下表现出一定的独创性和独立判断能力。例如，护士助理。
四级	480	员工通常可以遵从标准化的实践，但是当出现非常规性问题时，也要求员工能够运用独创性和判断力来对当时的情境进行分析和评价，并在可能的情况下根据新的情境对标准化的程序加以修订。例如，护士。
五级	600	员工需要在一般性的监督指导之下，运用独立判断能力来计划和完成比较复杂的工作。员工通常需要通过独立工作来达成总体结果。例如，见习医生。

图 11-5 工作复杂性报酬要素的点数及等级定义描述

资料来源：Copyright Gary Dessler, PhD.

11.3.3 确定报酬要素的权重

在选择好报酬要素之后，接下来就要确定每一种报酬要素的相对重要性或权重。（比如，"技能"比"努力"重要多少？）这一步非常重要，因为对每一个职位群来说，有些报酬要素必定要比其他报酬要素更为重要。比如，对管理类职位而言，"脑力要求"要素就会比"体力要求"要素占有高得多的权重。在实际分配权重时，假定我们可以分配的总权重是 100%。然后（如同我们描述的那样），给"工作复杂性"这一报酬要素分配 60% 的权重，给"努力"分配 30% 的权重，给"工作条件"分配 10% 的权重。[76]

11.3.4　将每一种报酬要素得到的权重转化为点数

接下来，我们要将分配给每一种报酬要素的百分比权重转化成点数（这就是计点法的由来）。传统上，我们通常假定总共可以分配的点数是 1 000 点（也可以使用其他总点数）。要将每一种报酬要素得到的百分比权重转化为点数，只需将每一种报酬要素得到的百分比权重（根据前一步得出的结果）乘以 1 000 点即可。[77] 这样你就能知道每一种报酬要素的最大点数是多少了。在本案例中，通过这种方式转换得出"工作复杂性"的点数为 1 000 点×0.60＝600 点，"努力"的点数为 1 000 点×0.30＝300 点，"工作条件"的点数则为 1 000 点×0.10＝100 点。

11.3.5　界定每一种报酬要素的各个等级

下一步，要将每种报酬要素划分为不同的等级，然后对每一个等级加以界定（编写出每个等级的定义），从而使职位评价者能够判断某个报酬要素在某个职位上存在的量或度。比如，对于像"工作复杂性"这样的报酬要素，你可以选择为其划定五个等级，程度范围从"工作是常规性的"到"运用独立判断能力"（我们对每个等级的定义都展示在图 11-5 中）。每一个报酬要素的等级数量通常为 5～6 个，实际采用的等级数量大多取决于主观判断。比如，如果所有员工要么是在安静、有空调的办公室中工作，要么是在嘈杂、闷热的工厂中工作，那么对"工作条件"这一报酬要素来说，可能两个等级就足够了。你并不需要为每一种报酬要素都设置同样的等级数量，你应该将报酬要素的等级数量限制在能够对不同的职位进行区分所必需的数量之内。

11.3.6　为每一种报酬要素的各个等级确定点数

职位评价委员会必须确定每一个职位的价值点数。为了做到这一点，职位评价委员会必须对每一个职位进行考察，并且（根据每个报酬要素的各等级定义）确定待评价职位在每种报酬要素上的等级。为了使职位评价委员会能够完成这些工作，我们必须先为每一种报酬要素的每一个等级分配点数。例如，在我们的描述中，我们将"工作复杂性"划分为五个等级，同时该报酬要素的最高点数为 600 点。在我们的案例中，我们简单地决定将"工作复杂性"的一级确定为 120 点（或 600 的 1/5），二级的点数为 240 点，三级的点数为 360 点，四级的点数为 480 点，五级的点数最高，为 600 点（请参见图 11-5）。[78] 按照类似的方式对每一种报酬要素都进行相同的处理（见表 11-3）。

表 11 - 3　分配给每种报酬要素的每个等级的点数

报酬要素	一级的点数	二级的点数	三级的点数	四级的点数	五级的点数
工作复杂性（最高为 600 点）	120	240	360	480	600
努力（最高为 300 点）	60	120	180	240	300
工作条件（最高为 100 点）	20	40	60	80	100

11.3.7　审查职位描述和任职资格

职位评价的核心在于确定被评价职位中包含特定报酬要素，比如努力、工作复杂性以及工作条件等的量或程度。实施职位评价的团队通常会频繁地通过审查每个职位的职位描述和任职资格来完成此项工作。正如我们在第 4 章中解释过的，管理者是通过职位分析来确定某个职位承担的职责和责任，然后编写职位描述和任职资格的。因此，理想情况下，职位分析应该包含相关报酬要素（如工作复杂性）的信息，而企业正是围绕这些报酬要素来建立自己的薪酬计划的。[79]

11.3.8　进行职位评价

前面七个步骤为我们提供了进行职位评价所需的各种信息（比如有关点数和报酬要素等级等方面的信息）。现在，职位评价委员会就可以集中收集他们所关注的标杆职位的职位描述和任职资格了。

通过审查每一份职位描述和任职资格，职位评价委员会需要明确每个职位体现出来的每一种报酬要素的等级。比如，对于"总技师"这个职位来说，职位评价委员会（对职位描述和任职资格进行研究之后）可能会认为，总技师职位在"工作复杂性"上应当为三级，而在"努力"上应当为一级，在"工作条件"上也应当为一级。

在知道了每个职位在工作复杂性、努力以及工作条件等报酬要素上分别对应的等级，同时知道了之前给各个报酬要素的每个等级分配的点数之后，现在就可以确定每个标杆职位应该在工作复杂性、努力以及工作条件等报酬要素上得到的点数。（我们知道每一个职位的每一种报酬要素的等级，因此只需检查一下之前分配给每个报酬要素等级的相应点数即可。）

最后，我们要对每一个职位在每个报酬要素上得到的等级点数进行加总，以确定每个职位得到的总点数。[80]根据表 11 - 3 中的数据，总技师这一职位得到的总点数为：360＋60＋20＝440 点。这样一来，我们就可以基于各个职位得到的总点数，列出一份职位排列清单。下一步（第 9 步），我们就来确定各个职位对应的工资水平。在此之前，我们还应该界定一下何谓市场竞争性薪酬计划以及薪酬政策线。

每个职位的薪酬水平应该是多少？当然，那些得到更多点数的职位应该得到更高的报酬。这里的问题是，需要采用什么样的薪酬水平？是采用公司当前的内部薪酬水平，还是采用基于外部市场的薪酬水平？[81]

在采用**市场竞争性薪酬系统**（market-competitive pay system）的情况下，企业支付的实际薪酬水平与相关劳动力市场上其他企业提供的薪酬水平相比具有竞争力，同时还要满足内部公平的要求。[82]简单地说，基本的做法就是：将企业当前支付给各个职位的薪酬水平（内部薪酬）与市场上为类似或相同职位提供的薪酬水平（外部薪酬）进行比较，然后综合考虑两个方面的信息，最后制定出一套具有市场竞争性的薪酬系统。

薪酬政策线　在为各个职位确定薪酬水平的过程中，**薪酬政策线**（wage curve）起着十分关键的作用。通常情况下，薪酬政策线描述了相对于每一个职位或职位评价等级所得到的点数或者排序情况，目前处于每一薪酬等级中的职位实际获得的薪酬水平。图 11-6 就是薪酬政策线的一个例子。请注意，纵轴表示平均薪酬水平，横轴表示薪酬等级（用点数表示）。薪酬政策线的目的是表明在以下两组数据之间存在的关系：一是通过某种职位评价方法确定的职位的价值；二是组织目前向某一薪酬等级中的所有职位支付的平均薪酬水平。（我们将看到，很多企业可能会将各职位归入不同的类别或等级中。在这里，薪酬政策线将显示各职位等级的平均薪酬水平与各职位等级的平均点数之间的关系。）位于薪酬政策线上的薪酬水平通常就是企业当前实际支付的薪酬水平。然而，如果我们有理由相信当前的这些薪酬水平与这些职位在外部市场上的实际价位不符，那么企业将会对这些薪酬水平进行调整。调整薪酬水平的方法之一是，将一条表示各个职位的当前薪酬水平与点数之间的对应关系的薪酬政策线，与另外一条表示各个职位的市场薪酬水平与点数之间的对应关系的曲线加以对比。

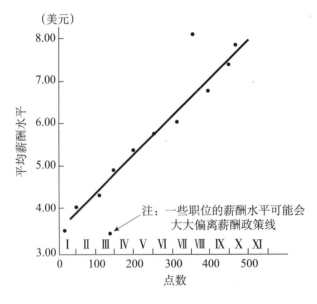

图 11-6　绘制一条薪酬政策线

11.3.9　绘制当前（或内部）薪酬政策线

为了研究每个职位得到的点数与其当前的薪酬水平之间的关系，我们需要画出一条内部薪酬政策线。将每个职位得到的点数和企业目前向该职位支付的薪酬水平（如果每个职位有几种不同的薪酬水平，则将这些薪酬水平都表示出来）数据结合起来，就可以画出一张如图 11-7（图 a）所示的散点图。现在，我们画出一条薪酬政策线（右图）来穿过这些点，以表示这些职位的点数与它们当前的薪酬水平之间的关系。我们可以通过大致估计出一条与标出的各个散点最为匹配（也就是使各点与这条直线之间的距离最小）的直线来画这条薪酬政策线。或者我们可以运用回归分析这一统计技术来画这条线。运用回归分析可以得到一条与各个散点最为匹配的当前或内部薪酬政策线。无论采用哪种方法，最终的结果都如图 11-7（图 b）所示。[83]

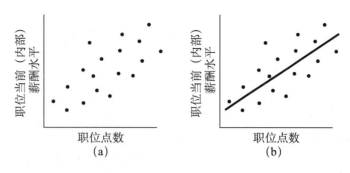

图 11-7 当前或内部薪酬政策线

11.3.10 进行市场分析：薪酬调查

接下来，我们必须对各种所需的信息加以整理，从而根据其他企业向类似职位支付的薪酬水平来描绘一条外部薪酬政策线。**薪酬调查**（salary survey）——调查其他企业支付的薪酬水平——在为职位定酬方面起着非常重要的作用。[84]企业通常以三种方式来运用薪酬调查结果。第一，企业会运用薪酬调查数据来为标杆职位定酬。这些标杆职位是企业的锚定职位，其他职位都要根据各自对于组织的相对价值，围绕标杆职位来确定自己的位置。第二，企业会通过薪酬调查，了解具有可比性的企业支付给那些具有可比性的职位的薪酬水平，然后为20%左右甚至更大比例的职位直接确定薪酬水平（并不是相对于本企业中的那些标杆职位）。（谷歌公司很可能就是用这种方法为公司的网页程序员确定薪酬的，因为这种职位的薪酬变动幅度通常很大，而且比较频繁。）第三，在薪酬调查中还可以收集保险、病假、带薪休假等员工福利方面的数据，从而为企业进行员工福利方面的决策奠定基础。

薪酬调查可以是正式的，也可以是非正式的。在确认一些具体的问题时，非正式的电话调查或者互联网调查是非常合适的。比如，一家银行希望了解自己在刊登广告招募柜员时，在广告上公布的薪酬水平应该为多少比较合适，或者其他银行是否真的在给它们的柜员提供某种奖励。一些大型企业则有能力自己进行正式的薪酬调查，直接从其他企业那里收集相关的薪酬信息。这种调查大多会询问这样一些信息：员工数量、加班政策、起薪水平以及带薪休假等。

很多企业也使用各类咨询公司、专业协会或政府机构公布的薪酬调查数据。美国劳工部所属的劳工统计局（Labor's Bureau of Labor Statistics，BLS）发布的全国薪酬调查（National Compensation Survey，NCS）就提供关于各种职业的薪酬、薪酬成本趋势以及福利方面的详细信息（www. bls. gov/bls/wages. htm）。咨询公司对其薪酬调查服务可能会收取 1.2 万美元的费用——这是一大笔钱，但对于一家拥有 5 000 多名员工、每年需要支付数百万美元薪酬的企业而言，这只能算是一笔小钱。[85]

这项详细的分职业薪酬调查涵盖了整个美国各个地区、各个州和许多大都市地区的800 多种职业（http：//stats. bls. gov/oes/current/oes_nat. htm），这些数据是根据各州和哥伦比亚特区所有行业部门的企业的数据计算出来的。当前就业统计调查（Current Employment Statistics Survey）是针对企业的发薪记录所做的每月一次的调查，这种调查提供全国的生产类和非监督管理类员工的薪酬收入数据。这类数据包括薪酬、生产奖金、佣金以及生活成本上涨等方面的信息。全国薪酬调查中的福利部分（National Compensation Survey—Benefits）还提供参加了一些特定类型的福利计划——比如医疗保健、退休计划和带薪休假等——的员工所占的百分比等方面的信息。这些数据还显示了这些福利计划的部分细节内容，比如带薪休假的时间长度等。从国际对比的角度来说，美国劳工部劳工统计局在其国际劳动力薪酬成本对比表（international labor comparisons table）中，以当地货币和美元两种货币单位报告制造业中的生产工人和全体员工的小时薪酬成本。

此外，合益集团、韬睿惠悦全球数据服务公司（Towers Waston Global Data Services)以及怡安集团（Aon/Hewitt）等私营咨询公司或以招募高层经营管理人员为业务内容的猎头公司，也会发布一些关于高层管理人员、中层管理人员以及董事会成员的薪酬等方面的数据。美国人力资源管理协会以及高级财务管理人员协会（Financial Executives Institute）等专业性组织也会在成员企业中发布有关薪酬实践的调查。[86]

利用互联网进行薪酬调查 基于互联网的信息获取渠道已经使今天的任何人都能够得到公开发表的薪酬调查信息。表 11-4 展示了一些比较受欢迎的薪酬调查信息发布网站的网址。

表 11-4 发布薪酬数据的一些网站

主办者	网址	服务内容	缺点
Salary.com	www.salary.com	根据职位类型、邮政编码以及职位描述，提供关于数百种职位的薪酬信息	需要根据当地的生活成本差异，对全国的平均薪酬水平信息加以调整
美国人事管理署	www.opm.gov/oca/09Tables/index.asp	提供按地区分类的美国联邦政府中的各种职位的薪酬信息	仅限于美国联邦政府中的那些职位的薪酬信息
Job Star	http：//jobstar.org/tools/salary/sal-prof.php	专门提供针对专业性职位的详细薪酬调查信息	需要对每一种专业查阅很多种薪酬调查数据
CNN Money	http：//money.cnn.com	输入目前你的薪酬水平和居住城市后，这个网站能提供目标城市中可供比较的薪酬水平	需要根据当地的生活成本差异，对全国的平均薪酬水平信息加以调整

很多像 Salary.com 这样的网站都提供关于多种职位的全国薪酬水平的数据，这些数据能够根据职位所在地的生活成本情况自动调整。为了获得你所在地区的其他企业目前向记账员支付的薪酬水平，一种比较好的做法是登录当地的一两家报纸的网站。例如，《南佛罗里达太阳哨兵报》（*South Florida Sun-Sentinel*）（以及其他许多报纸）的网站上就有一个名为"职业制造者"的栏目，上面公布的都是一些职业信息，换言之，上面列举的都是在报纸分类广告中刊登的各种职位的招聘广告信息，很多时候这些广告信息中也包括薪酬水平方面的信息（www.careerbuilder.com）。

11.3.11 绘制市场（或外部）薪酬政策线

第 9 步画出的当前或内部薪酬政策线对企业很有用。例如，该曲线表明通过将一个职位的当前工资水平与其得到的点数相比较，将有助于企业识别与公司内部的其他职位相比，目前哪些职位的薪酬水平过高或过低。（比如，如果某个职位的当前薪酬水平远超过内部薪酬政策线，就说明从我们为其分配的点数来看，该职位的现行薪酬水平太高，因此是不公平的）。

当前（或内部）薪酬政策线并没有揭示，相对于其他公司的实际薪酬水平，我们的薪酬水平到底是过高、过低，还是刚刚合适？为了弄清这一点，我们需要画一条市场或外部薪酬政策线。

要画出市场或外部薪酬政策线，我们要先制作一张如图 11 - 8 所示的散点图和薪酬政策线。但是，我们这里要使用的是市场工资水平（通过薪酬调查获得）而非本公司的当前薪酬水平。市场或外部薪酬政策线将我们各职位的点数与相应的市场工资水平进行了比较。

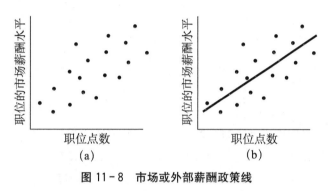

图 11 - 8　市场或外部薪酬政策线

11.3.12　将职位的当前薪酬水平与市场薪酬水平进行比较并调整

其他企业向与我们公司相同的职位支付的薪酬水平与我们当前支付的薪酬水平有多大不同呢？为了明确这一点，我们可以像在图 11 - 9 中那样，将当前或内部薪酬政策线与市场或外部薪酬政策线都画在同一张图上。市场薪酬政策线可能会比我们的当前薪酬政策线高（说明我们目前的薪酬水平可能过低），也可能低（说明我们目前的薪酬水平可能过高）。但也有可能会出现另外一种情况，即市场薪酬政策线比我们某些职位的内部薪酬政策线高，但又比另一些职位的内部薪酬政策线低。[87]

根据图 11 - 9 中的当前或内部薪酬政策线与市场或外部薪酬政策线之间的比较，我们必须决定是否要调整本公司向这些职位支付的现行薪酬水平，如果需要调整，又该如何进行调整，这就需要管理层作出决策了。很多战略方面的考虑会影响这种决策。我们的战略意图表明我们的薪酬水平是应该比竞争对手更高、更低还是一样呢？例如，我们可能会决定将当前的内部薪酬政策线上移（也就是给每位员工都加薪），也可能会下移（可能意味着在一段时间内停止加薪），或者调整内部薪酬政策线的斜率，增加公司向某些职位支付的薪酬，同时降低支付给另外一些职位的薪酬。无论怎样，我们最后得到的薪酬政策线（图 11 - 10 的中间那条线）都应该既具有内部公平性（根据每个职位得到的点数确定），又具有外部公平性（根据与其他公司的薪酬水平对比确定）。[88]

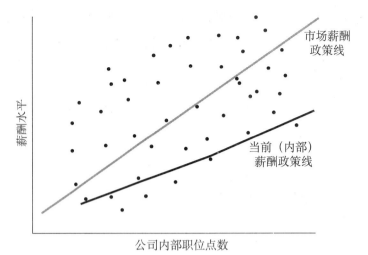

图 11-9 同时绘制市场薪酬政策线与内部薪酬政策线

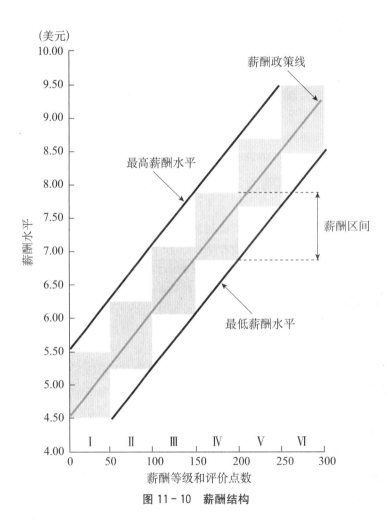

图 11-10 薪酬结构

11. 3. 13　设计薪酬等级

企业一般出于确定薪酬的目的，将类似的职位分成若干组（比如根据点数大小），划分到相应的职位等级之中。这样，一个组织就不需要同时处理数百种不同的薪酬水平，而只需管理 10～12 种不同的薪酬水平就可以了。例如，一家管理伦敦轻轨铁路系统服务的企业 Serco 在利用计点法基于知识、管理复杂程度以及职责大小和对组织的影响等对职位进行评价之后，设计了本公司的薪酬等级。[89]

同一个**薪酬等级**（pay（or wage）grade）中包括的职位是通过职位评价发现的具有相近的难度或相似的重要程度的多个职位。如果你使用计点法来进行职位评价，那么同一个薪酬等级中的职位是所得到的总评价点数处于某个区间内的所有职位。在采用排序法的情况下，一个薪酬等级中可能包括若干职位排列顺序。如果采用的是分类法，那么所有的职位当时就被自动划分到不同的职等或职级之中了。

确定薪酬等级数量　标准的做法是使每个薪酬等级覆盖的职位点数范围大小一致（换言之，每个薪酬等级中包括的所有职位的点数可能在 50～100 点之间、100～150 点之间、150～200 点之间，等等）。由于每个薪酬等级的宽度相同，这里的主要问题就是确定需要设置多少个薪酬等级。虽然对于任何一个职位族（比如商店中的职位、事务性职位）来说，比较常见的薪酬等级数量是 10～16 个，但并不存在一个所谓的最佳薪酬等级数量。如果你需要划分薪酬等级的职位有 1 000 个，那么与仅仅需要给 100 个职位划分薪酬等级的情况相比，显然可能需要更多的薪酬等级。

11. 3. 14　确定薪酬区间

大多数企业不会为位于某个特定薪酬等级中的所有职位仅仅支付一种水平的薪酬。比如，通用电气医疗公司（GE Medical）显然不会向其所有的会计职员——从刚入职的员工到任职年限很长的员工——支付相同的薪酬水平，相反，企业会为每一个水平的薪酬等级（或薪级）建立一个垂直的薪酬（或薪酬水平）区间。这些**薪酬区间**（pay or rate range）常常表现为在每一个薪酬等级上的一个个垂直的小方形，这个小方形标注了某个薪酬区间的最低薪酬水平、最高薪酬水平以及中间薪酬水平，其形状如图 11－10 所示。（薪酬管理专家将这张图称为薪酬结构图。它以图形的方式描述了向每一个薪酬等级中的职位支付的薪酬水平的浮动范围——在这里是以每小时多少美元的形式描述的。）可以对每一个薪酬等级所对应的薪酬区间以薪档或薪级的形式来描述，如表 11－5 所示。在这种情况下，就是将每一个薪酬等级中的每一个薪档所对应的薪酬水平都以表格的形式显示出来。表 11－5 用这种方式显示了美国联邦政府的某些薪酬等级中包括的薪档及其对应的薪酬水平。比如，一位在这一薪酬等级 10 级中的某个职位上工作的员工能够获得的年薪介于 47 630～61 922 美元，具体的年薪水平取决于员工当初受雇时的薪酬确定在这一薪酬等级中的哪一个薪档上，以及员工在该薪酬等级中的工作年限长短和得到的绩效加薪。

表 11 - 5 美国联邦政府各职级以及级内各档的年薪水平

等级	1 档	2 档	3 档	4 档	5 档	6 档	7 档	8 档	9 档	10 档	级内档差
1	18 526	19 146	19 762	20 375	20 991	21 351	21 960	22 575	22 599	23 171	可变
2	20 829	21 325	22 015	22 599	22 853	23 525	24 197	24 869	25 541	26 213	可变
3	22 727	23 485	23 243	25 001	25 759	26 517	27 275	28 033	28 791	29 549	758
4	25 514	26 364	27 214	28 064	28 914	29 764	30 614	31 464	32 314	33 164	850
5	28 545	29 497	30 449	31 401	32 353	33 305	34 257	34 209	36 161	37 113	952
6	31 819	32 880	33 941	35 002	36 063	37 124	38 185	39 346	40 307	41 368	1 061
7	35 359	36 538	37 717	38 896	40 075	41 254	42 433	43 612	44 791	45 970	1 179
8	39 159	40 464	41 769	43 074	44 379	45 684	46 989	48 294	49 599	50 904	1 305
9	43 251	44 693	46 135	47 577	49 019	50 461	51 903	53 345	54 787	56 229	1 442
10	47 630	49 218	50 806	52 394	53 982	55 570	57 158	58 746	60 334	61 922	1 588
11	52 329	54 073	55 817	57 561	59 305	61 049	62 793	64 537	66 281	68 025	1 744
12	62 722	64 813	66 904	68 995	71 086	73 177	75 268	77 359	79 450	81 541	2 091
13	74 584	77 070	79 556	82 042	84 528	87 014	89 500	91 986	94 472	96 958	2 486
14	88 136	91 074	94 012	96 950	99 888	102 826	105 764	108 702	111 640	114 578	2 938
15	103 672	107 128	110 584	114 040	117 496	120 952	124 408	127 864	131 320	134 776	3 456

资料来源：From salary table 2015-gs incorporating the 1% general schedule increase effective January 2015，from https：//www. opm. gov/policy-data-oversight/pay-leave/salaries-wages/salary-tables/pdf/2017/GS. pdf.

设计薪酬区间　如图 11 - 10 所示，薪酬政策线通常锚定了每个垂直薪酬区间的平均薪酬水平。企业可能需要为每一个薪酬等级人为地确定最高薪酬水平和最低薪酬水平，比如分别比薪酬政策线高 15% 或低 15%。另一种变通的方法是，有些组织允许等级比较高的薪酬等级所对应的薪酬区间有更大的浮动范围（涵盖更多种薪酬水平），以反映在更为复杂的职位上存在更大的人员需求变化以及绩效变更可能性。如图 11 - 10 所示，大多数企业在设计薪酬结构时都会让相邻两个薪酬区间存在一点重叠部分，这样，某一薪酬等级中的一位资深员工可能会比下一薪酬等级中的某位刚刚入职的新员工得到更高的薪酬。[90]

　　之所以要为每一个薪酬等级建立一个薪酬区间，主要是以下几个方面的原因。首先，它可以使企业在劳动力市场上保持一种比较灵活的立场。比如，如果某一薪酬等级中的起薪太低，可能很难吸引到有经验、对薪酬水平要求也更高的员工，现在，薪酬区间的存在就使企业可以用薪酬区间内部较高的薪酬水平更为容易地吸引到这种员工。其次，薪酬区间还使企业可以向虽然处于同一薪酬等级之中，但在绩效或者资历方面存在差异的员工支付不同的薪酬水平。

　　有时薪酬专家会使用**比较比率**（compa ratio）的概念。比较比率等于一位员工的薪酬水平除以其所在薪酬等级的区间中值。如果比较比率为 1，则意味着该员工得到的薪酬水平正好位于其所在薪酬区间的中值上。如果比较比率大于 1，则说明这个员工的薪酬水平超过了所在薪酬等级的区间中值。如果比较比率小于 1，就说明其薪酬水平要比所在薪酬区间的中值薪酬水平低。比较比率有助于揭示在每个薪酬等级中，有多少个职位的薪酬水平高于或低于竞争性的市场薪酬水平。[91]

11.3.15 确定剩余职位的薪酬

到此为止，我们一直将职位评价过程集中于数量有限的标杆职位。现在，我们想要将剩下的那些职位纳入薪酬结构之中。我们可以用两种方法来完成这一步。其一，我们可以用刚才使用的完整过程对剩余的每一个职位重新分析一遍。其二，我们也可以直接将剩下的那些职位插入薪酬结构中我们认为合适的位置，而不再进行正式的职位评价，也不再给这些职位分配点数。对于那些与标杆职位相似度足够高的职位而言，我们可以很容易地将其插入薪酬结构之中。至于那些我们不确定应当放在哪个位置的职位，则需要重复上面所说的职位评价过程，给它们分配合适的点数，然后将它们准确地插入薪酬结构之中。[92]

11.3.16 纠正不正常的薪酬水平

如图 11-6 所示，某一特定职位的薪酬水平有可能会大大偏离薪酬政策线，或者远超出其所在的薪酬等级所对应的薪酬区间范围。这就意味着相对于组织中的其他职位而言，企业在当前向这个职位支付的平均薪酬水平过高或者过低。对于那些薪酬水平过低的职位，解决的措施是显而易见的：将它们上调到所在薪酬等级对应的薪酬区间的最低水平。

那些薪酬水平已经超过本薪酬等级所对应的薪酬区间的最高水平的职位则比较难以处理，它们属于"赤字"职位、"浮夸"职位或者"报酬过高"职位。处理这种问题通常有以下几种方式：一是冻结此类员工的薪酬水平，直至企业的总报酬水平增长到使同一薪酬等级中的其他职位的薪酬水平也达到这一水平为止。二是将这些员工调动或者晋升到应当得到当前这种薪酬水平的一些更为高级的职位上。三是将这些薪酬水平冻结 6 个月，在此期间将这些薪酬水平过高的员工调配或者晋升到其他职位。如果这几种做法都行不通，那么将这类员工的薪酬水平下调到薪酬等级对应的薪酬区间的最高水平。下面的专栏说明了一种专门针对小型企业设计的简化的薪酬计划制订程序。

改进绩效：直线经理和小企业家的人力资源管理工具

制订一套有效的薪酬计划

无论是小企业还是大企业，制订薪酬计划都很重要。支付的薪酬过高会造成浪费，而支付的薪酬过低又会导致员工的离职率过高。此外，不具有内部公平性的薪酬水平会使员工士气受挫，引起企业无休止地受到员工要求加薪的困扰。如果公司总裁想把自己的精力放在像销售这样的主要问题上，就必须尽快制订一套合理的薪酬计划。

首先，利用市场薪酬水平。我们看到，像领英和 Salary.com 这样的网站显示了各种职位在你所在地区的平均薪酬水平。在周日版报纸（线上和线下）的分类广告栏中，可以得到其他企业类似的一些职位的薪酬水平情况。其次，地方政府建立的"一站式"就业服务机构同样可以提供有价值的信息，因为它们提供了很多职位非常详细的薪酬区间以及平均薪酬方面的信息。最后，当地的其他雇用服务机构也非常急切地通过与企业之间建立联系来进一步发展商业关系，因此，它们也会为企业提供非常好的信息资料。本地学院和大学的职业发展中心也会披露很多职位的普遍薪酬水平。一些专业协会（如 www. asce. org 为土木工程师提供的职业链接）是专业人员薪酬水平的很好的信息来源。

小企业往往还在以其他方式利用互联网。例如，StockHouse Media 公司充分利用互联网来为公司所有的员工确定薪酬水平。比如，公司的人力资源经理会通过电子邮件向美国人力资源管理协会这种专业组织询问薪酬数据，还在互联网上通过定期地查看职业公告、其他公司的网页、领英以及行业协会的网页等，监控薪酬水平的现状及其发展趋势。[93]

如果你雇用的员工人数达到 20 人或更多，那么你至少需要进行一次最基本的职位评价。你首先要有职位描述，这是因为职位描述是关于职位性质以及每一种职位的价值的一个重要信息来源。在这方面，到 O* NET 这样的网站上搜索可能是非常有用的。

你可能会发现很容易将员工的职位划分成三类——管理/专业类、行政/事务类、生产类。对于这三类中的每一类职位，都可以选择报酬要素，然后根据职位评价的情况，对这些职位进行排序或为其确定点数。对于每一种职位或者每一类职位（比如装配工），你可能都希望创建一个薪酬区间。一般来说，你应当将目前向某个职位或某类职位支付的薪酬的平均值作为该薪酬区间的中值，然后围绕中值上下浮动大约 30% 来创建一个薪酬区间，最后将这一薪酬区间划分成 5 档（这样，装配工的小时薪酬水平就可能是在每小时 8～12.6 美元这样的一个浮动范围内，一共划分为 5 个档次）。

一些非常必要的薪酬政策还包括节假日薪酬（正如在第 13 章中说明的）、加班工资政策、薪酬支付方法（每周一次、每两周一次，还是每个月一次）、薪酬扣发、打卡或者考勤记录的规定等。薪酬政策的相关示例可以在互联网上获取。[94]

11.4　为管理类职位和专业类职位定价

为管理类职位和专业类职位制订薪酬计划在很多方面与制订普通员工的薪酬计划是类似的。它们的基本目的都是一样的：吸引、激励和留住优秀员工。职位评价对管理类职位和专业类职位（高层管理人员以下的职位）同样适用。

然而，管理类职位和专业类职位与其他职位毕竟存在一些较大的差异。与生产类和行政事务类职位相比，这些职位往往更强调判断力和问题解决能力等更难以量化的因素。此外，企业更强调根据结果——员工的绩效和能力——向管理类和专业类人员支付薪酬，而不是根据工作条件等静态的工作要求向他们支付薪酬。此外，市场上对企业高层管理人员的竞争非常激烈，这些人的薪酬在某种程度上和摇滚明星的薪酬水平差不多。尽管职位评价很重要，但是它在基本薪酬以外的其他一些薪酬问题（例如，年终奖、奖金、市场薪酬水平和福利等）上只能起到次要作用。

11.4.1 高层管理人员薪酬的决定因素

由于首席执行官的平均薪酬远高于普通员工，高管薪酬如今已成为一个有争议的话题。

无论一家公司首席执行官的薪酬取决于哪些因素，可以肯定的一点是，公司绩效并不是唯一的决定因素。在一项调查中，绩效最好的首席执行官得到的平均薪酬反而是最低的，而绩效较差的首席执行官的薪酬水平却相对较高。[95]一位专家指出，首席执行官的薪酬水平排名位居前 20％的公司，其股票回报率会比同一行业其他公司高出 60％。[96]另一项研究发现，以下三个方面的因素能够说明高层管理人员的薪酬中存在的差异，即职位的复杂程度（控制幅度、直接负责的职能部门的数量、管理层级）、企业的支付能力（利润总额和投资回报率）、高层管理人员的人力资本状况（受教育程度、学习领域以及工作经验）。[97]

在实践中，高管人员薪酬的外部公平性在其薪酬计划制订的过程中起着非常重要的作用。董事会中的薪酬委员会可能会聘请一名薪酬顾问来帮助自己确定并分析同类公司——可能在（也可能不在）同一个行业中——的高管人员薪酬水平。持反对意见的人认为，这种做法会带来首席执行官薪酬上行的压力，因为这些作为比较对象的同类公司的首席执行官的薪酬水平往往更高。[98]另外，像伯克希尔哈撒韦（Berkshire Hathaway）和亚马逊这样的公司，尽管付给创始人或首席执行官（沃伦·巴菲特和杰夫·贝佐斯）的薪酬远远低于其他同等规模的公司，但这些首席执行官（以及许多股东）可以通过股票期权等方式让自己变得非常富有。[99]

大多数大企业都使用职位评价来确定管理类职位（至少对位居高层管理职位之下的那些职位）的薪酬。一种基本的做法就是将所有的高层管理职位以及中层管理职位划分为一系列的等级，然后为每一个等级设计一个相应的薪酬区间。正如对非管理类职位进行评价一样，企业也可以根据高层和中层管理类职位之间的相互关系对它们进行排序，将那些价值相同的职位归为一组。此外，很多公司也会采用分类法和计点法来进行职位评价，通常采用的报酬要素包括职位的范围、工作复杂性、工作的难度等。职位分析、薪酬调查以及围绕薪酬政策线进行的薪酬水平微调等，同样起着非常重要的作用。

股东的激进态度以及政府的严格监管都会对企业支付给高层管理人员的薪酬形成更为严格的制约。例如，华特迪士尼公司（Walt Disney）的股东最近（在一场非约束性投票中）否决了一项在未来四年内向迪士尼公司首席执行官罗伯特·艾格（Robert Iger）支付近 3 亿美元薪酬的计划。[100]

11.4.2 高层管理人员的薪酬决定

一家公司高层管理人员的薪酬通常由以下几个主要组成部分。[101]基本薪酬（base pay），是指一个人获得的固定薪酬。奖金（bonus），是一种一次性支付方式，通常用于奖励管理人员实现了某个特定的目标，例如"公司总利润超过 1 800 万美元"。短期奖励（short-term incentive），通常是针对阶段战略目标的达成（比如"将对国内销售的依赖程度从 80％降低到 50％"）而支付的现金性的奖励或股票奖励。长期奖励（long-term incentive），其目的是鼓励企业的高层管理人员采取有利于提高公司股票价值的行动，其内容通常包括股票期权等，股票期权通常赋予高层管理人员在一个特定时期内以一个特定的价格购买股票的权利。高层管理人员福利和特权（executive benefit and perk），可能包括高层管理人员的补充退休计划。例如，某首席执行官的年薪为 2 400 万美元，其中长期股票奖励和股票期权是最大的组成部分，大约为 1 500 万美元，基本薪酬大约为 150 万美元，年度奖励计划大约为 350 万美元，400 多万美元是增加的养老金和延期薪酬。[102]

基本薪酬通常是高层管理人员薪酬的一个重要基石，因为企业在确定高层管理人员的福利、奖金以及特权时，往往都是以高层管理人员基本薪酬的一定百分比为基础的。高层管理人员的薪酬包是无比奢华的。特许通信公司（Charter Communications）和哥伦比亚广播公司（CBS）的首席执行官在最近一年的年薪分别为 9 800 万美元和 6 800 万美元。[103]

与其他员工的薪酬计划相比，高层管理人员的薪酬更多地强调绩效奖励（将在第 12 章进行讨论），这是因为与那些处于基层的员工相比，组织的经营结果更为直接地显示了高层管理人员对组织所做的贡献大小。事实上，董事会也确实正在日益强调以绩效为基础的薪酬（部分原因在于股东的激进态度）。在这里，一个非常重要的任务就是确定一种适当的绩效标准。衡量股东价值的典型短期指标包括收益增长以及营业利润，长期指标则包括超过某一预定水平的收益率。由于高层管理人员的薪酬设计涉及许多复杂因素，因此，企业必须警惕自己的高层管理人员薪酬决策会带来哪些税收以及证券、法律方面的问题。

11.4.3 专业类员工的薪酬决定

在决定专业类员工的薪酬时，企业首先应该确保，根据法律规定，每一位员工确实应当属于"专业人员"。美国《公平劳动标准法》"为确实是以高层管理人员、行政管理人员、专业人员以及户外销售人员身份受雇的员工提供了在最低工资和加班工资方面的豁免"。[104]

但是，仅仅称呼某人为专业人员并不意味着他真的是专业人员。除了每周至少能赚到 455 美元的报酬之外，专业人员的主要职责必须是"完成那些需要高级知识的工作"，并且"这种工作所需的高级知识必须是通过长期的专门智力指导获得的"。[105]一家公司雇用了一名高中毕业生作为受到劳工法豁免的"二级产品设计师"，每年向其支付 62 000 美元的薪酬。该职位要求任职者有 12 年的相关工作经验，但是并没有就受教育水平提出特殊的要求。最终，法院裁决该职位属于非豁免性职位。[106]

此外，向工程师和律师这样的专业类员工支付薪酬还会遇到一些特殊的问题。[107]像这样一些职位往往更为强调创造性和解决问题的能力，而这样一些报酬要素往往是不容易比较和衡量的。此外，如何衡量从事这类工作的人的绩效呢？举例来说，一位工程师的发明创造能否取得成功往往要取决于很多要素，比如企业如何推广其发明的产品或技术等。此类性质的工作对市场条件和行业需求的反应非常敏感。据报道，脸书、谷歌、亚马逊等公司雇用了大约 30% 的美国计算机科学专业的毕业生，这就使得这类专业人员的薪酬水平存在非常激烈的竞争。[108]其他那些工作的薪酬——比如供暖和空调行业的工程师等——就面临较小的压力。[109]

企业对专业类职位也可以采用职位评价的做法。这时所采用的报酬要素往往倾向于强调解决问题的能力、创造性、工作的范围、对技术知识和经验的要求等。计点法和职位分类法同样被很多企业运用。

不过，现实中，企业很少采用传统的职位评价法对专业类职位进行定酬。像创造力这样的要素是难以衡量的，而且一些非薪酬方面的问题经常会影响专业类职位的薪酬决策。特别是科技公司采取激进的措施来留住它们最好的工程师。比如，几年前，谷歌面对操作系统团队负责人这样薪酬水平最高的专业类员工离职去了脸书公司的情形，谷歌公司将员工的薪酬水平上调了10％。[110]虽然按照大多数标准来看，谷歌公司的很多专业类员工的薪酬水平已经很高，但他们依然觉得自己的薪酬太低。像脸书这样的科技公司也会给员工提供高于其他行业的股票期权（或股份），许多公司还会提供签约奖金——当员工过早离职时，公司可以收回这部分奖金。[111]

在确定专业人员的薪酬水平时，大多数企业都强调采用市场定价法。它们往往根据市场状况首先确定一个自己能够承受的最优薪酬水平，同时确定标杆职位的价值。然后把这些标杆职位以及其他专业类职位插入某个薪酬结构中。在每一个专业领域（如工程师）中，一般的做法是划分4～6个等级，同时使每一个等级都对应一个浮动范围比较大的薪酬区间。当企业雇用的是具有全球工作机会的专业人员时，这种做法有助于企业保持薪酬水平的竞争力。[112]这样，即使在硅谷地区之外，工程师的薪酬也是很有竞争力的。几年前的一项（面向非高科技行业的）调查显示，工程师的基本薪酬为每年8.9万美元，此外还有根据个人绩效、产品盈利能力以及安全等衡量指标确定的9 000美元左右的奖金。[113]

改进绩效：利用人力资源管理信息系统

工资单管理

工资单管理是大多数企业选择计算机化或实施外包的首要职能之一，这样做是有充分理由的。工资单管理是一项十分耗时的工作，包括跟踪员工的身份状态、薪酬水平、家属、福利、加班、纳税状态等，计算每一位员工的工资单，然后根据工资单打印支票或者直接存入员工的个人账户等。工资单管理还要注意遵守联邦政府、州政府及地方政府制定的关于薪酬、工时以及其他方面的很多法律法规。

很多企业的确是在公司内部执行这项职能的，通常是利用一款工资单处理软件来完成。Intuit公司的一款名为"基本工资单"的软件可以使企业自己"输入员工已经提供的工作时间，然后立即得到包括薪酬、工薪税以及扣除额等在内的计算结果。接着企业就可以自己打印工资单了。这种"基本工资单"软件系统可以帮企业计算联邦政府及州政府的工薪税，从而使企业可以很方便地以电子方式支付联邦税收和州税收"。[114]科诺集团（Kronos）的一款名为"员工工资单"的软件使工资单管理过程实现了自动化，同时还提供了自助服务功能。例如，"员工工资单"软件（见 www. kronos. com/products/payroll）会"让企业的员工看到自己的工资条和历史薪酬、存款信息以及 W-4 表格、打印 W-2s 税单，甚至还能检查自己的薪酬扣除额变化如何对他们的工资单产生影响"。

另外，很多企业将工资单管理外包给像 ADP 这样的承包商。在决定选用哪一家承包商时，企业应该综合考虑自己的目标、潜在的经济利益以及承包商的信誉等因素。美国人力资源管理协会建议，企业应根据自己希望与承包商建立关系的目标，对备选承包商进行评估。不要仅考虑把这项职能外包出去（而不是在公司内部完成）的相关经济收益，还要考虑将企业的内部系统与承包商的系统加以整合、简化税法遵从和文档管理工作以及增加员工的自助服务等方面的问题。[115]

11.5　当前薪酬管理主题

在本章的最后两节，我们将探讨薪酬管理领域的五大重要的当代主题：胜任素质薪酬、宽带薪酬、可比价值、董事会对高管薪酬的监管以及总报酬。

11.5.1　胜任素质薪酬

有些管理者质疑，那种将职位插入范围狭窄的职位等级"小格子"（比如，一级机械师、二级机械师等）中的职位评价法实际上可能不利于提高生产率。例如，高绩效工作系统依赖的是灵活的多技能工作任务和团队合作，没有可能让员工有机会说"那不是我的工作"。

胜任素质薪酬（competency-based pay）的主要目的是避免出现此类问题。[116]在使用胜任素质薪酬，也就是通常所说的技能薪酬和知识薪酬的情况下，企业需要针对员工掌握的技能和知识而不是他们实际承担的责任或现在所在的职位名称来付酬。[117]专家对这种薪酬有不同的称谓，有称胜任素质薪酬的，有称知识薪酬的，也有称技能薪酬的。在实施胜任素质薪酬体系的情况下，一位在第一类职位中任职的员工如果有能力承担（但在当前并非必须达到这种要求）第二类职位的工作，他就会获得与第二类职位的员工相同的薪酬，而不是第一类职位的薪酬。胜任素质是指那些可以展现出来的诸如知识、技能等个人特征以及领导力等个人行为。为什么要根据员工掌握的技能水平而非他们担任的职位来向他们支付薪酬呢？这是因为越来越多的企业开始以团队形式对公司加以组织。企业想要鼓励员工获得并运用有助于他们在不同职位间轮换所需的技能。

作为一个例子，读者可以回顾一下第 4 章中的图 4-12。对图中所示的职位，英国石油公司列出了任职者在各项技能（比如专业技术经验和解决问题的技能）上必须达到的最低水平。当一名员工在各项技能上均达到了相应水平时，他就会得到一次加薪。

11.5.2　宽带薪酬

大多数企业的薪酬计划最后都要把职位分成很多职等或者职级，每一个等级还有一个对应的薪酬区间。例如，美国联邦政府的薪酬计划包括 15 个主要的薪酬等级（从 GS-1 到 GS-15），每一个薪酬等级都有自己的一个薪酬浮动区间。对于所承担的职位落在这些薪酬等级之中的一位员工来说，他所在的薪酬等级规定了其最低薪酬和最高薪酬。

这里的问题是，"如果用每一个薪酬等级所包括的职位评价点数来衡量，每一个薪酬等级的浮动范围到底多大合适？"（例如，美国联邦政府可以把 15 个薪酬等级合并为 5 个或 6 个薪酬浮动区间更宽的薪酬等级。）薪酬浮动区间过窄（比如有 15 个薪酬等级）会存在不利之处。例如，如果需要一位职位等级为二级的员工临时到职位等级为一级的职位上任职，那么不降低此人的薪酬水平就很难对其工作进行重新安排。类似地，如果希望这个处于二级职位的人学会承担某项恰好处于三级职位的工作，这位员工可能会拒绝接受这种工作上的重新安排，除非你将他的薪酬提升到三级职位对应的水平。因此，传统的等级制薪酬计划可能会造成组织在很多方面不灵活。

正是由于这方面的原因，一些企业正在将它们的薪酬计划转变成**宽带薪酬**（broad-banding）。[118]宽带意味着将薪酬等级合并为数量更少但是薪酬浮动范围更大的薪酬等级或薪酬宽带，每一个宽带中都包括一些变动范围相对较大的职位和薪酬水平。图 11 - 11 展示了这样的一个薪酬宽带。在这个例子中，企业原来的 6 个薪酬等级被合并成 2 个范围更大的薪酬等级或者"薪酬宽带"。

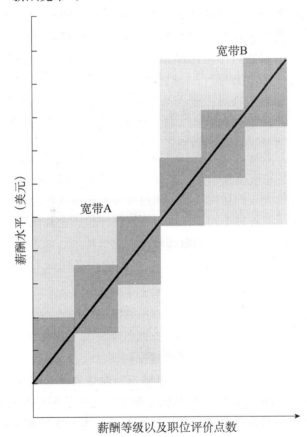

图 11 - 11 宽带薪酬结构及其与传统薪酬等级和薪酬区间的关系

一家公司既可为其所有职位创建一套薪酬宽带，也可仅仅针对某些特定的职位——比如管理类职位或者专业类职位——创建薪酬宽带。每一个薪酬宽带的薪酬浮动区间都相对较大。例如，企业原来一共有 10 个薪酬等级，每一个薪酬等级的薪酬浮动范围为 15 000 美元。当它把 10 个薪酬等级合并为 3 个薪酬宽带时，每个宽带中的一系列职位所对应的最低薪酬和最高薪酬之间的差距可能达到 40 000 美元或者更大。对于落入这一薪酬宽带中的所有职位来说，它们的薪酬浮动区间显然都扩大了。现在可以在同一薪酬宽带内部更为容易地对员工进行调动，而不用再担心在薪酬等级对应的薪酬浮动区间较为狭窄的情况下很容易出现的员工薪酬水平超出薪酬区间的情形了。这样就可以更容易地对位于较高级别职位上的员工实施培训，或者让他们在不用担心薪酬水平下降的情况下去填补一些低级别的职位空缺。

11.5.3 可比价值

可比价值（comparable worth）是指当男性和女性所从事的工作对于企业而言具有可比较的（比如通过点数进行衡量）价值时，企业需要向他们支付相同的薪酬。因此，可比价值可能意味着要对很不相似的职位进行比较，比如将护士与卡车机械师进行比较。可比价值试图解决的问题是：到底是应当向那些从事与男性完全相同工作的女性支付与男性相同的薪酬，还是应当向从事与男性具有可比性工作的女性支付与男性相同的薪酬？

华盛顿县诉冈塞尔案（County of Washington v. Gunther，1981）是一个关于可比价值的非常关键的案例。该案件涉及位于俄勒冈州的华盛顿县监狱的一些女狱警，她们宣称自己受到了性别歧视。华盛顿县对与这些女狱警所承担的工作具有可比性但并不完全相同的男狱警的工作进行了评价，结果发现，男狱警的"工作内容"比女狱警要多出 5%（根据计点法的职位评价系统确定），但是支付给男狱警的薪酬水平比女狱警高出 35%。[119]为什么在大致可比的职位间会存在这样的薪酬差距呢？在此案件在基层法院和美国联邦最高法院之间来来回回多次之后，华盛顿县最终同意，在未来 7 年的时间里，将向在女性占主导的职位上工作的 3.5 万名员工支付近 5 亿美元的加薪，从而了结了这场诉讼。

可比价值对职位评价也有重要影响。事实上，几乎所有被提交法院的可比价值案件都涉及计点法这种职位评价方法的运用问题。通过为并不相似的职位赋予一定的点数，计点法这种职位评价方法便于对各种不同职位进行可比性评价。企业是否应当继续采用计点法这样的职位评价方法呢？或许最明智的做法是，企业根据自己认为合适的情况对各种职位进行定价（可以采用计点法，也可以不采用），然后确保女性员工与男性员工同样享有获得这些职位的平等机会。换言之，就是消除存在性别隔离的职位。

多元化盘点

薪酬差距

美国女性获得的薪酬收入只有男性的 81%。[120]即使在经过最高级培训的人群当中，薪酬差距也依然存在。例如，最近新的女医师每年得到的薪酬比男医师大约少 1.7 万美元。[121]导致男性和女性之间存在薪酬差距的原因包括一名作家提出的"母性惩罚"（女性投入更多的时间照顾家庭，但在事业上因此受到了"惩罚"）。从企业认为女性的能力比男性要差一些这样的传统观念，到这样一个事实的存在，即在专业类职位上，男性更换职位的频率通常比女性要高（在此过程中能够获得更多的加薪），而女性倾向于一直停留在薪酬水平较低的部门。[122]无论怎样，这都是一个需要企业注意和应对的问题。Alphabet 等公司已经在这么做了。来自某些社会团体的压力迫使其他公司也进行改革。[123]

11.5.4 董事会对高管薪酬的监管

公司董事会负责确定和批准高层管理人员的薪酬，由于面临政府监管和法律方面的要求，同时由于股东变得活跃或存在不平等的情况，目前很多公司董事会都比过去更加审慎地监管公司高层管理人员的薪酬。

第一，法律赋予各级政府机构监督高管薪酬的权力。为了确保信息充分披露，美国证券交易委员会（SEC）要求首席执行官、首席财务官以及紧随其后的三位高管提供与薪酬相关的详细信息。公司通常在提交给美国证券交易委员会（SEC）的年度代理委托书中，通过"简要报酬表"对上述内容进行总结。[124]2010 年的《多德-弗兰克法案》（Dodd-Frank Law）要求美国公司应该在薪酬问题上给股东们一个"说法"。《萨班斯-奥克斯利法案》则要求高层管理人员在特定情况下，要对监管公司财务的疏忽承担起个人法律责任。同样，税务处理和信息披露由财政部、劳工部和国税局监督。[125]

第二，20 多年来，CEO 与普通职员之间的工资差距增加了 6 倍。[126]因此，董事会在高管薪酬问题上面临股东的激进主义态度。律师事务所提起集体诉讼，要求公司提供高管薪酬决定的信息。[127]自 2018 年开始，美国的上市公司必须计算 CEO 与公司员工薪酬中位数的比率。[128]综合上述情况，为高层管理人员薪酬计划提供服务的专业律师建议，董事会成员应当问自己以下问题[129]：

- 我们的薪酬委员会彻底认清了自己的职责和程序吗？
- 我们的薪酬委员会正在咨询合适的薪酬顾问吗？
- 我们的薪酬委员会应当解决某些特定的高层管理人员的薪酬问题吗？
- 我们的薪酬确定程序能够证明我们的决策是尽心尽力而且独立的吗？（这要求认真商议并做好记录。）
- 我们的薪酬委员会恰当地传达了我们的决定吗？股东会作出何种反应？[130]

11.6　写给管理者的员工敬业度指南

11.6.1　总报酬计划

总报酬是薪酬管理中的一个重要概念。人们对工作有许多需要——工作充满挑战性以及能够得到尊重和认可，并不是所有的需要都能通过工资或奖金得到满足。"'总报酬'不仅包括薪酬和福利，还包括个人职业发展机会和激励性的工作环境"[131]，它不仅包括传统的经济性奖励（工资和奖金，再加上福利和津贴），还包括非经济性的和无形的报酬，比如认可、工作性质/工作质量、职业发展机会[132]、与同事的良好关系、组织公正、对员工的信任、被重视和参与的感觉、晋升机会[133]以及良好的工作氛围等。[134]具体来说，总报酬还包括认可计划和工作再设计（在第 4 章中讨论过）、远程工作方案、健康与福利项目、培训与职业发展机会等。

影响人力资源管理的趋势：数字化与社交媒体

非现金的认可/增值奖励，如礼品卡、各种商品以及认可，都是总报酬的一部分。[135]
数字化与社交媒体工具能够促进员工之间相互认可。例如，杜邦公司（DuPont）的一家位于西弗吉尼亚州的工厂在安装了一种能使员工对彼此进行认可的在线系统后，95%

的员工很快都使用了这一系统。[136]International Fitness Holdings 让员工使用一种类似于脸书的应用软件，通过发布消息和发送私密电子邮件的方式来对同事进行认可。[137]还有一些企业则通过与像 Globoforce.com 这样的网站签约来提供在线认可系统。

11.6.2　总报酬与员工敬业度

当涉及员工敬业度问题时，物质奖励和非物质奖励——总报酬——似乎都很重要。[138]例如，一项研究发现，基本薪酬和福利与敬业度之间的关系很弱。[139]然而，当无形奖励（例如工作性质/工作质量以及职业发展机会等）与基本薪酬和短期奖励相结合时，将会显著提高员工的敬业度和绩效水平。[140]

因此，当我们看到许多员工敬业度水平较高的公司纷纷强调总报酬的重要性时就不会感到奇怪了。例如，著名的丰田汽车公司提出了相互信任和尊重、稳定就业、帮助员工开发技术能力、提供包括子女照护在内的综合性福利等理念。迪士尼公司强调为员工提供包括薪酬和各种福利以及职业发展机会在内的总报酬包。[141]类似地，许多"最适合员工工作的公司"也在强调无形报酬的重要性。例如，NetApp 的一位高管人员每天都要给几位员工打电话，感谢他们为公司所做的努力；全食公司（Whole Foods）则强调员工参与，例如让员工对雇用新员工的决定进行投票，并公开所有员工的薪酬。[142]斯堪的纳维亚航空公司为员工提供了富有激励性的工作、授权的管理理念、灵活的工作安排，并且强调快乐工作。[143]

除了提供上述这些报酬之外，企业还应该定期发布总报酬声明，列出公司提供的所有经济性报酬和非经济性报酬，强调它们对于员工整体幸福感的重要性。[144]这进一步提升了总报酬的影响力。

本章内容概要

1. 在制订战略性薪酬计划之前，管理人员首先要了解决定薪酬水平的一些基本要素。员工的薪酬包括直接经济报酬和间接经济报酬。任何一种薪酬计划的设计都要受到法律、工会、公司战略或政策、公平性等基本因素的影响。法律方面的最主要考虑因素是《公平劳动标准法》，它规定了最低工资和加班工资等事项。有些特定类型的员工是不受这些法案或其中的某些特定条款保护的，尤其是关于加班工资的规定。其他一些重要的法律包括1963 年《公平薪酬法》和《员工退休收入保障法》。

2. 企业一般用两种方法来确定薪酬水平：以市场为基础的方法以及职位评价法。很多公司，尤其是规模较小的公司，仅使用以市场为基础的方法来确定薪酬水平。职位评价法要求将价值分配给公司中的每一个职位。这有助于公司制订出这样一种薪酬计划：每个职位的薪酬都是公平地基于其对公司的价值决定的。常用的职位评价方法包括排序法、职位分类法、计点法。

3. 我们说过，创建一个同时确保外部公平、内部公平以及程序公平的市场竞争性薪酬计划的过程由以下 16 个步骤组成：（1）选择标杆职位；（2）选择报酬要素；（3）确定报酬要素的权重；（4）将每一种报酬要素得到的权重转化为点数；（5）界定每一种报酬要素的各个等级；（6）为每一种报酬要素的各个等级确定点数；（7）审查职位描述和任职资格；（8）进行职位评价；（9）绘制当前（或内部）薪酬政策线；（10）进行市场分析：薪酬调查；（11）绘制市场（或外部）薪酬政策线；（12）将职位的当前薪酬水平与市场薪酬水平进行比较并调整；（13）设计薪酬等级；（14）确定薪酬区间；（15）确定剩余职位的薪酬；（16）纠正不正常的薪酬水平。

4. 管理类职位和专业类职位的定酬过程涉及一些特殊问题。高层管理人员的报酬通常包括以下几个主要组成部分：基本薪酬、奖金、短期奖励、长期奖励以及高层管理人员福利和特权。特别是对于高层管理职位而言，通常并不适合进行职位评价，而应着重理解工作的复杂性、企业的支付能力以及需要在吸引高级人才方面保持竞争力等因素。

5. 我们强调了薪酬管理方面比较重要的几个主题。越来越多的企业正从根据职位固有的职责来支付薪酬，转向根据职位所要求的胜任素质来支付薪酬。宽带薪酬意味着将若干薪酬等级合并成少数几个薪酬浮动区间更大的薪酬等级或"宽带"，在每一个薪酬宽带中都包括一些薪酬水平变动范围相对较大的职位。可比价值是指在男性和女性所从事的工作对于企业的价值具有可比性（并不是严格相同）的情况下，企业支付给男性和女性的薪酬也应当一样。随着股东对高层管理人员的过高薪酬日益关注，董事会对高层管理人员的薪酬进行监管成为一个重要问题。董事会需要确保在制订高层管理人员的薪酬计划时聘用了合格的咨询顾问，同时做到勤勉且保持独立。

6. 研究表明，如果将提高员工敬业度作为目标，那么强调总报酬是有意义的，而不应仅仅强调经济回报。例如，一项研究发现，基本工资和福利与员工敬业度的关系很弱。然而，总报酬——包括无形的奖励（如工作性质/工作质量和职业发展机会）、基本工资和短期奖励——对员工敬业度和绩效水平有很大的影响。

讨论题

1. 豁免性职位与非豁免性职位存在哪些差异？
2. 职位评价取决于任职者的绩效评价结果吗？为什么？
3. 报酬要素和任职资格之间是一种什么关系？
4. 定义并举例说明如何进行职位评价。
5. 大多数大学校长的年薪在30万美元左右，但是很多大学校长的年薪会更高。例如，纽约大学新任校长的薪酬是每年100万美元。讨论为什么向大学校长支付的薪酬与向很多企业的首席执行官支付的薪酬一样多甚至更多。
6. 小公司需要制订薪酬计划吗？为什么？
7. 当沃尔玛将员工最低薪酬提高到每小时10美元后，一些长期员工（比如一名时薪为12美元的员工）抱怨说，此举对他们不公平。当Gravity公司决定每年付给所有员工至少7万美元时，一些长期任职的员工抱怨说只给新员工涨工资而不给他们涨工资是不公平的。[145]请问沃尔玛和Gravity应该如何处理这些抱怨？

个人及小组活动

1. 以个人或小组为单位，对初级会计员和初级化学工程师职位展开薪酬调查。你会采用哪些信息来源？你得到了什么样的结论？如果你是一家地方工程公司的人力资源经理，你会建议公司如何为这两种职位支付薪酬？

2. 以个人或小组为单位，为当地一家银行的柜员职位制订一项薪酬政策。假定一共有四位柜员：两位是在 5 月份被雇用的，另两位是在 12 月份被雇用的。薪酬政策中应当包括这样一些内容：绩效评价、加薪、节假日薪酬、休假薪酬、加班薪酬、薪酬支付方法、出庭作证时的薪酬以及打卡要求等。

3. 以个人或小组为单位，到相关的网站进行搜索，以确定在下列城市中，拥有学士学位以及 5 年工作经验的化学工程师、市场营销经理、人力资源经理的比较公平的薪酬浮动区间：纽约州的纽约、加利福尼亚州的旧金山、加利福尼亚州的洛杉矶、得克萨斯州的休斯敦、得克萨斯州的达拉斯、科罗拉多州的丹佛、佛罗里达州的迈阿密、佐治亚州的亚特兰大、伊利诺伊州的芝加哥、亚拉巴马州的伯明翰、密歇根州的底特律以及华盛顿特区。在每一个城市，每一种职位的薪酬浮动区间以及平均薪酬水平分别是多少？地理位置对于不同职位的薪酬会产生影响吗？如果会，原因是什么？

4. 以个人或小组为单位，运用本章描述的 16 步薪酬计划制订过程。请首先访问 http：//hiring. monster. com/hr/hr-best-practices/recruiting-hiring-advice/job-descriptions/sample-job-descriptions. aspx，在列表中选择一份职位描述，对其实施这一薪酬计划制订过程。为了简化过程，假设你只需要用一种报酬要素即工作复杂性，这样你就可以利用图 11 - 5 了。

5. 你认为美国的政治家应该如何解决收入不平等的问题？

体验式练习

对高校行政管理职位进行排序

目的：本练习的目的是给练习者提供一个运用排序法进行职位评价的机会。

必须理解的内容：全面熟悉职位评价中的排序法，并且获得关于你们学院的院长、系主任、招生办公室主任、图书馆馆长、学籍注册员以及教授的职位描述。

如何进行练习/指导：将整个班级分成若干小组，每个小组由 4~5 名学生组成。这些小组将运用排序法，对院长、系主任以及教授三个职位进行评价。

运用排序法进行职位评价。你可以运用一种或多种报酬要素进行排序。

如果时间允许，每一个小组可以派出一位发言人，将本小组的排序结果写在黑板上。每个小组最终得到的结果大体相同吗？他们的评价结果区别何在？为什么你认为他们的结果存在差异？

应用案例

阿斯利康公司的薪酬不公平问题

在《公平薪酬法》颁布 50 多年后，美国女性劳动者获得的薪酬依然只有男性的 80%。也就是说，一位普通的女性劳动者在一生中总共会比男性少得到大约 38 万美元。

最近，美国劳工部的联邦政府合同合规办公室（OFCCP）与一家名为阿斯利康（AstraZeneca）的大型国际制药公司签订了一份协议，这份协议要求阿斯利康公司向它的一些女性销售代表总共支付 25 万美元。[146]阿斯利康公司与美国退伍军人事务部（U. S. Department Of Veterans Affairs）签订了一份价值超过 2 亿美元的合同，根据这份合同，该公司向位于全美各地的很多医院提供药品。这就使得该公司必须遵守美国联邦政府第 11246 号行政命令的规定，这一命令旨在确保与联邦政府签订合同的承包商以及子承包商向员工支付公平的薪酬，而不论员工的性别、种族、肤色、宗教以及国籍等。

在进行合规性审查后，联邦政府合同合规办公室认为，阿斯利康公司违反了第 11246 号行政命令，因为该公司没有确保某些女性员工薪酬的公平性。根据联邦政府合同合规办公室的指控，阿斯利康的一个商业中心向其担任"初级护理"和"特殊护理"三级药品销售专员的女性员工支付的薪酬，要比担任同样职位的男性员工平均少 1 700 美元。由于该公司实施的是薪酬保密政策，很多女性员工并不知道她们得到的薪酬过低。除了需要从财务角度解决问题之外，阿斯利康公司和联邦政府合同合规办公室还会审查该公司分布在 14 个州中的女性员工的记录。如果发现了有关薪酬差别的其他统计证据，阿斯利康公司也必须采取补救措施。

问题

假如阿斯利康公司聘请你为薪酬顾问，以下是一些他们想向你请教的问题：

1. 虽然与联邦政府合同合规办公室的案件已经结束，我们还想知道，对于女性销售代表的平均薪酬低于同样职位的男性员工这种事情，是否还存在不属于歧视的其他方面的一些解释？如果有的话，怎么解释？

2. 现在我们公司出于确定薪酬的目的，准备运用计点法来进行职位评价，并且每一个最终划定的职位等级都分别对应一个薪酬区间。目前，我们的销售人员得到的薪酬不是奖励性薪酬。请列出我们可以做的确保类似问题（因性别不同产生的薪酬不公平）不会再发生的三件具体措施，这里可以假设我们继续使用计点法的薪酬计划制订过程。

3. 你会向我们推荐哪一种薪酬计划，为什么？

连续案例

卡特洗衣公司

新的薪酬计划

卡特洗衣公司一直既没有正规的薪酬结构，也没有薪酬区间，更没有采用报酬要素来确定薪酬水平。员工的薪酬水平几乎完全是参照公司所在社区的通行薪酬水平确定的，然后进行一定的微调，以努力确保承担不同职责的员工在所获得的薪酬方面是公平的。

在作出薪酬决策时，卡特洗衣公司并没有进行任何正式的薪酬调查。杰克认真阅读报纸上刊登的招聘广告，并且通过当地洗衣店和清洁店行业协会的朋友进行非正式的薪酬调查。尽管杰克是在凭感觉制订薪酬决策，但他的薪酬计划是在几项基本薪酬政策的指导下设计出来的。虽然他的很多同行坚持支付最低水平的工资，但杰克一直坚持采用比市场通行薪酬水平高 10% 的薪酬政策，他认为这样能够降低员工的离职率并且提高员工的忠诚度。詹妮弗更多考虑的则是，对于在相同的职位上工作的男性员工和女性员工，她父亲支付给男性的薪酬要比女性高出 20%。她父亲的解释是："男性员工更加强壮，能够长时间地从事高强度工作，而且他们有支撑家庭的责任。"

问题

1. 目前该公司是否已经到了需要运用职位评价法来建立结构化的薪酬制度的时候？为什么？

2. 杰克·卡特制定的向员工支付高出市场通行薪酬水平10％的薪酬这样一种政策是否有道理？应当如何确定员工的薪酬？

3. 类似地，杰克向男性员工和女性员工支付有差别的薪酬是一种明智的做法吗？如果不是，请说明为什么。

4. 具体来讲，你会建议詹妮弗对企业的薪酬计划做些什么？

将战略转化为人力资源政策及实践的案例

改进巴黎酒店的绩效

新型薪酬计划

巴黎酒店的竞争战略是："通过卓越的顾客服务将自己与同行区别开来，吸引顾客延长入住时间，提高顾客再次入住比率，从而提高酒店的收入和利润水平。"酒店人力资源总监莉萨·克鲁兹现在必须制定和实施战略性人力资源管理政策和活动，通过帮助酒店获得战略所需的员工行为和胜任素质来支持酒店的这一竞争战略。

与巴黎酒店其他方面的一些人力资源制度一样，它的薪酬计划缺乏详细的规划，过于简单，针对每一种职位（前台接待员、保安等）的薪酬浮动区间比较狭窄。每一位酒店经理自己决定新员工的薪酬应当从这个狭窄的薪酬浮动区间中的哪一点开始，而且酒店基本没有考虑过将酒店总体的或员工个人的薪酬水平和酒店的战略目标联系起来。比如，酒店的政策仅仅是向员工支付"有竞争力的薪水"，这就意味着酒店支付的薪酬仅仅是当地其他酒店支付给相同职位的平均薪酬水平。莉萨明白，这样的薪酬政策与酒店希望实现的战略目标是背道而驰的，酒店想要打造一支以服务为导向的员工队伍，如果不能在某种程度上将绩效与薪酬联系起来，如何才能雇用和留住最好的员工，并把他们的行为引向高质量的客户服务呢？她和她的团队将工作重心转向了对酒店的薪酬计划进行评价和重新设计这项任务上。

莉萨和首席财务官不用想就知道，公司的薪酬计划并不支持公司新的战略目标。一方面，他们知道，如果想让员工在顾客服务方面有更出色的表现，就要向他们支付高于同行竞争者的平均工资。但只要认真考虑一下一些现行的因素（包括酒店的薪酬/竞争性薪酬比率、员工的人均薪酬成本以及酒店的总薪酬预期达到的水平），就不难发现，巴黎酒店各类职位的薪酬水平都没有高于同行业的平均水平，甚至在某种程度上更低。

现行的薪酬政策使一些员工滋生了一种被管理者称为"我不在乎"的态度，意思是说，大多数员工很快就明白了，无论他们的绩效如何，他们所得到的薪酬与那些绩效更好或者绩效更差的员工通常都是一样的。酒店的这种薪酬计划实际上导致了薪酬与绩效之间的脱节：它没有引导员工朝着公司需要达成的目标努力，在某种程度上，它所起的作用恰好相反。

莉萨和首席财务官知道，他们必须制订一套新的战略性薪酬计划。这套计划应该能够提高员工的士气，增强员工的凝聚力，降低员工离职率，奖励（并鼓励）那些有助于提高顾客满意度的以顾客为导向的行为。在与首席财务官和董事会开会协商之后，首席财务官帮助莉萨重新设计了薪酬计划，这一计划的总体方向就是支持公司的战略目标。

莉萨和她的团队（其中包括一位薪酬咨询专家）为巴黎酒店制订了几项新的可衡量的薪酬政策，这些新的薪酬政策已经成为新的薪酬计划的核心内容。最近的一项职位评价研究使公司可以更加公平合理地确定薪酬水平。由那位专家顾问组织实施的正式薪酬调查呈现出一幅关于每个地区的竞争对手及其他类似经营组织支付薪酬情况的清晰图景，使酒店能够更加准确地为各个职位确定薪酬目标，这在巴黎酒店尚属首次。新的薪酬政策将使巴黎酒店在接下来的 3 年内所有职位的薪酬上移到行业薪酬水平的 75 分位，而不仅仅是行业薪酬平均水平或略低的薪酬。

在制订新的薪酬政策后，莉萨和首席财务官从酒店的脸书主页上欣喜地注意到一些积极的变化。比如，每个职位的求职者平均增加了不止 50%，离职率则下降了 80%，同时关于员工士气和组织承诺的调查也反映出一些积极的结果。现在，莉萨和她的团队开始考虑如何在公司的薪酬计划中注入更多的绩效薪酬要素，这可能需要通过制订新的奖金和激励计划来实现。我们将在第 12 章中看到他们是如何做的。

问题

1. 莉萨对设计新的薪酬计划了解甚少。如果她问"我应如何为巴黎酒店设计一套新的薪酬计划"，你会如何回答她？

2. 你会向巴黎酒店建议对非管理类员工实行以胜任素质为基础的薪酬计划吗？为什么？如果实施这种薪酬计划，请列出需要做的事情有哪些。

3. 为巴黎酒店的非管理类员工（客房清洁员、门童、前台接待员、电话接线员、场地管理员以及保安等）设计一个职位评价排序体系，并用它来展示各个职位之间的相对价值。

注 释

第 **12** 章　绩效薪酬和经济性奖励

Pay for Performance and Financial Incentives

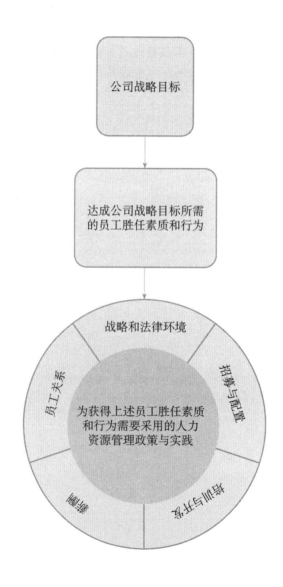

🔘 我们学到哪儿了

> 在第 11 章中，我们主要讨论了制订总薪酬计划以及基本薪酬方面的问题。在任何薪酬计划中，绩效奖励计划都是一个非常重要的组成部分。本章的主要目的就是要说明，管理人员应该如何利用基于绩效的奖励计划来激励员工。我们将讨论的主题包括：金钱在激励中的作用、员工个人奖励和认可计划、销售人员奖励计划、中高层管理人员奖励计划、适用于团队和整个组织的绩效奖励计划以及奖励计划与员工敬业度的关系。在第 13 章中，我们将讨论各种经济性和非经济性的福利和服务计划，这也是员工薪酬包的第三个重要组成部分。

🔘 学习目标

1. 解释如何应用四种激励理论来制订奖励计划。
2. 讨论适用于员工个人的几种主要奖励计划。
3. 讨论对销售人员实行佣金计划相对于直接发放薪酬的优缺点。
4. 描述适用于中高层管理人员的主要奖励计划。
5. 列出并描述几种得到广泛使用的、适用于整个组织的奖励计划。
6. 解释如何运用奖励计划提升员工敬业度。

一家拥有 21 家分店的快餐特许经营店的所有者知道，快餐店的绩效和利润取决于员工的绩效。他们希望有一种新的员工奖励方案帮助员工和快餐店改进绩效。接下来我们看看他们是怎样做的。

🔿 12.1 金钱在激励中的作用

弗雷德里克·泰勒（Frederick Taylor）在 19 世纪末就在管理实践中运用了**经济性奖励**（financial incentive），即当员工的实际产量超出预先设定的产出标准时，公司向他们支付一定的经济报酬，随后经济性奖励成为一种普遍的激励员工的方式。作为米德维尔钢铁公司（Midvale Steel Company）的一位基层管理人员，泰勒非常关注"系统性怠工"现象——员工总是倾向于把产量维持在可以接受的最低水平。有些工人尽管已经工作了 12 小时，下班后竟然还有精力跑回家，在家中继续做事。泰勒认为，如果公司能充分利用员工在工作时间的精力，就能够获得极大的生产率收益。**生产率**（productivity）是"产出（商品和服务）除以投入（比如劳动力和资本等资源）之比"。[1]

为了实现这个目标，泰勒开始使用奖金来激励员工。当时，尽管公司已经开始使用原始的计件工资制，但总的来说，效果并不是很好（因为公司经常随意更改计件工资率）。

泰勒在这方面有三个主要贡献。首先，他看到了建立**日公平工作标准**（fair day's work）的重要性。这种工作标准是建立在对每一项工作进行仔细、科学的分析基础之上的。其次，他掀起了**科学管理运动**（scientific management movement），强调通过观察和分析来改进工作方法。最后，他把奖励性薪酬作为一种对产量超过一定水平的员工进行回报的手段加以推广。

12.1.1　奖励性薪酬的相关术语

　　管理人员经常使用与奖励计划意义相同的两个概念。[2]在传统意义上，所有的奖励计划都是**绩效薪酬计划**（pay-for-performance）。它们都是把员工的薪酬与他们的绩效挂钩。**可变薪酬**（variable pay）则更具体，它通常是这样一种奖励计划：把员工小组或团队的薪酬与能够衡量整个组织（或一家工厂）的整体盈利能力的某些指标挂钩。[3]一些专家经常用"可变薪酬"这个词来概括各种绩效奖励计划。

12.1.2　将战略、绩效与奖励性薪酬联系在一起

　　奖励性薪酬——把员工的薪酬与其绩效挂钩——在今天得到了非常普遍的运用。[4]问题在于：将薪酬与绩效相联系总是说起来容易做起来难。美国联合航空公司（United Airlines）试图用抽奖的方式取代季度奖金，即当公司达到业绩目标时，符合条件的员工将不再获得季度奖金，而是有资格通过抽奖的方式赢得 10 万美元。员工们对此展开了抗争，最终美国联合航空公司恢复了原来的奖金计划。[5]很多人认为，李维斯公司（Levi Strauss）实施的一项奖励性薪酬计划是压垮该公司在美国境内生产活动的最后一根稻草。

　　奖励性薪酬的研究相对较少。过去的一项研究发现，在接受调查的 2 600 位美国员工中，只有 28% 的人认为他们公司实施的奖励计划对他们产生了激励作用。一位专家说，员工并没有看到薪酬与绩效之间存在多大联系，同时，他们的绩效也没有受到公司奖励计划太大影响。[6]

　　在这方面存在的一个重要问题是，许多奖励计划诱导员工采取不正当行为。比如，富国银行的奖励计划激励员工去达成很高的销售目标，比如向每位客户推销 8 种银行产品。[7]这种激励造成该银行的员工在未经客户许可的情况下，为数千名客户开设了账户。[8]尽管在一次关于伦理道德问题的研讨会上，管理人员告诉员工不要伪造银行账户。但在高销售目标的激励下，员工们纷纷开设假账户[9]，最终导致公司承担罚款、诉讼以及首席执行官辞职等后果。

　　另一个导致奖励计划出现令人沮丧的结果的原因是，对有些人来说可能会起到激励作用的奖励，对另一些人却不起作用。接下来，我们将回顾一些基本的激励理论，然后对各种激励理论进行解释。

12.1.3　动机和激励

　　有些激励理论对奖励计划的设计具有特别重要的意义。

　　赫茨伯格和双因素理论　弗雷德里克·赫茨伯格认为，进行激励的最好办法就是，通过恰当的工作组织和安排，让员工能够在工作中得到反馈以及感受到挑战，这样的做法能够满足员工对成就和认可等"高层次"的需要。赫茨伯格认为，这些高层次需要是很难得到满足的，所以认可和有挑战性的工作就为员工提供了一种内在的动机。满足员工的低层

次需要（例如，提供更高水平的薪酬或更好的工作条件）只会起到防止员工产生"不满意"的作用。

赫茨伯格认为，满足低层次需要的因素（保健因素）与能够满足或部分满足更高层次需要的因素（激励因素）是不同的。如果保健因素（即工作本身之外的因素，如工作条件、基本薪酬、奖金等）存在不足，员工就会变得不满意。然而，试图通过增加保健因素（如奖金等赫茨伯格认为能够提供"外在激励"的因素）来激励一个人的做法不是一个明智的选择，因为人的低层次需要很快就可以得到满足，紧接着，这位员工不可避免地会说："我希望再次得到加薪！"

赫茨伯格认为，如果管理人员渴望建立能够自我激励的员工队伍，他们就应该重视工作内容或激励因素，而不是依赖保健因素。管理人员可以使员工从事的工作更加丰富、更具有挑战性，或者提供反馈和认可，换言之，让他们在工作中受到更多的内在激励。在组织心理学中，**内在动机**（intrinsic motivation）来源于某人在完成工作或任务的过程中获得的愉悦感。这种动机来自一个人的"内在"，而非诸如经济性奖励计划等外部事物。内在激励意味着仅仅完成工作任务本身就能够让一个人产生动机。此外，赫茨伯格的理论还明确指出，仅仅依靠经济性奖励是不够的，公司还应该提供大多数人都需要的认可以及富有挑战性的工作。

爱德华·德西和反激励理论　心理学家爱德华·德西（Edward Deci）主要研究了过度依赖外在激励的潜在不足：这种做法很可能会适得其反。德西发现，外在激励有时可能会削弱一个人的内在动机。[10] 德西的观点是，在针对内在动机很强的员工设计奖励性薪酬时要非常谨慎，以免打击和削弱他们出于责任感而积极主动地做好工作的意愿。

维克托·弗鲁姆和期望理论　与动机有关的另一个重要的事实是，如果人们觉得回报不够诱人，或者行动成功的概率很小，那么他们一般是不会采取行动的。心理学家维克托·弗鲁姆（Victor Vroom）的期望理论就是对这些常识性反应所做的一种研究。他认为，人们采取某种行动的动机或激励水平取决于三个方面的因素：一个人的**期望**（expectancy）（用概率来表示），即他通过努力工作达到绩效标准的可能性[11]；**关联性**（instrumentality），或者说是一个人感知到的绩效和奖励之间存在的联系（如果有的话）；**效价**（valence），它代表的是一个人对自己所获奖励的价值的感知。[12] 在弗鲁姆的理论中，激励就是这三个因素的产物：

$$M = E \times I \times V$$

式中，M 为动机；E 为期望；I 为关联性；V 为效价。如果 E 或 I 或 V 是零，或者都很小，那么激励就没有效果。

弗鲁姆的理论对管理人员如何设计奖励方案有三个重要的启示。

首先，如果员工认为他们的努力不能产生效果，他们就不会受到激励。因此，管理人员必须确保员工拥有做好某种工作的必要技能，并且相信他们能够完成这项工作。管理人员在激励员工的过程中，应该充分认识到培训、职位描述、建立与员工之间的信任和支持关系的重要性。

其次，弗鲁姆的理论表明，员工必须看到自己的努力所产生的关联性——他们必须相信一点：良好的绩效确实能够使他们获得奖励。比如，管理人员可以通过制订易于理解的奖励计划来做到这一点。

　　最后，员工获得的奖励对他们来说必须是有价值的。因此，理想情况下，管理人员应该考虑员工个体的偏好。

　　斯金纳和行为修正/强化理论　在采用激励手段时，一般都会假设管理者知道结果会对行为产生何种影响。[13]心理学家弗雷德里克·斯金纳的发现很有意义。管理人员通常通过行为修正方法来运用斯金纳的这项原则。**行为修正**（behavior modification）就是根据员工的绩效表现对其进行奖励或惩罚，以改变其行为。对管理人员来说，行为修正的实施归结起来应遵循两大主要原则：第一，那些能够导致积极结果的行为会被鼓励重复出现，而那些容易导致消极结果的行为则会被限制重复出现；第二，管理人员可以通过向一个人提供适当的定期奖励（或惩罚）来改变其行为。

　　为了方便讨论，我们将围绕针对员工个人的各种奖励和认可计划、销售人员的奖励计划、中高层管理人员的奖励计划、团队和组织绩效奖励计划等来组织接下来各节的内容。我们首先要来看看"企业需要了解的雇用法律"专栏，以了解影响奖励计划设计的法律问题有哪些。

企业需要了解的雇用法律

员工奖励与法律

　　奖励性薪酬计划会受到各种法律规定的影响。根据美国《公平劳动标准法》，如果一家公司以现金或奖品的形式向员工提供绩效薪酬，则该公司在计算员工的加班工资时，必须将这些奖励的价值也计算在内。[14]因此，除非能合理地设计奖金，否则，这些奖金也会被计算在周工资的范围之内。如果一位员工在每周工作 40 小时的情况下，每小时的工资为 10 美元，同时，她在一周中还得到 80 美元的绩效薪酬，这样，她在一周中总共挣了 480 美元。此外，假设她在这一周中还加了 2 小时的班，则她每小时的加班工资就不仅仅是她平时每小时挣得的 10 美元的 1.5 倍了，而是 1.5×12 美元/小时。为什么呢？因为加上绩效薪酬，她每周工作 40 小时可以赚到 480 美元，而 480 美元÷40 小时＝12 美元/小时。因此，她在这一周总共赚到了：480 美元加上每小时 18 美元的加班费（加班时间为 2 小时），也就是 480＋36＝516 美元。

　　有些奖金在计算加班工资的时候是可以被排除在外的。例如，圣诞节发放的奖金以及不是以工作的小时数为标准发放的礼物，或者有些奖金的数额太大了，以至于员工自己都不认为这些钱应当被视为工资的一部分，这些奖金在计算加班工资时就可以被排除在外。类似地，如果在发放某些奖金方面，公司对于发放多大数额的奖金享有完全的自主权，则这种完全由公司自主决定的奖金也可以被排除在加班工资的计算范围之外。

　　其他各种类型的奖励性薪酬则都必须包括在内。依据《公平劳动标准法》，在计算加班工资时，需要纳入加班工资计算基数中的奖金类型包括：承诺支付给新入职员工的奖金；工会合同或其他协议中承诺提供的奖金；为了引导员工以更高的生产率或效率工作或者是吸引他们留在公司里而承诺提供的奖金；还包括下面将要讨论的几种类型的奖金，如个人和团队生产奖金等。

12.2 针对员工个人的各种奖励和认可计划

下面几种奖励计划通常都是专门针对员工个人的。

12.2.1 计件工资计划

计件工资（piecework）制是一种最古老，同时也是目前仍然得到广泛运用的奖励计划。工人的劳动报酬是与其生产的产品直接联系在一起的，工人是按自己生产的每一单位产品获得报酬的。比如，如果汤姆·史密斯每冲压一个门框能获得 0.40 美元的报酬，那么他冲压 200 个门框就能获得 80 美元。

制订一项可行的计件工资计划需要借助职位评价以及（严格来说）工业工程学。职位评价使企业能够为目标职位确定小时工资水平。在确定计件工资率时，一个最为关键的问题是生产标准的确定，而这个标准通常是由工业工程师来设计的。工程师以生产每一单位产品所用的标准分钟数或每小时生产的标准单位产品数量等形式对生产标准加以说明。在汤姆的这个例子中，通过职位评价可以发现，他担任的这个冲压门框的职位具有的价值是每小时 8 美元。工业工程学为这一职位确定的标准生产率是每小时冲压 20 个门框。因此，这个职位的计件工资率（对于冲压的每个门框而言）就是每小时 8 美元除以 20 个门框，也就是说每个门框的单价是 0.40 美元。

在**简单计件工资**（straight piecework）计划中，汤姆·史密斯将会按照他生产的门框数量获得报酬，并且此时没有一个有保障的最低工资。但是，现在国家规定了最低工资标准，企业必须遵照执行。在一个有最低工资标准的计件工资计划中，无论有没有冲压 18 个门框（每个门框 0.40 美元），汤姆·史密斯都会得到每小时 7.25 美元的工资（最低工资）。如果他生产的门框数量超过了 18 个，他还会从每一个多出的门框中获得 0.40 美元的报酬。

计件工资计划一般是指简单计件工资计划，无论产出水平是多少，产出与报酬之间总是成一种严格的比例关系。比如，在汤姆的例子中，每冲压一个门框，他都会获得 0.40 美元的报酬，即使他冲压的门框数已经超出了计划数量（比如每天 500 个），这个单价也不变。然而，某些类型的计件工资计划则提倡工人与企业共享生产率提高的成果。比如当产量超过 400 个时，工人只能从超出的每一单位产品中得到 0.35 美元的报酬，而不是 0.40 美元。另一些计件工资计划的做法正好相反，一旦工人的产量超过某个临界值，反而会进一步提高工人得到的报酬，比如，如果汤姆每天的产量超过 400 个，他就能从每件产品中得到 0.45 美元的报酬。

标准工时计划（standard hour plan）与计件工资计划非常相似，只在下面这一点上存在差异：在标准工时计划中，员工不是根据计件工资率来获得工资的，相反，公司会根据员工的实际绩效超出标准的一定百分比，向员工支付相同百分比的奖金。例如，如果汤姆的工作量标准是每天冲压 160 个门框（每天挣 64 美元），而汤姆在一天当中冲压了 200 个，那么他会得到 25%（即 40/160）的额外报酬，换句话说，他在这一天总共能得到 80 美元的报酬。不过，这种方法可能会削弱员工将他们的产出标准（每小时 18 个门框）与薪酬严格挂钩的倾向。这使修订产出标准变得更加容易。

计件工资计划的优点和缺点 计件工资计划有许多优点。这种工资计划的计算方法简单且很容易被员工理解。计件工资计划体现了平等的原则，同时由于将报酬与绩效直接挂钩，因此也具有很大的激励价值。

但是，计件工资计划也存在一些缺点。主要的缺点是这种工资计划的名声很糟糕，这是因为一些企业每当发现工人得到"过多"的工资之后，总是会随意提高生产标准。计件工资计划还有一个更隐秘的缺点，这就是计件工资率是以每一件产品为基础计算的，因此在工人的心目中，生产标准（表现为每小时生产的件数）就与他们挣到的钱不可分割地联系在了一起。因此，计件工资计划存在造成工资刚性的风险。当企业试图修改生产标准时，员工就会予以抵制。员工会完全专注于自己需要生产出来的产品数量，减少对质量的关注，同时可能不愿意从一个职位调动到另一个职位（那样会导致他们的生产率下降）。此外，由于员工会想尽一切办法达到机器生产的产出最大化，企业的设备维护水平也会下降。

12.2.2 作为一种奖励的绩效加薪

绩效加薪（merit pay or merit raise）是指公司根据员工个人的绩效水平高低为其提供的基本薪酬上涨。绩效加薪与奖金的不同之处在于：绩效加薪通常会成为基本薪酬的一个组成部分，而奖金往往是一次性发放的。尽管绩效加薪这一概念可以指公司提供给任何类型员工的奖励性加薪，但是这一概念更多用于专业技术类员工、办公室职员以及一些行政事务类员工。

绩效加薪成为争议的主题。绩效加薪计划的支持者认为，如果企业为员工普遍提供加薪（而不考虑员工的个人绩效），那么这种做法实际上会导致绩效下降，因为这实际上是在告诉员工：他们的报酬与他们的绩效无关。绩效加薪计划的反对者也列出了一些有说服力的理由来说明，为什么这种计划反而会产生适得其反的结果。最明显的一点是，如果绩效评价本身就是不公平的，那么基于绩效评价结果提供的绩效加薪必然也是不公平的。

虽然评价结果好坏参半，但现有的证据还是倾向于支持运用绩效加薪。一项针对核废料处理工厂的研究发现，"绩效加薪和绩效评价等级之间的关系并不是很紧密"。[15]一项研究分别对教师的科研绩效和教学绩效与他们的绩效加薪水平之间的关系进行了考察，结果发现，与教学绩效相比，绩效加薪水平与教师的科研绩效之间的联系更为密切。[16]最近的一项调查发现，北美只有 20％的企业表示绩效工资能推动更高的绩效水平。[17]（该调查还得出结论，对那些掌握工作所需的关键知识和技能的员工进行加薪是更好的选择。）[18]

当绩效加薪不起作用时，解决办法是对它进行改进。首先，要建立更为有效的绩效评价程序，并确保管理人员确实能够做到把绩效加薪和员工的工作绩效挂钩。其次，绩效加薪计划的有效性还取决于是否对员工进行了有效区分。在一项调查中，薪酬最高的办公室职员得到了大约 13％的短期奖金，而薪酬最低的职员仅得到了 3％的短期奖金，薪酬本来处于中等水平的职员得到的短期奖金大约为 8％。[19]

> **巴黎酒店的人力资源管理实践**

　　根据分析，莉萨和首席财务官得出了结论，无论根据哪种标准来衡量，公司的奖励计划都是不完善的。绩效加薪与绩效挂钩的员工所占的百分比实际上为零，因为管理者是在整个公司范围内实施全面加薪的。想要了解他们是如何处理这一问题的，请看本章末的案例。

绩效加薪的其他选择　有两种绩效加薪计划的变通方式非常流行，其中一种是以一次性奖金的方式将绩效加薪的钱发给员工（这实际上变成了一种针对较低级别员工的一种短期奖金）。传统意义上的绩效加薪是具有累积性的，而这种通过一次性奖金形式提供的绩效加薪却并非如此。这种一次性奖金形式的绩效加薪会带来两个方面的潜在好处。首先，绩效加薪的部分不会被计入员工的固定薪酬之中，因此不需要年复一年地支付这笔钱；其次，与传统的绩效加薪相比，这种一次性奖励的绩效加薪还能够起到更大的激励作用。举个例子来说，给一位年薪 3 万美元的员工一次性奖励 5% 的现金，也就是 1 500 美元，而不是每周增加 29 美元的薪酬。

另一种绩效加薪计划的变通方式是将绩效奖金与个人绩效和组织绩效都联系起来。表 12-1 展示了这样的一个例子。在这个例子中，你可以基于诸如利润这样的指标来对公司的绩效进行衡量。在这里，公司绩效与员工个人绩效（通过绩效评价得出）在绩效奖金的计算中具有相同的权重。在表 12-1 中，即使公司绩效一般，一位绩效卓越的员工也可以得到一次性奖金最高额的 70% 的奖励。但是，那些绩效一般或者绩效不可接受的员工则得不到任何一次性奖金，即便是在公司绩效卓越的情况下。或者，你可以决定奖励，如直接上级的评价在员工的奖金决定中占 60% 的权重，还有 30% 的权重是基于员工所在部门的绩效情况，剩下的 10% 的权重则取决于整个公司的绩效。

表 12-1　一次性奖金的计算（示例）

员工个人绩效评价等级 （权重＝0.5）	公司绩效（权重＝0.5）				
	卓越	优良	较好	一般	不可接受
卓越	1.00	0.90	0.80	0.70	0.00
优良	0.90	0.80	0.70	0.60	0.00
较好	0.80	0.70	0.60	0.50	0.00
一般	—	—	—	—	—
不可接受	—	—	—	—	—

说明：要确定每一位员工应得奖金的货币价值，需要依照下列步骤操作：第一，将员工在 6 月 30 日的计时年薪乘以他可以获得的最高奖金比例（通常由管理层或董事会决定，比如，每位员工年薪的 10%）；第二，将在步骤一中相乘的结果与上表中相应的数据相乘。例如，某一位员工在 6 月 30 日的年薪总额为 4 万美元，他能够获得的最高奖励水平为基本年薪的 7%，假定他的个人绩效和公司绩效都是"优良"，那么这位员工能够获得的奖金总额就是 2 240 美元（4 万美元×0.07×0.80＝2 240 美元）。

12.2.3　专业技术类员工的奖励计划

专业技术类员工是指那些运用自己掌握的知识来帮助公司解决问题的员工，比如律师和工程师。

制订专业技术类员工的奖励计划是一项具有挑战性的任务。首先，公司支付给专业技术类员工的报酬通常比较高；其次，他们已经受到足够的激励——因为他们渴望取得卓越的工作成果。

　　然而，假定像谷歌公司的工程师等专业技术类员工只是追求专业上的满足感，显然是不符合现实的。因此，没有多少公司是不努力为专业技术类员工提供竞争性奖励的。比如，有报道说，谷歌公司向那些负责重要项目的工程师提供了很高水平的奖金，而那些更看重从承担更加具有理论性的长期项目中获得内在激励的工程师，则会在他们的研究取得成果之后得到奖励。[20]正如硅谷的大多数公司一样，谷歌公司的专业技术类员工还会享受到可能会使他们成为百万富翁的股票期权。

　　双重职业发展阶梯是对专业技术类员工的薪酬进行管理的另一种方法。在很多企业，员工要想获得更多的薪资和奖金，就必须改变自己的职业发展方向，比如从工程师变成管理人员。但是，并不是所有的专业技术类员工都愿意成为管理人员。因此，很多企业设立了双重职业发展阶梯，比如一条职业发展阶梯针对管理人员设计，而另一条职业发展阶梯则专为工程师设计。后一条职业发展阶梯允许专业技术类员工在不需要转变成管理人员的情况下就能运用高级专业技能获得更高收入。[21]

12.2.4　非经济性奖励和基于认可的报酬

　　企业经常会用各种非经济性奖励和基于认可的报酬来对经济性奖励加以补充。认可计划就是非经济性奖励计划的一种。认可计划这一概念通常是指一些正式的计划，比如"月度明星员工"计划。社会认可计划一般是指管理人员与员工之间的非正式交流，比如，管理人员的表扬、赞美以及对员工出色工作表现的欣赏等。绩效反馈则是提供与工作绩效有关的定量或定性信息，以帮助员工改善或保持绩效水平；向员工展示他们的工作绩效发展趋势图就是这方面的一个例子。[22]

影响人力资源管理的趋势：数字化与社交媒体[23]

　　很多企业正在进一步扩大自己的员工认可方案。例如，鲍德维尔公司（Baudville）的工作场所认可方案就向客户提供了一种名为"电子表扬卡"（ePraise）的电子卡片服务。企业可以用这种电子表扬卡让员工知道公司有多么欣赏和感激他们。几年前，Intuit 公司将自己的员工认可计划、服务年限奖、专利奖、健康奖等奖励项目都转包给了 Globoforce 公司。Intuit 公司指出，这种做法"使我们的认可方案效率更高，效果更好"。[24]

　　各种手机应用软件的出现也使得员工可以展示出他们获得的奖励、作出的贡献以及得到的来自同事的表扬。[25]例如，有一款手机应用软件就让员工"通过挑选一枚徽章并输入一段简短的文字说明去感谢那些对自己最重要的人，从而表达对别人的认可"。还有一些手机应用软件可以让用户将收到的积极反馈发布到自己的领英主页个人简介中。

　　移动技术改变了企业激励一线服务人员的方式。例如，顾客在许多咖啡馆用信用卡购买一杯 5 美元的浓缩咖啡，iPad 屏幕便会询问顾客想给服务员多少小费——从 1 美元到 3 美元不等。[26]

　　大多数企业是将经济性奖励计划和非经济性奖励计划结合起来使用的。在一家公司中，优秀客户服务代表会收到一块纪念牌和一张 500 美元的支票，他们的照片和事迹会被发布在公司内部网站上，公司还会为他们和他们所在的团队提供一顿晚餐。[27] 一项对 235 名管理人员所做的调查表明，企业最常用的经济性报酬和非经济性报酬形式（从最常用到最不常用）分别为[28]：员工认可、礼品券、特别活动、现金奖励、实物奖励、电子表扬或书面表扬、各种培训课程、工作-生活平衡型福利、可变薪酬、集体旅游、个人旅游、抽奖。下面的专栏对此进行了详细阐述。

改进绩效：直线经理和小企业家的人力资源管理工具

如何激励员工

员工的直线管理人员不应该只依赖奖励计划来激励下属。其实，我们每天有很多机会激励员工，但是这些机会白白浪费了。那么我们应该做些什么呢？

第一，激励员工的最佳选择，也是最简单的方法，就是确保员工有一个可行的、自己也认可的目标。如果员工不知道或者不认同自己的目标，即使对他们进行经济性奖励也没有意义。心理学家埃德温·洛克（Edwin Locke）和他的同事发现，明确的、富有挑战性的目标，能比明确但不具有挑战性的目标、模糊的目标甚至没有目标带来更高的绩效。

第二，认可员工的贡献就是一个强有力的激励工具。各种研究（比如马斯洛和赫茨伯格等人的理论）表明，无论是单独使用认可计划，还是与经济性奖励结合使用，它都能对工作绩效产生积极的影响。例如，在一项研究中，同时使用经济性奖励和认可计划的结果是使服务型公司的绩效提高了 30%，这几乎是单独使用一种奖励形式所取得效果的两倍。图 12-1 展示了这方面的一个简短的清单。

- 提供富有挑战性的工作任务
- 赋予他们选择工作活动的自由
- 给他们的工作增添乐趣
- 给员工分配他们喜欢做的工作任务
- 当上级不在时，让他们代替上级行事
- 让他们在高层管理人员面前做演示
- 提供职位轮换的机会
- 鼓励员工学习和持续改进
- 给予员工充分鼓励
- 允许员工设定自己的目标
- 赞美员工
- 在别人面前表示对员工的赞赏
- 向员工表达谢意
- 提供"月度明星员工"奖励
- 给予优秀员工特别表彰
- 提供更大的办公桌
- 提供更大的办公室或隔间

图 12-1 管理人员可用于提供社会认可和积极强化的措施

资料来源：Based on Bob Nelson，*1 001 Ways to Reward Employees*（New York：Workman Publishing，1994），p. 19；Sunny C. L. Fong and Margaret A. Shaffer，"The Dimensionality and Determinants of Pay Satisfaction：A Cross-Cultural Investigation of a Group Incentive Plan，" *International Journal of Human Resource Management* 14，no. 4（June 2003），p. 559（22）.

第三，记住你可以在日常工作中使用社会认可程序，积极地强化良好的绩效表现。正如前面提到的，Globoforce（www.globoforce.com/how-it-works/superiorinnovation/social-recognition）等在线工具可以让员工实时识别彼此的贡献，并鼓励他们向优秀的同事学习。[29]要避免的陷阱是：将认可同事作为指标进行奖励，可能会导致过度赞美。[30]

人力资源管理与零工经济

认可、非经济性奖励和零工劳动者

有些人认为经济性奖励对于做零工的劳动者来说是最重要的，但事实并非如此。一项研究发现，当做零工的劳动者认同组织时，他们会表现出很强的内在动机（源自个人心中的动力，促使他们把工作做好）。[31]如何激发员工的内在动机呢？根据人力资源管理咨询公司美世（Mercer）的说法，企业可以做下面三件事。[32]

提供价值和结构

每个人都希望自己的贡献是有意义的。借助公司内部网络等让做零工的劳动者了解自己是如何为公司的成功作出贡献的。

创造归属感和联结感

在工作中，大多数人都希望自己是集体的一部分。采取措施让做零工的劳动者获得归属感，比如通过在线社区分享他们的故事和想法。

认可并尊重你的员工

尊重你公司的零工（以及所有的员工），并且可以考虑基于客户评分用徽章之类的实物奖励他们取得的进步。

12.2.5 职位设计

虽然职位设计（我们在第 4 章中已有过更全面的讨论）并不经常被认为属于一种"奖励"，但它能在员工激励和保留方面产生显著的影响。哈佛商学院的研究者进行的一项研究表明，职位设计是员工敬业度的主要驱动因素之一。希伯森咨询公司（Sibson Consulting）进行的一项研究表明，在影响员工敬业度的最为重要的因素中，工作责任和反馈分别排在第五位和第七位。另一项研究表明，在吸引员工方面，富有挑战性的工作是第七大重要驱动因素。[33]因此，在一家企业的总报酬方案中，职位设计是非常有意义的一个组成部分。

下面的专栏说明了很多企业是如何综合运用各种奖励手段来促进利润增加的。

改进绩效：作为利润中心的人力资源管理

快餐连锁店

几乎所有快餐连锁店的战略核心都是提高绩效。有人不免有这样的疑问，"经济性奖励和非经济性奖励能提高一家快餐连锁店的绩效吗？"

两位研究者研究了经济性奖励和非经济性奖励对一家位于美国中西部的快餐连锁企业下属的 21 家分店的经营绩效所产生的影响。[34]研究者对使用和没有使用经济性奖励以及非经济性奖励的分店在一段时间内的绩效进行了比较。每家分店都有大约 25 名员工和 2 名管理人员。研究者对管理人员进行了培训，使他们能够识别出那些目前存在缺陷但是能影响分店绩效的可衡量的员工行为。这样的行为包括"向顾客复述其点餐内容"。[35]然后，两位研究者制订了经济性奖励和非经济性奖励计划。他们用毛利润（收入减去支出）、顾客驾车取餐通过时间以及员工离职率等对分店的绩效进行衡量。

经济性奖励

一些分店的某些员工由于表现出了公司期望的行为而得到了经济性奖励。经济性奖励体现为在员工的工资单上出现的一项一次性年终奖。例如，如果管理人员发现在观察期间，某个工作团队表现出了多达 50 次组织期望的行为（比如"在闲暇时间也在工作"），他就会在该店所有员工在此期间的工资单上增加 25 美元；如果可观察到的组织期望行为达到 50~100 次，管理人员就会在每张工资单上增加 50 美元；若是组织期望行为的出现超过了 100 次，则管理人员会在每张工资单上增加 75 美元。随着员工学会了表现出组织期望他们表现出来的行为，企业的支出最终会随着时间上升。

非经济性奖励

研究者培训部分分店的管理人员运用诸如反馈和认可等非经济性奖励手段。例如，为了向员工提供绩效反馈，管理人员可以用一些图表来记录一天中的顾客驾车取餐通过时间。这些图表张贴在打卡机旁边。这样，这些分店的员工就可以根据"顾客驾车取餐通过时间"等指标来跟踪本店的绩效。研究者还培训管理人员对员工进行认可。比如，"我注意到，今天的顾客驾车取餐通过时间真的很短"。[36]

结果

这项研究取得了成功。经济性奖励和非经济性奖励都改善了员工及分店的绩效。[37]例如，在管理人员使用了经济性奖励的分店中，利润增长了 30%，而那些管理人员运用非经济性奖励的分店的利润增长了 36%。同样是在这 9 个月的研究期间，运用经济性奖励的实验组的顾客驾车取餐通过时间缩短了 19%，运用非经济性奖励的实验组的顾客驾车取餐通过时间缩短了 25%。另外，实施经济性奖励的实验组的员工离职率下降了 13%，实施非经济性奖励的实验组的员工离职率则下降了 10%。

给管理者的启示

下面我们来看看上述研究发现对管理者设计奖励计划有什么意义[38]：

1. 应当将奖励与那些对实现企业战略目标十分关键的行为联系在一起。[39]例如，这个例子中的快餐连锁店所有者想要提高快餐店的绩效和利润，就通过奖励员工更快、更灵活地工作来实现上述目标。

2. 激励的重点是弄清楚一个问题：提供奖励有用吗？在满足以下条件时采用奖励的做法会更有意义：（1）问题出在员工的动机（而非能力）上；（2）员工的努力与结果是直接相关的；（3）员工能够控制企业准备奖励的行为。换言之，确保努力与绩效之间、绩效与奖励之间存在一种清晰的联系，并且奖励必须对员工具有吸引力。员工还必须拥有完成工作所需的技能以及得到相应的培训。

3. 不要只关注绩效奖励。向员工提供绩效反馈（比如以绩效图的形式）以及认可能够发挥与经济性奖励一样大的作用。[40]

4. 设置完整的标准。例如，如果加快订餐处理速度同样很重要，就不要只为"向顾客复述其点餐内容"这一个行为提供奖励。

5. 科学化。正如在这项研究中，要收集相关的证据并分析奖励计划随着时间的推移所发挥的作用。[41]

12.3 销售人员的奖励计划

正如一项调查发现的，"对销售团队制定的绩效指标必须能够驱动那些有助于公司战略取得成功的行为"。[42]然而，令人遗憾的是，这项调查同样发现，"30%的受访者认为，他们的销售人员的薪酬方案在向正确的行为支付报酬方面表现得'不太好'甚至是'很差'"。[43]因此，很多企业正在尝试将为销售人员提供报酬的指标与本公司的战略联系在一起。[44]

12.3.1 基本薪酬计划

销售人员的薪酬计划关注的是工资、佣金或两者的结合。[45]一些公司向销售人员支付固定薪酬（有时或许还会支付诸如奖金、销售竞赛奖等奖励）。[46]如果销售人员的主要工作内容是挖掘客户（寻找新客户），或者提供客户服务，那么直接向销售人员提供固定薪酬的做法是有意义的。员工离职是另一个方面的原因。面对吸引和留住优秀销售人员的困难，一家位于美国北卡罗来纳州林肯顿市的别克汽车（通用汽车公司的品牌）经销商向那些平均每个月卖出8辆及以上汽车的销售人员提供固定薪酬（再加上每卖出一辆车的小额奖金）。[47]在实行固定薪酬的情况下，公司调整销售人员的工作区域或者重新安排他们的工作就会比较容易。当然，固定薪酬计划的最大缺点就是，它可能会打击那些绩效较高的销售人员的工作积极性。

12.3.2 佣金计划

佣金计划依据并且只依据销售人员的业绩支付薪酬。这种计划倾向于吸引那些高绩效的销售人员，因为他们能够清楚地看到自己付出的努力可以获得多少回报。此外，由于销售成本与销售额是成比例的，而不是固定不变的，因此，在采用佣金计划的情况下，公司的固定销售成本会比较低。最后，这种计划也是一种很容易被员工理解且便于操作的计划。可供企业选择的佣金计划包括纯佣金制、配额奖金制（针对那些销售业绩达到某一特定定额的员工）、目标管理方案（基于具体的衡量指标支付薪酬）、业绩排序方案（对业绩最好的销售人员进行奖励，但对业绩最差的销售人员只支付很少的奖金甚至不支付奖金）。[48]在接受调查的公司中，约有一半公司使用收入等"顶线"标准，另一些公司使用利润等"底线"标准，还有一些公司则使用非销售指标。[49]

但是，如果计划设计不当，销售人员可能就会只关注销售，而容易忽视一些不属于直接销售范围的工作职责，比如为小客户提供服务和推销一些销售难度比较大的产品等。不仅如此，在实施佣金计划的情况下，销售人员之间的收入差距可能会较大，这有可能会导致一些人认为这种计划是不公平的。错误估计销售人员的潜力可能导致公司支付过高的佣金，同时不得不降低佣金比率。另外，在经济繁荣时期，销售人员的收入往往过高，而在经济衰退时期，他们的收入往往又过低。最后，销售绩效——和其他绩效一样——反映的不仅仅是员工的积极性，还有他们的销售技能。如果销售人员并不具备销售技能，那么佣金计划本身是无法确保销售额自动完成的。[50]

12.3.3　组合型薪酬计划

大多数公司在向销售人员支付报酬时，往往都采取将固定薪酬与佣金结合在一起的组合形式。薪酬组合形式一般因公司目标不同而存在差异，在固定薪酬和佣金两者之间的比例划分方面，比较典型的组合方式是：60％～70％的部分是基本薪酬，30％～40％的部分是奖励性薪酬。[51]

组合型薪酬计划既有优点，也有缺点。[52]这一计划为销售人员提供了一笔稳定的收入，同时使公司能够明确指出公司为什么会向员工支付这部分固定薪酬（例如为当前的客户提供服务），并为绩效优异者提供奖励。无论如何，基本薪酬部分并不和绩效挂钩，所以公司实际上是将薪酬本来应有的一部分激励价值转移走了。

组合型薪酬计划也越来越复杂，这样就会使员工对这种薪酬计划产生各种误解。在简单的固定薪酬加佣金的计划中，这个问题可能就不存在了，但大多数组合型薪酬计划并不是那么简单。例如，在一种"佣金加预支账户"的薪酬计划中，销售人员是以佣金的形式获得报酬的，但是在销售淡季，他们可以通过从公司预支未来收入的方式渡过难关。在"佣金加奖金"的薪酬计划中，销售人员的大部分收入是以佣金的形式获得的。但是，如果他们完成了一些特定的工作活动，比如推销出去一些滞销的产品，他们还可以得到一笔小额奖金。

12.3.4　实现销售队伍业绩的最大化

在确定销售定额以及佣金比率时，企业的想法是，一方面激励销售人员提高业绩，另一方面又不想支付过高的佣金。不过，令人遗憾的是，以一种非正式的方式确定佣金比率通常会降低佣金计划的有效性。[53]

制定有效的销售定额是一门艺术。需要回答的问题包括：在新的绩效周期开始的第一个月，我们是否已经就销售定额的问题与公司销售队伍进行过沟通和交流？我们的销售人员是否知道销售定额是如何制定的？在制定销售定额的时候，我们是否将自下而上的信息（例如对客户的预测）和自上而下的要求（例如公司的经营计划）结合在一起？退货率和订单取消率是不是很低？[54]

一位专家说，符合以下规则的销售人员奖励计划才是有效的：75％及以上的销售人员能够达到或超过销售定额；10％的销售人员大大提高了销售业绩（与之前相比）；5％～10％的销售人员没有完成销售额，而且需要接受绩效开发辅导。[55]企业还应该考虑到销售的翘尾效应。在大多数公司中，在一年内实现的销售额中很重要的一部分反映了上一年销售工作的"翘尾性"（即使销售队伍不付出任何努力，一些销售额也会重复出现）。根据当年的所有销售额向销售人员支付佣金就意味着，企业实际上是在对上一年延滞下来的销售额支付佣金，而今年的销售人员实际上并没有为这个销售业绩付出多大的努力（甚至根本就没有付出努力）。[56]

一项有关销售有效性的调查显示，高绩效公司中的销售人员的薪酬通常具有以下几个方面的特点：

● 在得到的全部现金薪酬中，有38％的部分是与销售业绩有关的可变薪酬（而在低绩效公司中，这部分仅占27％）。

● 得到股票、股票期权或其他股权支付的可能性是低绩效公司中的同类人员的 2 倍（分别为36％和18％）。

● 每年在具有较高价值的销售活动（比如，挖掘客户、进行销售展示、达成交易）上花费的时间比低绩效公司中的销售人员多 264 小时。

● 每年在最优潜在客户身上花费的时间——发现有价值的线索以及挖掘客户等——比低绩效公司中的销售人员多 40％。

● 花费在行政事务上的时间比低绩效公司中的销售人员几乎少 25％，这样就使他们能够把更多的时间花在核心销售活动上，比如挖掘潜在客户以及达成交易等。[57]

对不同绩效水平的员工加以区分也很重要。例如，有些公司将员工划分为明星员工、落后员工以及核心员工等。有些公司则对销售人员的佣金收入施加限制，但是这种做法会鼓励那些明星销售人员在达到最高奖励额度之后停止销售。在企业实行更加频繁的季度奖金并且存在提高绩效的压力的情况下，落后员工似乎做得更好。企业应当给核心员工——销售人员队伍中数量最大的中间群体——设置更多层次的销售目标。其中第一层目标是销售人员的历史销售水平，第二层目标反映了少数销售人员才能达到的业绩水平，第三层目标通常只有公司的那些明星销售人员才能实现。[58]一位专家主张"加速"，即给那些完成销售目标的人提高佣金率。[59]最后，跟踪销售成本——例如，一个销售人员的工资加上佣金再加上奖金——与销售收入的比例。[60]

企业的激励管理 许多企业都在使用激励管理（EIM）这种软件来跟踪和控制销售佣金。[61]例如，"甲骨文公司销售云"软件就使管理人员可以轻松创建包括潜在客户电话沟通和销售合同数量等在内的计分卡指标，并可以通过系统仪表板实时监控在这些指标上取得的进展。[62]这种软件还可以根据销售人员的绩效表现提供积分或徽章，从而使对销售人员的激励过程变得游戏化。

12.3.5 实践中的销售奖金

传统上，汽车销售员的佣金等于经过下面的计算所得金额的一定百分比：先算出经销商的发票成本与汽车销售价格之差，再减去"间接费用"或经销商的管理费（一辆新车的间接费用可能为 300 美元，而一辆二手车的间接费用则可能达到 800 美元。汽车的价格越高，则间接费用就越高）。[63]

这种佣金计算方式鼓励销售人员坚持采用公司的零售价格，还鼓励他们向顾客推销一些"售后产品"，比如汽车地毯以及汽车侧面造型等。如果能够销售出去防锈等服务包的话，销售人员还可能会得到额外的奖励。对成功地将滞销汽车销售出去的销售人员，公司还会为其提供一份"额外红利"——除支付佣金之外，额外增加一部分奖金。另外，还有一些汽车经销商会设置诸如"月度最佳销售员"等奖金项目（当月销售汽车数量最多的员工可能会得到 300 美元的奖励）。[64]

12.4　中高层管理人员的奖励计划

由于管理人员在影响部门和公司的盈利方面发挥着决定性作用，因此大多数公司都会认真思考应当如何支付管理人员的报酬。除了固定薪酬，大多数管理人员还会得到短期奖励和长期奖励。比如，短期奖励计划可能包括年度奖励计划（对达到预定目标的业绩进行奖励，通常以现金形式支付）、自由支配奖金（基于绩效）、留任奖金、经理分红等。[65] 长期奖励计划多采用股票期权的方式，这一做法的目的是将管理者的利益与提升股东价值联系起来。

12.4.1　战略与高层管理人员的总报酬包

无论是通过到海外建立合资公司来进行扩张，进行一体化经营，还是精简员工队伍，或者执行其他战略，很少有公司能在一两年之内就充分地实施这些战略。因此，公司向中高层管理人员发出的长期信号会对公司战略能否取得成功产生巨大的影响。

高层管理人员的总报酬包——基本薪酬、短期和长期奖励计划以及福利——必须彼此联系在一起，同时与公司的战略目标实现情况联系在一起。薪酬专家建议，必须首先明确公司的战略目标——"我们的战略以及战略目标是什么?"，然后确定高层管理人员必须表现出哪些长期行为（增加销售额、降低成本等）才能实现公司的战略目标。接着构造高层管理人员的总薪酬中的各个组成部分（基本薪酬、短期和长期奖励计划以及福利），最后将各个薪酬组成部分组合为一个平衡的计划，从而使这种总薪酬计划有助于激励高层管理人员努力实现组织的战略目标。这里的原则是：每一个薪酬组成部分都应有助于使这些管理人员的注意力集中于实现公司战略目标所需的行为。[66]

因此，运用多种基于战略的绩效标准来奖励高层管理人员是最佳选择。这类绩效标准包括财务绩效、达成的战略目标数量、员工生产率指标、顾客满意度调查以及员工士气调查等。[67]

一位专家估计，一位首席执行官的基本薪酬通常只占其总薪酬的 1/5 左右，根据明确的绩效标准确定的奖金占 1/5，股票期权以及长期绩效奖金计划等长期性奖励占剩下的3/5。[68] 理想情况下，高层管理人员薪酬计划中采用的绩效标准应该包括市场标杆（比如与竞争对手相比的绩效情况）以及经营绩效标准（如每股收益增长幅度）。

《萨班斯-奥克斯利法案》 2002 年通过的《萨班斯-奥克斯利法案》对各家公司制订高层管理人员奖励计划的方式产生了影响。美国国会通过该法案的目的是使公司的高层管理人员和董事会成员在决策中体现更多的责任感。一旦违背了股东委托的责任，他们就必须对此负责。该法案还要求，如果一家上市公司行为不当导致财务报告不符合要求且被发回重新申报，则这家公司的首席执行官和首席财务官必须在随后的 12 个月内退还从公司得到的所有奖金、奖励性薪酬以及以股权形式支付的薪酬。[69]

12. 4. 2　短期奖励与长期奖励

不管是好是坏，很多企业都正在摒弃长期奖励，转而把重点更多地放在短期绩效和奖励上。[70]多数公司都有**年终奖**（annual bonus）计划，其目的是激励公司的中高层管理人员达成短期绩效目标。类似的短期奖金很容易导致公司的高层管理人员的薪酬总额增加或减少 25％甚至更多。在实施短期奖励计划时，有三个方面的基本问题需要考虑：奖金获得资格、奖金规模以及个人奖励。

奖金获得资格　企业首先要确定员工获得短期奖励所需达到的资格要求。大多数公司在确定获得年终奖的条件时会考虑多种因素，其中包括：职位级别或职位名称、基本薪酬水平以及领导地位等。有些公司则仅仅依据职位等级或职位名称或者基本薪酬来确定年终奖的获得资格。[71]最近，越来越多的企业正在向员工提供更加广泛的"高层管理人员和其他员工都能参与"的年终奖计划。[72]

有关年终奖获得资格的调查所反映出的趋势是很明显的。在一项调查中，42％的受访企业报告说，当今决定年终奖获得资格的最普遍因素是员工所在的薪酬等级或薪酬宽带，而不是职位名称或领导地位。此外，其他一些决定年终奖获得资格的重要因素分别是：职位名称或工作报告关系（24％）、领导地位（13％）、薪酬委员会的批准（11％）、自由决定（6％）以及基本薪酬（2％）。[73]

对高层管理人员而言，年终奖的金额一般都比较大。因此，对于一位年薪 25 万美元的高层管理人员来说，他获得的年终奖很可能会达到其基本年薪的 80％，而在同一公司工作的一位年薪为 10 万美元的中层管理人员，可能只能得到相当于其基本年薪 30％的年终奖。最近，微软公司的首席执行官有资格获得一份金额最高可达到其年薪的 100％的年终奖（不过他最终只得到了一半）。一种典型的分配方式可能是：高层管理人员的年终奖相当于其基本年薪的 45％；中层管理人员的年终奖相当于其基本年薪的 25％；基层管理人员的年终奖相当于其基本年薪的 12％。

奖金规模　其次，企业还必须决定年终奖的总金额是多少。大多数企业（在一项调查中大约有 33％的企业）在传统上采用的是目标总和法。[74]具体来说，企业会估计出每名符合资格条件要求的（"目标"）员工可能获得的奖金金额，然后将这些金额进行加总，最后得出企业的奖金总规模。

不过，更多的企业正在根据自己的财务结果来确定短期奖金的总额。在这方面，并没有一个固定的规则可以帮助企业确定奖金和利润之间的比例。一种可能的方案是，预留出最低水平的利润（比如 10％）用以保障股东投资的利益，然后建立一项用来发放年终奖的基金，比如，把扣除资本投资收益之后的税前营业利润的 20％作为年终奖基金。这样，如果公司的税前营业利润是 20 万美元（在扣除 10％的资本投资收益之后），管理人员的年终奖基金就应该是 20 万美元的 20％，即 4 万美元。

大多数企业在确定奖金总额时都会使用一种以上的财务指标，其中销售额、每股收益以及现金流等是最常用的指标。[75]可以用来确定高层管理人员年终奖总额的其他一些可行方案包括：

第一，在扣除 6％的资本投资净收益之后，把剩余净收入的 12％作为年终奖基金。

第二，在扣除相当于股东权益的 5％的净收入后，把剩余净收入的 10％作为年终奖基金。

企业还可能会运用某个公式来使自己希望强调的其他指标也成为奖金总额的部分决定

因素。例如，负责管理"深水地平线"钻井平台（2010 年发生爆炸事故，造成原油泄漏）的瑞士越洋钻探公司（Transocean）就使用了这样一个奖金计算公式，在这个公式中，"安全性"占 25％的权重。在大爆炸发生后，公司的高层管理者将自己获得的这笔"安全奖金"全部捐给了受难者家属。[76]有些公司甚至根本不用公式来决定奖金规模，而是比较随意地决定发放的奖金总额。

个人奖励 最后，企业必须找到一种方式来确定个人实际应当获得的奖励。通行的做法是，针对每一个有资格享受年终奖的职位确定一个目标奖金（以及年终奖的最高金额，通常为目标奖金的两倍），员工个人实际获得的年终奖数额则取决于员工个人的绩效。举例来说，公司首先确定用哪些经济指标（资产回报率、收益增长率等）来衡量每一位管理人员的绩效，在初步估算他们将获得的年终奖总额之后，将所需的资金总额与公司能够承受的年终奖基金规模进行比较。[77]如果有必要的话，公司可以重新调整个人的奖金估算值。无论如何，最基本的原则是：优秀的管理人员至少应当获得其目标奖金，而绩效较差的管理人员所获得的奖金则最好低于平均水平。理论上说，企业应当把从那些业绩不佳的员工节约的成本用来补助那部分绩效突出的员工。但是，一项针对标准普尔 1 500 家成分股公司的首席执行官进行的为期 3 年的研究发现，即使公司的绩效（用股东总收益来衡量）并没有改善，这些首席执行官中也有 57％的人得到了加薪。[78]

这里的一个问题是，管理人员能否获得年终奖，到底是应当取决于其个人绩效，还是公司绩效，或者是二者兼而有之？公司往往把高层管理人员的奖金同组织的整体经营绩效挂钩（如果高层管理人员是某个重要部门的主管人员，则会与其管理的部门的整体绩效挂钩）。但是，当管理人员的位置处于公司命令链的末端时，用整体绩效来衡量他们对公司的贡献似乎就不那么准确了。比如，对基层管理人员或职能部门的负责人来说，把奖金和他们个人的绩效挂钩似乎更有道理。

很多公司都把自己的短期奖金与公司绩效和个人绩效同时挂钩。其中最简单的方法也许就是二分法，即把年终奖分为两个部分。这时，管理人员实际上得到了两份独立的奖金，一份以其个人的努力和业绩为依据，另一份则以公司的整体绩效为依据。比如，尽管一位管理人员有资格获得最高金额达 1 万美元的奖金，但是根据他的个人年度绩效评价结果，他在年底实际上只能获得 2 000 美元的奖金。不过，根据公司的年度盈利状况，这位管理人员还有可能获得第二份金额为 3 000 美元的奖金。

这种方法的不足之处在于：绩效平庸的管理人员得到的奖金太高了，例如，即使管理人员的个人绩效平平，他也能够获得根据公司绩效确定的那份奖金。对这种问题的一种解决方法是采用乘数法。如表 12 - 2 所示，可以根据情况将目标奖金分别乘以 1.00，0.80 或 0（分别表示在公司绩效优秀的情况下，个人绩效是优秀、良好、一般或较差几种不同的情况）。个人绩效很差的管理人员甚至得不到根据公司绩效确定的那部分奖金。

表 12 - 2 确定年终奖的乘数法

个人绩效 （基于绩效评价结果，权重为 50％）	公司绩效（基于公司目标的达成，权重为 50％）			
	优秀	良好	一般	较差
优秀	1.00	0.90	0.80	0.70
良好	0.80	0.70	0.60	0.50
一般	0.00	0.00	0.00	0.00
较差	0.00	0.00	0.00	0.00

说明：在确定某位管理人员的年终奖金额时，只要用可能得到的最高奖金（即目标奖金）乘以矩阵中某个对应的数值即可。

长期奖励计划　公司运用长期奖励计划的目的在于：促使高层管理人员在做决策时更加注重公司的长期利益。如果仅仅为了实现短期目标（通常是一年），公司的高层管理人员就很可能会为了提高短期盈利水平而减少对工厂设备的保养，然而，这种策略很可能会在此后的三四年中给公司带来麻烦。比较普遍的长期奖励计划包括现金、股票、股票期权、股票增值权和影子股票。[79]百事公司 CEO 的年薪为 2 640 万美元，其中基本工资为160 万美元，股票奖励为 625 万美元，绩效现金奖金为 1 390 万美元，退休金调整为 426万美元，外加航空旅行等额外津贴。[80]

像股票期权这样一些长期奖励在设计得当的情况下，应该是只有在公司实现了战略目标（比如"使公司的收益率翻倍"）的前提下才能兑现，这样才能保证企业所有者和投资者都从高层管理人员的努力中获益。此外，长期奖励计划还被称为"金手铐"——公司通过帮助高层管理人员积累财富（通常是赋予他们购买公司股票的选择权）来激励他们留在公司，因为只有在高层管理人员在公司中服务一定的期限之后，这些股票才能变现。比较普遍的长期奖励计划包括现金、股票、股票期权、股票增值权和影子股票。[81]我们将在下面对其中几种进行讨论。

股票期权　股票期权（stock option）是一种在一定时间内，以一个特定的价格购买一定数量公司股票的权利。在实施股票期权的情况下，公司高层管理人员就会期望在未来行使自己的这种权利，即在未来的某个时间，按照约定的股票价格来购买公司股票，以从中获利。这里的一个基本假设是：公司股票的价格会上涨。然而，令人遗憾的是，公司的股票价格是否真的会上涨，却在一定程度上取决于不受管理人员控制的其他一些因素。[82]几年前，在股票市场下跌的时候，包括英特尔和谷歌在内的很多公司都修改了自己的股票期权计划，以提高高层管理人员可能获得的薪酬。[83]

股票期权存在的一个根本问题在于：它甚至为那些绩效低下的管理人员也提供了激励薪酬。问题还不止这一个。在有些案例中，一些公司的高层管理人员会对他们的股票期权的日期撒谎，从而提高自己可以从中获得的收入。股票期权还会（有证据表明是有可能的）鼓励高层管理人员冒着巨大的风险去获得高额利润（至少在短期内）。[84]这一问题的解决办法之一是，起草一份股票期权授予计划，使股票期权的获得者能够以更快的速度将他们的期权转化为股票。一项研究认为，现金奖励可能比股票期权成本更低。[85]

其他股票计划　当前存在这样一种趋势，即使用将奖励与绩效目标更为明确地挂钩的新型薪酬计划。除了股票期权，越来越多的公司还向员工赠予各种形式的绩效股份。根据绩效水平授予的限制性股票是指高层管理人员只有达到预先设定的绩效目标，才能得到股票。[86]在（基于时间的）限制性股票计划中，公司通常是将股票无偿配给高层管理人员，但他们在获得（以及出售）股票时是要受到限制的，比如只有在 5 年之后才可以出售。如果高层管理人员在一段时间内离职，那企业将收回已经授予的股票。与股票期权不同，股票获得者通常不用支付任何费用。企业这样做的目的是在这段时间内使该员工留在公司继续服务。[87]在其他情况下，指数期权是指股票期权的行权价格随着某种绩效指标——比如市场指数——的变化而上下波动。如果低于相应的指数，管理人员的期权就毫无价值。溢价期权是指股票期权的行权价格高于股票赠予日的收盘价格，这样的话，只有当公司股票价格上升时，公司的高层管理人员才能够从这种期权中获益。[88]IBM 过去一直采取这种方式。[89]

股票增值权允许获得这一权利的人（通过购买股票）行使股票期权，或者是以现金、股票或二者结合的形式来获取股票价格的增值部分。在影子股票计划中，公司的高层管理人员并不会得到股票，而只是得到一种类似于公司股份的"数量单位"。然后，在未来的某一时间，他们可以（通常是以现金的形式）得到与自己所持有的"影子"股票的增值情况相应的价值。无论是股票增值权还是影子股票，本质上都是"一种不让员工获得股票，而是使他们有权基于公司股票价值获得奖励的奖金计划"。[90]绩效达成计划则是根据预先确定的财务目标的达成情况来授予股份的做法，这些财务目标包括利润或者每股收益的增长等。无论是与股票期权相比，还是与限制性股票相比，大多数员工似乎都更喜欢现金奖励。由于员工的偏好存在差异，如果可能的话，企业还是应该让每位员工自己选择是接受股票期权还是限制性股票。[91]

潜在问题　有两个问题困扰着高管人员的激励问题，这就是短视主义和范围受限。许多奖励计划都鼓励短期性思考问题。例如，管理人员通过削减研发支出提高每股收益（以及他们的短期奖金），而此举会对公司在三四年后的收益造成不利影响。与此相关的是，将奖励与一个指标而不是多个指标相关联的做法可能会导致适得其反的结果。比如，如果仅仅把收益作为指标来激励管理者，那么管理者很可能会通过削减广告和其他成本来达到目标，这反过来会导致未来的收入（奖励计划中并不会对此进行衡量）下降。[92]

有三位专家对此提出了几种解决方案。首先，奖励计划要采用多个指标，例如收益、收入增长以及研发支出。[93]

其次，把绩效奖励建立在与竞争对手比较的基础上。举例来说，在整个行业的增长率达到10%时本公司收益增长，不如在行业不景气时期公司收益增长2%更令人印象深刻。通过和竞争对手做比较来提供绩效奖励的做法，也会迫使高层管理者分析竞争对手在做什么以及如何改善公司所处的相对地位。

最后，纳入一些非财务类指标。非财务类指标（比如员工敬业度以及顾客满意度）往往比财务类指标更难"操纵"（比如通过削减研发经费就能提高收益）。此外，非财务类指标的确能够影响公司的长期绩效。

伦理道德与奖励　最近，一家长途卡车服务公司根据卡车运输公司每个月从本公司购买的柴油金额向管理者支付佣金和奖励。联邦检察官声称，这样做的结果会促使管理者扣留卡车运输公司本应获得的返还。比如，仅仅在一年时间内，一位基本薪酬为大约40万美元的管理人员就能获得大约1 400万美元的奖金和薪酬。[94]

任何一家企业在设计长期奖励计划时，都应该记住管理方面的一条真理："人们只会为他们认为能使自己得到报酬的事情付出努力。"这里的问题在于：那种只关注某一个因素（比如降低成本）的过于简单的奖励计划可能会在无意中鼓励管理人员忽视其他重要的因素（比如长期投资）。类似地，在缺乏强有力的伦理道德标准的情况下，奖励可能会催生出不道德的行为。甚至有一篇文章指出："新的研究认为，在今天这种金钱至上的文化中，金钱对一个人的行为产生的影响类似于毒品和性对人的影响，而企业在用现金对某些行为进行奖励时，很可能会产生管理人员最初预想不到的一些后果。"[95]这方面的很多例子我们很熟悉，也让人感觉沮丧。例如，《福布斯》杂志最近声称，一家公司现在"奖励的是一种执拗的进攻精神，并没有将客户的利益置于公司利益之上"。对于股票期权计划的设计者来说，对该问题的解决方案是将一套完整的可获得奖金的标准纳入奖励计划，同时培育一种符合伦理道德的文化。

12.4.3　其他类型的高层管理人员激励计划

很多公司还提供其他各种奖励计划来说服高层管理人员留在公司中，尤其是当它们有理由相信其他公司正在觊觎本公司甚至想要收购本公司时，这种措施就显得尤为重要。"金色降落伞"（golden parachute）（和"金手铐"相对应）是指一家公司在改变所有权或控制权时，为公司高层管理人员提供的一种额外的薪酬。比如，当威瑞森（Verizon）收购雅虎时，雅虎前首席执行官玛丽莎·梅耶尔（Marissa Mayer）获得了超过 5 400 万美元的奖金，甲骨文公司的副总裁们获得了超过 1.39 亿美元的奖金。[96]

其他一些公司用贷款作为奖励，比如它们保证为董事会成员以及高层管理人员提供一笔高额贷款，以便他们用这笔钱来购买公司股票。

12.5　团队和组织绩效奖励计划

我们已经考察了员工个人的奖励计划（如计件工资计划、佣金计划和中高层管理人员的奖励计划）。下面考察针对团队以及组织中的全体员工的奖励计划。

12.5.1　如何设计团队奖励计划

很多公司越来越多地依靠团队来完成工作。在这种情况下，为了鼓励团队合作并使团队成员注重绩效，就需要实施团队奖励计划。**团队**或**群体奖励计划**（team（or group）incentive plan）根据团队的绩效向团队成员提供奖励。

这里最主要的问题在于如何对团队绩效进行奖励，在这方面作出的错误决定有可能是致命的。李维斯公司将个人奖励机会转变为团队奖励计划，根据团队的整体产出来发放奖金。然而，该公司的这一做法忽略了这样一个事实，即有些员工比另外一些员工工作更努力。由于生产速度较慢的员工（有时经济学家将这类员工称为"搭便车者"，因为他们总是在不做贡献的情况下享受别人的努力带来的成果）得到的报酬与生产速度较快的员工得到的报酬一样多，生产速度较快的员工不会得到额外奖励，于是他们便放慢了自己的生产速度，公司的产量也随之下降，最终的结果是李维斯公司关闭了美国境内的所有生产厂。

考虑到"搭便车"问题的存在，企业通常采取下列三种方式激励团队：根据团队整体绩效向每位团队成员支付相同的薪酬；根据员工不同的绩效表现支付不同的薪酬；按每个团队成员基本薪酬的一定比例支付不同的薪酬。[97]

尽管可能存在"搭便车者"，但企业通常的做法依然是将报酬与团队绩效的某些总体标准（或目标）联系在一起，比如"生产每辆汽车的总工时为 10 小时"。有一家公司就为其工作团队制订了这样一种团队奖励计划：如果公司 100% 达到了预定目标，则员工可以分享 5% 左右的绩效改善带来的收益（表现为劳动力成本的节约）。如果公司没有 100% 达到其目标，奖金总额就会减少。据说，这一计划——在使团队更加关注公司的战略目标方面——所取得的效果"非常好"。[98] 丰田汽车公司等运用此类团队奖励计划的企业依靠员工甄选、培训以及工作同伴压力等最大限度地减少"搭便车"行为的发生。

大多数公司都只是利用经验来估计团队需要实现的目标或标准应该是什么（如"每辆汽车的生产工时为 10 小时"），还有一些公司则仔细地制定自己的生产标准。在后一种情况下，企业通常会将团队奖励建立在计件工资计划或标准工时计划的基础上。然后，让所有的团队成员都获得相同的团队激励薪酬。比如，与行业的工程学"标准"——每小时安装 10 个车轮——相比，一个团队每多安装一个车轮，就可能额外得到 5 美元的报酬。

有时，公司会根据其他一些原则向所有的团队成员支付报酬。比如，与根据团队整体绩效向所有团队成员支付报酬的方式不同，公司可以按产量最高的员工的薪酬标准，向所有的团队成员支付报酬。当然，除非公司有理由相信，新的团队奖励计划不会使高绩效团队成员失去工作积极性——这正是在李维斯公司发生的事情。

团队奖励计划常常是有意义的。团队奖励计划加强了团队的计划能力和解决问题的能力，并且有助于确保员工合作。团队奖励计划还有利于培训活动的进行，这是因为每一位团队成员都希望新的团队成员能够尽快得到培训。团队奖励计划的主要不利之处是那些分享了团队报酬但是并没有全身心投入工作的人（"搭便车者"）所带来的负面激励效应。

12.5.2 循证人力资源管理：破坏团队奖励计划的不公平现象

尽管多达 85％的大公司宣称自己采用了某种形式的群体或团队奖励计划，但是研究表明，团队奖励计划所起的作用常常是相反的。为什么呢？

一位研究人员对一些参加在线 MBA 课程的学员进行了调查。[99] 她设计了一种方法，让这些学员说明他们对自己经历过的各种团队奖励计划的反应，然后加以系统分类。

公平缺失是一个大问题。[100] 在很多案例中，尽管是由组织中的一两名成员完成大部分工作，但是每一位团队成员的经济报酬都是一样的。在其他案例中，公司晋升了团队中的一两名成员，结果其他人认为，自己辛辛苦苦地工作，到头来却成了别人晋升的垫脚石。问题的关键似乎在于：除非把不公平现象减到最少，否则最好还是根据个人绩效而非团体绩效来支付薪酬。

很多公司把团队激励的观念应用到更广的层面，制订了所有员工或者大部分员工都可以参与的奖励计划。**组织绩效奖励计划**（organization-wide incentive plan）是指公司所有员工或者大多数员工都可以参与，通常会将薪酬与公司的整体绩效挂钩的奖励计划。这种计划又称为可变薪酬计划。接下来，我们将分别讨论这些内容。

12.5.3 利润分享计划

利润分享计划（profit-sharing plan）是指所有员工或者大多数员工均可分享公司年度利润的计划。尽管这一计划从理论上来看确实很吸引人，但其中的"搭便车"问题依然存在，有人可能会问："如果无论是否努力工作，每个人都获得同样的奖励，那又何必如此努力呢？"[101]

目前，对利润分享计划的实施效果进行的研究还不是很完善。一项研究表明，利润分享计划确实能够提高生产率和员工的士气，但是如果把在这项计划上付出的成本考虑在内的话，利润分享计划对于组织利润所产生的影响就不是很显著了。[102] 在西班牙进行的一项研究发现，利润分享计划提高了员工对组织的承诺度。[103]最近一项研究发现实行利润分享计划的公司，其员工收入增长更快。[104]

利润分享计划有几种形式，在即时利润分享计划或者现金分享计划中，员工每个季度或者每年均可分享一定比例的公司利润。即公司每隔一段时间就会把一定比例（通常为 15%～20%）的利润分给员工。比如，西南航空公司（Southwest Airlines）为员工制订了广泛的利润分享计划（覆盖所有员工）。几年前，该公司向员工发放了 2.28 亿美元的分红。[105]

在延期利润分享计划中，公司会将现金存入每位员工的退休信托账户中。[106]员工因获得这部分奖金而需要缴纳的收入所得税会延迟到员工退休或从该计划中提款的时候才缴纳（正因如此，这种计划才称为"延期利润分享计划"）。这类计划实际上是一种"企业可以自主决定向该计划注入多少资金以及何时注入"的养老金计划。

12.5.4 斯坎伦计划

很少人会对这样一种观点产生异议，即强化员工承诺的最有力做法就是使组织的目标和员工的目标保持一致，也就是说，确保这两组目标实现重合。这样，员工在追求个人目标的同时，实际上也是在追求组织目标的实现。为了达到这种理想境界，许多专家提出了多种方案，但是几乎没有一种方案能像**斯坎伦计划**（Scanlon plan）那样普及或成功。这是由美国钢铁工人联合会（United Steel Workers Union）的官员约瑟夫·斯坎伦（Joseph Scanlon）在 1937 年提出的一种奖励计划。[107]时至今日，这种计划依然十分流行。

尽管斯坎伦计划已经诞生了 80 多年，但是现今，这一计划依然是相当先进的。它具有以下五个基本特点。[108]斯坎伦计划的第一个特点是合作哲学，这种哲学假设：管理人员和员工必须消除他们在传统上抱有的"我们"和"他们"这样一种态度，因为这种态度阻碍了公司所有者意识的培养。

斯坎伦计划的第二个特点是该计划的实践者所说的明确性。这意味着公司为激发员工的参与，就必须清楚地描述公司的使命或者目的，同时，公司员工也必须了解公司在客户、价格和成本方面是怎样经营和运作的。斯坎伦计划的第三个特点是胜任素质。据专家说，这种计划"明确认可了这样一个事实，即斯坎伦计划需要公司各层级员工都具有高水平的胜任素质"。[109]这就要求必须对员工进行认真的甄选和培训。

斯坎伦计划的第四个特点是参与系统。员工将他们的改善建议提交给相应的部门委员会，部门委员会再从中挑选出一些有价值的建议递交给高层经营管理委员会，最后由该委员会决定是否采纳这些建议。

斯坎伦计划的第五个特点是收益分享方式。如果某项建议被采纳并取得了成功，那么全体员工应当分享因此产生的成本节约的 75%。举例来说，假定在通常情况下，公司每个月的薪酬成本占销售收入的 50%（这样，如果销售额是 60 万美元，那么总薪酬成本应当是 30 万美元）。再假定由于公司采纳了员工提出的降低成本的建议，结果使公司在某个月实现了 55 万美元的销售额，但当月的薪酬支出只有 25 万美元。根据原来的薪酬成本占销售额的比例，薪酬成本应该是 27.5 万美元（即 55 万美元销售额的 50%）。这说明采纳这项建议所产生的成本节约为 2.5 万美元（27.5 万美元减去 25 万美元）。如果按照通常的做法，员工分享这些成本节约的 75%（18 750 美元），而公司则分享剩余的 6 250 美元的成本节约。在实际操作中，公司往往会从员工应当得到的奖金中拿出一定的比例，通常是从 18 750 美元中留下 1/4，将其储存起来备用，因为在有些月份可能会出现实际成本超过标准成本的情况。

12.5.5　其他收益分享计划

斯坎伦计划实际上就是今天所说的**收益分享计划**（gain-sharing plan）的一种早期形式。收益分享计划也是一种奖励计划，它鼓励大多数员工或者全体员工通过共同努力来达到公司的生产率目标，并且使员工和公司能够共同分享由于这种努力而带来的成本节约收益。[110] 除了斯坎伦计划，其他比较常见的收益分享计划包括林肯计划、卢卡尔计划以及生产率改善收益分享计划。

这几类收益分享计划之间存在的主要差异在于：它们决定员工奖金的方式有所不同。斯坎伦计划的奖金计算公式是用薪酬费用总额除以销售额（有时是销售额加上库存增加额）。林肯电气公司奖励体系最初是由位于美国俄亥俄州的林肯电气公司（Lincoln Electric Company）创立的。在这种计划中，员工享有一种有保证的计件工资，在此基础上，公司再根据员工个人的绩效评价结果，每年把公司年度总利润（扣除税金、6% 的股息以及储备金之后）在员工之间分配。大多数公司会根据自身的情况使用这些收益分享计划。

最近的一些实施结果——从医院到生产工厂中的各种结果——清楚地证明了收益分享计划的有效性。比如，在一项研究中，医院将医生节省的成本转化为付给医生的奖金。[111] 美国卫生与人力资源服务署（U. S. Department of Health and Human Services）批准了某些医院的收益分享计划。

12.5.6　风险型薪酬计划

绩效工资计划可以支持企业的成本控制工作。基本工资和福利占劳动力成本的绝大部分，通常情况下，即使在销售额暴跌的情况下，基本工资和福利也没有太大的变化。[112]（减薪会影响士气，如果某一年的销售额下降，就很难在不裁员的情况下削减劳动力成本）。在**收入风险型薪酬计划**（earnings-at-risk pay plan）中，员工同意让他们的常规薪酬中的一部分（比如 10%）在未能达到目标的情况下承受一定风险（甚至放弃），以换取在超额实现目标的情况下获得更大一笔奖金的机会。例如，可以通过将每位员工工资中的 10% 转变为风险型资金，然后在公司能够实现目标的情况下，员工才能拿到这 10% 的奖金，如果公司超越了预定的绩效目标，员工还可以额外得到 3% 的奖金。

12.5.7　员工持股计划

员工持股计划（employee stock ownership plan，ESOP）是在整个公司范围内实施的一种计划，在这种计划中，公司把自己的一部分股票（或用于购买这些股票的现金）交给一个信托机构，该机构负责为员工购买一定数量的公司股票。公司通常根据员工年度薪酬总额的一定比例来提供股票或者资金，但是这一比例最高不能超过 15%。信托机构持有记在员工个人账户上的股票，然后在员工退休（或有其他原因不再在公司中工作）时再分配给他们——假定员工在公司中工作的时间足够长，有资格获得这些股票。

员工持股计划非常流行。公司在将股票转移给信托机构时，可以享受与这些股票的公开市场价值相关的税收减免；公司在向员工持股计划中的股票支付股息时，还可以申请得到收入所得税的减免。[113]员工在从信托机构获得这些股票时，通常已经退休，因此不必再纳税。此外，美国《员工退休收入保障法》允许公司根据信托机构保管的员工股票来进行借贷，然后公司可以在税前而不是税后偿还贷款，这样，税收制度就对公司采用这种计划起到了另一种推动作用。[114]

员工持股计划还有利于那些大规模持有公司股份的股东。比如，一个拥有一家小型地区银行所有股份并且想出售其全部或部分股份的家族，他们将自己所持有的一部分银行股票投入员工持股信托基金之中，银行会对他们投入信托基金中的股份给予补偿（可能是通过借钱的方式），然后这个家族就可以用这笔钱到市场上去购买其他一些资产。[115]

一些研究发现，员工持股计划能够提升员工绩效，在员工持股制企业中，"可能正是这种由员工持股培养的合作文化推动实现了更好的工作绩效"。[116]无论怎样，公司董事会和管理层对员工持股基金负有法律和受托责任，管理时要十分小心谨慎。

广泛的股票期权计划　很多公司还实施广泛的股票期权计划，使公司中的所有员工或大多数员工都能够参与其中。（"广泛"的定义范围从至少 20% 的公司员工，到大多数全职员工，再到包括大多数非管理层员工。）[117]也许是因为这样的计划培养了一种合作和所有权的意识（就像员工持股计划一样），有研究表明，实施广泛的股票期权计划的公司比同行拥有更高的生产率和年增长率。[118]

然而，在 21 世纪初，很多公司在这方面似乎有所收缩。比如，时代华纳（Time Warner）、微软、嘉信理财（Charles Schwab）都宣布不再向大多数员工提供股票期权。包括微软在内的一些公司都采用直接的股权奖励方式。在现行的美国税法下，各家公司在授予股票期权时，必须将其作为一种费用记入公司账户，这种要求大大削弱了股票期权作为一种"无成本"报酬所具有的吸引力。微软和其他一些公司明确认识到，直接奖励股票而不是提供股票期权的做法，是一种能够更加直接和便捷地将薪酬和绩效挂钩的方式。[119]

12.5.8　实践中的奖励计划：纽柯公司

纽柯公司（Nucor）是美国最大的钢铁生产商。在美国的钢铁行业中，该公司不仅生产率最高，而且每吨钢铁的人工成本是最低的，一直被评为"最佳工作场所"，几十年来都没有裁员。[120]在该公司中，员工能够得到和基本薪酬一样高甚至更高的奖金，并且所有的员工都参与了四种绩效奖励计划中的一种。其生产奖励计划规定，生产类和维修类的员工及主管人员每周可以根据他们生产小组的生产率得到奖金。部门经理奖励计划则是向各个部门经理发放年终奖，奖励的依据主要是每个部门所获得的净收入与该部门所占用的资产总额之比。没有参与以上两种奖励计划的员工将参与专业技术人员和办公室文员奖励计划，他们能够根据所在部门的资产收益率情况获得奖金。[121]根据高层管理人员奖励计划，纽柯公司的高层管理人员（他们的基本薪酬低于竞争公司中的同行）将会根据公司净收益率与股东权益比率得到奖金。[122]在最近的一年，纽柯公司的首席执行官总共获得了 1 060 万美元的奖金，其中包括 290 万美元的股票奖励，400 万美元的股票期权和与股票回报相关的 240 万美元的激励计划奖励。[123]

纽柯公司每年还向所有员工（不包括高层管理人员）发放 10％的经营利润。根据公司绩效的差异，这部分奖金的金额可能达到员工薪酬的 1％～20％。

12.6 写给管理者的员工敬业度指南

12.6.1 奖励和敬业度

关于奖励能否提升员工敬业度，一项调查可以提供一些见解。研究人员咨询了约 6 300 名薪酬专业人士，其中有 736 人对此作出了回应。[124] 下面是研究者的发现。

首先，虽然薪酬专业人士认为总奖励计划会影响员工敬业度，但很多薪酬专业人士并没有将员工敬业度作为薪酬计划的目标之一。约 60％的人同意或强烈同意将员工敬业度和绩效指标纳入公司的可变薪酬计划。只有 37％的人同意或强烈同意"在组织中，将经理对敬业度的提升水平作为对经理进行绩效评价的重要因素"。

其次，用奖励提升员工敬业度的最直接方式是：（1）衡量主管提升下属敬业度的程度；（2）使用奖励来激励主管提高员工敬业度。

最后，比奖励更重要的是让员工参与奖励计划的制订，这是建立员工合作和承诺的黄金标准。

简言之，将提高员工敬业度作为薪酬计划的正式目标；将是否采取措施提高员工的敬业度作为评价主管的指标之一；如果可能的话，让员工参与激励计划的制订。

本章内容概要

1. 在设计有效的经济性奖励计划时，理解金钱与激励之间的关系是非常重要的。赫茨伯格认为，激励员工的最佳方式是提供反馈和认可并使工作富有挑战性，从而帮助满足员工的高层次需要。德西发现，外在激励可能会削弱人的内在工作动机。弗鲁姆的期望理论认为，一个人受到的激励取决于期望、关联性和效价。斯金纳的行为修正理论意味着，根据绩效水平的高低对一个人进行奖赏或惩罚，从而改变这个人的行为。

2. 一些奖励计划是针对员工个人的激励和认可计划。计件工资计划是指根据员工生产的单位数量支付报酬的计划。绩效加薪是指根据员工个人的绩效水平来提高员工的基本薪酬。非经济性奖励以及基于认可的报酬正变得越来越重要，这些报酬形式包括员工认可、礼品券以及个人旅游。很多公司都在运用企业奖励管理系统来实现奖励计划的规划、分析及管理的自动化。

3. 销售人员奖金通常特指销售佣金。尽管销售佣金占薪酬的比例不等，但是一项研究发现，高绩效公司的销售人员得到的与销售相关的可变薪酬大约占总薪酬的 38％。

4. 管理人员在制订中高层管理人员的奖励计划时，需要考虑很多方面的因素。很多公司为了激励管理人员实现短期绩效，都设置了年终奖。这种奖励计划通常取决于个人绩效和组织绩效的某种结合，因此，即使在公司绩效较低时，高绩效的管理人员也有可能得到奖金。长期奖励计划包括股票期权、股票增值权等。

5. 随着越来越多的公司都依靠团队完成工作，针对团队和整个组织的奖励计划变得更加重要。在团队奖励计划中，一个主要问题在于：到底是应当根据个人绩效还是团队绩效对团队成员实行奖励。这两种做法各有优缺点。针对整个组织的奖励计划是指所有员工或大部分员工都能够参与的奖励计划，其中包括利润分享计划、收益分享计划。收益分享计划包括斯坎伦计划，能够使员工通过共同努力达成生产率目标并且分享收益。员工持股计划是整个公司范围内的一项计划，公司会把自己的股票投入一个信托机构之中，这个机构代表员工来购买公司的股票。

6. 有意识地将员工敬业度作为薪酬计划的目标；基于主管在提高下属敬业度方面的有效性评价和激励主管的绩效；如果可能的话，让员工参与制订薪酬计划。

讨论题

1. 试对六种奖励计划加以对比分析。

2. 请阐述导致奖励计划失败的五种原因。

3. 请阐述一些重要的管理人员奖励计划的性质。

4. 假设你正在申请某公司的一个管理职位，并且此时你正处于薪酬和奖金的谈判阶段。在奖金方面，你会向未来的雇主提哪些问题？描述你打算通过谈判为自己争取的奖金内容。

5. 在本章中，我们列举了制订绩效薪酬计划的一些指导原则。根据激励理论，这些原则有意义吗？为什么？

6. 什么是绩效加薪？你认为向员工提供绩效加薪是一种好的做法吗？为什么？

7. 请举出四个例子来说明你什么时候会建议采用团队或群体奖励计划而不是个人奖励计划。

个人及小组活动

1. 以个人或小组为单位，为以下几种职位制订一项奖励计划：化学工程师、工厂厂长以及二手汽车销售员。在制订这些奖励计划时，你需要考虑哪些方面的因素？

2. 一所位于美国东南部的大学最近为教师制订了一项"教师奖励计划"。这一计划要求该大学每个学院的教师委员会为所属教师中大约 40% 的人提供 5 000 美元的加薪（而不是奖金），加薪的依据是教师在本科教学活动中的工作效果和每年的教学课时量。这种奖励计划存在哪些方面的优点和潜在缺点？你认为这种计划被教师接受的程度如何？你认为它能够达到预期的效果吗？

3. 几年前，美国公用事业工人工会（Utility Workers Union of America）的养老金计划建议道明尼资源公司（Dominion Resources）的股东修改公司章程，这样，如果公司高层管理人员的薪酬在将来想超过 100 万美元，就必须经过股东的同意，同时公司其他的高层管理人员奖励计划也必须经过股东许可才能通过。根据美国国税局的法律规定，如果一家公司中薪酬最高的 5 名高层管理人员的薪酬超过 100 万美元，则在通常情况下，对于超过 100 万美元的那部分薪酬不能作为税前抵扣。根据工会努力推动的新法规，董事会已经不能再决定 100 万美元以上的高层管理人员薪酬；相反，应当由股东对此进行投票表决。从有效经营公司的角度来说，你认为工会的建议有哪些优点和缺点？你会支持还是反对工会的这些建议？为什么？

体验式练习

激励皮尔逊急救中心的员工

目的：本练习的目的是使你得到一次制订奖励计划的实际体验。

必须理解的内容：对本章中讨论的内容相当熟悉，并且阅读下面的内容。

皮尔逊急救中心（Pearson Urgent Care）是纽约市的一家连锁医疗急救中心。每个分中心大约有 12 名全职员工；皮尔逊急救中心共有 75 名左右的员工，包括各分支机构的员工、总部办公室的会计、办事员以及管理人员。该中心由医学博士泰勒·皮尔逊（Taylor Pearson）经营。她现在面临的主要问题是，公司的线上评价非常糟糕。

客户的抱怨主要集中在以下几个方面：

第一，接待病人并收取病史表格的前台员工很不友好，也不乐于助人。

第二，把病人带到检查室并检查病史的护士很冷漠。

第三，医生不愿意向患者详细说明病症和治疗方法。

第四，X 射线技术员很匆忙。

皮尔逊急救中心当前的薪酬体系如表 12-3 所示。正如你所看到的，该公司当前的薪酬体系以工资为主。

表 12-3　皮尔逊急救中心的薪酬体系

皮尔逊急救中心团队	团队的职责	当前的薪酬支付方法
1. 前台人员/接待人员	接待病人，收取病史表格	小时工资
2. 护士	帮助患者完成医疗流程	年工资
3. 医生	对患者进行诊断，开处方	年工资
4. X 射线技术人员	提供 X 射线检查	小时工资

如何进行练习/指导：将全班分为若干组，每组由若干名学生组成。将一个或多个小组划分为表 12-3 第一栏的 4 个小组。每个小组都应当分析皮尔逊急救中心制订的薪酬体系，然后讨论下列问题：

1. 当前薪酬计划为什么会导致客户不满的问题？

2. 为使公司的薪酬体系有利于提升客户满意度，你会提出什么样的改善建议？

应用案例

HubSpot 的销售人员奖励计划

12 年前，毕业于美国麻省理工学院斯隆管理学院的两名学生创立了 HubSpot.com 网站。[125] 该网站以帮助客户利用在线内容吸引潜在顾客为宗旨，为顾客提供定制化的客户关系管理（和其他）软件和系统。[126]

最初，网站面临的挑战很简单。当时，公司只有 100 个左右的客户。因此，他们把第一个薪酬计划的重点放在寻找新客户上。该薪酬计划在员工基本薪酬的基础上，额外为员工提供绩效奖金：每月从客户那里获得 1 美元经常性收入，就可获得 2 美元预付工资。面临客户流失问题，该薪酬计划还包括一个 4 个月的追回条款（如果客户在前 4 个月内离开，HubSpot 就会从销售人员那里收回全部佣金）。凭借最初的薪酬计划，该网站在不到 6 个月的时间里，客户数量从 100 个迅速增长到 1 000 个，公司收入也从 30 万美元飙升到 300 万美元。

然而，网站目前面临巨大的客户留存问题，太多客户在注册 4 个月后离开了该网站。HubSpot 通常的做法是为每个新客户指派一名售后顾问，该顾问负责服务新客户，并培训客户如何使用网站的软件和服务。一开始管理层认为，售后顾问的某些不当行为是导致客户流失的重要原因，但在分析了客户保留率数据后发现，所有售后顾问的客户流失情况大致相同，显然售后顾问并不是问题所在。

管理者转而分析销售人员的客户流失问题，发现了关键问题所在。有些销售人员的客户流失率是其他员工的 10 倍以上。出于各种原因，销售人员的一些客户是长期客户，而另一些则离开了。显然，就客户类型以及服务客户方面，一些销售人员做得比其他人更好。

管理人员认为修正销售薪酬计划可以很好地解决这个问题，但他们面临的问题是，新的销售人员的薪酬计划应该是什么样子呢？

问题

1. 为了解决客户留存问题，你将如何改变 HubSpot 的销售薪酬计划？请详细说明新计划包括哪些内容。

2. 管理层将客户流失问题聚焦为销售问题，进而采取修改销售薪酬计划这一措施来解决。请问还有哪些可能的原因造成客户流失，你又该如何解决呢？

连续案例

卡特洗衣公司

奖励计划

到底是应当向卡特洗衣公司的员工支付小时工资还是激励工资，这一问题一直困扰着杰克·卡特。

他的基本政策是向员工支付小时工资，但是管理人员能够得到年终奖，而正如杰克所说，年终奖的依据是"他们管辖的洗衣店在这一年中的工作做得好不好"。

不过，他正在考虑在一家洗衣店中采用奖励计划。杰克知道，一名熨衣工每小时能熨25 件上装（夹克、连衣裙和衬衫），但是大部分工人都达不到这个理想标准。这里有一个例子，一位叫沃特的熨衣工的小时工资是 8 美元，但杰克注意到，不管他的工作量有多少，沃特总是会在下午 3 点结束工作回家，所以他每星期都能够得到 300 美元的报酬。比如在假期中，有很多衣服需要熨烫，他每小时能熨烫 22～23 件上衣（其他人熨烫裤子），在得到 300 美元之后，他在下午 3 点准时离开洗衣店，去接他放学的孩子。但是当店里的工作不多的时候，他的生产率就会下降到每小时只熨烫 12～15 件上衣，所以在一周结束时，他能得到的收入大概不超过 280 美元，同时也并没有比工作繁忙时更早一点回家。

杰克跟沃特谈了好几次，尽管沃特每次都承诺更加努力地工作，但杰克后来很清楚地看到，无论如何，沃特每周都能很轻松地赚到 300 美元。杰克还感觉到，沃特需要养家糊口，不管店里繁忙还是清闲，他都不想让自己赚到的钱低于他的"目标"工资。问题在于沃特每天从事熨烫工作的时间越长，蒸汽锅炉和压缩机就不得不在更长的时间里保持运转，仅燃料费都要上涨到每小时 6 美元了。由于燃料费用降低了总利润，所以杰克需要找到某种方法，以在不解雇沃特的情况下解决这个问题。

杰克的解决方法是，告诉沃特自己不再给他支付每小时 8 美元的工资，从今以后，沃特每熨烫一件衣服，将会得到 0.33 美元。杰克想，在这种情况下，只要他每小时能够熨烫 25 件衣服，他的工资实际上就会出现小幅上涨，如果他每小时熨烫更多件衣服，洗衣店就能早一点关掉机器。

总的来说，这项计划运行良好。沃特现在一般每小时能够熨烫 25～35 件衣服。他能够更早下班，由于薪酬水平出现了小幅上升，他也能挣到目标工资。但是，出现了两个问题：一是沃特的工作质量有所下降；二是洗衣店的管理人员每小时不得不花1～2分钟的时间来检查沃特在那一个小时里熨烫了多少件衣服。杰克非常满意这项奖励计划的实施效果，他在考虑能否将这项计划推广到其他的员工和其他洗衣店里。

问题

1. 这项计划应该推广到其他洗衣店中的熨衣工吗？

2. 其他类型的员工（洗衣工和柜台员工）也应该实行类似的奖励计划吗？为什么？如果要实行，具体应当如何实行？

3. 你认为是否还会有另一种对熨衣工起更大作用的奖励计划？请描述这种计划。

4. 一位店长的工作是使薪酬总额保持在销售额的 30% 以内，并且将燃料费、供应费维持在销售额的 9% 左右。店长还可以通过确保礼貌周到的顾客服务以及确保员工工作到位等对销售额产生直接的影响。在为店长或柜台员工制订奖励计划方面，你会向詹妮弗和她的父亲提出哪些建议？

将战略转化为人力资源政策及实践的案例

改进巴黎酒店的绩效

新型奖励计划

巴黎酒店的竞争战略是："通过卓越的顾客服务将自己与同行区别开来，吸引顾客延长入住时间，提高顾客再次入住比率，从而提高酒店的收入和利润水平。"酒店人力资源总监莉萨·克鲁兹现在必须制定和实施战略性人力资源管理政策和活动，通过帮助酒店获得战略所需的员工行为和胜任素质来支持酒店的这一竞争战略。

在薪酬方面，莉萨·克鲁兹最关心的是巴黎酒店的薪酬计划并没有把薪酬与绩效有效地联系起来。由于巴黎酒店的薪酬过去不具有外部竞争力，所以现在的管理人员倾向于实行一次全面的普遍加薪。这就意味着业绩良好的员工所得到的薪酬涨幅与业绩较差的员工是一样的。同样，巴黎酒店也没有任何一种奖金或奖励计划关注把员工的绩效与一些同战略相关的员工能力和行为——其中包括友好地跟客户打招呼、提供快速的入住登记与结账服务等——联系起来。对于莉萨和首席财务官来说，最根本的一点是，公司的经济性报酬系统——这可能是它拥有的能够将员工的绩效引导到实现巴黎酒店目标上来的最重要工具——完全不够。因此她和她的团队转到决定应当制定哪种奖励性报酬体系这样一项工作上来。

基于他们的分析，莉萨·克鲁兹和首席财务官得出了这样一个结论：无论从哪个角度来说，公司现行的奖励计划都是完全不适合的。员工的绩效加薪或奖励性薪酬根本就没有与员工的绩效有效地联系起来。管理人员的绩效薪酬是由董事会决定的，只有不到 5% 的员工（仅限于管理人员）符合领取奖励性薪酬的条件。此外，低绩效和高绩效员工所获得的奖励性薪酬也相差不到 2%。通过阅读行业研究资料，莉萨意识到，在高绩效公司中，至少有80% 的员工都有机会获得与其绩效相关的加薪或者奖励性薪酬；同时，她还意识到，在一家高效运作的公司中，低绩效员工和高绩效员工得到的奖励性薪酬之间的差异至少要达到 5%或 6%。首席财务官批准莉萨为巴黎酒店的员工设计一个以战略为导向的新奖励计划。他们的总体目标是设计一个适用于公司全体员工的薪酬奖励计划。

对于新型奖励计划必须达到的标准，莉萨和首席财务官提出了三条明确的要求。第一，巴黎酒店中至少应当有 90% 的员工（或者全部员工）符合得到绩效加薪或奖励性薪酬的条件，并且绩效加薪或奖励性薪酬与员工的业绩要有联系。第二，低绩效员工和高绩效员工得到的奖励性薪酬之间的差异至少要达到 10%。第三，新型奖励计划必须包括特殊奖金和评价机制，并且它们应该能够将员工在各类职位上的行为与同战略相关的员工能力和行为联系起来。例如，前台接待员的报酬可以部分地取决于他们为办理顾客登记入住与结账手续时的友好态度及速度；对客房清洁员的评价与奖励可以部分地取决于客房清洁状况等。

有了这些标准，莉萨和她的团队转过头来开始设计新的绩效加薪和奖励性薪酬计划。他们建立了一个更大的绩效加薪池，并且要求主管人员不能让那些绩效评价结果属于最差的 10% 之列的员工获得绩效加薪，同时绩效最优秀的员工和绩效处于中等的员工之间的绩效加薪幅度相差 10%。他们还与一家在线员工认可方案公司签订了一份合同，在后者的帮助下建立了一个新的"巴黎酒店即时认可奖励项目"。根据这个项目，任何顾客或任何一位主管人员都可以推荐任何一名巴黎酒店的员工获得"即时认可奖"，如果这一推荐得到了部门经理的批准，则员工可以通过访问本公司的网站自己选择认可奖励。对于该公司所有管理人员——其中包括酒店经理、经理助理以及部门经理等——的奖励计划，现在至少将他们每个人年薪的 10% 与酒店的战略目标实现情况联系在一起。该计划通过对顾客满意度、顾客入住平均时长、顾客再次入住频率等指标的衡量，判断这些管理人员对酒店战略目标实现作出的贡献。在该项计划实施之后，所有这些指标的数值都很快开始上升。

问题

1. 讨论你对莉萨和首席财务官为新型奖励计划设定的那些可衡量标准的看法。

2. 举出你所知道的巴黎酒店的战略目标，针对下列员工列出 3～4 项你想要激励的具体行为：前台接待员、酒店管理人员、门童和客房经理。

3. 请为巴黎酒店的管理人员设计一整套奖励计划（包括长期和短期奖励计划）。

注 释

第 **13** 章　福利与服务

Benefits and Services

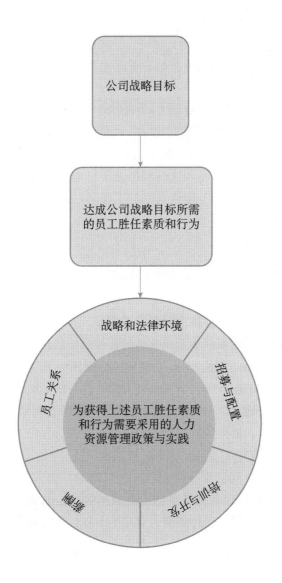

➡ 我们学到哪了

> 第 11 章和 12 章已经讨论了薪酬计划的三个重要组成部分中的两个——薪酬（或工资）以及奖励性薪酬。本章的主要目的是对第三个组成部分——员工福利——进行讨论。我们将要讨论的主题包括：非工作时间薪酬、各种保险福利、退休福利、个人服务和家庭友好型福利、弹性福利计划以及写给管理者的员工敬业度指南。
>
> 本章结束之后，我们就完成了对员工薪酬问题的讨论。下一章，也就是第 14 章将集中讨论人力资源管理中另一个非常重要的任务——员工关系管理。

➡ 学习目标

1. 指出并界定各种针对非工作时间提供的薪酬。
2. 描述几种主要的保险福利计划。
3. 讨论几种常见的退休福利计划。
4. 列举几种主要的员工服务福利计划。
5. 解释几种主要的弹性福利计划。
6. 解释如何通过运用福利计划提升员工的敬业度、生产率和绩效。

约 30 年前，加里·埃里克森（Gary Erickson）在加利福尼亚州骑车旅行时，突然想到了一个主意，这个主意改变了他的生活——生产出更美味、更健康的巧克力棒。[1]这就是 Clif Bar 巧克力能量棒的开端，埃里克森从一家小面包店起家，后来将其发展成为一家拥有数百名员工的健康食品和饮料销售公司。他想为自己的员工制订一项有助于强化公司关注的"健康和可持续"价值观的员工福利计划。接下来让我们看看他是如何做的。

➡ 13.1 导论：当前的福利概况

"你们公司有哪些福利？"这是许多求职者首先要问的一个问题。**福利**（benefit）——指员工因为保持与企业之间的雇佣关系而获得的各种间接的经济性或非经济性报酬，是员工薪酬收入中一个非常重要的组成部分。[2]福利包括健康与人寿保险、养老金、非工作时间薪酬以及儿童看护方面的服务等。员工福利大约占总薪酬的 31%。图 13-1 概括了各种福利在薪酬中所占的百分比。

对于大多数员工而言，健康保险福利是整体福利包中分量最重的一个组成部分。在最近的一项调查中，员工表示他们最渴望得到的福利分别是：健康、牙科和视力福利（88%），更灵活的工作时间（88%），更多的假期（80%）和更多的在家工作选择（80%）。[3]即便是人力资源管理者有时也会低估福利对员工的吸引力。一项调查表明，很多人力资源管理者错误地假设，工作安全、自主性与独立性、运用技能的机会等对员工而言比福利更重要。[4]

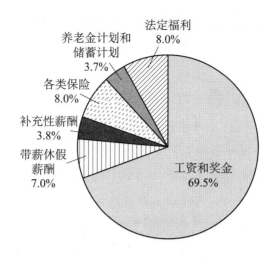

图 13-1 企业承担的各项员工薪酬成本，2017 年 10 月

资料来源：Based on Employer Costs for Employee Compensation. http：//www.bls.gov/news.release/pdf/ecec.pdf accessed March 30，2018.

13.1.1 政策问题

企业需要仔细地制订福利计划。企业在这个过程中必须考虑一系列政策问题，其中包括：提供何种福利；谁能够享受福利；是否将退休人员纳入该计划；员工在最初的试用期内是否也能够享受福利；如何为福利计划筹集资金；福利计划的成本控制程序是什么；怎样就各种可选择的福利与员工进行沟通。[5]

法律因素对福利计划的影响很突出，联邦法律对一些福利作出了强制性要求（例如社会保险），而其他一些福利计划则由企业自主决定是否实施（见表 13-1）。但是，联邦法律对于本应由企业自主决定的福利，比如带薪休假，也会施加一些影响。此外，企业必须遵守其所在州的相关法律。例如，加利福尼亚州要求大部分州政府项目承包商为员工提供同居伴侣福利。

表 13-1 法定的和自主决定的福利项目举例

联邦法律或大多数州法律规定的福利	企业可以自主决定的福利*
社会保障	伤残、健康和人寿保险
失业保险	养老金计划
工伤保险	休假、节假日、病假、事假、法律义务假等的薪酬支付
《家庭和医疗休假法》允许的休假	各种员工援助和咨询计划；儿童看护、老人护理和弹性工作时间安排等"家庭友好型"福利；高层管理人员特殊福利

*尽管这些福利并不是联邦法律要求的，但这些福利都会以某种形式受到联邦法律的约束，本章后面对此有所解释。

福利的数量和分类方法非常多。这里主要将各种福利分为五大类：第一类是非工作时间薪酬（比如带薪假期）；第二类是保险福利；第三类是退休福利；第四类是个人服务福利项目；第五类是弹性福利。下面从非工作时间薪酬谈起。

在审查公司的福利时，莉萨和首席财务官越来越担心。他们为公司计算出了一些与福利相关的衡量指标，其中包括福利成本在工资中所占的百分比以及每名全职员工每年的病假天数，结果远远超出了他们的预期。他们必须改变公司的福利计划。要了解他们是如何解决这个问题的，请阅读本章末的案例。

13.2 非工作时间薪酬

非工作时间薪酬又称**补充性薪酬型福利**（supplemental pay benefit），是大多数企业的福利计划中占比极大的一种福利。最常见的非工作时间薪酬包括员工在节假日、休假、法律义务假、丧葬假、军事义务假、私人事假、病假、年休假、产假时所享受的薪酬，以及向被临时解雇或永久解雇的员工支付的失业保险金。

13.2.1 失业保险

美国各州都制定了**失业保险**或**失业补偿**（unemployment insurance（or compensation））法。失业保险是指在员工不是由于自身原因而不能继续工作的情况下，企业向他们支付的一定数量的福利。这种福利的来源是企业缴纳的工薪税，在大多数州，这一税收的水平通常介于应税工资的 0.1%～5%。一家企业需要缴纳的失业保险税率取决于企业解雇员工的历史比率。在美国的很多州，失业保险税率正在提高。例如，在2007—2008 年的经济衰退开始之前，马里兰州的失业保险税率为 0.3%或更低，但现在，平均每名员工的失业保险税率已达到 0.6%～9.0%。[6]美国各州都要遵守联邦政府的失业保险指南。

国家并不要求企业向每一位被解雇的员工提供失业福利——只需要向那些不是因为个人的过错而被解雇的员工提供这种福利。因此，严格来说，一位因为长期迟到而被解雇的员工是无权要求获得失业福利的。但是，许多管理人员在这种能够保护企业利益的方面经常疏忽大意。因此，很多企业每年在失业保险税方面要多支出数万美元的费用，而如果企业的管理人员注意在这方面保护企业利益的话，这些钱本来是不必要支出的。

在这方面，主要的工作就是整理好一系列书面警告的记录，以此表明解雇是由被解雇员工的糟糕绩效造成的。表 13 - 2 所示的核查清单也有助于保护企业的利益。（那些在"90 天试用期"内被解雇的员工，同样有资格领取失业保险，因此有必要对这些人也整理好书面警告记录。）

表 13 - 2 失业保险成本控制核查清单

你是否：
☐ 保存了关于员工迟到、缺勤和收到警告通知的书面记录。
☐ 在解雇某位长期迟到的员工之前对其提出过警告。
☐ 明确规定如果员工在未请假的情况下连续旷工 3 天，会被自动除名。
☐ 要求因病缺勤员工在回来上班时提供医生出具的证明。
☐ 对事假实行书面批准。
☐ 规定员工请假后返回工作岗位的时间。
☐ 要求离职者提供有签名的辞职声明。
☐ 如果员工不能按时返回工作岗位，向员工寄出解雇信件。
☐ 以书面形式记录员工绩效不佳的所有实例。
☐ 要求员工的直接上级以书面形式记录，他们采取了哪些措施帮助员工改善不良绩效。
☐ 将员工拒绝接受建议和上级指导的情况记录下来。
☐ 要求所有的员工都以签名的形式认可公司的政策和规章制度。
☐ 及时（通常是在 10 天以内）出具文件，否决公司前员工提出的失业福利申请。
☐ 在失业福利申请表中使用适当的术语并附上关于员工离开企业的事实方面的证明文件。
☐ 出席听证会并对不合理的失业福利申请提出申诉。
☐ 根据员工个人的人事档案来核查员工提出的所有失业福利申请。
☐ 做好日常离职面谈工作，以获得能帮助企业拒绝不合理的失业福利申请的相关信息。

资料来源：Copyright Gary Dessler，PhD.

13.2.2 休假和节假日薪酬

大多数企业都提供带薪休假福利。大约 90％的全职工作者和 40％的兼职工作者平均每年能得到 8 天的带薪假期。[7]在美国，最常见的带薪节假日包括元旦、阵亡将士纪念日、独立日、劳动节、感恩节以及圣诞节。[8]平均来说，美国的工作者在受雇满一年后可享受大约 9 天的假期，满 5 年可享受 14 天的假期，满 10 年的话则可享受 17 天的假期。[9]

企业必须就节假日和休假的问题制定自己的政策。它们必须就以下问题作出决定：让员工享受多少天的休假，哪些节假日（如果有的话）是可以带薪的。其他一些相关的政策决策还包括：如果员工在没有享受带薪年休假之前就离职了，那么企业是否应当根据他们累积的未享受年休假天数提供现金补偿？当员工在节假日期间工作时，企业是否应当提供某种特殊补贴，例如，提供相当于基本薪酬 1.5 倍的加班工资？

在实践中，休假制度沿袭从灵活到传统，再到限制的发展路径。有些公司采取"无限假期政策"，实施该政策的一个原因是，很多人每天 24 小时都在回复电子邮件，回家并不意味着离开工作岗位，所以他们应该享受灵活的假期。[10]当然，这些政策也有利于招聘新员工。当然，无限假期政策并不意味着真正的无限。尽管公司并不会追究每个人到底休了多少天假期，但实际上员工需要与他们的直接上级协商关于休假的非正式安排。当一家公司改用这种计划时，平均假期从 14 天增加到 16.6 天。一般来说，很少有员工会真正休更多天的假期。[11]最近，贝莱德集团（Blackrock）成为第一家采取无限假期政策的大型金融公司。[12]

其他企业则采用传统的方法：员工有资格享受一定天数的年假（例如，IBM 所有员工至少有 3 周的年假，受雇满 10 年可享受 4 周年假）[13]，只需要向他们的主管或者人力资源部门提出休假申请即可。薪酬调查网站提供了包含在员工手册中的休假政策的一些案例。

有些企业强调对员工缺勤进行集中监管（所谓的"集成化缺勤管理"）。这一管理过程是从收集数据开始的。例如，有多少人正在休假？企业损失了多少天的工作时间？企业花费了多少钱来替换缺勤的员工？以及哪些单位存在这些缺勤问题？等等。[14]然后，这些企业会从各个方面密切监控员工的请假和缺勤情况。

企业需要了解的雇用法律

休假和节假日政策中的一些法律问题

尽管联邦法律没有对休假福利作出强制性要求，但企业必须在休假政策上小心谨慎。举例来说，很多企业的休假政策表明，员工工作两周以上即可以享受带薪休假。这样，在员工离职时，企业就不得不按休假薪酬的一定比例向员工提供补偿。但是，如果企业的规定是员工必须在工作满一年之后才有资格享受带薪休假，如果有员工在一年之内离职，他们便不能享受带薪休假。

这里可能存在的一个问题是，企业是否有权取消员工事先已经安排好的休假，例如，因为工作繁忙而让员工取消休假。因此，很重要的一点是，企业要明确制定自己的休假政策，并清楚地指出在工作需要的情况下，企业保留要求员工取消休假并重新安排休假时间的权利。

13.2.3　病假

病假（sick leave）是指当员工因为生病而不能工作时，企业仍然向员工支付薪酬。大多数公司的病假政策都允许员工在一个规定的病假期内——通常是每年最多 12 天——享受全额的薪酬待遇。病假的时间长短往往是按照员工服务时间的一定比率来确定的，例如，每工作一个月可以享受一天的病假。目前，美国有六个州和几个城市颁布了强制性带薪病假法。[15]

这里的一个主要问题是：尽管许多员工是在确实生病的情况下才休病假的，但也有些员工不论是否真的生病，都把病假当作一种事假来休。例如，一项调查发现，真正因为生病而请的病假在所有的病假缺勤中往往只占 45％。员工请病假的其他原因分别是：家庭问题占 27％；个人需要占 13％；出于"应得权利"考虑的占 9％。[16]美国企业每年在此类缺勤问题上大约要耗费总工资的 20％。[17]

成本控制策略　企业可以采取一些策略来减少上述问题的发生。大约 87％的企业选择了带薪休假储蓄计划或带薪休假储蓄银行。这种做法实际上是将病假、休假和事假整合在一起，提供每年的总休假天数，然后让员工自己决定怎样休假。在美国人力资源管理协会的一项调查中，员工平均休假时间与任职时间相关联，从 13～26 天不等。[18]（因特殊原因导致的缺勤，如严重的短期疾病和丧假通常另作处理）。大多数公司并不把美国联邦政府规定的假期纳入它们的带薪休假"银行"中。[19]

一些企业在每年年底会将员工未休满的病假"买"下来，即对于员工可休而未休的病假，企业按照正常的日薪酬水平向员工支付报酬。但这种政策的缺点是，它可能会鼓励员工即使是在真的生病的情况下，也带病坚持工作。还有一些企业则组织那些在一个月中全勤的员工进行抽奖，抽中的员工可以获得相应的现金奖励。在万豪国际酒店，员工可以根据病假的价值来换取其他一些福利。还有一些企业则对所有的缺勤者进行突击检查，例如，当员工声称因病缺勤时，公司给员工的家里打电话以检查他们是否真的生病了。[20] 下面的专栏显示了企业是如何削减成本的。

改进绩效：作为利润中心的人力资源管理

控制病假

由于企业没有对病假进行衡量，因此员工请病假的情况常常处于失控状态。一项调查显示，只有57%的企业对其豁免性员工实行了正式的病假跟踪制度。[21] 3/4的企业甚至不能估计其病假成本在薪酬总额中所占的比例。因此，在采取成本控制措施前，企业应该有一套监测病假以及衡量其财务影响的系统。[22]

比如，英国司机和车辆执照管理署（United Kingdom's Driver and Vehicle Licensing Agency）的新署长上任时就知道需要采取措施来解决该机构的缺勤率过高的问题了。[23] 该机构的缺勤率在2005年达到顶峰，平均每名员工的缺勤时间达到每年14天，每年因此产生的成本高达2 000万美元（约合1 030万英镑）。

这位新署长发起了一次人力资源缺勤改革行动。[24] 该机构设置了一个目标，即到2010年将缺勤时间减少30%。该机构内部的各负责人都收到了减少缺勤时间的目标，同时该机构还会对他们达成目标的过程进行跟踪。该机构还在特殊休假、康复支持以及缺勤监控等方面引入了新的政策。员工转换工作班次变得更加容易了，该机构还实施了一项保证休假日政策。

到2010年，该机构的因病缺勤时间减少到了每名员工每年只有7.5天，而生产率却提高了，同时，几年来节省的成本大约有4 800万美元（约合2 440万英镑）。

企业需要了解的雇用法律

休假与《家庭和医疗休假法》及其他法律

产假是一项非常重要的福利。在今天的员工队伍中，大约有一半是女性，她们当中大约有80%的人会在工作期间怀孕。另外，许多女性和男性都是单亲家庭的户主。根据《反怀孕歧视法》，对于申请休产假的女性员工，企业必须对她们与根据公司病假政策申请其他假期的员工一视同仁。此外，1993年《家庭和医疗休假法》（Family and Medical Leave Act of 1993）[25] 作出了如下几个方面的规定[26]：

1. 雇用员工人数在50人以上的企业必须为符合条件的员工（无论是男性还是女性）提供最长达12周的非带薪休假，供员工在患严重疾病，需要生育或领养孩子，需要照顾患有严重疾病的孩子、配偶或父母时使用。

2. 企业可以要求员工把他们没有用掉的带薪病假或年休假作为该法案规定的12周休假权利的一个组成部分。

3. 员工在非带薪休假期间有权享受医疗保健福利，享受的条件和待遇与他们在工作期间相同。

4. 企业必须保证，员工在休假结束之后能够重新回到原来的工作岗位或者相同级别的岗位上，并且不会遭受任何福利损失。

根据《美国残疾人法》（ADA），一个合格的残疾员工有资格休假，必要情况下需要为员工提供食宿。[27]

《家庭和医疗休假法》指南

那些想要避免批准员工不必要的家庭和医疗休假申请的管理人员，需要对《家庭和医疗休假法》的细节有更多的了解。例如，根据《家庭和医疗休假法》，员工若想申请这类休假，至少应该在企业工作了 12 个月，或者在过去的连续 12 个月中至少为企业工作了 1 250 个小时（不仅指被支付薪酬的时间，还包括休假的时间）。[28]如果员工不符合这样的条件，他们就不能申请这类休假。

因此，企业需要制定明确的缺勤休假申请程序（包括《家庭和医疗休假法》中提及的那些休假）。包括：

● 总的来说，在没有弄清楚员工请假的理由之前，任何员工都不能获准休假。

● 确认因《家庭和医疗休假法》而请求休假的合法性。企业可要求员工提供足够的证明，以确认员工的情况、处方、预约和治疗方案符合条件。[29]

● 应使用一张标准化的表格，记录员工预计返回工作岗位的日期，还要明确一点，即在没有得到任何授权可以延期的情况下，如果员工延长休假时间，则企业可以解除与他的雇佣关系（见图 13-2）。

1. 姓名					2. 员工或社会保障号（只输入社会保障号的后 4 位）	
3. 组织名称						
4. 休假或缺勤类型（在下面相应的方格中打钩）	日期		时间		总休假时长	5. 家庭和医疗休假
	起	至	起	至		
□休年假						如果你符合 1993 年颁布的《家庭和医疗休假法》中关于使用年假、病假或无薪假的资格要求，请提供以下资料： 　我在此援引我的《家庭和医疗休假法》权利： □出生/收养/寄养 □配偶、儿子、女儿或父母的严重健康状况 □本人的健康状况不佳 联系你的主管人员和/或人事管理办公室，以获取《家庭和医疗休假法》中规定的有关你的那些权利和责任的更多信息。贵机构可能要求你提供健康状况不佳的医疗证明。
□恢复休年假						
□提前休年假						
□累计病假						
□提前休病假						
事由： □生病/受伤/丧失工作能力 □医疗/牙科/光学检查 □照顾家庭成员，包括家庭成员需要进行体检/牙科或眼科检查，或参加葬礼 □照顾健康状况不佳的家庭成员 □其他						
□带薪休假						
□其他带薪缺勤						
□非带薪休假						

6. 备注：
7. 认证：本人特此申请上述请假或得到批准缺勤，并证明请假或缺勤是出于上述目的。我明白，我必须遵守我的雇用机构的请假或批准缺勤的程序（如果需要请提供额外的文件，包括医疗证明），并且在该表格上作假可能会导致惩戒，其中包括解雇。

7a. 本人签名：	7b. 日期：
8a. 官方意见：□批准　　　　□不批准 （如果不批准，请给出理由；如果有年假，请重新安排。）	
8b. 不批准原因：	
8c. 主管签名：	8d. 日期：

隐私法声明： 　　《美国宪法》第 5 篇第 6311 节授权收集此信息。该信息的主要用途是由管理层和你的薪酬办公室批准并记录你的休假而使用。信息可能被披露的其他情况包括：在处理与工作相关的伤害或疾病的索赔时向劳工部披露；向州失业保险办公室提出保险申请时；向联邦人寿保险公司或健康福利公司提出福利申请时；当你的机构意识到违反或可能违反民法或刑法时，向联邦一级、州一级或地方执法机构披露；出于雇用或安全原因进行调查时，向联邦机构提交；在评估休假管理所需信息时，向人事管理办公室或审计署提交；或总务管理局的记录管理职责。 　　公法 104-134（1996 年 4 月 26 日）规定，任何与联邦政府有业务往来的人都必须提供社会保障号或税务识别号。这是第 31 篇第 7701 节的修正案。提供社会保障号码以及其他数据是自愿的，但不这样做可能会延迟或阻止申请处理。如果你的机构将在此表格中提供的资料用于上述用途以外的用途，它可能会向你提供一份反映上述用途的补充说明。

图 13-2　在线请假表

资料来源：From Request for Leave or Approved Absence，http：//www.opm.gov/FORMS/PDF_FILL/opm71.pdf.

很多企业将它们的产假计划设计得更为丰富，使其更能吸引女性员工在结束产假后回到工作岗位。比如，在整个产假期间与员工保持沟通；提供差旅时间和工作时间都有所减少的弹性工作机会；提供获取奖金和奖励性薪酬的公平渠道；提供更长的假期等。[30]

《家庭和医疗休假法》只规定了无薪休假，因此，一些州实施了带薪家庭休假法。[31]最近，人们一直在讨论联邦带薪产假立法的必要性。[32]

13.2.4　遣散费

许多企业都提供**遣散费**（severance pay）——当企业与一位员工终止雇佣关系时向员工支付的一种一次性补贴。大多数管理人员都希望员工在打算离职的时候，至少提前一两周告知他们。企业在解雇一位员工时向其支付一笔遣散费的做法也是合情合理的。另外，发放遣散费的做法有利于避免那些心怀不满的被解雇员工起诉企业。[33]遣散费还有助于使公司裁员后留下的员工感到更放心：如果某一天他们也被裁掉了，也会得到一定的经济援助。如果一家企业承诺支付遣散费（例如，员工手册中有这样的说明），那么它的这种

"自愿性"计划就必须受到《员工退休收入保障法》中附加条款的约束。[34]

员工被解雇的理由会影响到企业的遣散费发放政策。例如,在由于企业裁员而失去工作的员工中,大约有95%的人得到了遣散费,相比之下,只有大约1/3的企业愿意向因绩效不佳而被解雇的员工支付遣散费。因员工主动提出辞职而向员工支付遣散费的情况并不多见。

遣散费往往因职位而异。在一项调查中,大约45%的高级职员和高级管理人员接受了相当于52周或更长时间的薪酬的遣散费,42%的专业人士和39%的行政人员接受了相当于14~26周薪酬的遣散费。低级别员工没有得到遣散费,而高级职员和高级管理人员中仅有13%~19%的人没有得到遣散费。[35]

遣散费发放指南 无论在什么情况下,在设计遣散费计划时都要注意以下几个方面的问题:

- 列出公司需要支付遣散费的各种情况,例如因为企业重组导致的临时解雇等。
- 在发放任何一笔遣散费之前,都应要求员工签署一份知情且自愿放弃起诉权利的承诺书或一般性的免责确认书,这样就能使企业免于承担与雇佣关系相关的法律责任。
- 保留终止或者改变遣散费政策的权利。
- 要明确说明遣散费的支付只能持续到某个明确说明的具体截止日期,或者是直到员工找到一份新的工作,哪个时间先到则以哪个时间为准。
- 记住,如果支付遣散费,则与所有的其他人力资源管理措施一样,企业必须确保支付的公平性。[36]

13.2.5 补充性失业福利

在有些行业,比如汽车制造业,为减少库存或更换机器设备而关闭生产线是一件很常见的事情。**补充性失业福利**(supplemental unemployment benefit)是在失业保险金之外向失业者提供的一种现金支付,其目的在于帮助员工维持失业期间的基本生活。

改进绩效:全球人力资源管理实践

法国遣散费政策

尽管法国总统埃马纽埃尔·马克龙(Emmanuel Macron)正在努力改变这一现状,但法国的劳动法仍然复杂且极具限制性,主要旨在保护员工的权利。[37]

例如,当一家企业拒绝了两名员工的被解雇请求后,员工就不再来上班了。然后企业解雇了这两名员工,之后劳动法庭会裁定员工被错误地解雇了。最终,这两名前雇员每人获得了约6万美元的赔偿。一般类似的诉讼程序可以持续数年。

因此,许多企业放弃雇用员工,相反,它们采取劳动力外包的方式或者雇用零工。马克龙希望对劳工法庭裁决设置上限。他希望能消除企业雇用员工的障碍。但工会正在反对总统的举措,并进行罢工。因此,其他国家的管理者在法国开设新工厂之前应该了解法国的劳动法。

➡ 13.3 各种保险福利

大多数企业为员工提供各种法定或自愿的保险福利，例如工伤保险和健康保险。

13.3.1 工伤保险

国家制定**工伤保险**（workers' compensation）方面的法律的目的在于：向工伤事故受害者及其抚养对象或赡养对象提供可靠、及时的收入补偿以及医疗福利，而无论工伤事故的责任方是谁。美国的每个州都有工伤保险法律及其管理委员会，有些州还建立了自己的保险计划。大多数州都要求企业通过得到政府授权的私人保险公司为员工建立工伤保险。美国联邦政府和州政府都不会为工伤保险基金投入任何资金。

如何确定工伤保险　工伤保险福利的提供方式既可以是货币形式，也可以是医疗服务形式。如果员工因工伤死亡或致残，那么企业应当向员工的抚养对象或赡养对象支付一笔现金，其数额根据员工过去的收入确定——通常是根据员工的服务周数，依照员工过去平均周工资的 1/2～2/3 进行补偿。大多数州都对可以领取工伤保险福利的时间长度有所限制，比如最长不超过 500 个星期。如果工伤造成了员工身体的某部位缺失（如失去了一只手臂），那么即使员工可以重返工作岗位，企业也需要根据法定的伤残条款，向员工提供一些额外的福利。除了这些现金福利，企业还必须向员工提供各种必要的医疗、手术和护理费用。

由于工伤保险福利仅仅适用于因工受伤或患与工作有关的疾病这两种情况，因此，只有员工是在工作岗位上受伤或患病时，员工才能享受工伤保险。至于工伤的责任是否在于员工本人则无关紧要。[38]例如，假设要求所有的工人在操作机器时都必须戴护目镜，但有一位工人没有遵守公司的规定，并且在工作中受伤了，那么公司仍然必须为其提供工伤保险福利。

《美国残疾人法》中的一些条款通常禁止企业调查求职者过去享受工伤保险的状况。此外，如果不让享受工伤保险的受伤员工重返工作岗位，或者未能为使员工重返工作岗位做一些必要的适应性调节，企业都有可能会面临员工依据《美国残疾人法》而提起的诉讼。

工伤保险成本的控制　控制员工提出的工伤保险申请数量（以及因此产生的费用）是一个非常重要的问题。虽然工伤保险通常是由企业投保的保险公司支付的，但是企业向保险公司支付的保险费可能会随着工伤保险索赔案件的增加而上涨。

在实践中，有几种方法能够帮助企业有效地减少员工提出的工伤保险索赔案件数量。首先，新员工面临的风险最大。例如，缺乏经验（工作不到一年）的员工造成的损失是普通员工的 2～4 倍。[39]因此，基于胜任素质的选拔——背景调查、测试、药物测试——和培训是至关重要的。[40]其次，可以减少工作场所中存在的各种隐患。比如湿滑的地板或者不规范的工作习惯。再次，可以采取相关措施来减少可能引发员工提出索赔的各种事故以及职业健康问题，例如严格遵守政府的安全标准规定。此外，有些工伤保险索赔是不合法的。因此，管理人员必须注意那些典型的欺诈性索赔的危险信号。这些信号包括：模糊的事故细节描述、小事故引起大伤害的情况、缺乏证人、发生在周五晚上或者周一一大早的事故，以及延迟报告的事故等。[41]

个案管理是目前越来越普遍的一种选择。它是指"由一名指定的负责人——通常是注册护士——以个案的形式就受伤员工，负责与医生就康复计划进行协调，从而从护理质量和成本的角度确定最为有效的护理治疗方案"。[42]

积极地向受伤员工提供支持并使其尽快返回工作岗位也很重要。律师的参与以及诉讼持续时间都会影响员工的索赔成本。[43]很多公司还设立了诸如物理治疗护理援助这样的项目来帮助那些处于康复期的员工。

13.3.2　住院保险、健康保险和伤残保险

是否提供健康保险是很多人在选择企业时考虑的一个非常重要的因素，因为这些保险太昂贵了。[44]住院保险、健康保险和伤残保险可以使员工在发生工伤或职业病时，能够支付住院治疗所需的费用，同时弥补他们在因工伤或职业病而无法工作期间的收入损失。大多数企业都会向人寿保险公司、伤残保险公司、蓝十字（Blue Cross）（主要用于支付住院费用）以及蓝盾（Blue Shield）（主要用于提供治疗费用）等机构购买这类保险。还有一些企业采取与健康维护组织或自选医疗服务组织签订合同的做法。这方面的计划通常会由企业和员工共同完成。根据专家预测，2018 年的医疗和药品福利总成本会上升 5%，达到每位员工约合 1.4万美元。[45]当然，正如我们将会看到的，很多企业面临着实施《患者保护与平价医疗法》（Patient Protection and Affordable Care Act）（奥巴马医改）的问题。[46]

表 13-3 列出了目前通行的与健康相关的一些福利项目。

表 13-3　提供通行的健康福利的企业所占比例

2015 年的医疗保险和福利待遇	企业比例（%）
牙科保险	96
处方药保险计划	96
心理健康保险	91
邮购处方计划	87
视力保险	87
意外死亡和残疾保险	85
自选医疗服务组织	85
避孕药具保险	83
脊椎骨调整保险	81
长期伤残保险	80
员工援助计划	79
短期伤残保险	74
医疗或弹性支出项目	69

资料来源：*2015 Employee Benefits*，SHRM，https：//www.shrm.org/hr-today/trends-and-forecasting/research-and-surveys/Documents/2015-Employee-Benefits.pdf，accessed April 23，2017.

适用范围　大多数健康保险计划都会以团体费率向符合条件的员工至少提供基本的住院、手术以及医疗方面的保险。这种保险通常适用于全体员工——包括不在试用期内的新入职员工，且不考虑员工的健康状况或身体状况。大多数基本的健康保险计划都会为员工支付住院食宿费、手术费以及各项医疗费用（如医生出诊费用）。一些健康保险计划还提供"大病医疗"保险，以供员工支付因长期患病或患有严重疾病而引起的高额医疗费用。

许多企业还资助其他一些保险计划，如提供医生出诊、眼保健和牙科服务等相关费用。还有一些保险计划帮助被保险人支付到医生的诊所就诊、视力护理、听力保健以及购买处方药等方面的费用。伤残保险则在员工由于疾病或意外事故而遭受收入损失时，为他们提供一定的收入保障。这种伤残保险通常在员工休完病假之后开始支付，并且可以一直持续到员工年满 65 岁甚至 65 岁以上。如果员工出现了伤残，他能得到的伤残保险通常可以达到个人基本薪酬的 50％～75％。

根据《患者保护与平价医疗法》，拥有全职员工达到 50 人及以上的企业必须为员工提供最低水平的平价医疗保险，否则就要支付罚款。

健康维护组织　许多企业把加入**健康维护组织**（health maintenance organization，HMO）作为提供住院保险或健康保险的一种替代方式。健康维护组织本身是一个医疗组织，其中包括许多专家（如外科医生、精神病医生等），它在社区医疗保健中心之外独立运营。它向那些在名义上缴纳一定费用的员工提供常规医疗服务。该组织的医生是需要从主治医生那里获得批准任命的执业医生。健康维护组织会根据员工的人数向企业（或员工和企业双方）收取固定的年费，而不管它们是否为员工实际提供了医疗服务。

自选医疗服务组织　自选医疗服务组织是介于健康维护组织和传统的医生-病人模式之间的一种医疗服务提供系统，它是"与企业、保险公司或第三方支付人签订合同，以较少的收费提供医疗服务的健康服务提供者团体"。[47]与健康维护组织不同，自选医疗服务组织让员工从范围相对较大的列表中选择自己想要的医疗服务提供者（例如医生），然后到这些医疗服务提供者的工作场所就医，而且通常无须得到主治医生的批准。这些医疗服务提供者同意提供一定的折扣，并且承诺接受特定的医疗服务质量控制，例如，对各种检查的控制。[48]

精神健康福利　据世界卫生组织估计，在美国 18～64 岁的人群中，有 3 400 多万人患有精神疾病。[49]在报告显示的所有残疾类型中，精神疾病占 24％以上，这比受伤致残、呼吸系统疾病、心血管疾病和癌症等的总和还要多。由于某些方面的原因，千禧一代更有可能患上抑郁症。[50]

精神健康福利的费用日益增加，其原因包括：滥用毒品和酒精的问题越来越严重；越来越多的州已经要求企业必须提供某一最低标准的精神健康福利计划；此外，事实上，在精神健康保险方面提出申请次数较多的人，也恰恰是在其他健康保险方面提出申请次数较多的人。1996 年《精神健康平等法》（Mental Health Parity Act）（于 2008 年修订）规定了国家关于精神健康福利的最低标准。此外，该法还禁止企业的团体健康计划出现这样一种情况：在精神健康福利方面设定限制条件，但在医疗和手术福利上没有相应的限制条件。[51]

企业需要了解的雇用法律

2010 年《患者保护与平价医疗法》和其他相关法律

《患者保护与平价医疗法》规定，拥有全职员工达到 50 人及以上的企业必须向员工提供最低水平的平价医疗保险，或被处以每名员工每月 167 美元的罚金。一名员工要想受到该法案的保护，每周的工作时间必须至少达到 30 小时或者每个月工作 130 小时及以上。[52] 该法在被奥巴马于 2010 年签署成为法律后，美国企业还面临该法规定的其他一些时间要求。[53] 到 2018 年，企业如果在医疗保健计划上的支出超过法律规定（比如，法律规定家庭保险的上限为 27 500 美元），则必须缴纳超过这一上限以上部分 40% 的税费。个人及团体医疗保健计划覆盖的人群年龄必须提高到 26 岁。[54]

根据《患者保护与平价医疗法》的规定，每个州（如有必要，联邦政府也包括在内）将开设公共健康保险交易所——事实上，也就是供人们买卖保险的市场。法律还规定，对那些员工人数超过 50 人却不提供健康保险计划的企业处以每名员工 2 000 美元（每个月 167 美元）的罚款，这种做法部分是为了阻止企业摒弃自己的医疗保健计划，并将员工交给新的公共健康保险交易所。"奥巴马医改"中公共健康保险交易所覆盖的健康保险市场不到 10%，其中企业计划几乎覆盖了一半的美国人口。[55]

由于从 2018 年开始，企业必须为员工超过 27 500 美元（或个人超过 10 200 美元）的家庭医疗保险计划额外支付 40% 的费用，许多企业正在采取行动，减少员工的医疗福利，例如增加员工的自付额和免赔额。[56] 为了避免交纳每名员工可能高达 2 000 美元的罚款，一些企业要求有资格的员工报名参加医疗补助，而不是企业所提供的医疗保险。[57] 调查报告指出，有些企业正在考虑取消它们的医疗保健计划，或者让更多的全职员工变成每周工作时间少于 30 小时的工作者。[58] 大约有 43% 的受访企业称，它们的员工将不得不为自己的医疗保健计划花更多的钱。[59] 有些企业正在考虑缩小医疗保健计划覆盖面。[60] 还有的企业通过计算得出，与承担这些保险费用相比，交罚金反而可能更划算。[61]

法律的发展

《患者保护与平价医疗法》并没有让所有人满意，特别是许多立法者。比如，有人指出，联邦政府过分介入国民的健康问题，并为该法提供了过多的财政补贴（事实上，如果不作出改变，奥巴马政府的医改方案费用将迅速上升）。[62]

早期的提案可能会改变或取消《患者保护与平价医疗法》的许多核心条款。[63] 当初，美国国会试图取消奥巴马政府医改，但未能获得足够的支持。由于《患者保护与平价医疗法》存在不确定性，许多保险公司不确定自己能否继续提供保险。[64] 至少在 2018 年，企业仍在继续执行奥巴马政府医改的大部分规定。[65]

《综合预算调节法》

《综合预算调节法》（Consolidated Omnibus Budget Reconciliation Act，COBRA）要求大多数私营企业向那些已经被解雇的员工或退休员工及其家庭继续提供一段时间的健康福利，时间通常为 18 个月。[66] 不过，这些前雇员也必须支付一定的保险费。

那些不遵守《综合预算调节法》相关规定的企业会将自己置于危险的境地。首先，你肯定不愿意看到这样一种情况：一位已经被解雇或退休的员工受了伤，却跑去告诉法院，说你们公司从未告诉过他在被解雇或退休之后仍然有资格享受健康福利。因此，当一位新员工有资格参加你们公司的保险计划时，你就应当让他收到（同时让他声明自己已经收到）一份关于《综合预算调节法》赋予的权利的书面文件。其次，所有的离职员工都必须签署一份正式的声明，表明他们已经获得并理解《综合预算调节法》赋予的权利。图 13-3 提供了一份有关遵守《综合预算调节法》的核查清单。

待办事项清单包括：	是
你们与供应商共同完成《综合预算调节法》的服务协议吗？	☐
你们有进行完整的《综合预算调节法》普查（包括被覆盖员工类型以及他们的年龄）吗？	☐
你们是否记录了被团体健康福利计划覆盖的员工情况吗？	☐
你们有没有要求员工提供一份书面确认书，以表明他们收到了关于他们可以根据《综合预算调节法》享受相关福利的通知？	☐
你们对不符合继续投保的员工发出的通知文件是否做了记录？	☐
你们是否监督了《综合预算调节法》的执行情况？	☐
你们是否记录了所有通知事项（7 年）？	☐
你们接收了员工签署的《综合预算调节法》的表格？	☐
你们有没有对询问《综合预算调节法》相关问题的电话做好来电记录？	☐
你们有没有专门的系统来确认谁按时缴纳了与《综合预算调节法》相关的保险费？	☐
你们通知了保险公司取消承保范围吗？	☐
你们有没有一个系统来确定哪些人已经参与到其他团体健康保险计划之中，从而不再适用《综合预算调节法》？	☐
你们是否将《综合预算调节法》资格通知和表格邮寄给前员工？	☐
你们记录了享受《综合预算调节法》相关福利的员工的当前住址吗？	☐
你们是否记录了《综合预算调节法》的受益者？	☐
你们有没有记录哪些员工与《综合预算调节法》相关的权利被你们公司否决了？	☐

图 13-3　表明企业遵守《综合预算调节法》的核查清单

资料来源：Adapted from：www. cobraplus. com/wp-content/themes/cobra-plus/images/constant/COBRAetup. pdf；COBRA Checklist，www. shrm. org/resourcesandtools/；COBRA record keeping checklist，BLRBusiness and Legal Resources；and COBRA compliance checklist，http：//brscobra. com/cobra-checklist，all accessed August 1，2017. Copyright Gary Dessler，PhD.

其他相关法律

还有其他一些联邦法律也与此相关。例如，《员工退休收入保障法》设立了私人企业在自愿设立的养老金计划和健康计划方面的最低标准。[67]《新生儿母亲保护法》（Newborn Mother's Protection Act of 1996）禁止企业的健康计划采取某些激励措施，鼓励员工在法律规定的生育休假最低标准期限内返回工作岗位。提供医疗保健服务的企业必须遵守 1996 年颁布的《健康保险转移和责任法》（Health Insurance Portability and Accountability Act）中的隐私规则。[68]对于那些年满 65 周岁的员工，企业必须向他们提供与其他年轻员工一样的医疗保健福利，即使他们同时还有资格享受联邦政府的医疗健康保险。《美国残疾人法》规定，医疗保健计划不能对残疾人有任何歧视。根据 2008 年颁布的《反基因信息歧视法》（GINA），即使是一些无意的行动也可能会带来问题。例如，一位医疗计划管理者将一位员工的母亲因乳腺癌去世的消息记录下来，这可能违反了《反基因信息歧视法》。[69]加利福尼亚州等还制定了自己的《家庭和医疗休假法》。[70]

13.3.3　控制企业医疗保健成本的若干趋势

即使不考虑病假等方面的成本，一家员工人数达到 50 人的企业仅仅在保险费上可能要支出 100 万美元甚至更多。因此，控制医疗保健成本是人力资源管理部门帮助企业提高利润的一条重要途径。[71]

成本控制应该从衡量和审计医疗保健成本开始。[72] 几年前的一项调查发现，出现医疗保健福利申请误差的标准比例应当是 3%，但实际的申请误差比例达到了大约 6.3%。由于申请误差所产生的标准支付金额应不超过 1%，但实际上这一百分比达到 3.4%。负责企业医疗保健支出审计工作的咨询公司估计，企业在医疗保健成本方面超额支付的比例高达 8%。因此，问题的关键在于对医疗保健申请进行审计。[73]

除此之外，对很多企业来说，免赔额以及共同缴费额是最容易通过医疗保健成本控制实现的目标。例如，至少有 20% 的企业实施了高免赔额计划。[74]

其他医疗保健成本控制手段　很多企业还采取其他一些措施对医疗保健成本进行控制。有的企业采用免税的健康储蓄账户，员工或其家人可以使用他们的健康储蓄账户基金来支付"低额"（而非金额巨大）的医疗开支。[75] 在受访的企业中，大约 19% 的企业都制订了医疗保健计划的"配偶排除"政策，如果员工的配偶就职的企业提供了相同的保险，那么该员工的配偶会被排除在本公司的保险计划之外。[76] 与 401（k）退休金计划一样，这种固定缴费制的医疗保健计划将每位员工的医疗保健福利与他自己以及企业的缴费联系在一起，而不是提供事先就确定好的医疗保健福利。[77]

很多企业正将其退休员工从公司支持的保险计划中移出，取而代之的是，向这些员工提供一份养老金，让他们到私营保险市场上购买保险。这减轻了企业的责任，同时也为退休人员提供了更多的选择。[78] 这些保险交易所由美世和怡安翰威特（Aon Hewitt）等公司运营。

还有一些企业会雇用"患者辩护律师"，比如护士，他们会检查员工的用药情况，并（在独立医生的建议下）减少用药。[79] 美国劳工部最近提出了一些规定，使小企业更容易联合起来提供最低限度的健康福利计划（尽管有些人担心这些计划不涵盖分娩这样的健康问题）。[80] 有些企业为员工提供现场医疗中心，这里需要考虑的两个问题是对病人信息的保密规定和有关医疗废物处理的州法律。[81] 很多企业现在要求保险商使用责任医疗组织（ACO）——一种帮助保险商、医疗提供商以及其他组织降低成本以及优化产出的特殊服务供应商。[82] 亚马逊最近正在考虑为其员工建立自己的健康诊所。

同时，企业要确保员工知道他们在医疗福利上的费用支出。[83] 例如，可以定期给每一位员工寄一份他们在每一项医疗福利上的开支清单。在线选择福利能够使员工选择更好的医疗保健方案，这主要是通过综合考虑其他员工在医生出诊和专家治疗方面的选择来实现的。

健康保障计划　在一项调查中，医疗保健企业优先考虑的两个问题是："提供激励或惩罚措施，以促进医疗保健行为持续性地改变"[84] 以及"倡导健康的工作方式（例如提供健康的茶点）"。因为很多疾病都是可预防的，很多企业都提供预防性的医疗服务和奖励计划。比如，在 15 年的时间里，强生公司吸烟员工的比例下降了 2/3，部分原因归功于公司采取的多样化的健康保障项目。强生公司的经理估计，该公司在健康方面每投入 1 美元，就能获得 2.75 美元的收入。[85]

企业提供各种健康/预防服务和激励措施。[86] 临床预防计划包括乳房 X 光检查和常规检查等。沃尔格林公司最近收购了两家提供乳房 X 光检查等现场医疗服务的公司。[87] 保险公司 USAA 提供了这样的选择：员工每年支付 300 美元来使用公司的健身中心，那些每周去三次或三次以上的员工可以享受 75％ 的折扣；在很多校园里都铺设了用于跑步和步行的小路，公司走廊上还有里程标记；在自助餐厅里，突出摆放健康食品，并且定价十分优惠；员工可以通过减肥和其他健康成就获得奖励，达到目标的员工最多可获得 550 美元。其他保健方案包括肥胖管理、压力管理以及戒烟计划等。

奖励能够提高健康保障计划的参与率，但是也可能会适得其反。[88]（惠而浦公司向非烟民员工提供价值约为 500 美元的医疗保险费折扣。最近该公司的 39 名员工被勒令停职，原因是他们在福利注册表上声称自己是非烟民，但被发现在工厂外吸烟。）许多企业会提供站立式办公桌，虽然此办公桌可以促进健康，但最近的一项研究表明，每天站立 6 小时只能燃烧大约 54 卡路里的热量，这和吃一片水果差不多。[89]

研究者对于健康保障计划的效果并无统一结论。正如前面提到的，强生公司实行的健康保障计划取得了积极的成果，但在另一项研究中，健康计划（包括激励措施）并没有使员工的行为发生太大的改变。[90] 关键是要激励员工采取措施保持健康。两位专家说，这需要：

领导承诺和支持。例如，在林肯工业公司（Lincoln Industries），促进员工健康被写入公司的使命宣言中。[91]

建立健康的企业文化。良好的健康状况产生于这样一种组织文化：促进健康的政策、提供健康食品、安置楼梯而不是电梯、提供跑步机。

员工参与。健康计划需要员工参与——这是符合员工利益的。员工应该拥有健康计划，并在计划的创建和运营中发挥重要作用。

计划宣传。例如，USAA 以多种方式不断向员工宣传健康计划。

下面的专栏展示了一家企业是如何降低其医疗保健成本的。

改进绩效：作为利润中心的人力资源管理

医生随时在线等候

Rent-A-Center 的医疗计划覆盖了 1.2 万名以上的员工，它正在寻找一种更好的方法来为自己的员工提供他们所需的医疗咨询，同时降低自己的医疗计划成本。该公司与 Teladoc 签订了一份协议。根据协议，Teladoc 的医生通过电话为 Rent-A-Center 的员工提供医疗咨询。在最初的 16 个月内，这项新的远程医疗项目发挥了一定的作用，Rent-A-Center 在请医生和去医院就诊以及原本会损失的员工生产率等方面节省的成本超过 77 万美元。

这似乎是个双赢的项目。员工可以免费得到 Teladoc 提供的医疗咨询而无须支付 20 美元的共同缴费，而且每天 24 小时都有医生在线，通常在 30 分钟以内就能联系上一名医生。如有必要，员工还可以通过打电话开抗生素等处方药物。对 Rent-A-Center 来说，该项目带来了 77 万美元的额外盈利。[92]

13.3.4　长期护理

长期护理保险（例如向年老的员工提供护理援助）已经成为一种非常重要的福利。1996 年颁布的《健康保险转移和责任法》（Health Insurance Portability and Accountability Act）允许企业和员工从年收入所得税中扣除长期护理保险的费用，这就使这项福利变得更具吸引力了。[93]企业可以选择提供几种不同类型的长期护理保险福利，例如老人日间护理、生活起居辅助护理以及监护护理等。

13.3.5　人寿保险

除了住院保险以及医疗保险，大多数企业还为其员工提供**团体人寿保险**（group life insurance）计划。此类计划通常会比个人保险计划的保险费率更低，并且一般会接纳所有的员工，而不考虑员工个人的身体健康状况如何。

一般情况下，在这方面需要明确比较关键的三项人事政策：保险福利金支付表（人寿保险的福利金额通常同员工的年收入挂钩）；附加福利（如在员工退休后继续享受人寿保险福利等）；保险资金的筹集（员工需要缴纳的保险费的金额和比率）。

如果发生意外死亡，则除了人寿保险，意外死亡及伤残保险会提供一笔一次性的救济金；如果意外失去肢体或丧失视力，也会有相应的救济。

13.3.6　非全职员工和临时性员工的福利

美国从事非全职工作的劳动者（也就是每周的工作时间不足 35 小时的员工）大约为 1 900 万人。[94]之所以会出现非全职工作队伍扩大的情况，可能是由于以下几个方面的原因：零工经济，退休计划的分阶段实施，人们对于在工作和家庭生活之间寻求平衡的愿望越来越强烈，等等。无论是出于何种原因，大多数企业都会为非全职员工提供节假日、病假和休假等福利，70% 以上的企业还为他们提供某种形式的健康保险福利。[95]

人力资源管理与零工经济

零工的福利

那些本来希望为零工提供福利的企业往往不愿意这样做。这里的问题在于：即使公司为零工提供福利，但零工的独立承包商身份也使得他们无法享受工资税等方面的福利。[96]

一家公司的负责人汉迪（Handy）（他雇用的那些零工经常要到别人的家里去进行清洁和维修工作）正试图采取一些措施。[97]他正在与纽约州的立法机构合作，希望制定一项立法，使零工在保持独立承包商身份的同时，有资格获得公司为他们提供的病假和其他福利项目。[98]优步公司与一家名为 Stride Health 的医疗保险机构开展合作，帮助优步司机（而不是优步公司）购买他们自己支付的保险。[99]

➡ 13.4 退休福利

社保和养老金计划等退休福利将会是企业重大的人力资源问题，这在很大程度上是因为"婴儿潮"一代（1946—1964 年出生）到 2029 年前后就年满 65 岁了。

13.4.1 社会保障

大部分人认为，只有他们到了 62 岁以后才能享受**社会保障**（social security）提供的系统性收入，但实际上，社会保障提供三种形式的福利。退休福利是指员工在按照《社会保障法》（Social Security Act）的要求投保的情况下，在到 62 岁或者更晚时候退休以后能够得到的收入补贴。第二种福利叫作抚恤金。这种福利是在员工按照《社会保障法》的要求投保的情况下，不论员工死亡时的年龄是多大，其家属每个月都能得到的收入补贴。社会保障系统提供的最后一种福利是伤残补贴。这种福利是在员工完全丧失劳动能力的情况下，员工本人（及其抚养或赡养的对象）每个月都能得到的收入补贴，但享受这种收入补贴的前提条件是员工要符合相关要求。美国的国家社会保障系统还执行一种医疗保险计划，该计划为 65 岁及以上的老人提供各种健康服务。

社会保障基金（用一个技术名词来说，就是"联邦老龄及遗嘱保险"）的来源是根据员工的工资征收的税收。截至目前，美国社会保障基金征税的收入上限为 128 400 美元。企业和员工需要各支付 7.65％的保费。[100] 根据《社会保障法》的规定，"完全退休年龄"是指 65 岁——通常的退休年龄。然而，完全退休年龄目前在延迟：对于那些出生于 1960年以及 1960 年以后的员工来说，他们的完全退休年龄已经推迟到 67 岁。[101]

13.4.2 养老金计划

养老金计划（pension plan）是指为退休员工提供一定收入的财务计划。然而在现实中，只有大约一半的员工在工作期间参加了某种养老金计划。养老金计划可以分为：缴费计划和非缴费计划；固定收益制计划和固定缴费制计划。[102] 在缴费型养老金计划中，员工需要向养老金计划缴纳一定的保险费，而在非缴费型养老金计划中，企业会向养老金计划缴纳全部费用。固定收益制计划规定养老金的数额，而固定缴费制计划的福利（如果有的话）将取决于对计划的缴款和资产的收益。需要注意的是，有些计划是有资格的（或没有），只要它们在税法下获得了优惠待遇。

在**固定收益制计划**（defined benefit pension plan）中，员工可以享受的养老金水平是规定好的或事先确定的，参保人可以提前知道他们的养老金福利。这种固定的养老金福利通常是根据一个公式确定的，而这个公式通常会将员工在退休时能够领取的养老金数额确定为员工退休前收入（比如，员工在退休前 5 年的平均年收入）的一定百分比，然后乘以员工为这家企业服务的年限。由于税法方面的变化以及其他原因，固定收益制计划目前只代表了很小一部分养老金福利计划。然而，即便是较年轻的员工，现在也表现出对固定收益制计划的强烈偏好。[103] 有些公司，比如联合太平洋公司（Union Pacific），就将固定收益制计划作为一种留住员工的工具来使用。[104]

固定缴费制计划（defined contribution pension plan）只确定企业和员工分别应当在员工的退休基金或储蓄基金中缴纳的保险费数额。在这里，缴费水平而不是可以享受的养老金水平是固定的。在固定收益制计划中，员工在退休前就可以确定自己在退休后可以得到的养老金数额。在固定缴费制计划中，员工实际能够领取的养老金数额取决于已经向养老金计划缴纳的保险费数额以及整个退休基金的投资收益。由于管理起来相对容易，税收待遇更为优惠及其他方面的一些原因，固定缴费制计划在当今企业中十分普遍。特别是在股价不断上涨的今天，这种计划对员工来说也很有吸引力。另外，养老金的**可转移性**（portability）——使那些在退休之前就离开公司的员工能更方便地带走他们之前积累的养老金——对固定缴费制计划来说更为容易。

无论如何，CEO 的退休金计划往往让普通员工相形见绌。[105]例如，当塔吉特公司（Target）的首席执行官因严重的信用卡漏洞而辞职时，他获得了超过 4 700 万美元的退休金，同时还包括 720 万美元的遣散费和 410 万美元的既得利益股票奖励。

401（k）计划　401（k）计划（401（k）plan）是一种比较流行的固定缴费制计划，这种计划是基于《美国国内税收代码》（Internal Revenue Code）的 401（k）条款的规定建立的，因而称为 401（k）计划。在这个计划中，员工授权企业从自己的税前薪酬中扣除一部分投入 401（k）计划之中。这部分钱是从税前收入中扣除的，所以除非员工退休（或者需要从 401（k）计划中将钱取出），否则，他们暂时不必为这笔钱纳税。至于企业从员工薪酬中扣除多大一部分储存到 401（k）计划中，则由员工自己决定，只要不超过法定的最高限额即可（目前，美国国税局确定的最高限额为 1.5 万美元）。企业通常会安排一家投资公司——比如富达投资公司（Fidelity Investments）——管理自己的 401（k）计划，并且为 401（k）计划提供各种投资选择（通常包括互助股票基金和债券基金）。

企业在选择为自己的员工提供 401（k）计划的供应商时，必须非常谨慎。企业要对员工承担信托责任，所以企业必须对养老基金及其管理过程进行监督。[106]除了可靠性问题，401（k）计划的供应商还应当保障员工能比较容易地注册和参与该计划。[107]例如，先锋集团、富达投资公司以及其他公司都建立了基于网络的 401（k）计划在线管理工具——例如"资产配置规划师"，即使是对小公司，它们也提供这种在线计划管理工具。企业还必须监控 401（k）计划的一些日常管理问题，比如晚存款以及与企业供款不匹配的问题等。[108]

根据美国 2006 年通过的《养老金保护法案》（Pension Protection Act），如果企业为员工提供的养老金计划能够实现自动注册和缺省投资配置服务（例如适龄的"生活方式基金"），企业就可以降低自己的守法成本。[109]谷歌的 401（k）计划让雇员缴纳符合条件薪酬的 10%（员工可以拒绝）。[110]在总统签署 2017 年税法后，许多大中型企业，包括霍尼韦尔（Honey Well）和 AFLAC，增加了公司的 401（k）缴费（以在当年获得更高的税收减免）。[111]

其他类型的固定缴费制计划　401（k）计划是**储蓄节约计划**（savings and thrift plan）的一个例子。[112]在储蓄节约计划中，员工将其收入的一部分投入某个基金，企业通常会根据员工投入的情况以全额对等或部分对等的形式投入一部分配套资金。

正如在第 12 章中所讲的，企业常运用**延期利润分享计划**（deferred profit-sharing plan）将它们所得利润的一定比例投入养老基金中，而不考虑员工个人的缴费水平如何。

员工持股计划（employee stock ownership plan，ESOP）是一种符合相关税收规定，能够获得税收减免优惠的固定缴费制计划。在这种计划中，企业将自己的一部分股票交给一个信托机构，其最终目的是让员工在退休时获得这些股票。

现金余额养老金计划　在**现金余额养老金计划**（cash balance plan）中，员工可以得到最高水平的退休金，但通常必须在公司工作至退休——现金余额养老金的计算公式会将工作年限纳入考虑范围。在这种养老金计划下，养老金更容易转移——员工可以随时带着它离开现在的公司。现金余额养老金计划是一种混合型的计划，它综合了固定收益制计划可预测收益的特点以及固定缴费制计划的可转移性优势。在现金余额养老金计划中，企业每年都按员工当前薪酬的一定百分比（通常是5%）向员工的养老金计划中注入一定的资金，而员工则可以获取这笔资金的利息。[113]

企业需要了解的雇用法律

养老金计划与相关法律规定

美国联邦政府通过法律对养老金的规划和管理进行规制。一般来说，要想制订一项养老金计划，没有专家的帮助是不可能实现的。[114]

1974年通过的美国《员工退休收入保障法》是这方面的一项基本法律。它要求企业必须有书面形式的养老金计划文件，并且遵守一些基本原则，例如确定谁有资格参与该计划。[115]《员工退休收入保障法》通过要求那些控制养老金计划的人员采取负责的行为，来保护企业的养老金计划和医疗保健计划中的财产。美国劳工部称，受托单位的主要职责就是，完全从养老金计划参与者和受益者的利益出发来运行该计划。

企业（以及员工）通常希望确保其养老金计划是"符合相关税收规定"的，或者是可以享受减税待遇的，这就要求它们必须遵守相关的收入所得税法律条文的规定。根据各种劳资关系法的规定，企业还必须让工会参与养老金计划的管理过程。《岗位创造与员工援助法》（Job Creation and Worker Assistance Act）还规定了企业在估算其养老金计划的价值时所使用的回报率应该是多少。

根据《员工退休收入保障法》，美国政府还建立了**养老金担保公司**（Pension Benefits Guarantee Corporation，PBGC）来监管养老金计划，并叫停那些没有足够资金保证员工的既得养老金权利的养老金计划。令人担忧的是，成千上万的福利计划（私人的和公共的）面临资金不足的问题。[116]养老金担保公司所要保障的是固定收益制计划，而不是固定缴费制计划。此外，对于在2018年年满65岁的人，养老金担保公司付给个人的养老金总额最高不超过每月5 420万美元。[117]因此，高收入员工若遭遇公司破产，就不得不面对原本期望获得的养老金大部分蒸发掉的局面。

计划参与者的资格要求　员工什么时候有资格参加养老金计划？根据1986年《税收改革法》（Tax Reform Act），企业可以作出这样的规定，即员工必须在该公司工作不超过两年，方有资格加入养老金计划。但是，如果企业要求员工必须在公司工作一年以上方具备参加养老金计划的资格条件，则在此时期快要结束时，必须让员工立即全额获得既得养老金权利。

454 人力资源管理 | 第 16 版 |

既得养老金权利授予　既得养老金是指企业和员工共同投入员工个人的养老金账户中的不能以任何理由被没收的钱。当然，员工投入养老金账户中的钱从来都是他们自己的。但是，直到《员工退休收入保障法》通过之前，许多养老金计划在员工达到退休年龄前是不会将企业投进去的那部分钱给予员工的。因此，一位员工即使为某公司连续工作了 30 年，但是如果在他达到退休年龄的前一年这家公司倒闭了，那么这位员工在退休时一分钱的养老金也拿不到。

企业可以从授予既得养老金权利的两种时间中选择其中最短的（企业可以允许员工更快获得既得养老金权利，如果它们愿意这样做的话）。若选择一次性授予既得养老金权利，则员工必须在第 3 年末获得企业的匹配性投入（如果有的话）的不可收回权。第二种选择是阶段性授予既得养老金权利，养老金计划的参与者必须按如下的程序获得公司匹配性投入的不可收回权：2 年后获得 20%，然后在接下来的每年都得到 20%，这样，在第 6 年就能获得 100% 的不可收回权。

13.4.3　养老金与提前退休

为了精简员工队伍或者出于其他方面的原因，一些企业会鼓励员工提前退休。其中很多计划都采取了**提前退休窗口**（early retirement window）这种形式。在这种情况下，只有符合某种特定条件的员工（通常是年龄在 50 岁以上者）才有资格参加。"窗口"的含义是，在某一个有限的时间段内，公司向员工提供一个可以比正常退休年龄提前一段时间退休的机会。这种鼓励员工提前退休的计划所采用的经济刺激手段通常是：提高养老金的福利水平或者是赋予慷慨的养老金权利，再加上一定的现金奖励。

但提前退休计划也可能会适得其反，这主要有两个方面的原因。一是有些计划"过于成功"。21 世纪初，当威瑞森公司为员工提供极有吸引力的养老金福利以鼓励他们提前退休时，公司原本估计会有 1.2 万名员工接受提前退休计划，但事实上有 2.1 万名员工参与了该计划。结果导致公司不得不重新找人替代离职的 1.6 万名管理人员。[118] 另外，如果提前退休计划设计不当，很容易受到指控，被认为属于一种在违反老年员工意愿的情况下强行解雇老年员工的计划。虽然采用激励性的政策鼓励员工提前退休是合法的，但员工在作出是否提前退休的决策时必须是自愿的。《老龄员工福利保护法》（Older Workers' Benefit Protection Act）就针对这种情况专门制定了一些限制性的条件。如果企业想让提前退休的员工签署弃权声明①，则员工必须是知情而且自愿的。此外，企业还应当为员工留出足够的时间来考虑是否接受提前退休计划以及咨询法律顾问。

> **改进绩效：利用人力资源管理信息系统**

在线福利管理系统

员工提出的典型问题包括："如果我在五年内退休，那么我每个月的退休金收入会是多少？"为了回答诸如此类的问题，企业迫切需要能够进行在线管理的自助式福利管理系统。

---

① 即表明他们自愿放弃在未来根据年龄歧视法律起诉企业的权利。——译者

举例来说，当协助美国宾夕法尼亚州各学区处理各种保险需求的组织决定帮助这些学校的董事会实现福利管理自动化时，它们选择了 Benelogic 公司。[119]这家公司提出的方案称为"员工福利电子化服务工具"，这种工具可以让用户对福利的各个方面进行管理，其中包括福利登记、福利计划描述、福利资格确认以及保费处理等。[120]

Benelogic 公司在自己的服务器上处理并维护在线提出的各种福利申请，然后为每个学区创建一种定制化的在线福利申请表格。该系统支持在线员工福利登记，并且提供呼叫中心来解答与福利相关的各种问题。它甚至还能通过与自动数据处理公司（ADP）（主要负责薪酬发放）等公司合作，执行与福利相关的薪酬支付以及其他类似的功能。每个学校的董事会成员都能通过董事会的网站链接进入 Benelogic 公司的网站。

影响人力资源管理的趋势：数字化与社交媒体

与员工进行福利计划的沟通曾经是一项非常耗时的人力资源管理工作，但在数字化与社交媒体时代，这种情况已经发生了改变。[121]一些公司利用脸书和领英来更广泛地宣传它们的员工福利计划。西门子为 1.3 万名英国员工创建了一个内部社交网站。公司利用该网站让员工了解公司提供的最新员工福利，宣传福利的相关政策，并对福利进行实时的员工反馈调查。（比如，作为西门子员工表彰计划的一部分，每个员工都能获得相应的积分用于购物。）

为了方便员工对福利进行自我管理，有些企业为员工提供了应用程序。[122]比如，一家名为 Discovery Benefits 的福利管理公司的客户在最近一年内登录了该公司的应用程序大约 2.5 万次，应用程序为公司节省了大量的电话接听成本。[123]

不过，社交媒体网站也会给员工带来麻烦。例如，一名员工以慢性疼痛为由请了病假，但令人遗憾的是，她在社交媒体上上传了自己喝酒的照片，而那天她本应该生病在家。她在脸书上的一位朋友看到了这张照片，并将其转发给公司的主管人员看。公司以缺勤为由解雇了她，上诉法院支持了公司的决定。[124]

13.5 个人服务和家庭友好型福利

尽管带薪休假、保险以及退休福利构成了企业福利成本开支的绝大部分，但大多数企业还会为员工提供各种各样的服务福利，其中主要包括：个人服务（比如法律和个人咨询）、家庭友好型福利（如儿童保育）、教育津贴以及高层管理人员特殊福利（如使用公司的轿车等）。

13.5.1 个人服务

个人服务福利包括信用互助会、法律服务、咨询以及一些社交和娱乐机会。根据法律，所有的福利都是自愿的而非强制的。

　　员工援助计划（employee assistance program，EAP）主要是针对诸如个人法律和经济服务、儿童和老人看护帮助、领养援助、心理健康咨询和人生大事规划等方面的问题而给员工提供的各种咨询服务。正如萨特健康医疗中心（Sutter Health）的员工援助计划所说的那样，"生命的旅程并不总是一帆风顺的，萨特健康医疗中心认识到这一点，希望通过员工援助计划帮助你克服困难"。[125]员工援助计划提供的咨询服务包括：照顾孩子的问题，照顾老人和成年残疾人的问题，宠物照顾问题，收养问题，孩子教育问题（学校的选择）以及财务规划等。[126]

　　尽管目前还很少有公司建立自己的员工援助计划，但是一般大公司都会有自己的员工援助计划。大部分公司是与 Ceridian Life Works、Comps Sync、Integrated Behavioral Health 等专业机构合作。[127]

　　不管是哪一种情况，企业和管理人员都需要注意一些问题。每个参与员工援助计划的人，包括各级主管人员、秘书以及辅助类人员，都必须明白保密的重要性。另外，还要确保相关文件是安全的，任何访问都是受限制的，并将身份类信息尽可能减到最少。当然，很重要的一点是要注意法律问题。例如，在很多州中，咨询师必须将涉嫌虐待儿童的行为报告给相关机构。因此，管理人员需要明确员工援助计划的目的、员工参与该计划需具备的资格、员工援助计划以及企业人事部门所扮演的角色和需要承担的责任，还有运用该计划的程序等。此外，还要确保与公司合作的供应商能够达到专业方面的要求以及州政府的许可要求。

13.5.2　家庭友好型（工作-生活平衡）福利

　　与家庭有关的干扰，例如生病的孩子或父母，会使员工难以有效工作。这些趋势使得很多企业开始实施一种所谓的**家庭友好型**或**工作-生活平衡福利**（family-friendly/work-life benefit）。这种福利通常包括儿童看护、老人看护、健身设施、弹性工作时间安排等这样一些有助于员工更好地满足其工作和家庭生活需要的内容。[128]

　　儿童看护补贴　布鲁金斯学会（Brookings Institution）最近的一项研究列出了儿童看护不足的后果，如不利于孩子的成长、因旷工导致生产率下降以及员工个人无法赚取工资。[129]对于很多企业来说，要想减少员工因寻找可靠的儿童看护服务导致的精力分散，它们可以通过很多不同的途径来达到目的。许多企业所做的是调查一下公司所在社区的日托设施，然后向感兴趣的员工做推荐。更多的企业则建立了由公司资助的日托中心。例如，高盛公司在其位于伦敦的工厂建立了一个儿童托管中心，负责为工作的员工需要抚养的 3 个月至 12 岁的儿童提供看护服务。[130]

　　据报道，对许多千禧一代人来说，儿童保育等福利带来的激励胜过高工资。网飞公司允许员工休假一年照顾孩子。[131]像高盛和网飞公司这样的政策不仅有利于员工，企业也可以获得很多好处，这主要表现在：招募效果改善；缺勤率下降；员工士气提高；企业公众形象改善；员工流动率下降；等等。在这方面，通常需要先对员工进行一项问卷调查，让他们回答这样一些问题，比如："如果在你的工作地点附近有一个托儿所可以帮助你照顾孩子，你愿意为每个孩子支付的看护费用是多少？"

　　病童照看福利　病童照看福利很重要。父母因为必须工作而不得不把患流感的孩子送往学校的做法，会增大孩子病情恶化以及同学和老师被传染的风险。到目前为止，只有大约一半的美国劳动者有资格将带薪病假用于照顾家人，其他劳动者只能冒着扣工资和失去工作的风险待在家里照顾患病的家人。[132]据估计，美国企业每年因意外（患病的孩子和祖父母以及下雪天）不得不缺勤的天数大约为 280 万天。[133]《家庭与医疗休假法》只为员工提供无薪休假，并且不是所有的员工都有资格享受。加利福尼亚州、新泽西州和纽约市则为员工提供与家庭有关的带薪病假。[134]

企业可以采取几个方面的措施。一些员工为了使用带薪病假，会谎称自己生病，因此企业可以将员工孩子生病纳入带薪病假的权限内。建立带薪休假银行是一个很好的范例。另外，为员工提供弹性工作时间和远程办公也会有所帮助。如有些企业会提供紧急后援、工作场所护理中心（如高盛公司）或紧急状况下的临时保姆。[135]

老人护理福利　据估计，80％以上的老人护理是由家人完成的。[136]和儿童保育一样，女性员工在照顾老人方面往往承担更多的责任。对他们（以及男性员工）有帮助的福利包括 10～15 天的老人护理假期[137]，弹性工作时间以及休假（针对那些需要延长休假的员工）。[138]一项调查表明，43％的企业提供老人护理福利。[139]辉瑞公司（Pfizer）在调查中发现有多名员工需要老年人护理服务，于是改善了弹性工作时间安排，培训管理人员处理员工的此类需求，并对此类需求进行详细评估。[140]包括脸书和先锋集团等在内的公司都为员工设立了用来照顾生病的亲属的带薪休假福利。[141]

最后，不要忽视那些没有家庭成员需要照顾的员工。无论员工的家庭或婚姻状况如何，都要认真对待员工对弹性工作时间或休假的需求。[142]

教育津贴　企业使用教育津贴（通常是学费援助）来帮助员工学习相关教育课程（通常是本科或研究生课程，但也有高中同等学力的基础课程）。[143]据估计，近 90％的美国企业提供教育津贴。几年前，大约 5.6％的本科生获得了企业提供的教育支持，大约 14.5％的研究生也获得了这类支持。（将近 22％的 MBA 学生得到了这样的支持）。然而，这项福利似乎不像以前那么受欢迎了。

企业资助员工获得学位可能导致员工跳槽。这个结论似乎违背常理，而现实中确实存在这种情况。总的来说，教育津贴不仅有利于员工，它还能提高企业对员工的招聘和留用能力，并通过提高员工的技能来提高生产率。

教育津贴福利需要企业颁布相应规定。例如，有些企业规定，只在员工完成课程后或获得特定的成绩后才给他们提供教育津贴，还有企业规定员工自己先付一部分学费，待完成学业后由企业付余下的学费。另外，如果员工在约定期限内离开公司，有些公司会要求员工偿还教育津贴。

13.5.3　其他个人服务方面的福利

很多公司还提供其他类型的个人服务方面的福利。[144]谷歌公司一直是"百家最佳雇主"之一，它向员工提供公司内部的自动取款机、移动图书馆、自行车修理、汽车保养、干洗、美发、有机产品送货上门等福利。[145]谷歌为什么要为员工提供这些免费且贴心的服务呢？这在很大程度上是因为这可以减少员工在工作外寻求服务的需要，从而提高工作效率（比如，它还提供谷歌儿童看护中心（Child Care Center），以及从旧金山出发的免费接送服务）。[146]为了留住年纪较大的员工，CVS 公司提供了各种老年人友好型福利项目。比如，该公司的"候鸟"福利项目就让药剂师能在冬天时待在佛罗里达州，当天气暖和时再迁往东北部工作。[147]Nestlé Purina 宠物护理公司位于圣路易斯的总部允许员工带着狗上班。[148]普华永道（PriceWaterhouseCoopers）帮助员工偿还学生贷款。[149]大多数财富 500 强公司都提供捐赠项目。[150]

　　下面的专栏解释了一家企业是如何利用福利计划来支持其战略目标的。

改进绩效：战略背景

利用福利计划支持战略目标

　　加里·埃里克森最初创建 Clif Bar 公司时，它还只是一家小面包店，后来它逐步发展成为一家每年增长 20% 的公司。[151]埃里克森制订的健康食品战略的核心思想是，员工应奉行可持续、健康和生态友好的价值观。因此，他制订了一套福利方案鼓励这种价值观落地。例如，公司通过下列措施鼓励环保：员工购买混合动力或电动汽车会得到公司高达 6 500 美元的津贴；员工骑车或步行上班每年可以得到 1 500 美元的奖励；公司自助餐厅提供用当地有机食材烹饪的食物。另外，在公司工作满 7 年的员工将有资格享受 6 周的带薪休假。同时，埃里克森实施了员工股票所有权计划（ESOP）。由于该公司每年的员工流动率仅为 3%，每年还能收到超过 7 500 份的求职申请（申请 114 个空缺职位），所以该公司的福利计划在一定程度上也有助于控制劳动力成本。

13.5.4　高层管理人员特殊福利

　　当你到达一个组织的金字塔顶端时——或者至少是已经接近顶端时，你会发现，等待你的是高层管理人员的特殊福利。管理人员的特殊福利往往只有少数几位高层管理人员才能享受。这种特殊福利从公司公务专机到专用卫生间，不一而足。

　　大多数高层管理人员的特殊福利都处于这两个极端之间。其中包括：管理人员贷款（通常是用来鼓励高层管理人员行使他们的股票期权的）；财务咨询（帮助高层管理人员处理各种投资计划）；安家福利，通常包括房屋抵押补贴、公司购买高层管理人员的现有住房以及支付他们的实际搬家费用，等等。如果公司的高层管理人员特殊津贴总价值超过 10 万美元，上市公司必须列出所有的特殊津贴条目。根据 2017 年的税法，许多受欢迎的额外津贴（如娱乐费用）不再享受税收减免优惠，因此许多企业正在减少或逐步取消这些额外津贴。[152]

➡ 13.6　弹性福利计划

　　Glassdoor 公司在《员工福利：每一代人想要的是什么》报告中提出，员工越来越希望福利计划具有一定的灵活性。[153]研究表明，"婴儿潮"一代很看重薪酬水平、医疗保险和退休计划；X 一代（大约出生于 20 世纪 60 年代至 80 年代初的人）看重的是薪酬水平、401（k）计划以及与之相匹配的福利、工作保障、晋升和工作与生活的平衡。千禧一代（大约出生于 20 世纪 80 年代初至 21 世纪初的人）看重福利选择、带薪休假、远程工作能力、对工作时间的控制以及灵活性。因此，在福利方面保持一定的灵活性是有道理的。企业在制订福利计划之前应当先去调查一下员工在福利方面的偏好，这时也许可以用到如表13－4所示的那种表格。[154]

表13－4　员工福利偏好在线调查（节选）

人力资源管理——员工福利调查					
（请花点时间告诉我你对公司福利计划的看法，你的意见会让我们做得更好。）					
请为以下项目打分					
1为"非常满意"，5为"非常不满意"					
	1	2	3	4	5
医疗计划					
牙科保健计划					
视力保健计划					

资料来源：Reprinted with permission from GrapeVine solutions.

13.6.1　自助餐式福利计划

越来越多的企业开始让员工自己设计本人的个性化福利计划。"自助餐式福利计划"就是实现这种目的的主要方式之一。按美国国税局的规定，**自助餐式福利计划**（cafeteria plan）的含义是，企业为每一位员工提供一个税前的福利基金预算，让员工在这一预算的范围内选择自己感兴趣的福利。相应的福利包括意外事故和健康福利、收养援助、受抚养人照料援助和团体定期人寿保险。[155]

自助餐式福利计划有几种不同的表现形式。[156]比如弹性支出账户使员工可以用来支付医疗费用和其他费用。[157]这种计划使员工可以用税前账户支付某些类型的福利。核心项目加可选项目福利计划则首先建立一套通常是国家强制要求为每一位员工都要提供的核心福利项目（如医疗保险），然后员工可以在这些核心福利项目之外选择其他种类的福利项目。

下面的专栏说明了有多少小企业会对它们的各种福利成本进行管理。

> **改进绩效：直线经理和小企业家的人力资源管理工具**
>
> ### 福利和员工租赁
>
> 很多企业——尤其是小型企业——并不具有支持我们讨论的这些福利计划的资源和员工基础，这就是它们采用"员工租赁"这一做法的一个重要原因。
>
> 简而言之，员工租赁公司（通常称为专业化的企业组织或者员工租赁公司）承担企业的全部或者大部分人力资源工作，它们也成为这些企业的员工在档案记录上所显示的"雇主"。因此，员工租赁公司就成为员工的法定企业，并且通常需要处理与员工有关的所有活动，比如招募、雇用（需要经过客户公司主管人员的同意）、纳税（社会保障税、失业保险税等）。
>
> 保险和福利管理通常是员工租赁公司对于中小企业最有吸引力的一个方面。即使采取团队保险的形式，对于一家只有20~30人的小公司来说，它需要缴纳的人寿保险或健康保险的团体费率仍然非常高。在这种情况下，员工租赁公司就出现了。必须记住的是，员工租赁公司是你所使用的员工的法定雇主。这样，你的员工就被纳入了一个更大的员工群体，在这个员工群体中还包括其他一些企业雇用的员工。于是，小企业现在就能够为其员工提供过去无法提供的一些保险。

和与任何一家供应商打交道一样，企业应该与员工租赁公司签订一份详细的谈判协议。协议要对租赁公司提供的服务——包括服务的重点、责任以及担保等——进行界定。[158]还要弄清楚该租赁公司是否要与另一家公司合并，因为一旦合同期满，新的母公司可能会要求你对相关体系进行更改。[159]

13.6.2　弹性工作时间安排

弹性工作时间安排现在日渐流行。[160]在一项调查中，大约 70％的受访员工认为弹性工作时间非常重要。[161]

弹性工作时间　弹性工作时间（flextime）是指员工的工作日围绕一个公共核心时段——例如上午 11 点至下午 2 点——作出安排，核心时间段的两端是弹性时间段。例如，员工可能选择从上午 7 点工作到下午 3 点，或者从上午 11 点工作至下午 7 点。在一项调查中，大约 57％的公司指出本公司提供弹性工作时间。[162]

有些人认为，不具有弹性的工作时间安排有助于解释不同性别劳动者之间的薪酬差异，也有助于解释为什么女性很少担任高层管理职位的问题。一家新开设的求职网站（www. saywerk. com）会提前与企业进行协商，确保在该网站上列出的任何职位都是可以提供灵活工作时间安排的。[163]

远程办公——利用网络技术在远离办公室的地方工作——现在十分流行。大约有 62％的企业提供了特殊的远程办公选择。[164]有的工作采用远程办公方式的概率更高。例如，据报道，有将近 45％的医疗记录转录工作是在家里完成的。[165]差不多有超过 1 300 万名美国人每周至少有一天在家里工作，其中星期五和星期一是人们最喜欢在家办公的两天。[166]

那些提供远程办公的企业必须计算该项目的收益和成本。比如，达美航空公司（Delta Airlines）为每个在家工作的机票预订人员支出 2 500 美元，用于购买电脑和软件许可证等，但是相比在呼叫中心中工作的其他机票预订人员而言，公司雇用这些在家工作的员工可以每人每小时少支付 1.50 美元。然而，其中还有一些隐性开支，比如让信息技术人员回答远程办公人员的技术问题等。[167]但是当考虑到由于通勤减少，远程办公对环境的影响是积极的。

关于远程办公对生产率影响的研究结果喜忧参半。美国第一资本银行（Capital One Bank）的一个远程办公项目很明显地使其员工的工作场所满意度提高了大约 41％，同时那些认为本公司提高了团体生产率的员工人数增加了 53％。[168]另一项研究得出结论，远程办公对创造性工作有积极影响，但对枯燥工作有消极影响。[169]持反对意见的人则认为，远程办公减少了同事间的友谊，减少了工作中协作和协同的机会。[170]雅虎公司流传过一句名言：它需要自己的员工"肩并肩地在一起工作"，于是该公司将那些远程办公的员工重新召回了办公室。[171]

压缩工作周　很多员工（例如飞行员）并不按照传统的每周工作 5 天、总共工作 40 小时的方式上班。[172]

像这样的员工一般都有**压缩工作周**（compressed workweek）安排，也就是说他们每周的工作天数会更少，但每天的工作时间会更长。这种非传统的工作周时间安排有很多种。有些公司采用的是每周工作 4 天、每天工作 10 小时的方式。有些员工（例如医院的员工）则可能会连续工作 3 天，每天工作 12 小时，然后在剩下的 4 天里休息。[173]一项调查显示，29％的企业实行压缩工作周。[174]一些专家称，长时间（比如每班 12 小时）的轮班制可能会增大疲劳和事故发生概率。为了减少潜在的负面作用，一些企业还专门配置了跑步机和锻炼用的自行车，以及能模拟日光的"灯箱"。

其他弹性工作安排 **职位分享**（job sharing）允许两位或者多位员工共同分担一个全日制的职位。例如，两个人可能分担一个传统上需要每周工作 40 小时的职位，一个人上午上班，而另一个人下午上班。例如，将两个退休的员工安排在图书馆共享一份工作（隔天工作）。[175]在最近的一项调查中，11％的受访公司说它们允许员工进行职位分享，而几年前这一比例为 22％。[176]**工作分享**（work sharing）是指在经济衰退时期，一组员工的工作时间都暂时性地减少，从而避免裁员发生。因此，可能会出现 400 名员工同意每周只工作 35 小时（同时只领取相应时间的薪酬）的情况，避免公司裁掉 30 名员工。[177]

13.7 写给管理者的员工敬业度指南

13.7.1 开市客的薪酬计划

开市客（Costco）的人力资源管理战略通过向员工支付更多的工资，提升员工的敬业度、生产率和客户服务，进而来对抗竞争对手沃尔玛采取的低成本和低工资战略。[178]

例如，开市客员工的平均工资约为每小时 21 美元（不包括加班费），这几乎是联邦政府规定的最低工资的三倍。[179]相比之下，美国沃尔玛全职员工的平均工资仅为每小时 12.67 美元。[180]

开市客的员工福利也很有竞争力，尤其是在很少提供福利的零售行业中。[181]比如，开市客为其 9 万多名国内员工支付了约 90％的医疗保险费用。[182]它的其他福利计划包括牙科保健、药房/处方项目、视力项目、401（k）计划、家属护理援助计划、外部专业顾问、短期残疾疗养、长期残疾和人寿保险等。[183]开市客还将这些福利扩展到员工配偶、子女和同居伴侣。

开市客并不直接对员工的敬业度进行衡量。该公司表示，它根据营业额和生产率等指标来跟踪员工的敬业度水平。[184]按照这些指标，开市客的战略正在奏效。沃尔玛的山姆会员店的年人均销售额为 34 万美元，而开市客的年人均销售额为 50 万美元。[185]开市客的员工离职率远远低于零售行业的平均水平，员工保留率也较高。[186]另外，开市客并不是唯一这样做的公司。其他大型连锁店，如诺德斯特龙（Nordstrom），在财务上也具有良好表现，部分原因是它善待员工，使员工保持敬业精神。[187]

本章内容概要

1. 很多企业都提供多种非工作时间薪酬。包括失业保险、休假以及病假等。如何最大限度地减少病假支出非常重要，针对这个问题的成本削减策略包括：购买员工未使用的病假，或者将病假、休假和事假整合在一起形成带薪休假银行。《家庭和医疗休假法》要求大型企业必须为符合条件的员工提供长达 12 周的非带薪休假，以方便他们处理与家庭有关的各种事务。

2. 大多数企业还为员工提供各种法定的或自愿的保险福利。国家制定工伤保险方面的法律的目的在于：向工伤事故的受害者及其抚养或赡养对象提供可靠、及时的收入补偿和医疗福利，而无论工伤事故的责任人是谁。住院、健康和伤残等几种保险的成本正在快速上升，而大多数企业的健康计划会为那些符合条件的员工至少提供基本的医疗、手术和护理保险。很多企业采取与自选医疗服务组织或健康维护组织签订合同的做法来提供这些福利。当员工被解雇或者雇佣关系终止时，企业有必要让员工知晓他们根据《综合预算调节法》的相关条款享有的权利。企业正在努力控制不断上涨的医疗保险成本。

3. 在当前这个股市动荡的时代，退休福利对员工来说非常重要。社会保障是一个联邦计划，旨在向 62 岁及以上的退休老年人提供退休后的收入及其他福利。很多企业有现成的养老金计划；当员工达到退休年龄或因为残疾不能继续工作时，企业会向员工支付一定的收入。在固定收益制计划中，员工可以提前知道他们将来退休时能够享受的养老金福利水平，而固定缴费制计划则只确定企业和员工分别应当在员工的退休基金或储蓄基金中缴纳的保险费数额。401（k）计划可能是大家最为熟悉的固定缴费制计划，该计划是基于《美国国内税收代码》的 401（k）条款建立的，故称为 401（k）计划。《员工退休收入保障法》要求企业必须有书面的养老金计划文件，并且根据该法建立了养老金担保公司来监管各种养老金计划。养老金计划参与者的资格要求和既得养老金权利的授予是养老金计划的两大问题。

4. 大多数企业还提供各种个人服务和家庭友好型福利，其中包括信用互助会、员工援助计划、儿童看护和老人护理福利。

5. 员工希望能自主选择福利计划，因而弹性福利计划有重要的意义。弹性福利计划或者自助餐式福利计划都是个性化的福利计划，可以满足员工对福利的不同偏好。一些企业使用员工租赁公司的服务，利用这些租赁公司的大规模员工基础，为员工寻求更好的福利项目。企业还实施各种弹性工作时间安排，其中包括弹性工作时间、压缩工作周以及其他弹性工作安排，例如职位分享等。

6. 开市客的人力资源战略是通过给员工更多的工资，提升员工的敬业度、生产率和客户服务，来对抗沃尔玛的低成本战略。例如，开市客为其 9 万多名国内员工支付了约90％的医疗保险费用。

讨 论 题

1. 什么是失业保险？企业必须为所有被解雇员工提供此类保险吗？请谈一谈你将如何使你们公司必须缴纳的失业保险税降到最低水平。

2. 请解释《员工退休收入保障法》是如何保护员工的养老金权利的。

3. 请描述主要的退休福利项目。

4.《家庭和医疗休假法》中主要包括哪些条款？

个人及小组活动

1. 以个人或者小组为单位，找出你们州的失业保险税率以及相关的法律规定。写一篇综述，详细说明你们州的失业保险法律。假如 X 公司的人员辞退率为 30％，请根据你们州的失业保险法律规定计算出 X 公司应当缴纳的失业保险税率。

2. 假设你经营一家小公司。请以个人或者小组的形式登录网站 www. dol. gov/elaws 进行查询，然后写一份两页纸的概述来解释这样两个问题：第一，对于小公司来说，可用的退休储蓄计划有哪些？第二，你会为自己的小公司选择哪些退休储蓄计划，并解释原因。

3. 你是一家只有40人的小公司的人力资源顾问。目前该公司只提供每年5天的带薪休假、5天的带薪节假日以及像失业保险等这样的法定福利。请列出你认为该公司应该提供给员工的福利，并说明你为什么会建议该公司提供这些福利。

体验式练习

制订一揽子福利计划

目的：本练习的目的是让你亲身体验如何为一家小公司设计一揽子的福利计划。

必须理解的内容：对本章中讨论的内容相当熟悉。此外，还要复习第11章中的内容，以便熟悉薪酬调查的信息来源有哪些，然后在课堂上与其他同学共同分享你为自己的小企业或者是你熟悉的某个任职的小企业设计的一揽子福利计划。

如何进行练习/指导：将全班分为若干小组，每组有4～5名学生。你们的任务如下：玛利亚·科尔特斯（Maria Cortes）在迈阿密经营一家小型的人事招募公司，她决定为其25位员工提供一份范围更大的一揽子福利计划。该公司目前提供的福利仅仅包括每年7天的带薪节假日以及5天的病假。在她的公司里，还有其他两位经理以及17名全职的招募专员、5名秘书和行政人员。你的任务是：

在规定的时间里，你们小组要根据该公司的规模和需要，制订一份合适的一揽子福利计划。

应用案例

为福利罢工[188]

南加利福尼亚杂货店的员工的罢工持续了5个月。罢工的主要问题是员工福利，尤其是员工在健康保险福利（如果有的话）需要缴纳的费用中，有多大部分需要自己承担。基于现行的合同，南加利福尼亚杂货店的员工通常能拥有不错的健康福利。比如，在健康保险方面，他们自己无须承担任何费用，而且对于医生的出诊费，他们只需承担10美元的共同分担费用。但是，为了支撑这些优越的健康福利，南加利福尼亚杂货店每小时需要在每位员工身上支出的费用超过4美元。

对此，这个巨大的杂货连锁店并没有提出削减现有员工的健康保险福利，而是提出在新工会合同生效之后受雇的员工适用于新的保险政策，即他们需要自行承担每小时1.35美元的健康保险费用。这就意味着新员工每周需要为自己的健康保险支付10美元的费用，而且，如果这10美元不足以支付卫生保健费用，员工自己不得不支付更多的费用，或者是会失去部分福利。

对于涉及该问题的各方来说，这都是一个艰难的形势：对于杂货连锁店行业的企业来说，一路猛涨的医疗保健费用正在逐渐侵蚀它们的竞争力；现有的员工则担心，只要允许在如此"光滑的斜坡"上向下走任何一步，最终都会导致自己的健康福利被削减；工会也不希望造成这样一种困境——不得不代表两类员工：一类（现有员工）享受着丰厚的健康保险福利，而另一类（新员工）只能享受相对较差的福利，这种情况很可能会导致新员工在得到工作和参加工会的那一刻起，就开始滋生不满情绪。

问题

1. 假设你正在调停这场争端。请讨论五种创造性的解决方案，使杂货连锁店在不需要员工支出更多费用的情况下，使健康保险福利和整套福利政策的支出费用有所减少。

2. 从杂货连锁店的角度出发，将员工分成两类（其中一类享受相对优越的健康保险）的弊端是什么？你建议它们如何处理这个问题？

3. 从工会的角度出发，不得不作为两类员工代表的弊端是什么？你建议工会如何解决这个问题？

连续案例

卡特洗衣公司

新的福利方案

卡特洗衣公司过去只向员工提供法律规定的福利，其中包括国家失业补偿计划、社会保障和工伤保险（这种保险的提供商与向该公司提供偷盗和火灾保险的提供商是同一家公司）。该公司的负责人——杰克、詹妮弗和他们的家人——拥有个人和家庭的健康和人寿保险。如今，詹妮弗发现公司在福利和服务方面存在一些潜在问题。

其中一个问题是员工的流动性。她想做一项研究来搞清楚，其他公司提供健康保险和人寿保险的做法，是否确实使这些公司的员工流动率降低，并且或许还能使它们支付较低的工资。詹妮弗很关注的另一点是，本公司没有制定假期、带薪休假或者病假等方面的正式政策。通常情况下，一位员工在工作一年后至少能获得一个星期的假期，但是以往关于新年或者感恩节的带薪休假政策非常不固定。有时，一个刚刚工作两周或三周的员工就能够享受全额的带薪假期，而有时，已经在公司工作了半年或者更长时间的员工只能享受半额的带薪假期。

她也在考虑，公司是否可以为员工的子女建立日托中心。她了解到，很多员工的子女要么是白天无处可去（学龄前儿童），要么是放学后无处可去。她正在思考，建立日托中心这样的福利政策能否给公司带来很大的利益。

问题

1. 请为卡特洗衣公司制定一项关于假期、病假和带薪休假的政策。

2. 你能告诉詹妮弗，为员工提供健康、医疗和人寿保险会给卡特洗衣公司带来哪些有利和不利的方面吗？

3. 你会建议卡特洗衣公司为员工建立日托中心吗？为什么？

将战略转化为人力资源政策及实践的案例

改进巴黎酒店的绩效

新型福利计划

巴黎酒店的竞争战略是："通过卓越的顾客服务将自己与同行区别开来，吸引顾客延长入住时间，提高顾客再次入住比率，从而提高酒店的收入和利润水平。"酒店人力资源总监莉萨·克鲁兹现在必须制定和实施战略性人力资源管理政策和活动，通过帮助酒店获得战略所需的员工行为和胜任素质来支持酒店的这一竞争战略。

虽然巴黎酒店为员工提供的福利（就休假和医疗保健方面而言）与其他酒店相比并不逊色，但是莉萨·克鲁兹知道，要实现公司追求的高品质服务，目前所做的还不够。事实上，这种与其他类似公司几乎不相上下的福利政策似乎并没有让巴黎酒店的员工感到满意，至少有60%的员工时常抱怨对于自己得到的福利颇为不满。莉萨担忧的是（同时也是首席财务官担忧的），员工对于福利政策的不满会降低他们应有的工作热情和责任感，阻碍巴黎酒店实现自己的战略目标。因此，莉萨开始着手评估和重新设计公司的各项福利计划。

当莉萨·克鲁兹和公司首席财务官看到福利计划的相关数据时，他们感到更为担忧。他们为公司计算出几项与福利计划相关的数据，其中包括福利支出在薪酬总支出中所占的百分比、全日制员工平均每人每年的病假天数、本公司福利的支出与竞争对手的福利支出之间的比率等。正如首席财务官所说的，结果是喜忧参半。可喜的是，这些数据与竞争对手大体相同；可忧的是，这些结果与以高质量服务为导向的企业相比相去甚远。首席财务官授权莉萨设计和提出一项新的福利计划方案。

莉萨想要通过这个方案成功实现多个目标。她希望这个方案能够鼓舞员工的士气，增加他们对工作的投入，同时，她也希望这一方案能够使员工更加轻松地应对自己的工作，这样，正如她说的："当员工来上班的时候，能够全身心地投入工作，集中精力为顾客提供优质的服务，而不用在工作时还担心孩子的看护问题，也不必再为其他家庭事务分心。"

这项新计划的核心是实施更好的家庭友好型福利。由于各酒店的员工有很多是单身父亲或母亲，而每家酒店都必须每天24小时营业，因此莉萨的团队提议：在每家酒店中留出一个房间作为设在工作场所的儿童看护设施，同时雇用一位受过培训的专业护理人员。这个提议获得了董事会的批准。他们还考虑制定一种弹性工作时间安排方案，但是对大多数职位来说，这是不切实际的，比如前台接待员必须在指定的时间待在工作地点。不过，他们还制定了一个新的职位分享方案。现在，一个客房清理或前台接待的职位可以由两个人共同担任，只要该职位被纳入职位分享方案的覆盖范围。

莉萨和她的团队尤其想解决的是相对较高的员工缺勤率问题。由于很多工作都是与顾客直接接触的——服务生、轿车司机、前台接待员等，缺勤对加班费和临时人员成本等有特别严重的影响。在这方面，在薪酬顾问的建议下，莉萨决定开发一个与万豪酒店的"福利交易"相似的系统。在这种福利系统中，员工能够用病假的价值交换其他福利。正如莉萨所说："我宁愿看到我们的员工利用他们的病假交换像卫生保健这样的福利，如果这样能使他们在以病假的名义做私事前再三考虑的话。"

在实施新方案后不到一年的时间，莉萨和首席财务官相信他们的新方案是成功的。他们所作的研究表明，福利的改善对于员工士气和员工承诺度的提高发挥了直接作用，员工请病假的天数减少了40%，而员工离职率也下降了60%。同时，当他们发布招募广告时，有超过60%的求职者提到，"家庭友好型福利"是他们申请到巴黎酒店来工作的一个最重要原因。

问题

1. 你对巴黎酒店这项新型福利计划有什么看法？

2. 由于企业一般会让所有的员工享受福利，因此福利可能就不会产生激励计划原本想要达到的效果。有鉴于此，你认为巴黎酒店可以通过制定一个新的福利方案来实现哪五种员工行为的改进？请说明你为什么会选择这五个方面的行为。

3. 基于你对上一个问题的回答，解释你会建议巴黎酒店采取哪些福利措施来达到改进酒店员工这五个方面行为的效果。

注　释

5
第 篇

人力资源管理精要主题

第 **14** 章　培育积极的员工关系

Building Positive Employee Relations

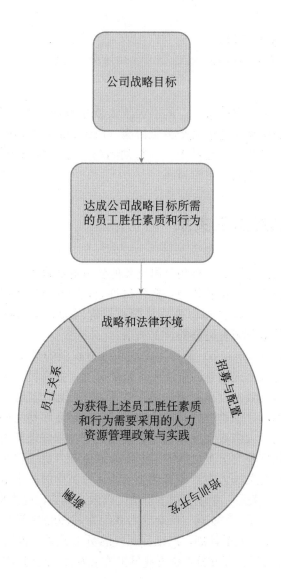

➡ 我们学到哪儿了

> 对于很多管理者来说，招募、甄选、评价、培训以及向他们支付薪酬都是人力资源管理的核心内容。但是，员工的期望远不止这些。他们期望得到雇主的公平对待，能够有一个安全的工作环境。在第 5 篇中，我们将讨论人力资源管理中的伦理道德、员工的公平对待、安全和工会关系方面的问题。第 14 章的主要目的是解释如何培育积极的员工关系。本章的主题包括什么是员工关系，如何管理员工关系，运用人力资源管理工具来加强伦理道德和公平对待，员工惩戒管理，写给管理者的员工敬业度指南。

➡ 学习目标

> 1. 定义员工关系。
> 2. 至少从四个方面讨论员工关系管理的方式。
> 3. 解释什么是道德行为。
> 4. 解释什么是公平的员工惩戒。
> 5. 回答这个问题：公司如何成为最适合工作的场所。

当为苹果公司组装手机的一家工厂的一名工人就薪酬和工作规则问题提起抗议之后，苹果公司要求该工厂的所有者邀请公平劳工协会（Fair Labor Association，FLA）对工厂中的工人展开调查。公平劳工协会发现了一系列问题。[1]让我们来看看他们发现了什么以及富士康的管理层做了些什么来扭转局面。

➡ 14.1　什么是员工关系

任何有工作经验的人都知道，有些公司比其他公司更适合工作。例如，我们在本书中提到的一些公司，如威格曼斯食品公司、赛仕软件公司（SAS）和谷歌，反复出现在"最佳雇主"的名单上，而另一些公司似乎总是存在劳资问题和负面报道。这反映了一个事实：一些公司确实比其他公司有更好的员工关系。

员工关系（employee relation）是指为建立和维持积极的员工和企业间关系而开展的各种活动，其目的是达成令人满意的生产率、激励员工、提高员工士气和维持纪律，同时创建一种积极的、富有成效的、有凝聚力的工作环境。[2]无论你是在招募员工、管理工会组织运动、要求员工加班，还是进行其他任务，有一点是显而易见的，即让员工与你"站在一边"是很有必要的。大多数企业都是基于这样一个合理假设致力于建立积极的员工关系的，这样做可以打败那些与员工之间的关系不好的企业。员工关系管理通常是人力资源部门的工作任务，并且是美国人力资源管理协会认证考试中的一个重要知识点。

为了建立积极的员工关系，企业有很多事情可以做，例如，提供良好的培训、公平的绩效评价系统、有竞争力的薪酬和福利（所有这些我们在前面的章节中都讨论过）。此外，很多企业还制订了特殊的员工关系计划，以维持积极的员工关系，包括确保员工被公平对待、通过沟通项目改善员工关系、开发员工认可或员工关系项目、运用员工参与项目。

➡ 14.2 建立和维持积极员工关系的项目

我们将从如何确保员工享受公平待遇开始。

14.2.1 确保员工得到公平对待

任何一个人在工作中遭到不公平对待时，都会明白这是不道德的。不公平的对待会降低员工的士气、增加压力，并对绩效产生负面影响。[3] 如果一位员工的直接上级是一个欺辱成性的人，那么员工离开公司的可能性会更大，对工作和生活的满意度更低，感受到的压力更大。[4] 当欺辱员工的主管人员似乎得到了更高级别管理层的支持时，这种欺辱对员工造成的影响就更加显著。[5] 例如，即使有人只是目击了主管的欺辱行为——看到同事被欺辱，也会引发不良反应。[6] 在工作中，**公平待遇**（fair treatment）体现在具体的行为上，如员工受到尊重，员工受到公平对待（见图 14-1）。[7]

你所在的组织在大多数情况下是什么样的？如果你的组织符合下列各项的描述，请选"是"；若不符合，请选"否"；若感到不确定，请选"？"。			
在我所在的组织中：			
1. 员工会因工作做得好而受到表扬	是	？	否
2. 主管人员对员工大吼大叫（R）	是	？	否
3. 主管人员对员工厚此薄彼（R）	是	？	否
4. 员工得到信任	是	？	否
5. 员工的抱怨会得到有效处理	是	？	否
6. 员工会得到细心对待（R）	是	？	否
7. 员工受到尊重	是	？	否
8. 员工的问题和困难会得到快速响应	是	？	否
9. 组织会对员工说谎（R）	是	？	否
10. 员工提出的建议被忽视（R）	是	？	否
11. 主管人员辱骂员工（R）	是	？	否
12. 员工的辛勤工作受到赏识	是	？	否
13. 主管人员威胁员工要开除或解雇他们（R）	是	？	否
14. 员工得到公平对待	是	？	否
15. 同事之间相互帮助	是	？	否
16. 同事之间相互争论（R）	是	？	否
17. 同事之间相互贬低（R）	是	？	否
18. 同事之间相互尊重	是	？	否
说明："R"表示该项是反向打分。	是	？	否

图 14-1 人际公平对待感知量表

资料来源："The Perceptions of Their Interpersonal Treatment Scale: Development and Validation of a Measure of Interpersonal Treatment in the Workplace" by Michelle A. Donovan, from *Journal of Applied Psychology* 83, no. 5 (1998).

出于多方面原因，管理者应该公平地对待员工，这是一条众所周知的黄金法则。另一个可能不那么明显的原因是，来自上级的不公平对待会使公司引火烧身。举例来说，遭到不公平对待的员工会表现出更多的工作场所越轨行为，比如偷窃和怠工。[8]那些将自己视为不公平对待的受害者的员工还会产生一系列的不良反应，比如健康状况恶化、精神紧张以及心理状况差等。[9]不公平会导致员工与其家庭或伴侣之间的关系更加紧张。[10]一些好胜心过强的主管人员可能会贬低其下属，可能会刺激他们采取一些破坏性的行动。[11]在早上就被其他人不礼貌地对待会影响员工一整天的心情，可能导致其普通的人际互动也显得有些粗鲁。[12]

在员工关系方面，对公平的感知与更高的员工承诺度，员工对组织、职位和领导者的更高满意度，以及更多的组织公民行为是正相关的，与员工的离职倾向是负相关的。[13]

企业和管理者有责任确保员工受到公平对待和尊重。前几章中讨论的减少不公平的举措包括雇用有能力的员工和主管，确保公平的薪酬，制定公平的绩效考核制度。沟通项目（如定期的态度调查）和惩戒程序（本章稍后将讨论）也会减少不公平。

研究发现　一项研究说明了公平是如何发挥作用的。这项研究首先要求一批高校辅导员完成一份调查，让他们评价自己所在的院校对待他们的方式在多大程度上满足程序公平和分配公平的要求。（**程序公平**（procedural justice）是指过程的公平性，而**分配公平**（distributive justice）则是指结果的公平性。）程序公平的内容包括这样一些问题，比如"一般而言，我们部门或学校的程序允许我们针对某个决策提出进一步澄清或提供额外信息的请求"。分配公平方面的例子包括："就我所承担的责任而言，我得到的报酬是公平的。"

然后，这项研究要求这些辅导员进一步完成组织承诺方面的一些调查问卷，问卷中包含的题目诸如"我很骄傲地告诉别人我是这个部门或学校的一员"。接着，该研究又让这些辅导员的学生完成一些调查，其中包含"这位辅导员对我的需求感同身受"以及"这位辅导员能够公平地对待我"。

研究结果令人印象深刻。那些感知到较高水平的分配公平和程序公平的辅导员对学校更加忠诚。另外，这些辅导员的学生在报告中反映出来的辅导员的努力程度、亲社会行为以及公平程度等也都更高，同时他们对自己的辅导员也有更加积极的反应。[14]在这种情况下，对一些辅导员的不公平对待会给学校带来事与愿违的后果。公平对待他人可以提高员工的敬业度。

下面的专栏展示了一家中国企业是如何改善对待员工的公平性的。

改进绩效：战略背景

一家工厂的新人力资源战略

一提到"社会责任"这个词，人们的脑海中总是很容易浮现出慈善捐款以及帮助无家可归的人等画面，但实际上它具有更多的含义。例如，社会责任还包括：公司广告的真实性、公司产品每个组成部分的质量，以及公司在与顾客、供应商——当然还有员工——等打交道过程中的诚实性、道德性、公平性和"正确性"。这里的一个基本问题始终是，公司是否公平和诚实地为其利益相关者提供服务。企业的**社会责任**（social responsibility）是指企业在多大程度上应该并且的确做到了将资源集中于改善社会的一个或多个方面，而不是仅仅增进公司所有者或股东的利益。[15]

为苹果公司组装手机的一家工厂中工人的情况表明，员工希望他们的雇主能以一种公平和富有社会责任的方式对待自己。

尽可能高效地生产高质量的产品一直是这家工厂的战略。继该工厂工人发生抗议之后，苹果公司要求公平劳工协会对该工厂的工人展开调查。结果发现了一系列问题。[16]例如，员工在没有得到充分培训的情况下却面临着过于严格的产品质量要求："每项工作都有明确的时间限制，并且工厂规定了每位员工在每小时内必须完成的任务数量。"一位在该工厂工作的 22 岁员工说道："在这样的环境下，很多人都无法忍受。"[17]其他方面的一些问题还包括沉重的加班工作要求以及要求员工在本该休假的一周还要工作等。

为了促进工厂绩效所要求的行为，这家工厂的所有者很快调整了其效率第一的战略，并改变了其工厂中的人力资源管理实践。它总共进行了 284 项改革，包括提高工人的薪酬待遇以及减少强制性加班等。[18]该工厂的这些改革表明，公平对待是一项全球性义务。

14.2.2 工作场所中的欺凌与侵害

有些不公平是公然发生的。欺凌——在组织中对某人进行骚扰和虐待——是一个越来越严重的问题。例如，一项针对 1 000 名美国员工的调查得出的结论是，大约 45% 的人说他们曾遭遇过老板的欺凌。[19]受害者常常因为害怕遭到报复而默默承受。[20]美国政府（见 www. stopbullying. gov）指出，虽然关于欺凌的定义各不相同，但大多数人都同意欺凌包含以下三个方面的内容：

1. 权力不平衡。那些实施欺凌者拥有能够控制或伤害他人的权力，而那些被欺凌者则往往难以保护自己。

2. 存在造成伤害的意图。偶然发生的行为不属于欺凌，那些实施欺凌者存在给他人带来伤害的主观目的。

3. 反复发生。个人或团体对同一个人实施的欺凌行为总是在不断重复，并且这种欺凌行为表现为多种不同的形式，比如：

言语欺凌：谩骂、嘲笑。

社交欺凌：散布谣言、故意孤立某人、破坏友谊。

身体欺凌：击打、猛击、推搡。

网络欺凌：利用互联网、移动电话或其他数字化技术伤害他人。

毋庸置疑，实施欺凌行为的作恶者应该受到谴责。但是，有些人的行为举止和人格特征的确更容易使他们成为受害者。[21]这类更有可能成为受害者的人包括：逆来顺受的受害者——他们似乎更加焦虑、谨慎、安静和敏感；搬弄是非的受害者——他们总是表现出一些攻击性行为；自主性较差的受害者——他们似乎习惯了让别人替自己作出决策。另外，表现出色的员工可能会招致同事的嫉妒，从而成为受害者。[22]利用团队建设培训、社交聚会和团队间竞争来建立团队凝聚力可以减少嫉妒和伤害。[23]其他举措包括通过士气调查来识别欺凌行为，培训员工对欺凌行为的识别力，制定行为准则。[24]

除此之外，保持积极的员工关系需要建立沟通计划，让员工表达自己的意见，并让管理层知道问题所在。接下来我们讨论这些内容。

14.2.3 通过沟通项目改善员工关系

企业运用各种沟通工具来支持自己的员工关系管理活动。例如，一所大学的网站上显示："我们坚信应当让我们的员工保持对学校的政策、程序、管理实践以及福利的充分了解。"[25]这所大学实施的就是一种开门政策，鼓励员工与管理者之间进行沟通，同时它还发布了一本涵盖各种基本雇用信息的员工手册，并"通过网站、电子邮件以及备忘录等渠道为员工提供及时了解大学活动及其他感兴趣的信息的机会"。[26]

双向沟通也有助于管理层了解困扰员工的问题。一位作者说道："没有人喜欢听到抱怨，但是对于企业与员工之间的关系、企业的道德水平及其员工关系管理来说，有效地听取来自员工的'抱怨'是非常关键的。"[27]这样做的例子可能包括：组织员工焦点小组、设立实际有用的监察员和意见箱、开通热线电话和网络热线。（有些企业让热线服务提供商来专门管理自己的热线电话。这类供应商负责为企业设立热线，听取来自员工的意见，并向企业提供有关员工关注哪些方面事项的持续反馈以及对员工意见和发展趋势的周期性总结。）离职面谈——我们已经在前面的章节中讨论过——向企业提供了了解员工关系质量的另一种途径。[28]当然，每位主管人员也可以利用开门政策、"走动式管理"等方式对各项事情的进展情况进行非正式监控。

运用组织氛围调查 员工态度、士气或组织氛围调查在很多公司的员工关系管理活动中都扮演着重要角色。这些公司利用此类调查来摸清它们的员工对各种组织问题——包括领导、安全、角色清晰、公平以及薪酬——的态度，并了解员工关系是否需要改善。态度调查、满意度或士气调查与组织氛围调查之间的分界线有点模糊。可以将**组织氛围**（organizational climate）定义为组织中员工对所在组织和工作环境的感知，涉及对员工福利、管理行为、政治行为和奖励制度等的关注。[29]

现在有很多在线调查工具可供企业选择，比如 Know Your Company（http://knowyourcompany. com），它关注"你为能在这里工作感到自豪吗？"这类问题。[30]谷歌公司对其员工进行年度 Googlegeist 调查，以监测员工是否有离职倾向。[31]还有很多其他现成的调查工具。比如，美国人力资源管理协会设计了一份抽样调查，员工要使用从1（"在很低的程度上"）到5（"在很高的程度上"）的分值回答调查中的各项问题。其中的问题包括："总体而言，你对你的直接上级的满意度如何？""总体而言，你对你的工作的满意度如何？"以及"你是否会因工作做得好而从工作伙伴那里得到认可和尊重？"[32]

14.2.4 开发员工认可或员工关系项目

除了双向沟通机会有助于改善员工关系，全公司范围内的员工认可及奖励方案也有助于改善员工关系。例如，据一家行业期刊报道，莫雷供应公司（Murray Supply Co.）组织了一场全公司范围的"认可晚宴"，在晚宴上，公司根据服务年限、销售成绩以及安全驾驶等指标，给予公司的各位合伙人奖励。[33]企业通常会在一些特殊的活动（比如颁奖晚宴）上大张旗鼓地颁发此类奖励。美国人力资源管理协会的一项调查发现，76%的受访企业都设立了此类员工认可方案，还有5%的企业计划在接下来的一年中实施一项此类方案。[34]

开发认可及服务年限奖励方案要求企业进行一些规划。[35]例如，要制定一项服务年限奖励方案，就需要企业审查现有员工的服务年限，并且设置有意义的授奖周期（比如 1 年或 5 年一次等）。然后，企业需要为该奖励方案作出预算，选择奖项，设计一个程序来监控企业实际上在对什么提供奖励，并且设置一个颁奖程序（比如在专门的晚宴或员工会议上颁奖等）。另外，还需要对该方案的实施效果进行周期性评估。类似地，企业要制定一项认可方案，需要确定认可标准（比如顾客服务、成本节约等），创建提交和审查提名人选的表格及程序，选择有意义的认可奖项，并且制定颁奖程序。

一些在线工具可以实现员工认可过程的自动化。员工利用这些工具认可彼此的贡献，例如通过同事表彰、现场奖励、电子贺卡和激励措施等。[36]例如，Globoforce.com 为捷蓝航空组织了一个"Lift"识别程序。员工会根据日常贡献和出色工作来提名他们的同事。[37]

14.2.5　运用员工参与项目

当员工以一种积极的方式参与到公司的相关事务中时，员工关系很容易得到改善。

企业可以运用多种方式鼓励员工参与。一些企业组织了焦点小组。焦点小组由一小群员工代表组成，企业会向他们提出一个特定的问题或议题，然后让他们在企业指定的指导者的主持下，表达自己对于该问题或议题的想法和态度。有些企业利用像社交照片分享网站 Pinterest 等这样一些社交媒体来鼓励员工参与。[38]一项调查发现，约有一半的企业使用社交媒体与员工沟通，并培养社区意识。[39]比如，Red Door Interactive 就运用了一个基于 Pinterest 的项目——圣迭戈办公室灵感——来鼓励员工为新办公室的室内设计与装饰贡献自己的想法。[40]

运用员工参与团队　长期以来，企业一直使用特殊团队来鼓励员工参与并提高生产率。**建议团队**（suggestion team）是一种临时性的团队，其成员主要从事一些特殊的分析性任务，比如如何降低成本或提高生产率。一家航空公司将自己的员工——比如行李员和地勤人员——分散到各个独立的团队之中，再通过公司网站将团队成员联系到一起来进行头脑风暴以及对各种想法进行投票。[41]有些企业任命临时**问题解决团队**（problem-solving team）负责识别和研究工作流程，并为工作方面的问题寻找解决方案。[42]**质量圈**（quality circle）是一种特殊类型的、正式的问题解决团队，通常由 6～12 名受过专门培训的员工组成，他们通过每周见面讨论问题的方式来解决对他们的工作领域产生影响的各种问题。[43]这种团队首先要接受问题分析技术（包括统计学基础）方面的培训。

自我管理或**自我指导工作团队**（self-managing/self-directed work team）是"由 8 名左右经过高度培训的员工组成的，他们全权负责一项完整工作中清晰定义的某个部分"。[44]例如，位于北卡罗来纳州达勒姆的通用电气公司的一家飞机引擎制造厂就是以自我管理团队为基础组织起来的。这家工厂中的工人都在团队中工作，并且这些团队全部向工厂经理直接汇报工作。[45]在这些团队中，员工"相互进行培训，制定和跟踪自己的预算，必要时提出资本投资方面的建议，负责改进每一个生产流程以及产品，并设计可能的新产品雏形"。几年前，通用电气扩大了在北卡罗来纳州的业务，开设了新的飞机制造厂。另外，通用电气与当地一所社区大学合作，为新员工进行初步培训。[46]

采用提案制度　大多数企业都明白，通过听取员工的建议可以实现显著的成本节约。例如，几年前一项针对 47 家公司的研究得出结论：受访公司在一年中通过采纳其员工建议方案节省了超过 6.24 亿美元的成本，企业从提交的 25 万条建议中选择采纳的数量超过93 000 条。[47] 下面的"改进绩效：作为利润中心的人力资源管理"专栏为我们呈现了这方面的一个例子。

改进绩效：作为利润中心的人力资源管理

具有成本效益的提案制度[48]

位于纽约州奥斯威戈市的洛克希德·马丁公司的一个业务单元开发了一套称为"成本效益提升"的提案制度，以鼓励和认可员工为简化工作流程付出的努力。根据这套"成本效益提升"方案，员工以电子形式提交他们的想法。然后，这些提交的想法会接受来自本地管理人员以及方案协调员（必要时还有更高级别的管理人员）的评估和批准。据报道，这套特定的方案使这个业务单元通过每条得到实施的建议节省了大约 77 000 美元，或者每年节省超过 1 亿美元的成本。

相比多年前的"意见箱"，如今的提案制度变得更加复杂。[49] 提案制度的主要进步在于管理人员使提案程序变得正式化，同时就其与员工进行沟通。在一家公司中负责设计和制定提案制度的一位负责人列出了一个有效的员工提案制度应当包含的如下几个基本要素[50]：

- 高层管理人员的支持；
- 提交建议的程序简单、便捷；
- 评估和实施建议的流程强大；
- 公布和沟通提案制度的方案有效；
- 有一个关注组织关键目标的方案。

人力资源管理与零工经济

员工关系和零工[51]

企业可以采取措施改善员工与零工的关系。

首先要明白，每个零工都是带着自己的需求来上班的。例如，一位研究人员采访了优步和 Lyft 的司机。他发现司机对减薪等事情的反应取决于他们为什么从事这项工作。有些人主要是为了社交和从全职工作中解脱出来。（一位心理医生对优步的减薪并没有太过失望，他很高兴能从每周 40 小时的咨询工作中解脱出来）。靠这份工作谋生的司机对减薪感到非常不安，这是可以理解的。

无论如何，这里有一些改善零工员工关系的建议：

- 不要把零工视为一次性的。即使工作时间很短，也要和工作人员沟通，了解他们，认可他们的贡献。
- 尽量让签约过程无摩擦。许多零工正在寻找灵活的兼职工作，他们想要的是工作而不是文书工作。

- 研究表明，大多数企业几乎没有把时间花在新入职的零工员工身上，这是一个错误。即使是一个简短的新入职流程也比没有要好，向他们简要介绍公司和/或项目，让他们觉得自己是公司的一部分。
- 在法律上明确他们是独立承包商是很重要的。然而，在可能的范围内，与零工员工分享公司新闻并寻求反馈。让他们参与公司内部的交流，并尽可能参与公司的社团和教育活动。

14.3　伦理道德

管理者每天都会面临很多伦理道德方面的问题。人们每天都面临道德选择。用公司的信用卡买东西是不对的吗？给客户 50 美元的礼物是不能接受的吗？做图 14-2 中的小测验，分析你的答案。

各种技术在工作场所中的普及已经引发了一系列新的道德问题，同时很多老问题仍然亟待解决。请给出你对下述各个问题的答案。

办公技术

1. 出于个人原因使用公司电子邮箱是错误的吗？　　是　　否
2. 利用办公设施来帮自己的孩子或配偶完成作业是错误的吗？　　是　　否
3. 工作期间利用办公设施玩电脑游戏是错误的吗？　　是　　否
4. 利用办公设施进行网上购物是错误的吗？　　是　　否
5. 把明明是自己犯的错误归咎于技术故障是不道德的吗？　　是　　否
6. 利用办公设施访问色情网站是不道德的吗？　　是　　否

礼物和娱乐

7. 当收到供应商或客户赠予的礼物价值达到多少时，这份礼物就会成为一个麻烦？

25 美元　　　　50 美元　　　　100 美元

8. 向上级赠送价值 50 美元的礼物是可以接受的吗？　　是　　否
9. 上级向你赠送价值 50 美元的礼物是可以接受的吗？　　是　　否
10. 收下供应商赠予的两张价值 200 美元的足球赛门票有问题吗？　　是　　否
11. 可以收下两张价值 120 美元的电影票吗？　　是　　否
12. 可以收下一份价值 100 美元的节日食品篮吗？　　是　　否
13. 可以收下一张价值 25 美元的礼品券吗？　　是　　否
14. 如果你在一次供应商举办的抽奖活动中抽中了一份价值 75 美元的奖品，你会接受吗？　　是　　否

真相与谎言

15. 你是否曾出于工作压力而滥用病假或以撒谎的方式请病假？　　是　　否
16. 你是否曾出于工作压力而将其他人的工作成果或想法据为己有？　　是　　否

图 14-2　《华尔街日报》工作场所道德小测试

资料来源：Ethics and Compliance Office Association, Waltham, MA and The Ethical Leadership Group, Global Compliance's Expert Advisors, Wilmette, IL. (printed in *The Wall Street Journal*, October 21, 1999, ppB1-B4).

几乎每一个阅读本书的人都会将自己视为一个有道德的人，所以我们需要首先回答这样一个问题："为什么要在一本讲授人力资源管理的教材中讨论道德方面的问题？"这里的原因有三个：第一，道德问题不仅仅是一个理论问题，相反，它是使经营活动得以顺利开展的润滑剂。那些承诺为员工加薪却没有兑现诺言的管理者，那些说"订单马上就会到"但事实上并没有拿到订单的销售人员，那些从供货商那里拿回扣的生产经理，都破坏了作为日常商业交易达成基础的信任，最终会对商业经营（或者至少是管理者）造成损害。

第二，很难想象一家不道德的公司拥有好的员工关系。

第三，许多伦理困境涉及人力资源管理。例如，一位人力资源经理描述了一家工厂的员工被告知"向空气中排放有毒气体"，这种气体可能会危害人们的生命。[52]一项调查发现，在 10 个最严重的职业道德问题中，有几个与人力资源管理相关，如工作场所安全、员工记录安全、员工盗窃、员工隐私权等。[53]

伦理道德（ethics）是指"规范个人或群体行为的若干准则"，具体来说，就是决定应该采取什么行为所参照的标准。[54]但是，伦理道德决策并不包括任何一种类型的行为。[55]决定买 iPad 通常并不牵涉伦理道德问题。伦理道德决策总是根植于道德之中。道德是指社会可接受的行为标准，它总是涉及一些关于对与错的基本问题，比如偷窃、谋杀以及如何对待他人等。

14.3.1　伦理道德和员工权利

遵守伦理、公平或道德对企业并不具有法制性。国家会制定法律并执行相应的法律。法律规定了哪些事情是企业能做的，哪些是它们不能做的。比如，有关雇用的法律。法律为员工确定了其应享有的权利。例如，如果员工确信企业由于种族原因对自己实施了歧视，《民权法案》第七章赋予了员工控告雇主的权利。《公平劳动标准法》赋予了员工获得最低工资和加班费的权利。归根结底，尽管伦理、公平和道德有助于规范企业对待员工的方式，但劳动法中规定的可强制执行的权利规范了企业和员工可以做什么。

14.3.2　对工作中的伦理道德行为产生影响的因素

人们为什么会做坏事呢？这个问题很复杂。不过，一项研究对 30 多年以来的伦理道德研究进行了回顾，最后得出的结论是：有三个方面的因素结合起来决定了我们作出的道德选择。[56]这份研究报告的作者将其论文命名为《坏苹果、坏事以及坏桶》。文章标题强调了他们的研究结论，这就是：

- 一个"坏苹果"（倾向于作出不道德决策的人）；
- 一件"坏事"（符合伦理道德的情境被用于作出不道德的选择）；
- 一个"坏桶"（容易孕育不道德选择的公司环境），在这种环境中人们倾向于作出不道德的行为。

现在让我们来进一步了解他们的研究发现。

个人（哪些人会成为"坏苹果"？）　首先，因为人们到企业中工作时已经有了关于是非对错的一些观念，所以一个人因道德选择而得到的赞扬（或者谴责）必须由个人来承担。

例如，一项调查试图考察首席执行官在套取竞争者的技术秘密以及贿赂外国官员方面的意愿（或不这么做的意愿）。从事这项研究的人得出的结论是，与环境压力和组织特征相比，个人意愿对于这种决策的影响更大。[57]最重要的是，人们的道德认知发展水平不同。那些原则性最强的人处于道德认知发展的最高水平，他们会再三思索自己的决策可能造成的影响，并将道德准则应用到决策过程中。[58]你如何评价自己的道德操守？图14-2展示了一个简短的自我评估调查。

道德情境（哪种道德情境下容易做"坏事"？） 对工作中的道德行为造成影响的不仅是个人方面的因素，还与当事人面临的道德决策的类型有关。可能会让人们感到惊讶的是，越小的道德难题越能促使人们作出糟糕的选择。这里的"小"是由什么决定的？一般而言，我们是根据一项道德选择对受害者造成的伤害程度，或者受到道德决策潜在影响的人数多少来加以判断的。在"不那么严重的"情境下，人们更有可能做错事，这意味着人们在小事上走了更多的道德捷径。问题是一件事导致另一件事，人们开始做小坏事，然后逐渐做大坏事。[59]

外部影响因素（哪种公司环境会成为"坏桶"？） 最后，该研究得出的结论是，有些公司总是会比另外一些公司产生更多的有害公司环境（"外部因素"或"桶"），公司环境会影响每一位员工的道德选择。[60]例如，那些倡导"人人为自己"的文化的公司更有可能"受到不道德选择之苦"。那种鼓励员工考虑大家的利益的公司则会作出更加符合伦理道德的选择。另外，如果一家公司的管理者"清晰地传递了可接受的和不可接受的行为并将强道德性文化落实到位的话，该公司就更不可能与工作场所中的不道德决策联系在一起"。[61]

14.3.3 管理者如何创建道德环境

我们可以将这些发现转化为管理者可以采取的具体步骤，以创建更道德的环境。

减轻与工作相关的压力 如果人们在工作中出于个人利益而作出不道德的事情，那么可能是可以理解的（虽然不可饶恕）。但令人担忧的是，人们通常是出于工作压力而非个人利益作出不道德的选择。正如一位公司高层管理人员在受到审判时所说的："我采取这些行动时明明知道它们是错的，但鬼使神差地认为我这么做是为了确保公司渡过我认为属于暂时性的财务难关。"[62]

一项研究对此进行了阐释。该研究要求员工列出他们在工作中采取不道德行为的理由。[63]对接受这一调查的大多数员工来说，"面临工期压力""面临过于激进的财务目标或经营目标"以及"帮助公司生存下来"成为三个最主要的原因。"为了本人的事业发展或经济利益"排在最末位。[64]无论是在哪一种情况下，要阻止道德滑坡，非常关键的一点就是要减少此类外部压力的存在。

明确什么可以、什么不可以[65] 如果你的公司有道德规范，明确表示你会认真对待；如果没有道德准则，用你自己的行动和言语来表明什么是可以接受的，什么是不可以接受的。

模仿期望的行为（言行一致） 员工甚至连上级传递过来的微妙压力都很难抵挡，更别说来自上级的强迫了。例如，一份报告表明，"当员工说他们的直接上级表现出合乎道德的行为时，工作场所中的不良行为发生的频率会大大减小"。[66]下面是一些直接上级如何有意（或无意）让下属误入歧途的例子：

- 告诉自己的员工，他们可以做任何有助于达成结果的事情。
- 在不道德行为发生时，从其他角度看待这个问题。
- 把别人的工作成果据为己有或者把责任推给他人。[67]

换句话说，管理者必须言出必行，不能只在口头上讲道德，而是要有道德的行为。一些公司会要求员工做一项快速的道德测试，以评估他们将来会做的事情是否符合公司的行为准则。例如，雷神公司（Raytheon Co.）要求员工在遇到道德困境时，问自己这样一些问题：

- 这样做合法吗？
- 这样做正确吗？
- 这个决定会影响到谁？
- 这样做符合雷神公司的价值观吗？
- 这种做法在事后会让人感觉如何？
- 如果这件事在报纸上报道出来，人们会怎么看？
- 这种做法会对公司产生负面影响吗？[68]

强化想要的行为而不是不想要的行为[69]　人们倾向于做那些他们得到正强化的事情，并逐渐停止做那些没有得到强化的事情。不要无意中强化不道德的行为（也不要惩罚道德行为）。

认真对待　当学生们抱怨骨科医学院一名行政人员的不当行为时，大学管理人员（包括一名律师）在他的档案中放了一封信，使他同意作出改变。据说他们本应采取更有力的行动。这里的寓意是，积极调查与道德相关的指控，并确保自己纠正了问题。

14.3.4　人力资源经理如何创建更道德的环境

人力资源经理可以采取一些措施来创建道德环境。

制定道德规范　雇主使用道德政策和准则来表明他们的公司对道德问题的重视。例如，IBM 的道德规范中有部分规定：

> 你或你的任何家庭成员不得以业务往来直接或通过其他人向任何人索取或接受金钱、礼物或任何方便。如果你或你的家人收到了一份礼物（包括钱），即使这份礼物是对方主动给的，你也必须通知你的经理并采取适当的措施，其中可能包括归还或处理掉你收到的礼物。[70]

强制执行　制定了规则却不执行是不会起到任何作用的。正如一项关于伦理道德问题的研究指出的："由管理人员作出强有力的说明可能会降低员工违反法律或道德的风险，但对标准的强制实施产生的影响最大。"[71]道德审计通常处理的则是利益冲突、送礼及收礼、员工歧视、获取公司信息等方面的问题。[72]一项研究发现，诸如热线电话、突击审计、员工欺诈培训和强制休假等控制措施都能将内部盗窃行为减少约 50%。[73]因此，包括洛克希德·马丁公司在内的大多数企业都会任命一位首席道德官。[74]

鼓励揭发者　有些公司鼓励员工在发现欺骗行为时，利用热线电话或其他方式向公司检举揭发。美国的几项法律，包括《多德-弗兰克法案》（Dodd-Frank）、《虚假申报法》

(False Claims Act)、《美国金融机构改革、恢复和执行法案》（U. S. Financial Institutions Reform，Recovery，and Enforcement Act）以及《联邦量刑指南》，都涉及举报问题。[75] 根据美国证券交易委员会的举报人计划，奖励对象并不局限于公司职员。咨询公司、独立承包商、供应商，有时还有审计和合规人员也有资格举报。[76]

建立道德文化[77]几年前，优步曾面临多起骚扰指控，部分原因是该公司不受约束的文化。[78]**组织文化**（organizational culture）的定义为"一家公司的员工共享的、有本组织特色的价值观、传统和行为方式"。价值观是一种关于什么是对、什么是错，以及什么应当做、什么不应当做的基本信仰。（"诚信第一"就是一种价值观。）价值观非常重要，因为它会引导并规范行为。因此，对员工的管理和行为塑造有赖于塑造他们作为自己的行为指南的价值观。例如，如果管理人员确实信奉"诚信第一"，那么他们所遵循的书面规则以及他们所做的事情就应该反映这种价值观。因此，管理人员必须仔细思考应当如何向他们的员工发出正确的信号。下面是一些指导原则：

● 选择能反映你想要实现的文化的人作为领导者。[79]

● 阐明期望。首先，明确你在那些你认为非常关键的价值观方面的期望。例如，IBM 就清楚地陈述了它对伦理道德持有的严肃认真态度。

● 运用信号和象征。"象征"——管理者的实际行为以及由此向员工传递的信号——是形成和维持公司文化的最重要因素。管理人员必须言出必行。他们不能一边说"不要捏造财务数据"，一边自己却那样做。

● 提供物质支持。对管理者倡导的价值观进行物质上的强化，例如，奖金、绩效评价标准以及惩戒程序等，会在员工应当做什么以及不应当做什么方面传递强烈的信号。公司会对道德行为进行奖励还是惩罚呢？[80]

● 频繁互动。经常与员工互动，并向他们解释重要的价值观。[81]

下面的专栏阐明了小企业的伦理管理。

改进绩效：直线经理和小企业家的人力资源管理工具

小企业的伦理道德问题

当人们考虑公司的不道德行为时，首先想到的往往是大公司，因为关于它们的新闻总是出现在报纸头条。但研究表明，中小企业也很容易发生与大公司一样的不道德行为。

例如，一项针对 20 家中小企业的研究发现，贿赂、腐败、向当地黑帮交"保护费"以及一贯的不诚实等情况，在许多小公司中都是"经营常态"。[82]有时，它们在自己的腐败行为方面是很精明的。一家美国公司在国外从事经营时，就试图通过与当地一家公司形成"战略同盟"来保持自己的清白的同时由后者进行各种肮脏的交易，比如向当地官员行贿等，这家美国公司的管理者假装不知道。

规模较小的公司尤其需要警惕不道德的行为。首先，小企业没有与大公司一样充足的资源来设立道德官、道德热线或向员工提供道德培训等。其次，如果一名不道德的会计从一家资产 10 亿美元的公司中挪用 1 000 万美元，那么这不过是一件让人觉得很烦心的事，但如果一家资产 1 000 万美元的公司被自己的销售经理拿走了 100 万美元现金，这家公司可能就破产了。

小企业主可以采取一些措施来制定一套有用的道德方案。第一，将公司当前所有与道德相关的活动都审视一遍。[83]即使只是一次根据本章提及的那些指导原则（制定道德规范、进行道德培训、监控道德行为的内部控制等）进行的自我审计也是值得去做的。第二，建立一套行为规范（到谷歌网站上搜索一下"行为规范"，你会找到几千个相关例子），并让公司上上下下清楚地知道你是认真对待这些规范的。第三，培训员工。培训并不一定要很复杂。例如，一位专家建议，可以让你的管理人员设计与公司业务相关的情境，阐明哪些行为是道德的，哪些行为是不道德的，然后让管理人员开会讨论这些情境。第四，开通从员工那里获得反馈的畅通渠道，这样他们才能更容易地向你报告那些可疑的不道德行为。（开门政策和匿名意见箱都是这方面的例子。）第五，可能也是最重要的一点，做到言出必行。在一家小企业中，企业主或首席执行官是非常引人注目的，员工收到的道德信号正是来自他们。

招聘权利 从道德方面来说，对一个组织进行调整的最简单办法就是雇用更符合伦理道德要求的人。从招聘广告开始，突出公司对道德规范的承诺。然后，管理者应认真筛选求职者。诚信测试是"一种特定的人格测试，旨在评估求职者的诚实、值得信赖、可靠的倾向。"[84]可以问他们这样一些问题："你看到过有人在工作过程中违反规定吗？你当时是怎么做的？"[85]全面调查求职者的背景。

另外，要公平地对待每一位求职者。"如果未来的员工感觉公司的雇用过程没有做到公平地对待他们，他们可能就会作出'道德行为在这家公司中并不重要'的假设。"[86]具体应该怎么做呢？可以参考以下几点：

- 求职者倾向于认为正式程序（如面试）是公平的，因为它测试了与工作有关的标准，并提供了一个展示能力的机会。
- 求职者希望受到尊重。公平的人际交往表现为问题是否得体、面试官是否礼貌以及双方沟通的程度。
- 求职者认为，只要雇主能就应聘者的表现提供有用的反馈，选拔制度就是公平的。[87]

使用道德培训 道德培训应该是强制性的。从 1991 年开始，美国联邦政府的审判指南会对那些被指控存在不道德行为，但是实施了道德行为准则和道德培训的公司减轻处罚的力度。[88]《萨班斯–奥克斯利法案》进一步强调了道德培训的重要性。

道德培训通常包括向员工说明如何识别道德困境，如何运用道德框架（例如道德行为准则）来解决问题，以及如何以符合伦理道德的方式来开展各种人力资源活动（例如面试和员工惩戒）。[89]培训应当强调这些道德选择背后隐含的道德基础，以及公司对诚信以及道德的高度承诺。此外，高层管理人员的参与也会强化这些承诺。[90]

洛克希德·马丁公司每年举办的"为价值观发声"的伦理教育就是一个例子。[91]洛克希德·马丁公司的首席执行官玛丽莲·休森（Marillyn Hewson）是第一个培训直属员工的人。然后培训的直属员工反过来训练他们的下属。该程序首先审查洛克希德·马丁公司的企业行为准则。然后培训员工识别并应对道德滑坡的情况。为了实现这一目标，受训者将观看伦理室制作的伦理案例视频，然后他们讨论案例以及如何应对。

使用奖励和规则 员工希望雇主惩罚不道德的行为，奖励符合道德的行为（包括高管，而不仅仅是下属）。[92]行为准则一般描述了员工在道德层面应该做什么，不应该做什么。[93]雇主经常把行为准则写在员工手册里。[94]例如，一所大学列出了从正式的书面警告通知到开除违反道德或作出不雅行为的学生的处罚。[95]

员工隐私政策 随着脸书和其他公司不断收集用户的个人信息，隐私似乎已经过时了。正如一位网络安全专家所说的："监控是互联网的商业模式。"[96]

虽然一些在线用户愿意分享个人信息作为自由保持联系的代价，但在工作中隐私仍然很重要。[97]法院认定的属于侵犯员工个人隐私的四种主要类型包括：非法入侵（例如对更衣室和浴室进行监视）、公开员工私人事务、披露员工医疗记录以及将员工的姓名和肖像用于商业用途。[98]在实践中，背景调查、对员工下班后的行为和生活方式进行监控、药物测试、工作场所搜查以及对员工在工作场所中的活动进行监控等，是引发隐私诉讼最多的原因。[99]一些活动具有合法的商业目的，然而，当错误的背景信息导致不公正的对待时，它们可能被滥用。[100]因此，许多雇主在它们的道德项目中设置了隐私政策。例如，Ceridian 的隐私政策网站始于"Ceridian 致力于保护我们的员工、客户及其员工的隐私"。[101]

企业需要了解的雇用法律

电子监控

针对上述问题，企业能够做些什么呢？在美国，对工作场所的监控有两个方面的法律限制：一是《电子通信保密法》（Electronic Communications Privacy Act，ECPA）；二是防止侵犯隐私权的一些普通法。《电子通信保密法》是一部联邦法律，旨在限制对于口头和有线通信所进行的拦截和监控。它包括两种例外情况：一是"出于商业目的的例外情况"，它允许企业在能够证明这样做有合法的商业理由时，对员工的通信情况进行监控；二是"许可例外"，它允许企业在征得员工同意的情况下对员工的通信情况进行监控。[102]

在几年前的一项调查中，在员工人数超过 2 万人的企业中，41%的企业都有专门的人员来审阅员工的电子邮件。[103]96%的企业阻止员工访问互联网上的成人网站；61%的企业阻止员工访问游戏网站。[104]（一家法院裁定，一名员工在工作时使用公司电脑传播色情内容，企业应对此承担相应的责任。）[105]有些企业会检查员工的个人博客或脸书网站，看其是否发布了与工作相关的事情。[106]

电子监听是合法的，或者说至少在一定程度上是合法的。美国联邦法律以及大多数州的法律都允许企业在日常商务过程中监听员工的电话，但是，一旦发现员工的谈话明显属于私人性质而非商务性质的，企业就必须停止监听。此外，企业也可以监控自己的电子邮件系统，因为毕竟那是它们自己的财产。很多员工可能认为他们利用公司的电子邮件系统进行的通信可以接受企业公开审查的，但如果是他们用自己的私人电子邮箱账号（比如Gmail）通过企业的网络系统发送的邮件，企业则无权查看。然而，事实并不一定如此。

为安全起见，企业应当提醒员工，本企业的电子邮件系统应当仅仅用于商务目的。企业还应当让员工签署一份如图 14-3 所示的电子邮件及电话监控认可书。

我知道 XYZ 公司会定期利用公司的电子邮件系统监控员工撰写、发送以及收到的电子邮件。因此，我知道我的电子邮件可能会被除收件人之外的其他人阅读。我也了解，XYZ 公司会定期监听我在工作期间的通话，例如，出于提高顾客服务质量的目的。

本人＿＿＿＿＿＿＿＿＿＿＿＿＿＿　　签字日期＿＿＿＿＿＿＿＿＿＿＿＿＿＿＿＿＿

打印姓名＿＿＿＿＿＿＿＿＿＿＿＿　　部门＿＿＿＿＿＿＿＿＿＿＿＿＿＿＿＿＿＿＿

图 14-3　电子邮件及电话监控认可书示例

这种监控当然会引发隐私问题，但企业对员工进行监控确实可能会提高利润。例如，很多企业都会利用软件对自己的员工在网上的言行进行日常监控（通常是秘密进行的）。当一家公司发现自己的员工提出越来越多的获得加班费的要求时，它安装了一种新型软件，结果发现很多员工每天都要花好几个小时的时间到网上购物而不是在工作。计算机监控通常需要将软件直接加载到设备上，然后它会保存击键、屏幕截图和个人访问的网站链接的日志。[107]

律师应该审查公司的电子邮件政策。至少要明确，员工在使用电子邮件和上网时不应该有任何隐私。[108]还要强调，所有在雇主电子邮件系统中发送和接收的信息都是公司财产，不保密。[109]员工监控的最佳实践包括：不要针对受法律保护的群体或监控非工作区域，在监控员工的方式上要保持一致，在安装监控系统之前要听取律师的意见。[110]

如果对工作场所进行录像监控，则需要更加注意。企业对办公场所中的员工进行持续视频监控的做法并不会引起什么问题。但是，最近，一家位于波士顿的企业因为在员工更衣室中偷偷拍摄录像而被起诉到法院，结果法院判决该公司向 5 位员工支付 20 多万美元的赔偿金。[111]

由于网络以及智能设备的普及，侵犯工作场所隐私正在成为一个越来越严重的问题。例如，一个 U 盘可以携带大量的公司数据，越来越多心怀不满的员工正在利用公司的云服务入侵和破坏公司的计算机系统。[112]

监控不局限于工作场所和电话。一家医院使用生物识别扫描仪确保早上打卡签到的员工确实是其本人。虹膜扫描可以算得上是最精确的设备了，包括美国宇航局在内的一些组织运用这种技术来监控员工对信息系统的使用权。有一家餐馆监视服务员所做的几乎每一件事，例如，跟踪他们处理的每一张票、每一道菜和每一杯饮料。[113]（这使得追踪员工偷窃行为变得更容易，也有助于识别有责任心的服务员。）为了提高生产率，英国百货连锁店 Tesco 让一些配送中心的员工戴上臂章监控器来跟踪这些员工上传和扫描商品的速度。[114]

➡ 14.4　员工惩戒管理

惩戒的目的是让员工遵守公司的各项规章制度。当员工违反了某项规则时，惩戒就是必要的。[115]

出于下列原因，适当的惩戒程序是很重要的。一方面，积极的员工关系需要信任，很少有人力资源管理实践能像不公平的纪律惩戒过程那样削弱信任。另一方面，法律问题很重要。一项针对 45 个已公布的仲裁裁决的调查显示，在这些裁决中，员工迟到行为会引发纪律处分和/或解雇。当仲裁员推翻雇主的决定时，通常是由于不适当的惩戒程序，例如，雇主没有澄清什么是拖延。不公平的惩戒程序会产生事与愿违的效果，例如，它可能引发报复性的员工不当行为。

14.4.1 员工惩戒的三大支柱

惩罚员工通常是不可避免的，但任何这样的纪律都应该基于公平的需要。企业管理者可以在三大支柱的基础上建立起公平的惩戒程序：规章制度、渐进式惩戒以及申诉程序。[116]

规章制度 一套有关惩戒的清楚无误的规章制度是第一大支柱。规章制度主要用于解决员工偷窃、破坏公司财产、工作时间饮酒以及不服从上级命令等问题。违反规章制度的例子包括：

- 工作绩效不佳。每位员工都应当正确有效地完成自己的工作任务。
- 工作中不得饮酒或吸食毒品。无论是在上班时间还是在上班的路上饮酒或者吸食毒品，都是被禁止的。

规章制度的作用是提前告知员工，让他们知道什么样的行为是可以接受的，什么样的行为是不可以接受的。在雇用新员工的时候就应当并且最好是以书面的形式告诉他们，哪些行为是公司禁止的。员工手册通常会包括公司的各项规章制度。

渐进式惩戒 渐进式惩戒是有效惩戒的第二大支柱。惩戒程度主要取决于违规行为的类型及发生的次数。举例来说，大多数公司都会对首次出现的无故迟到提出警告，若无故迟到的次数达到 4 次，则解雇是通常会采用的惩戒措施。

申诉程序 除了制定规章制度和采取渐进式惩戒手段，惩戒程序的第三大支柱是申诉程序。制定申诉程序的目的是确保各级主管人员公平地实施惩戒。联邦快递公司设计了一个多步骤的申诉程序来阐明这一点。

申诉程序是必要的，但不是万能的。通常情况下，雇主可以在申诉中发现不公平的问题，从而减小其影响。然而，有些监管行为难免会造成消极影响。例如，那些对员工个人或社会身份造成伤害的行为是难以补救的。[117] 记住，当惩罚的动机是出于报复时，惩罚是特别令人反感的。[118]

多元化盘点

对惩戒过程中的男性和女性的对比

20 年前的一项著名研究得出结论：当一位女性没有按照男性以及其他女性认为她应当表现的那种方式来行事时，那么与犯同样错误的男性相比，无论是男性还是其他女性，通常都会对此作出过度的反应，对这位女性进行更为严厉的惩罚。[119]

在这项调查中，360 名商学院在读本科生和研究生共同审查了一起劳动争议仲裁案件。这个案件涉及一男一女两名员工，两个人在各自企业中的工作记录相似，任职年限也差不多。两个人都因为违反了公司关于酒精和药物滥用方面的规定而遭到解雇。这些学生需要通过两种不同的方法（强硬的或不强硬的）来达成一致，以解决这起由解雇引发的争议。

在这项研究中，研究者发现，男生和女生都对这位女性员工持有偏见。针对这起案件中的女员工，这些男生和女生都提出了给予更为严厉的处罚建议。正如研究人员所得出的结论："作为决策者的女性似乎与男性一样，倾向于对女性施加比对男性更为严厉的惩罚。"

14.4.2　如何惩戒一名员工

即使你是一位在《财富》500 强公司工作的管理人员，在考虑惩戒或指控一名违反公司规则的员工时，你也可能会发现公司并没有为你提供任何可供参考的指南。一个错误的决定就有可能触发一起代价高昂的申诉，甚至是诉讼。在这样的情形下，你可以使用的公平惩戒指南包括[120]：

- 确保有证据支持你对员工错误行为的惩戒。
- 对员工的不端行为可能导致的后果向其提出过充分警告。你应该让员工签署一份如图 14-4 所示的表格。
- 说明员工违反的那些规定与工作环境的有效和安全运行"存在合理联系"。
- 在实施惩戒之前，对事件进行公正且充分的调查。
- 调查行动应当能够得到员工存在大量不当行为的证据。
- 公正无私地运用规则、命令和惩戒措施。
- 《美国宪法》明确规定，"未经正当法律程序，任何人不得被剥夺生命、自由或财产"。[121] 最基本的是，正当程序意味着对任何被指控或被怀疑的人都应该通过公平的程序来审查他或她的案件。例如，这个人有机会为自己辩护吗？有申诉程序吗？
- 赋予员工寻求咨询的权利。例如，一般来说，所有的工会成员都有权带一名代表参加他们认为可能会使自己受到惩戒的面谈。
- 不要伤害员工的自尊，例如在公共场合惩戒员工。
- 聆听员工的倾诉。

顶点电信公司
惩戒行动及警告报告

员工姓名_____

员工所在部门_____

不端行为发生日期_____　填表日期_____

对事件及不端行为的描述（包括证人，如果有的话）_____

事件证人_____

如果该不端行为违反了顶点电信公司（Apex Telecommunications Corporation）的政策或规则，请陈述被违反的政策或规则_____

员工对不端行为的解释（如果有的话）_____

采取的惩戒行动（如果有的话）_____

员工今天受到的警告是：如果此类不端行为在接下来的_____周内的任何时间再次发生，则他将会受到如下惩戒：_____

员工直接上级签名_____　员工签名_____

图 14-4　员工惩戒报告

● 一定要记住，提供证据的责任在你。在美国社会，一个人在被证明有罪之前都被认为是清白无辜的。

● 基于事实。不要根据道听途说的证据或你的总体印象作出决定。

● 不要在发怒时做决定。

14.4.3 无惩罚措施的惩戒

传统的惩戒有两个潜在的缺点：一是没有人喜欢受到惩戒；二是惩戒往往只能让员工短期服从，而不是企业通常想达到的那种长期合作。

采用无惩罚措施的惩戒（或者称为非惩罚性惩戒）的目的就是避免上面这两个缺点。这种做法一方面能够使员工接受规章制度；另一方面减少了惩戒本身的惩罚性质。下面就是其基本做法[122]：

1. 对首次违规给予口头警告。

2. 如果在6周内重犯，则发出正式书面警告并将副本放入员工个人档案。此外，与员工进行第二次私下讨论，同样不带有任何威胁的成分。

3. 提供一天的带薪"决策假"。如果在6周左右的时间内重犯，则为员工提供一天的带薪"决策假"，让员工待在家里好好思考一下，他是否觉得这份工作不适合自己，以及他是否想遵守公司的规章制度。在员工回到工作岗位之后，与其会面，让员工告诉你他是否决定遵守公司的规章制度。

4. 如果在接下来的一年中没有再犯，则可从员工个人档案中撤出曾经的带薪停职记录，但如果不当行为再次发生，那么通常来说，下一步要做的就是解雇。

在某些特殊情况下，这种无惩罚措施的惩戒程序并不适用。比如，如果员工有犯罪行为或者在工作场所打架斗殴，则可能应当立即予以解雇。

14.5 写给管理者的员工敬业度指南

14.5.1 公司如何成为最佳雇主

在本章的开头，我们提到了一些公司比其他公司更适合工作，因此我们将重点放在管理者如何采取措施培养积极的员工关系，这些积极的员工关系有助于打造一个最佳的工作场所。最后一节重点介绍在某种程度上被认为最适合工作的三家公司。

14.5.2 最佳雇主

每年都有一些机构发布"最佳雇主"排行榜，其中最引人注目的可能就是《财富》杂志颁布的"最佳雇主百强"榜单。[123]另外，最佳工作场所研究所（Great Place to Work Institute）也会基于公司员工的实际工作感受，找出全球范围内最适合工作的公司。该研究所对优秀工作场所的定义是，在这个工作场所内，员工信任他们的老板，对自己的工作感到自豪，并且喜欢和他们一起工作的人。[124]同时，该研究基于专有理论模型框架总结出

"这些公司拥有最高水平的信任度和员工敬业度"。[125]我们来看一下《财富》杂志最近评选出的"最佳雇主百强"中的三家公司——赛仕软件公司（SAS）、谷歌、联邦快递。[126]

14.5.3　SAS：良好的福利、信任和工作-生活的平衡

赛仕软件公司（SAS）的总部位于北卡罗来纳州的凯里市，是为包括《财富》全球 500 强企业中的 90 家公司在内的企业提供商业分析软件和服务的领导者。[127]该公司成立于 20 世纪 70 年代，是一家私营企业，一直以高质量的福利以及为员工提供工作和生活平衡的支持而闻名。该企业年收入超过 23 亿美元，在全球拥有超过 1.3 万名员工，其中大约一半员工在公司的北卡罗来纳州园区。

当人们提到 SAS 的员工关系时，首先想到的可能是它的员工福利，这些福利非同一般。用该企业首席执行官的话来说，SAS 的福利制度为员工消除了不必要的干扰和压力，使员工更加快乐和健康。[128]它们包括每年 3~4 周的公司带薪假期/病假、弹性工作时间、有竞争力的薪酬、公司支付的人寿保险和意外死亡保险、退休计划、健身中心、员工援助计划、同居伴侣福利以及凯里市的托管中心。[129]

从更广泛的意义上说，这种福利是 SAS 处理员工关系的一种方法。尽管许多雇主都说要把员工放在首位，但 SAS 选择把钱花在刀刃上。例如，2008 年末，随着经济衰退，大多数企业都在裁员，SAS 的创始人兼首席执行官吉姆·古德奈特（Jim Goodnight）博士却举行了特别的全球网络广播，向全球 13 万名员工宣布："公司不会解雇任何一名员工。"[130]据报道，该公司在经济危机时期没有解雇任何一名员工。[131]SAS 在其他方面不遗余力地培养信任，比如让员工在工作时间上有充分的自由，还让最佳工作场所协会（Great Place to Work Institute）调查员工信任的重要特征，包括开放的沟通、尊重和职业发展路径。[132]

这一切对 SAS 有什么作用呢？正如一名老员工所说："我简直无法想象自己离开 SAS 的场景，并且在很长一段时间内都是这种感觉……即使有人给我双倍的薪水，我也不会离开 SAS。"[133]一般而言，软件公司的员工流动率约为 20%，而 SAS 的流动率仅为 3%，这彰显了其福利计划的另一个重要作用。[134]一位专家估计，SAS 每年单是营业额就能节省 6 000 万~8 000 万美元。另一个例子是，为员工提供企业内部卫生专业人员（如 SAS 所做的），可以有效减少员工脱离工作的时间。[135]当然，该计划对员工敬业度、士气和生产率的影响更是无价的。

14.5.4　谷歌：幸福感和人员分析

当谷歌的创始人拉里·佩奇（Larry Page）和谢尔盖·布林（Sergey Brin）创建谷歌时，他们就想打造一个很棒的工作场所，于是他们决定学习 SAS。为此，他们会见了 SAS 的高管，并派了一个团队现场了解 SAS 一直成为"最佳雇主"的原因。[136]

因此，谷歌是少数几家员工福利与 SAS 持平甚至更多的公司之一，也就不足为奇了。除了医疗保健福利和灵活的工作时间外（以及通过股票期权获得数百万美元收入的可能性），它的福利还包括干洗店、保龄球馆、咖啡馆、往返园区的交通工具和午睡舱。[137]正如谷歌所倡导的那样："这一切都是为了消除工作内部与工作之外的障碍，让谷歌人可以

专注于他们喜欢的事情。我们一直在寻找独特的方法来改善谷歌员工的健康和幸福。"[138]

除了福利之外，谷歌的特别之处还在于它运用科学方法改善谷歌员工的健康和幸福。在谷歌，保持积极的员工关系需要较强的数据分析能力（一位作家将谷歌称为"幸福机器"）。[139]谷歌称其人力资源部门为人力运营部门（员工称其为POPS）。它聘请了社会科学家来创建他们所谓的"人力/创新实验室"，设置专门的谷歌人员分析团队研究如何让谷歌员工开心。[140]谷歌对员工福利的重视程度，对于那些在芒廷维尤（谷歌总部，位于加利福尼亚州）以外工作的人来说，可能会感到吃惊。[141]比如，社会科学家进行了一些实验，以确定成功的中层管理人员是否具备某些技能，以及提醒人们向401（k）计划缴费的最佳方式是什么。[142]再如，当分析团队发现女性员工流失率过高时，他们结合公司调查数据得出的结论是，新妈妈的离职率是平均离职率的两倍。[143]基于此，公司重新设计了包括5个月全薪和全福利在内的产假计划。新的产假计划将谷歌女性员工的流动率降低了一半。[144]为了支持其分析方法，谷歌从员工希望得到补偿的方式，到在广阔的总部园区使用的新自行车的设计等方面广泛征求员工的意见。[145]因此，谷歌人感到快乐也就不足为奇了。

14.5.5 联邦快递：保证公平待遇

在过去的15年内，联邦快递有12年被美国《财富》杂志评选为"最佳雇主百强"。其原因可以归纳为：优厚的员工福利、有竞争力的薪酬，以及（如我们在第5章所讨论的）注重内部提拔。另外，联邦快递最特别的一点在于它强调通过沟通建立信任。

调查反馈行为（SFA） 联邦快递的调查反馈行为（SFA）项目就是一个例子。SFA包括一项匿名调查，允许员工表达他们对公司、经理以及在某种程度上对服务、薪酬和福利的感受。然后，每个经理借此帮助设计一个改善员工参与和组织承诺的蓝图。[146]

调查反馈行动项目分为三个阶段。第一阶段是每年将一份标准的、匿名的问卷发放给各位员工，旨在收集员工在工作环境中获得帮助和受到阻碍的信息。例如："我可以告诉经理我的想法"以及"我的经理告诉我他的期望"。调查结果被汇编并匿名发送给经理。

第二阶段是经理和工作组之间的反馈会议。会议的目的是明确具体问题，分析出现这些问题的原因，并制订行动计划来解决这些问题。

第三阶段是召开反馈会议，即行动计划阶段。该阶段最终形成一份行动清单，经理将采取这些行动来解决员工的问题并改善结果。包括：关注的问题什么？是如何分析的？原因是什么？以及应该做什么？

联邦快递的公平待遇保障程序 GFTP在很多方面都超越了一般的申诉程序，最引人注目的是，联邦快递的最高管理层可能会被起诉。此举带来的结果是双重的：员工抱怨不会进一步恶化，管理者在作出不公平的行为前也会三思。[147]GFTP适用于联邦快递的所有永久员工。它涉及诸如有争议的业绩评价、纪律处分和解雇等问题。[148]

员工使用从人力资源部门获得的"公平待遇保障程序"数据包来进行GFTP投诉。该数据包包括一份列有投诉人姓名和工作经历的情况说明书；追踪投诉的每一个步骤的GFTP追踪表；管理原理（例如，适用的政策和程序）；一份来自人力资源部的报告；为关键文件预留空间；为证人证词等备份信息预留的空间。在提交GFTP申诉之前，员工必须先尝试与他/她的主管解决问题。

GFTP 包括三个步骤。[149]第一步，管理评审，申诉人在符合条件的问题发生后的 7 个工作日内向一名经理、高级经理或董事总经理提交书面申诉，第二步，由经理、高级经理、总经理审核所有相关信息，与申诉人举行电话会议，作出决定，支持、修改或推翻管理行动，并将他们的决定以书面形式告知申诉人。

如果在第一步中被拒绝，申诉人将在第一步决定作出后的 7 个工作日内向该部门的一位官员（副总裁或高级副总裁）提交书面申诉。

最后（如有必要），在第三步行政上诉复核中，申诉人在第二步决定作出后的 7 个工作日内向员工关系部门提交书面申诉。该部门负责调查和准备一份 GFTP 案件档案，供上诉委员会进行行政复核。由首席执行官、首席运营官、首席人事官和高级副总裁组成的上诉委员会审查所有相关信息，并作出决定，维持、推翻原决定或发起上诉，或采取其他适当行动，上诉委员会拥有最终决定权。

14.5.6　"最佳雇主"的人力资源理念

SAS、谷歌、联邦快递等公司与其他公司不同，因此不能保证适合它们的策略也适用于其他公司。例如，SAS 是私人企业。因此，与大多数上市公司相比，它的所有者可以更容易接受利润的短期波动，且公司说不会裁员。谷歌通过一系列战略举措实现了快速增长，当经济下滑时，其管理者更多地关注如何留住优秀员工而不是进行裁员。最近，一直被评为"最佳雇主"的联邦快递遇到了一些劳资问题。

任何想要建立积极员工关系的管理者都可以从这三家公司中学到一些东西。例如，它们的管理人员努力培养信任，并通过监督员工的态度、制定开门政策和保证公平待遇的申诉程序来确保员工得到公平对待。在许多方面（比如它们的认可项目、参与项目、道德标准、福利、组织氛围调查和其他双向沟通项目），它们都表现出对员工的尊重，并始终"把员工放在第一位"。

一个管理者能从这三家公司学到的最重要的东西可能是关于建立人力资源管理实践的人力资源管理哲学。在第 1 章中，我们说过，人的行为总是部分地基于他们作出的基本假设，特别是在人力资源管理方面。对人性的基本假设——员工值得信任吗？员工不喜欢工作吗？员工为什么要这么做？应该如何对待员工？——构成了人力资源管理哲学。你作出的每一个人事决定——雇用员工、提供培训、领导风格，以及诸如此类的事情，都反映了这一哲学（或好或坏）。

塑造组织管理哲学的因素之一就是组织的高层管理人员。可能会通过语言说出来，也可能不会说出来，主要是通过他们的行动来体现的，并且渗透到各个层面和部门。谷歌的创始人希望员工快乐，从谷歌成立以来，谷歌就一直在努力确保员工快乐。联邦快递的创始人兼首席执行官弗雷德里克·史密斯（Frederick Smith）以他的 P-S-P 箴言（还有很多其他的东西）而闻名，即当你善待你的员工时，他们就会提供良好的服务，利润也会随之而来。[150]同样，SAS 的创始人兼首席执行官表示："为了建立员工和公司之间信任的企业文化，我们付出了巨大的努力……一种鼓励创新、鼓励员工尝试新事物而不惩罚冒险的文化，一种关心员工个人和职业发展的文化。"[151]这样的人力资源管理哲学是成就伟大公司的关键因素之一。

本章内容概要

1. 员工关系是指为建立和维持积极的员工和企业间关系而开展的各种活动，其目的是达成令人满意的生产率、激励员工、提高员工士气和维持纪律，同时创建一种积极的、富有成效的、有凝聚力的工作环境。

2. 经理和人力资源管理人员使用程序来发展积极的员工关系。不公平的待遇会降低士气，增加压力，对员工产生负面影响，应该消除这种不公。管理者还利用沟通项目、认可项目和员工参与项目来建立积极的员工关系。

3. 道德是指对一个人或一个群体的行为具有指导作用的各项原则。特别是你用来决定自身行为的标准。许多因素塑造了工作中的道德行为。包括个人因素、组织因素、领导力、道德政策和规范、组织文化。人力资源管理也可以影响道德行为。类似地，实施道德培训，进行公平、公正的绩效评价，奖励符合道德的行为，以及对员工一视同仁等，都有助于提高道德水平和增进员工对公平的感知。

4. 构成一个公平、公正的惩戒程序的基础包括清晰的规章制度、渐进式惩戒以及申诉程序。一些纪律准则是重要的，包括纪律应符合管理层对类似事件的通常反应，管理层必须充分调查此事，不剥夺下属的尊严。

5. 任何想要建立积极的员工关系和员工敬业度的管理者，都可以从诸如 SAS、谷歌和联邦快递这样的"最佳雇主企业"（Best Companies to Work For）的研究中得到几点启示。它们的管理者培养信任，确保员工得到公平对待；他们都表现出对员工的极度尊重，并把员工放在第一位；它们的人力资源管理哲学强调信任、尊重和关心员工的个人和职业发展。

讨 论 题

1. 解释如何在惩戒过程中确保公平，尤其要讨论实施惩戒的先决条件、惩戒指南以及一些非惩罚性惩戒手段。

2. 在当今这种人们喜欢提起诉讼的社会中，为什么正确管理电子监控具有非常重要的意义？

3. 请举出两个可能合法但是并不符合道德的行为的例子，同时，举出三个可能不合法但符合道德的行为的例子。

4. 列举你们学院或大学做了哪十件事情来激发学生和教师的道德行为。

5. 假设你需要为自己或者亲戚的孩子挑选一位道德水平较高的保姆。在学习本章知识的基础上，你会做哪些事情来确保你找到的是一位道德水平较高的保姆？

6. 假如你认为你的同事在工作中被欺凌了，那么你将如何证实这一点？如果情况属实，你准备怎么做？

7. 对员工关系进行定义，并讨论至少四种员工关系管理方法。

个人及小组活动

1. 以个人或者小组为单位，访问你们公司或大学的管理人员，以确定你们公司或大学在多大程度上在努力建立一种双向沟通渠道，并说明具体使用的计划是何种类型的。管理人员认为这些计划是有效的吗？员工（或教职工）对这些正在使用的计划的看法是怎样的？

2. 以个人或小组为单位，找到你们学校的学生手册副本，以确定你们学校的学生在多大程度上能通过正式的程序提起申诉。根据你们与其他同学的接触，你们认为这是一种有效的申诉渠道吗？为什么？

3. 以个人或小组为单位，搞清楚你们学校的学术惩戒程序的性质是什么。你认为这种程序有效吗？在学习本章知识的基础上，你会建议学校对这一程序做哪些修订？

4. 在俄亥俄州立大学最近完成的一项研究中，一位教授发现，即使是诚实的人，在没有监管的情况下，也会从公司偷盗物品。[152]在这项研究中，研究人员首先让财务部门的员工在下班后参与一项薪酬明显较少的加班工作，同时让他们获得一个从公司偷取少量现金的机会。这些员工会不会通过偷点公司的现金来补偿自己得到的数额不足的薪酬呢？在大多数情况下，这个问题的答案是"会的"。那些在诚实性测试中得分较低的人无论如何都会偷窃，不管他们所在的财务办公室有没有制订相应的道德计划来明确指出从公司盗窃钱财属于违法行为。那些在诚实性测试中得分较高的人也存在偷窃行为，但只是当他们所在的办公室没有制订这样的道德计划时才会实施偷窃，也就是说，如果制订了道德政策的话，这些"诚实"的人本来是不会偷窃的。

以个人或小组的形式回答下列问题：你认为这项调查的结果具有普遍性吗？换言之，这些调查结果同样适用于其他公司和其他情况吗？如果你的回答是"是的"，那么你认为这项研究结论对于制订道德计划有何启示？

体验式练习

惩戒还是不惩戒

目的：本练习的目的是让你体验一次分析和处理实际的惩戒问题。

必须理解的内容：学生应当充分了解下面的题为"搞砸了的批处理"的案例。但是，必须等到小组完成了自己的思考之后，才能阅读"判决"和"讨论"两部分内容。

如何进行练习/指导：将全班分为若干小组，每组由4～5人组成。每个小组都应当从仲裁员的角度来看问题，并且假设自己要分析这个案例，然后作出仲裁决定。从这个立场出发再对本案例进行一次审阅，但不要阅读"判决"和"讨论"两个部分的内容。每个小组都要回答下列问题：

1. 基于对本章内容（其中也包括所有的相关指南）的学习，请说明，如果你们是仲裁员，你们会作出什么样的决定？为什么？

2. 你们认为要求仲裁的双方在经历了这次仲裁之后，是否会或多或少地更倾向于自己解决问题而不是寻求仲裁？

搞砸了的批处理

事实：计算机部门的一位员工犯了一个登录错误，搞砸了整个计算机报告的运行。为了纠正这个错误所做的努力又生成了第二批不恰当的运行报告。由于这一系列的错误，企业不得不多支付了2 400美元的成本，同时还让整个计算机部门的其他员工加班一周。公司管理层决定让该员工为其工作疏忽停职3天，同时还撤销了在事故发生之前就已经作出的关于该员工的晋升决定。

这位员工对公司的惩戒决定表示抗议，她强调说，在计算机运行错误发生的初期，自己就曾向计算机部门的业务经理报告过自己所犯的错误，试图纠正已经出现的错误。如果这位经理把她的报告当回事，并且停止初始的运行，就可以避免后来的一连串错误。这名员工认为她受到了不公正的对待，因为这位经理也应当对造成的问题负责，但是并没有受到处罚，而她受到了严厉的惩戒。此外，她还引用自己"无可挑剔"的工作记录以及管理层关于"她一直是一位模范员工"的评价，坚持认为公司撤销之前已经批准的让她晋升的决定是"不合理的"。

（在你们完成本练习之前请不要阅读以下内容。）

判决：仲裁员赞成对员工停职 3 天的处罚，但是裁定公司应当恢复对该员工的晋升。

讨论："毫无疑问"，仲裁员指出，这位员工的疏忽行为"引发的一系列问题最终导致两套带有错误信息的完整报告生成"。仲裁员强调，雇主因为这个错误付出了实实在在的代价，仲裁员还引证说，对于以往犯有同类错误的员工，管理层也同样给予停职 3 天的处分，因此这种做法是"无可指责的"。因此，仲裁员裁定，该雇主对工作疏忽给予的"公平"处罚属于有正当理由的行为。

至于撤销已作出的晋升决定，仲裁员指出，这种做法应当被视为"由于各种惩戒原因而予以降级处理"。仲裁员认为，在这种情况下，管理层通常是根据员工的某种令人不满意的行为、员工没有能力完成工作或者其他的类似理由作出这种决定的。这家公司的管理人员过去从未将撤销晋升决定作为惩戒的手段之一。因此，仲裁员指出，在本案中，这家企业采取撤销晋升决定的做法，实际上已经极大地改变了原来的惩戒规定。由于管理方的这种行动是不公平的，因此，仲裁员裁决公司应当恢复对该员工的晋升。[153]

应用案例

安然公司：道德与组织文化

对很多人来说，安然公司至今仍然是道德败坏史上的一个经典例子。在 20 世纪 90 年代和 21 世纪初，安然公司主要从事天然气和电力的批发经营，但安然公司本身并不拥有天然气或电力，它只是作为天然气和电力的供应商与顾客之间的中介来赚钱。尽管我们并不清楚全部的细节，但是鉴于安然公司所从事业务的类型以及安然公司并不拥有这些资源这样一个事实，这意味着安然公司的会计程序很不一般。例如，表明该公司的资产和负债情况的利润表和资产负债表让人很难看明白。

结果就是，由于缺乏财务透明度，安然公司的管理人员得以让公司的财务状况看起来比实际情况要好得多。外部专家从 2001 年开始质疑安然的财务报表。很快，安然公司就倒闭了，法院宣判安然公司的多名高层管理人员犯有操纵公司对外公布的资产和盈利等罪行。很多投资商（包括安然公司的很多前员工）都损失了自己在安然公司的全部或大部分投资。安然事件中涉及的道德败坏比一般情况更令人困惑。正如一个作家最近所写的：

> 安然公司具备完整的伦理道德计划和守法计划所要求的各种要素：道德行为准则、报告系统，以及由公司的高层管理人员出面拍摄的关于公司愿景和价值观的培训视频。[154]

对于这家在表面上看似道德水平很高，但实际上在其他管理人员（以及董事会）没有注意的情况下作出了如此多不道德决策的公司，专家作出了多种解释，其中包括"公司的高层管理人员蓄意隐瞒信息"，更具心理学意义的解释（例如员工不愿意与自己的上级发生矛盾），以及"在决策制定过程中存在令人吃惊的非理性因素"。[155]

对于这种看似道德水平很高但实际上道德败坏的公司，最有说服力的解释可能与组织文化有关。这里的基本逻辑是，决定员工的行为是否符合道德要求的并不是规章制度，而是员工觉得他们应该怎么做。例如，（总的来说，并非仅仅针对安然公司）伦理官协会（Ethics Officer Association）的理事长是这样解释的：

> 我们是一个法治社会，我们制定了一系列的法律。同时我们假设，如果你清楚这些法律，你就会按法律的要求行事。但是，猜猜看会出现什么情况？永远无法制定出足够多的法律来告诉我们，在这个世界的任何一个角落，在每个星期的每一天的每时每刻，我们应该怎么做。我们应该开发人们的批判性思维和批判性推理能力，这是因为我们今天需要处理的大部分道德问题都处在道德的灰色地带。

问题

1. 基于本章所学习的内容，用不超过一页纸的篇幅来总结你对安然公司的道德败坏所做的解释。

2. 据说当一个证券分析师质疑安然公司的显得很异常的财务报表时，该公司的首席执行官公开用一种很粗俗的语言来形容这位证券分析师，而安然公司的员工却认为自己的首席执行官这么做很幽默。如果这种传闻是真的，这种情况说明安然公司的道德文化出了什么问题？

3. 这个案例和本章中的内容都想说明组织文化对道德行为的影响。你认为组织文化在安然公司扮演了什么样的角色？请举出 5 个例子来说明，安然公司的首席执行官本来可以采取哪些措施来创建一种健康的符合伦理道德要求的文化。

连续案例

卡特洗衣公司

确保公平对待

身处洗衣和清洁行业，卡特父女总是坚定地认为，不允许员工在店里吸烟、吃东西或者喝水。因此，当詹妮弗看到两位员工正在柜台上吃午饭的时候，她感到非常惊讶。在柜台上的盒子里有一张很大的比萨饼，两位员工一边喝着可乐，一边吃着比萨饼和三明治。这不仅看起来让人感到很脏，而且他们把油和苏打水溅到了柜台上，尽管店里有一个 4 英尺宽的大排风扇在开着，但是依然弥漫着洋葱和意大利香肠的味道。这样的情景让顾客很倒胃口，柜台上的食物还可能弄脏顾客的订单。

尽管这确实是一个很严重的问题，但是詹妮弗和她父亲都觉得，不能仅仅因为员工在柜台上吃饭就立即解雇他们（其中的部分原因肯定是这家洗衣店的经理容忍了下属的这种行为）。现在的问题是他们也不知道该怎么办。在她看来，他们所要做的应该是比警告严重一些，但是比解雇又轻一些的处罚。

问题

1. 如果你是詹妮弗，你会怎么做？为什么要这样做？

2. 卡特洗衣公司应该建立一套惩戒系统吗?

3. 如果你认为应该建立这种惩戒系统,那么这套系统应该包含哪些内容? 你会建议这套系统怎样处理像员工在柜台上吃饭这种不符合规定的情况?

4. 你会怎样处理这家分店的经理?

将战略转化为人力资源政策及实践的案例

改进巴黎酒店的绩效

巴黎酒店的新的道德、公正和公平对待程序

巴黎酒店的竞争战略是:"通过卓越的顾客服务将自己与同行区别开来,吸引顾客延长入住时间,提高顾客再次入住比率,从而提高酒店的收入和利润水平。"酒店人力资源总监莉萨·克鲁兹现在必须制定和实施战略性人力资源管理政策和活动,通过帮助酒店获得战略所需的员工行为和胜任素质来支持酒店的这一竞争战略。

作为巴黎酒店的人力资源总监,莉萨·克鲁兹特别关注怎样让公司达到最高水平的道德标准。她的担心源于两个方面。一方面,在任何一家酒店中,每天至少有十几个人(包括客房清洁工、前台接待员和保安等)很容易进入顾客的房间,接触到顾客的私人物品。另一方面,顾客——很多都是年轻人,警惕性并不是很强——常常会在毫无防备的情况下在大厅中进进出出。所以,在这样的一家服务型公司中,根本就不允许存在道德方面的失误。

她对道德问题的担心还有其他原因。她很早就知道,员工不喜欢受到不公平对待,而且任何形式的不公平都可能导致员工的士气低落以及绩效水平低下。事实上,也许导致公司员工士气低落和承诺度不高——从公司的员工态度调查中得出的结论——的部分原因就是员工认为酒店经理对他们的不公平对待。因此,莉萨回过头来准备完成这样一项任务,即评估和重新设计巴黎酒店的道德、公正和公平对待程序。

当与首席财务官坐下来讨论自己为巴黎酒店的道德、公正和公平对待程序提出的建议时,莉萨带来了一些研究。2003年学术期刊《应用心理学》(*Journal of Applied Psychology*)公布了一项研究,该研究表明一家服务型公司是如何通过提高人际公平和程序公平的水平来改善员工的态度及绩效,并由此提升了酒店的绩效的。[156]这项研究正好是在一家连锁酒店中进行的。

在这项研究中,研究者从一家连锁酒店位于美国和加拿大的111家不同的酒店中收集了大量的员工调查数据。连锁酒店的员工服务部门从8 832名酒店员工那里将填写好的调查问卷收回。另外,研究者还收集了有关员工离职率、员工承诺度、员工留在组织中的意愿以及顾客满意度等方面的信息。

很明显,公平和公正的程序影响了这些酒店的员工士气以及他们的行为,进而影响了公司绩效——研究者甚至对其中的联系进行了测量。例如,程序公平和人际公平与员工对管理人员的更高满意度是正相关的。

对莉萨和首席财务官来说,上述研究结果为他们改善巴黎酒店的道德、公正和公平对待程序提供了一个具体、可衡量的理论依据。这些研究结果很有说服力地支持了这一理念:花钱改善公司的程序公平和人际公平很有可能会改善员工的态度及行为(员工承诺、服务行为以及员工离职等),从而提高顾客满意度和公司绩效。研究甚至还表明了员工士

气和公正水平的提高会在多大程度上提升顾客满意度。

莉萨和她的人力资源管理团队采取了一系列措施来制定巴黎酒店的新的道德、公正和公平对待程序。通过与公司的总顾问进行合作，他们制定并向首席执行官展示了一套新的道德规范以及一系列更加复杂的道德指南。这些内容现在都已呈现在巴黎酒店的职业发展网站上，并成为每一位新员工入职引导计划的一个组成部分。莉萨和她的团队还与一家外部供应商签订了合同，聘请后者为酒店提供一套定制化的、基于网络的道德培训方案，并明确指出第一批参与该方案的员工就是公司的高层管理人员。

莉萨和她的团队接着又从招募和甄选入手，对公司的整个人力资源管理过程进行了有条不紊的梳理。现在，他们的甄选程序包含一项诚实性测试。新的指南确保公司的绩效评价过程是公开且公平的。莉萨的团队对酒店的惩戒程序进行了彻底的修改。他们制定了一个新的申诉程序：员工先向每个酒店的经理申诉，然后向莉萨申诉，最后向由高层管理人员组成的申诉委员会提出申诉。他们还制定了一项无惩罚措施的新型惩戒制度。另外，他们制定的新指南大致列出了公司解雇员工的依据。新指南要求，在任何解雇决定敲定之前，都必须经由人力资源部门的相关负责人批准，并且如果被解雇员工在公司工作的时间超过一年，人力资源部门必须派人出席参与决定解雇员工的过程。

在新程序运转 6 个月之后，巴黎酒店明显发生了一些改变。莉萨在新程序实施前后进行的调查显示，员工对于公司"一致、平等地对待所有员工"这一点的感觉显著提升。员工的不满或申诉行为减少了 80%，95% 的员工能够引用公司的道德规范，员工士气和员工承诺度都有所提高，员工的服务行为（比如以一种友好的方式欢迎顾客）在总体上也有所增加。莉萨和首席财务官对新程序十分满意，并乐观地预测该程序会帮助酒店提高顾客对服务的满意度。

问题

1. 你认为莉萨到目前为止采取的措施充分、有效吗？

2. 列举巴黎酒店为提高公司的道德水平，应该在每一个人力资源管理职能领域（甄选、培训等）采取的三个具体步骤。

3. 基于本章的学习内容，写一份简短的说明（不超过一页纸），使莉萨能够向酒店的高层管理人员解释改善整个酒店的公正和公平程序的必要性。

注　释

第 **15** 章 劳资关系与集体谈判

Labor Relations and Collective Bargaining

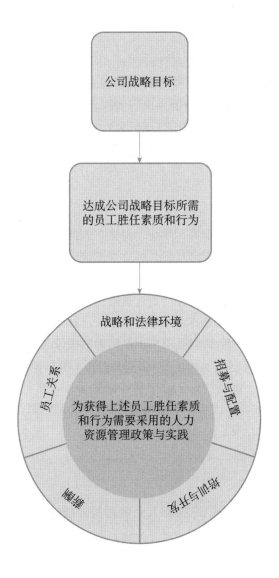

公司战略目标

达成公司战略目标所需
的员工胜任素质和行为

战略和法律环境

员工关系

招募与配置

为获得上述员工胜任素质
和行为需要采用的人力
资源管理政策与实践

薪酬与激励

培训与开发

➡ 我们学到哪儿了

> 第 14 章主要讨论了员工关系、道德和公正等，这些都会对员工是否加入工会产生影响。本章的主要目的是帮助企业有效地处理工会和劳资争议问题。我们将讨论的主题包括劳工运动、工会与法律、集体谈判过程、劳资争议和申诉处理、合作性劳资关系。

➡ 学习目标

1. 简要介绍美国劳工运动史。
2. 举出五个例子说明劳工法中规定的不公平工会行为和不公平企业行为。
3. 举五个例子说明什么是"无诚意谈判"。
4. 设计一个申诉处理程序。
5. 描述一项建立合作性劳资关系的战略。

2018 年初，沃尔玛公司将起薪提高到每小时 11 美元，并向员工发放了 1 000 美元的奖金。[1]长期以来，沃尔玛的低成本领先战略就意味着低工资、低人事成本以及糟糕的劳资关系。[2]沃尔玛最近在薪酬和奖金方面采取的措施表明，其人力资源战略正在发生变化。让我们来看看它们是怎么做的以及为什么这样做。

➡ 15.1　劳工运动

即使在今天，工会也依然很重要。如今，仍然有大约 1 500 万名美国劳动者加入了工会——大约占美国劳动人口总数的 11.1%。[3]在公共部门中，大约 36% 的员工是工会会员。在一些私营行业，如公用事业（22.3% 的人加入工会）和运输及仓储（19.6% 的人加入工会）等行业中，劳动者不加入工会仍然是很难找到工作的。各州的工会化程度也存在很大差异，纽约州为 23.8%，而南卡罗来纳州仅为 2.6%。[4]

当然，武断地认为工会只会给企业带来负面影响的假设是错误的。例如，有时，工会通过提升员工的专业性以及促使公司的管理实践变得更加系统化，可以帮助企业改进绩效。在一项研究中，与护士没有加入工会的那些医院相比，在护士加入了工会的医院中，心脏病病人的死亡率要低 5%～9%。[5]通常企业的劳资关系政策是不断演变的，正如下面的"改进绩效：战略背景"专栏所描述的那样。

改进绩效：战略背景

沃尔玛的新人力资源管理战略

沃尔玛公司的目标是成为零售业的低成本领袖。它努力将采购、选址、分销和人事等方面的成本降至最低，从而能够给顾客提供最低的价格。[6]该公司一直阻止工会的进入。

最近，由于下列原因，沃尔玛公司修改了自己的战略。首先，亚马逊公司在价格上向它施压。其次，美国劳动力市场趋紧，这使得雇用员工变得更具挑战性。再次，支付低于生存水平的工资以及经常临时安排员工的工作时间等负面信息削弱了沃尔玛公司对消费者的吸引力。长期以来，开市客的人力资源管理战略是从高薪和敬业的员工那里获得更高的生产率，并通过保持良好的工会关系应对沃尔玛公司的低劳动力成本战略。与去年同期相比，沃尔玛的同店销售额有所下降。因此，最高管理层必须做点什么了。

沃尔玛在两方面改变了自己的战略。一方面，它以 33 亿美元的价格收购了 jet.com，以扩大其在线业务。另一方面，它制定了新的人力资源管理政策，将员工的起薪提高到每小时 11 美元，并向大多数员工发放了高达 1 000 美元的奖金。沃尔玛还设立了一个新的培训项目，帮助员工规划职业生涯，并帮助他们更好地理解自己的工作。员工在工作时间安排方面也开始有更多的选择。

这种战略貌似是有用的。沃尔玛的同店销售额在上升，员工反馈良好，求职申请增加了 5%～10%。随着时间的推移，沃尔玛对工会的立场是否会发生变化，让我们拭目以待。

在美国，对工会的支持总是时有起伏，而今天的多种压力却是对工会不利的。例如，紧随最近的经济衰退而来的严重预算问题促使美国的许多州都减少了公共部门的雇员人数，同时降低了养老金以及薪酬水平。

我们将在本章讨论工会以及如何与工会打交道的问题。

15.1.1　劳动者为什么组建工会

专家花费了大量时间和经费来研究劳动者为什么要加入工会，并且提出了许多与此相关的理论。然而，这个问题并没有一个简单的答案。

薪酬依然很重要。例如，近期的工会会员的周薪中值为 980 美元，而非工会会员的周薪中值则为 776 美元。[7] 工会会员通常还能比非工会会员享受更多的假期、病假、非带薪休假、医疗计划福利以及其他各种福利——每小时约合 14.50 美元，而非工会会员的福利每小时只有大约 7.50 美元。[8]

这不仅仅是钱的问题。成立工会的强烈欲望往往源自部分劳动者的信念，即只有通过团结，他们才能得到公正的待遇，并保护自己免受管理层的任意安排。推动工会成立的因素包括：士气低落、担心失业、沟通不佳（换句话说，糟糕的员工关系）。当凯撒医疗集团缩短了药剂师的假期和病假时，药剂师联合会为他们赢回了本已失去的假期。正如一名药剂师所说："其实凯撒集团已经是一家相当仁慈的公司，只不过员工想通过工会活动得到更多的利益罢了。"[9] 一位劳资关系律师这样说："工会带来的最主要的好处是，雇主不能随心所欲地解雇你，而是必须给出充足的理由才能解雇，否则你就可以就此申请听证和仲裁。"[10] 因而，在实践中，如果员工的士气低落、担心会失去工作以及雇主方实施了专断的管理行为等，都会促使工人组建工会。[11]

从某些方面来说，这些因素多年来一直没有改变。下面是一位作者对于早期的（20世纪）汽车工人组建工会的动机所做的描述：

> 在未来几年中，经济问题将成为工会与资方进行谈判的主题。但是，在早些年，

工资率并不是汽车工人抱怨的主要问题……具体来说，汽车工人抱怨的主要问题是生产速度加快以及缺少任何形式的工作保障。当产量下降时，解雇工人的顺序主要取决于工头和其他主管的心血来潮……总之，工人们反抗的是人的尊严和个性的丧失，以及一种极其不近人情的、冷酷的、非人性的工作关系，他们希望自己能够被当作人而不是仪表盘上冷冰冰的数字来对待。[12]

人力资源管理与零工经济

优步公司的司机会成立工会吗

对于许多零工来说，只能依靠雇主是这类工作的最大缺点。例如，用户评分过低可能会导致优步公司立即停用一位司机。那么，在这方面工会能发挥作用吗？

优步公司的很多司机对此是持肯定态度的。在纽约，来自司机的压力促使优步公司创建了一个类似工会的实体组织，名为独立司机工会（Independent Drivers Guild, IDG）。[13]但在法律上来说，这个组织并不是一个真正的工会。例如，优步公司为该工会提供资金，优步司机是独立承包商，没有通过投票让工会代表他们的权利；工会本身也同意在 2021 年之前不煽动罢工或组建真正的工会。然而，优步司机可以通过独立司机工会建立的一个机制（由其他司机组成，由美国仲裁协会（American Arbitration Association）监督）对自己被停用的情况提出上诉，同时该机制也给司机提供了一些其他类型的协助。[14]

15.1.2　员工敬业度与工会化

劳动者成立工会还有别的原因吗？Modern Survey 进行的一项研究衡量了员工对工会的兴趣、员工对高层管理者的信心以及员工敬业度等因素，结论是在"很不敬业"（actively disengaged）的员工中，有 50% 的人赞成成立工会，只有 20% 的人投反对票。据此，"关注组织内的员工敬业度水平有助于培养员工和管理层之间的积极关系，并减小员工寻求工会代表个人的可能性"。[15]

盖洛普公司进行了进一步调查。例如，在接受盖洛普公司对员工敬业度进行衡量的 500 多个组织中，45% 的未加入工会的员工是敬业的，而只有 38% 的加入工会的员工是敬业的。[16]

上述调查结果并不能证明员工敬业度和工会化之间存在因果关系。这些发现只能说明二者存在相关关系，即它们只能证明当员工敬业度上升时工会化程度会有所下降。可能是相同的管理政策（如保证公平对待的体系）同时影响了员工敬业度和非工会化。但总的来说，这些发现确实表明，同类政策（如良好的福利、建立信任和保证公平对待）可以提高员工敬业度，也可能减小组织被工会化的可能性。

15.1.3　工会想得到什么

总的来说，我们可以认为工会主要有两个方面的目标：一方面是寻求工会的保障性；

另一方面是改善工会会员的工资、工时、工作条件以及福利。

工会的保障性　首先（并且可能也是最重要的），工会会寻求自身的保障性。工会会努力争取赢得代表一家企业中的员工的权利，并且成为能够代表该企业中的全体员工的唯一谈判代表。（这样工会就能够为全体员工，其中也包括那些没有加入工会的员工，进行集体合同的谈判。）工会可能采取的保障方式有五种：

1. 封闭型企业。[17]这种企业只雇用工会会员。美国国会禁止在州际贸易中存在封闭型企业，但至今仍存在于某些行业（例如印刷业）。只有不到5%的工会合同属于此种类型。

2. 工会制企业。这种企业可以雇用非工会会员，但这些人必须在规定的时间过后加入工会，并缴纳会费。（如果不加入工会，他们可能会被解雇。）这种类型的工会合同大约占73%。工会和雇主还倾向于对工会制企业的某种变通形式进行协商（例如，当工会合同期满时，允许一些年龄较大的员工退出工会）。

3. 工会代理制企业。在这种情况下，那些不属于工会会员的员工也必须缴纳等额的工会会费（这里的一个基本假设就是，工会所做的努力会惠及全体员工）。

4. 工会会员优先企业。在这种企业中，工会会员可以得到优先录用，但雇主仍有权雇用非工会会员。

5. 会员资格保持型企业。员工不必加入某一工会。但是，受雇于该企业的工会会员在工会合同期内必须保持自己的工会会员身份。大约有4%的工会合同属于此类。

并不是所有州都赋予工会这样一种权利，即要求工人必须先加入工会，才有可能被雇用。**工作权利**（right to work）概念所描述的恰恰是："州法律或宪法相关条款禁止将加入工会作为雇用条件之一。"[18]工作权利法没有把工会列为非法组织，但确实（在已经通过工作权利法的各州中）将各种形式的工会保障都视为违法的。美国一共有28个州通过了工作权利法。[19]工作权利法的通过可以解释工会会员人数的减少。[20]当俄克拉何马州通过工作权利法案后，其工会会员人数在此后的三年内急剧减少。[21]

为会员改善工资、工时和福利　一旦工会在某一公司中的地位有了保障，它就会开始为会员努力争取改善工资、工时和工作条件。典型的劳资协议还允许工会参与其他一些人力资源管理活动，包括员工的招募、甄选、薪酬决定、晋升、培训以及解雇等。

15.1.4　美国劳联-产联和服务业员工国际工会

美国劳工联合会和产业工会联合会（American Federation of Labor and Congress of Industrial Organizations，AFL-CIO）（简称劳联-产联）是一个由大约57个全国性工会和国际性工会自愿组织起来而形成的联盟。对于许多美国人来说，劳联-产联就是工会的同义词。

劳联-产联（以及其他美国工会）的结构有三个层次。第一层是地方性工会。这是工人实际加入并缴纳会费的地方。地方性工会通常也负责签署决定工资和工作条件的集体谈判协议。第二层是全国性工会。地方性工会是全国性工会的组成部分。例如，如果你是底特律的一名教师，你就属于那里的地方教师工会，地方教师工会是美国教师联合会（American Federation of Teachers）的数百个地方分会中的一个。第三层是全国联合会，在这里就是劳联-产联。

服务业员工国际工会（Service Employee International Union，SEIU）由超过220万

名会员组成。该组织还包括一个最大的医疗保健联盟，该联盟的成员超过 110 万人，其中包括护士、执业护士以及医生；同时该组织还拥有第二大公共部门员工工会，该工会的会员包括 100 万以上的地方政府以及州政府雇员。[22]

组成劳联-产联的工会在不断的变动之中。几年前，服务业员工国际工会（SEIU）、卡车司机国际联合会以及团结工会（UNITE HERE）都脱离了劳联-产联，然后建立了它们自己的联合会，起名为"改革制胜联盟"（Change to Win Coalition）。这些脱离劳联-产联的工会占劳联-产联 1/4 以上的会员人数和预算。它们新组建的联合会计划比劳联-产联更为积极地将工人们组织起来。[23]后来，团结工会又重新加入了劳联-产联。

15.2　工会与法律

美国劳工运动的历史是随着公共政策的变化而阶段性地扩张和收缩的。直到 1930 年前后，美国还没有专门的劳工法律，也没有要求雇主与员工进行集体谈判，实际上也没有限制雇主对工会采取的行动，使用间谍、黑名单以及解雇工会煽动者的情况十分普遍。许多雇主强迫员工签订"黄狗契约"，即资方可以借此要求员工不加入工会，并将其作为被雇用的一个条件。当时，大多数工会可以使用的手段——甚至罢工——都是非法的。

这种一边倒的情形一直持续到大萧条时期（大约 1930 年）。[24]此后，为了适应公众态度、价值观以及经济形势的变化，劳动法律经历了三个很清晰的发展时期：从积极鼓励时期，到有条件地鼓励和规范管理时期，最后发展成对工会内部事务实施具体规范管理时期。[25]

15.2.1　积极鼓励时期：《诺里斯-拉瓜迪亚法》（1932 年）与《国家劳资关系法》（1935 年）

1932 年《诺里斯-拉瓜迪亚法》（Norris-LaGuardia Act of 1932）拉开了积极鼓励工会活动的新时代的帷幕，它保护每一位员工"不受干涉、限制或强迫"地进行集体谈判的权利。它宣布不可强迫员工签订"黄狗契约"，并且限制法院对诸如和平纠察活动以及支付罢工福利的做法发布禁令（或停止令）的权力。

但是，这项法案在限制雇主采取各种可能的手段来对抗劳工组织方面所起的作用甚微。因此，美国于 1935 年通过了**《国家劳资关系法》**（National Labor Relations Act）（也称《瓦格纳法》），以加强《诺里斯-拉瓜迪亚法》的力度。它通过以下规定实现了这一目的：（1）禁止某些不正当的劳资关系行为；（2）规定了用无记名投票选举的方式和多数同意的原则来确定一个企业中的员工是否愿意组建工会；（3）建立了**美国国家劳资关系委员会**（National Labor Relations Board，NLRB）来执行上述两项规定。[26]

雇主方的不正当劳资关系行为　《瓦格纳法》认为，雇主采取的以下五种不正当的劳资关系行为属于"违法"行为（但不构成犯罪）：

1. 雇主"干涉、限制或强迫员工"行使法律准许的组建工会的权利是不正当的。

2. 公司方代表主导或干预工会的组建或管理活动的做法是不正当的。根据《瓦格纳法》第一条和第二条的规定，不正当劳资关系行为包括：贿赂员工、使用公司的间谍系统、为避免工会化而搬迁企业、将支持工会的人列入黑名单等。

3. 禁止雇主以任何方式歧视参加合法工会活动的员工。

4. 禁止雇主仅仅因员工对公司提出了"不正当劳资关系行为"的指控，就解雇或歧视员工。

5. 雇主拒绝与员工通过正式选举产生的代表进行谈判的做法属于不正当劳资关系行为。

工会可以向美国国家劳资关系委员会提出对雇主不正当劳资关系行为方面的指控（见图 15-1）。美国国家劳资关系委员会将对这种指控进行调查，并决定是否需要采取相应的行动。该委员会可能采取的行动包括：驳回争议；请求对雇主发出禁令；要求雇主暂停和终止不正当的劳资关系行为。

美国国家劳资关系委员会 对雇主的指控		
导语：申请人需要向不正当劳资关系行为发生地的美国国家劳资关系委员会（NLRB）负责人提交此表原件和四份复印件。	无须填写此栏	
	案件编号	归档日期
1. 涉案雇主		
a. 雇主名称	b. 雇用人数	
c. 公司所在地	d. 雇主联系人	e. 电话
f. 公司类型（工厂、矿场、批发市场）	g. 主要产品或服务	
h. 上述雇主实施了《国家劳资关系法》第 8（a）章第一款以及第_____款中所指出的不正当劳资关系行为，并且这些不正当劳资关系行为对商业造成了不良影响。		
2. 该指控的证据（具体的事实、姓名、地址、涉案工厂、时间、地点等） 通过上述证据可以证实雇主存在干预、限制和强迫员工的行为，危害到了《国家劳资关系法》第七章所保障的那些员工权利。		
3. 提起诉讼一方的名称（如果是劳工组织，请填写全称，包括当地分支组织的名称和编号）		
4a. 地址（街、城市、州和区号）	4b. 电话号码	
5. 所属的国内或国际劳工组织的全称（如果是劳工组织提起诉讼，请填写此栏）		
6. 申明 我申明，我已经核对过上述陈述和指控，并保证我所提供的这些信息属实。 签字_____ 地址_____ 电话_____ 日期_____		
此表中的信息若存在蓄意弄虚作假，填写者将受到罚款或监禁（美国《宪法》第 18 章第 1 001 节。）		

图 15-1 美国国家劳资关系委员会 501 表：提出不正当劳资关系行为争议

资料来源：From Unfair Labor Practice（ULP）Case Forms，National Labor Relations Board，www. nlrb. gov.

1935—1947 年 1935 年《瓦格纳法》通过后，工会会员人数迅速增长。当然，这种增长状态也受到了其他一些因素的影响，比如经济形势好转、工会领导人比较强硬等。但是到了 20 世纪 40 年代中期第二次世界大战结束之后，这一趋势开始逆转。这主要是因为当时出现的一系列声势浩大的战后罢工导致公共政策开始转向应对许多人认为的工会势力过大的局面。在这一阶段，《塔夫托-哈特莱法》应运而生。

15.2.2　有条件地鼓励和规范管理时期：《塔夫托-哈特莱法》（1947 年）

1947 年《塔夫托-哈特莱法》（Taft-Hartley Act of 1947）（或《劳资关系法》）反映了美国公众对工会热情的下降。它修正了《国家劳资关系法》，通过以下四种措施对工会加以限制：（1）禁止工会采取不正当的劳资关系行为；（2）列明员工作为工会会员所拥有的权利；（3）列明雇主所拥有的权利；（4）允许美国总统临时性地禁止工会举行全国紧急罢工。

工会方的不正当劳资关系行为　《塔夫托-哈特莱法》列举出了禁止工会采取的几种劳资关系行为：

1. 它禁止工会限制或强迫员工行使其受法律保护的谈判权利。（工会的某些特定行为会被法院判定为非法，这些行为包括：告诉那些反对工会的员工，一旦工会的合法地位被承认，他们就将失去自己的工作；在工会组织运动期间，公然发布虚假声明。）

2. 工会为了鼓励员工获得工会会员资格，促使雇主以任何一种方式对员工实施歧视的做法均属于不正当劳资关系行为。例如，工会不能因员工没有参加工会会议、反对工会政策或拒绝加入工会，就迫使雇主解雇员工。但有一种情况属于例外，即在封闭型企业或工会制企业中（获得工会会员资格是被雇用的前提），工会可以因工人不缴纳工会入会费和年会费而要求雇主解雇员工。

3. 工会拒绝诚心诚意地与雇主就工资、工时以及其他雇用条件进行谈判的做法属于不正当劳资关系行为。某些罢工和联合抵制活动也属于不正当劳资关系行为。

4. 工会参与促使雇主超额雇工（即要求雇主为未提供的服务向一位员工支付报酬）的行为属于不正当劳资关系行为。

员工的权利　《塔夫托-哈特莱法》也保护员工的权利不受工会侵犯。例如，许多人认为，强制性的工会主义侵犯了美国公民享有的结社自由这一基本权利。于是，美国有 19 个州（现在是 28 个州）（主要是南部和西南部的一些州）颁布了新的工作权利法。例如，在纽约，许多印刷厂就实行了要求员工限期加入工会的制度。在那里，除非属于某个印刷工人工会，否则就不能从事印刷工作。在佛罗里达州，这种要求限期加入工会的企业（受《铁路劳工法》管辖者除外）则是非法的。在那里，印刷厂通常既雇用加入工会的操作工，也雇用没有加入工会的操作工。直到今天，美国各州的工会会员比例相差仍很大，比例高的州如纽约州为 23.8%，比例低的地区如南加利福尼亚只有 2.6%。[27]《塔夫托-哈特莱法》还要求工会在从员工的薪酬中扣除工会会费之前，必须先征得员工的同意。

总之，《国家劳资关系法》限制工会采取不正当劳资关系行为的程度，不如对雇主的限制那样严格。它只是说工会不能约束或强迫员工，然而，"要想让美国国家劳资关系委员会认定工会存在不正当劳资关系行为，工会必须首先有违法行为出现，或者是实施了威胁、明显强迫或恫吓员工的各种活动"。[28]具体情况包括殴打员工、威胁员工、对员工实施经济报复以及封锁工作场所的合法进出通道等。

雇主的权利 《塔夫托-哈特莱法》也明确赋予了雇主某些权利。首先，该法案给予雇主充分表达自己对工会组织的看法的自由。例如，作为一名管理人员，你可以告诉你的员工，你认为工会是没有价值的、对经济有害的、不道德的。一般来说，你甚至可以暗示员工：工会化以及随之而来的高工资要求，可能会导致工厂关闭（而不是搬迁到其他地方）。在合适的情况下，雇主还可以披露工会实施暴力和腐败方面的记录。事实上，这一法律对雇主的唯一限制是：雇主必须避免对正在准备做决定的员工采用威胁、许诺、强迫和直接干预的手段，不得威胁员工自己将实施报复，不得强迫员工，也不得许诺给员工提供某种利益。[29]

此外，雇主还不能做以下两件事：（1）在 24 小时内就要进行工会选举时，在工作时间会见员工；（2）当员工在自己的家中或雇主的办公室时，建议员工对组建工会投反对票（虽然当员工在工作场所或日常聚会的地方时雇主可以这样做。）

全国紧急罢工 《塔夫托-哈特莱法》还允许美国总统干预**全国紧急罢工**（national emergency strike）。对这些"可能威胁国家安全和健康的罢工"（例如钢铁公司员工的罢工），总统可以任命一个调查委员会，根据该委员会的报告，发布 60 天内限制罢工的命令。如果在此期间劳资双方没有达成和解，总统可以将限制罢工的命令延期 20 天。在这个最后的期限里，员工通过进行无记名投票来确定是否愿意接受雇主的最后条件。

15.2.3 对工会内部事务实施具体规范管理时期：《兰德勒姆-格里芬法》（1959 年）

20 世纪 50 年代，美国参议院的一些调查委员会揭露了某些工会的一些声名狼藉的行为，结果导致 1959 年《兰德勒姆-格里芬法》（Landrum-Griffin Act of 1959）的出台。该法案的正式名称为《劳资关系报告与公告法案》（Labor Management Reporting and Disclosure Act）。其最终目的是保护工会会员免遭工会违法行为的侵害。该法案还修正了《国家劳资关系法》。

首先，该法案包含一个关于工会会员权利的议案。它还规定了工会会员在工会办公机构候选人的提名方面享有的某些权利。它还确定了工会会员有起诉工会的权利，并保证未经正当程序，不能对工会会员进行罚款或停职处理。

该法案还规定了工会的选举规则。例如，全国性工会和国际性工会必须采用无记名投票机制，至少每 5 年进行一次选举。它规定了何种人可以担任工会官员。例如，被证明犯有重罪（行贿、谋杀等）的人在定罪之后的一段时间之内不得担任工会官员。

美国参议院的调查员还发现了一些雇主明目张胆地采取不当行为的案例，例如，雇主与其"劳资关系顾问"贿赂工会代表和工会官员。因此，《兰德勒姆-格里芬法》又增列了许多非法的雇主行为。例如，公司不能够通过收买自己的员工来诱使他们不加入工会。

➡ 15.3 集体谈判过程

15.3.1 什么是集体谈判

一旦工会成为员工的代表，就意味着资方与劳方会在某一天会面，并就劳资协议进行协商。劳资协议中将包括有关工资、工时及工作条件等方面的具体条款。

那么，到底什么是**集体谈判**（collective bargaining）呢？《国家劳资关系法》对其的定义是：

> （本法案所规定的）集体谈判的目的是，雇主与员工代表共同履行以下义务：在合适的时间会晤，并诚心诚意地就工资、工时以及雇用期限、雇用条件等问题进行磋商，或就协议进行谈判，或就引发的任何问题进行讨论，或应任何一方的要求签署已达成协议的书面合同，但是这种义务并不强迫任何一方必须同意某个建议或要求任何一方作出让步。

通俗地讲，这就是说，法律要求劳资双方就工资、工时以及雇用期限和雇用条件等进行有诚意的谈判。

15.3.2　什么是诚意

有诚意谈判（good faith bargaining）是有效的劳资关系的基础。它意味着劳资双方通过沟通和协商，就对方的建议提出相应的意见和建议，为达成协议尽可能作出合理的努力。它并不意味着一方强迫另一方同意某个建议，也不要求任何一方作出任何特殊的让步（尽管在实践中可能需要作出某些让步）。[30]

那么，谈判在什么情况下是没有诚意的呢？这里列举了一些情形[31]：

1. 表面谈判。谈判走过场，而不打算真正形成任何正式协议。

2. 妥协意愿不足。没有妥协的意愿。虽然不要求任何人作出让步，但妥协的意愿是有诚意谈判的重要因素。

3. 提出不合理的建议和要求。美国国家劳资关系委员会认为，提出建议是确定谈判一方在总体上是否有诚意的一个积极因素。

4. 拖延策略。法律要求双方会晤，并"在合理的时间以及合理的间歇期内进行磋商"。显然，拒绝与工会碰面的做法就是不履行法律要求雇主承担的义务的表现。

5. 强加条件。强加不合理的或苛刻的条件是没有诚意的表现。

6. 单方面改变条件。这是雇主缺乏在谈判中达成协议的诚意的明显迹象。

7. 回避工会代表。资方进行有诚意谈判的最低义务包括承认工会代表是雇主在进行谈判时必须面对的人。

8. 拒绝提供信息。雇主必须根据工会的要求为其提供信息，以便工会能够理解和理性地讨论谈判中提出的问题。

当然，要求进行有诚意谈判并不是说谈判过程就不能暂停。例如，几年前，美国国家橄榄球联盟就以"谈判没有诚意"为由指控球员协会（Players Association）故意拖延时间，致使球员有理由控告国家橄榄球联盟。[32]

15.3.3　谈判小组

工会和资方都要派遣谈判小组参加谈判，双方的谈判小组通常会在坐在谈判桌旁之前

"做好他们的家庭作业"。

首先，他们要准备好作为谈判立场的数据。[33]他们要通过薪酬调查汇总薪酬和福利方面的数据，包括与当地薪酬水平进行比较的情况，以及与行业内类似岗位的薪酬水平对比的情况。有关劳动力队伍的结构分布情况（例如年龄、性别和资历等）的数据也很重要，因为这些因素决定了公司在福利方面的实际支出。有关福利成本、整体收入水平以及加班成本等内部经济数据也很重要。工会代表会事先试探工会会员的愿望，并与相关工会的代表进行协商。

资方还将计算当前劳资合同的成本，并确定按工会要求增加的成本，其中包括总成本和每个工时的成本。资方将利用来自员工申诉的信息和来自基层主管人员的反馈信息来确定工会的要求可能是什么，从而准备好如何进行辩论和还价。[34]其他常见的策略包括：进行员工态度调查，测验员工对资方认为可能需要改变的合同条款作出的反应；与地方工会负责人举行非正式会议，讨论合同在操作层面的有效性，并为资方的改革意见做些试探。

15.3.4 计算集体合同的成本

集体谈判专家强调，有必要仔细计算工会提出的各项要求的成本。一位专家这样说：

> 我最常见到的错误是，人力资源管理专业人员来参加谈判，却没能理解他们正在谈判的内容可能产生的经济影响。例如，工会要求新增三个假期。这听起来好像并不多，但在一些州中，如果员工离开该企业，雇主需要对其未使用的假期付酬。因此，你的一项决定可能会导致雇主承担这一责任。[35]

15.3.5 谈判主题

劳资关系方面的法律规定了谈判主题的类别。谈判主题分为强制性谈判主题、自愿性谈判主题和非法谈判主题。

自愿性（或允许的）谈判主题（voluntary（or permissible）bargaining item）不是强制性的，也不是非法的。只有在资方和工会双方都同意的前提下，它们才能成为谈判内容的一个组成部分。任何一方都不能强迫对方就自愿性主题进行谈判。任何一方不得因对方拒绝就自愿性主题进行谈判而不签署劳资合同。退休福利就属于此类主题。

非法谈判主题（illegal bargaining item）是法律禁止谈判的内容。例如，在执行工作权利法的州中，同意只雇用工会会员的条款就是非法的。

表 15-1 介绍了 70 多个**强制性谈判主题**（mandatory bargaining item）中的一部分，法律规定对这些主题的谈判是强制性的。它们包括工资、工时、休息时间、解雇、调动、福利以及遣散费。其他如药物检测等，也随着法律的发展而被纳入其中。

表 15 - 1 谈判主题

强制性谈判主题	自愿性谈判主题	非法谈判主题
工资率	赔偿金	封闭型企业
工资	工会事务的管理权限	根据种族隔离员工
雇用小时数	退休员工的养老金福利	区别对待员工
加班工资	集体谈判的范围	
轮班	合同中是否包括一线主管人员	
节日	合同中的第三方，例如国际工会组织	
假日	工会标签的使用	
遣散费	对不公正雇用行为指控的处理	
养老金	餐厅价格	
保险福利	过去合同的续签	
利润分享计划	集体谈判小组的成员	
圣诞节奖金	罢工者的雇用	
公司住房津贴、餐补		
员工安全		
工作绩效		
工会保障		
劳资关系		
员工药物检测		

资料来源：Michael R. Carrell and Christina Heavrin, *Labor Relations and Collective Bargaining：Cases, Practices, and Law*, 6th Edition, © 2001. Reprinted by permission of Pearson Education, Inc. Upper Saddle River, NJ.

15.3.6 培养谈判能力

要制定出一份令人满意的劳资协议，要求谈判者具备一定的谈判能力。经验丰富的谈判者会运用杠杆、愿望、时间、竞争、信息、信誉以及判断等来提高自己的谈判地位。杠杆是指那些对谈判者有帮助或有妨碍的因素。[36] 可以作为杠杆来利用的因素包括必要性、愿望、竞争以及时间。[37] 例如，当工会知道企业需要尽快交货（必要性）时，企业就处于不利地位。

类似地，如果企业将自己的愿望表露得过于明显，其谈判地位也会被削弱。竞争也是一个重要的因素。最具说服力的策略就是：微妙地向谈判对方暗示，你已经有一个替代方案（比如将服务转移到国外）。时间（尤其是截止日期）同样能够成为一个为你所用或者被对方利用来对抗你的一个因素。

"知识就是力量"这句话是适用于谈判过程的，因此掌握信息与拥有信誉一样，都能使你处于更加有利的位置。最后，优秀的谈判者还需要具备判断力，也就是"在实质内容与谈判技巧上，在获得优势与达成妥协上取得适当的平衡"。[38]

15.3.7 谈判须知

专家里德·理查森（Reed Richardson）向谈判者提出了以下几点建议：

1. 确信自己为每一个谈判主题设置了明确的目标，并理解确立每一个目标的原因。
2. 从容不迫。
3. 若有疑问，要与同事开会商讨。

4. 充分掌握能够支持自己观点的确切数据。

5. 对自己的主张总是保持一定的弹性。

6. 不要只在意对方所说和所做的，而是要找出相关的原因。

7. 重视保全对方的面子。

8. 时刻注意对方的真实意图——不仅注意对方的目标，还要注意目标的优先顺序。

9. 做一个善于倾听的人。

10. 树立一个公正而稳定的形象。

11. 学会控制自己的情绪并将此作为一种手段。

12. 在完成每个谈判步骤的过程中，确信你知道它与其他所有谈判步骤之间的关系。

13. 用你的目标来衡量谈判的每一个步骤。

14. 记住，集体谈判是一个妥协的过程。世界上没有独占全部利益的好事。

15. 努力理解人及其个性。[39]

16. 记住，过于透明、公开的谈判过程可能会适得其反。[40]

15.3.8 僵持、调解和罢工

在集体谈判中，当谈判双方不能达成最终解决方案时，就出现了**僵持**（impasses/stalemate）局面。僵持局面通常是由于一方的要求远远超过对方的出价而形成的。例如，与工会经过几个月的谈判并且在许多问题上已经达成协议之后，波克县（佛罗里达州）学区宣布双方谈判陷入僵持局面。该学区表示，尽管它与两个工会进行了有诚意谈判，但在工资和教师评价等几个问题上未能达成一致。[41]有时，僵持局面可以通过第三方（诸如调解人或仲裁人等没有利益牵涉的第三方）来化解。如果第三方也不能化解僵局，则工会可能会号召工会会员停工或罢工，对资方施加压力。[42]

第三方介入　谈判者可以利用三种类型的第三方干预来打破僵局：调解、事实调查和仲裁。在**调解**（mediation）过程中，一个中立的第三方努力促使谈判双方达成协议。调解员通常会与双方举行会议，确定双方各自的立场，然后从中找到一些继续进行谈判的共同立场。当 Hostess Brands 公司与其工会未能达成协议时，负责其案件的法官便主持了一次调解会议，试图促使双方达成一项新的合同（但没有成功）。[43]

在某些特定的情况下，例如发生国家紧急事件时，可以任命一位事实调查员。**事实调查员**（fact finder）是一个中立的第三方，他要调查存在争议的问题并就合理的解决方案提出公开建议。[44]例如，总统紧急状态调查委员会已经成功地化解了某些关键的交通纠纷造成的僵局。

仲裁（arbitration）是最后一种第三方干预形式，因为仲裁员通常有权确定和规定解决方案。与调解和事实调查不同，仲裁可以保证解决僵持局面。在实施约束性仲裁的情况下，双方都必须接受仲裁员的裁定。在实施非约束性仲裁的情况下，双方则可以不接受。仲裁可以是自愿的或强制性的（换言之，由政府机构强制要求的）。在美国，自愿的约束性仲裁最为普遍。

仲裁主要分为两类主题。**利益仲裁**（interest arbitration）以达成劳资协议为中心，当劳资双方要通过谈判达成新的劳资合同或者要对原有的合同做修改时，他们利用的就是利益仲裁。**权利仲裁**（rights arbitration）实际上是"合同解释仲裁"，涉及对现有的合同条款进行解释。例如，当一位员工质疑雇主是否有权采取某些处分措施时，便可以提出权利仲裁。[45]调解人通常会使用其他解决争端的策略（比如询问双方是否想要休息一下，或者是否愿意暂时把问题搁置）来阻止出现僵局或打破僵局。[46]

第三方介入的来源　各种公共机构和专业机构都可以充当仲裁者和调解者。例如，美国仲裁协会（American Arbitration Association，AAA）为雇主和工会提供了数千种仲裁和调解服务。美国政府的联邦调解机构既提供仲裁服务，也提供调解服务（详见图15-4）。[47]此外，美国的绝大多数州政府也提供仲裁和调解服务。

罢工　罢工（strike）是一种停止劳动的方式，罢工一共有四种类型。**经济罢工**（economic strike）产生于双方不能就劳资合同条款达成一致的情形。工会号召会员采用**反不正当劳资关系行为罢工**（unfair labor practice strike）来抗议雇主的非法行为。**野猫罢工**（wildcat strike）是在劳资合同期内发生的未经批准的罢工。**同情罢工**（sympathy strike）是一个工会为支持另一个工会发起的罢工而举行的罢工。[48]例如，为了表示对韩国现代汽车公司工人的同情和支持，美国汽车工人联合会在美国密歇根州苏必利尔镇的现代汽车公司技术中心外面组织了一次集会，还采取措施组织其他一些集会。[49]

当然，采取抵制行动的工会并不仅限于美国企业。例如，2017 年 12 月，瑞安航空（Ryanair）这家欧洲航空公司在工会谈判失败后就遭遇了首次飞行员罢工。[50]

罢工的可能性及严重程度部分地取决于双方"发起或接受罢工"的意愿。[51]在 1965—1975 年，重大停工（涉及人数达到 1 000 人或 1 000 人以上的停工）的次数达到了顶峰，大约每年发生 400 次，而在今天，重大停工的次数每年不到 20 次。

联邦政府劳资关系部门
有关联邦机构仲裁和调解服务的通知

通知处理单位
联邦仲裁和调解服务机构
2100 K 街道，N.W.
华盛顿特区，20427
此通知是关于：
□初始合同　　　　　　　　（包括确认码）_____
□重新谈判合同　　　　　　重新谈判时间：_____
□现有合同到期　　　　　　到期时间：_____

□联邦政府仲裁和调解机构介入此次集体谈判的其他要求（用"×"标记）
　指定问题类型

□有关争议调解的要求（用"×"标记）

联邦机构的名称（其分支的名称）_____
该机构地址：_____街_____城_____州　邮编_____
联系人_____　　　　　　　　区号和电话_____
全国性工会或所属总工会的名称_____　人数_____

地址：_____ 街_____ 城_____ 州_____			邮编_____	
联系人_____			区号和电话_____	
进行仲裁和协调的地点_____				
地址：_____ 街_____ 城_____ 州_____			邮编_____	
员工中大约有多少人参与此次集体谈判_____			员工总数_____	
此通知是以谁的名义（用"×"标记）□工会□联邦机构				
提交此通知的官员的名字_____			区号和电话_____	
地址：_____ 街_____ 城_____ 州_____			邮编_____	
对于争议的调解需要双方签字				
签字（政府机构）_____ 日期_____			签字（工会）_____ 日期_____	

图 15-2　调解服务申请表

资料来源：Federal Mediation and Conciliation Service.

在面临罢工的时候，雇主可以采取以下几个方面的措施：一是封闭受影响的区域，停止运营，直到罢工结束；二是为减轻罢工对雇主产生的影响，将工作外包出去；三是继续运营，或许能够用一线主管人员和其他不参加罢工的员工来代替罢工者；四是雇用新员工来替代罢工者。

由于工会力量的削弱和竞争压力的增加，越来越多的雇主采用永久性替代者来取代（或者至少是考虑取代）罢工工人。例如，当美国钢铁工人联合会（United Steel Workers）举行罢工时，英国石油公司迅速开始培训替补工人。[52]又如，在几年前的一场劳资争议中，美国国家橄榄球联盟就暗示，它可能会使用替补球员。[53]

一般情况下，雇主是能够替换罢工者的。在一个很重要的名为 Mackay 的劳资关系判例中，美国联邦最高法院作出裁决，虽然《国家劳资关系法》禁止雇主干涉员工的罢工权，但雇主仍有权继续生产，从而有权雇用其他人来替代参加罢工的员工完成工作。美国国家劳资关系委员会在后来的裁决中对上述条款作出了一定限制。例如，如果员工的罢工是为了抗议不正当的劳资关系行为，则雇主不能永久性地替代这些罢工者。如果罢工者申请回到原职位工作，则雇主必须无条件重新雇用他们。

其他方式　资方与劳方还有其他一些可用于化解僵局，以达到本方目的的方式。例如，工会可以诉诸联合施压运动。**联合施压运动**（corporate campaign）是工会进行的一种有组织的活动，其目的是通过给公司的其他工会、股东、董事、客户以及政府机构等施加压力（这种压力通常是直接的），从而对公司施加压力。[54]因此，工会可能会通过在董事会成员家附近设置纠察哨的做法引起他们的警觉，工会也可能会组织与公司有业务往来的银行进行**联合抵制**（boycott）。[55]

影响人力资源管理的趋势：数字化与社交媒体

在为组建工会而发起的任何形式的运动中，沟通都是最重要的，工会没有忘记这一点。例如，在一项调查中，49％的工会表示它们使用脸书与工会会员和员工进行沟通，23％的工会使用推特，13％的工会使用 YouTube。[56]大约 92％的工会搭建自己的网站，

78.1％的工会使用电子邮件发送时事通讯。[57]例如，试图组织星巴克的员工组建工会的团体（即星巴克员工工会）就搭建了自己的网站（starbucksunion.org）。[58]在最近的另一场运动中，企业规定公司内部的电子系统（包括电子邮件）仅能用于商业用途，为此工会提出了异议。美国国家劳资关系委员会认为，那些因为工作原因需要进入企业电子邮件系统的非管理层职员，是可以在不工作时，比如午餐或休息时间，使用这类电子邮件系统讨论与工会相关的事务的。[59]

内部游戏（inside game）是工会通过一些特定的手段，比如减缓工作速度、拒绝加班等让企业看到工会阻止生产或破坏生产的后果。[60]内部游戏基本上就是罢工——只是在这种"罢工"期间，公司还在继续向员工付酬。在卡特彼勒公司（Caterpillar）的一次内部游戏活动中，美国汽车工人联合会提起的争议从 22 件上升到 336 件。这种做法产生的效果就是将劳动者和资方的精力纠缠到非生产时间之中，从而浪费公司的资源。[61]

从雇主方面来考虑，企业可以通过停业来打破僵局。**闭厂**（lockout）是指雇主拒绝提供工作机会。在这种情况下，雇主将员工关在工厂大门之外，不让他们从事工作（从而得不到工资）。为了反对资方提出的一份将自己的工资削减 50％的新合同，加入加拿大汽车工人联合会（Canadian Auto Workers Union）的一家卡特彼勒工厂中的工人在与资方进行了一场长达 6 个月的谈判也未能达成解决方案后，发现自己所在的工厂竟然被关闭了。[62]

美国国家劳资关系委员会通常不会把闭厂的做法视为不正当劳资关系行为。只有在雇主出于法律禁止的目的采取闭厂措施的情况下，美国国家劳资关系委员会才会将闭厂视为一种不正当的劳资关系行为。努力达成有利于雇主的解决方案这种做法本身并不是法律禁止的。今天，雇主较少使用闭厂这种手段，在员工愿意继续工作（即使在谈判桌上出现僵局）的情况下，雇主通常也不会停止运营。

雇主还会施加其他压力。当波音公司的工会拒绝接受波音公司在其华盛顿组装工厂提供的劳工让步方案时，波音公司开始积极考虑将新型波音 777X 远程客机的组装工作转移到南卡罗来纳州的方案。为此，波音公司华盛顿州的工作人员达成了一项新协议。[63]

如果认为对方正在采取可能会对己方造成不可挽回的损失的行为，雇主和工会都可以请求法院颁布禁令。**禁令**（injunction）是法院强制一方或双方恢复或终止某种行动的一种命令。[64]

15.3.9　劳资合同协议

真正的合同协议可能是一份 20～30 页甚至更长的文件，它可能只包括有关政策的总体声明，也可能包括详细的规则和程序。当前的趋势是合同越来越长、越来越详细和具体。

合同的主要章节一般涵盖以下主题：（1）资方权利；（2）工会保障和代扣会费；（3）申诉处理程序；（4）申诉仲裁；（5）惩戒程序；（6）薪酬水平；（7）工时和加班；（8）福利：休假、节假日、保险、养老金；（9）健康与安全规定；（10）基于资历的员工保障条款；（11）合同终止日期。

15.4　劳资争议与申诉处理

达成一份劳资协议并不是集体谈判的最后一个步骤。没有哪一份劳资协议能够涵盖所有可能发生的情况以及回答所有的问题。例如，假定劳资协议规定雇主只能因正当理由解雇员工，而雇主却因某人在背后讲他的坏话而将其解雇，那么这种解雇在雇主的权限范围之内吗？在背后讲雇主的坏话是解雇员工的正当理由吗？

劳资协议的**申诉处理程序**（grievance procedure）通常就是用来处理这类问题的。这种程序提供了一种有序的制度，雇主和工会都可以通过它来确定某种行为是否违反了劳资协议。申诉处理程序是进行劳资协议日常管理的一种手段。申诉处理程序使双方都可以解释和定义条款的含义，通常并不协商新的条款或改变现有条款。这样做是为了澄清协议条款的真正含义，从而解决休假、惩戒以及薪酬等方面的不满。克利夫兰布朗队（Cleveland Browns）的主教练曾对一名球员处以 1 701 美元的罚款，原因是他没有为酒店内一瓶 3 美元的水付账，结果球员们迅速向美国国家橄榄球联盟（NFL）表达了不满。[65]

15.4.1　申诉的来源

从实践的角度来说，与列出会导致申诉的条款相比，列出不会导致申诉的条款可能要更容易一些。员工可能会将几乎任何涉及工资、工时或雇用条件的因素作为提出申诉的依据。

但是，有些申诉是比较严重的，因为它们通常更难解决。惩戒和资历问题（包括晋升、调动和解雇）是最难解决的问题。其他问题则包括由职位评价和工作任务分派、加班、假期、奖励计划以及节假日引发的申诉。[66] 以下是有关申诉的三个例子：

● 缺勤。雇主因员工缺勤过多而将其解雇。员工提出申诉，说在此之前企业并没有对自己缺勤过多的情况提出过警告或惩戒。

● 不服从上级。有一位员工在两个场合拒绝了上级主管人员提出的要求与其见面的命令，除非工会的代表也参加会见。结果，这位员工被解雇，然后，他提出了申诉，以抗议自己被解雇。

● 工厂的规章制度。一家工厂公布了一项禁令，禁止员工在非规定休息时间吃喝东西。于是员工们提出申诉，声称这种规定太过专断。[67]

申诉通常只是存在潜在问题的一种征兆。有时候直接主管人员与下属之间的关系不好也会引起申诉，这往往是在"公平对待"方面出现申诉的原因。模糊的指令等组织因素会导致沮丧和不满。激进的工会主义则是另外一个方面的原因，工会可能会以无效的监督为由游说员工提出申诉。问题员工也是申诉的一个来源。有些员工本来就比较消极，容易产生不满，有抱怨倾向。此外，惩戒和解雇（请参见第 14 章）也是申诉的两个主要来源。

15.4.2　申诉处理程序

大多数集体谈判合同中都会规定一个非常具体的申诉处理程序。在这个程序中会列出各个步骤、各个步骤的持续时间以及诸如"一切有关违反合同的指控必须以书面形式提出"等具体的规定。非工会化的雇主也需要这样的一些程序。

不同公司中的申诉处理程序是不同的。一些公司只包括简单的两个步骤。在出现申诉的时候，申诉者、工会代表和公司代表开会讨论出现申诉的问题。如果他们没有找到令人满意的解决方案，就将申诉提交给独立的第三方仲裁员，仲裁员将听取双方的意见，详细记录，然后作出裁决。图15-3展示了一份申诉表。

员工申诉表

申诉员工姓名：_____　　　日期：_____

部门：_____　　　职位名称：_____

员工工作电子邮箱地址或其他联系方式_____

申诉陈述：简要说明何种原因导致你提出申诉，其中包括导致申诉的具体场景、涉及哪些人（日期和时间）以及在哪里发生的。

_____

_____

你为何考虑提出申诉？（请选择其一）：（1）违反合同_____；（2）不公平对待_____

如果你选择了违反合同，请说明你认为适用的合同条款。

_____

你希望得到何种补偿？

_____

申诉员工签名：_____　　　日期：_____

人力资源负责人签名：_____　　　日期：_____

图15-3　网上申诉表样本

在另一种极端情况下，申诉处理程序可能包括六个或以上的步骤。第一步可能是申诉者和工会代表与申诉者的直接上级进行非正式会晤，努力探讨解决问题的办法。如果他们没有找到解决问题的办法，接下来的步骤就包括申诉者、工会代表与更高级管理人员进行会谈。最后，如果高层管理人员和工会不能达成一致意见，申诉就可能进入仲裁阶段。

15.4.3　申诉处理指南

处理申诉的最佳做法是营造一种良好的工作氛围，从根本上消除可能的申诉。在员工的不满情绪发展成为申诉之前，要提高你识别、诊断和纠正可能引起员工不满的原因（比如不公正的绩效评价、不公平的工资或沟通不畅等）的能力。

鉴于包括工会压力等在内的诸多因素都会引发申诉，如果认为申诉的发生仅仅是由管理人员不公平导致的就太天真了。有一点是毋庸置疑的：管理者与下属之间的人际关系质量会对所属团队中的申诉发生率产生影响。管理者处在第一线，因此必须在公平对待员工和维护管理人员权利及特权之间把握好尺度。下面的专栏为我们呈现了一些相关的指导原则。

改进绩效：直线经理和小企业家的人力资源管理工具

如何应对存在申诉的情况

申诉会对工作时间、生产率造成损耗，并且（很可能）会增加仲裁费用——这些都为企业带来了成本。有位专家创建了一份应当做什么与不应当做什么的清单，可以有效指导企业处理申诉。[68]其中的关键内容如下：

应当做的：

1. 基于申诉最后会导致仲裁这样一种假设去调查和处理每起申诉案件。

2. 与员工讨论他们的申诉，充分听取他们的意见。

3. 要求工会明确雇主违反了哪些具体的合同条款。

4. 遵守合同规定的申诉处理时限。

5. 走访申诉事实发生的工作区域。

6. 确定是否有证人。

7. 核查申诉者的人事档案。

8. 全面检查过去的申诉记录。

9. 平等对待工会代表。

10. 私下展开申诉讨论。

11. 让你的上级充分了解导致出现申诉的问题。

不应当做的：

1. 与工会会员单独讨论申诉案件——申诉者本人应当在场。

2. 与员工个人达成与劳资协议不一致的安排。

3. 在公司有错的情况下迟迟不采取补救措施。

4. 被动地受以往做法的约束。

5. 面对工会时放弃作为管理者应当行使的权利。

6. 根据所谓的公平原则来解决申诉。相反，你应当坚持劳资协议的规定。

7. 就劳资协议之外的主题进行谈判。

8. 把惩戒或解雇管理人员的要求作为仲裁的主题。

9. 针对申诉提供冗长的书面答复。

10. 用解决一起申诉的做法来换取员工撤销另一起申诉。

11. 以自己没有自主权为由拒绝处理申诉。

12. 同意对劳资协议进行非正式的修改。

15.5 工会运动的今天与未来

工会会员占美国劳动力的比例从 1983 年的约 20%（当时有 1 780 万名工人加入了工

会）降至最近的大约 11.1％（超过 1 400 万名工人）。[69]

工会会员数量的下降与这些因素有关。传统上，被工会吸引的大部分是蓝领工人，而蓝领工作所占的比例已经逐渐下降。同时，全球化带来了更加激烈的竞争和更大的压力，企业不得不想办法降低成本、提高生产率，通常是将生产线转移到海外。对企业和工会造成压力的其他因素包括：对陆路运输、航空以及通信等行业解除管制；设备和工厂过时；管理失误；新技术出现；法律（比如职业安全方面的法律）在某种程度上替代或减少了人们对工会的需要。自动化更多地取代了蓝领（和其他）劳动者。此外，2007—2008 年的经济衰退导致无论是公共部门还是私营部门都不得不削减预算，仅公共部门就有大约 100 万个工会会员的岗位被取消。不仅如此，在很多破产案件中，法院最后往往会将一些不太有利的合同条款施加在工会会员身上。[70] 例如，破产法院的一名法官允许爱国者煤炭公司（Patriot Coal Corp.）大幅削减矿工、退休人员及其家属的薪酬和福利。[71]

上述这些现象产生的净效应就是：成千上万的工会会员失去了工作，很多工厂被永久性关闭，越来越多的公司迁往非工会化的地方（要么是在美国境内，要么是迁往国外），同时，导致工会员工的岗位消失并且对集体谈判协议产生影响的兼并和收购不断发生。这就说明了为什么在过去的几十年内，工会会员在美国劳动人口中所占的比例下降到了约 11.1％——大约下降了 1/2。[72]

15.5.1 工会能做些什么

当然，工会也不会袖手旁观。例如，改革制胜联盟（代表着大约 550 万名工人）就奋起反抗，准备通过“在私营经济中开展创新运动……确保每位劳动者都能获得足以支持家庭基本生活的工资以及过上有尊严的退休生活”。[73] 美国劳工联合会和产业工会联合会（AFL-CIO）也继续坚持其立场，例如，它们反对新税法，称其会扼杀就业机会，并反对一项法案的通过，因为该法案“会削减对使工薪家庭受益的医疗健康项目的支持”。[74]

工会也越来越成功地将新经济企业中的员工组织到工会中来。例如，*Slate* 和 *Salon* 两家杂志的作家加入了美国东部编剧协会（Writers Guild of America East）。[75] 为什么这些劳动者要加入工会呢？这些公司可能是“新的”，但它们的员工加入工会的原因是相当传统的。例如，据报道，Vice Media 这一互联网媒体公司的公平工资政策发挥了重要作用。又如，出版商齐夫·戴维斯（Ziff Davis）收购全球之声（Mashable）时曾解雇了 50 名员工，而那些留下来的员工可能认为公司的这种做法向他们发出了必须保护自己的信号。[76]

很多工会在协调彼此的活动方面变得更加积极主动。

劳工立法的最新发展趋势 正如前面提到的，在美国，对工会的支持总是时有起伏，过去几年也不例外。例如，在 2014 年底，美国国家劳资关系委员会公布了关于所谓快速工会选举的最终规则。工会在提交代表权选举申请书后，最短可以在 13 天内举行选举，专家们认为，这一规定将使雇主更难提出反对工会的理由。[77] 另外，雇主以及雇主雇用的与工会运动相关的顾问、律师已经有很多年不需要相互披露自己是否参与了某次工会运动，而现在却必须报告。[78]

2017 年，特朗普为美国国家劳资关系委员会任命了一名共和党劳工律师，专家们认为，该委员会即将采取行动推翻奥巴马政府的一些决定。[79] 2018 年，美国众议院的共和党人正在推动全美范围内的工作权立法。[80]

15.5.2 合作性劳资关系

尽管新闻中经常会出现敌对劳资关系的报道，但在劳资关系史中偶尔也会出现双方合作的情况。

举个例子，50 多年前，美国通用汽车公司和日本本田汽车公司共同建立了一个被它们称为新联合汽车制造公司（NUMMI）的合资企业。新联合汽车制造公司重新开放了位于加利福尼亚州弗里蒙特的前通用汽车工厂（今天生产特斯拉汽车的工厂）。合资双方希望将通用汽车公司的营销专业优势与本田汽车公司引以为豪的基于团队的管理系统结合起来。[81]新联合汽车制造公司与美国汽车工人联合会达成了共识：管理层与工人将作为一个团队共同工作，并且赋予工人在决策制定过程中的发言权，同时还要以较低的成本生产出高质量的汽车。工厂很快就取得了巨大的成功（虽然双方最终关闭了这家合资企业）。

自此以后，很多劳资关系管理协议都会包含一些所谓的合作条款。比如表达合作意愿的声明；成立委员会审查出现的双方共同关注的事项；对就业安全的保证。无论是否有这样的合同承诺，正如另一项研究表明的那样："那些能够与公司管理层建立起合作关系的工会在帮助组织克服障碍，采取有利于组织竞争力提升的有效措施方面，都发挥着重要的作用。"[82]那些想要利用这种潜在优势的企业家必须改变自己的思维方式，要更加重视合作伙伴关系的建立。[83]

本章内容概要

1. 劳工运动是非常重要的。美国大约有 1 500 万名劳动者加入了工会，约占劳动者总人数的 11.1%。工人们组建工会不仅是为了得到更多的薪酬或者更好的工作条件，不正当劳资关系行为的存在和工会的力量也是非常重要的原因。工会的首要目的是寻求自身的保障性，并改善其会员的工资、工时和福利。工会保障可能有五种形式：封闭型企业、工会制企业、工会代理制企业、工会会员优先企业，以及会员资格保持型企业。

2. 为了理解工会及其所产生的影响，有必要理解工会和法律之间的相互关系。总的来说，劳工法律经历了积极鼓励时期、有条件地鼓励和规范管理时期以及对工会内部事务实施具体规范管理时期。今天的法律环境似乎在朝着更多地鼓励工会发展的方向转变。历史上，有关鼓励工会发展的法律包括 20 世纪 30 年代颁布的《诺里斯-拉瓜迪亚法》与《国家劳资关系法》（或《瓦格纳法》）。这些法律规定了某些不正当劳资关系行为是违法的，并且使组建工会变得更容易。《塔夫托-哈特莱法》或《劳资关系法》规定，工会不能强制性地要求员工加入工会，并罗列了一些不正当的工会行为。20 世纪 50 年代出台的《兰德勒姆-格里芬法》（严格地说是《劳资关系报告与公告法案》）进一步保护工会会员免受其所在工会的某些不当行为的侵害。

3. 雇主和工会通过集体谈判达成协议。集体谈判的关键是有诚意谈判，这意味着劳资双方必须尽可能作出各种合理的努力来达成协议，双方针对对方的建议提出相应的意见。谈判双方都需要努力理解各自所代表的那一方的需求，并且量化双方的这种需求。实际的谈判主题，包括像工资等这样一些强制性谈判主题、非法谈判主题以及诸如退休福利等这样一些自愿性谈判主题。如果集体谈判过程进展得不顺利，谈判双方就会引入第三方，其中包括事实调查、调解和仲裁。罢工是一种停止劳动的方式，由于劳资双方没能就合同达成一致意见可能会导致经济罢工、反不正当劳资关系行为罢工、野猫罢工和同情罢工。

4. 绝大多数管理者在其职业生涯中都会涉及劳资申诉。绝大多数集体谈判合同都包括一个具体的申诉处理程序，列明了处理申诉的步骤。总的来说，应对申诉的最好办法是营造一种氛围，使申诉从一开始就不会发生。然而，如果申诉真的发生了，管理者要做的事情则包括调查、认真处理个案，就好像每一起案件都会发展到接受仲裁那样加以重视，同员工就申诉进行沟通，遵守集体谈判中规定的申诉处理时限。

5. 工会联盟，例如改革制胜联盟在组织工人方面正表现得越来越积极，并且工会正在走向全球化，因此，合作性劳资关系既是可能的，也是合理的目标。

讨 论 题

1. 为什么员工会加入工会？成为工会会员的优点和缺点各是什么？
2. 讨论必然会导致企业在美国国家劳资关系委员会选举中落败的四种做法。
3. 简要说明劳工法律为什么不断地经历着对工会从抑制到鼓励的循环。
4. 具体说明在工会启动和选举过程中的每一个步骤。
5. 详细说明僵持、调解和罢工，并说明可以用于化解僵局的各种方法。

个人及小组活动

1. 假设你是一家小型制造工厂的管理人员，适用于你们工厂大多数员工的工会合同将要到期。请以个人或小组为单位，讨论如何为工会合同的谈判做好准备。

2. 以个人或小组为单位，利用互联网查找公司管理层和工会在谈判过程中形成僵局，但最终又化解了僵局的事例。描述导致形成僵局的问题。他们是如何化解僵局的？最后的结局是什么？

3. 几年前，8 000 名美国国家铁路客运公司（Amtrak）的工人一致决定不采取罢工的做法，起码一直到法院举行听证会之前如此。美国国家铁路客运公司要求法院颁布临时禁令，而美国运输工人工会（Transport Workers Union of America）也乐得因此拖延罢工。很明显工人们并不是对该公司不满，而是对美国国会没能为该公司提供足够的资金感到不满。作为管理者，当你发现员工威胁要举行罢工，但并不是因为公司做错了什么，而是因为第三方——在这个案例中是指美国国会——有某种作为或不作为时，你能采取哪些措施？哪些法律可以阻止此案中的工会举行罢工？

应用案例

在 Vice Media 公司组建新媒体员工工会

2016 年，Vice Media 公司和美国编剧协会（WGA）签订了一份合同，合同涉及 Vice Media 公司中从事数字业务的 70 名左右的员工。[84] 2017 年，该公司的其他 430 名员工投票成立工会。他们中的许多人为 Vice.com 以 Vice 冠名的 HBO 电视节目制作视频内容。有些人加入了美国东部编剧协会，有些加入了电影剪辑协会（Motion Pictures Editors

Guild)。随着新媒体的快速发展，Vice Media 公司的遭遇反映了新媒体公司现今面临的挑战。

在 20 世纪 90 年代，Vice Media 公司是作为一本前卫杂志起步的。如今，除了印刷部门之外，它已经转变为一个在线新闻来源，拥有 Noisey、Garage、Motherboard、Viceland 有线频道（以及其他频道）和移动平台。华特迪士尼公司向 Vice Media 公司投资了 4 亿美元，Vice Media 公司最近又从一家私募股权公司获得了 4.5 亿美元的投资。其中一部分资金将用于开发 Vice Media 公司旗下的 Viceland 有线频道和移动平台的脚本节目。无论如何，就像其他新媒体公司一样，内容创作者、作者、编辑等是公司的核心员工。这使得劳资关系成为这些新媒体公司面临的核心问题。

对于工会来说，新媒体行业的员工代表着工会会员重新开始增长的最佳来源之一。因此，像美国编剧协会这样的工会正在设法吸引这些员工。在这个过程中，工会重新强调了千禧一代员工最关心的事情不仅是工资增长，还有工作的独立性和多样性。

为了帮助这样的公司成立工会，工会正在推动网络事件的发酵，并且以它们已经吸收到工会中来的新媒体公司的员工作为网络头条。例如，一个工会让《每日秀》（The Daily Show）这个节目的作者解释加入工会的好处。

一些新媒体公司（包括 Vice Media 公司）对工会相当欢迎，而有些公司则采取敌对的态度。例如 Buzzfeed 公司的首席执行官就强烈反对工会化。

因此，工会为吸引新媒体公司员工而开展的工作并不总是一帆风顺的。例如，Gothamist 和 DNAinfo 的所有者在员工投票成立工会后就关闭了这两个网站。所有者警告说，这两个网站已经在亏损了。

工会和新媒体雇主必须明白，新媒体行业中的员工——大多数是千禧一代——最重视的是什么。事实证明，他们想要的和其他劳动者并没有太大的不同。除了工作独立之外，他们还希望获得优厚的薪酬和福利、公平的待遇以及表达意见的权利。

那些希望为快速发展的新媒体写作的魅力足以阻止员工加入工会的雇主们错了。首先，在 Mashable 公司裁掉 50 名员工、Buzzfeed 公司裁掉 100 名员工之后，蔓延的焦虑情绪促使员工们组建工会。这些员工中的许多人（或大多数人）都上过很好的学校，又找到了好工作，结果却发现自己的平均薪酬很低，员工流失率很高——许多人在大学毕业几年后就从事了第二份或第三份工作。一项研究发现，在 30 岁及以上年龄的人群中，46% 的人对工会持赞成态度；而在 18～29 岁的人群中，55% 的人对工会持赞成态度；这可能并不令人惊讶。

此外，新媒体公司和它们的员工都有了发展。例如，包括 Vice Media 公司在内的许多公司都是从一位作者所说的新媒体是"无法无天的牛仔"那个时候起步的。但随着它们的发展及其员工年龄的增长，这些员工想要更多的稳定性。

问题

1. 你认为美国编剧协会不用举行罢工的原因是什么呢？如果他们采取罢工措施，一旦罢工开始，你会建议雇主采取什么策略进行反击？

2. 你觉得为什么 Vice Media 公司很快就同意成立工会，而其他新媒体公司却直接停业？这对美国编剧协会这样的工会组织来说意味着什么？

3. Vice Media 和 Buzzfeed 等新媒体公司中的工会组建活动在本质上都是因为专业从事创作的编剧和电影电视制片人之间发生了冲突。在你看来，这种冲突在某些方面有别于美国汽车工人联合会或卡车司机工会与汽车公司或卡车公司之间的冲突吗？为什么？

连续案例

卡特洗衣公司

申诉处理

在走访卡特洗衣公司的一家分店时，詹妮弗在停车时十分惊讶地被一位公司老员工带到一边。这位员工乔治跟詹妮弗说，他由于上个周四迟到而被扣两天工资。"我实在是很沮丧，但是在这里，门店经理的话似乎就是法律不能违背，并且任何想提出争议的人所能采取的唯一方式似乎就是像现在这样在停车场见到你或者你父亲。"詹妮弗为这个事实所震惊，并向该员工许诺她将调查并同她父亲商讨这个问题。在驱车回总部的途中，她开始仔细琢磨卡特洗衣公司能够采取的备选方案。

问题

1. 你认为卡特洗衣公司有必要建立正式的申诉处理程序吗，为什么？

2. 基于你对卡特洗衣公司的了解，列出你认为适合该公司的申诉处理程序的框架。

3. 除了申诉处理程序，你认为卡特洗衣公司还可以采取哪些措施确保类似的问题和抱怨能够为最高管理层所获悉？

注　释

第 16 章　安全、健康和风险管理

Safety, Health, and Risk Management

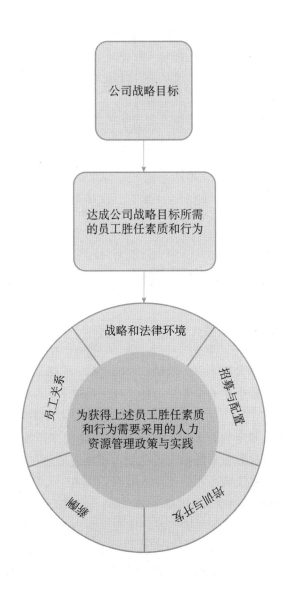

➡️ 我们学到哪儿了

　　一项调查结果显示，80%以上的员工都认为工作场所的安全性比最低工资、病假和产假更为重要。[1]本章的主要目的是向读者提供管理人员在处理工作场所安全和健康问题时需要掌握的相关知识。我们将要讨论的主题包括：安全与管理者；管理者需要了解的职业安全法律；引发安全事故的原因；如何预防安全事故的发生；基于员工参与的安全计划；工作场所的安全风险——问题与对策；职业安全与风险管理。

➡️ 学习目标

1. 说明基层管理人员在安全方面扮演的角色。
2. 解释与《职业安全与健康法》以及其他安全方面的法律有关的基本情况。
3. 回答这样一个问题："引发事故的原因是什么？"
4. 列举并解释防止工作安全事故发生的五种办法。
5. 描述一家公司如何利用员工敬业度改善工作场所的安全性。
6. 说明如何最大限度地减少员工的不安全行为。
7. 讨论一项安全保障计划的前提条件，以及如何实施一项基本的安全保障计划。

　　2010 年，英国石油公司（BP）墨西哥湾的"深水地平线"（Deepwater Horizon）钻井平台发生的爆炸和火灾是安全问题的一个缩影。这场爆炸夺走了 11 名员工的生命。[2]据现场报道称，事故的起因是防喷器发生故障未能启动。

➡️ 16.1　导言：安全与管理者

16.1.1　为什么安全如此重要

　　几年前，在拍摄《星球大战：原力觉醒》（*Star Wars/The Force Awakens*）时，千年隼号飞船上的液压门意外砸中了哈里森·福特（Harrison Ford）。虽然有好几周无法工作，但所幸他受的伤并不严重。[3]

　　管理人员之所以关注安全问题和事故的预防，主要是基于以下几个方面的原因。首先，工作场所中发生的事故数量多得惊人。例如，在最近的一年中，至少有 5 190 名美国员工死于工作场所事故，多于前一年的死亡人数（约 4 800 人）。[4]其次，工作场所事故导致约 290 万例工伤和疾病。[5]

　　这很可能还低估了工伤事故的实际情况，实际上，遭受职业伤害和患职业病的工人数量是这一数字的 3~4 倍。[6]这些数字并没有反映出工人及其家庭所遭受的痛苦。[7]正如接下来的"改进绩效：作为利润中心的人力资源管理"专栏所示，工作场所的安全问题会对企业的成本和利润产生影响。

改善安全带来利润增长

很多人假定，当企业想办法在安全项目上节约成本时，它们省下来的钱就有助于提高利润，但事实并不是这样。例如，糟糕的安全措施往往导致更高的工资，这是因为当其他条件相同时，工作风险越大，这种工作需要支付的工资水平就会越高。[8] 实际上，由此导致的糟糕的安全状况、工伤以及员工患病等反而会给企业带来很多成本，包括医疗费用、工伤保险以及生产率损失等。[9]

举个例子来说，一项研究发现，接受过加利福尼亚州职业安全与健康管理局的安全隐患检查的公司的工伤索赔减少了 9.4%，在工伤保险方面节省了 26% 的成本，并且对公司的销售额、信用评级或者雇用等方面没有产生明显的负面影响。[10] 一项针对首席财务官的调查表明，企业在工伤预防方面投资的每一美元都会为其带来两美元的收益。在这些受访的首席财务官中，40% 的人都提到了有效的工作场所安全措施带来的最大好处是生产率的提高。[11] 一家木材公司仅仅在改善安全和员工安全培训方面投入了大约 5 万美元，就在 5 年内节省了 100 多万美元。在美国，每年仅仅是与工作相关的听力损伤造成的工伤保险索赔就给企业带来大约 2.42 亿美元的成本，而这些成本本来是可以通过为员工提供耳套、耳塞以及相关的培训避免的。[12] 因此，可能让人感到惊讶的一点是，降低成本和提高利润的最简单方式之一竟然是完善企业的安全措施。

工伤并不只存在于像建筑业这样的危险行业。例如，近年来计算机也成为导致"办公楼综合征"的元凶之一，这种综合征会引起头痛等典型症状。在办公室中工作实际上很容易受到其他许多安全和健康问题的困扰，比如重复性损伤。

16.1.2　管理层在安全问题上的作用

几年前，一家能源公司的首席执行官因公司的煤矿造成 29 名矿工死亡而被判有罪。[13] 法院对他的定罪强调了这样一个事实，即高层管理人员——首席执行官、总裁和董事会成员——必须对职业安全问题高度关注。[14]

我们将会看到，安全事故的减少通常得益于企业减少或消除了容易导致安全事故的工作条件以及行为。但是，仅仅在口头上告诉员工"要安全地工作"是徒劳的，除非管理层能够在安全生产方面发挥好模范带头作用。[15] 从历史上看，美利肯公司（Milliken & Company）的事故率一直大大低于整个化工行业的平均水平，其良好的安全状况在一定程度上源于企业对安全问题的切实投入，这一点在其公司博客中是显而易见的：

> 我们都听过这句话，要"以身作则"，在谈到培育有效的安全文化时，这句话仍然是正确的。事实上，整个企业安全基调的设定通常是自上而下的。只有将安全生产从一个普通的项目转变为组织内部每个人都必须重视和遵守的不可妥协的价值观，才能确保公司安全战略的成功。[16]

下面的专栏将对各级管理人员在安全问题上起到的作用进行阐释。

改进绩效：战略背景

深水地平线

对于对英国石油公司的安全措施持批评态度的人来说，发生在墨西哥湾的"深水地平线"钻井平台事故并不是由于防喷器发生故障造成的。[17] 对公司而言，不管这种说法是对还是错，此次事故都反映了该公司长期以来以牺牲安全为代价强调降低成本和提高盈利能力的企业战略。例如，5 年前，在一份报告中，美国化学安全委员会（Chemical Safety Board）就将英国石油公司得克萨斯州得克萨斯市炼油厂发生的大规模爆炸事故归咎于公司对成本的削减及它所采取的一种安全战略，即口头上要求减少事故的发生，但是将那些不安全的陈旧设备放置在原地。对于董事会和其他一些研究英国石油公司采取的安全措施的人来说，深水地平线事故不过是提供了另外一个例子说明，一家公司要想鼓励员工采取安全行为必须由高层带头，以及高层管理者的战略如何能真正改善员工的安全行为。[18] 随后的一部电影《深水地平线》（*Deepwater Horizon*）描述了英国石油公司一位高管视察钻井平台，他对工期延误感到恼火，于是让工人忽略测试结果加速赶工，而实际上测试结果显示钻井平台即将爆炸。

因此，企业应该通过安全政策规定将管理人员对安全应负的责任制度化并公之于众，还应该高度重视安全问题。路易斯安那-太平洋公司（Louisiana-Pacific）所有的会议都以简短的安全信息开始。[19] 佐治亚-太平洋公司（Georgia-Pacific）通过要求管理人员将事故数量降至原来的一半实现了工伤保险成本的下降，如果管理人员做不到，公司就会扣发他们 30％的奖金。ABB 公司要求其高层管理人员每个季度都要对公司的设施、工作地点以及各类项目进行一次安全巡视。[20]

16.1.3　各级管理人员在事故预防中扮演的角色

在检查完工人在一条 4 英尺深的沟里安装管道的现场作业后，美国职业安全与健康管理局的一名检察官传讯了这家施工企业，因为其违反了在深沟进行挖掘作业的企业要有"楼梯、阶梯、坡路或其他安全出口"的规定。[21] 一旦沟渠塌方，工人需要有快速离开的通道。[22]

在大多数情形下，企业需要对安全问题承担主要责任，但日常安全检查方面的责任却是由施工所在地的监管人员承担的。本案例中的企业主管人员并没有合理地履行自己的安全检查职责。结果沟渠塌方，工人因此受了伤（公司也因此损失了上万美元）。

无论你是《财富》500 强企业的信息技术部门的经理，还是一家干洗店的经理，日常安全检查都应该成为你正常工作内容的一部分。正如最近的一份安全建议指出的："每天到工作场所去转一转——无论你是在室外从事建筑工作，还是在室内从事制造工作，或者是在其他任何可能会面临安全隐患的地方工作——这是你工作中必不可少的一部分。"[23]

检查的具体内容取决于工作场所。例如，建筑工地和干洗店引发危险的情况就有所不同。但是，通常来说，你可以利用一份"不安全工作条件清单"（图 16-6 就是这样的一个例子）查找安全问题。在本章的最后，我们在图 16-8 中展示了另一个更详细的清单。（注意：请停下你手头的事务，环顾四周，你能列出四个潜在的安全隐患吗？）

16.2　管理者应了解的职业安全法律概要

50 多年前，美国国会通过了 **1970 年《职业安全与健康法》**（Occupational Safety and Health Act of 1970）[24]，"以尽可能确保每个工人拥有安全和健康的工作环境，并保护人力资源"。[25]该法案未覆盖的企业有自雇用者、只雇用自家亲属的农场主，还有已经受到其他联邦政府机构或法律保护的一些工作场所。虽然该法案中的条款通常不适用于州政府和地方政府的机构，但适用于联邦政府的机构。

根据该法案的规定，在美国劳工部设立了职业安全与健康管理局（Occupational Safety and Health Administration，OSHA）。职业安全与健康管理局的基本使命是制定和执行几乎适用于美国所有劳动者的安全和健康标准，该机构大约有 2 200 名检查员在全美各地的分支机构工作。[26]最近，它的执行标准一直在发生变化。但是，职业安全与健康管理局和许多企业仍然对该局提供的像自愿保护计划（VPP）这样一些合作项目保持高度关注。自愿保护计划（VPP）规定，对那些经职业安全与健康管理局批准的政策和项目以及低于平均伤病率的企业免除常规检查。[27]

16.2.1　职业安全与健康管理标准与记录程序

职业安全与健康管理局根据"总则"的标准条款开展工作，它要求每一家企业：

> 应当为每位员工提供不存在对员工正在造成或可能造成死亡或严重身体伤害的公认危险因素的工作和工作场地。

为了完成这一基本使命，职业安全与健康管理局负责发布具有法律强制力的标准。（企业还应遵循国际安全设备协会（International Safety Equipment Association）和美国国家标准协会（American National Standards Institute）的标准。）[28]图 16-1 介绍的是职业安全与健康管理局发布的管理脚手架栏杆标准中的一小部分内容。[29]

> 脚手架栏杆的规格不小于 2 英寸×4 英寸或等值的尺寸，在距地面或地板以上 10 英尺的所有脚手架上，则需在必要时在所有敞口处安装高度为 36～42 英寸的、规格为 1 英寸×4 英寸的木材或由类似材料制成的横档。脚踏板的最低高度为 4 英寸。金属丝网应当根据本节（a）（17）段的规定安装。

图 16-1　职业安全与健康管理标准示例

资料来源：From Occupational Safety and Hazard Administration (OSHA). Retrieved from https：//www. osha. gov/pls/oshaweb/owadisp. show _ document? p _ table＝STANDARDS&p _ id＝9720.

职业安全与健康管理局的规定并不只是列出了企业要遵守的标准，同时还说明了如何遵守这些标准。例如，职业安全与健康管理局制定的有关呼吸道保护的标准就包括项目管理和员工培训方面的内容。

根据职业安全与健康管理局的规定，有 11 名或 11 名以上员工的企业必须对所发生的职业伤害和疾病保持记录并提交报告。**职业病**（occupational illness）是指由于接触与工作相关的环境因素而引起的任何反常情况或失调状态。这包括由于吸入、吸收、吞咽或直接接触有毒物质或有害媒介而引起的急性或慢性疾病。

企业必须报告哪些内容　如图 16－2 所总结的，企业必须向政府报告所有的职业病。[30]它们还必须就大部分职业伤害，特别是那些导致医疗处理（急救除外）、失去知觉、工作受限（缺勤 1 个工作日以上）、行动受限以及工作调动的职业伤害向政府报告。[31]如果工伤事故导致一名员工死亡，则任何企业，无论其规模大小，都必须向距离最近的职业安全与健康管理局办公室做详细报告。即使只有一名员工因与工作相关的事故需要住院治疗，企业也必须在 24 小时内通知职业安全与健康管理局。[32]

类似地，职业安全与健康管理局提出的记录要求也很多。[33]需要记录的情况包括：任何与工作相关的死亡，任何导致劳动者意识丧失、缺勤、行动受限或工作调动的工伤或疾病，以及任何需要急救以外的医疗处理的工伤或疾病。图 16－3 是职业安全与健康管理局制作的用于报告职业伤害或职业病的表格。

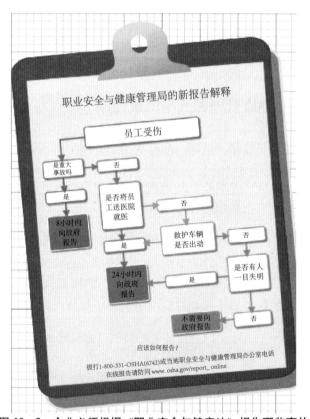

图 16－2　企业必须根据《职业安全与健康法》报告哪些事故

资料来源：https://www.osha.gov/recordkeeping2014/blog-OSHA-flow.pdf.

职业安全与健康管理局第 301 号表格
职业伤害与职业病报告

来源：美国劳工部职业安全与健康管理局

注意：此表格包含与员工健康相关的信息，必须尽可能以保护员工隐私的方式使用，同时，仅作职业安全与健康目的使用。

　　这份《职业伤害与职业病报告》是当可记录的职业伤害或疾病发生时，需要首先填写的表格之一。其他表格还包括《职业伤害与疾病日志》和《总结摘要》，这些表格可以帮助企业与职业安全与健康管理局了解与工作相关的此类事件的发生程度与严重性。

　　在得知有可记录的与工作相关的伤害或疾病发生的 7 日内，必须填写此表格或与之相当的表格，但与之相当的表格也必须包含此表格中询问的所有信息。

　　根据公法 91-596、1904 年《美国联邦法规》第 29 条款（29 CFR 1904）的规定以及职业安全与健康管理局的记录规定，必须在自此表格适用期限开始后再存档 5 年。

　　如果需要此表格的副本，可以根据需要进行复印。

由＿＿＿＿＿＿＿＿＿＿＿＿＿＿＿＿＿＿＿＿＿完成

职位名称＿＿＿＿＿＿＿＿＿＿＿＿＿＿＿＿＿＿＿＿

电话(　　　)　——　　日期＿＿＿／＿＿＿／＿＿＿

员工个人信息

1) 员工姓名＿＿＿＿＿＿＿＿＿＿＿＿＿＿＿＿＿

2) 街区＿＿＿＿＿＿＿＿＿＿＿＿＿＿＿＿＿＿＿
城市＿＿＿＿＿＿州＿＿＿＿＿＿邮政编码＿＿＿＿＿

3) 出生日期＿＿＿＿＿＿／＿＿＿＿＿＿／＿＿＿＿＿＿

4) 入职日期＿＿＿＿＿＿／＿＿＿＿＿＿／＿＿＿＿＿＿

5) 性别　　□ 男　　　□ 女

医生及其他医疗保健专业人士的信息

6) 医生及其他医疗保健专业人士的姓名＿＿＿＿＿

7) 如果治疗是在工作场所以外进行的，在哪里治疗的？
机构＿＿＿＿＿＿＿＿＿＿＿＿＿＿＿＿＿＿＿＿＿
街区＿＿＿＿＿＿＿＿＿＿＿＿＿＿＿＿＿＿＿＿＿
城市＿＿＿＿＿＿＿＿州＿＿＿＿＿＿邮政编码＿＿＿＿＿

8) 员工是在急救室中治疗的吗？
□ 是　　　　　　□ 否

9) 员工是否作为门诊病人连夜住院？
□ 是　　　　　　□ 否

事件信息

10) 日志中的事件编号＿＿＿＿＿　（在你记录事件后，请将日志中的事件编号抄写在此处）

11) 受伤或疾病日期＿＿＿／＿＿＿／＿＿＿

12）员工开始工作的时间_____上午/下午
13）事件发生的时间_____上午/下午 □ 如果不能确定时间，需要进行核查
14）在事故发生前，员工在做什么？ 描述员工的活动以及使用的工具、机械或材料。请具体描述，例如，"员工爬上梯子时，拿着覆盖屋顶的材料""用手动喷雾器喷洒氯水""日常的计算机录入"。
15）发生了什么事故？告诉我们事故是如何发生的。例如，"梯子在湿滑的地板上滑倒，员工从20英尺高的地方摔下来""更换垫片坏时发生意外，员工被氯水所伤""随着时间的推移，员工的手腕开始疼痛"。
16）伤害或者疾病是什么？告诉我们受伤的身体部位以及是如何受伤的；不要仅描述为"伤""痛"或者"酸"。例如，"背部拉伤""手部被化学药品灼伤""腕管综合征"。
17）什么物品或物质直接伤害了员工？ 例如，"水泥地""氯水""旋臂锯机"。如果此问题不适用于描述该事件，则此处留空。
18）如果员工死亡，是什么时候发生的？ 死亡日期_____/_____/_____

图 16-3　用于记录职业伤害或职业病的表格

资料来源：U. S. Department of Labor.

16.2.2　检查与传讯

职业安全与健康管理局通过检查和传讯（如果有必要）来执行其规定的各项安全标准。检查通常不会提前通知。如果没有经过企业的同意，职业安全与健康管理局不能进行未经授权的检查，可以在获得授权许可或同等许可之后进行检查。[34] 在检查员人数有限的情况下，职业安全与健康管理局最近关注"公正而有效的执行力"，它结合了延伸服务、教育和合规援助以及职业安全与健康管理局和企业之间的合作计划（如"自愿保护计划"）。[35]

检查重点　职业安全与健康管理局根据"最严重的最优先检查"这一原则来确定检查的优先顺序。按严重程度从最高到最低，优先顺序的排列分别是：紧急危险事件、重大灾难事故、死亡事故、员工投诉、高风险行业检查和追踪检查。[36] 职业安全与健康管理局在最近一年中进行的检查就超过 3.24 万次，而各州开展的检查次数超过 4.35 万次。[37] 职业安全与健康管理局会将企业的安全和健康数据公开，以鼓励企业采取安全措施。[38]

根据检查的优先顺序，如果投诉表明某种情况是紧急危险的，则职业安全与健康管理局会在 24 小时内进行检查；如果是存在严重危险的，则在 3 个工作日内进行检查。对于工人或工会以书面形式提交的"不严重"投诉，职业安全与健康管理局会在 20 个工作日内给予回复。对其他不严重的投诉，职业安全与健康管理局会给企业写信，要求其采取整改措施。职业安全与健康管理局最近向近 1.5 万家企业发出通知，告知它们由于其工伤及员工患病率高于平均水平，因此可能要面临强制性的安全检查。[39]

检查过程　当职业安全与健康管理局的检查员到达工作现场时，检查过程便开始了。[40]

这位检查员会出示资格证件并要求面见企业代表。（企业应当坚持看对方的资格证件，包括证件上的照片和序号。）该检查员要说明来访目的、检查范围以及适用的标准。在检查期间，可授权一名员工代表陪同。该检查员还可以停下来询问工人（如果有必要，可以私下询问）有关安全和健康状况的问题。《职业安全与健康法》保护所有的员工都不会因其行使检举权而遭受雇主歧视。[41]

职业安全与健康管理局的检查员会对各种违法情况进行调查，但是有些容易出问题的领域，比如脚手架和坠落保护，似乎更容易吸引他们的注意力。职业安全与健康管理局最常检查的违法行为涉及五大领域：脚手架、坠落保护、有害通信、阀门闭锁（因电力中断而出现的）以及呼吸防护。[42]

最后，在检查完厂房和企业的记录之后，检查员与员工代表一起开一个总结会。在会上，检查员将与企业讨论其存在的某些明显违法行为，而这些行为可能会招致职业安全与健康管理局的**传讯**（citation）和罚款。此时，企业可以做好记录以示服从。图 16-4 为管理者列出了一份安全检查指南。

最初接触
- 在负责相关事务的本公司管理人员或职业安全与健康管理局的协调员到达现场之前，限制检查员进入。
- 检查该检查员的资格证书。
- 询问该检查员为什么来检查公司的工作场所：是收到了投诉还是例行来访？
- 如果是因收到投诉来检查，你有权知道投诉者是不是现有的员工，尽管不能知道这个人的姓名。
- 通知你在职业安全与健康管理局的咨询顾问，他应当审查检查员提出查看的所有文件和信息方面的请求。同时，该顾问还应该审查你即将提供给检查员的各种文件和信息。

召开会议
- 确定准备检查的重点和范围：检查员是想要亲自检查工作场所，还是仅仅对你提供的相关记录文件进行研究？
- 讨论保护涉及商业机密区域的程序，对员工进行访问并生成相应记录。
- 向检查员表明公司已经制订了安全计划。如果你们公司的文件做得完善并且是及时更新的，检查员可能就不会到工作现场去了。

巡视检查
- 陪同检查员进行检查并做好详细记录。
- 如果检查员拍照或摄像，那么你也应拍照或摄像。
- 索取所有物质样本的复制品和所有测试结果的复印件。
- 为检查员提供帮助，但不要主动提供信息。
- 在可能的范围内，应立即纠正检查员确定的任何违法问题。

图 16-4　职业安全与健康管理局为管理者提供的安全检查指南

资料来源：Patricia Polle，"When OSHA Knocks," *Occupational Hazards*，February 2008，pp. 59-61；Robert Grossman，"Handling Inspections：Tips From Insiders," *HR Magazine*，October 1999，pp. 41-50；and "OSHA Inspections," https：//www. osha. gov/OshDoc/data _ General _ Facts/factsheetinspections. pdf，accessed August 18，2018.

职业安全与健康管理局提供免费的现场咨询计划，针对中小企业提供保密的职业安全和健康服务。保密安全和健康服务由来自各州的安全专家提供，完全独立于职业安全与健康管理局的检查工作，这些专家不会发出传票或作出处罚。[43]

处罚 职业安全与健康管理局也可以施加罚款。对故意或多次严重违法的行为，一般处5 000～150 000美元的罚款，而实际上的罚款金额可能比这多得多。例如，英国石油公司在得克萨斯市的工厂就因一起安全事故而被罚款1 300万美元。[44]（双方当事人在正式提起诉讼之前，即在"沉淀解决期"通常会解决违反职业安全与健康管理局规定的许多案件。）[45]在企业启动协商解决方案后，职业安全与健康管理局会同时向企业发出违法告知并实施双方商定好的处罚措施。[46]对于轻度的违法行为通常不采取处罚措施。

一般而言，职业安全与健康管理局在计算罚款时，除了要考虑违法的严重程度之外，还要考虑企业规模、遵守法律的历史记录以及企业的诚意（尽管不是故意违反）等因素。[47] 在实际过程中，职业安全与健康管理局必须从独立的职业安全与健康审查委员会（Occupational Safety and Health Review Commission，OSHRC）那里得到最后的命令才能实施罚款。[48]提出申辩的企业可能要上诉若干年。许多企业会对传讯提出申诉，至少是向职业安全与健康管理局的地区办公室提出申诉。[49]职业安全与健康管理局会在网上公布检查结果。职业安全与健康管理局的网站（www.osha.gov）使你能够很容易地了解职业安全与健康管理局针对你们企业（或者你们的竞争对手）的执法历史。[50]

16.2.3　企业和员工的责任和权利

根据《职业安全与健康法》，企业和员工都有相应的责任和权利。例如，企业有义务提供一个没有公认的危险因素的工作场所；有义务熟悉强制性的职业安全与健康管理标准；有义务检查工作场所中的各项条件，以确保其符合适用的标准。[51]企业有权从职业安全与健康管理局得到建议和外部咨询，在接受检查前有权要求并核实职业安全与健康管理局的执法官员的有关身份证明，有权了解执法官员进行检查的原因。

员工也有自己的权利和责任，但他们不会因为没有承担责任而被职业安全与健康管理局传讯。例如，员工有责任遵守所有相应的职业安全与健康管理标准，遵守企业制定的所有安全与健康管理规定，向上级报告危险情况。员工有权要求企业保障自己在工作中的安全与健康，而不用担心因此受到惩罚。法律禁止企业惩罚和歧视向职业安全与健康管理局投诉在工作安全与健康方面存在危险的员工。（参见图16-5中所示的职业安全与健康管理局的海报。）[52]

你有权要求企业保障自己在工作中的安全与健康，因为这是法律赋予你的权利!

- 如果你的工作场所中存在风险，你有权告知企业或职业安全和健康管理局。你可以让职业安全和健康管理局对你的姓名保密。

- 如果你认为你的工作场所中存在不安全或者不健康的环境因素，你有权要求职业安全和健康管理局进行检查。你可以与企业代表一同参与检查过程。

- 你可以根据《职业安全与健康法》行使自己的权利，针对企业的安全与健康歧视，在30天内向职业安全和健康管理局提出申诉。

- 你有权查看职业安全和健康管理局向企业发出的传讯通知。企业必须将传讯通知张贴在涉嫌违反法律的场所附近。

- 企业必须在传讯的截止日期前，纠正工作场所的风险，而且必须证明这些风险已经减少或消除。

- 你有权查看医疗记录以及你接触有毒有害物质或环境的记录副本。

1-800-321-职业安全和健康管理局
www.osha.gov
美国劳工部职业安全和健康管理局

图16-5　职业安全与健康管理局的安全海报

资料来源：From Job Safety and Health：It's the Law! U. S. Department of Labor. www. osha. gov/Publications/osha3165. pdf，accessed September 9，2018.

如何应对员工抵制 虽然员工有义务遵守职业安全与健康管理标准，但事实上他们经常采取抵制行为，在这种情况下，企业通常很有可能会受到法律的惩罚。例如，有些工人拒绝戴硬壳安全帽就是一种典型的抵制行为。

当企业因为工人没有遵守规定而受到罚款处理时，可能会辩解说，是工人自己拒绝这样做的。但是，在多数情况下，法院还是认为，企业应对工人违反安全规定的行为负责。职业安全与健康审查委员会由独立的三个人组成，负责审查职业安全与健康管理局的决定，认为企业必须"努力阻止员工违反安全规定，必要时可以采取相应的惩罚措施"。[53]当企业因发生工伤而被传讯时，可以指出员工自身有不当行为表现。这里的关键是要提供书面证据证明该员工确实接受过正规的培训，只不过他并没有以正确的方式开展工作。[54]但是，唯一能够确保雇主没有责任的方法就是不发生事故。

影响人力资源管理的趋势：数字化与社交媒体

办公场所的安全性、合规性通常是由公司人力资源经理或专门的安全部门集中管理。然而，现在新的基于数字移动设备的安全系统在安全方面赋予各级管理人员甚至员工更大的影响力。比如，SiteDocs 数字安全管理系统可以让企业通过 iPad 等移动设备和网络将安全文档实现数字化，并相应地完成数字化文档的移动、存储、处理和访问等操作。[55]员工也可以通过登录移动设备的方式查看和完成自己的安全文档（如职业安全与健康管理局的报告）。这个系统也被管理层用来实时监控员工是否完成了文档，并帮助他们立刻识别出工作场所存在的危险和事故。

16.3 引发事故的原因是什么

导致工作场所发生事故的原因主要有三个：偶然事件、不安全的工作条件、员工的不安全行为。偶然事件（例如走过玻璃窗的时候正好有人用球打碎了那块玻璃）或多或少超出了管理人员的控制。因此，我们将集中讨论不安全的工作条件和员工的不安全行为。

16.3.1 不安全的工作条件以及其他工作相关因素

不安全的工作条件（unsafe condition）是引发事故的一个主要原因。它包括[56]：

- 设备防护不当；
- 设备本身存在缺陷；
- 机器设备周围存在的一些危险操作程序；
- 不安全的存放——挤压、超载；
- 不当照明——光线太强或光线不足；
- 水洒到地板上；

- 存在绊倒风险，比如通道被堵塞；
- 需要高空作业，包括使用梯子和脚手架；
- 存在漏电风险，比如电线磨损。

这个问题的解决办法是识别并消除这些不安全的工作条件。职业安全与健康管理标准的一个主要目的就是阐明引起事故的机械和物理条件。企业的安全部门（如果有的话）、人力资源管理者以及企业的高层管理人员都应该负责明确确认这些不安全的工作条件。

虽然事故在任何地方都有可能发生，但某些区域危险性更大[57]：最严重的事故通常发生在金属以及木工机器和锯附近，或者发生在齿轮、滑轮、飞轮之类的传送机械周围。例如，一个装有液体巧克力的传送带突然启动，弄伤了一个正在清洁这条传送带的工人的手臂。[58]

大约 1/3 的工业事故发生在叉式起重机、独轮手推车以及其他加工和搬运区域周围。安全事故有很大一部分是由建筑施工造成的，其中摔倒是造成事故的主要原因。[59]

安全日程安排和安全氛围　工作日程安排和疲劳也会影响事故率。在每个工作日开始的 5～6 小时内，事故率一般不会有明显增加。但过了这个时间，事故率就会加速增长。部分原因是疲劳，另外夜班期间更容易发生事故。员工人数的减少以及拥有第二份工作的人日益增多在一定程度上导致了员工疲劳的发生，这种情况在今天正成为一个越来越普遍的问题。[60]因此，很多企业正采取一些措施来降低员工的工作疲劳度，比如禁止强制性加班等。

工作场所中的氛围和心理状态非常重要。一位研究人员研究了 20 世纪 90 年代英国北海地区海上石油工人发生的重大事故的官方听证会。[61]由于公司要求尽快完成任务，这就使员工产生了一种巨大的精神压力。员工处于如此重压之下，再加上缺乏安全氛围，例如，各级管理人员从来不提安全问题，这样就导致了事故的发生。同样，在季节性解雇率比较高、员工中存在敌意、工资被扣发以及生活条件很差的工厂中，事故的发生率也比较高。

16.3.2　什么原因引发了员工的不安全行为

如果员工有不安全行为（比如在工作场所中奔跑），那么企业在减少不安全的工作条件方面做再大的努力都是徒劳的。问题在于是什么原因导致人们采取如此不计后果的行为？这个问题的答案还不得而知。

对于人们会有不安全行为的原因，至今还没有一个统一的解释。有时，工作环境会引发不安全行为，比如石油钻井工人压力过大。有时，员工没有得到必要的培训，而且没有学习安全程序也会引发不安全行为。[62]

很明显，有些人似乎更易发生事故。但是，这方面的研究结果并不明确。[63]一项深入研究的结果表明，一些"屡出事故者"仅仅是因为非常不走运，或者比其他人更详细地报告了自己的事故而已。[64]然而，越来越多的证据表明，具有某些人格特质的人更容易引发事故。例如，易冲动的、追求刺激的、极度外向的以及不认真（这里指的是不那么讲究和可靠）的员工更容易发生事故。[65]（《今日心理学》（*Psychology Today*）杂志社可以以大约 7 美元的成本提供一次事故倾向测试）。[66]

此外，在某一岗位上有事故倾向的人，在另一个岗位上可能并非如此。开车就是一个例子。与提出车辆保险索赔申请相关度较高的人格特点包括权利意识（"认为他们没有理由不开快车"）、不耐烦的（"总是匆匆忙忙"）、冲动的（"信号灯变绿之后第一个冲出去"）以及注意力不集中（"常常因为接听电话、吃饭等事情分心"）。[67]

巴黎酒店的人力资源管理实践

莉萨和首席财务官审查了公司的安全记录以及那些困扰着他们的问题。根据他们所能找到的与安全相关的指标，其中包括每年的事故成本、因事故带来的工作时间损失、员工的人均工伤保险、每年的安全培训项目数量等，巴黎酒店与其他大多数连锁酒店相比处于劣势。请看本章末的案例，看看他们是如何处理这一问题的。

16.4 如何预防事故的发生

实际上，事故预防主要可以归结为减少不安全的工作条件和减少不安全的行为两方面的基本活动。在大工厂中，由首席安全官（通常称为"环境健康和安全官"）负责这些活动。在小企业里，负责这些活动的管理人员通常来自人力资源部门、工厂管理层以及一线经理。

小企业的安全问题尤其严重。例如，企业主可能会忽视关键性的安全保护措施，如化学品危害培训。然而对此也没有一个简单的解决办法，公司的人力资源管理者应该确保最高管理层能够了解存在的潜在问题，并积极寻求解决方案，例如让职业安全与健康管理局进行安全审计并提出建议。[68]

16.4.1 减少不安全的工作条件

减少不安全的工作条件（比如职业安全与健康管理局的解决措施）永远是企业预防事故发生的第一道防线。安全工程师应当通过工作设计来消除或减少工作中的物理风险，而且各级管理人员在这方面可以发挥作用。图16-6和图16-8所示的清单可以帮助企业确定和排除一些潜在的危险。

CD-574（9/02）表	
美国商务部　适用于基层主管人员以及安全项目经理的办公室安全核查清单	
姓名：	部门：
地址：	日期：
签名：	
此清单旨在协助基层主管人员以及安全项目经理进行安全与健康管理检查。内容包括一般的办公室安全、人体工程学、火灾预防、电力安全等问题。如果回答了"否"，则需要采取纠正措施。如果有问题，可以向安全办公室寻求帮助。登录美国商务部安全办公室的网站http：//ohrm. doc. gov/safetyprogram/safety. htm，可以得到更多的信息。	

工作环境

是	否	问题不适用	
○	○	⊙	所有的工作区域是否都干净、卫生、整洁？
○	○	⊙	光照是否充足？
○	○	⊙	噪声分贝是否过高？
○	○	⊙	通风是否足够？

地面、工作场所表面

是	否	问题不适用	
○	○	⊙	走廊和过道是否有可能绊倒人的堆积物品？
○	○	⊙	厨房、洗手间的地面上是否有水和湿滑物品？
○	○	⊙	地毯是否有撕破或绊倒的危险？
○	○	⊙	所有楼梯是否都有固定的扶手？
○	○	⊙	是否提供了防滑的踩踏表面？
○	○	⊙	去高处取物品是否提供梯子？物品存放是否安全？
○	○	⊙	存放文件的抽屉在不用时是否锁上了？
○	○	⊙	是否定期检查客运、货运电梯？在现场是否能够看到检查的认定证书？
○	○	⊙	地面上的坑或裂痕是否被覆盖或用其他方式保护起来？
○	○	⊙	当走廊或过道被抬升到高出相邻地板或地面 48 英寸以上时，是否提供了标准护栏？
○	○	⊙	是否存在不安全或有瑕疵的家具？
○	○	⊙	暖气和空调的通风口上是否有覆盖物？

人体工程学

是	否	问题不适用	
○	○	⊙	是否为员工提供了举起重物的正确技术？
○	○	⊙	为了预防一般的人体工程学问题，是否对工作台进行了改装？（例如，椅子的高度可以使员工的双脚平放地面上，大腿与地面平行；电脑屏幕的上端略低于视线；键盘与肘部一样高。关于工作台改装的更多信息，请登录美国商务部安全审查办公室网站 http：//ohrm. doc. gov/safetyprogram/safety. htm。）
○	○	⊙	在需要的地方是否提供了机械帮助或仪器？如举重物设备、手推车、小车等。
○	○	⊙	每年针对员工关注的人体工程学问题是否进行了调查？

紧急信息（张贴）

是	否	问题不适用	
○	○	⊙	万一发生紧急情况，是否容易找到张贴的紧急电话号码？
○	○	⊙	是否对员工进行了紧急程序培训？
○	○	⊙	是否张贴了消防疏散程序或图表？

是	否	问题不适用	
○	○	⊙	在储存危险废物的每个区域是否张贴了紧急信息？
○	○	⊙	是否在电话附近张贴了工作场所应急信息？
○	○	⊙	是否在显眼的地方张贴了职业安全与健康管理局的海报以及其他要求张贴的海报？
○	○	⊙	是否提供足够的急救用品并进行适当维护？
○	○	⊙	在医疗援助达到之前，为了应对员工受伤与疾病状况，是否提供充足的训练有素的急救人员？
○	○	⊙	工作现场是否提供防火与紧急行动计划的副本？
○	○	⊙	是否有危险警告标识或警告牌用来警告员工存在相关危险？

预防火灾

是	否	问题不适用	
○	○	⊙	易燃液体如汽油等是否妥善存放在安全罐中，并置于易燃液体防火柜中？
○	○	⊙	手提式灭火器分布是否恰当？（可燃距离不超过 75 英尺，易燃距离不超过 50 英尺）
○	○	⊙	是否培训员工如何使用手提式灭火器？
○	○	⊙	这些手提式灭火器是否每个月都进行目测检查，且每年进行维护？
○	○	⊙	放置手提式灭火器的地方是否没有被阻挡并张贴标签？
○	○	⊙	产生热量的仪器是否放置在通风良好的地方？
○	○	⊙	火灾报警站是否被清楚地标明且没有被阻挡吗？
○	○	⊙	防火洒水喷头下是否保持适当的空隙（如 18 英寸）？

紧急出口

是	否	问题不适用	
○	○	⊙	那些既不是出口又不能通向出口，却可能会被误认为是出口的门、走廊或楼梯，是否标记了"非出口""通往地下室""库房"等名称？
○	○	⊙	是否有足够数量的安全出口？
○	○	⊙	安全出口是否没有被堵塞或锁住，以致阻碍员工立刻逃走？
○	○	⊙	安全出口是否提供了妥善的标识或照明？
○	○	⊙	是否明确标明了通向安全出口的方向？
○	○	⊙	在使用建筑物时，如果不用钥匙或其他特殊知识，从紧急出口方向到出口的大门是否都是敞开的？
○	○	⊙	是否存在这样的出口——员工从出口离开，却到达了存在火灾危险的区域？

电气系统

（在这部分检查中，请让设备维护人员或电工跟随协助）

是	否	问题不适用	
○	○	⊙	所有的电线和电缆是否都连接完好且安全？
○	○	⊙	电源插座是否没有超负荷？

是	否	问题不适用	
○	○	◉	是否使用固定布线而不是软线或延长线？
○	○	◉	配电板和断路器的周围区域是否没有被阻挡？
○	○	◉	高压电服务室是否处于锁好状态？
○	○	◉	电线的布线是否没有接触尖锐物品且清晰可见？
○	○	◉	所有的电线是否都是接地的？
○	○	◉	所有的电线是否都状态良好（例如没有拼接、磨损）？
○	○	◉	所有的电器是否都是得到（例如保险商实验室（Underwriters Laboratory））批准使用的？
○	○	◉	电扇是否有防止手指接触的保护装置？
○	○	◉	加热器是否得到保险商实验室认证，是否安装了当加热器过热时设备自动关闭的装置？
○	○	◉	加热器是否远离可燃物且放置在通风良好的地方？
○	○	◉	在电气室中，所有电器的电线管和外壳是否都是固定的？
◉	○	◉	是否为插头、容器、工具、仪器处的软线或延长线提供夹子或其他安全手段且有安全电线护套？
○	○	◉	对于所有电器许可的准备、安全操作、维护工作，是否提供了足够的通道和工作空间？（所需工作空间为 600 伏特以下 3 英尺，600 伏特以上 4 英尺）

物品存放

是	否	问题不适用	
○	○	◉	储存架、货架是否具有承载预期存放的物品的能力？
○	○	◉	货架是否很安全，货物不会掉下来？
○	○	◉	办公设备是否处于稳定状态，不会掉下来？

图 16 - 6　在线安全核查清单

资料来源：Office of the Chief Information Officer，United States Department of Commerce，http：//ocio.os.doc.gov/s/ groups/public/@doc/ @os/@ocio/@oitpp/documents/ content/dev01_002574.pdf，assessed October 15，2013.

　　要想排除不安全的工作条件，解决方案有时显而易见，有时却不太容易找到。例如，工作时失足和摔倒常常是由碎片或地板湿滑所致。像地板防滑覆盖物、改善照明都是比较明显的补救措施。但是，有的解决方案可能不大明显，例如使用防滑鞋等个人安全用具可以降低滑倒和摔倒的概率；防割手套也可以减少在工作时因锋利物造成的危险。[69]（美国每年有 100 万工人因手部受伤被送到医院急诊室。）[70]员工可以使用停止按钮切断机器电源。[71]锁定/标记是禁用电锯等设备的一个正式程序，比如断电用来避免意外激活等情况发生。它包括使设备失去作用，并在设备上粘贴一个"禁用"标签。[72]在使用运动监控器等可穿戴数字设备时，企业应该确定设备的可用性，并确定它不会引发额外的安全问题。[73]

　　减少办公室中的不安全状况也很重要。[74]例如，确认工作空间符合所有建筑规范；确保建筑商、承包商和（或）房东遵守职业安全与健康管理局规定的标准（例如，确保出口畅通）；确保租房合同中指明你可以强迫房东解决安全问题；确保通风管道清洁干净。

随着越来越多的员工与机器人一起工作，安全标准也在发生变化。例如，工业机器人具有监测速度和安全停止的装置，因此员工可以将零件递给它们而不会被机器人的手臂击中。[75]许多新型的合作机器人都具备带有人类特征的数字屏幕脸。例如，当机器人要捡起某个东西的时候，它会首先朝这个方向"瞥一眼"，以提前警告它的人类"同事"。[76]

工作伤害分析　耶鲁大学曾有一名理工科学生在实验室工作到很晚，结果她的头发被卷进一台旋转机床致使她受到了很严重的伤害。**工作伤害分析**（job hazard analysis）是一种在实际造成事故之前对此类伤害因素进行识别和消除的系统性方法。根据美国职业安全与健康管理局的相关规定，工作伤害分析"所关注的是员工、任务、工具以及工作环境之间的关系"，并且最终是要将潜在的风险因素减少到可接受的水平。[77]

让我们设想一下，有一位安全专家以识别潜在的危害因素为目的，查看了耶鲁大学的科学实验室。在这里，做一次工作伤害分析可能包括对事故现场进行查看以及弄清楚以下几个方面的问题：

● 可能会出现的差错有哪些？一位学生的头发或衣物可能会被卷进机床，机床是一种转动设备，它会"抓住"人的头发或衣物并将其拽进旋转着的机器。

● 差错造成的后果是什么？一旦学生的身体部位或头发被机器"抓住"并卷进旋转机床，这位学生会受到严重的伤害。

● 事故是如何发生的？在以下几种情形下可能会发生这样一些事故：学生工作时离机床太近，或者向机床走得太近，或者试图弯腰去捡一份掉落在机床旁的论文。

● 还有哪些因素可以造成此次事故？速度也是造成事故的一个重要因素。一切发生得太快了：一旦被机床缠住了头发，学生根本无法躲避。

工作伤害分析应该为相关对策的制定提供基础。鉴于此类事故发生的速度之快，仅仅靠培训是不够的，应该将实验室的机床放置在其保护外壳之中，并且作出一些改变——确保机床不会自动旋转，除非学生通过脚踏开关使机器运转。

令人惊讶的是，虽然工作场所的工伤人数明显减少，但严重的工伤数量和死亡人数下降得不明显。例如，2003—2015年的工伤和疾病比率下降了大约40%，但死亡率仅下降了15%。[78]

因此，企业应特别关注重伤和死亡。这要从识别高风险事件开始。例如，员工自己不小心用刀切到手指就不像用自动切片机切到手指那样更具潜在灾难性。因此，首先要确定这些潜在的高风险事件，然后进行工作危害分析，并采取预防措施。[79]

运行安全审查　当日本的福岛核电站在2011年发生爆炸后，很多人都怀疑国际原子能机构（International Atomic Energy Agency，IAEA）没有对该核电站进行必要的运行安全审查。**运行安全审查**（operational safety review）（或安全运行审查）由相关机构实施，以确保在其管辖范围内的单位确实遵守了所有适用的法律、规定、命令以及规则。例如，根据国际原子能机构制定的运行安全审查项目的规定，"由国际专家团队对一家核电站的安全运行情况实施深入评估"。[80]

个人保护设备　虽然穿戴个人保护设备可以减少一些不安全状况，但是让员工穿戴个人保护设备如安全帽可能是一件很困难的事。[81]防护设备的性能很重要。职业安全与健康管理局表示："防护设备应该具备舒适性，从而能鼓励工人使用。"[82]除了提供可靠的保护以外，防护用具还应具备以下特点：大小合身、易于保管和维修；灵活轻巧；给人舒适感并具有良好的散热性；纹理粗糙；比较容易穿脱；容易清洁、处理和回收。很多企业，如金佰利公司（Kimberly-Clark）和 MCR 安全公司都在研究跑步运动员、滑雪运动员和美式赛车手所用的新型纤维和布料，以设计出更适合人们穿着的高科技用具。[83]需要关注的不仅仅是可穿戴性。例如，一些员工拒绝接受听力保护，因为他们害怕妨碍与同事之间的沟通。[84]因此，征求员工的意见很重要。

当然，管理人员应该在事故发生之前就要求员工穿戴好保护设备，而不是仅仅在事后强调这一点。例如，一家制糖厂发生的易燃粉尘爆炸直接导致 14 名员工死亡，还烧伤了很多员工。该企业随后才要求员工都穿上防火服，但对于那些受害者来说，这种要求显然太迟了。[85]

类似地，寒冷的天气意味着企业应该为在户外工作的劳动者提供保护。[86]比如，对温度和风寒条件进行检测，确保为员工提供适用于寒冷天气的服装，监测员工的冻伤迹象，并提供足够的室内休息时间。[87]

但是，减少不安全的工作条件应当永远是预防事故的第一道防线。职业安全与健康管理局表示，在使用个人防护装备之前，企业必须通过提出所有可行的施工要求消除或减少工作中的潜在危害。[88]

影响人力资源管理的趋势：数字化与社交媒体

信标（beacons）这种小型设备——可以不断地发送无线电信号——正在成为宝贵的职业安全工具。企业可以使用信标跟踪员工，特别是当员工处于困境时。还有一些企业会用信标警示那些靠近危险区域的员工。[89]

多元化盘点

保护易受伤害的工人

在营造安全和健康的工作环境时，企业要对那些易受伤害的工人保持特别的关注，包括年轻工人、移民工人、老年人和女性工人。[90]比如，15 岁的工人通常只能合法地从事收银和办公室中的一些工作，16～17 岁的工人可以从事烹饪和建筑等方面的工作。在最近一年中，大概有 550 名 16～17 岁的工人受了工伤。[91]另外，正如一家安全工程公司的首席执行官所言："几十年来，在设计针对眼部和脸部的防护用具时，女性总是被忽视。"今天，已经有越来越多的类似产品有适合女性员工的尺寸。[92]

随着越来越多的工人延期退休，老年工人在更多地从事制造工作。[93]虽然他们能够高效地完成这些工作，但是随着年龄的增长，会出现很多潜在的生理变化，包括力量变小、肌肉灵活性降低以及反应变慢等。[94]老年工人的死亡率大概是年轻工人的 3 倍。[95]这意味着企业要采取一些特殊的措施，如设计出能减少超重货物、提高照明水平的工作。[96]

企业还需要制定应对健康问题的预案。[97]在心脏骤停的紧急情况下，早期心肺复苏和体外除颤器是必不可少的。企业应当准备好相应的设备并且培训一位或多位员工学会如何使用它们。[98]

16.4.2 减少不安全的行为

尽管减少不安全的工作条件是第一道防线，但是员工的不安全行为甚至能使那些最好的安全措施失效。[99]

有时，不安全的行为是员工故意采取的，但通常不是这种情况。比如，至少有一半的汽车事故与驾驶员开车时分心有关。美国国家安全委员会（National Safety Council）最近的一项估计表明，在所有的机动车辆碰撞事故中，24%的情况都与当事人在事发时使用手机有关。[100]（根据相关规定，商用汽车驾驶员在驾驶期间是不允许使用手持式移动电话的。[101]）在工作中，没能注意到移动或静止的物体或者没注意到地板是湿滑的，常常会引发事故。[102]具有讽刺意味的是，"通过机械或者个人防护设备来保证安全，实际上弱化了工人的危机意识，因此导致不安全的行为增多"。[103]

然而，对于禁止不安全行为来说，仅仅告诉员工"要注意"通常是不够的。首先，要识别并努力消除潜在的危险——如没有防护的设备。然后，减少可能导致员工分心的因素，如噪声、热度和压力等。最后，要仔细地筛选和培训员工，接下来我们将讨论这方面的内容。

16.4.3 通过人员甄选和配置来减少不安全行为

恰当的人员甄选和配置能够减少不安全行为。在这个过程中企业的目标是，通过找出那些能够预示求职者在相应职位上容易发生工伤事故的人格特质，来筛选掉具有这些人格特质的求职者。例如"员工可靠性指数"（ERI）就是一种用于测量各种可靠性维度的工具，这些可靠性维度包括情绪成熟度、责任感和安全工作绩效等。[104]其他一些企业则利用工作模拟测试（这种测试试图通过模拟实际需要完成的工作活动来对求职者进行测试）和身体机能测试（测试求职者的肌肉力量和运动能力）来预测哪些求职者更有可能发生事故。许多企业会做身体需求评价（PDA）。这种评价能够列出工作对体力的要求，例如每小时举起 40 磅①的重量，在 32℃的高温下工作。然后，企业可以根据这些要求针对相关职位设计更为精确的甄选和培训方案。[105]

类似地，基于行为的面试问题也能反映相关的信息，比如可以这样提问："如果你的上司交给你一项工作任务，但是不为你提供关于如何安全地执行该项任务的培训，你会怎么办？"

16.4.4 通过培训减少不安全行为

哈特福德保险公司（Hartford Insurance Company）的研究发现，员工在入职第一个

---

① 1 磅=0.453 6 千克。

月内发生工伤的比率是其他员工的 4～6 倍。[106]

安全培训能够减少不安全行为的发生,对新员工来说,这一点特别适用。[107]你应当教会他们安全工作规定和程序,警告他们哪里存在潜在的危险,并帮助他们树立安全意识。要达到职业安全与健康管理局的标准,仅仅依靠培训是不够的。企业必须证明员工确实学会了该做些什么。例如,职业安全与健康管理局的呼吸保护标准要求,每一位员工都能够证明自己知道应当如何检查、打开、移动呼吸器密封装置。[108]职业安全与健康管理局发行了两本小册子:《职业安全与健康管理局培训要求》(*Training Requirements under OSHA*)和《工作场所安全与健康教学》(*Teaching Safety and Health in the Workplace*)。由于临时工在工作场所中发生事故的情况在全部工伤中占很大的比例,企业应该特别注意对这类员工的培训。[109]

但是,安全培训的目的并不是让企业达到职业安全与健康管理局的培训标准,而是传授知识和技能以减少事故。一项研究发现,大多数有效的安全培训都要求员工高度参与。[110]在这项研究中,需要达到"最低限度参与"的项目包括课堂讲授、电影教学、阅读材料以及基于视频的培训活动。需要达到"中度参与"的项目包括能提供反馈的电脑界面指令。需要达到"深度参与"的项目则包括行为模仿、模拟以及亲身实践培训等。

很多企业还会购买供应商提供的网络安全培训项目。[111]例如,在线安全课程和视频网站包括 https：//safetyskills.com/、PureSafety(www.ulworkplace.com)和 https：//vividlearningsystems.com/courses。当加利福尼亚大学想对分布于 10 所分校中的 5 万名员工进行强制性培训时,它就与供应商 Vivid Learning System 合作开发了一个在线培训项目。两小时的自定义网络实验室安全基础课程涵盖了职业安全与健康管理局作出的各项规定以及一些互动式练习,同时还能向参与者提供反馈。[112]职业安全与健康管理局、国家职业安全与健康研究所(National Institute for Occupational Safety and Health,NIOSH)和其他一些私营供应商也提供在线的安全培训解决方案。[113]

16.4.5　通过激励手段减少不安全行为:安全海报、奖励计划和正强化

企业也可以利用各种手段来激励工人安全地工作。[114]安全海报就是其中一种手段。安全海报能够明显增加安全行为,但是它不能替代全面的安全计划。企业应当将海报与其他手段(比如人员甄选和培训)结合起来使用,以减少不安全的工作条件和行为,同时还要经常更新这些海报。海报应该内容清晰,张贴在容易看到、光线好的地方。[115]

各种奖励计划也很有用处。在几年前的一项调查中,大约 75% 接受调查的美国制造商表示,它们制定了与安全相关的奖励项目。[116]大多数这样的奖励项目会对与安全有关的员工行为给予奖励,例如参加安全会议、报告一次险些发生的事故或报告不安全的情况。[117]还有供应商提供成套的安全奖励计划。例如,$afety Pay$(www.safetypays.com)的安全奖励项目就包括一些鼓励员工增强安全意识的项目。

职业安全与健康管理局认为,这些计划并没有减少实际事故或疾病的发生,只是减少了事故和疾病的报告。职业安全与健康管理局禁止企业使用任何形式的激励计划惩罚那些报告事故或工伤的员工。[118]职业安全与健康管理局可能会质疑的一点是,此类安全奖励计划提供的奖金如此丰厚,可能会导致那些"理性"的员工瞒报安全问题。[119]

一种解决方法是(看以下专栏)强调非传统性的奖励,比如认可。[120]总之,激励措施必须成为全面的安全计划的一个组成部分。[121]

运用正强化

很多企业成功地运用正强化计划改善了安全状况。这样的计划要求持续向员工提供积极的反馈来塑造员工的安全行为，反馈形式通常是图表绩效报告以及一线主管人员的支持。

研究人员在一家面包批发企业引进了这样一个项目。[122]新的安全计划包括正强化和培训。研究者制订并公布了合理的安全目标（根据所看到的安全操作的行为事件）。接下来，在30分钟的培训阶段，员工共同观看研究人员设计好的描述发生在工厂中的一些情景的幻灯片。例如，一张幻灯片展现了一位管理人员爬过传送机的情景，另一张类似的幻灯片则展现了这位管理人员绕过传送机走的情景。在观看了不安全的行为之后，员工必须指出为什么不安全。在指出问题之后，研究人员用安全的方式将正确做法重新示范一遍，并且明确陈述安全的行为规则（比如"绕着传送机走，而不要在传送机上边或下边走"）。

培训结束时，管理人员向员工展示一张说明员工在培训前的安全记录的图表（标有看到的安全行为事件），鼓励员工提高安全工作绩效，达到新的安全目标。这样既可以保护他们自己的安全，也能为公司减少成本，帮助工厂摆脱在母公司的安全排名中落后的状况。然后，研究人员将这张图表和安全规则清单张贴在工作区域的显要位置。

观察员无论什么时候到工厂去收集安全数据，都会在图表上公布观察到的整个工人小组遵守安全行为规则的事件所占的百分比，从而使工人得到有关安全工作绩效的反馈。工人可以将其目前的安全绩效与以往的安全绩效以及指定给他们的安全工作目标加以对比。此外，当工人安全完成了特定的任务时，各级管理人员会对他们进行表扬。后来，这家工厂的安全水平有了明显改善。

16.4.6 通过培育安全文化减少不安全行为

企业各级管理人员应该通过表现出他们对安全性的重视来建立一种安全文化。一项研究根据员工对像下面这样一些问题的回答来衡量企业的安全文化："我的直接上级无论何时看到员工按照安全规则工作都会提出口头表扬"以及"我的直接上级会在工作期间来到员工身边与大家讨论安全问题"。[123]

根据一位安全专家的意见，一个充满安全导向文化的工作场所会表现出以下几个方面的特征：

1. 团队合作，以管理人员和员工共同参与的形式来进行安全管理。

2. 在安全事务方面，开展高度可见的互动式沟通与合作。

3. 建立起一种关于卓越安全的共同愿景（尤其是要在组织中形成关于所有的事故和伤害都是可以预防的这样一种态度）。

4. 将重要的安全职能分配给特定的个人或团队。

5. 朝着识别和纠正工作场所的安全问题这一目标持续不断地努力。[124]

6. 鼓励员工报告已经发生的安全事故。[125]

16.4.7 通过建立支持性的环境减少不安全行为

具有支持性的主管人员团队似乎有更好的安全记录。"组织可以通过将主管人员培训成更好的领导、强调团队合作和社会支持的重要性、确立安全的价值观等来培育一种支持性的环境。"[126]

16.4.8 通过制定安全政策减少不安全行为

公司的明文安全政策应该强调事故预防是重中之重，并且公司将会竭尽全力消除或减少安全事故以及伤害的发生。

16.4.9 通过设置具体的损失控制目标减少不安全行为

公司应该设置自己想要达到的具体安全目标。例如，根据每位全日制员工发生的导致工时损失的伤害事件频率来设置安全目标。

16.4.10 通过行为安全教育和安全意识项目减少不安全行为

行为安全教育（behavior-based safety）是指首先确定造成工伤事故的员工行为，然后对员工进行培训，以避免再出现这些行为。例如，泰尼克公司（Tenneco Corporation）实施了一项行为安全教育计划。这家企业从质量管理人员、培训管理人员、工程师以及生产工人中挑选出内部顾问。经过培训之后，这些内部顾问将五种关键行为确定为公司的第一个安全计划所要解决的问题。内部顾问进行观察，收集有关行为的数据，然后制定现场培训计划，让员工学会如何正确地执行这五种行为。[127]

企业还会利用安全意识项目来改进员工的安全行为。**安全意识项目**（safety awareness program）指由经过培训的各级主管人员就通常的安全危害以及简单的预防方式等对到达某个工作地点的新员工进行培训和引导。例如，美国公路和运输建筑商协会（American Road & Transportation Builders Association）的道路安全意识项目涵盖了卡车司机需要注意的各种安全问题，其中包括不同速度下的停车距离要求等。

16.4.11 通过员工参与减少不安全行为

员工的参与在安全计划中起着关键作用。正如职业安全与健康管理局所说："为了效率，任何安全与健康计划都需要员工及其代表的参与……员工参与意味着员工参与建立、运行、评价和改进安全与健康计划。"[128]理想情况下，企业应鼓励所有的员工参加方案的设计，使他们能够放心地报告存在的安全或健康问题，并能够获得他们为参加该方案所需的那些信息。[129]下一节对此做了说明。

影响人力资源管理的趋势：数字化与社交媒体

安全管理者知道，仅仅有良好的安全意识是不够的，企业必须对安全合规情况进行审计。首先，直线经理应当借助安全核查清单（见图16-6）定期检查自己负责的区域，对所有可能引起安全与健康问题的因素进行例行检查，对所有的事故和险些发生的事故进行调查。

公司或工作场所范围内的安全审计也是必要的。职业安全与健康管理局为企业提供了一个安全自我审计工具。[130]例如"管理层实施并传达支持安全和健康计划的书面政策"以及"安全与健康审计计划的具体目标和期望"。[131]

管理人员应该通过运用移动数字工具完成安全审计工作。例如，管理者和员工可以使用 iAuditor 这种安全审计和核查清单应用软件[132]来设计和完成安全审计工作——这种软件可以在 iTunes 上获取。iAuditor 软件中包含的安全检查表和相关工具可以让企业针对核查清单发现的情况采取行动。[133]AssessNET 是一款基于云计算的安全审查软件，它可以让企业远程完成管理风险评估、事故记录和安全审计等方面的工作。[134]员工可以通过台式机和移动设备使用这种软件，从而做到快速访问安全记录，快速报告危险，并提醒企业做好安全事件的管理。[135]在安全审计中，与安全相关的指标包括工伤和疾病率、人均工伤保险成本、风险行为的减少、安全培训练习等。[136]理想情况下，企业还要跟踪审计数据的变动趋势（比如看看事故发生率到底是上升了还是下降了，还是保持稳定）以及采取的整改措施。[137]

表16-1总结了一些可供企业参考的减少不安全的工作条件和不安全行为的建议。

表 16-1　减少不安全的工作条件和不安全行为

减少不安全的工作条件
识别并消除不安全的工作条件
运用一些管理手段，如实行职位轮换
使用个人防护设备

减少不安全行为
强调高层管理人员的重视和投入
强调安全
制定安全政策
通过人员甄选减少不安全的行为
提供安全培训
利用海报及其他宣传手段
利用正强化手段
设定可以实现的具体的安全目标
利用基于行为的安全计划
鼓励员工参与
定期进行安全与健康检查

➡ 16.5　写给管理者的员工敬业度指南

16.5.1　美利肯公司——通过员工敬业度实现世界一流的安全水平

美利肯公司的主营业务包括化学品、地板覆盖物、防护织物和纺织品的设计、制造和销售。该公司在全球拥有 39 家工厂和大约 7 000 名员工。该公司因其创新产品、高员工敬业度以及基于世界一流员工敬业度的安全项目获得广泛认可。它也是唯一一家连续 15 年被评为"最具商业道德的企业"的公司。[138]一项基于员工的组织承诺度、工作自豪感和授权程度等所做的调查发现，该公司员工的积极敬业度水平达到 80%。[139]该公司的极低工作场所疾病和工伤率使其成为最安全的公司之一。[140]

16.5.2　基于员工参与的安全计划

美利肯公司的安全流程的核心是基于员工参与的安全计划。例如，员工在安全指导委员会和安全分委员会中都有代表，每周都要提交"改进机会"建议，同时对其中的每一项建议进行审查并提供反馈。[141]安全流程是基于美国联邦政府、州政府和公司的安全指南拟定的不断升级的目标。这些目标由每个工厂的小组委员会通过每周的会议转化为具体的指标（例如，每位员工每小时发生的工作事故）。每周小组委员会通过审计工作不断改进工厂中的安全活动。工厂中的员工也会获得一份需要熟悉的与他们操作的机器相关的安全措施清单。[142]

美利肯公司的每一位员工对安全计划的参与水平都是可量化的，例如，在安全指导委员会任职或参加安全审计。[143]此外，为了提高员工的敬业度，公司安全计划还会对员工赋能。例如，就职业安全与健康管理局的安全法规对员工进行培训。美利肯公司还培训员工如何发表和接受点对点的安全评论，例如当看到其他员工采取安全（或不安全）的工作行为时，每位员工都可以提供建设性或赞赏性的反馈。该公司的安全跟踪工具也可以帮助员工确保安全方面的建议、安全审计以及其他安全计划都得到跟踪和落实；每个计划名称都包括数字、日期和负责员工的名字。[144]该公司的计划符合职业安全与健康管理局的自愿保护计划，其在美国的许多工作场所都获得了自愿保护计划的认证。[145]

员工安全指导委员会中的每位成员都能参与安全事故的调查并找出原因。[146]美利肯公司会在正式的庆祝活动中表彰员工在安全方面付出的努力，例如在工程师进入工厂时有啦啦队为之欢呼。[147]

➡ 16.6　工作场所的安全风险：问题与对策

大多数工作场所的危险并不像没有"防护设备"或者"地板湿滑"那样明显，许多危险因素（如霉菌）作为企业生产过程的一个副产品是看不见的。工作场所中的典型危险有：化学品、极端的温度、生物性危害（如霉菌、炭疽杆菌）以及人体工程学风险（例如，位置不恰当的电脑屏幕）。职业安全与健康管理局和其他安全标准中都有对上述危险因素的相应规定。[148]

16.6.1　化学品与工业卫生

职业安全与健康管理局对600种化学品的接触限度标准作出了规定，比如石棉和铅。对于这些危险物质，要求采取对空气取样以及其他防护和预防措施。

管理这些危险属于工业卫生的范围，包括识别危险、评估危险和控制危险。首先，负责员工健康与安全的管理人员（可能要和主管人员或员工团队一起）识别可能存在的危险。这个过程包括：在工厂或工作场所巡视调查、找员工谈话、翻看以前的记录，还要查询与各种职场危险有关的政府（职业安全与健康管理局）标准和非政府标准。

识别出某种可能的危险之后，就要对其进行评估。评估是为了确定危险的程度有多大。这通常要衡量某种危险物质存在的数量，把它与某些标准（例如每立方厘米的石棉纤维含量为0.10）进行比较，并确定这种危险是否在可容忍的范围之内。[149]

最后，要控制危险，也就是采取措施减少或消除这些危险。要注意，在处理危险时，个人防护用具（如面罩）只是最后的选择。在依赖这些东西之前，企业必须安装一些工程上的控制设施（如密封或通风设备），并且采取一些管理上的控制措施（包括培训、改善整理和清洁工作）。

企业需要了解的雇用法律

危险通告

比如，在一家干洗店，从表面上并不容易看出一款化学清洁剂氢氟酸会腐蚀并穿透玻璃，导致一位没有采取保护措施的工人失明。根据美国职业安全与健康管理局的规定，企业必须告知员工在工作中可能接触到的那些危险品及其性质。职业安全与健康管理局颁布的《危险通告标准》最近经过修改，作出了如下陈述："为确保工作场所中的化学品安全，企业必须将有关化学品的识别和危害的信息以员工易于获得及理解的方式呈现。"职业安全与健康管理局还宣布，为了与上述规定保持一致，化学品制造商和进口商必须对产品进行标识，并且向顾客提供危险品的安全性数据表格。所有企业都必须保证那些可能会接触到危险品的员工能够发现和了解产品标识及安全数据，同时还要培训员工恰当地处理各类化学品。[150]

人力资源管理和零工经济

临时工的安全问题[151]

在美国，临时工在工作场所的死亡人数是人们猜测的五倍之多。

这是为什么呢？首先，临时工或零工通常都是新员工，而新员工的事故率往往更高。此外，临时工或零工缺乏法定就业保护（例如，他们通常无法享受失业保险或工伤保险）。[152]这可能会促使一些企业忽视临时工的安全培训（错误地认为不需要为他们提供培训）。另外，临时工也可能缺乏能提供安全指导的同事。一些专家还认为，临时工经常从事的都是"最脏、最危险"的工作。

临时工或零工也受到《职业健康与安全法》的保护，因此公司对他们负有与对自己的员工同样的安全义务。例如，企业的主要责任是为临时工提供工作场所危险标识和与其他员工相同的安全培训。此外，跨国公司在东道国的企业还必须确保在化学品容器上贴上适当的标签，并提供适当的个人防护装备。许多企业往往通过中介机构雇用临时工。根据职业安全与健康管理局的规定，中介机构应该让临时工掌握工作危害方面的知识，同时到用人企业现场去访问，以审查这家企业的防止伤害和安全程序是否完善。

接下来我们将看看工作场所中的几个重要危险问题。

16.6.2　在工作中接触石棉以及空气质量的问题

石棉是引发呼吸系统职业病的元凶。现在，人们正在努力消除建筑物使用这类物质的情况。

就石棉而言，职业安全与健康管理局的标准要求企业采取以下措施。首先，要求无论在什么时候，只要企业预计石棉纤维浓度会上升到允许限度（每立方厘米 0.1 根纤维）的一半，就必须对空气进行监控。其次，要求通过工程设计控制（墙、特殊过滤装置等）使石棉纤维浓度符合职业安全与健康管理局的标准。只有在必须通过其他方面的努力才能符合标准的情况下，企业才能利用防毒面具。

16.6.3　酗酒和药物滥用

酗酒者中有 2/3 的人从事全职工作。[153]十年前的一项研究表明，大约 15％的美国劳动力"在过去的一整年中至少有一次在办公场所醉酒，或在上班前饮酒，或在工作时饮酒"。[154]有数据表明，在那些因工受伤而被送到急诊室的病人中，经过呼吸分析器测试可以发现其中有 16％的病人的体内含有酒精。[155]美国企业每年在员工酗酒问题上可能支出的成本——比如因员工缺勤率和事故发生率上升而带来的成本——高达 2 260 亿美元。[156]此外，在最近的 5 年内，阿片类药物导致的死亡人数增加了两倍。[157]

药物滥用测试　许多企业通常从进行药物检测入手来处理酗酒和药物滥用问题。[158]企业在正式雇用员工之前对求职者进行药物滥用测试越来越普遍。很多州制定了强制对从事高风险行业的工人进行随机药物测试的制度。例如，新泽西州现在就要求对电力工人进行随机药物测试。[159]

然而，关于药检能否减少工作场所中的事故的争论仍在继续。一项研究认为，雇用前药物测试对工作场所事故的发生率并没有什么影响。但是，如果将雇用前测试和后续随机测试结合起来使用，则能大大降低工作场所的事故发生率。[160]

随着美国就业市场的日趋紧张，越来越多的州将大麻合法化，许多企业都在缩减它们在大麻检测方面的项目。[161]例如，全美汽车租赁公司（AutoNation）最近表示，它将不再因为某人的大麻检测呈阳性而拒绝发出录用通知。

然而，有重大的潜在安全风险的企业（比如那些使用重型设备或运输工具的雇主）会进行持续性的药物测试，其他公司也是如此，如汉堡王和福特汽车公司仍然将大麻视为非法。全美汽车租赁公司拒绝那些其他非法药物检测呈阳性的人。在工厂（尤其是重型机械工厂）中，零容忍政策仍然是一个基本原则。一个食品加工工厂每月都会对1名员工进行随机检查，"并计划将其扩展到每个月检查2名员工"。[162]

有些求职者或员工会设法逃避测试，例如，购买"干净"的血液样本。有些州——包括新泽西州、北卡罗来纳州、弗吉尼亚州、俄勒冈州、南卡罗来纳州、宾夕法尼亚州、路易斯安那州、得克萨斯州以及内布拉斯加州等——的法律将在药物测试中的欺诈行为认定为犯罪。[163]然而，最新的一种口服液药物测试产品解决了"干净样本"的问题。[164]无论如何，基于上述问题的考虑，持续的随机测试仍然是可取的。

处理药物滥用问题　理想情况下，一个无药物工作场所建设项目包括以下五个方面的内容[165]：

1. 无药物工作场所政策；
2. 主管人员培训；
3. 员工教育；
4. 员工援助；
5. 药物检测。

其中，无药物工作场所政策中至少应该有以下陈述："禁止员工使用、占有、转让或买卖非法药物。"企业应该对政策依据以及惩戒后果进行解释。主管人员应该接受相关培训，以监控员工的绩效，并对员工与药物相关的绩效问题保持警惕。如表16-2所示，与酒精有关的症状包括从酗酒早期出现的行动迟缓，到酗酒后期出现的持久而无法预料的缺勤。[166]

表16-2　预示可能酗酒的显在行为模式

酗酒阶段	酗酒的一些可能信号	酗酒可能引起的绩效问题
早期	迟到 说谎 早退	工作效率低 无法按时完成任务 工作马马虎虎
中期	常常缺勤，尤其是在周一 同事认为其行为不稳定 情绪波动 焦虑 在午饭后迟到 连续多天缺勤	发生工作事故 受到老板警告 绩效显著下降 为完不成任务或错过最后期限找借口
晚期	个人疏忽 步履蹒跚 有暴力倾向 发昏、健忘 可能在工作期间喝酒	经常摔倒或发生事故 受到严厉处分 基本上不能胜任工作

资料来源：Based on Gopal Patel and John Adkins Jr., "The Employer's Role in Alcoholism Assistance," *Personnel Journal* 62, no. 7 (July 1983), p. 570; Mary-Anne Enoch and David Goldman, "Problem Drinking and Alcoholism: Diagnosis and Treatment," *American Family Physician*, February 1, 2002, www.aafp.org/afp/20020201/441.html, accessed July 20, 2008; and Ken Pidd et al., "Alcohol and Work: Patterns of Use, Workplace Culture, and Safety," www.nisu.flinders.edu.au/pubs/-reports/2006/injcat82.pdf, accessed July 20, 2008; www.ncadd.org/about-addiction/addiction-update/drugs-and-alcohol-in-the-workplace, accessed April 12, 2017; www.opm.gov/policy-data-oversight/worklife/reference-materials/alcoholism-in-the-workplace-a-handbook-for-supervisors/, accessed April 9, 2018.

企业可以利用一些工具来检测员工是否酗酒或滥用药物。应用最广泛的自我报告式酒精检测工具是 4-item CAGE 和 25-item 密歇根酒精检测测试（25-item Michigan Alcoholism Screening Test，MAST）。其中，4-item CAGE 会向使用者询问下述问题：你是否曾经：第一，尝试过减少饮酒；第二，因他人对你酗酒作出评论而感到恼怒；第三，对酗酒感到内疚；第四，在清晨睁开眼的第一件事就是喝杯酒来舒缓神经？[167]

当某位现有员工的测试结果呈阳性时，企业一般会开出四种传统的"处方"：惩戒、解雇、内部咨询以及转诊到外部咨询机构。重复测试未通过通常会招致更严厉的惩罚。联邦和州的法律都规定了企业能做什么和不能做什么。[168]例如，联邦交通法规定，未通过（或拒绝接受）药检的卡车司机应立即被取消驾驶资格，直到检测合格。[169]在佛蒙特州和明尼苏达州，第一次药检不合格的人如果完成了康复训练，企业就不能予以解雇。[170]

根据平等就业机会委员会和《美国残疾人法》的规定，"企业可以对酒精依赖型员工和非酗酒者提出相同的绩效标准要求"。[171]因此，企业通常不需要容忍与药物滥用有关的行为，如旷工。[172]不过也有例外，例如测试结果是否涉及处方药或医用大麻。涉及侵犯隐私和诽谤的诉讼总是有可能发生的。因此，谨慎的做法是将药物滥用政策和程序公之于众，例如体现在员工手册中。[173]

16.6.4 工作压力、工作倦怠和情绪低落

一份工作中的诸多事项都会让员工感受到压力。这些问题包括老板或同事比较好斗、工作保障不足、工资过低、工作日程不可预测、工作场所噪声、工作量巨大、对与工作相关的决策控制力不足、对业绩的预期不明确以及客户比较傲慢等。[174]

个人因素也会影响压力。例如，A 型性格者（沉迷于工作，总是感到有一种力量驱使自己按时完成工作任务）通常将自己置于比别人更大的压力之下。除了工作本身的压力，还有由非工作问题（如离婚）引起的压力，你可以想象，许多工人都会遇到这样的问题。

工作压力造成的个人后果包括焦虑、沮丧、愤怒、心血管疾病、头痛、事故，甚至是早期的老年痴呆症。[175]一项研究发现，在额外压力下工作的护士的心脏病发作概率是正常人的两倍。[176]对于组织来说，后果包括绩效受损、缺勤率和人员流动率上升等。一项研究估计，工作压力每年会使医疗支出增加 1 250 亿～1 900 亿美元。[177]

减轻工作压力 有许多方式可以减轻功能失调型压力，包括一般补救方法（比如增加睡眠）和其他治疗方法（比如生物反馈疗法和冥想疗法）。还有一些合理的做法是，找一个更合适的工作、寻求咨询、设计和组织每天的活动等。[178]卡尔·阿尔布雷克特博士（Dr. Karl Albrecht）在其《压力与管理者》（*Stress and the Manager*）一书中建议采用以下方法减轻工作压力[179]：

- 与同事和员工建立有益的、愉快的、合作的关系。
- 量力而行。
- 与上级建立一种特别有效的、能获得支持的关系。
- 与上级协商确定重要项目的切实可行的截止日期。
- 尽可能多地了解即将发生的事件，并尽可能多地获得提前准备的时间。

- 每天都要找时间放松身心。

- 在办公室周围散散步，以放松身心。

- 想办法减少不必要的噪声。

- 减少工作中的琐事，只要有可能，就将日常事务分派出去。

- 限制打扰。

- 不拖延处理令人讨厌的问题的时间。

- 制作一张有建设性意义的"烦恼清单"，列出问题以及每个问题的解决办法。

- 保证时间充足、质量更高的睡眠。[180]

- 设定边界，比如晚上 10 点以后不要在家里查看电子邮件。

- 通过与信任的朋友或顾问进行交谈获得一些支持。

另一种方法就是冥想。找一个安静恬适、灯光柔和的地方坐下，集中精力思考，或者数下深呼吸的次数，或者想象一个安静的地方，比如说海滩。当你要走神时，及时把你的思路收回到你的呼吸或者那个海滩上。[181]

企业可以做的事情有哪些 在减轻工作压力方面，企业也可以发挥作用。积极为员工提供支持的管理人员和公平对待是两个很重要的因素。其他一些措施包括减少工作方面的个人冲突、鼓励管理层与员工进行开放的沟通。一家位于加利福尼亚州的医院引入了一项现场礼宾服务计划来帮助员工减轻工作压力，主要是帮助员工制订假期计划等。[182]有些企业用"抗压培训"来帮助员工应对压力。比如"让参与者回想那些曾经遇到的、已经克服的压力情境，然后找出使这些情境得到控制的因素"。[183]

一家英国公司采用一种缓解员工压力的三级方法。[184]第一是一级预防，确保正确的工作设计和工作流程；第二是干涉，包括员工个人的评价、用来发现工作压力和工作中个人冲突来源的态度调查以及各级管理人员的干预调停等；第三是通过员工援助计划和咨询项目的方法进行恢复。

工作倦怠 专家将**工作倦怠**（burnout）定义为：由于过分努力地追求不现实的工作目标导致的体力和脑力资源全面耗竭。它是一个慢慢累积的过程，通过一系列的症状表现出来，这些症状包括易怒、沮丧、情绪低落、愤世嫉俗、陷入困境和怨恨。[185]

企业可以通过监督从事潜在高压力工作的员工等方式来减少工作倦怠。[186]出现工作倦怠的员工应该怎么做呢？首先，注意疲劳、注意力不集中和情绪低落等警示信号。[187]在《如何减少成功的高成本》（*How to Beat the High Cost of Success*）一书中，赫伯特·弗罗伊登伯格博士（Dr. Herbert Freudenberger）提出了以下建议：

- 打破你的固有模式。你的生活越丰富多彩，你就越能有效地预防工作倦怠。

- 定期完全放下工作。安排出专门用于内省的时间，在此期间，你可以完全摆脱日常工作。[188]还有一种减少工作倦怠的方式是，只要回到家中，就将（或努力将）工作方面的事情放到一边。[189]利用你的休假时间，只有 47％ 的员工用尽了带薪假期。[190]

- 根据内在价值重新评价你的目标。你设立的目标是符合实际的、可达到的吗？这些目标真的值得你作出牺牲吗？

- 思考你的工作。不如此紧张，你可以同样做好工作吗？

- 保持活力。一项研究发现，"那些平时不参加体育运动的员工最容易发生工作倦怠和情绪低落，而在那些进行高强度运动的员工中，工作倦怠和情绪低落现象的发生率最低，甚至根本就没有相关迹象"。[191]

员工情绪低落问题　员工情绪低落是工作中的一个严重问题。据专家估计，在美国，每年因员工情绪低落而损失的工作日超过 2 亿天，而美国企业每年仅仅在员工缺勤和生产率下降方面支出的成本就高达 170 亿～440 亿美元。[192]另外，情绪低落的员工的安全记录也总是更糟糕。[193]

一项调查发现，虽然大约有 2/3 的大型公司都向员工提供了包含针对情绪低落等在内的援助项目，但在遭遇情绪低落困扰的员工中，仅有 14％的人说他们使用过这些项目。[194]因此，企业需要对管理人员进行培训，使他们能够识别员工情绪低落的警示信号，并且劝说那些需要获得援助服务的员工使用公司提供的援助项目。[195]情绪低落是一种疾病。告诉一个情绪低落的人要"从中摆脱出来"，并不会比告诉一个心脏有问题的人"不要再操劳"取得更好的效果。典型的情绪低落的警示信号（如果这些信号持续两周以上的话）包括持久的悲伤、焦虑或"内心空虚"、睡眠不足、食欲减退、对曾经热爱的活动失去兴趣、坐立不安或易怒以及注意力难以集中。[196]

16.6.5　解决与计算机相关的人体工程学问题

职业安全与健康管理局针对计算机工作提供了一种方法。[197]这一方法的要求包括：将显示器直接放在距离你一臂的位置，每隔 20 分钟将视线从显示器上移开，去注视 20 英尺以外的东西。[198]

美国国家职业安全与卫生研究所（National Institute for Occupational Safety and Health，NIOSH）提出了一些一般性的建议，这些建议大多和人体工程学、人机界面的设计有关。具体如下：

1. 员工在电脑前每工作 20～40 分钟就应该休息 3～5 分钟，利用这段时间做其他工作。

2. 在设计时尽可能增大工作台的灵活性，使之能够适应操作者个人特点。例如，使用椅背中间有支撑的可调式座椅。不要在一个地方待太长的时间。

3. 使用设备来减轻强光的影响，如在窗户上安装遮光帘，或使用间接照明。

4. 对员工进行全面的上岗前视力测试，以确保适当矫正视力，减少眼疲劳。[199]

5. 确保使用者坐下时其手腕与肘部保持水平。

6. 将显示器放置在与操作者视线持平或低于视线的位置上，并与眼睛保持 18～30 英寸的距离。

7. 让手腕轻轻放在垫子上以便有支点。

8. 让脚平坦地放在地板或脚凳上。[200]

16.6.6　重复性运动损伤

重复性运动损伤包括腕管综合征、肌腱炎、不间断重复性运动引起的疾病或者类似手臂、手腕扭折等不自然动作导致的伤病。重复性运动损伤会影响员工从事装配线或操作计算机等需要重复性动作的工作任务。不过企业有办法减少此类问题的发生，比如实施一些帮助员工调整工作节奏的计划。[201]

16.6.7　坐姿

研究表明，久坐的人健康状况较差，因此每天需要站起来走动 30～40 次。这就是为什么有些应用程序（如 iPhone 的健康应用程序）会提醒用户每小时走动一下。[202]站立式办公桌和慢速跑步机（每小时 3～4 英里）也是不错的选择。[203]

16.6.8　传染病

企业可以采取一些措施防止传染病进入工作场所并进一步扩散。[204]这些措施包括：

1. 严密监视疾病控制预防中心（Centers for Disease Control and Prevention）的旅行警告。
2. 鼓励员工接种疫苗。
3. 向从疫区返回的员工提供例行的医疗检查。
4. 禁止其他员工在 10 天之内接触从疫区返回的员工或访客，特别是那些与疑似病例有过密切接触的人。
5. 如果员工有发烧或呼吸道感染症状，让他们待在家里。
6. 定期清洁工作场所和办公设备的表面。
7. 保持手部卫生，提供易于获得的消毒液。
8. 把休息时间错开。错峰用餐，以避免过度拥挤。[205]

16.6.9　工作场所吸烟问题

吸烟对员工和企业都是一个很严重的健康和成本问题。对于企业而言，吸烟的成本来自更高的健康保险和火灾保险费用，以及缺勤率的上升、生产率的下降（例如，吸烟者要花 10 分钟时间才能在仓库后边抽完一支烟）。

只要企业不把吸烟作为某种歧视的替代手段，是可以不雇用吸烟者的。[206]根据联邦法律，企业采取不雇用吸烟者的政策并不违法。但是，如果一家公司的吸烟者大部分恰好是少数族裔，那么反吸烟的行动会被视作歧视。另外，美国有 17 个州和哥伦比亚特区禁止歧视吸烟者。[207]如今，大多数禁止员工在办公区内吸烟的企业通常会划出一小块室外区域作为吸烟区。很多州和市现在都禁止人们在室内公共场合吸烟。[208]随着电子烟法律的不断变化，企业应该关注当地相关法律的最新动态。[209]美国国家职业安全与卫生研究所（NIOSH）建议，禁止在工作场所吸烟。[210]

➡ 16.7　职业安全与风险管理

工作场所的安全事关员工是否存在受伤或患病的风险。工作场所的安全保障则会影响到企业能否保护员工免受各种内部和外部的安全保障风险，比如由外部人员实施的犯罪活动或恐怖主义威胁。[211]工作场所安全保障计划应当完成的任务包括：在企业中建立正式的安全保障职能；保护公司的智力资产（比如与员工签订竞业禁止协议）；防范网络威胁（个人信息可能是黑客的金矿）[212]；制订危机管理计划；建立偷窃和欺诈预防程序；预防工作场所暴力；建立设施的安全保障系统等。[213]很多企业还针对可疑邮件包裹制定了特殊的处理程序，并进行常规的应急疏散演习。

16.7.1　企业风险管理

企业风险管理是"一个过程，它首先需要对一个机构遭受损失的风险进行评估，然后决定如何更好地消除、管理或减小不良事件对企业经营造成负面影响的风险"。[214]

企业面临各种各样的风险，其中只有一部分风险是与员工的健康和安全直接相关的。这些具体的风险包括自然灾害风险、金融风险以及公司计算机系统出现的风险等，其中人力资本风险位居前列。这类风险包括我们在本章中讨论过的安全风险，比如来自企业工会化的风险以及来自不充分的人员配置计划的风险。[215]

企业如何管理某种具体的风险取决于其面临的风险类别。例如，内部可预防的风险是由公司内部的行动导致的，包括员工的非法行为或工作场所事故等。[216]企业应采取一些措施来管理这类风险，比如制定道德行为规范、设置惩戒程序以及制定安全规则等。管理者将战略风险视为战略执行的一部分，比如，一位银行家就要面临借款人可能会实施欺诈的风险。企业通过独立的专家（比如那些保险风险评估专家）以及内部专家（比如帮助银行监督贷款资产组合的风险经理等）来管理战略风险。外部风险则来自公司外部，比如政治和自然灾害、恐怖主义以及经济形势突变等。管理外部风险可采用的方法包括场景规划，即公司努力识别、分析那些不可预测的突发事件，并针对其制订相关的应对计划。

16.7.2　预防和处理工作中的暴力问题

对员工实施暴力行为（已经成为工作场所中的一个严重问题）是一种内部可预防的企业风险。[217]根据职业安全与健康管理局的报告，在美国，谋杀是造成致命职业伤害的第四大原因[218]，而肇事者往往是顾客。[219]很多其他人身攻击事件牵涉到当事人的同事，或其现任或前任伴侣或配偶。[220]

由员工导致的工作场所暴力事件是可以预防和避免的。《风险管理》（Risk Management）杂志估计，大约86%的工作暴力事件在早期阶段就能被同事发现，这些同事能够在事故发生之前就提请管理层注意。然而，在大多数此类案件中，管理人员几乎无所作为。[221]人力资源管理者可以采取如下措施来减少工作场所暴力事件的发生。

加强安全措施　无论暴力事件是由同事、顾客还是外部人员实施的，加强安全措施都是防止其发生的第一道防线。根据美国职业安全与健康管理局的建议，具体的措施应该包括图 16 - 7 中的这些内容。

1. 改善外部照明状况；
2. 利用活动式的保险箱最大限度地减少存放在手头的现金数量；
3. 张贴告示表明只有有限的现金；
4. 安装无声警报和监控设备；
5. 增加值班人员数量；
6. 向工作人员提供解决冲突和非暴力回应方面的培训；
7. 在深夜、凌晨等高风险时段关闭工作场所；
8. 制定武器管制政策，比如"枪支及其他危险或致命的武器无论是否打开均不得带入工作场所"。

图 16-7　如何在工作场所加强安全保障措施

资料来源：See "Creating a Safer Workplace: Simple Steps Bring Results," *Safety Now September* 2002, pp. 1 - 2. See also www. osha. gov/OshDoc/data _ General _ Facts/factsheetworkplaceviolence. pdf, accessed September 22, 2015.

改进员工甄选工作　大约有30％的工作场所袭击事件是由同事实施的，因此筛选掉那些具有潜在暴力倾向的求职者是企业防止暴力事件发生的第二道防线。

工作场所侵害与个人及情境因素均有关系。男性以及在"愤怒特征"（对情境作出敌意反应的倾向）上得分较高的人更容易表现出工作场所侵害行为。在情境因素方面，人际不公平和糟糕的领导能力则可能引发员工对主管的侵害行为。[222]

企业可以在作出雇用决定之前筛选掉那些有暴力倾向的员工。要拿到求职者的详细求职申请书，弄清求职者的就业历史、教育背景以及推荐人的意见。[223]在面试中可以询问这样的问题："哪些事情会让你觉得很有挫败感？""你曾经遇到的最糟糕的主管人员是谁，为什么这么说？"[224]关于求职者的某些背景情况表明了企业必须对求职者做更为深入的背景调查。这些危险的信号包括[225]：

- 在就业经历中有一段没有加以说明的空白期；
- 简历或求职申请表中存在不完整的或虚假的信息；
- 负面的、不利的或虚假的推荐意见；
- 在过去的工作中发生过不服从行为或暴力行为[226]；
- 存在与骚扰行为或暴力行为有关的犯罪历史；
- 对过去离职的原因不加解释或解释不可信；
- 有滥用药物或酗酒的历史；
- 在个人的工作或生活中存在极不稳定的情况，比如经常变换工作或者在不同地区之间迁移；
- 执照或资格证书已失效或遗失[227]；
- 在过去的工作中与同事发生过冲突；
- 有暴力犯罪的前科。

制定工作场所暴力的零容忍政策　应涵盖所有工人和任何可能与公司员工接触的人。[228]

有关工作场所暴力的培训　企业还可以对各级管理人员进行培训，使他们能够识别暴力事件发生之前的线索，这些线索包括[229]：

- 工作中或工作之外发生的暴力行为；
- 证明一个人存在丧失行为意识的古怪行为；

- 过度的对抗或反社会行为；
- 性攻击行为；
- 孤立倾向或孤独倾向；
- 有暴力威胁的不服从行为；
- 对批评作出过度反应的倾向；
- 对战争、枪械、暴力、大灾难过分感兴趣；
- 有严重违反安全规定的犯罪行为；
- 在工作场所持有武器、枪支、刀具；
- 侵害他人隐私权，比如搜查他人的办公桌或悄悄跟踪；
- 长期抱怨，经常提出不合理的争议；
- 有报复倾向或者报复态度。

解雇高风险员工指南 当企业解雇一名具有高风险的员工时，应该做到：

- 对解雇面谈的各个方面都做好计划，包括面谈的时间、地点、参与人以及议程；
- 让安全保卫人员参加解雇面谈；
- 在一个有门通向办公大楼外面的房间举行面谈；
- 告知被解雇员工不能再使用公司的财物；
- 确保解雇合同简洁且切中要点；
- 确保被解雇员工在面谈时归还所有的公司财物；
- 不要让被解雇员工再回到其原工作地点；
- 在一周的早期以及清晨进行解雇面谈，使被解雇员工有时间与就业顾问或支持小组会面；
- 尽量向被解雇员工提供慷慨的遣散费；
- 不要对解雇事件进行宣扬，以保护被解雇员工的尊严[230]；
- 与解雇有关的管理人员应该在一段时间内多加小心[231]；
- 企业有必要考虑雇用一位安保专家在某段时间内监视前员工的社交媒体，以发现存在威胁的线索。[232]

工作中针对女性实施的暴力行为 最近一年，因工作死亡的人中有 10% 是他杀。[233] 男性受到致命性职业伤害的情况要多于女性，但女性遭受袭击的比例比男性要高很多。《性别动机暴力法》（Gender-Motivated Violence Act）作为 1994 年美国国会通过的《联邦政府反女性暴力侵害法》的一个组成部分，它强制规定，如果女性员工成为暴力行为的受害者，则企业要承担重大责任。[234] 在工作中被杀害的女性中，3/4 以上的人是被不认识的攻击者随机实施的暴力犯罪致死的。其余的女性则是被同事、家庭成员或熟人杀害的。对此，企业可以采取一些切实可行的安全保障改进措施，包括改善照明条件，使用活动式保险箱以及其他类似措施。企业应该向女性员工（以及男性员工）提供国内危机热线电话[235]，以及员工援助项目。

16.7.3 制订基本的安全保障计划

正如我们之前提到的，工作场所安全保障事关保护员工免受内部和外部安全风险的问题（比如抢劫和恐怖主义），而这通常始于企业的工作设施安全。

以最简单的方式来表述，要想建立基本的安全保障计划，通常需要以下步骤：分析现有的危险水平，然后建立机械的、自然的和组织的安全保障系统。[236]

比如，在一所大学中，威胁评估团队会定期会面，讨论有关暴力、安全保障以及针对学生、学校设施和位于大都市校区的工作人员的威胁等问题。[237]安全保障计划首先要分析企业现有的危险水平。符合逻辑的做法是从明显存在的危险开始进行分析，例如，工作场所周围的情况怎么样？工作场所是否毗邻火车站或道路？[238]你们公司所在的办公场所（如所在的大厦中）是否存在可能会给你们带来安全隐患的其他公司或个人？作为最初的危险评估阶段的一个组成部分，企业至少要检查以下六个方面：

1. 前台进入通道，包括入口的数量以及联系应急人员的"紧急按钮"。
2. 内部安全，包括安全休息室以及更容易识别的安全出口。
3. 官方参与，与当地的执法机构共同制定某些特定的应急安全处理程序。
4. 邮件处理，包括员工应如何筛选和打开邮件。
5. 撤离疏散，包括对撤离疏散程序的全面审查以及相关的培训。
6. 备份系统，例如在遭受灾难打击时，公司能够在其他地方存储数据信息。

在对现有的危险水平进行评估后，企业需要注意改善工作场所安全状况的三个方面：自然安全、机械安全和组织安全。[239]

自然安全　自然安全是指利用工作场所的自然或人工条件来减少安全隐患。例如，停车场有黑暗的地方吗？入口太多是不是意味着公司难以控制人们进入工作场所？

机械安全　机械安全是指利用诸如锁、入侵报警器、门禁控制系统、监视系统等安全系统。[240]企业要确保培训员工学会正确使用安全设备，并确保设备（摄像头等）得到维护。[241]

组织安全　最后，组织安全是利用优良的管理来提高安全水平。例如，要对安全保卫人员进行适当的培训和激励，并鼓励大家参与各种安全活动。此外，还应当对安全保卫人员作出书面规定，说明他们的职责，特别是在出现火灾、电梯故障、危险物质泄漏、医疗紧急事件、恶意入侵、可疑包裹、内部混乱以及工作场所暴力行为时应当做什么。[242]

然而，要记住，仅设置安全系统是不够的。特别是，如果监控显示器的安全人员在工作时玩手机，或者守门警卫不负责地放游客穿行，那将会使安全系统形同虚设。归根结底，安全性不只是一个机械问题，同时也是一个员工的甄选、培训、评价和激励问题。

16.7.4　恐怖主义

企业可以采取一些措施来保护自己的员工和物质资产免受恐怖主义的袭击。这些措施如今已被很多工作场所熟知，具体包括：

- 扫描每个进入办公区域人员的身份信息。[243]
- 谨慎地检查邮件。
- 建立一个精干的"危机小组"，该小组应该能够在企业遭受恐怖主义威胁后承担暂时管理企业的重任。
- 提前确定在什么情况下关闭公司，并确定关闭过程。
- 制定一个专门的程序将危机管理团队聚集到一起。
- 准备好紧急疏散计划，确保各个出口有标记且保持开放。

- 指定一名员工与各个员工家庭及外出员工保持联络。
- 在公司附近确定一个厂房以外的、背风的地方作为疏散人群的集结地点。
- 事先指派一些员工在疏散集结地点清点人数。
- 建立一个紧急通信程序，如通过短信或者推特。

16.7.5 网络安全

安全防护设施可能无法阻止网络攻击，正如脸书遭受的网络攻击；同样，黑客从美国政府人事管理办公室（Office of Personnel Management，OPM）的服务器上获取了大约2 200万名美国联邦雇员的个人信息。[244]

数据保护和网络安全是需要特殊专业知识的专门领域。一些基本的指导方针应该包括：第一，数据安全是每个人都需要承担的责任。[245]信息技术人员会设置防火墙和密码系统，然而，从首席执行官制定安全战略再到一线员工对信息进行自我保护，每位员工在安全方面都承担着责任。第二，"旧数据是坏数据"。换言之，除非绝对需要，否则要销毁旧的个人资料（比如5年前的个人信息）。第三，加密。包括员工随身携带的笔记本电脑中的数据。第四，监控。信息技术人员应定期评估网络风险。现在已经有许多网络安全咨询公司，如德安华（Kroll）[246]和毕马威（KPMG）。[247]

16.7.6 永续经营及应急计划

有人估计，大约40%的公司在经受了大灾难后都没能继续经营，因此事先制订一个灾难应对计划势在必行。[248] 在 www.ready.gov 和美国国家职业安全与卫生研究所官网（www.cdc.gov/niosh）上可以找到有关应对紧急事件的准备方面的信息。[249]

为了帮助企业预防潜在的灾难，人力资源部门应该制订计划，确定关键职责，定期培训员工，确保所有的员工都了然于心。[250]这类计划应该包括如下内容：对问题的早期侦测、与组织外部沟通紧急情况的方式以及初步疏散的沟通计划。首先应该进行初步预警。紧接着企业应该发布一个提供有关紧急情况具体信息的通知，并让员工知道他们应该采取什么行动。[251]

在灾难事件发生时，为了实现永续经营，企业也需要制订相应的计划。企业可以在公司网站上设置一个安全问题专区，列出企业期望的操作时间、厂房开放时间安排、工作地点等方面的信息供员工交流。[252]应急计划则应包括建立一个指挥中心、识别那些灾难事件中至关重要的员工（包括每个人在事件中应当承担的责任）等。美国小企业管理局（SBA）在网站 www.preparemybusiness.org 上提供了关于永续经营的一些信息。

影响人力资源管理的趋势：数字化与社交媒体

如果要向大量处于分散状态的个人传递紧急信息，那么像推特这样的社交媒体是首选。几年前，一场龙卷风袭击了美国康涅狄格州布里奇波特市，该市官员就利用推特向市民发布电路中断、道路被封锁等消息。加拿大红十字会也利用社交媒体来发布准备信息以及回应受到影响的社区提出的各种问题。另外，当桑迪飓风袭击美国东北部时，紧急事件管理人员、公用事业公司以及公众都运用社交媒体来分享有关避难所地点等方面的最新信息。[253]

本章内容概要

1. 管理人员关注安全问题和事故预防的原因包括几个方面。其中的一个原因就是，工作场所的事故数量多得惊人。事故的减少通常归功于事故引发条件和行为的减少。对安全问题的关注总是从企业高层开始的。

2. 正因如此，所有的管理人员都应当熟悉职业安全方面的法律。1970 年美国国会通过《职业安全与健康法》的目的是尽可能为所有在美国工作的人提供安全和健康的工作环境，并保护人力资源。这项法案促使美国创建了职业安全与健康管理局。

3. 导致工作场所事故的基本原因有以下三个：偶然事件、不安全的工作条件、员工的不安全行为。不安全的工作条件包括不合理的防护设备和有风险的操作程序等。员工的不安全行为有时反映了像缺乏耐心和注意力不集中等这样一些人格特点。

4. 在现实中，如何预防事故的发生可以归结为减少不安全的工作条件和不安全的行为。减少不安全的工作条件是第一道防线，通常包括使用安全核查清单及遵守职业安全与健康管理局的各项标准。在采取了所有的必要措施之后，企业还要鼓励员工使用带有个人防护设施的设备。有一些基本方法有助于减少不安全的行为，比如，适当的人员甄选和配置；培训、激励和正强化；行为安全教育；员工参与；进行安全与健康审计等。

5. 美利肯公司的安全程序的核心是基于员工参与的敬业度项目。员工在指导委员会和安全分委员会中都有代表，每周提交和审查改进建议，并对每一个建议提供反馈。

6. 大多数工作场所的危险并不像没有防护设备那样明显。工作场所的典型危险有化学品、生物性危害、设计不当或不舒适的设备等。管理这些危险属于工业卫生的范围，包括识别危险、评估危险和控制危险。工作压力、工作倦怠和情绪低落比许多人想的更严重，企业和员工都可以采取措施应对。企业尤其需要给主管人员提供培训以识别抑郁症的早期信号，并帮助那些可能需要特殊关怀的员工。

7. 今天的大多数企业都制订了职业安全与健康计划。加强安全措施是预防暴力事件的第一道防线，具体包括改善外部照明等。改进员工甄选工作能够减少雇用存在潜在暴力倾向员工的风险。制订一项基本的安全保障计划涉及分析现有的危险水平以及建立机械的、自然的和组织的安全系统等内容。

讨论题

1. 说明如何最大限度地减少员工方面出现的不安全行为。
2. 说明各级管理人员在安全方面扮演的角色。
3. 说明引起不安全行为的原因。
4. 至少阐述五种有助于减少事故的方法。
5. 说明你会如何减轻自己的工作压力。

个人及小组活动

1. 以个人或小组为单位，回答这样一个问题："是否存在所谓的'有事故倾向的人'这样一回事？"

2. 以个人或小组为单位，整理出一份清单，列举哪些工作或学校中的因素会使你产生功能失调性压力。你用什么方法来对应这些压力？

3. 一本安全杂志向我们提供了一些信息，描述了当职业安全与健康管理局向美国司法部提交起诉书，起诉企业故意违反职业安全与健康管理标准时所发生的一些事情。在 20 年里，职业安全与健康管理局总共就 119 件严重事故向美国司法部提起了刑事诉讼，只有 9 起案件导致至少一名被告入狱。"司法部真丢人。"一个组织的创始人指责道，该组织旨在帮助因工遇难的员工家属。低定罪率的一个可能原因是，这些案件中的犯罪行为通常都是轻微的而不是重罪，而司法部主要关注那些涉及严重犯罪的案件。了解这个信息之后，你认为这会对企业及其管理者管理他们的安全保障计划产生何种影响？你为什么会这样认为？

4. 在俄亥俄州东托莱多市的一个建筑工地上，一台 315 英尺高、200 万磅重的起重设备倒塌，造成 4 名钢架工人死亡。你认为这类悲剧是可以避免的吗？如果可以避免，你会建议总承包商采取哪些措施来避免这类事故发生？

体验式练习

我们学校的安全性怎么样

目的：本练习的目的是让你练习确定不安全的工作条件。

必须理解的内容：你应当熟悉本章所提供的材料，尤其是有关不安全工作条件的材料以及图 16-6 和图 16-8 中的内容。

如何组织练习/指导：将全班同学分为由 4 个人组成的若干小组。

假设每个小组都是一个由学校安全工程师组成的安全委员会，其职责是确定和报告在学校建筑物内及其周围存在的各种可能的不安全工作条件。每个小组都要在这些建筑物内及其周围进行 45 分钟的检查，并列出可能存在的不安全工作条件（利用图 16-6 和图 16-8 提供的核查清单）（注意，图 16-8 中的核查清单问题为示例，你可以根据情况设计自己的核查清单）。

大约 45 分钟之后回到教室。每组应指定一个人发言，在黑板上列出本组认为已经确定的不安全工作条件。总共有多少项不安全的工作条件？你们认为这些条件也违反了职业安全与健康管理局的标准吗？你们将会怎样进行核查？

一般问题	是	需采取的行动
1. 你们公司是否在所有员工都能看得到的地方张贴了职业安全与健康管理局要求企业在工作场所中张贴的海报？	☐	☐
2. 你们是否知道在工作场所伤亡或严重事故（5 人以上住院）发生的 48 小时之内，向联邦政府或州政府职业安全与健康管理办公室提交报告的所有要求？	☐	☐
3. 是否根据职业安全与健康管理局的要求妥善保存了工作场所中发生的伤病记录？	☐	☐

	是	需采取的行动
4. 你们是否知道，必须在每年的 2 月 1 日到 3 月 1 日之间在公司张贴职业安全与健康管理局发布的年度工作场所伤病报告总结？	☐	☐
5. 你们是否知道，职业安全与健康管理局免除 10 人以下的企业保存相关记录的要求，除非这些企业是美国劳工统计局或州政府的调查对象，并且得到了具体的指示要求它们保存这些记录？	☐	☐
6. 你们是否通过制定政策并向全体员工传达这些政策来表明自己是积极关注企业中的安全与健康事宜的？	☐	☐
7. 你们公司是否设立了一个安全委员会或安全小组，让员工参与安全与健康活动？	☐	☐
8. 该安全委员会或安全小组是否定期召开例会，并书面报告其活动？	☐	☐
9. 你们是否对需要接受安全与健康培训的员工提供培训，并且做好相关的培训记录吗？	☐	☐
10. 你们公司是否有一个人明确负责企业的安全与健康活动？	☐	☐
11. 是否所有的员工都知道在紧急情况下应该怎么办？	☐	☐
12. 你们公司是否张贴了紧急电话号码？	☐	☐
13. 你是否设定相关程序来处理员工提出的安全与健康问题的投诉？	☐	☐
工作场所（电线、装备与控制器）	**是**	**需采取的行动**
1. 工作场所的电工是否熟知《国家电气规范》（National Electrical Code, NEC）的要求？	☐	☐
2. 你们是否规定所有的电力工程合同都要遵守《国家电气规范》？	☐	☐
3. 如果你们在危险的粉尘、蒸汽区域安装了电气装置，这些区域是否符合《国家电气规范》中关于危险地点的标准要求？	☐	☐
4. 所有的电线是否都连接好，不会挂在管道、钉子、钩子上？	☐	☐
5. 所有管道中的电缆是否都正确地连接到接线盒和插座上？	☐	☐
6. 是否有电线磨损？	☐	☐
7. 橡胶线是否远离油脂、油、化学品？	☐	☐
8. 金属电缆和管道系统是否正确接地？	☐	☐
9. 便携式电动工具是否接地或者双重绝缘？	☐	☐
10. 所有的地面连接电路是否干净且紧密连接？	☐	☐
11. 对于每个电路的负载而言，保险丝、断路器的类型和大小是否都正确的？	☐	☐
12. 所有的保险丝是否都不是用硬币或金属丝"代替"的？	☐	☐
13. 开关是否显示过热？	☐	☐
14. 开关是否安装在干净、密封的金属盒里？	☐	☐
15. 所有的开关是否都标明了用途？	☐	☐
16. 电机是否干净且没有过多的油脂？	☐	☐
17. 电机是否妥善保存并提供足够的过电流保护？	☐	☐
18. 轴承状态是否良好？	☐	☐

	是	需采取的行动
19. 是否为相关人员配置了手提灯？	☐	☐
20. 所有的灯是否都远离可燃物品？	☐	☐
21. 是否符合《国家电气规范》要求的员工负责定期检查企业的电气系统？	☐	☐
安全出口与通道	**是**	**需采取的行动**
1. 所有的出口是否都可见且畅通？	☐	☐
2. 所有的出口是否都有明显可见的标志且照明充足？	☐	☐
3. 是否有足够的出口确保在紧急情况下迅速逃生？	☐	☐
4. 是否标明限制占用的区域，并由经过授权的专人负责该区域的进出？	☐	☐
5. 在员工建造和修理操作时是否采取特别的预防措施保护员工？	☐	☐
火灾预防	**是**	**需采取的行动**
1. 是否有充足数量和类型齐全的便携式灭火器？	☐	☐
2. 是否每个月对灭火器进行总体状态检查，并标注在检查标签上？	☐	☐
3. 是否定期对灭火器进行原料补充，并标注在检查标签上？	☐	☐
4. 灭火器是否安置在易于触及的位置？	☐	☐
5. 是否对室内的储水设备、闸门（如果有的话）等定期检查？	☐	☐
6. 是否至少每年对火灾报警系统（如果有的话）进行测试？	☐	☐
7. 是否定期培训员工如何使用灭火器、防火程序？	☐	☐
8. 是否对室外的自用消防栓（如果有的话）在上一年注满水并定期维护？	☐	☐
9. 防火门、百叶窗状态是否良好？	☐	☐
防火门、百叶窗是否畅通无阻且有防堵塞措施？	☐	☐
10. 是否有熔断器？	☐	☐
11. 当地消防部门是否熟悉你们的工厂、地理位置以及具体的危险？	☐	☐
12. 自动洒水喷头：		
是否对水控制阀、空气、水压每周进行检查？	☐	☐
开放式控制阀是否被锁住？	☐	☐
是否有专人或洒水喷头承包商负责系统维护？	☐	☐
洒水喷头可能导致机械损伤的地方是否有金属保护？	☐	☐
在喷头处是否有适合的最小间隙？	☐	☐
内部清洁与一般工作环境	**是**	**需采取的行动**
1. 是否只在指定的"安全区"允许吸烟？	☐	☐
2. 是否在放有可燃、易燃物的地方张贴了醒目的禁烟标志？	☐	☐
3. 对油性和涂料浸泡过的垃圾是否是用金属废料存储罐存放的？	☐	☐
是否每天都清空？	☐	☐
4. 是否对喷漆室、浸泡槽及其排出的废尘进行定期清理？	☐	☐

	是	需采取的行动
5. 在潮湿环境中，在潮湿地板上是否为员工提供了站立的垫子、平台或类似的保护装置？	☐	☐
6. 是否提供废物容器并定期清空？	☐	☐
7. 厕所设施是否符合卫生规范的要求？	☐	☐
8. 是否提供洗手池？	☐	☐
9. 所有工作区域是否都有充足的照明？	☐	☐
10. 在二楼、阁楼、储存区是否张贴了有关楼板承载力的标识？	☐	☐
11. 地板裂口是否提供了隔板、扶手或地板孔盖子？	☐	☐
12. 楼梯是否处于良好状态，并为每层有 4 个或更多台阶的楼梯安装标准的扶手？	☐	☐
13. 是否根据需要提供良好的可移动型木梯、金属梯并配有安全脚蹬吗？	☐	☐
14. 固定梯子数量是否充足且状态良好，并配备侧边扶手、支架或特殊的安全登梯设备？	☐	☐
15. 对于装卸码头：		
钢板是否处于工作状态且防滑？	☐	☐
在钢板处于工作状态时，是否有办法防止汽车、卡车滑动？	☐	☐
机器及设备	**是**	**需采取的行动**
1. 所有的机器、设备是否都有充足的保护，以防止操作工或员工遭受旋转部件、夹点、飞片、颗粒、火花伤害吗？	☐	☐
2. 机械动力传送带和夹点是否有安全防护？	☐	☐
3. 离地面不高于 7 英尺的动力轴承是否有安全防护？	☐	☐
4. 对手工工具和其他设备的安全状况是否进行定期检查？	☐	☐
5. 用于净化的压缩空气是否减少到不高于 30 磅/平方英寸？	☐	☐
6. 电锯和类似设备是否有安全防护？	☐	☐
7. 砂轮工具架是否设置为 1/8 英寸或小于轮子？	☐	☐
8. 是否检查小型手工工具存在毛刺、手柄开裂等现象？	☐	☐
9. 是否定期检查压缩气体容器是否有瑕疵、生锈或泄漏？	☐	☐
10. 是否妥善处理和储存容器、阀门以防止损坏？	☐	☐
11. 所有的空气接收器包括安全阀是否都定期检查？	☐	☐
12. 是否对安全阀进行定期、频繁的测试？	☐	☐
13. 炉具、火炉周围是否有足够的空间存放库存、木制品或其他可燃物？	☐	☐
14. 在涉及明火的加热装置前以及炉具、炉子门前，是否至少保持 4 英尺的间隙？	☐	☐
15. 所有的石油和燃气装置是否都装有控制熄火器，以防主要燃烧器不工作时漏油？	☐	☐
16. 砖砌烟囱与所有木制品、其他可燃物之间是否至少保持 2 英寸的间隙？	☐	☐

17. 焊接与火焰切割作业：		
是否只有获得授权、经过培训的人员才允许使用这些设备？	☐	☐
是否为操作工提供操作说明的副本并要求他们按照说明操作？	☐	☐
焊气瓶是否得到妥善储存从而使它们不会受到损害？	☐	☐
所有的容器在不使用时是否都有阀门进行保护？	☐	☐
操作工附近的可燃物是否都覆盖了保护隔层进行保护？	☐	☐
焊接地点是否提供灭火器？	☐	☐
操作工是否配有防护服或防护设备？	☐	☐
材料	是	需采取的行动
1. 处理和管理易燃液体时，是否使用经过批准的安全罐或其他可用容器？	☐	☐
2. 建筑物内的所有易燃液体是否都存放在合适的容器或橱柜中？	☐	☐
3. 在使用易燃液体进行喷涂或浸渍罐操作时，是否符合职业安全与健康管理局的标准？	☐	☐
4. 氧化物是否与其他有机材料（除装运袋）分开存放？	☐	☐
5. 存放、使用危险物品区域是否有强制的禁烟令？	☐	☐
6. 在需要的地方是否张贴了"请勿吸烟"标志？	☐	☐
7. 清除空气污染物的通风设备——这些污染物源于生产研磨、抛光、喷漆和蒸汽脱脂等程序——是否正常运行？	☐	☐
8. 当进行有 X 射线或其他辐射的操作时，是否有保护措施？	☐	☐
9. 对于叉车操作：		
是否只有经过培训的人员才能够操作叉车？	☐	☐
高载重卡车是否有头部保护措施？	☐	☐
10. 对于有毒物质：		
工厂所用的材料是否都进行过毒性检查？	☐	☐
对于有毒物质是否实施了正确的控制程序——如通风系统、封闭操作、安全操作实践、适当的个人防护设备（如呼吸装置、眼镜或护目镜、手套等）？	☐	☐
员工保护	是	需采取的行动
1. 企业附近是否有医院、诊所或医务室？	☐	☐
2. 如果附近没有医疗或急救机构，是否有一个以上在急救方面训练有素的员工？	☐	☐
3. 对于工作场所中的潜在伤害，是否有足够的急救用品？	☐	☐
4. 员工碰到腐蚀性物质时是否有快速的冲洗设施？	☐	☐
5. 如果存在高处坠落物体的危险，是否提供可佩戴的安全帽？	☐	☐
6. 如果存在飞溅颗粒或腐蚀性物质，是否提供护目镜或眼镜？	☐	☐
7. 为了防止尖锐、灼热或腐蚀性物质的伤害，是否提供手套、围裙、挡板等？	☐	☐
8. 是否根据日常或紧急所需提供防毒面罩？	☐	☐
9. 是否所有的防护设备都处于卫生状态并且是现成的？	☐	☐

10. 对于电气工人而言，是否在需要特殊设备的地方就有这些设备？	☐	☐
11. 如果需要在工作的地方吃午饭，是否有既无有毒物质又非厕所的地点？	☐	☐
12. 如果工作场所的噪声超过了职业安全与健康管理局的噪声标准，是否有相应的保护措施？	☐	☐

图 16 - 8　安全与健康自我核查清单

资料来源：From OSHA Self-Inspection Checklist for General Industry, from http：//www. safetyhouse. ir/safetyhouse/file/OSHA％ 20Self-Inspection％ 20Checklist％ 20for％ 20General％ 20Industry. pdf, accessed April 10, 2018. Note：For a more extensive checklist, see "Self-Inspection Checklists," www. osha. gov/Publications/smallbusiness/small-business. html＃check, accessed April 10, 2018.

应用案例

第三次危险转移

100 多年前，厄普顿·辛克莱（Upton Sinclair）写下了他的名著《丛林》（*The Jungle*），讲述了芝加哥地区屠宰场的恶劣环境。近年来，尽管屠宰场的条件有所改善，但在肉类加工厂工作仍存在危险。[254]

在堪萨斯州的一家肉类加工厂中，两个（白天）轮班工人每天需要监督 6 000 多头牛的加工工作。当晚上 11 点环卫人员到达后，第三次轮班开始。这些工人必须在湿滑的环境中工作。环卫组的工作是用开水和消毒剂对工厂、机器、传送带进行清洁。

几年前，一名女性环卫工人在清理机器上的皮带时发生了意外。在打扫时，该工人关闭了传送带，但当机器重新打开后，她注意到传送带下仍存在脏污，于是伸手去清理，结果她失去了平衡，手和胳膊都被卷入机器中。

问题

1. 毫无疑问，这次严重的事故发生的原因是多方面的。如果你必须选择用一件事情让肉类加工厂作出改变，那么这件事情会是什么？

2. 建立一套程序淘汰那些有事故倾向的人是否可行？为什么？如果可行，应当如何对员工加以筛选？

3. 写一篇有关下列主题的短文："为了使全体员工的工作行为更加安全，我们应当做些什么？"

4. 根据你所了解的情况以及网站上的信息，写一篇有关以下主题的短文："为了避免肉类加工厂再次发生此类事情，我们可以做些什么？"

连续案例

卡特洗衣公司

新的安全保障计划

在洗衣和清洁企业，员工的安全和健康是一个很重要的问题。每一家洗衣店都是一个小型的生产厂，在那里，有以高压蒸汽和压缩空气为动力的机械，它们在高温、湿滑的条件下清洗、清洁和熨烫衣物，不断地产生化学蒸气，而且在清洁过程中还要使用腐蚀性的化学品。高温蒸馏器不断"烹煮"清洁剂以去除杂质，使清洁剂得以重新使用。如果在这个过程中出错，比如将过多的蒸汽注入蒸馏器中，就会发生沸溢，也就是说，沸腾的化学溶剂会喷出蒸馏器，喷到地上和人身上。

由于存在这些危险，并且这些洗衣店不断产生有危险的化学废料，几家政府机构（包括职业安全与健康管理局及环境保护局）已经就这些工厂的管理制定了严格的准则。例如，在每一家洗衣店中都必须张贴海报，让员工知道自己有权被告知其在与哪些危险的化学品打交道，同时知道处理这些化学品的正确方法。必须让专门从事废料管理的企业来收集和恰当处置这些危险废物。

卡特洗衣公司（同样包括其他洗衣店主）长期面临的问题是，洗衣工通常不愿意戴安全护目镜。并非他们所使用的所有化学物质都要求戴安全护目镜，但是有些化学物质，比如用来清除衣物锈污的氢氟酸，就是非常危险的。氢氟酸被装在特殊的塑料容器中，因为它能溶解玻璃。有些员工可能觉得戴安全护目镜很麻烦，它们让人感到有些不舒服，也容易被弄脏从而影响视线。因此，杰克发现，几乎总是很难让员工自觉佩戴护目镜。

问题

1. 企业应该如何识别需要改进的危险工作条件？利用图 16-6 和图 16-8，至少列举 10 种干洗店中存在的潜在危险因素。

2. 对于企业来说，建立一种淘汰有事故倾向的人的程序是可取的吗？如何建立这种程序呢？

3. 为了让所有的员工都表现出更安全的工作行为，你会向卡特洗衣公司提出哪些建议？为了让那些应当戴安全护目镜的员工戴上护目镜，你会向公司提出什么建议？

将战略转化为人力资源政策及实践的案例

改进巴黎酒店的绩效

新的安全与健康计划

巴黎酒店的竞争战略是："通过卓越的顾客服务将自己与同行区别开来，吸引顾客延长入住时间，提高顾客再次入住比率，从而提高酒店的收入和利润水平。"酒店人力资源总监莉萨·克鲁兹现在必须制定和实施战略性人力资源管理政策和活动，通过帮助酒店获得战略所需的员工行为和胜任素质来支持酒店的这一竞争战略。

尽管当我们想到酒店的时候，脑海里出现的第一件事可能不是"危险的工作条件"，但是莉萨·克鲁兹知道，安全和健康在巴黎酒店的确是个严重的问题。事实上，在你能看到的任何一个地方——从迎宾员在车道将汽车门打开，到湿滑的游泳池，再到酒店每年用于清洁和洗涤的几千磅氨水、漂白剂和其他腐蚀性化学品，酒店确实是一个很容易发生意外事故的地方。很明显，危险的工作条件对巴黎酒店是有害的。事故发生率太高不仅对员工不人道，而且可能影响员工的士气，从而影响他们的服务水平。事故多还会提高公司的成本，减少盈利，因为要承担工伤保险的费用，同时员工还可能会缺勤。莉萨知道，为了员工的福利和实现公司战略目标，她必须健全公司的安全与健康制度。

莉萨和酒店的首席财务官审查了公司的安全记录，结果让他们感到很不安。他们发现，与其他连锁酒店和服务型企业相比，无论用什么标准来评估酒店的安全状况，包括每年的事故成本、事故损失的工作时间、每位员工的工伤保险金以及每年的安全培训项目次数，巴黎酒店的情况都不太好。公司首席财务官说："为什么仅以工伤保险成本来计算，巴黎酒店一年就要比我们应当支付的成本超出 50 万美元?"这还不包括因为事故损失的工作时间,或者事故对员工士气产生的负面作用,或者诉讼成本(例如,一名游泳池的服务员没有把漂白剂封好,致使一位住在酒店的顾客意外被漂白剂烧伤)。首席财务官授权莉萨制定一项新的安全和健康项目。

莉萨和她的团队从雇用一位安全与健康顾问入手。这位顾问曾经是一名检查员,后来又在职业安全与健康管理局担任过管理人员。根据他们的分析,莉萨的团队采取了一系列措施,其中包括以下几个方面:首先,由来自莉萨的人力资源团队的部分成员、当地酒店的副经理以及当地酒店的三名员工组成的一个经过特殊培训的团队建立了,这些团队——用莉萨的话来说——对每一家酒店都进行了"地毯式梳理"。他们用一份内容广泛的清单对各酒店的不安全的工作条件进行了排查。

莉萨的团队还采取了其他措施。他们说服巴黎酒店的董事会成员、董事长以及首席执行官签署了一份声明,这份声明强调了安全的重要性。同时,酒店的首席执行官在一个月里参观访问了每一家酒店,与酒店全体员工会面,强调安全问题。另外,巴黎酒店与一家提供安全培训的公司签订了合同。后者针对巴黎酒店的管理人员制定了一项专门的在线安全培训项目,并为酒店的工作人员设计了为期 5 天的培训讨论会。

这些新的项目看起来是有效的。莉萨和首席财务官欣喜地发现,在项目实施大约一年后,酒店的年度事故成本、事故导致的工作时间损失以及员工的工伤保险成本等下降了至少 40%。来自各级管理人员的大量事实证据也表明,员工认为公司对他们承诺的条件改善了,他们因此为顾客提供了更好的服务。

问题

1. 根据本章学到的内容,作为这项新的安全和健康计划的一个组成部分,巴黎酒店应当采取的第一个步骤是什么?为什么?

2. 举例说明你认为莉萨和她的团队需要注意的在一家典型的酒店中常见的 10 个高危险区域。

3. 举出三个具体案例来说明巴黎酒店应当如何利用人力资源管理实践来提升安全性。

4. 就以下主题写一篇一页纸的总结:"安全和健康问题的改善将如何推动巴黎酒店的战略目标的实现?"

注　释

第17章 全球化人力资源管理

Managing Global Human Resources

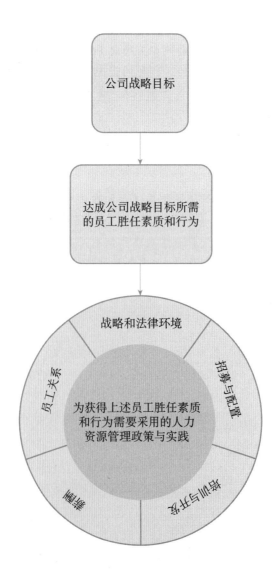

公司战略目标

达成公司战略目标所需的员工胜任素质和行为

战略和法律环境

员工关系

招募与配置

为获得上述员工胜任素质和行为需要采用的人力资源管理政策与实践

培训与开发

参与与评估

➡ 我们学到哪儿了

现在，越来越多的管理者和企业发现他们必须在全球范围内管理员工。本章的目的就是帮助管理者提升自己在遇到全球化问题时应用人力资源管理知识和技能的有效性。我们将要讨论的主题包括：管理者面临的全球化挑战；人力资源管理活动对国家间差异的适应问题；国际企业的员工配置；外派人员的培训与保留；全球员工敬业度；如何在海外当地管理人力资源；如何运作全球人力资源管理系统。

➡ 学习目标

1. 列举开展国际业务时面临的人力资源管理挑战。
2. 阐述国家间的差异会如何对人力资源管理活动产生影响。
3. 列举并简要描述为国际组织配备人员的主要方法。
4. 讨论在培训、考核国际员工以及支付薪酬时需要牢记的一些重要问题。
5. 讨论全球各地员工敬业度的异同。
6. 举例说明如何实施一项全球性人力资源管理方案。

现代资本公司（Hyundai Capital）的战略包括成为其所称的"全球一体公司"的内容。举例来说，该战略包括在全球范围内使用统一的组织结构、产品和服务以及管理实践。[1]在采取这种战略的情况下，该公司人力资源部门就需要制定一个新的人力资源管理战略，以确保其在世界各国的人力资源管理实践实现标准化。让我们看看他们做了些什么。

➡ 17.1 管理者面临的全球化挑战

不必过多考察就能看到国际业务对于国内外公司的重要性。例如，美国的进出口总额从 1980 年的 5 620 亿美元上升到最近的 5.2 万亿美元左右。[2]这种增长速度对于所有各类企业来说都是巨大的，这也给管理者带来了很多特殊挑战。挑战之一就是，管理者必须在全球层面制订和执行他们的营销、产品以及生产计划。以福特汽车公司（Ford Motor）为例，其战略就是在全球范围内提供相似的福特汽车。

要想"走出去"，就需要重视国际人力资源管理问题。例如，"我们在日本的办事处应该配备当地的管理人员还是来自美国的管理人员？""我们应该如何评价中国员工并为其支付薪酬？"

全球化管理带来的挑战在于：在一个国家奏效的管理活动在另一个国家可能不起作用。企业面临在不同国家和人群中存在的政治、社会、法律以及文化方面的差异。地理距离的存在使企业面临的挑战更加艰巨。例如，星巴克公司的总部位于美国西雅图，它的人力资源总裁应当如何去管理中国的星巴克公司的人力资源管理者呢？无论如何，企业都需要找到一种方法去应对这些挑战。

17.1.1　什么是国际人力资源管理

企业正是依靠**国际人力资源管理**（international human resource management，IHRM）来应对这样一些全球人力资源管理挑战的。[3]我们可以将国际人力资源管理定义为企业为应对国际化运营带来的人力资源管理挑战而采用的人力资源管理理念和技术，其中包括员工甄选、培训、评价和薪酬支付，关注劳资关系、健康和安全以及公平性等方面的问题。国际人力资源管理者需要设法解决诸如下列这样一些问题："我们可以采取哪些措施支持公司的全球化战略？""对我们公司来说，向外派人员支付薪酬的最佳方式是什么？""我们如何才能最好地为我们公司的海外任务配备最好的全球领导者？"[4]

🡆 17.2　使人力资源管理活动适应国家间差异

正如我们所说，国际人力资源管理带来的挑战并不仅仅源于地理距离（虽然这一点很重要）。更大的问题在于：企业应当如何处理或应对不同国家及其人民之间存在的文化、政治、法律以及经济方面的差异。在一个国家有效的管理方式在另一个国家却有可能失败。

总的来说，那些只在美国本土经营业务的公司是非常幸运的，它们只需要处理变动范围相对较小的经济、文化和法律方面的问题。美国是一个竞争性的资本主义社会。尽管美国的劳动力队伍本身已经反映出文化和族裔的多元化，但还是有一些共享价值观有助于使这些文化差异模糊化。尽管美国各州和一些重要的大城市可以自己制定雇用员工方面的法律，但是联邦政府的基本法律框架在就业歧视、劳资关系以及安全和健康等方面，为企业提供了一套法律指南。

然而，一家在很多国家开展经营活动的企业就无法得到这种同质性带来的便利。比如，就法律规定的最短年休假时间来说，各国的情况是不一样的，时间最短的如英国，根本就没有作出这方面的规定，而在卢森堡，则要求达到每年 5 个星期。再从董事会中要有员工代表方面来说，意大利对此没有作出正式的法律规定，而丹麦则有硬性的要求。总而言之，管理者必须对自己的人力资源管理政策和实践进行调整，以适应不同国家之间的差异。图 17-1 对一些关键的国家间差异进行了总结。

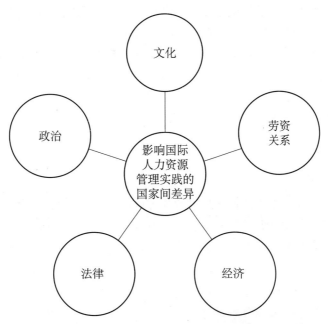

图 17-1 影响国际人力资源管理实践的一些关键的国家间差异

17.2.1　文化因素

不同的国家在文化方面存在的差异很大，换言之，不同国家中的人遵循的基本价值观以及这些价值观在该国的艺术、社会活动和行为方式中的表现形式都是不同的。[5]不同国家的人在思考、行动以及预期他人如何行动等方面的差别都是文化差异的体现。比如，米其林公司的一位高管人员曾经说过：当他在法国给员工提供绩效反馈时，员工认为没有必要指出什么是正确的，因为他们知道自己的何种行为是正确的，反而他们更重视哪些是错的。[6]然而，强调错误方面的做法却会让大多数美国员工感到惊讶，因此，美国的管理人员往往都倾向于粉饰错误。在中国，企业负责人倾向于将员工视为自己的家人。[7]

一位专家说，世界各地的员工对待权威和决策方式的态度往往各不相同。[8]从权威的角度来看，从强调平等主义到强调等级主义的国家都有。例如，在平等主义更为盛行的国家，管理者更重视对员工赋能以及征求他们的意见，而在强调等级主义的国家中，权力显然掌握在最高管理者手中。同样，他们在如何做决定方面的差异也体现了各自的文化特征。因此，在美国和墨西哥，企业往往采取自上而下的决策方式，而在瑞典和日本，则更为强调共识决策。

文化差异可能会让一些跨国企业感到头痛。例如，在印度尼西亚，当从美国来的管理人员征求当地员工的意见时，这些员工很可能并不积极发表意见。在瑞典等国家（在那里，连小学生都直呼老师的名字），员工可能会对来自国外的强调"我才是老板"的做法作出负面反应。

霍夫斯泰德的研究　吉尔特·霍夫斯泰德（Geert Hofstede）教授所做的研究揭示了国际文化差异。霍夫斯泰德认为，各个社会在五个价值观方面存在差异，即权力距离、个人主义与集体主义、阳刚气质（男性主义与女性主义）、不确定性规避以及长期取向。比如，权力距离代表一个社会中的人接受权力分配不平等的程度。[9]霍夫斯泰德教授得出了这样的结论：对权力不平等的接受程度在一些国家（如墨西哥）比在另外一些国家（如瑞典）要高一些。[10]反过来，这些差异又会通过不同的行为表现出来。

这样的文化差异会对人力资源管理的政策和实践产生影响。例如，美国大力推崇个人主义，而欧洲管理人员在像解雇员工这样的问题上会受到更多的束缚。[11]另一个例子就是，在一些国家，员工常常不得不私下向上级透露有关同事的一些信息，在这种情况下，美国流行的那种公开举报规则很可能会受到质疑。[12]

17.2.2 法律因素

向国外扩张的企业还必须熟悉即将进入的那些国家的劳工法律。例如，在印度，员工人数超过 100 人的公司在解雇任何一名员工时都需要得到政府的许可。[13]在巴西，企业如果在无正当理由的情况下解雇员工，就会被罚款，而罚款金额则相当于被解雇员工过去从企业领取的总薪酬的 4%。[14]

与之类似，美国的自由解雇实践在欧洲是不存在的，欧洲的企业想要解雇或临时解雇工人，是一件既耗费时间又耗费金钱的事情。某公司以独立承包商的身份雇用了某个人，但后来，该公司发现需要赔付此人数十万美元的税款和罚金，仅仅是因为该公司将此人认定为独立承包商的做法在法律上是错误的。[15]在许多欧洲国家，**工人理事会**（workers council）——由员工选举出来的工人代表组成的正式组织——每个月都要与企业的管理人员会面，共同讨论包括禁止吸烟政策以及临时解雇等各种问题。[16]在德国和其他一些国家，"劳资共决"是一条既定的规则，"**共决**"（codetermination）意味着员工在公司政策的制定过程中拥有发表意见的法定权利，工人选出自己的代表来参加雇主方的监督管理委员会。[17]

17.2.3 经济制度

不同的经济体制也会导致不同国家在人力资源管理实践方面存在差异。在市场经济体制下（比如美国），政府在决定生产什么产品以及以什么价格出售方面起着相对有限的作用。在计划经济体制下（比如朝鲜），生产什么产品、以什么价格出售等都是由政府决定和规划的。

经济制度方面的差异会转变成人力资源管理政策方面的差异。比如，在中国或欧洲解雇员工要比在美国解雇员工更困难。各国的劳动力成本也大不一样。举例来说，从生产工人的小时薪酬成本（以美元计）来看，菲律宾是 2.1 美元，美国是 35.67 美元，德国是 45.79 美元，挪威则是 63.86 美元。[18]

17.2.4 海外人力资源管理示例：欧盟

我们以欧洲和中国为例来讨论文化、经济和法律及政治方面存在的差异所带来的就业效应。欧洲共同体（EC）中独立存在的各个国家已经统一成立了一个包括商品、服务、资本甚至劳动力在内的共同市场，这个共同市场称为欧盟（EU）。商品在欧盟各国之间流动时的关税被取消，同时，员工在欧盟不同国家之间变换工作的自由度也更大。统一的货币——欧元的诞生进一步模糊了这些国家之间存在的各种差异。尽管（或者部分因为）希腊出现了财政问题，欧盟国家今天仍在讨论如何加强经济一体化。

在欧洲开展业务的公司必须调整它们的人力资源管理政策和实践，以适应欧盟的各种指令以及各国在雇用方面的具体法律。这些指令基本上是在整个欧盟范围内都适用的法律，其目标在于将所有各成员国联合起来（尽管每个国家也可以按自己的意愿决定是否执行这些指令）。例如，在德国，解雇员工的门槛很高；在意大利，员工绩效不佳并不是解雇员工的理由；在挪威，解雇员工必须要有充分的证据证明这种做法的合法性。[19]（惠而浦公司为了裁掉 500 名意大利员工花了 3 年多的时间，而它们在美国的阿肯色州只花了不到一年的时间就解雇了 1 000 人。）[20]其他细节在欧洲国家之间也是各不相同的，比如，是否必须签订书面雇用合同；是否存在具有强制性的最低工资（德国有，奥地利却没有）。[21]

17. 2. 5　海外人力资源管理示例：中国

多年来，美国企业一直依赖中国庞大的劳动力群体为其提供低成本的产品和服务。

但情况正在发生改变。首先，中国的劳动力人口虽然依旧庞大，但其增长正在放缓。其次，中国现在出台了一部新的《劳动合同法》。这为员工提供了许多新的就业保护，同时也使得在中国的企业需要花费更高的成本来实施裁员等人事行动。[22]在中国运营的跨国公司称，这部新的法律制定了新的遣散费方面的规定，这将会导致劳动力成本上升，使企业解雇员工变得更加困难。在中国的不同企业之间、中国企业与外国企业之间，人力资源管理实践都存在很大的差异。[23]

招募　与一些西方国家相比，在中国招募、雇用或留住优秀的员工要遵守中国的相关规定。例如，中国的《劳动合同法》（2012 年）规定，集体合同订立后，应当报送劳动行政部门。[24]

在中国，招募有效性在很大程度上取决于一些与招募无关的人力资源管理因素。中国的员工有很强的职业导向，并且青睐那些能提供最好的职业发展培训和机会的企业。[25]像西门子中国（Siemens China）这样一些有很好的培训和发展项目的公司，在吸引优秀求职者方面是不成问题的。

甄选　在中国，最常见的甄选方法就是分析求职者的简历并对求职者进行面试。理想的方式是建立结构化的面试程序，这也是大多数在中国经营的外国公司的通用做法。

薪酬　尽管在中国很多管理人员都赞成以绩效为基础的薪酬制度，但在大多数企业中，出于保持团队和睦的考虑，激励性薪酬在总薪酬构成中只占很小的份额。此外，与其他亚洲国家一样，团队奖金在中国企业中也很受欢迎。[26]

劳动纠纷　IBM、百事、沃尔玛和其他一些企业在中国开设的分支机构都曾发生过劳动纠纷。[27]有几个方面的因素可能导致了这些纠纷的发生。比如中国的新劳动法扩大了劳动者的权利；人口老龄化意味着劳动力供给的减少。

⇨　17.3　国际企业的员工配置

今天，企业越来越重视国外当地的人力资源管理。换言之，企业开始主要关注它们的业务经营所在国的人员甄选、培训、绩效评价以及管理。但是，到底是通过聘用当地员工还是通过外派（"进口"）员工来填补经营所在地的职位空缺呢？这一直是企业关心的主要问题之一。

巴黎酒店的人力资源管理实践

在回顾相关数据时，莉萨和首席财务官清楚地意识到，本公司的全球人力资源实践可能正在妨碍巴黎酒店成为世界领先的服务企业。要知道他们是如何处理这一问题的，请看本章末的案例。

17.3.1　国际员工配置：母国员工还是当地员工

总体而言，我们可以将国际企业的员工划分为以下几类：外派人员、母国公民、当地员工（东道国公民）、第三国公民。[28] **外派人员**（expatriates（expats））并非目前正在工作的当地国家的公民。外派人员可能是**母国公民**（parent or home-country nationals），即来自跨国公司总部所在国的公民。**第三国公民**（third-country nationals），即来自母国和东道国之外的第三国的公民，比如，被 IBM 派到北京分公司工作的一位法国高级管理人员。（并不是所有的外派人员都是被企业派出去的，许多刚毕业的学生、学者和商业人士都会决定移居到国外去生活和工作。）[29] **当地员工**（locals）（也就是东道国员工）是为跨国公司工作的经营所在国的公民。

17.3.2　管理层的价值观、国际化阶段与国际员工配置政策

在国际员工配置政策中，公司是使用外派人员还是当地员工，往往取决于对可量化因素（例如成本）的考虑。国际员工配置政策的制定不仅受这些实质性因素的影响，高层管理人员在人事决策上的倾向和价值观也发挥了一定的作用。有些管理者会有更强的"外派人员导向"。专家有时把跨国公司高层管理人员的价值观划分为三种，即民族中心主义价值观、多国中心主义价值观以及全球中心主义价值观。

在**民族中心主义**（ethnocentric）的国际员工配置政策中，公司倾向于从总部即母国外派人员担任海外分支机构中的重要管理职位。[30] 一个奉行**多国中心主义**（polycentric）价值观的跨国公司则通常会在东道国雇用当地员工担任其海外分支机构中的职位。在奉行**全球中心主义**（global）的情况下，跨国公司的人员配置政策通常是："在整个组织范围内寻找适合某个关键职位的最佳人选，而不考虑这位候选人的国籍。"这种政策可以使全球性公司更加有效地利用公司的人力资源，因为它会把最佳人选——无论这个人来自哪里——调到某个特定的空缺职位上。这种政策能够优化人员配置，还有助于在其全球管理团队成员间塑造一种更加一致的文化。

一家公司所处的国际化阶段以及公司管理人员的倾向都会影响这家公司在员工雇用方面奉行的是民族中心主义、多国中心主义，还是全球中心主义。[31] 新进入国际舞台的公司可以很好地通过其总部负责国际事务的部门运营它们的国际业务。[32] 那些准备将技术转移

到国外，同时保持统一的企业文化和更为严格控制的公司，则需要采取一种民族中心主义的方法[33]：将那些自己非常了解的人（作为外派人员）派驻到国外去。

这种"国际"结构可能演变成"跨国"结构，即海外子公司（通常有自己的人力资源部门）在很大程度上掌握控制权。在多国中心主义的国际员工配置政策中，往往由东道国员工担任管理职位，因为他们最了解当地的情况。

今天，对于许多公司来说，全球化是未来的一个发展趋势。全球性企业也在寻求高度整合。例如，一辆销往世界各地的汽车可能是在法国设计，在中国和美国制造，零部件来自日本。毫不奇怪，跨国公司倾向于采用一种全球理念在全世界范围内雇用员工，用最优秀的人才填补职位空缺，无论这些人是东道国公民、母国公民还是第三国公民。

外籍员工还是本地员工　选择使用外派人员而不是当地员工还有其他方面的一些考虑。有些企业可能无法在当地找到符合要求的候选人。从传统上来说，通用电气公司培养高级管理人员的一个必要步骤是要求他们到海外成功任职。此外，母国管理者往往已经熟悉公司的政策和文化，因此更有可能按照总部的方式做事。与当地员工相比，外派人员可能更容易与总部的同事进行协调。[34]

此外，派遣员工到国外工作的费用非常高，而安全问题也会成为不愿意外派人员的原因之一。返回本国的外派人员通常会在一两年后转到其他企业去工作，教育条件的差异也使得许多高质量求职者不愿意接受外派工作。正因为如此，不仅新的外派职位越来越少，很多企业实际上还把很多外派人员召回国内。一项调查发现，在美国，大约47%的跨国公司仍保持着外派人员的原有规模，18%的公司正在增加外派人员的人数，还有35%的公司正在减少外派人员的人数。[35]然而在最近的一项调查中，大约一半的全球性企业都表示，它们将在接下来的几年内加倍向中国等快速发展国家派遣员工。[36]

从实践的角度来看，大多数国际员工将会是东道国本地人，这是有充分理由的。首先，使用外派人员的成本通常比使用当地员工的成本高得多。[37]此外，在一项调查中，受访企业表示，外派人员的流失率为21%，这远远高于一般员工的10%的流失率。[38]当地员工也可能比外派人员更好地处理当地的政治问题。[39]

影响人力资源管理的趋势：数字化与社交媒体

少数美国求职招募网站（如 Indeed 和 Monster）是全球性的，大多数国家都有自己的主要求职招募网站。例如，中国有前程无忧网，澳大利亚和新西兰有 www.careerone.com.au，拉丁美洲有 www.laborum.cl。[40]

其他解决办法　现在，除了使用外派人员和当地员工之外，还有其他一些解决方案，例如"通勤者"计划。该计划并不是将母国员工正式外派出去，而是要求其能够满足频繁的国际商务旅行要求。[41]

一项调查表明，78%的受访企业存在某种形式的"地方化"政策。这是一种把母国员工转移到国外子公司成为"永久转移人员"的政策。[42]例如，美国 IBM 最近将 5 000 个岗位从美国转移到了印度，原本来自印度的员工就回国填补了这些职位。尽管这些员工要接受印度当地的薪酬水平，但他们依然选择回到印度工作。人力资源管理团队需要控制外派人员的成本，正如下面的专栏所谈到的那样。

削减外派人员的成本

在控制和降低外派人员的成本（企业通常会向国外派出几十名或几百名员工）方面，企业的人力资源管理团队扮演着非常重要的角色。一项调查显示，人力资源管理者在降低外派人员的成本方面正在采取一些措施。[43] 首先，很多企业正在增加短期外派任务的数量。这使它们能够用短期外派人员的方式来代替必须在国外工作较长时间的部分长期外派人员（以及他们的家人）。在美世公司的调查对象中，50%的企业还利用当地员工来代替外派人员填补某些原本由后者担任的职位。为了降低成本，除了外派人员的津贴和额外费用（生活津贴、迁移补贴或生活质量补贴）之外，很多企业还对员工住房、教育以及探亲假方面的政策进行了审查。[44] 最基本的一点就是，通过更好地管理外派任务，人力资源管理者可以采用很多措施来降低公司的成本并增加利润。

离岸经营　正如我们在第 5 章讲到的那样，离岸经营——将制造或呼叫中心等业务流程转移到国外，让国外的当地员工去做那些原本由母国员工在公司内完成的工作——是全球性企业可以选择的另一种方式。

IBM 商业咨询服务公司（IBM Business Consulting Services）对企业进行了一项调查，以了解人力资源在离岸经营和海外选址决策中扮演的角色。[45] 在这些方面，人力资源管理部门帮助高层管理者[46]：

1. 了解当地劳动力市场，比如劳动力人口规模、受教育水平、工会情况以及语言能力等。

2. 了解公司目前在某个地区的声誉是如何对其向该地区外包服务产生影响的。

3. 决定公司应该在多大程度上将当地劳动力纳入母公司的治理之中。例如，像工程师这类具备核心价值的人员应当被吸纳为正式员工，而其他类型的一些业务（比如呼叫中心），最好交给承包公司的员工去完成。

4. 解决技能短缺问题。[47] 这通常要求企业提供签约奖金、更高的薪酬、更完善的员工保留政策（比如更多的晋升机会）。

5. 明确如何降低员工的流失率。这可能包括提供更多的培训和开发、更好的薪酬和福利以及更完善的职业发展机会。

如今，电信技术的进步使得利用全球虚拟团队开展国际项目和运营变得更加容易。**虚拟团队**（virtual team）是由在地理位置上分散，相互间使用远程通信和信息技术进行互动，从而完成组织任务的一些同事组成的。[48]例如，两家跨国制药公司成立了一个由来自亚洲、欧洲和北美的生产地点的员工组成的跨国虚拟团队。该团队帮助企业克服了企业合并后存在的潜在难题，并获得了更高的生产率和利润。

虚拟团队既实用又受欢迎。一些协作软件系统，如微软的 NetMeeting 会议系统[49]、思科的 WebEx[50] 和 GoToMeeting[51] 能帮助虚拟团队实现相当于现场的项目审查和讨论，共享文件和展品，并在项目的网站上存储会议。一些基于云的工具如 Huddle[52] 允许团队成员在任何可以使用移动设备的地方参加会议，Microsoft Project 允许项目成员进行任务管理、标记问题和风险等操作[53]，而 Dropbox[54] 则促进了基于云的文档存储。如果需要的话，思科公司的沉浸式网真技术（Cisco Immersive TelePresence)[55] 等大屏幕工具可以让团队成员看起来就像在同一个房间里相聚，尽管他们可能相隔数千英里。

虚拟团队面临的主要挑战通常是与人相关的。这些挑战包括建立信任、凝聚力和团队认同以及消除团队成员间的隔阂。如果大多数团队成员居住在一个国家，其他成员可能会认为真正的权力也在这个国家。这里的解决方案是强调团队有一个统一的目标。[56]人力资源管理在这样的团队成功中起着重要的作用。根据人际交往能力选择虚拟团队成员，然后培训他们处理潜在的问题，如避免冲突和建立信任。

17.3.3 国际管理人员的甄选

企业在甄选国内管理人员和外派管理人员时，在过程上显然有许多相似之处。候选人都必须具备完成工作必需的技术知识和技能，以及作为一位成功的管理者所必需的智力和人际关系能力。各种测试、面试和背景调查等方式同样适用于选拔外派管理者。

然而，我们还是能够看到，外派工作与在本国工作确实存在很大差异。外派人员和他们的家人不得不应付和适应来自不同文化的同事，而且在异国他乡生活的压力也很大。然而颇具讽刺意味的是，一项研究得出结论："在传统上，大多数公司似乎仅仅把员工过去在母国取得的良好绩效作为选拔外派人员的参考标准[57]，而候选人对新文化的适应能力却往往被忽视。这与企业应该做的恰恰相反。

现实性预览　理想情况下，对外派人员的选择应包括现实性预览和适应性甄选。[58] 即使对在国外承担的职位本身很熟悉，员工也会遇到语言方面的障碍、乡愁，同时还有需要结识新朋友的挑战。在这里，减少不切实际的期望和让外派人员熟悉潜在的挑战与收获是很重要的。[59]因此，针对将要发生的事情包括问题和益处提供的现实性预览是甄选过程的一个重要部分。许多企业都会通过让未来外派人员的家庭与刚回国的外派人员及其配偶见面来获得这类信息。除此之外，像领英（www.linkedin.com）和 Expat Finder（www.expatfinder.com）这样的社交媒体是外派人员或考虑在国外工作的人获得信息、建议、支持、就业线索和关系的极佳来源。你可以在这些网站上找到下列链接：https://www.linkedin.com/company/aramco-expats。[60]

适应性甄选　外派人员的灵活性和适应性十分重要，因此**适应性甄选**（adaptability screening）应该成为外派人员甄选过程的一部分。这种甄选过程的目的是对外派人员

（及其配偶）成功适应外派工作的可能性进行评估，同时使他们意识到在向海外迁移的过程中可能会遇到哪些问题（比如对孩子的影响等）。在这里，企业往往会根据对员工的工作和非工作经历、教育背景和语言技能等方面进行考察，挑选出那些具备在不同文化背景下生活和工作能力的员工作为外派候选人，甚至一些暑期的海外旅行经历或者是留学项目也能使企业相信该候选人能够适应海外生活环境，并具备在海外开展工作的能力。

测试　正如前面提到的，企业可以采取一些措施来改进外派人员的甄选过程，其中测试是一种有效的工具。就个性而言，善于交际、外向、有责任心的人似乎更容易适应新的文化环境。[61]同样，对国外工作更满意的外派人员也更有可能适应外派任务。[62]多年来，很多企业一直在使用海外派遣工作题库（Overseas Assignment Inventory，OAI）帮助自己更好地甄选派到国外工作的员工。海外派遣工作题库是一个在线的评估工具，它测量的是对于外派候选人能否成功适应另一种文化十分关键的一些因素。[63]另一个例子是，外籍人士的成功也需要国际思维模式。企业有时会用全球思维量表（Global Mindset Inventory）来对此进行衡量。其中提出的问题包括"你知道如何与来自世界各地的人很好地合作吗？""你喜欢探索世界各地吗？"[64]

多元化盘点

派遣女性管理人员到国外赴任

尽管女性在美国企业的中层管理者中占 50%，但是在外派人员队伍中，她们只占到 20%。[65]虽然这比 20 世纪 80 年代的 3% 和 2005 年的 15% 有所上升，但仍然很低。[66]为什么很多公司不愿意将女性管理人员派往国外工作呢？

事实上，阻碍女性员工从事外派工作的刻板印象依然存在。[67]一般的外派任务都是由直线管理者指派的，而他们中的大部分人可能仍然认为许多女性不想到国外工作，也不愿意把家搬到国外，或者是不能让其配偶一同搬到国外。然而，一项调查发现，其实女性也想获得外派机会，其中"职业发展"是首要原因。其他原因还包括"增进文化理解""获得经验""做些与过去不同的事情""实现个人目标"以及"发展性学习"。[68]

另一个问题是害怕存在对女性的文化偏见。在某些文化中，女性必须遵循一些特殊的规则，例如在着装上的要求等。但正如一位外派人员所说的那样："即使是在那些严苛的文化背景下，一旦他们意识到女性能把工作做好，而且表现出了她们的胜任力，这个问题就不会那么严重了。"[69]安全则是另一个方面的问题。企业倾向于认为女性外派人员更有可能成为受害者。但大部分受访的女性员工说，与男性相比，女性的安全问题并没有严重多少。[70]

企业采取了很多方法来消除上述这些误解，并且派遣更多的女性到国外去任职。例如，设定一个程序来识别那些愿意被派到国外的女性员工（在吉列公司，主管人员利用绩效审查过程来识别下属的职业兴趣，其中包括对从事外派工作的兴趣）；通过培训管理者了解员工对从事外派工作的真实感受以及他们担心的安全和文化问题是什么；让成功的女性外派人员帮助企业招募潜在的外派女员工，并和她们一起探讨外派的好处和问题；为外派人员的配偶到国外工作提供支持等。[71]

法律问题　在选拔（或者培训）员工去完成外派工作任务时，千万不要忽略法律问题。正如我们在第 2 章中讨论的，平等就业机会方面的法律，其中包括《民权法案》第七章、《反雇用年龄歧视法》和《美国残疾人法》，都会影响美国公司决定派哪些员工去国外工作，也会影响到美国开展经营活动的外国公司。如果美国的平等就业机会法与东道国的法律相冲突，则应当以当地的法律为准。[72]

17.3.4　避免外派人员提前回国

一般而言，外派人员的工作适应性会随时间推移逐渐增强。[73]然而，外派人员在执行工作任务时也可能会遭遇失败，这时他就会在计划之外提前回国。一名在技术上合格的外派人员在国外工作失败的原因可能是多种多样的，但有两个方面的因素往往是非常重要的，这就是外派人员的个性和家庭压力。

如前所述，外派人员工作失败的主要影响因素在于企业如何选择外派人员。企业仍然倾向于几乎完全依靠技术能力以及历史成就选拔外派人员，但外派人员实际上需要更多的技能（包括适应能力）。例如，善于交际、外向、有责任心的人似乎更容易适应新的文化环境。[74]研究还表明，导致问题出现的并非东道国与本国之间的文化差异，而是外派人员自身的适应能力。[75]有些人的文化适应性很强，他们无论被调往何处都能处理得很好，而有些人则无论被调到哪里都会失败。[76]因此，外派人员的甄选工作很重要。

研究表明，当外派人员认定自己与公司达成的心理契约（与外派人员在海外任职相关的一些非明文规则、协议以及期望）被打破时，会增加外派人员失败的概率。[77]同样，对到国外工作更满意的外派人员更有可能适应外派安排。[78]因此，外派之前的现实性工作预览以及对外派人员的监管以及与他们之间的沟通是非常重要的。

家庭压力　造成外派人员过早离开外派岗位的因素往往并非工作或技术方面，大多来自家庭。因此，公司可以提供现实性的国外生活预期，对未来外派人员和他们的配偶进行仔细筛选，采取措施改善员工的适应能力（例如，与最近回国的人员当面讨论在国外工作时可能遇到的挑战）。其他一些措施还包括：缩短外派工作的时间[79]；制订全球伙伴计划，由当地的管理人员和他们的配偶为新来的外派人员及其家人提供多方面帮助，比如办公室政治、行为规范和紧急医疗护理等。[80]大多数外派人员都会利用国外的医疗服务，他们关心的主要问题不是费用，而是医疗保健的质量。[81]提供关于特定地点的介绍和语言培训也很有价值。下面的专栏总结了这方面的一些建议。

改进绩效：直线经理和小企业家的人力资源管理工具

应对外派挑战的一些实用的解决方案

外派人员一旦工作失败，会给企业带来巨大损失。管理人员可以采取一些比较实用的措施来提高外派人员在国外取得成功的概率。

● 仔细甄选外派人员，使用外派的相关标准，如社交能力和适应能力，而不仅仅是技术技能。

● 向外派人员提供有关在国外可能会遇到什么问题的现实性预览，仔细进行甄选（包括即将派出的外派人员本人及其配偶）、优化岗前引导以及提高福利待遇。

● 缩短外派工作的时间。

● 形成"全球伙伴"方案。让当地管理人员协助新来的外派人员，为他们提供有关办公室政治、行为规范以及到何处得到紧急医疗援助等方面的建议。[82]

● 指定高层管理人员教练，向外派管理人员提供指导，与其共同工作。[83]

17.4 外派人员的培训和保留

17.4.1 国际外派人员的岗前引导和培训

尽管成功的外派工作要求企业对外派人员进行准确的岗前引导以及系统的培训，但大多数美国公司在这方面所做的是"形式多于内容"。虽然管理者也倾向于认为，外派人员在接受了他们所需的专门培训（例如语言和文化方面的培训）后能更好地完成工作，但真正这样做的公司是少数。

很多供应商都向企业提供成套的任职前培训。总的来说，这种方案是利用讲课、模拟、视频以及材料阅读等方式帮助受训者为即将到来的外派工作做好准备。这些供应商会明确给出此类培训方案的目标和内容。其中一项培训是向受训者提供以下几个方面的内容：一是有关即将前往的国家的历史、政治、商业规范、教育体系以及人口特征等方面的基本知识；二是对于文化价值观如何影响人们的观念、价值观以及交流等的理解；三是举例说明为什么迁往一个新的国家会遇到很多挑战以及应当如何应对这些挑战。[84]其他培训包括，帮助受训者提高跨文化理解能力、增进跨文化关系与信任，以及提高跨文化交流能力。[85]Global LT 公司开设的"成功生活与工作"课程（https：//global-lt.com）可以让外籍人士和他们的家人全面了解目的地国家的文化和商业实践。该课程将会帮助受训者更容易适应国际派遣目的地的工作风格和文化。[86]

有些企业还把外派归来的管理人员作为资源，帮助那些即将赴任的外派人员培养全球性思维。例如，博世公司（Bosch）就定期举办研讨会，让那些刚刚从国外回来的外派人员将他们的知识和经验传授给即将出国的员工和他们的家属。

持续培训 除了任职前培训，还有很多公司在外派工作的早期阶段提供持续的、东道国国内的跨文化培训。

例如，在国外的管理人员（包括外派人员和当地员工）需要持续不断地得到其他一些传统的培训和技能开发。在很多公司，其中包括 IBM，这种开发工作包括通过职位轮换来使海外管理人员在专业方面迅速成长。同时，IBM 和其他许多公司还在世界各地建立了管理技能开发中心，这些公司的高层管理人员可以在那里进一步提高自己的技能。此外，一些课堂培训计划（如伦敦商学院的培训项目，或者是位于法国的欧洲商学院的培训项目）也为海外高层管理人员提供了各种受教育的机会（如获得 MBA 学位等），这些教育培训项目与他们在美国本土工作的同事所能够得到的培训是类似的。百事鼓励外派管理人员参与当地社交活动，比如墨西哥城的拉丁舞课程和中国的乒乓球比赛等，以帮助他们更快地适应当地文化。[87]星巴克将他们在国外的管理培训生带到华盛顿州西雅图总部，让这些新人体验美国西海岸的生活方式和公司的非正式文化以及掌握管理当地门店所需的技术知识。[88]

设计良好的国际管理技能开发活动除了能够提升管理者的技能之外，还会给管理人员和他们的公司带来一些相对不那么明显的好处。比如，职位轮换能够帮助管理人员与世界各地的同事建立起联系，而且能够通过这种联系迅速作出决策。

17.4.2　伦理道德和行为准则

企业还应该确保外派人员遵守公司的道德准则。然而，一家美国企业要将自己的道德准则推广到国外的分支机构，仅仅让国外员工阅读美国的员工手册是不够的。例如，其他国家很少像美国那样遵循"自由解雇"原则。因此，即使员工手册明确指出"我们可以任意解雇员工"，也并不代表该公司在其他国家就可以真的这样做。[89]于是，有些公司选择制定和颁布全球化的行为准则，用以代替员工手册。

通常情况下，企业最关心的是为了遵守具有跨国影响的美国法律而建立起全球化标准。例如，IBM 曾花费 1 000 万美元来平息一项指控——它被指控为得到 5 400 万美元的政府合同而向韩国的政府官员行贿。[90]全球企业需要在歧视、骚扰、贿赂以及《萨班斯-奥克斯利法案》等方面制定全球化行为准则。

17.4.3　国际外派管理人员的绩效评价

鉴于外派工作失败的成本很高，因此，对国际外派管理人员做好绩效评价工作很重要。[91]有几个方面的因素使得外派人员的绩效评价变得非常复杂。文化差异是其中一个方面。比如，在法国，坦诚交流通常是常态，但有时在日本就不能这样，因为在那里存在"面子"问题。此外，在基本价值观和做事方式方面，一些国家（如日本和南非）之间的文化差异比其他国家（如美国和英国）要大得多。随着员工逐渐参与到组织管理中，这种文化差异可能会使来自同事和下属方面的多来源反馈或 360 度反馈变得不真实。因此，对于国际外派管理员工而言，由同事和下级提供的反馈应当主要用于个人发展，而只有由直接主管所做的评价才能成为绩效评价和绩效加薪等人力资源管理决策的依据。[92]

另外，还有一个问题是"应当由谁来对外派人员的工作绩效进行评价"。一方面，当地的管理层应当在外派人员的绩效评价中起到一定的作用，但是不同国家之间的文化差异可能会导致绩效评价出现一定的变形。另一方面，母国总部的管理人员由于与外派人员相隔甚远，无法对外派人员进行有效的绩效评价。在一项调查中，受访管理人员认为，让来自东道国和母国的评价人员同时对外派人员进行评价是最好的。但是在实践中，大多数企业并不采取这种做法，要么采用来自东道国的评价者的评价，要么采用来自母国的评价者的评价。关于改善外派管理人员绩效评价的一些建议如下：

1. 使绩效标准适用于当地的工作和具体情况。

2. 在对外派人员实施绩效评价的过程中，在国外当地工作的管理人员的评价应当比母国总部管理人员所做的评价有更大的权重。

3. 如果必须由母国总部的管理人员来填写书面绩效评价结果，那么最好让这位评价者请一位过去在海外同一地方工作过的管理者来为自己提一些建议。

17.4.4　外派人员的薪酬管理

正如在第 11 章中讨论过的，计算外派人员薪酬的一种最普遍做法是，使员工在不同国家中工作时的购买力水平大体均等化，这种方法就是通常所说的资产负债表法，78% 以上的受访公司都采用了这种方法。[93] 资产负债表法的一个基本理念是：每一位外派人员都应该享受与他们在国内工作时相同的生活标准。有些企业采用本地化补偿政策——外派人员的基本薪酬与在母国工作的国内员工的基本薪酬处在同一个薪酬区间。除此之外，外派人员往往还能够得到一笔海外工作或国外服务补贴，以保持其在母国时的生活水平。[94] 无论如何，薪酬计划都必须具有足够的竞争力，只有这样才能保证员工愿意接受外派工作。

实践中，企业通常将外派人员的总薪酬划分为 5 或 6 个独立部分。表 17-1 对资产负债表法进行了说明。在这个案例中，管理人员的基本年薪为 16 万美元，她需要在美国缴纳的所得税税率为 28%。（多国课税是另一个问题。接受调查的企业最近将"税法遵从"列为外派人员到国外工作时遇到的最大挑战。）[95] 其他一些成本则是根据国外生活成本指数确定的，这些成本指数在"美国国务院国外生活成本、季度补贴以及艰苦程度差别指数"中公布，这一信息可以在美国政府的网站上找到。[96]

表 17-1　资产负债表法（假设在美国的基本薪酬为 16 万美元） 　　　　单位：美元

每年的开支	美国芝加哥	中国上海（等价美元）	补贴
住房和水电等	35 000	44 800	9 800
商品和服务	6 000	7 680	1 680
税收	44 800	57 344	12 544
可自由支配收入	10 000	12 800	2 800
总计	95 800	122 624	26 824

为了帮助外派人员管理好其在国内外的财务事务，大多数企业采用的是分别支付薪酬的做法，比如，一半的实际薪酬用母国货币支付，另一半薪酬则用东道国的货币支付。[97] 在对属于东道国公民的员工薪酬支付方面，企业往往遵循东道国的程序，即在职位分级的基础上，根据当地的劳动力市场条件制订公平的薪酬计划。[98]

不过，要在许多国家中确定一个公平的薪酬水平并非易事。在美国，我们可以得到大量的薪酬调查数据，但是在国外，这类数据就很难得到了。因此，有些跨国公司每年都要在公司所在地进行年度薪酬调查。比如，卡夫公司（Kraft）每年都会在欧洲进行总薪酬调查。大多数跨国企业可能会购买一项或多项国际薪酬调查的数据，比如怡安翰威特咨询公司针对澳大利亚呼叫中心所做的薪酬调查报告，或 Executive Resources 有限公司提供的阿拉伯联合酋长国国际薪酬调查数据等。[99]

外派人员薪酬示例　举个例子来说，那些为 CEMEX 公司（一家跨国建筑用品公司）工作的外派人员：

……会得到相当于基本薪酬 10% 的国外服务补贴。根据不同国家的具体情况，有些员工还会得到艰苦补贴，这种补贴的金额不一，生活条件较舒适的地区补贴为零，而被派往孟加拉国的话则会得到相当于基本年薪30％的补贴。我们会为外派人员的住房、子女上学（一直到大学）买单。我们公司还有探亲假——每年为员工及其家人提供一次回母国的机票。还有专门为外派人员的配偶提供的语言课程。另外，我们公司的所有外派人员的薪酬都是税后的，这样就可以消除当地税法带来的潜在影响。比如，如果一位高层管理人员的年薪为15万美元，而对于一名外派管理人员，公司在其身上花费的成本则将近30万美元。[100]

奖励性薪酬 正如我们提到过的，企业会向员工支付各种奖励性薪酬来鼓励员工到国外任职。[101]例如，**国外服务补贴**（foreign service premium）是在正常的基本薪酬之上额外增加的一部分经济补偿，其金额一般为基本薪酬的10％~30％，以每周或者每月的薪资补贴的方式支付。**艰苦补贴**（hardship allowance）是针对员工被派驻国外某地后，由于不得不在比较艰苦的生活和工作条件下开展工作而提供的一种补偿。（例如，被派往伊拉克的美国外交官除了能够得到其他一些奖励性薪酬之外，还能额外得到相当于基本薪酬70％的一笔补助。）[102]**迁移补贴**（mobility premium）则是一种典型的一次性报酬，其目的是奖励那些从一个工作地点迁移到另一个工作地点的员工。至少从某些方面来看，世界各地的高管人员薪酬系统正在变得越来越相似。[103]例如，为海外管理人员提供长期激励性薪酬的美国公司在发放奖金时，通常采用公司的整体绩效标准衡量指标（比如全球利润）。

设计全球薪酬体系的步骤 要想既保持全球薪酬的一致性，又能考虑到各地的不同情况，首先应当建立一个与企业的战略需要相吻合的薪酬体系。[104]然后，企业要转向解决更多的问题，比如："如何使外派人员的薪酬有竞争力？"[105]在实践中，要做到这一点需要经过六个步骤[106]：

第一步：制定战略。设置长期战略目标，比如提高生产率或扩大市场份额。

第二步：识别关键的高层管理人员行为。列出为了实现上述战略目标，公司期望高层管理人员展示出哪些行为。

第三步：确定全球薪酬框架。扪心自问一下，你们希望薪酬的每个组成部分（薪酬、奖金、激励等）怎样促进你们公司高层管理人员展示出他们的能力。

第四步：识别差距。在这里要问的问题是："我们的全球薪酬体系能在何种程度上支持我们的战略目标？我们需要对它作出哪些方面的必要改变？"

第五步：将薪酬体系系统化。创建更具一致性的绩效评价方法，并为全球各地的类似职位建立一套一致性的职位要求和绩效标准。

第六步：调整薪酬政策。需要审查公司的全球薪酬政策（用于设置基本薪酬级别、奖励性薪酬等）。通过薪酬调查和对调查结果进行分析来评估当地的薪酬管理实践。然后将公司的全球薪酬政策进行微调，以使这些政策适用于各个不同的地区。

17.4.5 国际劳资关系

在国外设立分支机构的公司会发现，世界上不同的国家和地区之间在劳资关系实践方面存在巨大的差别。举个例子来说，尽管沃尔玛成功地瓦解了在其美国公司内部组建工会的企图，但它不得不接受其在中国的很多分店成立工会的事实。再如，西欧国家的集体谈判主要是以行业为基本单位的，而美国的集体谈判总体上发生在企业或工厂层次。进一步来说，欧洲对工会的认可方式没有美国那么正式。例如，甚至是在一个工会已经代表了一家企业 80％的员工的情况下，另外一个工会也可以将剩下的 20％的员工吸纳进来。因此，管理者应该磨炼自己，努力适应比美国还要严格的集体谈判。

17.4.6 海外安全问题

企业在制定国际安全政策和管理实践时，至少需要处理下述两个方面的问题。

首先，企业要保证本国员工的安全。美国在职业安全方面走在前列，但其他国家也颁布了相关的法律。因此，无论在任何情况下，都很难说国外的员工会比本国员工更缺乏安全意识和公平对待。

其次，企业有责任采取措施保护外派人员及其家属以及正在进行国际商务旅行的人员的安全。[107] 比如，恐怖主义的威胁促使更多的企业使用特殊的移动安全工具实时跟踪外派人员。[108] 国际 SOS 安全公司为其客户提供智能手机等工具，帮助客户迅速通知外派人员所面临的潜在威胁和解决措施。很多企业通过购买情报服务监控国外的一些潜在的恐怖主义威胁。一家情报公司的负责人估计，这种服务的成本为每年 10 000 美元。[109] 有些企业会雇用危机管理团队。例如，如果公司得知犯罪分子绑架了自己的某位管理人员，公司就会联系危机管理团队去处理。

然而，除了那些大型公司，雇用危机管理团队以及支付赎金的做法对于一般的企业来说都是十分昂贵的，因此很多企业都选择购买绑架和赎金保险。根据这种保险的规定，许多事件或情况能得到保险公司的赔偿。最明显的例子就是绑架、敲诈勒索以及拘留。

以下专栏为此方面提供了一些实用的建议。

改进绩效：全球人力资源管理实践

商务旅行

确保商务旅行者的安全，这本身是专业范畴的事情，但是在这里仍然可以给出一些建议[110]：

● 向外派人员提供一些一般性的培训，让他们了解一些与在国外旅行、生活以及将要被派驻的地方等有关的知识。这样，当他们到达目的地时，就更容易适应当地的环境。

● 告诉他们不要引起别人对他们是美国人这一事实的注意，比如不要穿着印有美国字样的衣服等。

● 让商务旅行者尽可能在接近飞机起飞的时间抵达机场，并且在等待的时候避开交通主干道，从而使他们不容易被注意到。

● 在外派人员的汽车和家中安装安全保卫系统。

● 告诉员工在上班时要经常改变他们的出发和到达时间，上下班要经常走不同的路线。

● 让员工通过定期查询比如美国国务院提供的旅游咨询服务以及领事提供的相关信息，了解与当地犯罪和其他问题有关的最新动态。[111] 可以点击"旅行提醒"和"国家信息"。

● 建议员工始终保持自信：肢体语言可能会吸引歹徒，那些看起来就像受害者的人经常真的会成为受害者。[112]

随着世界范围内恐怖主义袭击的增加，更多的企业使用特殊旅行安全工具对员工进行实时跟踪并与之沟通。[113]例如，如前所述，国际 SOS 安全公司为其客户提供在线和智能手机工具。

17.4.7 外派归国：问题及解决思路

很多企业都浪费了自己在培训和派遣外派人员方面所做的大量投资。首先，正如我们在表 17-1 中总结的那样，如果把额外的生活成本和税收（加上交通和个人的常规福利）加起来，企业可能会在一位年薪 16 万美元、外派三年的员工身上投资 80 万美元。此外，失去外派归国人员也意味着失去员工在国外获得的知识和经验。[114]几年前的一项调查发现，一些企业的外派归国人员的流失率高达 30% 甚至更高（大多数企业的员工流失率要低得多）。[115]

考虑到公司在外派人员身上所做的投资，显然应该尽可能地将这些人留在公司。为了做到这一点，制定正式的归国方案可能就非常有用。例如，一项调查发现，在外派归国人员流失率过高的企业中，大约 2/3 的企业都没有制定正式的外派人员归国方案。[116]甚至还有大约 1/4 的企业根本不知道最近刚刚回国的外派人员在回国后 12 个月内是否会辞职。[117]

外派人员归国方案 成功的外派人员归国方案有几个方面的特点。这种方案最好在人员外派之前就开始实施，以确保他们知道接受外派是未来职业发展规划的一个重要组成部分。[118]在外派人员从事的海外工作任务结束前的 12 个月甚至更早的时间里，就开始与员工进行回国事宜的讨论，其中包括员工回国后的职业发展方向等。[119]很重要的一点是，要确保外派人员及其家庭成员不会觉得公司已经不再关心他们了。

例如，一家公司有一个非常有效的由三个部分组成的外派人员归国方案。[120]

第一，公司为每位外派人员及其家庭成员配备一名心理学家，这些心理学家都受过归国问题方面的训练。心理学家会在他们出国前与他们会面，与他们探讨在国外期间可能会遇到的各种挑战，还会一起评估他们在多大程度上能够适应新的文化，在员工的整个外派期间都会与他们保持联系。

第二，公司确保外派人员感觉到他们对公司总部发生的各种事情仍然保持着一种"在圈内"的状态。例如，公司会给外派人员指派一名导师，它还定期将外派人员召回公司总部与同事进行交流。

第三，当外派人员及其家庭成员要回国时，公司会提供正式的归国服务。在距外派人员的海外工作任务结束前大约 6 个月时，心理学家和人力资源代表会与外派人员及其家庭成员会面，让他们开始为回国做准备。例如，他们帮助员工规划好未来的职业发展方向，帮助他们更新自己的简历，帮他们与回国后的上级取得联系。他们与外派人员的家庭成员一起做好从国外往回搬家的工作。[121]

归根结底，提高外派人员归国留任率的一种最简单方式可能就是重视他们的经验。正如一位归国的外派管理人员所言："在我看来，我们公司有些漠视我在中国取得的这些经验，这从以下几个方面可以看出来：没有奖金，没有加薪，也没有其他任何形式的职位晋升。"这种感觉导致了外派归国人员的流失。[122] 在全球性组织中，拥有一个跟踪员工在不同职位上的变化的系统至关重要。外派归国人员流失率高的原因之一是，企业对他们在海外掌握的新技能并不了解。[123]

17.5　写给管理者的员工敬业度指南

17.5.1　全球员工敬业度

一项全球范围内的员工敬业度调查提供了一些非常有用的信息。[124]

平均而言，敬业员工的比例（包括高度敬业和中度敬业）在拉丁美洲为70%，在北美为65%，在亚太和非洲或中东为61%，在欧洲为57%。很不敬业的员工所占的比例在欧洲最高（19%），拉丁美洲最低（12%），北美、亚太地区和非洲中东地区为15%～16%。全球所有地区员工敬业度（高度和中度敬业）的趋势是向当前全球平均水平（约61%）收敛。换言之，世界范围内的员工敬业度水平具有相似性。

那么，全球员工敬业度的最主要驱动因素是什么呢？研究表明，职业发展机会是全球员工敬业度的第一大关键驱动因素。员工敬业度的其他关键驱动因素则因区域不同而存在差异。例如，在北美地区，员工敬业度的第二大关键驱动因素是设定目标或管理绩效，在欧洲是组织声誉，在亚太地区是薪酬，在拉丁美洲则是员工认可。因此，不同的地区在提高员工敬业度上应该采取不同的管理措施。

对全球性企业而言，员工敬业度很重要。从那些业绩最好的公司来看，它们的员工敬业度在所有公司中排在前1/4。

17.6　本土化人力资源管理：如何运作全球人力资源管理系统

正如前文提到的，很多公司的国际业务都正在经历着结构的变化，先是从以国内为基地的国际业务部门转变到"跨国结构"，即海外分支机构在很大程度上掌握着经营控制权，再到现在演变为完全统一的全球性公司，即在世界范围内拥有统一的管理结构。例如，一辆在全球范围内销售的汽车，可能是在法国设计，在中国和美国生产，而汽车的零部件则来自日本。[125]

全球化发展会对一家公司的组织结构及人力资源管理职能产生影响。在这一趋势下，全球化公司会把重点放在人力资源管理的标准化上。现实中，技术——特别是云计算——意味着大多数企业正向这种统一的全球人力资源管理职能转换。[126] 例如，英国石油公司为了支持其全球人力资源管理现代化战略，采用了基于云计算的"Workday HCM"系统（人力资本管理系统）。[127] 该系统使英国石油公司在全球范围内实现了人力资本管理流程的标准化，并让全球员工都能够访问员工福利等方面的信息。此外，它还为高层管理人员提供了解全球人员配置和员工绩效的更好视角。它使英国石油公司的人力资源管理职能的定位从行政人事转变为业务伙伴。下面的专栏提供了另外一个例子。[128]

改进绩效：战略背景

现代资本公司

现代资本公司正在向其所称的"全球一体公司"转变，并在全球范围内统一了公司的组织结构、产品服务以及管理实践。[129]为了在全球各分支机构中建立一套标准的人力资源管理系统，该公司最近将其人力资源管理系统从依赖世界各地的独立人力资源系统这样一种非统一系统，转变为基于 Oracle HCM（人力资本管理）的统一云系统。新系统可以让全球员工在这个统一的系统内更新人力资源数据，并访问更新之后的培训、新员工入职以及其他人才管理工具。甲骨文公司的这套系统还可以帮助企业适应世界各地的法律和劳资关系差异。例如，它能应对各个不同国家在工会和劳资关系方面的差异，并帮助管理人员作出符合当地法律规定的雇用和解雇决定。

然而，即使有了云计算技术，人们也可以合理地问这样一个问题："考虑到人力资源管理实践中的跨文化差异，如果一家企业试图在全球各分支机构中都建立一套标准的人力资源管理系统，最好的方式是什么？"几年前进行的一项研究对此有所说明。简言之，该研究的结果表明，在一些具体的人力资源管理政策方面，企业必须尊重国外当地管理人员的意见，对其进行微调。

在这项研究中，研究者与来自六家跨国公司——安捷伦科技（Agilent）、陶氏化学（Dow）、IBM、摩托罗拉、宝洁和壳牌石油——的人力资源管理人员进行了面谈，同时还征求了很多国际人力资源顾问的意见。[130]这项研究的总体结论是，那些成功地实施全球人力资源管理系统的企业都运用了多种最佳实践，从而使它们可以在全球范围内实施统一的人力资源政策和实践。这里的基本理念是建立一种全球各分支机构中的员工都可以接受，并且有利于企业更为有效地实施管理的人力资源管理系统。图 17-2 对这些内容做了总结。

17.6.1 开发更有效的全球人力资源管理系统

首先，在确立自己的全球人力资源管理政策和实践时，这些企业通常会采取两种最佳实践。

第一，形成全球人力资源网络。为了减小阻力，全球人力资源管理者应当将自己视为全球人力资源管理网络这个整体中的一部分，还要将当地的管理人员视为平等的伙伴。比如，形成全球化团队来建立这种新型人力资源管理系统。建立"全球范围的伙伴关系，从而使企业可以从这种广泛的基础中获得支持、认同，以及便于在当地组织各种活动，同时

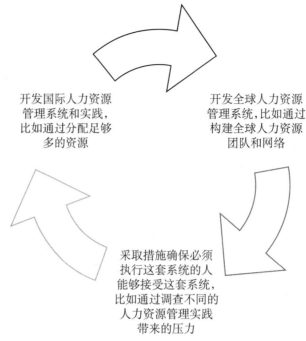

开发国际人力资源
管理系统和实践，
比如通过分配足够
多的资源

开发全球人力资源
管理系统，比如通过
构建全球人力资源
团队和网络

采取措施确保必须
执行这套系统的人
能够接受这套系统，
比如通过调查不同的
人力资源管理实践
带来的压力

图 17-2　创建全球人力资源管理系统中的最佳实践

使企业更好地了解自己的系统以及所面临的挑战"。[131]

第二，需要记住，与具体方法的标准化相比，结果和胜任素质的标准化更为重要。例如，IBM 在全球范围内使用的几乎是一套标准化的招募和甄选程序。然而，"诸如由谁（雇用经理还是招募经理）来进行面试，或者预先筛选过程是通过电话还是当面完成这样的细节问题，则会因国家而异"。[132]

17.6.2　使全球人力资源管理系统更容易被接受

接下来，这些企业会实施三种最佳实践来使自己建立的全球人力资源管理系统能够被全球各地的管理人员接受。这些最佳实践包括：

第一，需要记住，只有真正的全球性组织才更容易建立全球人力资源管理系统。例如，真正的全球化公司要求自己的管理人员在全球团队的基础上开展工作，在全球范围内寻找、招募和配置员工。正如壳牌石油公司的一位经理所言，"如果你是一家真正的全球化企业，那么你在这里（即美国）招募的员工可能立刻要到荷兰海牙去工作和生活，反之亦然"。[133]这种全球化思维方式使得每一个地方的管理人员都更容易接受建立一套标准化的人力资源管理系统的思想。

第二，调查来自差异化的压力并确定其合理性。当地管理人员可能会这样坚持道："你在这里不能这么做，因为我们的文化不同。"这些所谓的差异通常并没什么说服力。例如，当陶氏化学公司想在海外推行使用在线招募和甄选工具时，海外的雇用经理说，他们的管理人员不可能去使用这些工具。在对这些假设的文化障碍调查之后，陶氏化学公司仍然实施了这套新的制度。[134]

但是，要仔细评估当地文化或其他方面的差异是否会实际削弱这种新系统的效果，还要充分了解当地法律相关问题，并在必要时采取相应的做法。

第三，尝试在强公司文化背景下工作。创建强公司文化的公司会发现，在地理位置相距甚远的员工之间达成一致变得更加容易。例如，正是由于宝洁公司构建的统一的招募、甄选、培训和支付薪酬的方式，其管理人员对于共享价值观有强烈的认同感。新员工很快就学会了从"我们"而不是从"我"的角度来思考问题。他们学会了重视认真、一致、自律以及有条理的工作方式。在价值观上具有这种全球一致性的企业更容易在全球范围内建立和实施标准化的人力资源管理实践。

17.6.3 运作全球人力资源管理系统

最后，有两种最佳实践有助于确保全球一致的人力资源管理政策和实践能够得到实施。

第一，"你怎么沟通都不过分。"请记住一件事："有必要与在每个国家工作的决策者以及在当地实施和使用这套系统的人保持联系。"[135]

第二，提供充足的资源。例如，如果母公司不能提供充足的资源来支持国外机构实施新的职位分析程序，就不要要求当地的人力资源管理部门开展此类活动。

本章内容概要

1. 对一名管理者来说，应对全球人力资源管理挑战并非易事。企业面临在不同的国家和人群中存在的政治、社会、法律以及文化方面的差异。在一个国家奏效的管理方式在另一个国家很可能会失效。

2. 必须使人力资源管理活动适应国家间的差异，这种要求影响着企业的人力资源管理过程。例如，不同国家的人会有不同的价值观，而且各个国家在经济、法律、政治和劳资关系方面存在差异。

3. 为国际企业配备员工是一个重大挑战。很多公司可能会使用外派人员，这些外派人员可能是母国公民，也可能是第三国公民。高层管理人员的价值观会影响他们为海外分支机构配备员工的方式。奉行民族中心主义的公司倾向于强调母国的态度，奉行多国中心主义的公司更关注东道国员工，而奉行全球中心主义的企业则试图在全世界范围内寻找最优人选。能否甄选出能成功完成海外工作任务的员工取决于很多因素，其中最重要的因素包括适应性甄选，以及确保员工的家庭成员能够得到有助于他们完成外派工作的现实性预览、咨询和相关支持。

4. 在甄选出派往海外工作的员工之后，需要关注的问题就是如何培训和留住外派人员。

- 就外派人员赴任前的准备工作而言，理想的培训工作首先应涵盖文化差异所产生的影响方面的内容，然后将重点转移到让受训员工理解态度是如何对行为产生影响的；提供与东道国有关的一些知识；在语言和适应能力等方面进行技能开发。

- 在外派管理人员的薪酬方面，大部分企业使用资产负债表法。这种方法强调四个方面的费用支出：住房和水电等、商品和服务、税收以及可自由支配收入。资产负债表法旨在通过提供补助的方式，使员工在海外的生活水平相当于其在国内的水平。

- 由于受到恐怖主义的威胁，现在大多数企业都对自己的外派管理人员采取了各种保护措施，其中包括购买绑架和赎金保险。

● 企业的外派人员归国方案强调让外派人员随时了解母公司中所发生的各种变化，定期让外派人员回到母公司，并且为这些外派人员及他们的家庭提供正式的归国服务，从而帮助他们做好回国的准备。

5. 世界各国的员工敬业度目前趋近于全球平均水平（约 61%）。在世界的所有地区中，职业发展机会是员工敬业度的第一大关键驱动因素。

6. 由于企业越来越依赖国外当地员工而不是外派人员，因此让管理者理解应当如何运用全球人力资源管理系统就显得尤为重要。基本方法包括三个步骤：(1) 开发更有效的全球人力资源管理系统；(2) 使全球人力资源管理系统更容易被接受；(3) 运作全球人力资源管理系统。

讨 论 题

1. 假定你是一家小企业的总裁，你认为"走向国际化"会通过哪些途径对你们公司的人力资源管理活动产生影响？

2. 一位国际人力资源管理者通常需要从事哪些方面的独特的国际化管理活动？

3. 国家间差异会对人力资源管理产生怎样的影响？请举几个例子来说明国家间的每一种差异是如何对人力资源管理产生影响的。

4. 假如你是一家公司的人力资源经理，你们公司正打算把第一位员工派往海外新成立的分支机构。你的老板即公司总裁向你提出了这样一个问题：为什么各类外派工作安排经常会失败以及你计划采取哪些措施来避免失败？你将如何回答？

5. 作为一名人力资源管理者，你会制订哪些计划来减少外派归国员工及其家庭成员可能面临的各种问题？

个人及小组活动

1. 假定你们的教授即将被学校派往保加利亚去讲授三年的人力资源管理课程，请以个人或小组的形式为你们的教授制订一份外派计划和归国计划。

2. 举出你所在地区的三家跨国公司的例子。通过互联网或与每一家公司取得联系，确定这些公司在哪些国家开展了经营活动。说明它们所开展的经营活动的性质，并总结出你们从这些公司的国际员工甄选和培训政策中发现了什么。

3. 选择三个有助于甄选外派人员的有用特征，然后设计一个能够筛选出具有这些特征的候选人的简单测试。

4. 利用图书馆或互联网上的信息资源来确定五个国家的本年度相对生活成本，然后说明在制定即将派往这五个国家的外派管理人员的薪酬计划时，这种差别会产生怎样的影响。

5. 《人力资源》（*HR Magazine*）杂志中有一篇名为《战后余震》（Aftershocks of War）的文章，其中提到，从伊拉克战场返回工作岗位的士兵可能在处理"延迟性情绪创伤"方面需要人力资源方面的帮助。"延迟性情绪创伤"这个术语是指退伍士兵可能被触发的情绪，它是由战争创伤事件引起的愤怒、担忧、烦躁等问题。假设你是一家公司的人力资源经理，约翰·史密斯是你们公司的一位员工，他下周将结束在伊拉克的一年兵役回到公司上班。根据你在本章中所学的内容，你认为公司应当采取哪些措施来确保约翰能尽早顺利地融入公司?

体验式练习

外派人员的纳税问题

目的:本练习的目的在于让你练习识别和分析一些会对外派人员的薪酬产生影响的因素。

必须理解的内容:你应当充分熟悉本章中讲授的内容,同时熟悉 www.irs.gov 网站上的相关内容。

如何进行练习/指导:将全班分为分别由 4～5 人组成的若干小组。要求每个小组的成员完成以下任务。计算外派人员薪酬时涉及的一个最棘手的问题与外派人员需要缴纳的美国联邦政府所得税有关。登录美国国税局的网站。你的团队负责管理公司外派人员的薪酬,你们公司正准备派几位管理人员和工程师到日本、英国和中国工作。网站上的哪些信息有助于你们团队制定外派人员的税务和薪酬政策?根据这些信息为那些即将被外派到日本、英国和中国的员工制定薪酬政策时,你们团队应该牢记的最为重要的三件事情是什么?

应用案例

"老板,我想我们有麻烦了!"

中央钢制门业公司(Central Steel Door Corp.)有大约 20 年的成功经营历史,该公司主要销售一种钢制的工业用门以及这种门所需要的零部件和配套装置。该公司目前的业务主要集中在美国和加拿大,其业务是逐渐从纽约向外扩展的,首先是发展到新英格兰地区,然后又扩展到大西洋沿岸,最后再沿大西洋沿岸穿过美国的中西部和西部,一直进入加拿大。公司所采取的基本扩张战略一直都是相同的:选择一个合适的地区,设立一个营销中心,然后雇用一位当地的销售经理,让这位地区销售经理来帮助公司为这一分销机构配备人员并雇用一些当地的销售代表。

令人遗憾的是,当中央钢制门业公司总裁梅尔·费希尔(Mel Fisher)决定将公司的业务向海外拓展进入欧洲市场时,公司所采取的传统的招募和雇用销售人员的做法无法成功地帮助其向海外延伸。他以在《国际纽约时报》(*International New York Times*)上刊登招聘广告的形式,连续花了三周的时间试图找到一位销售经理——这份报纸的很多读者都是欧洲的商业人士或者是在欧洲生活和工作的美国公司的外派人员。此外,这则招聘广告还在这份报纸主办的网站上刊登了大约一个月时间。尽管如此,费希尔先生至今仍然只收到五份求职简历。在这五份求职简历中,只有一位求职者似乎还可以,另外四份求职简历都来自那些被费希尔先生称为"游魂"的人——这些人似乎把一生中的大部分时间都花在从一个国家到另一个国家的无休止的旅行上,他们偶尔需要停下来在路边的咖啡店里享受咖啡的味道。当费希尔问他们最近三年都在做什么事情时,其中的一个人告诉费希尔,他在"走路"。

该公司的其他国际人力资源管理活动也遇到了问题。费希尔把两位美国销售经理派往欧洲,让他们临时主持欧洲机构的运营,但他忽略了应当为外派管理人员制订一项整体性的薪酬计划,从而使他的员工能够负担在德国和比利时生活时相对较高的生活费用。结果,其中一人在形势比较好的时候只工作半年就离开了公司。更让费希尔先生感到吃惊的是，他收到了比利时政府的通知，说他的销售经理欠了几千美元的地方税。这两位经理在当地雇用了大约十名员工来为这两个位于欧洲的营销中心工作。由于没有全职的欧洲地区销售经理，公司的销售水平始终令人失望，因此，费希尔先生决定解雇在这两个营销中心工作的大约一半的员工。然而，事情没有这么简单。费希尔先生突然接到了他派往德国的临时销售经理打来的紧急电话，这位经理在电话中说："我刚刚被告知，所有的员工都必须有书面的雇用合同，而且无论在何种情况下，如果我们没有提前一年通知员工，我们不能解雇任何人。当地政府已经插手这件事情了。老板，我想我们有麻烦了！"

问题

1. 根据本章的内容以及案例中的情形，列举出费希尔先生到目前为止在国际人力资源管理方面犯下的十个错误。

2. 如果让你来雇用一位欧洲当地的销售经理，你会如何完成这项工作？为什么？

3. 如果你是费希尔先生，你现在会做些什么？

连续案例

卡特洗衣公司

向海外发展

几年前，杰克决定开始他近年来的第一次长假——去墨西哥度假一个月。度假时他发现了令他非常吃惊的事情：他在墨西哥城待了一段时间，他为当地洗衣公司的稀缺感到惊讶，尤其是考虑到墨西哥城严重的空气污染问题。从那里继续向北走，他经过了墨西哥华雷斯市，他发现，这些地方几乎也没有洗衣公司，这让他吃惊不已。在返回得克萨斯的家中后，他开始思考将连锁店扩张到墨西哥是不是一个明智之举。

除了可能的经济效益之外，他喜欢上了在墨西哥体验到的那种生活方式，同时，他被那种可能面临的令人激动的挑战吸引，"我猜企业家精神已经融入了我的血液之中"，这是他诠释自己的企业家精神的方式。

当他回到家与詹妮弗共进晚餐时，他开始思考在决定将公司扩张到海外之前需要考虑的许多问题。

问题

1. 如果他们决定在墨西哥开设 1～2 家洗衣店，你认为杰克和詹妮弗需要面对的人力资源管理方面的挑战是什么？

2. 如果你是杰克或詹妮弗，你将如何为在墨西哥开的新店挑选经理？例如，你是准备聘用当地人，还是准备从国内直接派人过去？为什么？

3. 在墨西哥的生活费用要远远低于在卡特洗衣公司目前所在的这些地方的生活费用，如果决定将一名外派人员派到墨西哥去担任经理，你将如何为其制订一项薪酬计划？

4. 请具体说明当你为墨西哥的新店选择外派管理人员时，你会考虑哪些方面的因素。

将战略转化为人力资源政策及实践的案例

改进巴黎酒店的绩效

管理全球人力资源

巴黎酒店的竞争战略是："通过卓越的顾客服务将自己与同行区别开来，吸引顾客延长入住时间，提高顾客再次入住比率，从而提高酒店的收入和利润水平。"酒店人力资源总监莉萨·克鲁兹现在必须制定和实施战略性人力资源管理政策和活动，通过帮助酒店获得战略所需的员工行为和胜任素质来支持酒店的这一竞争战略。

巴黎酒店在欧洲以及美国的 11 个城市中都有分店，莉萨知道，公司必须做好管理全球人力资源的工作。例如，公司还没有一套正规的方法来识别以及培训被派往海外的管理人员（无论是派往欧洲，还是派往美国的管理人员）。此外，公司在花费 20 万美元的巨大代价派遣一位美国经理和她的家庭出国之后，由于这位经理的家人整天想念在国内的朋友，公司最近不得不让她返回美国。莉萨知道，这样做根本无法去经营跨国业务。她将注意力转向了制定有助于公司更为有效地开展国际业务的人力资源管理政策。

通过回顾一些数据，莉萨和首席财务官发现，公司的全球人力资源管理政策可能正在阻碍巴黎酒店成为它所追求的那种世界顶级的服务公司。例如，高绩效的服务企业和酒店公司会为至少 90% 的外派人员提供正式的赴任前培训，但巴黎酒店并没有这样的项目。由于每一个城市的酒店都运行各自的人力资源管理信息系统，莉萨和首席财务官或首席执行官想要获得关于各家酒店中的流动率、缺勤率或员工薪酬成本等方面的数据报告就很困难。就像首席财务官概括的那样："如果我们不能衡量每一家酒店在这些人力资源指标上做得怎么样，我们就无法去管理这些活动，也就不能计算出我们有多少利润损失以及被浪费的努力正在拖每家酒店绩效的后腿。"现在，莉萨获准制定公司新的全球人力资源管理项目和实践。

在实施这些新的项目和实践时，莉萨心中有了一些目标。她想要有一个完整的人力资源管理信息系统（HRIS），这样她和公司的其他高层管理人员就可以持续监控和评估公司在战略所要求的员工胜任素质及行为（比如出勤、士气、承诺度和服务导向行为）方面的全球绩效水平。为了满足这一需要，莉萨获准与一家通过互联网整合集团各酒店中的人力资源管理系统（包括人力资源及福利管理、求职者跟踪及简历筛选、员工士气调查及绩效评价等）的公司签订了合同。

莉萨还与一家国际人力资源培训公司签订了合同，以向巴黎酒店的员工及其家属提供到国外赴任前的外派培训，同时在他们到达后提供一些短期的支持。这家培训公司还帮助巴黎酒店建立了一系列为期一周的"管理者研讨会"。这种研讨会每 6 个月在位于不同城市的不同酒店中举行，为从整个巴黎酒店系统中选出的管理人员提供相互见面的机会，以及更多地了解莉萨及其团队为支持公司的战略目标而制定的这一系列新的人力资源管理项目和实践的机会。在薪酬管理专家的帮助下，莉萨和她的团队还为公司的每位当地管理人员制订了新的奖励计划，以引导他们更为全面地关注公司制定的以服务为导向的战略目标。到年底，巴黎酒店在外派人员赴任前接受甄选、培训以及咨询等指标上的绩效已达到或超出同类高绩效公司的水平。莉萨和首席财务官相信，他们现在已经开始掌控公司的全球人力资源管理系统。

问题

1. 请用一页纸的篇幅来概括地说明，为了让被派往海外的新员工——例如那些在巴黎酒店的管理技能开发项目中受训的员工——能够尽快适应海外的新环境，酒店的管理人员应当了解哪些方面的问题？

2. 在前面的各章中，你已经为巴黎酒店的人力资源管理实践提供了许多建议。从中任选一条建议，解释你为什么认为巴黎酒店同样可以将该项目推行到国外，你会建议他们怎样实施。

3. 选择一项你认为对巴黎酒店实现高品质服务目标最为重要的人力资源管理政策，并解释你将如何在该集团位于全球各地的酒店中实施这项政策。

注　释

第 **18** 章 小企业与初创企业的人力资源管理

Managing Human Resources in Small
and Entrepreneurial Firms

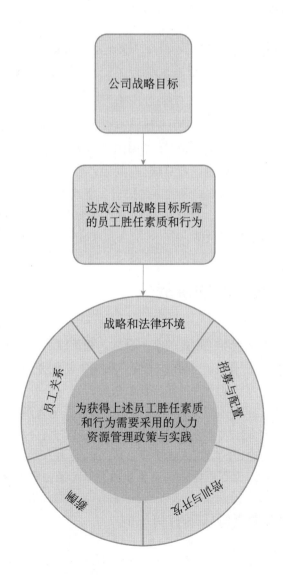

➡ **我们学到哪儿了**

　　小企业往往有特定的人力资源管理需要。本章的主要目的就是帮助你运用所学的人力资源管理相关知识来经营一家小企业。我们在本章中讨论的主题将包括：小企业面临的挑战；利用互联网与政府提供的各种工具来支持小企业的人力资源管理活动；充分运用熟悉性、灵活性、公正性以及非正式性等来提升小企业的规模优势力；有效地利用专业性雇主组织；人力资源管理系统、程序及文档的管理。

➡ **学习目标**

1. 解释为什么对小企业而言人力资源管理很重要，以及小企业和大企业在人力资源管理方面有何差异。
2. 请举出四个相关的例子来说明如何利用互联网和政府提供的各种工具来支持小企业的人力资源管理活动。
3. 请列出企业家可以利用企业规模小的特点来改进人力资源管理过程的五种方法。
4. 请说明你将如何选择一个专业性雇主组织以及如何与其打交道。
5. 请描述你将如何为一家初创小企业创建人力资源管理系统。

　　埃韦兰斯（Everlane）是一家总部位于美国旧金山的服装公司，公司战略是：在所有领域中围绕伦理制造和透明性打造企业品牌。[1]例如，公司网站会提供本公司的国外服装生产厂的照片；会为工厂中的工人提供发声的渠道；会列出每件产品的成本以使顾客可以更好地判断自己所购商品的价值。这样的战略需要一套合适的招募、甄选和薪酬管理实践。让我们来看看该公司是如何做的。

➡ ## 18.1　小企业面临的挑战

　　从某些方面而言，小企业不一定真的小。今天，在美国私营部门中工作的劳动者大约有一半人在为小企业工作。[2]作为一个群体来说，在每年新创办的大约 65 万家公司中，小企业不仅占绝大多数[3]，而且是经营规模增长最快的公司（小公司的业务增长速度要快于大公司）。在美国的新增工作岗位中，小企业创造的岗位占绝大多数。[4]

　　从统计数据来看，大多数大学毕业生在工作的前几年要么会为小企业工作，要么创建属于自己的小公司——所雇用的员工人数少于 200 人的公司。因此，任何对人力资源管理感兴趣的人，都需要理解人力资源管理在小企业和大型跨国公司中存在怎样的差异。

18.1.1　小企业的人力资源管理有何不同

　　小企业人力资源管理的特殊性主要源于以下四个方面：企业规模、工作重心、非正式性以及创业者特质。

企业规模 首先，我们很少看到一家真正的小企业——比如所雇用的员工人数少于 90 人的小企业——会拥有专职的人力资源管理人员。[5] 常见的情况是，当一家公司所雇用的员工人数达到 100 人时，它才有能力雇用一名人力资源管理专业人员。但这并不是说小企业就不需要处理各种人力资源事务。即使是只有 5～6 个人的一家零售店，也必须实施员工招募、甄选、培训以及薪酬支付等工作。只不过在这种情况下，通常都是企业主及其助理来完成这些人力资源管理方面的文书工作以及其他一些相关任务。美国人力资源管理协会（SHRM）的人力资本标杆管理研究发现，即使是那些员工数量少于 100 人的公司，每年也得花上大约相当于两名工作人员的时间来处理各种人力资源管理问题。[6] 当然，这些工作通常都是由老板自己每天工作更长的时间来完成的。（然而，大约 10% 的美国人力资源管理协会成员是在员工人数不足 100 人的公司中工作的，所以也有例外。）[7]

工作重心 小企业的管理者和经营者（即那些产生并提供创业愿望和"思想火花"的人）把更多的时间都用在了人力资源管理之外的其他问题上。一个研究者对英国的小型电子商务公司进行了一项研究，他得到的结论是：尽管人力资源管理问题确实很重要，但是对于这些小公司而言，它并非公司的头等大事。他指出：

> ……由于在时间、资金、人员以及专业知识等方面都缺乏资源，一家典型的中小企业的管理者所面临的组织压力被认为集中在其他一些方面，包括财务、生产和市场营销等，至于人力资源管理的重要性，则相对较弱。[8]

非正式性 上述情况导致的一个结果就是，人力资源管理活动在小规模企业中更加趋于不正规。例如，一项研究分析了大约 900 家小企业（有家族性的，也有非家族性的）的培训实践。[9] 这些企业的培训通常都是以非正式的方式完成的，在培训方法上主要强调通过同事和直接上级进行在职培训。

这种非正式性除了因为缺乏资源，还有一部分原因是生存问题。创业者必须能对各种竞争条件的变化迅速作出反应。有鉴于此，保持在薪酬政策等方面的灵活性就具有合理性。小企业必须针对所面临的各种竞争性挑战来作出快速调整，这就意味着小企业必须以一种基于短期的、非正式的、被动反应式的方式来处理晋升、绩效评价以及休假等方面的问题。[10]

创业者特质 创业者是"在风险条件下创业的人"，创业总是存在风险。因此创业者总是倾向于专注、有远见且具有较强的控制欲。研究者认为，小企业的相对非正式性在一定程度上是由于创业者特质造成的。比如，"企业所有者往往会将自己的个性和管理风格强加于企业的各种内部事务，包括企业的主要目标和发展方向、工作条件和各种政策、企业的内外部沟通风格以及如何将这种风格传达到员工"。[11]

启示 对于小企业而言，企业规模、工作重心、非正式性以及创业者特质因素的混合极易为它们的人力资源实践带来挑战。[12]

第一，不完善的人力资源管理体系会让小企业所有者陷入法律风险。比如，澳拜客牛排公司（Outback Steakhouse）在企业经营过程中就没有设置人力资源部门。结果，在一起向平等就业机会委员会（EEOC）发起的诉讼中，该公司因性别歧视问题支付了 1 900 万美元的罚金。随后公司高管层雇用了一位人力资源管理专家。类似的一些法律风险还包括违反《家庭和医疗休假法》的规定以及不支付加班工资等。

第二，缺乏专门的人力资源管理专家会减慢公司的决策速度，使管理者手足无措。当美国的 LRN 公司裁减掉了自己的人力资源部门之后，像雇用这样一些工作就变得复杂起来，因为部门经理必须首先弄清楚岗位所需的技能以及如何找到并挑选出最优秀的人才。没过多久，这些部门经理就把所有这些决定推给了公司最高管理层去处理。

第三，缺乏人力资源管理信息系统，书面的文档工作是很耗时的，而且重复性的工作容易导致数据录入错误。员工信息（姓名、住址、婚姻状况等）通常记录在各种不同的人力资源管理表格之中（这些表格包括医疗保险登记表、牙齿保健登记表、W-4 表格等）。每一次信息发生变化都需要以手动方式修改所有的表格。这种做法不仅低效，而且容易出错。

第四，不完善的人力资源管理体系会让小企业在市场竞争中处于不利位置。如果小企业不能有效地雇用、培训、评价员工并支付薪酬，它将如何与那些有能力做好这些的公司开展竞争呢？

多元化盘点

女性创业者

在创业者中，男性要多于女性。但是根据一项研究得到的结论，在最近一年中，依然有来自 59 个国家的大约 1 亿名女性创办了新的企业。[13] 有趣的是，创办企业的女性大多并非来自发达国家。在拉丁美洲和撒哈拉以南的非洲国家中最可能发生女性创办企业的情况。这可能是因为女性在发达经济体中往往有更多的职业选择，而在发展中国家，比如加纳，巨大的生活必需品市场使得更多的女性决定自己创办企业来生产它们。

18. 1. 2 为什么人力资源管理对小企业如此重要

一家小型初创软件公司经历了一场混乱，因为一名员工在社交媒体上发帖指控另一名员工有骚扰行为。一位专家表示，初创企业不能想当然地认为仅靠一本员工手册就能解决所有的人力资源管理问题，更重要的是，它们需要一个能够正常运转的人力资源管理体系。[14]

事实上，人力资源管理活动（在小企业中）确实对绩效产生了积极的影响。例如，英国的一项研究发现，有效的人力资源管理实践与企业的财务业绩和劳动生产率正相关。[15] 一些研究者对 168 家快速增长的中小型家族企业进行了研究，他们得出的结论是：与绩效较差的企业相比，成功实现高增长的中小企业更加注重员工的培训和开发、绩效评价、招募、士气维护以及为员工提供有竞争力的薪酬水平。[16]

对很多小企业而言，有效的人力资源管理也是获得与留住大客户的一个条件。例如，为了遵守 ISO9000 质量标准的要求，大客户会直接检查（小供应商）是否制定和遵守了特定的人力资源管理政策。[17]

我们在本章中将讨论特定的创业者能够采用哪些方法来改善自己的人力资源管理实践。我们首先从互联网和政府提供的各种工具开始讨论。

➡️ ## 18.2　利用互联网与政府提供的各种工具支持人力资源管理活动

在涉及人力资源管理方面的问题时，小企业所有者不一定非要向竞争对手示弱。知识丰富的小企业管理者可以通过运用各种基于互联网的人力资源管理资源来扭转劣势，包括美国政府提供的各种免费资源。比如美国小企业管理局（SBA）提供了"员工雇用和管理"页面，在其中列出需要处理的人力资源管理项目。[18] 其他一些有用的网站随后会列出。

18.2.1　遵守雇用法律的政府工具

对企业家来说，遵守联邦的（以及州和地方的）雇用法律是一个棘手的问题。比如，企业家需要知道："我必须向这个人支付加班费吗？"以及"我必须上报这次工伤情况吗？"

首先，企业家要知道适用于自己的是联邦政府的哪些雇用法律。比如，1964年《民权法案》第七章适用于员工人数达到15人及以上的企业。1967年《反雇用年龄歧视法》则适用于那些员工人数达到20人及以上的企业。[19] 小企业所有者可以在以下联邦政府机构的网站上找到他们需要的相关法律问题的答案。

在线电子法律顾问　美国劳工部网站提供的"电子法律顾问"（比如健康福利顾问）可以帮助小企业所有者确定哪些法律适用于它们的薪酬、福利以及员工安全与健康等问题。电子法律顾问会指引企业主回答一系列的问题，例如"该员工是否不受加班费的限制"。[20]

一直跟着这个电子法律顾问的指引，就会来到一个"结果"网页。即"根据你在回答电子法律顾问提出的各种问题时提供的信息，由美国劳工部负责实施的下列雇用法律可能适用于你所在的企业或组织"。[21] 对于一家典型的小企业而言，这方面的法律可能包括《消费者信用保护法》（Consumer Credit Protection Act）、《员工测谎保护法》（Employee Polygraph Protection Act）、《公平劳动标准法》、《移民与国籍法》（Immigration and Nationality Act）、《职业安全与健康法》、《军事人员就业与再就业权利法》（Uniformed Services Employment and Reemployment Rights Act）以及《举报法》（Whistleblower Act）等。

美国劳工部的网站上提供的链接（www.dol.gov/whd/flsa/index.htm）提供了《公平劳动标准法》（FLSA）的一些相关信息。[22] 其中还包括几个特定的FLSA"电子法律顾问"，每个电子法律顾问都会对一些类似于企业应当在什么情况下支付加班费这样的问题提供实用的指南。

平等就业机会委员会的在线工具　美国平等就业机会委员会（EEOC）负责实施下列法律：1964年《民权法案》第七章、1967年《反雇用年龄歧视法》、1990年《美国残疾人法》第一章、1963年《公平薪酬法》。正如平等就业机会委员会指出的："虽然我们网站上的这部分信息适用于所有企业，却是专门为那些没有自己的人力资源管理部门或平等就业机会法方面专家的小企业设计的。"（见www.eeoc.gov/employers）该网站上的一些链接提供了很多非常实用的建议，例如，"如果某人对我们公司提起一项指控，我们该怎么办？"该网站上提供了有关平等就业机会的一些重要信息，尤其是以下几个方面的信息：

- 我如何确定平等就业机会委员会负责实施的法律是否适用于我们这种规模的公司？
- 谁会向平等就业机会委员会提起歧视方面的指控？
- 小企业能在不接受调查或不通过法律诉讼的情况下解决一起指控吗？

职业安全与健康管理局为小企业提供的在线管理工具　美国劳工部下设的职业安全与健康管理局网站（www.osha.gov）也为小企业所有者提供了一些类似的指南。职业安全与健康管理局的网站上提供的内容还包括一份"职业安全与健康管理局小企业指导手册"，为小企业所有者提供了很多实用的信息，其中包括特定行业的安全和事故核查清单等。

18.2.2　在线雇用计划与人员招募工具

在撰写职位描述以及建立求职者数据库方面，各种互联网资源可以帮助小企业所有者做到与那些规模大的竞争对手一样有效。正如我们在第 4 章中讲到的，O*NET（http://online.onetcenter.org）使得小企业所有者能够迅速创建准确、专业的职位描述和任职资格。

网络招募　小企业所有者还可以使用我们在第 5 章中讨论的在线招募工具。例如，在领英网站上搜索人员、在 CareerBuilder 和专业协会的网站上发布职位空缺广告是很容易的。类似地，最好的招募软件不仅仅是追踪求职者[23]，它们还会自动在招募网站上发布招募信息。比如 Bullhorn（www.bullhorn.com）会在领英、推特和脸书等社交媒体网站上发布招募信息。

影响人力资源管理的趋势：数字化与社交媒体[24]

很多小企业会利用社交媒体来招募求职者。例如，领英为企业提供了在线发布空缺职位广告的机会，并促进各企业建立业务网络；招募人员可以在领英上寻找那些介绍简洁有力、推荐信出色，并且在行业组织中具有成员资格的会员。在推特上，招募人员可以很快了解一位潜在求职者的用户名和照片是否恰当。但是企业也会在推特上查看求职者的状态更新、转发推特等内容，以了解（比如）是否在关注并分享有价值的信息。小企业的招募人员还应该关注那些对他们来说有意义的社交媒体。例如，如果你正在寻找一位脸书营销专家，就应该到脸书上去找。如果你需要的是一名摄影师，就去 Instagram 上找。在脸书和领英的网站上，你应该将招募活动集中于那些对你们公司有意义的行业群体。可以去看看你们的竞争者是如何使用社交媒体的，以及它们使用的是哪种沟通工具。

不过，通过社交媒体进行招募也存在一些风险。例如，如果与那些在脸书主页上透露出种族信息的人交谈，而最终又没有雇用这个人的话，企业可能会面临歧视指控。同时，很多人都认为，社交媒体最终还是无法取代人与人之间的面对面直接互动。

18.2.3 小企业甄选工具

有些测试使用起来十分容易，特别适用于小企业。其中，翁德里克人事测验（www.wonderlic.com）是用来测试求职者的总体智力水平的。其中的问题有些类似于学术能力评估测试（SAT），参加测试者只需要花不到 15 分钟的时间来回答一份 4 页纸的问题。测试组织者首先请参加测试的人阅读测试指南，然后在测试参加者回答测试中的 50 个问题时进行计时，再将回答正确的题目数量加总得出总分。最后，通过比较测试参加者的实际得分与从事各种不同职业所要求的最低分数，来确定该测试参加者是否达到了从事这类工作所需要达到的最低要求。

预测指数则是另一种测试。它通过印在一张纸正反两面上的表格来测试与工作相关的求职者的人格特征、动机和行为，尤其是控制欲、外倾性、耐心以及规避责备等方面的情况。这种测试有一个模板，从而使得评分很容易。预测指数测试方案包括 15 种标准的标杆性人格特征。例如，其中有一种所谓的"社交兴趣"特征，这种人通常不自私、友善、会说服人、有耐心并且很谦逊。这种人能很好地与他人相处，可能成为很优秀的面试官。

包括翁德里克公司以及帕安得克公司（Predictive Index）在内的某些测试供应商还为企业提供对求职者进行在线测试和甄选的服务。翁德里克公司所提供的服务（例如，对于一家小公司来说，这项服务的花费大概是每年 9 000 美元）还包括为客户公司提供职位分析。此外，翁德里克公司还为小企业的求职者提供一个网址，他们可以登录这个网站来参加一项或几项测试。同时，它也可帮助建立测试程序。

其他一些完善小企业的招募和甄选过程的建议包括：

1. 不要忘记最显而易见的方式。有时候，招募的最简单方法就是在门上挂上"招募"的牌子。

2. 在行业内进行招募活动。选择使用那些针对一个特定行业或城市的在线职位空缺公告栏，以最大限度地减少不相关的求职者。[25] 例如，Jobing.com 网站涉及美国 19 个州的工作地点。[26] Smartrecruiters.com[27] 列出了与几十个特定行业或职位类型相关的求职招募网站，例如专门为技术专业人士提供的 Dice.com。

3. 在线测试。企业可以利用在线测试来测验一名求职者熟练运用 QuickBooks 的程度，甚至电话营销能力。提供该项服务的供应商包括 IBM 的 Kenexa、eskill.com、selectivehiring.com 和 berkeassessment.com。[28]

4. 在私人圈子内传播信息。请你的朋友和员工推荐合适的人选，并利用领英等社交媒体网站。很多企业都通过领英公布职位空缺。一位招募人员说："我让熟悉的人为每位求职者担保，这样我就可以不必花时间去筛选简历了。"[29]

5. 发送一段录像。企业只需花上 30～60 美元就可以用面试流系统（InterviewStream）来录制在线的面试视频。[30] 该系统会向求职者发送一封附带一个网络链接的电子邮件。求职者点开链接后，就会出现一位面试官的视频，这位面试官会询问公司事先录制好的一些问题。同时，求职者的回答也会被一个网络摄像头拍摄下来。这样，雇用经理就可以在他们方便的时候回看这些视频。[31]

埃韦兰斯公司

埃韦兰斯公司的战略是打造以"道德制造"和"透明度"为核心的企业品牌。例如，道德制造意味着公司用几个月的时间在越南寻找一家工厂生产它们的新牛仔裤，而选择这家工厂的原因是它回收利用了 98% 的生产用水。埃韦兰斯的官网上列出了每件商品的原材料和人工成本。[32]

这样的战略需要合适的招募、甄选和薪酬管理实践，所以当埃韦兰斯决定强调招募透明度时，没有人感到惊讶。比如它们最近在进行招募时，要求求职者在 Snapchat 上提交 60～90 秒的故事，以此证明他们是埃韦兰斯公司的优秀候选人。求职者需要编一个故事，通过推特向公司发送 Snapchat 的账号，并在 24 小时内保存这个故事，最后通过邮件将这个视频发给公司。

使用社交媒体进行招募的一个重要原因是，此举会吸引那些已经关注公司的潜在求职者。例如，求职者会把这些故事发到 Snapchat 平台上，一步一步地进行自我陈述。这样一来，埃韦兰斯公司就能吸引那些与公司目标产生共鸣的潜在员工。同样，埃韦兰斯公司还在官网上将自己称为"打破规则者、质疑者、逃课的优等生"，坦率地介绍了埃韦兰斯公司的基本价值观，即"每个人都可以也应该作出改变""道德选择是正确的选择"。这种招募实践产生的结果是，公司正在组建一个认同并致力于实现公司价值观和目标的团队。

18.2.4　小企业培训工具

小企业显然无法与谷歌这样的商业巨头竞争培训资源。然而，正如本书第 8 章谈到的那样，网络培训可以为小企业提供在过去可望而不可即的专业性员工培训。网络培训资源（见第 8 章）既有私营供应商（例如 www.PureSafety.com 和 www.skillsoft.com）提供的，也美国小企业管理局（SBA，www.sba.gov/sitemap）、美国制造业协会（National Association of Manufacturers，NAM）提供的。人才发展协会（Association for Talent Development，www.td.org）网站的买家指南栏目中列出了许多供应商。[33] 此外，Docebo 等在线学习平台也使很多公司的员工可以很容易地获得现成的和定制化的在线学习课程和项目。[34]

18.2.5　在线绩效评价与薪酬管理工具

小企业可以轻松地得到电子化的在线绩效评价与薪酬管理服务。例如，甲骨文公司的电子绩效（ePerformance）软件[35]，可以使管理人员将员工的目标正式化，并且根据员工的目标实现情况对其进行评估。另一个例子是 Halogen 软件公司提供的电子评价系统。[36] 恩爱普公司（SAP）的 Success Factors 软件（www.successfactors.com/en_us.html）为管理者提供了特别有效的绩效管理工具。它为设定目标和监控目标提供了很大的方便，还能帮助管理层向员工提供反馈，同时便于管理者对作为绩效评价的一部分——员工在目标达成方面取得的进展进行审查。[37]

同样的道理，由于过去不能实施简单易行的薪酬调查，小企业在调整其薪酬水平时不仅难度很大，而且耗费很多时间。如今，像 www. salary. com 和 www. Glassdoor. com 这样的一些网站就使小企业所有者能够很容易地确定当地的薪酬水平。福利管理软件，如 Zenefits（www. zenefits. com），可以方便员工注册并访问他们的保险和福利信息。[38]

18.2.6 安全与健康工具

小企业员工的平均工伤率要低于大企业。[39]然而，由于大多数人都是在小企业中工作，所以事故总数仍然较大。小企业管理者应该掌握本书第 16 章中相关的安全工具和技术。另外，美国职业安全与健康管理局也为小企业所有者提供了几种免费的服务。[40]其中包括职业安全与健康管理局提供的安全生产咨询服务以及职业安全与健康认证项目（OS-HA Sharp program）——该局通过该项目认证那些安全生产意识已达到令人称赞的水平的小企业。[41]

➡ 18.3 充分利用小企业的规模优势： 熟悉性、 灵活性、 公正性与非正式性

小企业需要充分利用自身的优势，因此，在与员工打交道时，小企业应当首先利用自己的规模小这样一个特点。比如，规模小可以理解为企业对每一位员工的优势、需求、家庭状况等都很熟悉。并且，规模小的优势还可以转化为公司人力资源管理政策与实践方面的相对灵活性和非正式性的优势。[42]

18.3.1 简单、非正式的员工甄选程序

除了采用高科技的网络招募和甄选工具[43]，小企业管理者也不应该忽视一些简单的、科技含量较低的甄选方法。例如，我们在第 6 章解释过的工作样本测试就是让求职者展示其是如何完成实际工作的，比如让一位应聘营销职位的求职者在 30 分钟内为一个产品草拟一则广告。下面的专栏将会为我们呈现一种对小企业来说可能比较有用的相对非正式的甄选面试程序。

改进绩效：直线经理和小企业家的人力资源管理工具

一种简化的面试程序[44]

在面临时间压力的情况下，小企业主可以运用以下这种实用的精简型雇用面试程序。[45]这种面试程序关注四个方面的基本必备因素：知识和经验、动机、智力以及人格。

根据面试专家约翰·德雷克（John Drake）的建议，要采用这种程序，就需要弄清楚以下几个方面的问题。

● 知识和经验。为了完成这项工作，职位候选人必须了解什么？对于该职位而言，任职者需要具备什么样的工作经验？举例来说，通过提问一个情境性的问题再加上一个开放性的问题，便可以考察求职者与该岗位的匹配程度，例如，"你将如何组织这样一次销售活动"或"你将如何设计那种类型的网站"等。

● 动机。职位候选人应该有哪些方面的喜好才会喜欢这份工作？有什么是候选人不应该讨厌的？候选人应该有哪些基本目标或愿望？举例来说，可以考察求职者喜欢什么和厌恶什么（对于每件做过的事，他喜欢或厌恶的方面分别是什么）。

● 智力。该职位有哪些智力方面的要求（数学、机械学等）？候选人必须解决多么复杂的问题？这个人必须能够证明自己哪些方面的智力？比如，可以询问以下几个问题：求职者曾执行的任务的复杂性、在学校期间的学习成绩等。

● 人格。想要胜任该岗位，求职者必须具备哪些关键的人格品质（比如忍受枯燥的能力、果断、稳重等）？任职者必须具备何种程度的处理紧张、压力和危机情况的能力？任职者需要具备何种人际交往能力？比如，可以考察求职者的自暴自弃行为（比如攻击性、强迫性烦躁等）或了解求职者在过去工作中的人际交往情况（比如他是如何领导团队的）。这位求职者有风度吗？害羞？还是外向？

组织面试

● 制订一项计划。设计并使用一项计划来引导整个面试过程。根据面试专家约翰·德雷克的看法，面试中需要了解的有关职位候选人的方面主要包括：

√ 大学经历；

√ 工作经验——暑期工、兼职工作等；

√ 工作经验——全日制工作（要一一了解）；

√ 个人目标和抱负；

√ 对你们公司招聘的职位作出的反应；

√ 自我评估（求职者对自己的优点和缺点的描述）；

√ 服役经历；

√ 目前正在从事的外部活动。[46]

● 遵循你的计划。以一个开放式的问题作为每个主题的开头，比如"你能告诉我你在校期间从事过哪些活动吗？"然后进一步探索该候选人拥有的知识、经验、动机、智力以及人格特点。

将候选人与职位进行匹配

现在你应该能够就职位候选人的知识和经验、动机、智力、人格等得出结论，并且对候选人的优点和缺点进行总结。接下来，要将你的结论与职位描述和你在准备面试时列出的相关要求进行比较。这会为你提供一个将候选人与职位进行匹配的合理依据，即以职位实际要求的特征和资质为依据。

18.3.2　培训的灵活性

小企业的培训有两个特点。第一，小企业关注的是培训对企业利润的影响，而不是员工将如何受益。[47]（同样，它们把管理人员开发的重点放在与公司相关的特定技能上，比如公司产品销售能力）。[48]

第二，几年前在欧洲进行的一项研究发现，小企业在培训员工方面相对更不正式。[49]这可能并不令人惊讶，因为（如第8章所述）根据培训专家的估计，平均而言，大约70%的培训实际上是以非正式的方式实施的。

鼓励采取非正式学习方法　鉴于非正式学习的重要性，小企业管理人员应该采取措施鼓励和促进非正式学习。

下列建议有助于培育一个促进非正式学习的环境。在员工有学习需求、有学习动力，并且有学习机会的时候，往往会发生非正式学习。[50]非正式学习往往是员工参与的其他一些活动的副产品，因此通常发生在日常对话、社交、团队合作和指导过程中。[51]（用一位专家的话来说，员工在喝咖啡闲谈时学到的东西，比通过课程学到的东西要多。）[52]最好的非正式学习往往是目标导向的，比如当一位管理人员需要招募一名工程师时，他会询问领英小组中的同事应当如何操作。因此，非正式学习通常是由工作中的某些事情触发的，这些事情能够激励员工主动发起非正式学习。[53]只有在员工得知非正式学习得到管理层的鼓励和支持的情况下，非正式学习才会产生最好的效果。[54]

综上所述，小企业的管理人员可以通过做下面这些事情鼓励和促进非正式学习：

● 明确表示公司鼓励员工在工作中学习，特别是当他们面临一些工作中的问题时。[55]
● 提供高质量的学习内容。例如，虽然互联网上的很多内容都是免费的，但有时与工作相关的内容需要订阅；如果需要的话，就去订阅此类内容。[56]
● 鼓励各级主管人员通过非正式学习的机会提供指导。[57]
● 为员工报销参加某些特定培训课程的学费。[58]
● 寻找各种在线培训的机会。[59]
● 鼓励同事之间分享工作中的最佳实践（比如通过公司内网）。[60]
● 派员工参加一些专门的研讨会和行业协会的会议，让他们去学习、交流以及建立人际网络。[61]
● 在工作中提供大量的非正式学习机会，例如在工作地点和午餐区提供黑板。

18.3.3　福利和报酬的灵活性

家庭与工作研究所（Family and Work Institute）对1 000家小型和大型企业的福利政策进行了调查。[62]毫不奇怪，这一研究发现，大公司往往比小企业提供内容更广泛的总体福利计划。比如，大公司往往提供更多的医疗健康计划，并要求员工支付比小公司更少的医疗健康保险费。

然而，很多小企业通过提供更为灵活的福利计划来应对比自己规模更大的竞争对手。比如，小企业（有50～99名员工）的员工比大企业（有1 000名或更多员工）的员工更有可能：（1）在工作日请假去处理一些重要的家庭或个人事务而不被扣工资；（2）对休息时间有控制力；（3）在一定时间范围内阶段性地改变自己的上下班时间。[63]

许多小企业"已经发现了如何将小转变为紧密的联系，并通过使员工保持对公司新闻及财务情况的了解来赢得员工的信任，通过提供经常性的绩效反馈来赢得员工的忠诚"[64]。在有 90 名员工的 ID 传媒公司（ID Media），会在新员工第一天上班时为他们举行一次早餐欢迎会。[65]

位于加利福尼亚州长岛的沃德家具公司（Wards Furniture）的情况就充分体现了这一点。在沃德家具公司的 17 名员工中，大多数人都已经在公司工作了 10～20 年。公司所有者布拉德·沃德（Brad Ward）把这种成就部分地归功于公司总是愿意根据员工的需求作出相应的调整。例如，员工可以共担一些工作职责，并且有部分时间在家里办公。因此，在帮助员工实现工作和生活平衡方面，沃德家具公司是一个很好的例子，该公司为员工提供了多种工作福利，例如额外的假期、更短的工作周、弹性工作时间以及对员工的认可等。

下面是这方面的其他一些例子[66]：

● 额外的假期。例如，一些小企业的老板在夏季的时候，会在周五下午给员工放假。

● 压缩工作周。例如，在夏季时，压缩员工每周的工作天数，从而让员工能够享受更长的周末。

● 在重要时刻提供额外补贴。小企业的老板更有可能知晓自己的员工在生活中发生了哪些事情。他们经常会利用自己知道的这些信息为员工提供一些特殊的补贴，比如，在某位员工刚刚喜得贵子的时候。

● 灵活性。例如，"如果某位员工在生活上遇到了问题，就应该帮助这位员工创建一个新的工作时间表，从而使其能够更加顺利地解决所遇到的问题，而不是感到自己会陷入麻烦之中"。[67]

● 清楚员工的优缺点。小企业所有者要关注自己员工的优点、缺点和追求。例如为他们提供培训以及做自己喜欢的工作的机会。

● 帮助他们提高自己。例如，花钱让员工去学习和参加培训，从而帮助他们发展自己的职业技能。

● 犒劳员工。偶尔为员工提供一顿免费的大餐，比如公司花钱请他们吃午饭。

● 让员工有主人翁意识。例如，让员工参与公司的重大决策、直接与客户接触、获得客户的反馈、与员工分享公司的绩效信息与财务成果等。

● 确保他们拥有完成工作所需的一切资源。对员工进行高水平的激励只不过是小企业面临的一部分挑战，还需要确保他们拥有工作所需的各种工具和资源，例如，必要的培训、程序和计算机等。

● 持续地对员工做好的工作表示认可。充分利用你与员工的日常交流和互动，"不要错过任何一个让员工得到应得的认可的机会"。[68]

简化的退休福利　提供缴费固定的 401（k）计划的小公司（93％）和大公司（98％）的比例大致相同，但提供固定收益制计划的大公司的比例（35％）要比小公司（15％）更多。[69]

对小企业而言，提供退休福利的最简单方式或许是通过一种简化的个人退休账户计划。[70]这是一种储蓄奖励匹配计划，在这种计划中，企业必须（同时员工也可以）向传统的员工个人退休账户中投入资金。不过，这些计划只适用于雇用人数少于100名员工且没有其他类型养老金计划的小企业。

个人退休账户计划成本较低，而且使用简单。公司所有者只需与一家有相关资格的金融机构联系，并填写几份个人退休账户表格即可。[71]很多提供养老金计划的银行、共同基金、保险公司通常都具备这种资格。[72]这种计划的行政管理成本通常很低。企业向此账户中的缴费可以获得减税。[73]一种比较典型的企业缴费情况是，在不超过员工薪酬水平3％的情况下，企业会根据员工缴费的情况实行1∶1的等额匹配缴费。这些金融机构通常能够帮助企业处理美国国税局要求的各种文档工作和报告。

18.3.4 公正性与家族企业

大多数小企业是家族企业，这种企业的老板以及其中的一位或多位管理人员（也可能是员工）都是一个家族的成员。

在这种情况下，作为一名非家族成员的员工工作起来不那么容易。目前的趋势是，家族企业中的家族成员和非家族成员会被区别对待。假如果真如此，那就会像一位作家所说的那样："低落的士气和长期酝酿的不满情绪会对公司的运营产生消极影响，并且降低公司的利润。"[74]非家族员工与家族员工之间存在差别待遇的情况是如此普遍，以至于它成为小企业研究的一个领域。两位专家建议，家族企业管理人员可以按照下列4个步骤确保组织公平性。[75]

第一，整个家族承诺所有的员工，包括家族成员和非家族成员，都应该享受公平一致的待遇。[76]努力避免任何"家族成员从其他员工的牺牲中谋利的情况。"[77]应当注意避免"任何可能会导致其他员工认为家族成员在工作任务或职责安排方面存在特殊待遇的行为"。[78]

第二，家族成员要承诺所有员工都有权获得公平对待。[79]

第三，在签订工作合同之前，让所有的员工都知道他们能够自由且安全地在公司内讨论或举报任何不公决策或者现象。除此之外，要特别告知那些管理岗位上的候选人，他们未来的工作是否存在潜在的晋升机会。[80]最重要的一点是，要让员工形成更加明确的期望，其中包括员工在公司中拥有的权力以及决策权的大小等事项。[81]

第四，成立委员会，每月召开一次会议以纠正家族成员或非家族员工提出的任何不公平决定。[82]

18.4 利用专业性雇主组织

正如我们在第13章中解释过的，很多小企业所有者时间有限，并担心人事决策失误而掉入法律陷阱，他们选择将公司全部或大部分人力资源管理职能外包给专门的供应商。这些供应商通常称为专业性雇主组织（PEO）、人力资源外包服务商（HRO），有时还称为员工或职员租赁公司。

18.4.1　专业性雇主组织是如何运作的

能够提供人力资源外包服务的供应商服务能力差异很大，有的只办理薪酬发放事宜，有的则可以满足企业的所有人力资源管理需求。

在决定将哪些人力资源管理事务外包时，小企业管理者有许多选择。至少，这些外包公司会帮助雇主发放薪酬，然而通常情况下，专业性雇主组织往往承担了企业的大部分人力资源管理日常工作。通过将客户公司的员工转移到专业性雇主组织的薪酬发放名单上，它们也就成为这些客户公司的员工在档案记录上显示的共同雇主。这样专业性雇主组织就可以把客户公司的员工纳入本组织的保险和福利计划之中——通常能够以较低的成本实现。[83]专业性雇主组织通常负责处理与员工有关的各种活动，例如招募、雇用（在得到客户公司管理人员批准的情况下）、薪酬发放以及税收事务。像 Paychex 公司（www.paychex.com）这样的专业性雇主组织不仅为企业提供薪酬、税收和福利处理方面的服务，还负责处理招募和培训问题。Oasis 外包公司（www.oasisadvantage.com）可以为小公司提供从招募到甄选、培训、评价以及薪酬支付等整个人力资源管理流程中的服务。ADP total source 公司（https://totalsource.adp.com/ts/logout.do）可以为成千上万的客户解决发放薪酬的问题，也可以管理客户的整个人力资源管理流程，甚至包括最初的候选人面试工作。[84]

大多数此类专业性雇主组织重点服务的客户都是那些员工数量少于 100 人的小公司（尽管有些专业性雇主组织为人数多达 5 000 名甚至员工人数更多的公司提供服务）[85]，收费的标准为一家公司薪酬总额的 2%～4%。另外，有些公司根据提供的服务按月向每位员工收取 40～125 美元的费用。[86]

18.4.2　为什么要利用专业性雇主组织

一些小企业的所有者之所以寻求获得专业性雇主组织的帮助，是为了避免出现我们在本章前面提到的那些与员工相关的问题。比如：（1）不充分的人力资源管理实践有可能使小企业面临法律诉讼风险；（2）缺乏专门的人力资源管理人员可能会减缓公司决策速度和降低工作效率；（3）在缺乏人力资源管理信息系统的情况下，复杂费时的文案工作可能会造成数据录入错误；（4）如果小企业不能对员工进行有效的雇用、培训、评价和薪酬发放，它可能会处于竞争劣势。

保险和福利　保险和福利往往是大型专业性雇主组织最有吸引力的地方。对于规模较小的企业来说，为员工购买健康保险和其他保险的确是一件棘手的事情。这就是员工租赁公司入驻小企业的背景。这样，这些小企业现在就能够获得它们过去不能为员工提供的一些保险。

注意事项　专业性雇主组织也存在一些潜在的弊端。很多企业将人力资源管理工作当成自己的一个战略优势，而不是倾向于将甄选、培训等具有战略敏感性的工作任务交给第三方机构去完成（更不用说接受其他组织成为本公司员工的合法雇主）。此外，你的员工（或前员工）通过专业性雇主组织获得医疗保险的情况有利有弊。[87]例如，如果你使用的专业性雇主组织管理不善甚至是破产，则小企业客户可能会争相更换保险供应商。如果专业性雇主组织决定改变保险计划，你自己的员工可能会对新医疗服务提供商感到不满意。此外，其中还包括一些税收方面的劣势，尽管 2014 年颁布的《小企业效率法》（Small Business Efficiency Act）已经在一定程度上减轻了这种不利影响。图 18-1 总结了寻找和使用专业性雇主组织的一些指导原则。

小企业所有者应当谨慎挑选专业性雇主组织并处理好与它们之间的合作关系，相关的一些建议如下：

- 进行需求分析。提前弄清楚本公司想要解决的人力资源管理问题和风险管理问题。
- 审查你正在考虑的所有专业性雇主组织所提供的服务项目，然后确定到底哪一家能够满足你的所有需求。
- 考察这家公司是否可信。到目前为止还没有针对专业性雇主组织的评价制度。不过，位于美国阿肯色州小石城的雇主服务保证公司（Employer Services Assurance corporation, https://www.esac.org）对于加入该组织的会员的财务、审计和运营标准都有更高的要求。此外，你还可以查询全国专业性雇主组织协会的网站（www.NAPEO.org）。
- 核查这家公司的银行账户、信用记录以及专业推荐材料。务必要求它们提供关于保险提供商以及资金提供方的细节信息。
- 了解员工福利的资金来源。是全保还是部分自费？谁是第三方管理者或运营方？此外，还要确保从签订合同的第一天起就能够享受服务。
- 检查与专业性雇主组织签订的合同是否符合所在州的雇用法律要求。
- 仔细检查服务协议的内容。双方的责任和义务都已经划分清楚了吗？
- 调查这家公司成立的时间。供应商应该表明自己的经营历史，以证明自己的经营管理水平。
- 对这些公司的职员进行调查。这些员工有能力和足够的经验提供该组织所承诺的那些服务吗？
- 询问这家公司将通过何种方式提供服务：面对面的方式、电话的方式，还是网络的方式？
- 询问需要预付的费用有哪些以及这些费用的确定方式。
- 定期确认工薪税和保险费支付无误，并查看法律方面的所有问题是否都得到了正确处理。

图 18-1 寻找专业性雇主组织以及与之合作的指导原则

资料来源：Based on Robert Beck and J. Starkman, "How to Find a PEO That Will Get the Job Done," *National Underwriter* 110, no. 39 (October 16, 2006), pp. 39, 45; Lyle DeWitt, "Advantages of Human Resource Outsourcing," *The CPA Journal* 75, no. 6 (June 2005), p. 13; www.peo.com/dmn, accessed April 28, 2008; Layne Davlin, "Human Resource Solutions for the Franchisee," *Franchising World* 39, no. 10 (October 2007), p. 27; and see, for example, www.adp.com/solutions/employer-services/totalsource/what-is-a-peo.aspx, accessed September 24, 2015.

18.4.3 替代选择是什么

如果不想使用专业性雇主组织，小企业应该怎么做？大多数管理者往往自己处理这一切。有些公司则会聘请一些按小时计费的人力资源管理顾问，这类顾问为小企业需要的职位分析、招募、甄选以及其他各种人力资源管理活动提供帮助。一些新的人力资源管理软件提供的服务包括求职者跟踪、自动招募广告投放、在线甄选测试、绩效管理以及员工数据管理等。[88]我们在下一节中将详细介绍这类软件系统。

⇨ 18.5　人力资源管理系统、 程序及文档的管理

18.5.1　简介

想象一下一家总共只有 5 位员工的零售店需要完成的各种文档工作吧。首先，招募和雇用一位员工可能需要撰写招募广告，设计雇用申请表，审查面试名单以及各种证明材料，例如，受教育程度证明、移民身份证明等，还有联系方式清单。然后，可能还需要签订雇用合同、保密协议、竞业禁止协议以及雇主补偿协议等。为了雇用一位新员工，你可能还需要进行员工背景调查，制作一份新员工注意事项清单，制作预扣税表格以及新员工数据表等。一旦员工入职工作，还需要对他们的工作情况进行跟踪，需要——这仅仅是一个开始——一张人事信息数据表、员工每天和每周的工作时间记录表、按小时计酬员工的周工作时间表以及费用报告表等。接下来还要有绩效评价表、奖惩通知、职位描述、员工离职记录表、缺勤记录以及就业推荐反馈表等。

事实上，刚刚提到的这些表单还只是企业人力资源管理事务所涉及的政策、程序和文档工作中的很小的一部分。在只有一两名员工时，你或许还可以用脑子记住一切，或者仅仅是为每一项人力资源活动写一份单独的备忘录，然后放进每一位员工的档案里。如果你的员工很多，你就需要创建一个包括各种标准化表格的人力资源管理系统了。随着公司发展壮大，你可能会希望本企业人力资源管理系统的很多组成部分——例如薪酬发放、绩效评价等——都实现电子化，以保持公司的竞争力。

18.5.2　手工人力资源管理系统的基本构成

规模非常小（比如员工人数在 10 人左右）的企业的所有者往往是先从手工人力资源管理系统开始的。从实践的角度来看，这通常意味着获取和创建一整套标准化的人事表格，这套表格既要涵盖人力资源管理的各个方面——招募、甄选、培训、绩效评价、薪酬管理、安全管理等，又要包括能够针对每一位员工来组织所有这些信息的方法。

可以想象，即使是一家小企业，所需的各种表格的数量也是相当大的。表 18－1 中列举的表格可以体现这一点。[89]要想获得手工人力资源管理系统中需要包括的各种基本表格，一种比较好的方法就是从提供表格汇编的网站（如 www. hr. com/en/free _ forms）、CD 或书籍入手。[90]你可以根据自己的具体情况，对从这些来源得到的表格进行修改。一些办公用品商店——例如欧迪办公用品公司（Office Depot）和马克斯办公用品公司（Office Max）——也出售这种成套的人事表格。比如，欧迪办公用品公司既销售各种单独的人事表格，也销售包括以下表格在内的一套"人力资源管理工具箱"：求职申请表、雇用面试表、背景调查表、员工记录表、绩效评价表、警告通知、离职面谈记录表以及请假申请表，外加一份法律诉讼预防指南。[91]此外，该公司还提供一套员工记录文件夹。企业可以使用这种文件夹保存每位员工的档案，文件夹的封皮上可以印上每位员工的信息，包括姓名、入职日期、公司福利等。

表 18 - 1 一些重要的雇用表格

新员工适用表格	现任员工适用表格	员工离职表格
求职申请表	员工身份变更申请表	退休人员手续清单
新员工入职清单	员工信息记录表	解雇手续清单
雇用面试表	绩效评价表	《综合预算调节法》承诺书
推荐材料核查表	警告通知	失业声明
推荐材料电话反馈报告	休假申请表	员工离职面谈记录表
员工手工签署确认书	试用通知表	
雇用合同	职位描述	
员工免责声明表	试用期员工考核表	
试用期评估表	直接存款确认书	
	缺勤报告表	
	惩戒通知书	
	员工申诉表	
	费用报告表	
	401（k）选项确认书	
	工伤报告	

表格的其他来源 有几家直接邮寄产品目录的营销公司也提供人力资源管理方面的各种材料。HRdirect 公司（www.hrdirect.com）提供各种成套的人事表格。[92]其中包括短期和长期员工申请表、求职者面试表、员工绩效考核表、职位描述、离职面谈记录表以及缺勤记录和报告表。此外，还有各种不同的遵守法律法规要求的表格，包括标准化的反性骚扰政策和《家庭与医疗休假法》通知表，以及各种海报（例如，按照法律要求企业必须张贴的关于《美国残疾人法》和《职业安全与健康法》的相关信息）。

18.5.3 各项人力资源管理事务的自动化

随着小企业的发展，仅仅依靠手工的人力资源管理系统将会越来越不明智，也越来越没有竞争力。因此，许多中小企业往往就是从这个时候开始将它们的各项人力资源管理工作计算机化的。

巴黎酒店的人力资源管理实践

莉萨已经为公司安装了一些彼此独立的信息系统，比如绩效评价系统。但是，正如她在一次午餐中与公司的首席财务官讨论的，这些系统太分散了。要了解她是如何处理这一问题的，请看本章末的该案例。

系统软件包[93] 诸如 www.capterra.com 这样的网站详细列出了 Zenefits、Halogen TalentSpace、Fairsail HRIS 和 Cezanne HR 等人力资源管理系统供应商提供的各种人力资源管理软件。[94]这些公司实际上提供针对各种人事工作的软件，从福利管理到工伤保险管理，再到遵守法律要求、员工关系、薪酬管理，还有工时以及出勤管理系统等。

HRdirect 公司也提供很多软件来帮助企业编写员工手册、撰写绩效评价结果、创建职位描述、记录员工出勤及每位员工的工作小时数、安排员工的工作日程表、创建组织结构图、进行薪酬管理、开展员工调查、规划和跟进员工培训活动，以及遵守职业安全与健康管理局制定的各项规章制度等。www. hrdirect. com、www. effortlesshr. com 等相关网站以及其他一些软件能够帮助企业——通常基于云计算的方式——保持员工的各项信息记录（其中包括姓名、地址、婚姻状况、家庭成员人数、紧急联系人与电话号码、入职日期以及工作经历等）；撰写绩效评价报告；创建职位描述；记录每位员工的考勤情况和工作时间；安排工作时间表；绘制组织结构图；管理薪酬单；实施员工意见调查；设计并跟踪员工培训活动；管理遵循职业安全与健康管理局规章制度的企业。[95]

18.5.4　人力资源管理信息系统（HRIS）

随着公司的成长，建立一套更具有综合性的完整的人力资源管理系统就成为必要。我们可以将一个经过整合的人力资源管理信息系统（HRIS）定义为：为了通过收集、处理、存储和传播信息来支持组织的决策、协调、控制、分析活动，以及为使整个组织的人力资源管理活动可视化而构建的具有内部关联的各个信息模块。[96] PC 杂志最近列出了几款顶尖的人力资源软件包，依次为：Gusto（https：//gusto. com）、Bamboo HR（www. bamboohr. com）、Namely（www. namely. com）、Sage Business Cloud People（www. sagepeople. com）、Kronos Workforce（www. kronos. com）、SAP Success Factors（www. successfactors. com）。[97]

例如，BambooHR 系统可以处理的工作任务包括求职者跟踪（包括自动发送招募广告）、员工休息时间跟踪、人力资源报告（关于就业水平的详细报告等）、员工在线自助入职以及绩效管理（旨在跟踪目标达成情况并帮助管理者基于这些目标对下属进行评价）。[98]企业安装一套人力资源管理信息系统的好处有很多，首要的好处就是处理日常事务的效率大大提高。

18.5.5　日常事务处理效率提高

日复一日地维护和更新员工记录这样的琐事会占用企业的大量时间。因此，小企业首选人力资源软件包来管理它们的人事记录。此外，通过与公司员工数据库进行交互，这些软件包还会生成与雇用数据相关的趋势图，以及人员指标（如营业额和薪酬成本）方面的报告。最近，PC 杂志将 BambooHR 系统评为这些任务的"编辑者首选"。[99]

18.5.6　在线自助信息处理

人力资源管理信息系统有助于员工进行在线自助信息处理。例如，在 Zenefits（www. zenefits. com）系统的帮助下，"新员工可以在入职期间和系统开放注册期间自行选择他们想要的福利项目，如医疗、牙科和视力福利"。[100]另外，该系统也为员工注册灵活消费账户提供了便利："它使注册变得简单，向所有计划参与者发放借记卡，并允许员工通过我们的在线仪表板跟踪和管理他们自己的资金。"[101]

18.5.7　提高报告能力

由于人力资源管理信息系统整合了大量的单项人力资源管理任务（例如培训记录、绩效评价和员工个人资料记录等），因此使用人力资源管理信息系统可以大大提升人力资源方面的报告能力。例如，该系统可以提供的报告包括（整个公司以及各个部门中的）每一位员工的医疗保健费用、薪酬与福利在运营成本中所占的百分比、雇用一位员工的成本、培训成本、自愿离职率、离职成本、填补职位空缺所需的时间以及人力资本投资（比如根据培训和教育费用来计算）的回报率等。

18.5.8　人力资源系统的整合

由于人力资源管理信息系统软件的各个组成部分（信息记录、薪酬发放、绩效评价等）得到了整合（也就是在彼此之间建立了联系），企业就可以再造其人力资源管理系统。PeopleSoft（现为甲骨文公司旗下的子公司）在自己的办公室中安装的这种软件系统就是一个很好的例证。[102]该公司的人力资源管理信息系统会将晋升、加薪、岗位调动等各种表格逐一自动传送给相关的管理人员审批。前一个人签字之后，表格会自动传递给下一个需要签字的人。如果某人忘记签署一份文件，智能助手就会向其发出提醒，直到整个流程完成为止。这种软件的出现使得企业不再需要雇用员工专门负责完成这些工作。

18.5.9　人力资源管理信息系统供应商

现在很多公司都提供人力资源管理信息系统软件包。例如，国际人力资源信息管理协会（International Association for Human Resources Information Management）的网站（www.ihrim.org）上就列出了自动数据处理公司（Automatic Data Processing）、商业信息科技公司（Business Information Technology）、人力资源微系统公司（Human Resource Microsystems）、劳森软件公司（Lawson Software）、甲骨文公司、思爱普美国公司（SAP America）以及其他人力资源管理信息系统供应商。PC杂志也提供年度人力资源管理软件的推荐名单。[103]

在选择软件供应商时有几个方面的实际因素需要考虑。[104]例如，软件是否提供"软件即服务"功能，是否必须在公司内部的服务器上保存和管理？软件包是否提供了一个非常直观的用户界面？能否将它与组织现有的人力资源管理系统进行整合？安全性——主要是对员工个人数据的保护——是非常重要的（特别是当数据存储在云端时）。

> **影响人力资源管理的趋势：数字化与社交媒体**
>
> 大多数人力资源管理系统供应商如ADP、Kronos、甲骨文公司和SAP等都提供基于云的人力资源管理系统。特别是对于小企业管理人员来说，云系统的优势在于供应商可以很容易地用最新版本进行更新，不仅可以为小企业主节省大量的时间和成本，而且管理者和员工可以在任何地方访问相关信息。[105]

BambooHR（www.bamboohr.com）是一种专门为中小企业设计的人力资源管理系统。通过该系统，得到授权的管理人员和员工可以安全地远程访问公司信息，比如休假以及个人信息等，还可以在可定制的仪表板上生成各种报告和趋势图。该系统还可以与中小企业现有的薪酬发放系统、求职者跟踪系统、福利登记系统、绩效评价系统等进行整合。[106]

另外，许多企业将福利管理外包给像 Zenefits 这样一些公司提供的"云服务"。新员工可以通过笔记本电脑或智能手机等终端访问 Zenefits 公司的网站，输入个人信息，通过触摸屏签署文件以及注册特定的福利。[107]

本章内容概要

1. 正在阅读本书的很多人将来都会到小企业中工作或者是经营自己的小企业，所以理解小企业所面临的挑战显得格外重要。如果缺乏有效的人力资源管理，小企业所有者将会面临这样一种风险，要么是在竞争中处于不利地位，要么是在没有人力资源管理专家帮助的情况下犯下错误而招致法律诉讼。

2. 由于小企业规模较小，所以可以特别注意利用免费的互联网以及政府提供的各种工具为自己的人力资源管理工作提供支持。例如，你可以用美国劳工部的电子法律顾问来回答加班工资的问题，利用美国平等就业机会委员会的网站来解决诸如"应当如何解决面临的指控？"等这样一些问题，还可以到美国劳工部下属的职业安全与健康管理局网站查阅小企业手册等资料。为了更好地进行竞争，小企业管理者还可以使用我们在第 5 章中讨论过的那些在线招募工具，此外，还可以从 PureSafety 等公司获得一些在线培训项目。

3. 小企业需要充分利用自身的优势，这就意味着要充分利用自己所具有的熟悉性、灵活性、公正性以及非正式性的特点。例如，在很多时候，小企业都更容易在额外的假期、压缩工作周等方面保持更大的灵活性。小企业还可以使用那些相对非正式但是很有效的员工甄选程序，例如我们曾经讨论过的工作样本测试。非正式学习方法则包括各种在线培训机会、鼓励同事之间分享最佳实践、让员工去参与研讨会等。由于小企业通常都是家族企业，所以让非家族员工得到公平的对待就显得格外重要。

4. 很多小企业在审视了管理人力资源方面所要面对的各种挑战之后，都会选择使用专业性雇主组织的服务。这些组织也称为人力资源外包服务商或员工租赁公司，它们一般会把客户公司的员工转到自己的薪酬支付账户上，并且成为这些客户公司员工的名义上的雇主。

5. 小企业管理者应了解自己需要涉及的人力资源管理系统、程序以及文档工作的演变发展过程。最初的时候，企业可能会有一个简单的手工人力资源管理系统，例如使用办公用品公司提供的表格模板以手工方式来保存和维护各种员工信息。后来，企业所有者可能会购买某种或更多成套的人力资源管理系统，来实现各单项人力资源管理事务的自动化，例如，求职者的追踪以及绩效评价等。随着公司的发展，企业开始寻求运用一种综合性的人力资源管理信息系统，将各个独立的人力资源管理系统整合在一起。

讨 论 题

1. 小企业与大公司在人力资源管理方面存在哪些区别？为什么会有这种区别？

2. 解释为什么人力资源管理对于小企业很重要。

3. 举出至少五个例子来说明创业者可以怎样运用规模小的优势——熟悉性、灵活性、公正性及非正式性——来改善人力资源管理流程。

4. 举例说明你将如何为一家新建小企业创建一套手工人力资源管理系统。

个人及小组活动

1. 组成若干由5~6人组成的小组，每个小组中至少要有一个人拥有一家小企业或者是曾经为小企业工作过。请根据他们的经验，列出小企业经历的"各种人力资源不足的风险"，即竞争劣势、缺乏专业的人力资源管理专家、工作场所法律诉讼、工伤保险法的遵守以及文档或数据输入错误等。

2. 如果你拥有一家小企业，让你感到困惑的一点就是哪些员工有资格领取加班工资。这些员工包括你的秘书、两名会计员、一名工程师以及两名销售内勤人员。单独或与其他4~5位同学组成一个小组，运用美国劳工部的加班安全顾问以及劳工部的计算程序来确定谁应该获得加班工资。

3. 假设你的工厂有32名员工。请单独或与其他4~5位同学组成一个小组，寻找并创建一个你可以用来对他们进行培训的五种零成本在线资源的目录。

体验式练习

建立一个人力资源管理信息系统

目的：本练习的目的是为你提供一个建立人力资源管理信息系统的演练机会。

必须理解的内容：你应该充分掌握本章中讲授的全部内容。

如何进行练习/指导：将全班分为若干由4~5个人组成的小组，每个小组都应当能够访问互联网。

假设一家小企业的老板向你们咨询以下问题。该企业只有不到40名员工，以非正式的方式处理公司的各种人力资源文档工作，其中大多数都记在小纸条上或者备忘录中。他想让你们帮助企业建立一个人力资源管理信息系统，这套系统的电子化程度由你们来定，但是他只能负担5 000美元的前期预算（不包括支付给你们的咨询费用），同时每年能够为这一信息系统提供的维护费用为500美元。你们从自己接受的人力资源培训中知道，有多种纸质版和在线的人力资源管理系统。请根据已有的相关知识以及在网上做的一些调查研究，写出一份两页纸的计划书，告诉他你们团队的具体建议。

应用案例

网飞公司打破常规[108]

当20世纪90年代末的互联网泡沫破灭时，为什么网飞公司（Netflix）反而作为一颗新星存活下来了呢？这可能是因为从该公司的创始人里德·哈斯廷斯（Reed Hastings）创办该公司的那一天起，他就抱着要打破常规的信念。他创造的那套直接向顾客发送电子邮件和视频流的商业模式，在帮助网飞公司幸存下来的过程中的确起了很大的作用。非传统的人力资源管理实践则帮助该公司吸引和留住了那些高生产率的员工——正是这些员工生产出了公司赖以生存的重要产品。哈斯廷斯知道，在硅谷，那些高级员工能够选择在哪里工作，而在整个硅谷的各个行业中，这些人差不多都是以高薪作为选择标准的。那么，如何才能让自己的公司变得与众不同呢？哈斯廷斯和公司的其他元老都相信，这一问题的答案在于创立一种能够使灵活的工作环境、更少的约束和高度的责任保持平衡的文化。他们将公司的政策称为"自由与责任"。

网飞公司的人力资源管理实践有多"离经叛道"呢？请想象一下：如果你是网飞公司的一位专业人员，你会得到无限制的假期。有一位工程师到欧洲去度了 5 周假，因为他喜欢（诚如他所言）这样一次性休一个长假。（人力资源管理负责人必须批准时间超过 30 天的假期。）作为网飞公司的一位员工，其薪酬并不是与绩效评价绑在一起的，甚至也不与某个薪酬计划相联系。频繁的市场薪酬调查和加薪使得网飞公司中每个人的薪酬水平都与硅谷其他竞争公司持平。每位员工都会决定到底是获取现金薪酬，还是以获取网飞公司的股票形式获得报酬。股票是立即行权的。网飞公司很少到大学校园去招募员工，而是雇用那些经验丰富的专业人士。网飞公司不提供培训、职业开发或职业发展规划（除了那些法律要求的培训，比如多元化培训之外）。作为网飞公司的一员，你要对自己的职业发展负责。

不过，伴随着这种自由而来的就是责任。公司期望自己为之付酬的员工能够努力工作，正如一份报告中指出的，要"一个人做三四个人的工作"。网飞公司并没有那种很多网络公司中都存在的兄弟会式的随心所欲的氛围。这是一种成人式的环境。网飞公司不会包容业绩不达标的员工。每年的 360 度绩效审查会提供关于每位员工绩效的"直接而真实的反馈"。那些绩效平平者很快就会被解雇，但是公司会尽量采用温和的方式。与那些喜欢采用诉讼方式解雇员工的企业（它们需要证明被解雇的员工不胜任工作）不同，网飞公司选择给那些被解雇的员工开一张支票。该公司认为，一笔优厚的遣散费有助于保住被解雇员工的尊严，从而使得其直接上级在针对绩效不达标者作出解雇决策时更为容易，同时还有助于将可能来自被解雇员工的报复行为发生的概率控制在最低水平。正如一位观察家所言，这种做法很像一场"双方均无过错的离婚"。

问题

在很多方面，网飞公司的人力资源管理战略对小企业来说似乎是梦。你不需要一个薪酬计划，而只要每几个月根据市场调查结果更新每位员工的薪酬水平就可以了。你也不需要提供培训和开发，而且不需要限制员工的假期。如果有人做得不好，你付钱让他走人就可以了，而且不会带来任何麻烦。网飞公司似乎在偶然间发现了自己的"网飞版高绩效工作实践"。请根据这些内容，回答下面的问题（请回答得具体一些）：

1. 使网飞公司的人力资源管理实践适合公司自身的特征有哪些（如果有的话）？

2. 你会建议在其他企业（比如一家新开的餐馆）中采用同样的人力资源管理实践吗？为什么？

3. 请列出你在决定一家公司是否适合"网飞式"人力资源管理实践时准备采用的标准。

4. 你会用什么样的论点来回应下述说法："网飞公司不过是运气好罢了，如果采用传统的人力资源管理实践，它或许能做得更好。"

连续案例

卡特洗衣公司

充满挑战时期的清洁工作

随着经济衰退的进一步恶化，卡特洗衣公司的收入也急剧下降。公司的很多顾客由于失业而不再需要（或者无法负担）干洗服务，有工作的顾客也尽可能地减少衣服的干洗次数。卡特洗衣公司发现，自己不得不提供一些免费的衣物清洗服务。它启动了一项新的计划，即如果公司现在的顾客需要参加工作面试，则公司可以每个月为他们免费清洗一套西装或礼服。

在经济低迷的形势下，卡特洗衣公司知道它必须采取某些措施来控制自己的雇用成本。可问题在于：从现实情况来看，在单独的一家门店中并没有可以降低人工成本的空间。当然，如果一家连锁店的业务量很少，公司可以减少一半人员，让洗衣工用一些时间来做熨烫衣物的工作，或者是让门店经理承担柜员的工作。但是如果每家洗衣店的业务量仅仅下降15%～20%，那么每一家洗衣店中就确实没有降低人工成本的空间，这是因为在一开始的时候，每家洗衣店中就没有雇用太多的员工。

这样，一个问题自然就产生了，卡特洗衣公司有没有可能在不解雇太多员工的情况下降低雇用成本？詹妮弗·卡特有以下这样一些问题需要咨询你。

问题

1. 假设我们不想解雇任何一位员工，我们需要在工作时间表上做哪些调整，才能使每周支付的薪酬总额下降20%？

2. 目前我们自己处理大多数人事方面的工作，例如以手工的方式进行员工注册、福利管理、绩效评价等。在使用软件系统实现公司人力资源管理业务的自动化方面，你有什么具体的建议？

3. 请至少提供五个有助于我们降低雇用成本的免费的互联网资源。

将战略转化为人力资源政策及实践的案例

改进巴黎酒店的绩效

新的人力资源管理信息系统

巴黎酒店的竞争战略是："通过卓越的顾客服务将自己与同行区别开来，吸引顾客延长入住时间，提高顾客再次入住比率，从而提高酒店的收入和利润水平。"酒店人力资源总监莉萨·克鲁兹现在必须制定和实施战略性人力资源管理政策和活动，通过帮助酒店获得战略所需的员工行为和胜任素质来支持酒店的这一竞争战略。

在这个充满挑战的时代，巴黎酒店规模相对较小的劣势显得格外突出。像万豪那样的大型连锁酒店有强大的网上预订服务能力，它所拥有的集中处理系统可以很容易并且很经济地处理来自全世界的预订要求。相比之下，巴黎酒店还在像20年前一样处理顾客的预订要求，即要么是通过集团下属的每一家酒店的单独网站来处理，要么是通过电话来处理。

它的人力资源管理信息系统也很原始。莉萨已经成功地建立了很多独立的人力资源管理信息系统，例如绩效评价系统。但是，有一天，当她与公司的首席财务官在午饭时讨论问题时，她发现这些系统并没有整合在一起。如果某位员工因为结婚而需要更改其姓名时，莉萨所在办公室的员工就需要通过手动方式去修改员工花名册以及各种福利计划中的该员工的姓名。

这种缺乏整合的人力资源管理信息系统在经济繁荣时期已经够糟糕了，随着经济形势日益恶化，这种情况让公司更加难以接受。在莉萨与首席财务官的一次最为艰难的讨论中，他指出，本公司花费在人力资源管理方面的费用比万豪那种大型酒店要高出 30%。他很清楚，规模大会产生规模经济，但他也深信，巴黎酒店可以通过采取某些措施降低人力资源管理成本。

莉萨的解决方案是，首先获得首席财务官的批准，然后聘请包括 IBM、埃森哲咨询公司、甲骨文公司等在内的一些软件咨询公司，针对如何整合酒店人力资源管理信息系统提供建议。在得到首席财务官和首席执行官的许可后，莉萨及其团队便与一家供应商签订了合同，并安装了这套系统。

问题

1. 运用你可以找到的基准数据，包括本书中提供的一些数据，说明莉萨可以使用哪些基准指标来评价该酒店的人力资源管理工作效率。巴黎酒店的高质量服务定位在多大程度上影响了莉萨对这些指标进行对比的方式？

2. 我们在本书中讨论了人力资源管理部门为降低人力资源服务费用而采取的具体措施的很多案例。请在牢记巴黎酒店的高质量服务定位的前提下，列举并说明莉萨·克鲁兹可以怎样运用其中的至少五个例子。

3. 单从人力资源管理信息系统的角度来说明，对于巴黎酒店而言，你会建议莉萨考虑采用哪些类型的系统？

4. 用具体的例子来解释莉萨可以怎样运用免费的网络与政府提供的各种工具来实施你在上一个问题中向她提出的那些建议。

5. 请举出你建议莉萨使用的三种收费的网络工具的例子。

6. 你会建议莉萨使用专业性雇主组织的服务吗？为什么？

注 释

图书在版编目（CIP）数据

人力资源管理：第 16 版/（美）加里·德斯勒著；
刘昕译 . -- 北京：中国人民大学出版社，2024.6
（工商管理经典译丛）
ISBN 978-7-300-32577-4

Ⅰ.①人… Ⅱ.①加… ②刘… Ⅲ.①人力资源管理
Ⅳ.①F241

中国国家版本馆 CIP 数据核字（2024）第 043571 号

工商管理经典译丛

人力资源管理（第 16 版）

［美］加里·德斯勒 著

刘 昕 译

Renli Ziyuan Guanli

出版发行	中国人民大学出版社		
社 址	北京中关村大街 31 号	**邮政编码**	100080
电 话	010 - 62511242（总编室）		010 - 62511770（质管部）
	010 - 82501766（邮购部）		010 - 62514148（门市部）
	010 - 62515195（发行公司）		010 - 62515275（盗版举报）
网 址	http://www.crup.com.cn		
经 销	新华书店		
印 刷	涿州市星河印刷有限公司		
开 本	787 mm×1092 mm 1/16	**版 次**	2024 年 6 月第 1 版
印 张	40 插页 2	**印 次**	2024 年 11 月第 2 次印刷
字 数	984 000	**定 价**	118.00 元

尊敬的老师：

您好！

为了确保您及时有效地申请培生整体教学资源，请您务必完整填写如下表格，加盖学院的公章后以电子扫描件等形式发我们，我们将会在 2~3 个工作日内为您处理。

请填写所需教辅的信息：

采用教材				☐ 中文版　☐ 英文版　☐ 双语版	
作　者			出版社		
版　次			ISBN		
课程时间	始于　　年　月　日		学生人数		
	止于　　年　月　日		学生年级	☐ 专科　　☐ 本科 1/2 年级 ☐ 研究生　☐ 本科 3/4 年级	

请填写您的个人信息：

学　校			
院系/专业			
姓　名		职　称	☐ 助教 ☐ 讲师 ☐ 副教授 ☐ 教授
通信地址/邮编			
手　机		电　话	
传　真			
official email（必填） (eg：×××@ruc. edu. cn)		email (eg：×××@163. com)	
是否愿意接受我们定期的新书讯息通知： ☐ 是　☐ 否			

系/院主任：＿＿＿＿＿＿＿＿（签字）

（系 / 院办公室章）

＿＿年＿＿月＿＿日

资源介绍：

——教材、常规教辅资源（PPT、教师手册、题库等）：请访问 www. pearsonhighered. com/educator。（免费）

——MyLabs/Mastering 系列在线平台：适合老师和学生共同使用；访问需要 Access Code。　　（付费）

地址：北京市东城区北三环东路 36 号环球贸易中心 D 座 1208 室（100013）

Please send this form to：copub. hed@pearson. com

Website：www. pearson. com

中国人民大学出版社　管理分社

教师教学服务说明

中国人民大学出版社管理分社以出版工商管理和公共管理类精品图书为宗旨。为更好地服务一线教师，我们着力建设了一批数字化、立体化的网络教学资源。教师可以通过以下方式获得免费下载教学资源的权限：

★ 在中国人民大学出版社网站 www.crup.com.cn 进行注册，注册后进入"会员中心"，在左侧点击"我的教师认证"，填写相关信息，提交后等待审核。我们将在一个工作日内为您开通相关资源的下载权限。

★ 如您急需教学资源或需要其他帮助，请加入教师 QQ 群或在工作时间与我们联络。

中国人民大学出版社　管理分社

🔔 教师 QQ 群：648333426（工商管理）　114970332（财会）　648117133（公共管理）
教师群仅限教师加入，入群请备注（学校＋姓名）

☎ 联系电话：010-62515735，62515987，62515782，82501048，62514760

✉ 电子邮箱：glcbfs@crup.com.cn

◉ 通讯地址：北京市海淀区中关村大街甲 59 号文化大厦 1501 室（100872）

管理书社

人大社财会

公共管理与政治学悦读坊